U0903202

2022

浙江財政年鉴

Finance Yearbook of Zhejiang

（总第22卷）

浙 江 省 财 政 厅 主 办

《浙江财政年鉴》编辑委员会编

图书在版编目(CIP)数据

浙江财政年鉴. 2022/《浙江财政年鉴》编辑委员会编.
—北京:中华书局 2022.12
ISBN 978-7-101-16011-6

I.①浙 … II.①浙 … III.①地方财政—浙江省—2022—年鉴
IV.①F812.755-54

中国版本图书馆CIP数据核字(2022)第229044号

责任编辑:朱 慧
冯 健

浙江财政年鉴2022
《浙江财政年鉴》编辑委员会编
*
中 华 书 局 出 版
(北京市丰台区太平桥西里38号 100073)
http://www.zhbc.com.cn
E-mail:zhbc@zhbc.com.cn
浙江新华数码印务有限公司印刷

889×1194 1/16 23.125印张 98插页 880千字
2022年12月第1版 2022年12月第1次印刷
印数:1-1000 册 定价:260.00元

ISBN 978-7-101-16011-6

编辑说明

《浙江财政年鉴》是浙江省财政厅主办的省级财政专业年鉴，以文为主，辅以图表，图文并茂，全面系统真实反映浙江省财政工作各方面的基本情况，是资料性与史实性相结合的工具书，为财政工作者及专家、学者提供可靠信息资料。

《浙江财政年鉴》每年出版一卷，2022卷（总第22卷）以详实的资料和图表，记载了2021年浙江省财政改革与发展情况，综合反映全省各级财政部门在省委、省政府的领导下，以习近平新时代中国特色社会主义思想为指导，扎实推进财政改革发展的生动实践。一年来，全省财政工作聚焦"忠实践行'八八战略'，奋力打造'重要窗口'"主题主线，以守好"红色根脉"的政治担当，扎实做好生财、聚财、用财各项工作，为浙江建设"重要窗口"和共同富裕示范区、争创社会主义现代化先行省贡献财政力量。

本卷年鉴主体结构继续保持以往年鉴整体架构的稳定性和内容的连续性，全卷分八篇和附录共九部分，约计100万字，依次为：财经文献、全省财政工作、市县（市、区）财政工作、财政统计资料、财政法规选编、财政文选、财政工作大事记、财政机构人员以及附录。本卷年鉴的有关编辑情况作如下说明：

一、本卷财政统计资料中涉及全省财政收支的增长率均为同口径增长率。

二、本卷中涉及国民经济和社会发展统计数据内容均摘自各地统计公报，数据解释权归统计部门所有。

三、"全省财政工作"篇，根据省财政厅职能配置和内设机构调整，本卷中涉及以下调整：在"财政分项工作"下，原"行政事业性资产管理"改为"国有资产及国企财政财务管理"，原"企业财政财务管理"改为"自然资源和生态环境财政财务管理"；在"直属单位概况"下，原"财政信息化建设"改为"数字财政建设"；在"学会协会活动"下，增加"浙江省政府采购联合会"相关内容。

四、"市县（市、区）财政工作"篇，因行政区划调整，"杭州市财政工作"下，取消"下城区""江干区"，增设"临平区""钱塘区"相关内容。

五、本卷年鉴将继续提供手机客户端阅读方式实现线上公开阅读，读者可通过扫描书后二维码检索全文数据库及相关资料。

本卷年鉴在年鉴编辑委员会的领导下，由浙江省财政厅各处室局、直属单位和十一市及其所辖县（市、区）财政局提供文稿、图片及数据资料，经编审修改补充后成书。期间得到国家税务总局浙江省税务局的大力支持。在此谨向给予《浙江财政年鉴》编纂工作关心、支持和帮助的各级财税部门及所有单位和相关人员表示感谢。为进一步提高《浙江财政年鉴》的编纂水平，欢迎读者对本卷年鉴的不足之处给予批评指正。

《浙江财政年鉴》编委会

2022年11月

浙江省财政收支规模

单位：亿元

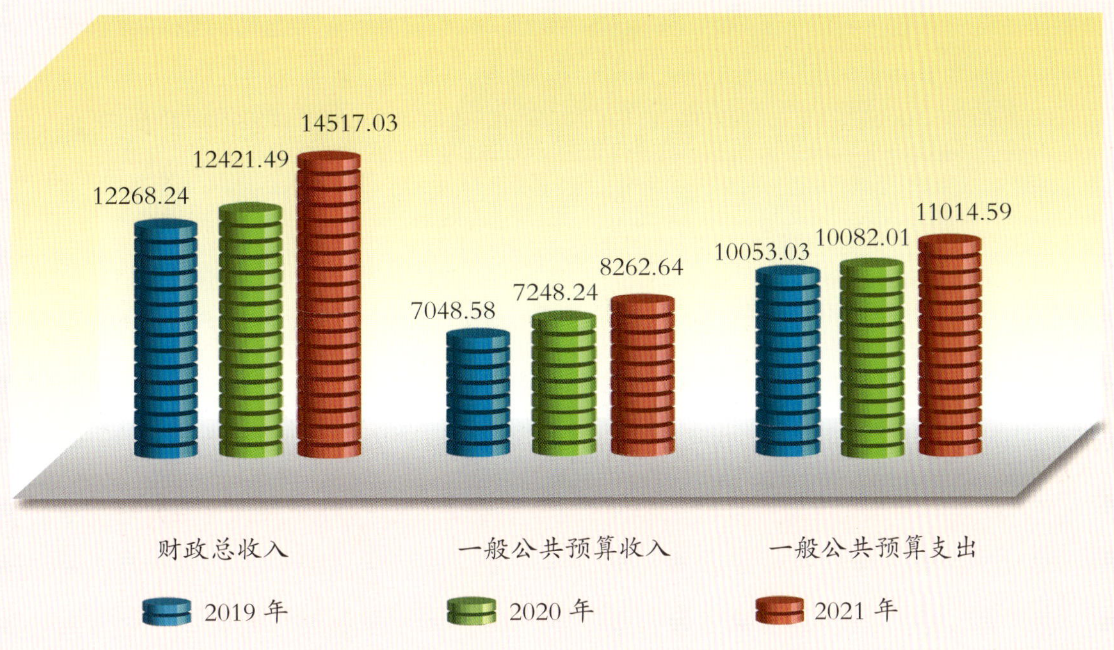

浙江省财政收支增长速度

单位：%

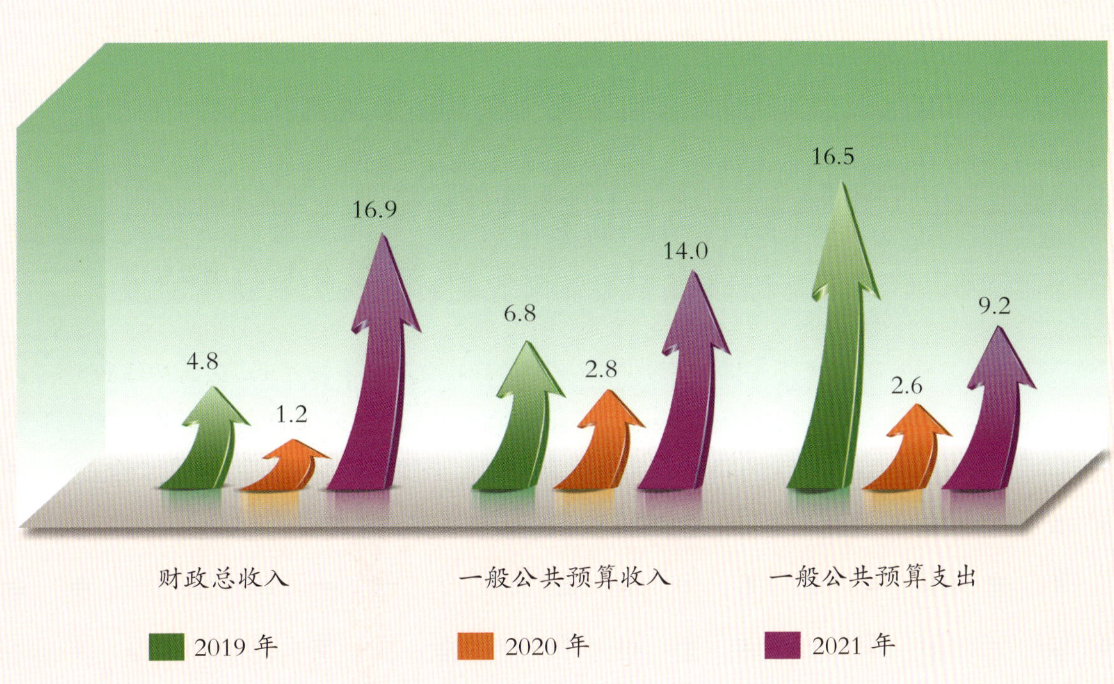

2021年浙江省一般公共预算收入组成

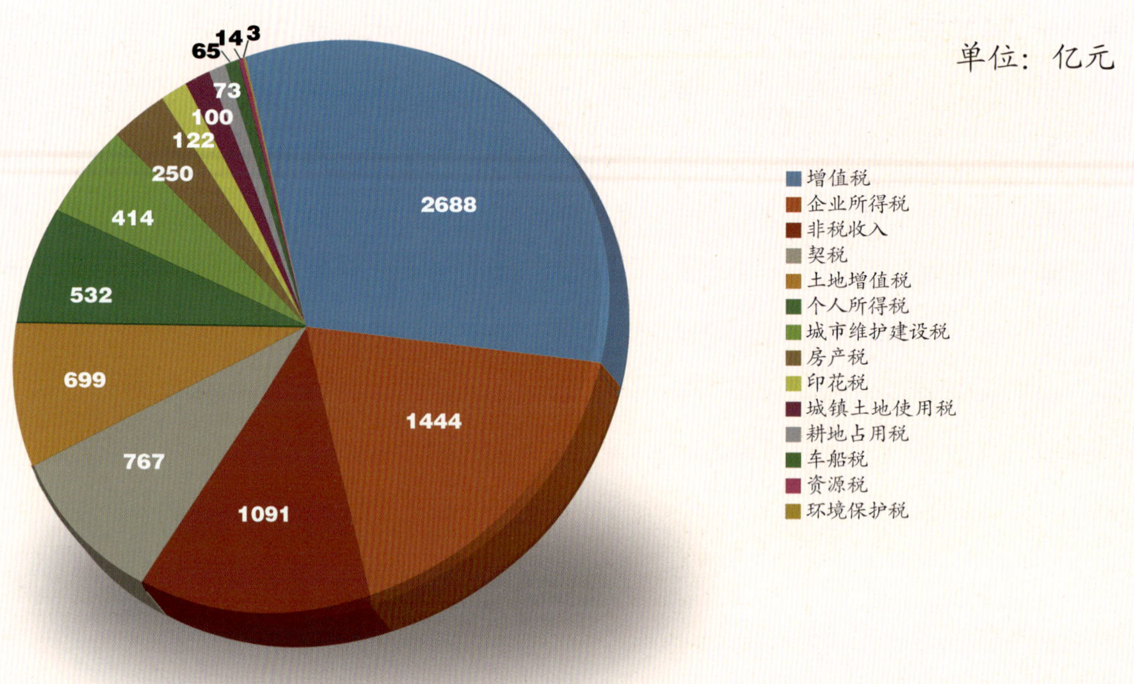

2021年浙江省一般公共预算支出组成

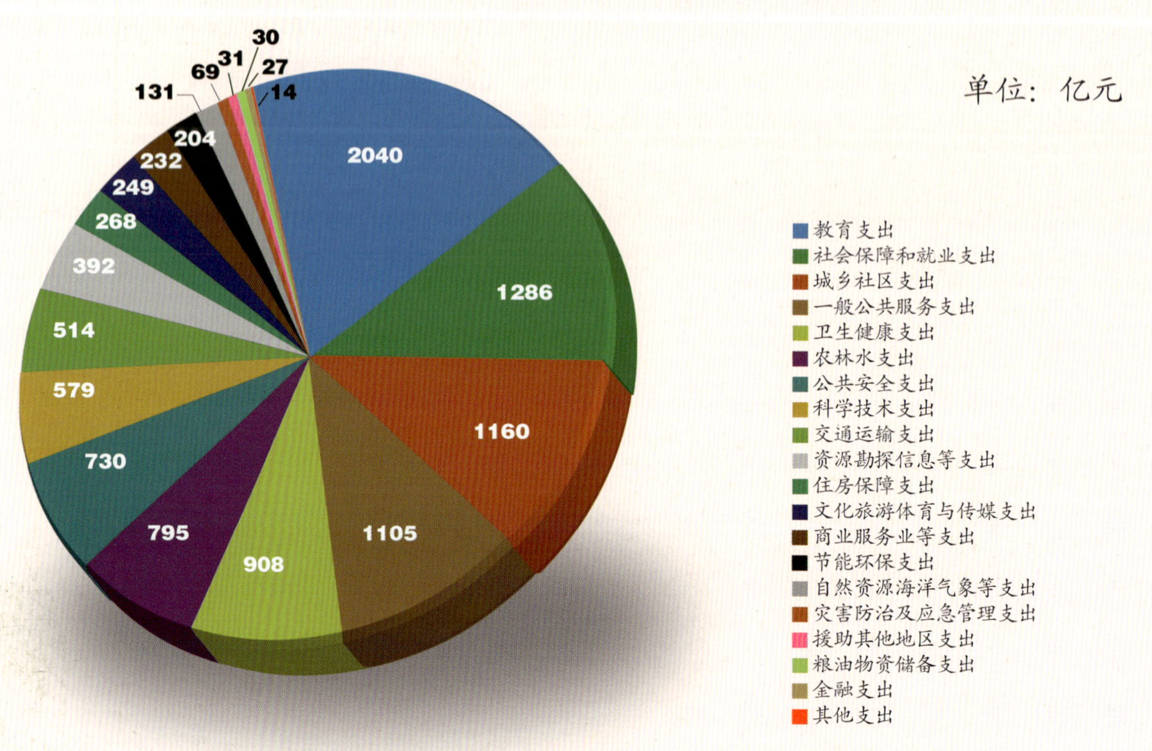

重要会议

2022年1月6日，全省财政工作会议以视频形式召开。浙江省委书记、省人大常委会主任袁家军，省委副书记、代省长王浩分别作重要批示，充分肯定2021年全省财政工作，并就做好2022年财政工作提出明确要求。省财政厅党组书记、厅长尹学群作工作报告。

省领导关心财政工作

2021 年 9 月 13 日，浙江省人大常委会党组书记、副主任梁黎明，省人大常委会副主任李学忠赴省财政厅调研数字化改革工作，省人大常委会秘书长鲁俊参加。调研组一行参观了浙江财政展示厅，听取财政工作和数字化改革情况汇报，并就进一步推进财政数字化改革提出要求。

推进共同富裕

为全面贯彻落实党中央、国务院关于支持浙江高质量发展建设共同富裕示范区重大部署，浙江省财政厅第一时间成立由厅主要领导为组长，各有关处室组成的共富专班，统筹协调研究构建推进共同富裕示范区财税政策体系，并积极向财政部争取支持政策和改革试点。

1 财政部2021年11月印发《支持浙江省探索创新打造财政推动共同富裕省域范例的实施方案》，提出5个方面18条措施，并赋予多项改革试点。这是除西藏、新疆外，财政部第一次全面支持全省域的重大改革重大战略

2 坚持绿色发展作为共同富裕的鲜明底色，全面落实新一轮绿色发展财政奖补机制，兑现财政奖补资金140.26亿元。绿色发展财政奖补机制获财政部“贯彻落实中央重大决策部署、深化财政改革发展的生动案例”一等奖

3 在中央及省级各主流媒体刊发各类新闻稿件，传播浙江财政在探索共富路上最新成果。图为省财政厅新闻发言人、总会计师倪学军走进浙江经视“有请发言人”特别节目

财政部文件

财预〔2021〕168号

财政部关于印发《支持浙江省探索创新打造财政推动共同富裕省域范例的实施方案》的通知

浙江省人民政府：

为深入贯彻落实《中共中央 国务院关于支持浙江高质量发展建设共同富裕示范区的意见》，财政部研究制定了《支持浙江省探索创新打造财政推动共同富裕省域范例的实施方案》，已经国务院主要领导同志阅批。现予印发。

附件：支持浙江省探索创新打造财政推动共同富裕省域范例的实施方案

2021年11月24日

附件：

支持浙江省探索创新打造财政推动共同富裕省域范例的实施方案

为深入贯彻落实《中共中央 国务院关于支持浙江高质量发展建设共同富裕示范区的意见》，更好发挥财政职能作用，支持浙江省探索创新打造财政推动共同富裕省域范例，制定本实施方案。

一、支持浙江省探索有利于推动共同富裕的财政管理体制

（一）加快推进省以下财政事权和支出责任划分改革。支持浙江省合理配置和清晰划分各级政府财政事权和支出责任，增强省级调控职能，适度强化省级在统筹协调跨区域事务方面的职责，优化支持区域均衡发展的财政体制政策。

（二）探索完善省与市县收入划分体制。支持浙江省贯彻分税制原则，根据税费属性合理划分收入，保护和调动市县发展积极性，夯实共同富裕的经济基础。提升省级财政统筹资源能力，更好发挥省级财政的均衡作用，强化财政体制“扩中”、“提低”的政策功能。探索建立省以下财政收支均衡度评估机制，逐步提高财政初次分配均衡度，为实现基本公共服务均等化奠定坚实财力基础。

1

1

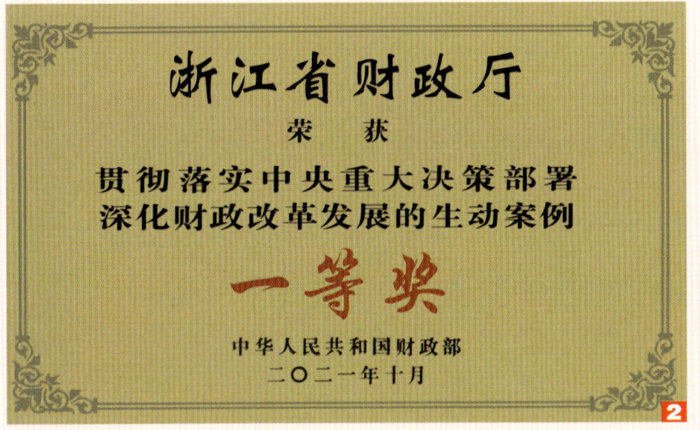

2

3

财政数字化改革

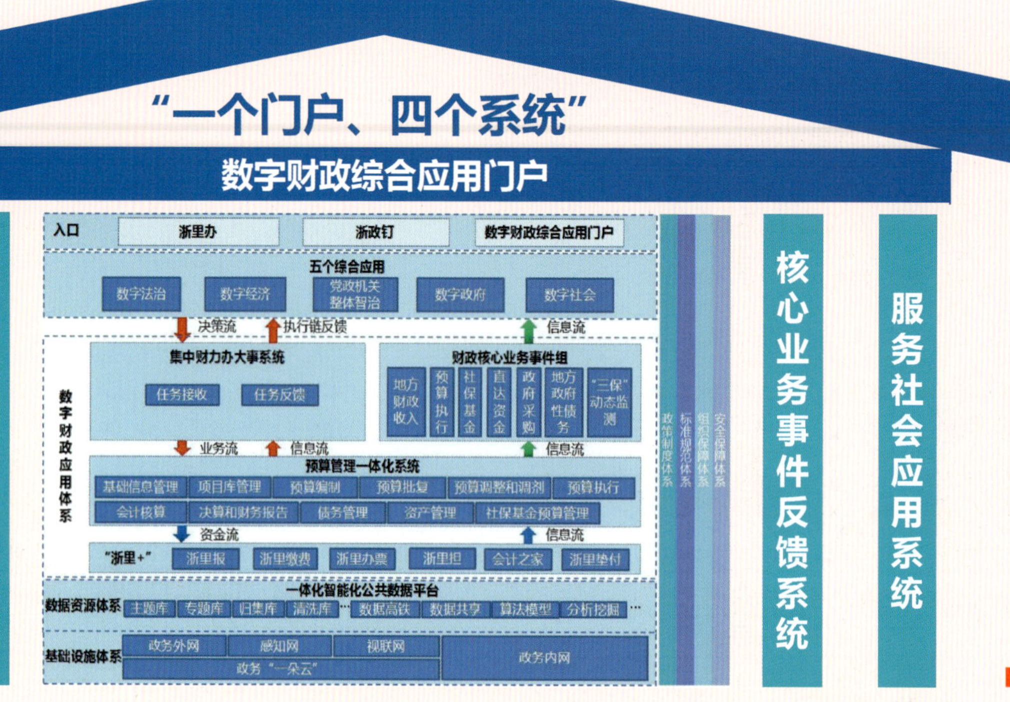

1

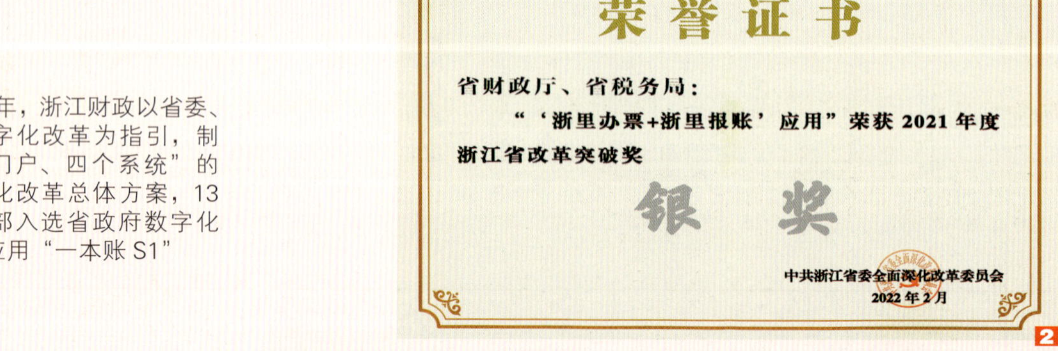

荣誉证书

省财政厅、省税务局：

“‘浙里办票+浙里报账’应用”荣获2021年度浙江省改革突破奖

银奖

中共浙江省委全面深化改革委员会

2022年2月

2

2021年，浙江财政以省委、省政府数字化改革为指引，制定“一个门户、四个系统”的财政数字化改革总体方案，13个场景全部入选省政府数字化改革重大应用“一本账S1”

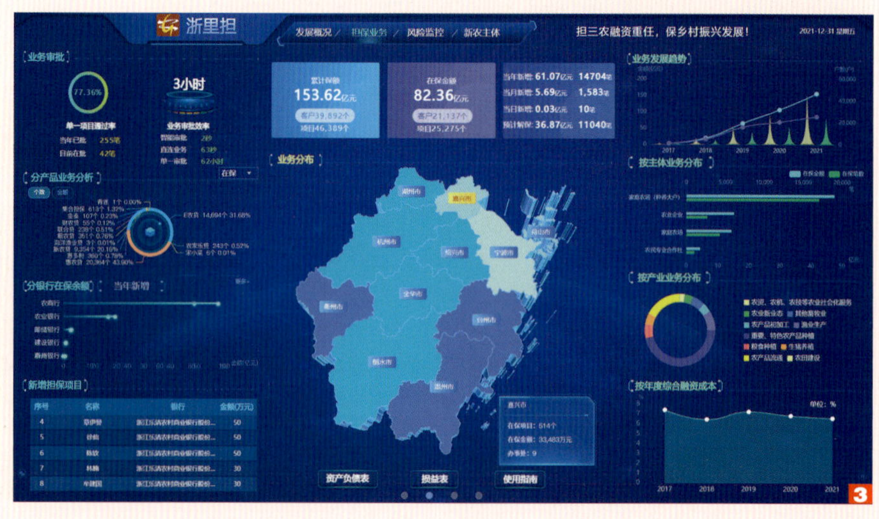

3

1 高效打造“一个门户、四个系统”财政数字化改革的总体框架

2 “浙里办票”+“浙里报账”实现全国首创机关企事业单位全流程无纸化应用，荣获浙江省数字化改革“最佳应用”、2021年度浙江省改革突破奖银奖

3 “浙里担”应用建立“一库一码一平台”，累计为4.6万多个新型农业经营主体办理担保贷款153.62亿元，入选“数字赋能促进新业态新模式的典型企业和平台”

工作思路调研

2021 年 9-11 月，省财政厅组织由厅领导带队的调研组，分赴全省有关市、县（市、区）开展工作思路调研。各调研组通过走访部门、单位、企业、农村、社区，调研重点项目，走访人大代表、政协委员等多种方式，广泛听取意见建议，深入了解基层真实情况和实际需求，为制定财税政策、推进财政工作、完善财政体制机制积累第一手资料。

1 2021 年 9 月 22 日厅党组书记、厅长尹学群在温州开展工作思路调研

2 2021 年 11 月 26 日厅党组副书记、副厅长、一级巡视员王广兵在省农业融资担保有限公司开展工作思路调研

3 2021 年 10 月 21 日副厅长、一级巡视员陈焕昌在杭州开展工作思路调研

1

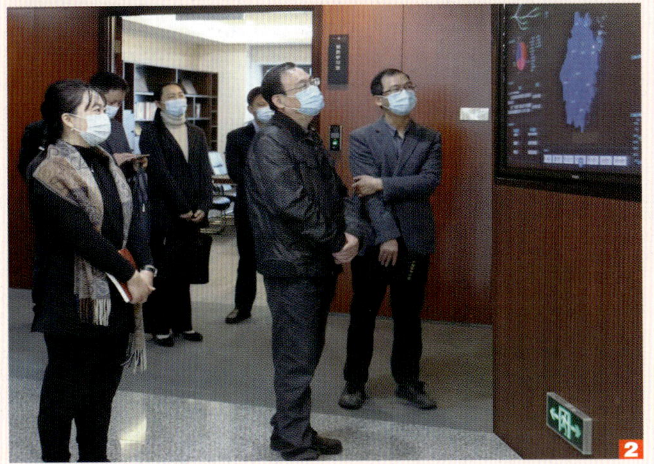
2

3

工作思路调研

1 2021 年 10 月 20—22 日厅党组成员、副厅长沈磊在衢州开展工作思路调研
2 2021 年 11 月 9—11 日厅党组成员、驻厅纪检监察组组长徐首红在金华开展工作思路调研
3 2021 年 10 月 19—21 日厅党组成员、副厅长邢自霞在丽水开展工作思路调研
4 2021 年 10 月 20—22 日厅党组成员，省金控公司党委书记、董事长章启诚在舟山开展工作思路调研
5 2021 年 10 月 20—22 日厅党组成员、副厅长章忠良在嘉兴开展工作思路调研
6 2021 年 10 月 18—20 日厅党组成员、总会计师倪学军在湖州开展工作思路调研

“三服务”活动

2021 年浙江省财政厅出台《关于开展“深化拓展三服务、凝心聚力十四五”行动工作方案》，全面打造“三服务”2.0 版，特别是一事一议、三跑三降等4条举措被列入省委“三为”专题实践活动内容，其开展情况均得到省领导批示肯定。全年全厅累计开展服务 323 次，其中厅领导带队 79 次，解决问题 649 个。

1 2021 年 1 月 12-13 日厅党组书记、厅长尹学群在丽水松阳送服务

2 2021 年 4 月 28 日厅党组书记、厅长尹学群在绍兴送服务

1

2

“三服务”活动

1 厅党组成员、副厅长沈磊率农业处赴衢州莲花未来社区送服务
2 厅党组成员、总会计师倪学军率执行局赴江苏银行省分行送服务
3 法规处赴江山市大陈乡开展惠农政策宣传讲解四级联动活动
4 综合处陪同财政部综合司赴新华三集团送服务
5 基层财政处赴绍兴市柯桥区开展农村综合改革工作指导服务
6 省农业融资担保公司为合作银行线上申请担保业务送服务

生态文明建设

2021年，浙江省财政安排绿色转化财政专项激励资金21.00亿元，支持20个非海岛县和3个海岛县高质量探索绿水青山向金山银山转化通道。获得资金的23县以绿色转化项目为牵引，坚持生态优先，聚焦绿色转化，高标准开展生态环境保护、高质量构建绿色转化通道、高水平推进生态文明建设。

1 桐庐县绿色转化项目
——钟山农村产业融合发展示范园
2 常山县绿色转化项目
——黄塘国家油茶公园景区
3 安吉县绿色转化项目
——董岭乡村旅游示范点
4 建德市绿色转化项目
——梅城古镇水系综合治理工程
5 永嘉县绿色转化项目——樱花园
6 黄岩区绿色转化项目
——江口轻化投资园区生态修复前后对比图

生态文明建设

2018—2021 年，钱塘江源头区域山水林田湖草生态保护修复工程获得中央重点生态保护修复资金20.00亿元。建德市、淳安县、常山县、开化县分别着眼于生态保护与历史文化融合、内陆湖泊生态系统保护修复、废弃矿山生态修复、生物多样性保护，统筹推进山水林田湖草综合治理、系统治理、源头治理。2021 年，钱塘江源头区域生态保护修复工程入选自然资源部与世界自然保护联盟（IUCN）联合发布的基于自然的解决方案中国实践典型十大案例。

1 常山县蓝天三衢生态治理工程
2 开化县马金溪流域综合治理工程
3 内陆湖泊生态系统保护修复工程——千岛湖武强溪生态湿地
4 钱江源国家公园生态保护与监测点
5 新安江综合保护工程——建德市下涯镇烟渚之江

PPP 项目、世行贷款项目

截至 2021 年底，浙江省（不含宁波，下同）纳入财政部 PPP 综合信息平台管理库项目 463 个，项目总投资 9120.05 亿元，项目数量与总投资均位列全国前列，PPP 模式在浙江省的推广发展，对拉动社会投资，平滑财政支出，推动全省绿色发展，助力碳达峰碳中和，加快基础设施补短板，促进高质量发展和共同富裕示范区建设发挥了积极作用。

1 杭绍台高铁 PPP 项目
2 杭州至海宁城际铁路 PPP 项目
3 衢州市体育中心 PPP 项目
4 义乌市垃圾焚烧发电厂改造提升 PPP 项目

2021 年，浙江省世行贷款农村生活污水处理系统及饮水工程项目被世界银行评为“高度满意”项目，成为浙江省利用世行贷款 38 年以来的第 2 个高度满意项目。该项目利用世行贷款 2 亿美元，在富阳区、安吉县、天台县、龙泉市共建成 8 座供水厂、8 座污水处理厂、147 个农村污水处理终端，项目直接受益人口约 126.63 万。通过农村供排水设施的改善和可持续运营，切实改善农村人居环境，为新时代美丽乡村建设，缩小城乡环境差距，实现共同富裕示范区建设提供了可复制的“浙江经验”。

5 世行贷款项目——安吉杭垓唐舍污水处理终端
6 世行贷款项目——富阳污水处理四期
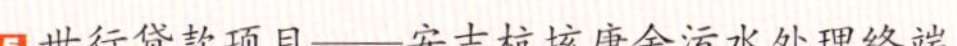
7 世行贷款项目——龙泉安仁污水厂

乡村振兴

2021 年，浙江省财政加快推进全省“四好农村路”建设，安排资金 35.88 亿元，通过专项补助和考核奖补等方式，引导各地重点开展通村公路、安保设施、危桥改造、陆岛码头建设和农村公路养护等，促进“四好农村路”成为浙江省的一张金名片。

1 浦江四好农村公路
2 安吉四好农村公路
3 淳安淳杨公路
4 莲都四好农村公路

2021 年，浙江省财政统筹安排省及省以上奖补资金 13.40 亿元，选择 19 个县（市、区）开展一事一议财政奖补助推美丽乡村建设，支持地方打造升级版美丽乡村，创建连片沿线的升级版美丽乡村 92 个；持续推进农村公益事业建设，扩大一事一议财政奖补项目覆盖面，支持农村公益设施项目建设 4156 个。

5 临安区美丽田园、田野风情提升项目
6 温岭市中扇新村乡村记忆馆
7 桐乡市美丽乡村小元头村荷花栈道

助力社会治理·文体事业

2021 年，浙江省财政安排资金 2.40 亿元，支持政法工作现代化创新引导项目 29 个、公检法司工作现代化创建项目 139 个；积极助力推进社会治理领域数字化改革，安排 0.48 亿元支持全省 35 个数字赋能社会治理现代化场景应用揭榜认领项目。

1 “枫桥式派出所”——龙游湖镇派出所警用装备智能管理室
2 余杭区社会矛盾风险智能预警处置平台
3 临安法院举行“共享法庭”协同系统、智慧终端发布会
4 诸暨法院执行全流程数字协同改革应用场景

2021 年，浙江省加强财政资金引导作用，向市县转移支付资金 5.35 亿元，扶持体育事业发展，落实百姓健身房建设补助，完成 2021 年浙江省十大民生实事建设任务，打造城市社区“10 分钟健身圈”。

5 体育下乡红色行活动
6 海盐县新拱村多功能运动场
7 宁波江北滨江体育公园
8 平湖市体育中心足球场

地方政府债券项目

截至 2021 年底，浙江省（不含宁波）累计争取新增地方政府债券 8399.3 亿元，规模居全国前列，支持了 9513 个交通基础设施、市政和产业园区基础设施、社会事业、保障性安居工程、农林水利等领域的项目建设，为扩大有效投资、拉动经济增长、助力高质量发展建设共同富裕示范区发挥了重要的资金保障作用。

1 杭州亚运会萧山区体育中心改造提升项目
2 合杭高铁湖杭段
3 衢宁铁路龙游南站站前配套工程
4 绍兴综合保税区工程
5 遂昌县农村饮用水达标提标工程
6 台州市椒江区大陈岛青垦文化园
7 温州瓯海区棚户区改造工程

党建 · 财政文化

2021 年 6 月 24 日，省财政厅举行“百年潮涌 我心向党”——浙江省财政系统庆祝中国共产党成立 100 周年主题朗诵会，为党的光辉历程吟诵讴歌，向党的百年华诞倾情献礼。省财政厅党组书记、厅长尹学群出席活动并致辞。省委党史学习教育第十四巡回指导组、省委直属机关工作委员会和省委宣传部有关领导莅临指导。

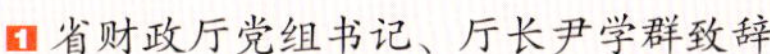

1 省财政厅党组书记、厅长尹学群致辞
2 杭州市财政局选送节目《丰碑》
3 嘉兴市和南湖区财政局选送节目《听，南湖的声音》
4 桐庐县财政局选送节目《追寻》
5 省财政厅选送节目《回答》
6 歌伴舞《不忘初心》
7 “百年潮涌 我心向党”活动全体成员合影

1

2

3

4

5

6

7

党建·财政文化

2021 年 11 月 29 日，全省财政系统学习宣传贯彻党的十九届六中全会精神启动仪式暨“财悦读”现场会在杭州召开。浙江省财政厅党组书记、厅长尹学群出席并作全会精神宣讲。省委宣传部原常务副部长胡坚、省委党史学习教育第十四巡回指导组、杭州市委党史学习教育第九巡回指导组以及相关部门负责人莅临指导。省财政厅各党支部书记、杭州市局班子成员参加现场活动，全省财政系统党员干部通过线上直播收看。

1 “财悦读”启动仪式
2 省委宣传部原常务副部长胡坚分享《我的家乡在下姜》的创作历程和故事
3 情景剧《古今对话共同富裕看浙江》
4 诗歌剧《传承》

1

2

3

4

财经文献

●省十三届人大六次会议重要文件

●财政部重要财经文件

●全省财政工作会议重要文件

全省财政工作

●全省财税工作

●财政分项工作

●直属单位概况

●学会协会活动

市县(市、区)财政工作

●杭州市财政工作

●湖州市财政工作

●嘉兴市财政工作

●金华市财政工作

三门县

●丽水市财政工作

丽水市

莲都区

龙泉市

缙云县

青田县

云和县

遂昌县

松阳县

财政统计资料

财政法规选编

财政文选

●厅领导谈财政

●市县领导议财政

财政工作大事记

财政机构人员

附 录

●专题经验介绍

●调研报告精选

TABLE OF CONTENTS

财经文献

zhejiang caizheng nianjian

省十三届人大六次会议重要文件

浙江省政府工作报告(摘要)

——2022年1月17日在浙江省第十三届人民代表大会第六次会议上

浙江省人民政府代省长　王　浩

一、2021年主要工作和成效

2021年坚持以习近平新时代中国特色社会主义思想为指导,全面贯彻党的十九大和十九届历次全会精神,深入贯彻习近平总书记重要指示批示精神,认真落实省委工作要求和省十三届人大五次会议确定的目标任务,坚持稳中求进工作总基调,完整准确全面贯彻新发展理念,忠实践行"八八战略"、奋力打造"重要窗口",争创社会主义现代化先行省,高质量发展建设共同富裕示范区,经济社会发展取得新成绩。全省生产总值7.35万亿元、增长8.5%,一般公共预算收入增长14%,城乡居民收入分别增长9.2%、10.4%,十方面民生实事圆满完成。

(一)共同富裕示范区建设扎实开局

制定出台实施方案,编制"四张清单",谋划实施扩中提低等重大改革,启动28个首批共同富裕试点,承接财政部、民政部等15个国家部委的专项支持政策,40余家省级部门出台配套落实政策,重点突破、合力推进的良好态势全面形成。

(二)高质量发展水平有效提升

科技创新和产业提升联动推进。深入实施人才强省、创新强省首位战略,研发投入强度达2.9%。启动实施新一轮制造业"腾笼换鸟、凤凰涅槃"攻坚行动,规上工业增加值增长12.9%。加快推进"5G+工业互联网"工程,数字经济核心产业增加值增长20%。深入开展质量提升行动,宁波舟山港集团获中国质量奖。

市场主体活力持续激发。全面落实各项惠企政策,实施减税降费直达快享,全年为企业减负超过2500亿元。加大金融支持实体经济力度。着力打造市场化法治化国际化营商环境,全年净增市场主体65.2万户、其中企业31.8万户。积极培育壮大市场主体,新增上市公司110家、单项冠军企业35家。

投资消费较快增长。积极扩大有效投资,深入推进"六个千亿"产业投资工程,全社会固定资产投资增长10.8%。努力提振居民消费,深入实施数字生活新服务行动,社会消费品零售总额增长9.7%。

对外开放持续扩大。外贸进出口总额跃居全国第3,实际使用外资增长16.2%。宁波舟山港货物吞吐量连续13年全球第1,成为全球第3个3000万级集装箱大港和第6大加油港。

生态环境质量持续改善。实施治水治气治土治废治塑组合拳,省控断面Ⅰ—Ⅲ类水质占比提高1.3个百分点,设区城市空气质量优良天数比率提高0.8个百分点。

(三)数字化改革引领体制机制重塑

数字化改革取得硬核成果。省市县三级一体化智能化公共数据平台全面上线,"浙江外卖在线""浙江e行在线""车辆检测一件事""民生关键小事智能速办"等一大批标志性应用上线运行。

重点领域改革多点突破。推进完善陆海区域协调体制机制、知识产权保护全链条集成改革、深化国有企业混合所有制改革、"大综合一体化"行政执法改革等13项重大改革,涌现了一批具有浙江辨识度的重大改革成果。创新推出"浙江公平在线"。

(四)区域城乡协调发展成效明显

长三角一体化扎实推进。强化全省域全方位融入长三角,24项一体化协同事项加快落地。加速数字长三角建设,105项政务服务事项实现跨省通办,30类高频电子证照实现互认。

"四大"建设呈现新亮点。20个"万亩千亿"新产业平台加快建设,开发区(园区)数量从1059个整合至134个。发布首批8个大花园示范县和16个"耀眼明珠"。建成杭台高铁、金台铁路、杭海城际、杭绍城际、宁波舟山港主通道等一批重大项目。唱好杭州、宁波"双城记"五年行动计划落地实施。

山区和海洋加快成为新增长点。实施山区26县跨越式高质量发展支持政策,26县全体居民人均可支配收入增幅高于全省平均水平。实施加快海洋经济发展建设海洋强省政策意见,海洋生产总值增速高于经济增速1个百分点。

乡村振兴和新型城镇化协同推进。持续深化"千万工程",农村人居环境显著改善。启动科技强农、机械强农行动,坚决整治耕地"非农化""非粮化"。推进新时代美丽城镇建设,启动建设城乡风貌样板区212个,新增未来社区创建221个,改造老旧小区814个。

(五)民生保障和社会治理持续加强

民生福祉不断增进。坚持就业优先,城镇新增就业122.4万人。建设筹集保障性租赁住房17.4万套,建成棚改安置住房10.8万套。落地实施"双减"政策,义务教育学校全部开展课后服务。率先实施全省域医学检查检验结果互认共享改革。新增乡镇(街道)居家养老服务中心365家、3岁以下婴幼儿普惠托位1.66万个。

文化体育建设扎实推进。全域打响"浙江有礼"品牌,全国道德模范评选表彰人数居各省(区、市)首位。强力实施文物安全大排查大整治大提升攻坚行动。加快建设国家版本馆杭州分馆等文化地标,启动实施宋韵文化传世工程。扎实推进杭州亚运会、亚残运会筹备工作。东京奥运会金牌数位列全国第1。

平安建设持续深化。加强常态化疫情防控，累计接种新冠疫苗1.42亿剂次。有效防控重点领域金融风险，不良贷款率处于全国较低水平。强力推进重点领域"遏重大"攻坚战。加强防汛抗台工作。深入开展社会矛盾纠纷清源专项行动。常态化推进扫黑除恶斗争。

二、2022年目标任务和重点工作

2022年工作的总体要求是：坚持以习近平新时代中国特色社会主义思想为指导，认真贯彻党的十九大和十九届历次全会、中央经济工作会议精神，忠诚拥护"两个确立"、坚决做到"两个维护"，坚持稳中求进工作总基调，完整准确全面贯彻新发展理念，加快构建新发展格局，忠实践行"八八战略"、奋力打造"重要窗口"，坚持以供给侧结构性改革为主线，统筹疫情防控和经济社会发展，统筹发展和安全，扎实做好"六稳""六保"工作，稳进提质、除险保安、塑造变革，确保经济运行在合理区间，确保社会大局稳定，推动高质量发展建设共同富裕示范区取得突破性进展、标志性成果，努力在新的赶考之路上为全国大局作出新的更大贡献，以优异成绩迎接党的二十大胜利召开。

建议主要预期目标为：生产总值增长6%左右，研发投入强度达到3%，一般公共预算收入、城乡居民收入与经济增长基本同步；城乡居民收入倍差持续缩小；居民消费价格指数涨幅3%左右；城镇新增就业100万人，调查失业率5.5%以内；完成国家下达的能源和环境指标计划目标。

（一）千方百计惠企助企，充分激发市场主体活力

以"真金白银"换市场主体轻装上阵、专注前行。全面落实减税降费政策，积极争取国家更大政策支持，最大限度挖掘省内降本空间，按照"第一时间+顶格优惠"原则，推动各项政策直达快享、及早发力，力争为市场主体减负3000亿元。

为市场主体注入更多金融活水。实施金融支持激发市场主体活力的政策。深入推进小微企业信贷"增氧计划"和金融服务"滴灌工程"，提升企业融资可获得性和便利度。

打造一流营商环境。深入开展优化营商环境行动，确保全省营商环境水平持续走在全国前列。全面推进极简审批许可、便利开办登记，加快实现商事主体登记"零干预、零材料、零费用、零跑动"，优化注销服务，建立歇业制度，畅通企业退出渠道。积极构建亲清政商关系，依法保护民营企业合法权益。

（二）千方百计扩大有效投资、激活居民消费，增强内生动力和发展后劲

突出抓好重大项目建设。以重大项目建设为抓手，实施优结构、扩投资"1+9"行动，扩大有效投资，优化投资结构，提高投资效益，实现有效投资增长6%左右。实施一批重大产业项目，以"万亩千亿"、开发区（园区）等重点产业平台为支撑，围绕"415"产业集群和网络通信、智能装备、生物医药、新材料等标志性产业链，统筹招大引强和激活内资，实现制造业投资增长10%。实施一批重大基础设施项目，按照适度超前布局的要求，聚焦交通、能源、水利、防灾减灾、新基建等领域，滚动做好项目储备，加快推进在建工程，实现基础设施投资增长5.5%左右。实施一批重大城市建设改造项目，积极推进城镇老旧小区改造、燃气管道更新、城市内涝治理，提升城市功能。实施一批重大民生项目，加大教育、医疗卫生、文化体育、保障性住房等领域项目推进力度。推进资源要素向重大项目集中，用足用好政府专项债，力争可用专项债资金增长20%以上、覆盖省以上重大项目，积极争取更多项目纳入国家土地保障重大项目清单和国家重大项目能耗单列。

多措并举激活居民消费。实施提升传统消费、扩大新型消费政策，实现社会消费品零售总额增长6%左右。培育壮大文化服务、休闲旅游、健康养生等生活性服务业，增加高品质服务供给。

（三）千方百计稳外贸稳外资，推动高水平对外开放

推动外贸外资平稳发展。抓住RCEP实施重大机遇，引导企业用好零关税等规则，落实好出口退税、出口信贷等政策，推行跨境电商、海外仓等新业态，确保出口占全国份额基本稳定。全面优化外商投资服务，力争实际使用外资180亿美元。

高标准建设自由贸易试验区。强化四个片区联动发展，坚持制度创新和项目建设双管齐下，推动舟山片区做强油气全产业链，推动宁波片区锻造世界一流强港硬核力量，推动杭州片区建设数字贸易示范区、国际金融科技中心、数字物流先行区，推动金义片区打造世界小商品之都。

深度参与共建"一带一路"。支持中国—中东欧国家经贸合作示范区创新发展，实施"丝路领航"三年行动计划。

（四）着力强化创新驱动，加快打造全球先进制造业基地

大力推进科技创新。聚焦三大科创高地建设，实施重大科研平台设施建设千亿工程，省级用于科技创新领域的资金增长40%。推动杭州城西科创大走廊打造综合性科学中心，完成10大省实验室建设布局。加强关键核心和基础共性技术攻关，组织开展"尖峰、尖兵、领雁、领航"攻关项目400项以上。落实好研发费用加计扣除等政策，推动企业加大创新投入，新增创新型领军企业10家、高新技术企业4000家、科技型中小企业8000家。

加快提升制造业核心竞争力。重塑制造业高质量发展政策体系，省级整合存量资金99亿元、新增20亿元，集中力量推进新一轮制造业"腾笼换鸟、凤凰涅槃"攻坚行动，力争规上工业增加值增长6%以上。强化龙头企业引领带动，力争新增上市公司70家，培育雄鹰企业10家、专精特新"小巨人"企业100家、单项冠军企业20家。强化链条式培育，推进创新链产业链融合发展，实施强链补链固链项目60项以上。强化集群式发展，培育"新星"产业群20个左右，积极创建国家战略性新兴产业集群。用好国家增值税留抵退税政策，重点支持企业技术改造，实现技改投资增长10%以上。

全力推动数字经济积厚成势。深化数字经济"一号工程"，做大做强数字安防、集成电路、智能计算和智能光伏等产业，推进类脑智能、量子信息等未来产业发展，力争数字经济核心产业增加值增长12%。

（五）着力深化数字化改革，持续增创体制机制新优势

迭代升级数字化改革。完善一体化智能化公共数据平台。围绕党建统领、数字政府、数字经济、数字社会、数字法治和基层治理等系统，加快打造一批管用实用好用的重大应用。

扎实推进“扩中”“提低”改革。聚焦产业工人、专业技术人员、个体工商户与小微创业者等扩中重点群体，低收入农户、进城务工人员、困难群体等提低重点群体，探索制定针对性增收激励政策，进一步激发增收积极性主动性。

深化重点领域改革。推进要素市场化配置改革，深入开展亩均效益领跑者行动，推动高耗低效企业转型升级，力争规上工业亩均税收增长8%。深化国土空间治理改革。完成国企改革三年行动。

（六）着力推进区域城乡协调发展，进一步缩小区域城乡差距

纵深推进长三角一体化。全力抓好协同事项落实，共建长三角生态绿色一体化发展示范区，推进虹桥国际开放枢纽南向拓展带建设，做深做实长三角产业合作区。

久久为功推进“四大”建设。编制实施杭州湾产业带高质量发展规划，加快建设大湾区十大标志性工程。深入开展“人人成园丁、处处成花园”活动，进一步做亮“耀眼明珠”。加快建设义甬舟开放大通道，提升综合交通枢纽功能，完善综合交通网络。唱好杭州、宁波“双城记”，支持温州增强城市综合竞争力，推动金义聚合同城化发展。

深入推进城乡融合发展。扎实推进城市有机更新，深化“千万工程”，强化城乡风貌整治提升，联动推进未来社区和未来乡村建设。有序推进农业转移人口市民化。

加快推进农业现代化。落实最严格的耕地保护制度，坚决遏制耕地“非农化”、防止耕地“非粮化”，加强高标准农田建设，确保粮食播种面积1510万亩。加大科技强农、机械强农推进力度。

大力推进海洋强省建设。加快建设甬舟温台临港产业带，积极发展海洋装备制造、海洋生物医药等产业，推动炼化一体化和下游新材料项目建设，建好国家级绿色石化产业基地。

推动山区26县跨越式高质量发展。坚持分类施策、一县一策，完善省域统筹机制和激励奖补政策，省财政新增安排专项资金，支持26县生态工业重点项目。深入实施山海协作工程。

（七）着力推动绿色低碳发展，让绿色成为浙江发展最动人的色彩

大力推行绿色低碳生产生活方式。坚持先立后破、通盘谋划，科学有序推进碳达峰碳中和，坚决遏制“两高”项目盲目发展，坚决避免“一刀切”、运动式“减碳”。狠抓百个千亿清洁能源项目建设，启动700万千瓦清洁火电、100万千瓦新型储能项目开工建设，新增风光电装机400万千瓦以上。实施全面节约战略，推进资源节约集约循环利用，倡导简约适度、绿色低碳的生活方式。

巩固提升环境质量。深入推进清新空气行动。深化“五水共治”碧水行动，持续推进“污水零直排区”建设。加强土壤污染治理。深化全域“无废城市”建设，推进塑料污染治理。

加强生态修复和保护。积极参与长江经济带共抓大保护。落实八大水系全面禁渔制度，实施美丽海湾保护与建设行动，扎实开展废弃矿山生态修复。

（八）着力统筹发展和安全，有效防范化解各种风险挑战

慎终如始抓好疫情防控。全面落实常态化疫情防控各项措施。强化平战结合，完善疫情防控六大机制，做到快检测、快流调、快编组、快转运、快隔离，不断提升疫情防控能力水平，坚决打赢疫情防控总体战遭遇战歼灭战。

全力防范经济金融风险。持续防范化解企业债务风险，有序处置私募投资基金等风险点，严厉打击非法集资等非法金融活动，依法稳妥处置房地产领域风险，稳步化解地方政府隐性债务风险。

全面加强安全生产。深化“遏重大”攻坚战，全面排查整治重点领域安全风险隐患，确保较大以上事故起数和伤亡人数“双下降”。深入推进台风、洪涝防治，加强地质灾害治理。

营造安定祥和的社会环境。坚持和发展新时代“枫桥经验”，加强基层治理“一中心四平台一网格”建设，完善基层矛盾纠纷调处化解机制。加强社会治安防控体系建设，常态化推进扫黑除恶斗争，严厉打击电信网络诈骗、跨境赌博等违法犯罪。

（九）着力办好杭州亚运会、亚残运会，向世界奉献一届中国特色、浙江风采、杭州韵味、精彩纷呈的体育文化盛会

打造一流赛事环境。要举全省之力，强化全省域参与，加强杭州和宁波、温州、金华、绍兴、湖州等协办城市的密切协作，凝聚起共襄盛举的强大力量。全力做好比赛项目筹办、疫情防控、安全保卫等各项工作，确保办得精细、精准、精致、精彩、经典。

营造全民参与氛围。大力倡导“人人都是东道主”理念，积极开展“迎亚运讲文明树新风”志愿服务，掀起全民迎接亚运、参与亚运的热潮。

全面提升城市品质。加强城市基础设施建设，推进环境综合整治，强化城市精细化智慧化治理，塑造城市文明新形象。

（十）着力保障和改善民生，让人民群众在迈向共同富裕中有更多实实在在的获得感

进一步加强就业和社会保障。强化就业优先政策。扎实做好企业职工基本养老保险全国统筹实施工作。完善大病、慢性病医疗保险制度。加快构建新型慈善体系。大力发展保障性住房。加强困难群体救助，实现困难群众应保尽保。

加快推进教育现代化。大力推动普惠性幼儿园和农村幼儿园扩容，补齐学前教育短板。加强基础教育资源优质均衡供给，巩固扩大“双减”成果。加快高等教育发展，推进新一轮学科建设计划，提高高校办学水平。

深入实施健康浙江行动。超常规推进“医学高峰”建设，推进国家中医药综合改革示范区建设，深化县域医共体和城市医联体建设，推动优质医疗资源均衡布局。

营造育儿友好环境。实施三孩生育政策及配套支持措施。

全面取消社会抚养费，完善生育保险政策。优化生育休假制度。大力发展普惠性托育服务。

加快构建幸福养老服务体系。支持专业性养老服务机构建设，创新家庭养老支持政策，完善社区居家养老服务网络。积极推进康养联合体建设。

加强新时代文化建设。深化文物安全大排查大整治。加快浙江文化标识建设，系统开展宋韵文化研究传承和南宋文化品牌塑造。深化文旅融合，加快大运河国家文化公园、四条诗路文化带建设。

为民办实事是高质量发展建设共同富裕示范区的重要内容。对照共同富裕示范区实施方案，着眼解决群众"急难愁盼"，坚持系统谋划，坚持群众普遍有感，坚持能快则快、能早则早、能多则多，用心用情用力办好民生实事。

1.新增150个乡镇(街道)建有托育机构；新增托位5万个，其中新增普惠托位3万个；新改扩建公办幼儿园100所，新增公办幼儿学位2万个。

2.新改扩建公办中小学100所，新增义务教育公办学位8万个；支援山区26县和6个海岛县组建跨地区教共体结对学校500所。

3.开展职业技能培训150万人次以上，新增技能人才40万名，其中新增高技能人才20万人。

4.建设国家临床重点专科项目10个；新增县级公立三级医院床位5000张，新改扩建规范化村卫生室(社区卫生服务站)500个；支持山区26县和6个海岛县全面建立标准化胸痛、卒中、创伤三大救治中心和检验、影像、病理三大共享中心，建设128个以上临床专科，新增院前急救服务站40家。

5.新增认知障碍照护专区床位6000张，新增持证养老护理员6000人，每个县(市、区)至少建成1家智慧公办养老院，所有乡镇(街道)居家养老服务中心配备无感服务智能终端。长期护理保险参保人员达到1500万人。

6.建设筹集保障性租赁住房30万套，开工改造城镇老旧小区不少于600个、7500栋。

7.提升建设规范化儿童康复机构50家，提升建设规范化残疾人之家200家，完成重要公共服务场所无障碍改造1000个。

8.完成全省520公里国省道起伏不平等病害点段、100座桥头整治，完成全省460公里城市道路起伏不平等病害点段、260座"桥头跳车"城市桥梁整治；11个设区市城区新增停车位10万个，新改建农村公路1600公里。

9.新开工提标加固海塘240公里，完成病险水库除险加固200座、山塘整治450座，提升改造农业灌溉泵站机埠、堰坝水闸1500座，改造农村供水管网2800公里，完成中小河流综合治理500公里。

10.建成"15分钟品质文化生活圈"8000个，新增城市书房200家、文化驿站100家、乡村博物馆400家，新建农村文化礼堂600个。

以上民生实事，我们将定点定时、定标定责，细化目标任务、压实工作责任、实时公布进度、接受群众监督，表格式压茬推进，清单化攻坚突破，确保每一件民生实事都做实做细做好，确保言必信、行必果，让全省人民早受益、多受益、更有获得感。

关于2021年全省和省级预算执行情况及2022年全省和省级预算草案的报告

2022年1月17日在浙江省
第十三届人民代表大会第六次会议上
浙江省财政厅

一、2021年预算执行情况

2021年，全省各地各部门坚持以习近平新时代中国特色社会主义思想为指导，全面贯彻党的十九大和十九届历次全会精神，深入贯彻习近平总书记重要指示批示精神，认真落实省委、省政府重大决策部署和省十三届人大五次会议决议，严格执行《中华人民共和国预算法》《中华人民共和国预算法实施条例》《浙江省预算审查监督条例》，聚焦"忠实践行'八八战略'、奋力打造'重要窗口'"主题主线，突出"三个争先"，以守好"红色根脉"的政治担当，做好生财、聚财、用财各项工作，推动积极的财政政策提质增效、更可持续，为争创社会主义现代化先行省、高质量发展建设共同富裕示范区贡献财政力量。全省和省级财政预算执行情况良好，促进了全省经济社会持续健康发展。

(一)2021年重点财政收支政策执行情况

1.谋划建立共同富裕示范区建设财税政策体系。积极争取国家支持，财政部出台《支持浙江省探索创新打造财政推动共同富裕省域范例的实施方案》，提出5方面18条支持举措，赋予我省多项改革试点，更好发挥财政职能作用，部省联动协同推动共同富裕，争取率先在体制机制上取得突破，形成一批推动共同富裕的标志性成果，为全国地方财政事业高质量发展提供浙江路径。对标高质量发展建设共同富裕示范区的新目标，以缩小地区差距、城乡差距、收入差距为主攻方向，建立重点任务、突破性抓手、重大改革、最佳实践"四张清单"，梳理财政重点任务38项，综合运用财税政策工具，在"做大蛋糕"的基础上"分好蛋糕"，研究保障共同富裕示范区建设的财税政策体系。

2.大力保障创新发展和产业升级。全省科技支出增长22.5%，积极保障深入实施人才强省、创新强省战略，加快建设三大科创高地。落实38亿元重点保障省实验室建设，支持之江实验室纳入国家实验室体系，推动杭州城西科创大走廊和省技术创新中心等重大载体平台和重大创新项目实施，引进培育高层次人才团队。落实19.55亿元实施重点研发和基础公益研究补助政策。落实"省海外引才计划""省高层次人才特殊支持计划""省高层次人才绩效奖励计划"等重点人才项目资金保障5.20亿元，落实"鲲鹏行动"计划资金8亿元，积极打造人才蓄水池。下达18亿元实施制造业高质量发展示范县（市、区）创建财政专项激励。下达14.20亿元，其中统筹10亿元用于数字产业化、产业数字化，重点支持实施产业链协同创新、生产制造方式转型示范项目计划、首台套产品提升工程，以及“1 + N”工业互联网平台体系、制造业创新中心建设等。

3.积极支持激发市场主体活力。综合考虑财政承受能力和实施助企纾困政策需要，新增实施提高增值税小规模纳税人起征点、提高制造业研发费用加计扣除比例等优惠政策，延续实施增值税留抵退税、阶段性降低失业保险费率、地方水利建设基金停征等政策。全省全年为企业减负超过2500亿元。制定《浙江省产业基金管理办法》，全面打造产业基金3.0版，更好发挥基金引导和杠杆作用。2021年省产业基金共完成实缴52.45亿元，助推企业转型升级。实施“放水养鱼”行动计划财政奖补政策，兑现省级财政激励资金6261万元，重点支持“放水养鱼”培育库优质企业。下达5亿元重点支持中小微企业高质量发展培育等。实施财政专项激励政策，下达1.08亿元支持20个县打造数字生活新服务样板县和夜间经济城市创建等，推动数字生活新服务成为促进消费的重要引擎，提升消费能级。落实2.60亿元推进新能源汽车推广应用和充电基础设施建设。

4.助力深化改革开放。按照“精打细算、量力而行、讲求绩效”的原则，加强顶层设计，统筹财政政策和资金，集中财力重点保障一体化智能化公共数据平台等项目建设，支持一大批标志性应用上线运行，积极助力打造“整体智治、唯实惟先”的现代政府。对标国际和国内先进自贸区（港），实施自贸区建设财政激励型转移支付政策。构建“义新欧”中欧班列同比例分担机制，支持“义新欧”中欧班列常态化运行。下达支持外经贸发展资金7.38亿元，做好出口信用保险保费补助、关键领域产品和技术进口贴息等，支持企业开拓国际市场，引导全省38个产业集群与跨境电商融合发展。

5.大力支持生态文明建设。立足财政职能，加快构建财政支持碳达峰碳中和政策体系和政策清单。支持实施能耗“双控”政策，并推进建立排污权、碳排放权、用能权等交易机制。全面实施新一轮绿色发展财政奖补机制，兑现奖补资金135.88亿元，推动与生态产品质量和价值相挂钩的财政奖补机制取得实效，继续实施森林生态效益补偿机制。落实省生态环境保护专项政策资金11.40亿元，深入实施治水治气治土治废治塑，推动生态环境质量持续改善。下达省自然资源专项资金23.29亿元，补助农村宅基地复垦耕地4.1万亩，落实耕地保护补偿，推动全域土地综合整治与生态修复等。落实省级林业专项资金6.47亿元，支持百万亩国土绿化和森林质量精准提升。浙皖两省各出资2亿元，继续实施新安江流域横向生态补偿试点。

6.加快推进长三角一体化发展和“四大”建设。下达14.40亿元实施支持共建长三角一体化示范区嘉善片区财政政策。落实2亿元继续实施长三角一体化发展激励政策。稳步推进长三角政府采购一体化发展，联合沪、苏、皖财政部门建立工作协调机制。2021年，省财政、嘉善财政会同国资企业出资15亿元，支持组建省长三角投资公司和长三角一体化示范区新发展建设公司。保障海洋强省国际强港战略，下达省海洋（湾区）经济发展资金20亿元。争取中央基建投资资金59.30亿元，落实省级资金113.44亿元，重点支持政府投资项目建设。保障高水平建设交通强省，落实中央和省级资金192.29亿元，推进公路、水运等综合交通发展。加快提升大花园核心区建设水平，落实诗路文化带建设资金5亿元。助推打造山海协作升级版，下达3.93亿元支持9个省级山海协作产业园提升工程和18个山海协作生态旅游文化产业园建设。加大对山区26县的财政支持力度，研究完善转移支付制度。下达设区市区域统筹发展财政专项激励政策资金8亿元，全面提升中心城市能级。

7.协同推进乡村振兴和新型城镇化。提升城乡基础设施建设水平，下达7.95亿元支持城镇生活垃圾分类和污水处理基础设施、城市地下综合管廊和海绵城市建设，下达资金1.50亿元支持农村生活污水治理。落实4.69亿元推进农房改造和美丽宜居示范村建设，持续改善城乡面貌。下达5亿元支持美丽城镇建设。落实乡村振兴绩效提升奖补政策资金19.62亿元，以县域为单位支持实施60个乡村振兴产业发展和集成创新示范建设项目；下达8.91亿元支持进一步巩固脱贫攻坚成果，衔接推进乡村振兴。下达农业农村高质量发展资金27.87亿元，全面落实粮油、生猪等扶持政策措施。落实84.56亿元，加快推进实施海塘安澜和百项千亿重大工程建设。落实2.36亿元支持开展新品种展示示范、种质资源保护和开发利用等。下达8亿元支持高水平建设“四好农村路”。下达3.25亿元支持历史文化（传统）村落保护利用。下达19.03亿元支持村级组织建设。落实5.51亿元扶持壮大村级集体经济，支持村级公益事业项目。落实7600万元支持红色美丽村庄建设。下达6.91亿元支持农村综合改革集成等综改项目建设。加快推进政策性农业信贷担保体系建设，为全省2万多个农业经营主体贷款69.63亿元提供担保。

8.进一步提升民生保障水平。继续将财政支出的三分之二以上用于民生，强化民生保障力度。

大力支持稳就业和社会保障。下达中央和省级就业补助资金11.57亿元。全省筹措落实新一轮东西部协作和对口支援财政资金62.69亿元，助力88个受援地高质量发展。全面实施企业职工基本养老保险省级统收统支工作，提高城乡居民基本养老保险省定基础养老金标准至月人均180元，下达中央和省级补助资金56.20亿元。落实4.75亿元支持养老服务体系建设，保障全省1.7万家居家养老服务中心运营和养老服务补贴的发放。下达中央和省级补助资金24.68亿元用于加强困难群众生活救助。落实11.89亿元做好困境儿童、残疾人等特殊群体保障。下达5亿元支持公租房保障和城镇棚户区、老旧小区改造。支持退役军人全生命周期管理保障新模式工作开展，下达中央和省级优抚补助资金13.90亿元。

保障教育事业发展。做好义务教育经费保障，下达中央和省级资金39.78亿元，支持义务教育“两免一补”；下达省级资金5.08亿元推进提升基础教育办学条件，我省义务教育标准化学校达标率超过98%，校际办学条件差异系数在0.3以内，城乡学校办学条件实现大体相当。落实省级学前教育补助9000万元，推动学前教育普惠发展。下达31.68亿元推进高水平大学、高水平学科、高水平高职院校和专业(群)等建设。

加大医疗卫生投入。提高城乡居民基本医疗保险财政补助标准至年人均600元，落实中央和省级补助70.49亿元。落实6.50亿元，支持高标准高质量实施委省共建国家区域医疗中心、中国科学院肿瘤与基础医学研究所等“医学高峰”建设项目。推动县域医共体建设和医疗卫生“山海”提升工程，下达省级奖补资金4.07亿元。

支持文化体育事业发展。支持文化浙江的标志性项目建设，落实6亿元高水平推进之江文化中心建设。落实浙江文化艺术发展基金2亿元、文化产业专项资金2亿元，增强文化软实力和文化产业竞争力。落实省级资金4.06亿元推进基本公共文化服务均等化，完善公共文化服务体系，保障博物馆、纪念馆免费开放。下达3亿元继续支持农村文化礼堂建设。落实1.72亿元，用于文物平安工程、革命文物保护利用、宋韵文化传承发展和非物质文化保护。落实6.72亿元保障省属亚运场馆建设，支持办好杭州亚运会、亚残运会。

支持做好疫情常态化防控工作。全省各级财政部门共拨付疫情防控资金103.52亿元。实施新冠病毒疫苗全民免费接种以来，全省共支付新冠病毒疫苗采购资金61.35亿元。提高基本公共卫生服务财政补助标准至年人均92元，落实中央和省级补助16.76亿元。

9.加快构建具有浙江特色的现代地方财税体制。根据国家和省“十四五”规划编制工作部署，印发实施“十四五”时期浙江省财政事业改革与发展的指导性文件《浙江省财政“十四五”规划》。我省绿色发展财政奖补机制荣获财政部“贯彻落实中央重大决策部署深化财政改革发展的生动案例”一等奖。围绕省委、省政府数字化改革总体部署，上下联动推进财政数字化改革，以数字财政综合应用门户为基础，加快构建集中财力办大事、预算管理一体化、核心业务事件反馈、服务社会应用“四个系统”，打造“浙里办票＋浙里报账”“政采云”数字化改革“最佳应用”。坚持政府过紧日子，全省全年共压减非刚性、非重点项目支出预算125.94亿元，压减率达11.7%。制定《浙江省直达资金管理实施细则》和《浙江省财政厅直达资金管理工作规范》，进一步优化直达资金管理。实现零基预算改革省级全覆盖、省级试点部门整体绩效评价全覆盖。制定《浙江省财政厅关于进一步深化预算绩效管理改革的实施意见》，完善全方位、全过程、全覆盖的预算绩效管理体系。深化地方政府债务管理，逐步建立专项债券项目穿透式监测机制。规范实施企业职工基本养老保险省级统筹，完善社会保险风险准备金制度。坚持“三保”支出在财政支出中的优先顺序，对39个县(市、区)开展县级“三保”预算编制审核。

与此同时，我们认真办理人大代表建议。在省十三届人大五次会议及闭会期间，人大代表共提出与财政相关的建议298件(其中主办15件)，根据会议决议精神，省财政厅严格落实办理责任，认真开展调查研究，主动、及时与代表沟通，按时办理完毕，满意率达100%。主办件中，所提问题及建议已经解决或列入计划逐步解决的达100%。如在办理温7号建议《关于推进我省电子发票应用社会协同的建议》时，六部门联合成立浙江省电子发票(票据)推广应用工作专班，共同打造“浙里办票”多跨协同应用场景，按照“全方位、一体化”的要求，全面实施我省发票(票据)数字化改革。目前，已上线浙江省电子发票(票据)综合服务平台，实现单位或个人认证后，自动归集名下财政电子票据和税务电子发票，提供全省电子发票(票据)一站式归集、下载、查验、存储等服务。

(二)2021年预算收支执行情况

1.一般公共预算执行情况

(1)全省

2021年全省一般公共预算收入8262.57亿元，为调整后预算的107.6%，为上年的114.0%。其中，税收收入7171.91亿元，为调整后预算的107.4%，为上年的114.5%，占一般公共预算收入的86.8%，收入质量位居全国前列。地方政府一般债务收入1325.50亿元，加上转移性收入4473.14亿元，收入合计14061.21亿元。全省一般公共预算支出11016.87亿元，完成调整后预算的110.7%，为上年的109.3%；地方政府一般债务还本支出973.32亿元；加上转移性支出2071.02亿元，支出合计14061.21亿元。收支相抵，全省一般公共预算收支平衡。

(2)省级

2021年省级一般公共预算收入346.82亿元，为调整后预算的110.1%，剔除省与市县增值税留抵退税清算调库时间调整等因素，为上年的110.1%；地方政府一般债务收入1109.10亿元，加上转移性收入3180.03亿元，收入合计4635.95亿元。省级一般公共预算支出652.52亿元，完成调整后预算的92.3%，剔除新增地方政府一般债务级次调整安排用于市县等因素，为上年的104.5%；加上转移性支出3983.43亿元，支出合计4635.95亿元。收支相抵，省级一般公共预算收支平衡。

2.政府性基金预算执行情况

(1)全省

2021年全省政府性基金预算收入11647.28亿元，为调整后预算的120.5%，为上年的102.6%；加上地方政府专项债务收入2910.27亿元、转移性收入240.99亿元，收入合计14798.54亿元。全省政府性基金预算支出12395.64亿元，完成调整后预算的110.1%，为上年的104.3%；加上地方政府专项债务还本支出747.63亿元、转移性支出1655.27亿元，支出合计14798.54亿元。收支相抵，全省政府性基金预算收支平衡。

(2)省级

2021年省级政府性基金预算收入44.09亿元，为调整后预算的128.8%，为上年的156.6%；加上地方政府专项债务收入2530.30亿元、转移性收入41.15亿元，收入合计2615.54亿元。省级政府性基金预算支出145.39亿元，完成调整后预算的

101.2%，为上年的58.2%；加上转移性支出2470.15亿元，支出合计2615.54亿元。收支相抵，省级政府性基金预算收支平衡。

3.国有资本经营预算执行情况

(1)全省

2021年全省国有资本经营预算收入125.06亿元，为预算的128.5%，为上年的109.4%；加上转移性收入12.67亿元，收入合计137.73亿元。全省国有资本经营预算支出73.15亿元，完成预算的117.9%，为上年的119.1%；加上转移性支出64.58亿元，支出合计137.73亿元。收支相抵，全省国有资本经营预算收支平衡。

(2)省级

2021年省级国有资本经营预算收入46.92亿元，为预算的110.5%，为上年的93.3%；加上转移性收入6.24亿元，收入合计53.16亿元。省级国有资本经营预算支出25.10亿元，完成预算的87.6%，为上年的83.0%；加上转移性支出28.06亿元，支出合计53.16亿元。收支相抵，省级国有资本经营预算收支平衡。

4.社会保险基金预算预计执行情况

(1)全省

2021年全省社会保险基金预算收入5888.29亿元，为预算的106.7%，为上年的130.6%；加上转移性收入637.54亿元，收入合计6525.83亿元。全省社会保险基金预算支出5750.81亿元，完成预算的102.2%，为上年的111.6%；加上转移性支出750.26亿元，支出合计6501.07亿元。收支相抵，全省社会保险基金预算本年收支结余24.76亿元。

(2)省级

2021年省级社会保险基金预算收入2835.50亿元，为预算的107.5%，为上年的1185.5%；加上转移性收入643.20亿元，收入合计3478.70亿元。省级社会保险基金预算支出3168.10亿元，完成预算的100.0%，为上年的1797.7%，主要是2021年1月1日起企业职工基本养老保险基金实行省级统收统支，由省本级全额统一下拨全省各地企业职工基本养老保险基金支出；加上转移性支出759.19亿元，支出合计3927.29亿元。收支相抵，省级社会保险基金预算本年收支赤字448.59亿元，赤字主要是企业职工基本养老保险基金上解中央调剂金支出较多、待遇享受人数增加，以及基本养老金水平提高。

5.经批准举借债务的规模、结构、使用、偿还情况

(1)举借规模

①**全省**。2021年，全省地方政府债务限额18033.35亿元(2020年债务限额15380.35亿元，加上2021年新增债务限额2611.00亿元和剩余新增债务限额42.00亿元)。全省发行地方政府债券4235.78亿元，其中：新增债券2611.00亿元，再融资债券1624.78亿元。

②**省级**。2021年，省级债务限额为1162.24亿元，省级新增地方政府债务限额104.40亿元。

(2)结构

①**全省**。截至2021年末，全省地方政府债务余额为17427.10亿元，其中：一般债务7133.94亿元，占40.9%；专项债务10293.16亿元，占59.1%。地方政府债务余额控制在债务限额以内，符合预算法规定。

②**省级**。截至2021年末，省级地方政府债务余额为924.78亿元，其中：一般债务272.58亿元，占29.5%；专项债务652.20亿元，占70.5%。

(3)使用

①**全省**。2021年，全省新增地方政府债券2611.00亿元，其中：用于交通运输746.30亿元(其中：政府收费公路134.35亿元)，占28.6%；市政建设750.80亿元，占28.8%；棚户区改造等保障性住房建设332.61亿元(其中：棚户区改造建设270.31亿元)，占12.7%；农林水利建设208.58亿元，占8.0%；科教文卫520.40亿元，占19.9%；生态建设和环境保护52.31亿元，占2.0%。

②**省级**。2021年，省级新增地方政府债券104.40亿元，其中：交通基础设施建设100.50亿元，教育事业2.90亿元，医疗卫生事业1.00亿元。

(4)偿还

①**全省**。2021年，全省财政共安排还本支出1720.96亿元，其中：用于偿还到期政府债务1448.96亿元(一般债务还本支出823.33亿元，专项债务还本支出625.63亿元)，用于偿还存量债务272.00亿元(一般债务还本支出150.00亿元，专项债务还本支出122.00亿元)。

②**省级**。2021年，省级无到期债券需还本。2021年，地方政府债券资金均依法用于公益性项目建设；偿债资金来源落实，按时足额还本付息，没有出现偿付风险。政府债务风险指标控制在合理区间，低于警戒线，处于绿色安全区间，债务风险可控。

这一年来取得的成绩，是习近平新时代中国特色社会主义思想科学指引的结果，是党中央、国务院和省委、省政府坚强领导的结果，是省人大、省政协及代表委员们监督指导的结果，是全省人民共同努力的结果。

同时，我们也清醒地看到，在财政管理过程中还面临一些困难和挑战，预算刚性约束不强，个别重大项目预算执行进度偏慢，年度执行率未达到预期；资源配置效率有待提升，有的部门依然存在财政资金沉淀问题；还有个别市县存在一定程度的“重分配、轻绩效”意识，财政资金绩效管理不够完善。对此，我们认真研究，积极采取有力措施切实加以解决。

二、2022年预算草案

(一)2022年财政收支形势

2022年将实施更大力度的减税降费政策，同时，经济社会发展还面临需求收缩、供给冲击、预期转弱三重压力，对财政收入增长形成制约，疫情形势持续演变增加收入不确定性。财政支出方面，稳经济、保民生、扩大基础设施投资等重点领域支出仍需要加强保障。财政收支形势依然严峻，面临的挑战很大。各地各部门既要正视困难，又要坚定信心，进一步加强财政资源统筹，打好稳增长政策组合拳，落实减税降费政策，保证财政支

出强度，加快支出进度，优化支出重点和结构，继续坚持党政机关过紧日子，强化预算约束和绩效管理，切实防范财政风险，严肃财经纪律，将宝贵的财政资金用在“刀刃上”。

（二）2022年财政预算编制的指导思想

2022年是党的二十大召开之年。按照中央和省委对经济工作的总体部署以及财政改革总体要求，根据2022年度全省经济社会发展目标、国家宏观调控总体要求和跨年度预算平衡的需要，参考上年度执行情况，并结合对2022年财政收支形势的分析和预测，全省2022年财政预算编制的指导思想是：坚持以习近平新时代中国特色社会主义思想为指导，认真贯彻党的十九大和十九届历次全会精神、中央经济工作会议精神，全面落实省委、省政府决策部署，聚焦“忠实践行‘八八战略’、奋力打造‘重要窗口’”，突出“稳进提质、除险保安、塑造变革”，推动积极的财政政策提升效能，更加注重精准、可持续，建立财政保障清单，充分发挥财政政策“四两拨千斤”作用，助力稳定宏观经济大盘，围绕高质量发展建设共同富裕示范区、数字化改革等重大工作，着力构建财税政策体系，打造更多改革标志性成果，把忠诚拥护“两个确立”、坚决做到“两个维护”体现到财政工作全过程，以优异成绩迎接党的二十大胜利召开。

（三）2022年重点财政收支政策

2022年，在安排重点财政收支政策时，我们坚持集中财力办大事、坚持精准可持续、坚持党政机关过紧日子、坚持兜牢民生底线的原则，着力促进财政收支更稳健、财政政策更高效、财政资金更聚焦，更好地支持稳企业、扩投资、促消费、稳外贸、增动能、惠民生。

1.进一步支持激发市场主体活力。落实更大力度减税降费政策，按照“第一时间+顶格优惠”的原则，落实国家新的减税降费政策，继续实施停征地方水利建设基金、降低失业保险费率、“亩均论英雄”差别化城镇土地使用税减免等地方政策。推动各项政策直接惠企，力争为市场主体减负3000亿元。支持提高金融服务实体经济能力，加大政府性融资担保支持力度，安排省再担保公司注册资本金10亿元，力争再担保业务达到800亿元，进一步增强其在支持中小微企业和“三农”融资方面的放大效应。安排普惠金融发展专项政策资金1亿元，择优支持10个县（市、区）开展民营和小微企业金融服务综合改革试点，着力优化融资环境。加强对中小微企业纾困帮扶，完善稳市场主体的一揽子财政政策，全力推进中小微企业、个体工商户减负纾困、恢复发展。拓展强化政府采购政策功能，支持中小微企业参与政府采购活动，政府采购项目预留给中小企业的比例提高10个百分点；将面向中小企业的政府采购合同预付款比例提高10个百分点；降低政府采购合同履约保证金比例，继续执行取消政府采购投标（响应）保证金、采购文件工本费政策。实施中小微企业纾困以工代训补贴政策，加大对中小微企业稳就业的支持力度。

2.积极支持扩投资促消费稳外贸稳外资。支持扩大有效投资方面，加强主动服务和业务辅导，扎实开展专项债券项目储备行动，积极争取中央专项债券支持，创新服务方式，充分开展重大项目财政承受能力评估，对跨区域、跨市县的国家、省重大项目实行整体谋划、一项一评、明确责任、统筹推进，用足用好债券资金，力争可用专项债资金增长20%以上，保障加快重大项目和重大民生工程建设。安排9.35亿元高水平推进之江文化中心建设。安排1.27亿元，继续推进全民健身中心建设。以产业基金带动产业投资，安排省级政府产业基金5.65亿元，助推企业转型升级，进一步提升产业基金落地率和撬动社会资金率。支持促消费和对外开放方面，安排2.73亿元持续抓好数字生活新服务，培育消费新热点，支持社区商业设施配套、步行街改造、智慧商圈建设等。统筹政策和资金支持文旅消费。研究出台加强县域商业体系建设相关财政政策。促进新能源汽车消费，安排3亿元用于支持新能源汽车推广应用和充电基础设施建设。安排稳外贸稳外资专项资金8.79亿元，重点支持走出去、引进来、服务贸易和货物贸易，省级稳外贸资金增长14%。新增安排省级激励型财政转移支付1亿元，大力支持中国（浙江）自由贸易试验区建设发展。安排5.48亿元，比上年增加4.28亿元，推进“义新欧”中欧班列高质量发展。

3.着力助推创新驱动发展。持续加大科技创新投入，全省财政科技支出增长15%，省级用于科技创新领域的专项支持资金增长40%，保障推进三大科创高地建设。安排59.35亿元，比上年增长59%，支持国家实验室、省实验室、省技术创新中心建设，保障新一代信息、生命健康、新材料、碳达峰碳中和等领域关键核心技术攻关。继续支持杭州城西科创大走廊建设。积极探索财政科研绩效管理，推进科技创新分类评价体系改革。加快科研经费管理改革，激发科研人员创新活力。持续加大人才引育留用保障力度，筹措14.37亿元支持“鲲鹏行动”计划等重点人才项目。安排4.07亿元保障博士后工作站、院士之家和创新基地建设。统筹3.02亿元支持西湖大学加快发展。助推提升制造业核心竞争力，全省按规定提取土地出让收入的0.5%以上作为专项经费，加大对新一轮制造业“腾笼换鸟、凤凰涅槃”攻坚行动保障力度。省级整合存量资金99亿元、新增20亿元，集中力量支持制造业高质量发展，助推规上工业增加值增长6%以上。落实研发费用加计扣除政策，加大增值税留抵退税力度，并向制造业特别是先进制造业倾斜，促进先进制造业高质量发展。继续安排制造业高质量发展财政专项激励政策资金18亿元，支持18个县（市、区）打造制造业高质量发展示范样板。优化省中小企业发展专项资金支持重点，实施“放水养鱼”行动计划财政激励政策，促进中小企业提升创新能力及专业化水平，引导地方支持培育省级专精特新企业2000家。强化保障数字经济“一号工程”深入实施，安排省工业与信息化专项资金19.20亿元，重点支持产业链提升工程、生产制造方式数字化智能化绿色化转型、首台套提升工程、制造业创新中心等，其中统筹不少于10亿元用于数字产业化、产业数字化领域，并优化工业互联网平台支持方向，支持区域级、行业级工业互联网平台升级打造“产业大脑”，助推打造“未来工厂”“智能工厂”“绿色工厂”。

4.支持数字化改革和重点领域改革。完善数字化改革财政保障机制，围绕党建统领、数字政府、数字经济、数字社会、数字法治和基层治理等系统建设，进一步强化财政保障力度，支持加快打造一批重大应用。支持深化重点领域改革，对深化"亩均论英雄"改革工作有力、成效明显的县(市、区)，在安排省工业与信息化发展财政资金时予以每地500万元的奖励。全面完成国企改革三年行动，进一步做好省级党政机关和事业单位所属企业统一监管后半篇文章。探索率先建立集体经营性建设用地入市增值收益分配机制。

5.奋力助推区域协调发展。支持推进长三角一体化，继续安排2亿元实施长三角一体化发展激励政策，推动长三角一体化重点区域优质公共服务共享、基础设施互联互通和产业协同发展程度提升。保障"四大"建设，支持加快高水平建设交通强省，安排省级资金121亿元，向重大基础设施建设平台注入资本金，新增安排省交通投资集团注资5亿元，落实省政府铁路、高速公路投融资改革相关政策，调整国省道建设和养护省级补助政策，保障构建现代化、高质量综合立体交通网。继续安排省海洋(湾区)经济发展资金20亿元，联动推进海洋强省建设。助推山区26县跨越式高质量发展，构建财政专项激励政策，并安排26县发展实绩考核奖励资金13.90亿元，统筹支持26县经济社会发展，激发增强内生发展动力。统筹新增资金，加大支持26县生态工业重点项目。助推打造山海协作升级版，统筹安排1.89亿元奖励资金，支持9个山海协作产业园提升工程和18个山海协作生态旅游文化产业园提升工程。全省筹措不少于60.75亿元，支持做好援疆、援藏、援青、浙川东西部协作等工作。

6.助力城乡融合发展。保障城乡基础设施水平提升，安排12.97亿元支持城镇生活垃圾分类和污水处理基础设施、美丽宜居示范村等建设。安排3亿元支持农村生活污水治理"强基增效双提标"行动。继续安排5亿元支持美丽城镇建设。安排89.04亿元，保障海塘安澜、百项千亿防洪排涝工程等重大水利项目建设和重大水利专项行动实施，对"26＋3"中的沿海县(市、区)及海岛地区问题海塘项目按现行标准提高10个百分点给予支持，并支持中小河流治理等，积极构建全省安全水网。落实高水平推进乡村振兴决策部署，分年度稳步提高土地出让收入用于农业农村的比例。安排44.03亿元保障农业农村高质量发展、乡村振兴绩效提升奖补。重点围绕农业"双强"行动计划，专项支持资金比上年增长86%，支持农业特色优势产业全程机械化发展、农业种质资源保护和良种繁育基地建设等重点领域和关键环节。安排8.91亿元支持衔接推进乡村振兴政策。深化"千万工程"建设，安排4.15亿元持续推进历史文化(传统)村落保护利用和美丽乡村示范带培育。增加省农业融资担保有限公司资本金1亿元，完善财金协同支农机制。安排18.68亿元支持村级组织建设。安排6.99亿元，比上年增加1.48亿元，扶持壮大村级集体经济，开展一事一议财政奖补。安排农村综合改革补助资金4.99亿元。健全农业转移人口市民化财力保障机制，优化奖补资金分配办法，有序推进农业转移人口市民化。

7.大力推动绿色低碳发展。建立健全财政支持碳达峰碳中和政策体系，新增资金10.7亿元，鼓励低(零)碳试点等，力争为实现碳达峰、碳中和目标提供坚实支撑。加大生态保护补偿资金投入力度，安排绿色发展财政奖补政策资金138.62亿元。进一步研究完善绿色发展财政奖补机制。研究扩围实施与生态产品质量和价值相挂钩的财政奖补机制。继续支持钱江源—百山祖创建国家公园。安排省生态环境保护专项资金13.34亿元，加强生态保护和污染防治。新增安排奖补资金2.90亿元，加快实施城镇"污水零直排区"建设攻坚行动。安排省自然资源专项资金26.42亿元，支持完成保护耕地和乡村全域土地综合整治与生态修复工程100个以上等。安排省级林业专项资金7.10亿元，加大对森林质量精准提升和松材线虫病防治投入力度。建立健全横向生态保护补偿机制，促进生态保护和修复。

8.全力保障安全发展。持续做好疫情防控资金保障，落实患者医疗救治、一线医务人员临时性工作补助、重点人群核酸检测、新冠病毒疫苗全民免费接种等费用。健全稳定的公共卫生事业投入机制，安排公共卫生资金8.04亿元，进一步提升基本公共卫生服务标准和水平。支持提升安全生产保障水平，围绕"1+4+N"模式，新增安排2.30亿元保障应急救援平台建设。安排1.06亿元用于支持全省安全生产、避灾安置场所建设及服务保障能力提升等工作。安排食品药品安全监管专项政策资金2.84亿元，提升食品药品质量安全保障水平。

9.推进全生命公共服务优质共享。将财政支出的三分之二以上用于民生，推动"扩中""提低"改革，健全基本公共服务保障标准体系，推进基本公共服务更加普惠均等可及，保障标准和服务水平稳步提高。加大保民生省级转移支付力度，支持市县保障实施十方面民生实事。

加大就业和社会保障投入。完善有利于更充分更高质量的就业政策，安排就业补助资金3.30亿元，健全统筹城乡、线上线下一体的就业公共服务体系。安排5.11亿元，比上年增加2.79亿元，支持实施新时代浙江工匠培育工程和技工教育发展，制定出台一流技师学院和高水平专业群建设支持政策，深入推进"技能浙江"建设。继续扩大失业保险基金支出范围，支持企业转岗培训等。安排18.28亿元，新增1.44亿元，用于保障困难群众生活救助。安排12.05亿元保障困境儿童和残疾人等特殊群体的生活补助。安排4.27亿元推进残疾人服务提升和残疾儿童康复提标扩面。安排5亿元支持发展保障性租赁住房、老旧小区改造等。支持营造育儿友好环境，推动落实未享受生育津贴的生育女性经济补助政策，研究制定生育友好型财政支持政策。

支持推进教育现代化。提高义务教育省定公用经费标准，小学由现行的每生每年650元提高到800元，初中由850元提高到1000元。安排7.76亿元重点保障义务教育公用经费等资金需求，落实义务教育"双减"政策，深入推进课后服务开展；并统筹安排29.81亿元用于改善基础教育办学条件，重点支持义务教育规范"民转公"等工作。安排3.10亿元保障中小学扶困助学，确保应助尽助。安排教育发展专项资金8.72亿元，保障学前教育普及普惠、教共体建设等，提升地方基础教育质量和水平。安排31.02亿元保障高水平大学、高水平学科、高水平高职院校和专业(群)建设。

保障实施健康浙江行动。加大医疗卫生事业投入,安排7.64亿元推进“医学高峰”项目建设。全省安排11.20亿元,新增2.53亿元,保障城乡居民“三免三惠”行动。安排4.98亿元用于支持推进医疗卫生“山海”提升工程、县域医共体改革,增强县域医疗卫生服务能力。安排1.07亿元支持开展中医药传承创新发展项目。逐步提高城乡居民医疗保险财政补助标准,安排资金27.86亿元。安排医疗救助政策资金6.72亿元,保障特困供养人员、低保家庭人员、低保边缘家庭人员和因病致贫对象自负合规医疗费用等补助。

保障构建幸福养老体系。稳步提高退休人员基本养老金水平,安排城乡居民基本养老保险省级补助资金35.45亿元,新增6.90亿元。安排5亿元支持建设居家社区机构相协调、医养康养相结合的养老服务体系。

加大文化事业保障力度。安排4.58亿元支持完善公共文化服务体系,保障博物馆、纪念馆免费开放。研究制定“之江潮”杯文化大奖奖励机制,安排3亿元用于文化建设表彰奖励。按进度安排浙江文化艺术发展基金1亿元,扶持优秀文化艺术作品创作。继续安排5亿元支持诗路文化带建设,深化文旅融合发展。继续安排3亿元支持农村文化礼堂提升运营管理水平。安排2.27亿元支持实施“文化遗产保护工程”“宋韵文化传世工程”、革命文物保护利用等。安排1.03亿元支持良渚遗址保护申遗等世界级文化遗产培育。

支持办好杭州亚运会、亚残运会。持续保障完善体育基础设施配套建设,连续三年统筹财政资金20亿元支持加快推进省属比赛场馆和训练场馆建设,提前下达10亿元补助杭州市亚运会赛时运行经费,支持高质量办好2022年杭州亚运会、亚残运会。安排省扶持体育发展专项资金5.57亿元,支持全省体育事业、体育产业发展,推进高水平体育强省建设。

(四)2022年一般公共预算草案

1.全省

(1)收入预算

2022年全省一般公共预算收入预期8800.00亿元,为上年执行数的106.5%。主要科目收入情况:

2022年全省一般公共预算主要科目收入情况(单位:亿元)

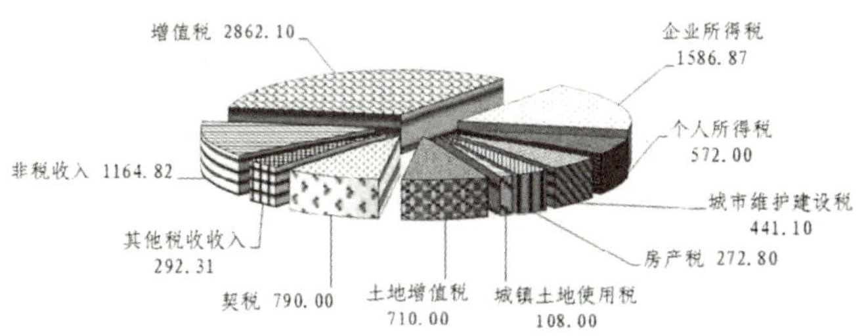

全省一般公共预算收入预期8800.00亿元,地方政府一般债务收入预期868.12亿元,加上转移性收入2785.44亿元,收入合计12453.56亿元。

(2)支出预算

拟安排2022年全省一般公共预算支出11049.00亿元,剔除新增地方政府一般债务安排的支出、中央转移支付不再预估等因素,为上年调整后执行数的106.0%。重点支出情况:

2022年全省一般公共预算重点支出情况(单位:亿元)

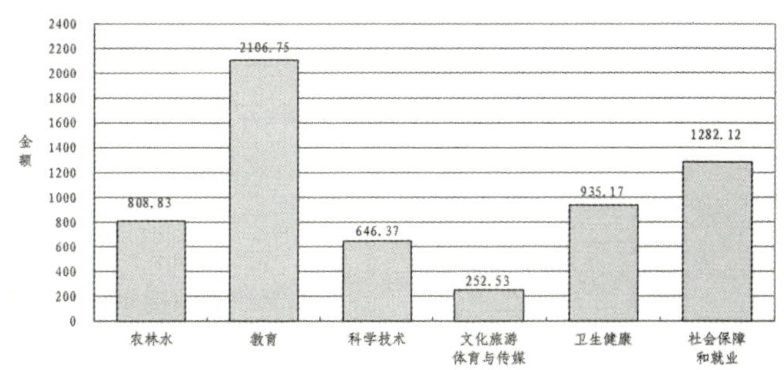

全省一般公共预算支出11049.00亿元,预备费121.00亿元(为本级预算支出的1.1%),地方政府一般债务还本支出744.33亿元,加上转移性支出539.23亿元,支出合计12453.56亿元。

收支相抵,全省一般公共预算收支平衡。

2.省级

(1)收入预算

2022年省级一般公共预算收入预期342.00亿元,为上年调整后执行数的104.5%。主要科目收入情况:

2022年省级一般公共预算主要科目收入情况(单位:亿元)

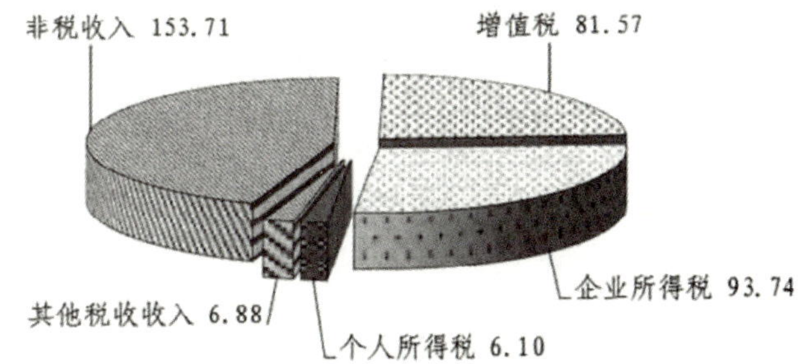

省级一般公共预算收入预期342.00亿元,地方政府一般债务收入预期708.64亿元,加上转移性收入3111.18亿元,收入合计4161.82亿元。

(2)支出预算

拟安排2022年省级一般公共预算支出728.70亿元,剔除上年延后安排省级政府产业基金增资等项目,为上年调整后执行数的104.0%。重点支出情况:

2022年省级一般公共预算重点支出情况(单位:亿元)

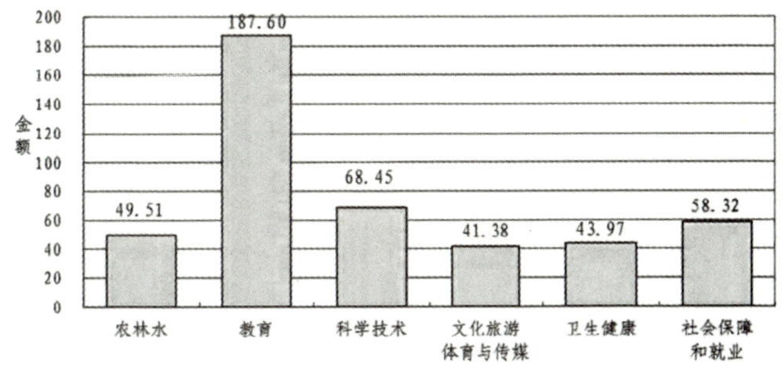

省级一般公共预算支出728.70亿元，预备费8.10亿元（为本级预算支出的1.1%）、地方政府一般债务还本支出24.00亿元，加上转移性支出3401.02亿元，支出合计4161.82亿元。

其中：一般性转移支付1499.94亿元，专项转移支付439.32亿元。

收支相抵，省级一般公共预算收支平衡。

人代会前安排的省级支出情况：根据《中华人民共和国预算法》第五十四条规定，预算年度开始后，省级预算草案在省人代会批准前，安排使用的支出，主要是参照上一年同期的预算支出数额安排必须支付的本年度基本支出和项目支出。

（五）2022年政府性基金预算草案

1.全省。2022年全省政府性基金预算收入预期9067.49亿元，为上年执行数的77.9%；加上地方政府专项债务收入1725.33亿元、转移性收入381.61亿元，收入合计11174.43亿元。全省政府性基金预算支出9327.39亿元，剔除新增地方政府专项债务因素，为上年调整后执行数的80.7%；加上地方政府专项债务还本支出791.40亿元、转移性支出1055.64亿元，支出合计11174.43亿元。收支相抵，全省政府性基金预算收支平衡。

2.省级。2022年省级政府性基金预算收入预期59.69亿元，为上年执行数的135.4%；加上地方政府专项债务收入1509.05亿元、转移性收入49.83亿元，收入合计1618.57亿元。省级政府性基金预算支出152.90亿元，剔除新增地方政府专项债务安排的支出因素，为上年调整后执行数的167.8%；加上转移性支出1465.67亿元，支出合计1618.57亿元。收支相抵，省级政府性基金预算收支平衡。

（六）2022年国有资本经营预算草案

1.全省。2022年全省国有资本经营预算收入预期113.27亿元，为上年执行数的90.6%；加上转移性收入17.61亿元，收入合计130.88亿元。全省国有资本经营预算支出74.85亿元，为上年执行数的102.3%；加上转移性支出56.03亿元，支出合计130.88亿元。收支相抵，全省国有资本经营预算收支平衡。

2.省级。2022年省级国有资本经营预算收入预期43.82亿元，为上年执行数的93.4%；加上转移性收入11.64亿元，收入合计55.46亿元。省级国有资本经营预算支出28.63亿元，为上年执行数的114.0%；加上转移性支出26.83亿元，支出合计55.46亿元。收支相抵，省级国有资本经营预算收支平衡。

（七）2022年社会保险基金预算草案

1.全省。2022年全省社会保险基金预算收入预期6374.83亿元，为上年预计执行数的108.3%；加上转移性收入637.54亿元，收入合计7012.37亿元。全省社会保险基金预算支出6161.23亿元，为上年预计执行数的107.1%；加上转移性支出750.26亿元，支出合计6911.49亿元。全省社会保险基金本年预期结余100.88亿元。

2.省级。2022年省级社会保险基金预算收入预期3242.44亿元，为上年预计执行数的114.4%；加上转移性收入643.82亿元，收入合计3886.26亿元。省级社会保险基金预算支出3415.10亿元，为上年预计执行数的107.8%；加上转移性支出751.23亿元，支出合计4166.33亿元。省级社会保险基金本年预期赤字280.07亿元，企业职工基本养老保险基金实行省级统收统支，由省本级全额统一下拨全省各地企业职工基本养老保险基金支出，赤字主要是待遇享受人数增加，抚养比较低，以及基本养老金水平提高，当年收不抵支。

（八）2022年地方政府债务

2021年12月中旬，财政部下达我省新增地方政府债务限额1259.00亿元（其中：下达2021年剩余新增债务限额42.00亿元，提前下达2022年新增债务限额1217.00亿元）。鉴于2022年全年新增地方政府债务限额尚未下达，我省2022年地方政府债务限额暂按2021年限额18033.35亿元，加上提前下达2022年部分新增限额，即19250.35亿元把握。

2021年12月下达的新增债务1259.00亿元已编入2022年预算，主要用于交通运输、市政建设、保障性住房、农林水利、科教文卫、生态环保等基础设施建设。2022年全年新增地方政府债务限额待财政部下达后，再依法编制调整预算方案（草案）提交省人大常委会审议批准。

根据分年度地方政府债券到期情况，一般债券到期以一般公共预算收入偿还，专项债券到期以专项债券项目对应的政府性基金或专项收入偿还，分年落实偿债资金来源，确保按期还本付息，财政中长期可持续。2022年，在一般公共预算支出中安排一般债务还本支出744.33亿元，在政府性基金预算支出中安排专项债务还本支出791.40亿元。

三、认真抓好2022年财政预算执行和管理改革工作

（一）持续强化财政统筹，确保财政运行平稳可持续。坚决落实党政机关过紧日子的要求，严格控制和压减一般性支出，2022年全省非刚性、非重点项目支出预算只减不增，严控“三公”经费和会议费、培训费，努力降低行政运行成本，把更多的财政资源用于改善基本民生和支持市场主体发展。构建具有浙江特色的零基预算管理新模式，完善“目标、指标、审核、评价”四个体系组成的全过程管理机制。打造集中财力办大事财政政策体系升级版，持续优化支出结构，保证财政支出强度。加强预算执行管理，加快支出进度，优化完善财政拨款结转结余资金管理。完善常态化直达资金监督管理机制，确保直达资金下达与监管同步“一竿子插到底”。完善跨年度预算平衡机制，强化中长期财政规划约束力。

（二）以数字化改革为牵引，持续深化财政管理改革。落实全省数字化改革重大应用“一本账S1”，推进浙里财税应用建设，加快“浙里办票＋浙里报账”“浙企一表通”“统一公共支付”“集中财力办大事”等创新型应用和服务社会重大应用场景建设；迭代升级“政采云”等优势项目。充分发挥数字化改革的牵引撬动作用，推进财政制度重塑、管理流程优化。深化预算管理制度改革，细化各项政策措施，切实加强制度体系建设。创新完善省对市县财政体制，推进地区协调高质量发展。贯彻落实《财政部支持浙江省探索创新打造财政推动共同富裕省域范例的实

施方案》，探索构建体系化、集成化的"钱随人走"制度体系，提高基本公共服务领域转移支付分配的合理性和精准度。坚持全省"一盘棋"，深化预算绩效管理，重点推进市县绩效管理提升；系统总结试点经验，推广利用改革成果，以"小切口"推动绩效管理"大转变"；推进部门预算绩效管理改革，完善与部门整体绩效相挂钩的预算分配机制和奖惩机制。强化资产全生命周期管理，完善新增资产配置预算与资产存量挂钩机制。深化政府采购制度改革，强化采购人主体责任，完善监管体系。

（三）进一步严肃财经纪律，防范化解财政风险。严格执行各项财经法规和管理制度，坚决维护制度的严肃性，硬化预算刚性约束。切实加强财政管理，规范收支行为，不折不扣落实国家统一的财税政策。坚持问题导向，强化各项重大政策监督、重点项目监督工作。进一步强化财会监督，促进行业健康发展。强化政府债务风险管控，严格实施政府投资项目立项前财政承受能力和债务风险评估，建立隐性债务化解工作正向激励机制。健全社会保险基金风险管控机制，落实充实社保基金国有资本管理工作。完善基层"三保"风险管控机制，加强"三保"预算执行监控，开发完善"三保"动态监测及风险预警系统。优化乡镇财政风险管控机制，逐步建立健全与乡镇履行职能相适应的财政保障体制。

2022年，我们将更加紧密地团结在以习近平同志为核心的党中央周围，在中共浙江省委的坚强领导下，严格按照省十三届人大六次会议的决议和要求，认真贯彻党中央、国务院和省委、省政府各项决策部署，齐心协力、开拓进取，忠实践行"八八战略"、奋力打造"重要窗口"，为争创社会主义现代化先行省、高质量发展建设共同富裕示范区作出新的更大的贡献！

浙江省第十三届人民代表大会财政经济委员会关于2021年全省和省级预算执行情况及2022年全省和省级预算草案的审查结果报告

（2022年1月20日浙江省第十三届人民代表大会第六次会议主席团第四次会议通过）

浙江省第十三届人民代表大会第六次会议审查了省人民政府提出的《关于2021年全省和省级预算执行情况及2022年全省和省级预算草案的报告》、2022年全省和省级预算草案。财政经济委员会在会前初步审查基础上，根据代表们的审议意见，对预算报告和预算草案作了进一步审查。现将审查结果报告如下：

一、2021年面对错综复杂的外部环境和艰巨繁重的改革发展任务，全省各级政府及其财政部门坚持以习近平新时代中国特色社会主义思想为指导，全面贯彻党的十九大和十九届历次全会精神，忠诚拥护"两个确立"、坚决做到"两个维护"，深入贯彻习近平总书记重要指示批示精神，认真落实中央和省委决策部署，坚持稳中求进工作总基调，完整准确全面贯彻新发展理念，忠实践行"八八战略"、奋力打造"重要窗口"，争创社会主义现代化先行省，扎实推动高质量发展建设共同富裕示范区，严格执行预算法律法规，着力做好生财、聚财、用财各项工作，全省和省级财政预算执行情况良好，有力促进了全省经济社会持续健康发展。同时，在财政管理中还存在一些问题，预算执行刚性约束还不够，财政资金绩效管理尚需加强，防范化解风险的压力仍比较大。对此，必须高度重视，采取切实有效措施加以解决。

二、财政经济委员会认为，省人民政府提出的预算报告和预算草案，全面贯彻中央和省委经济工作会议精神，体现积极的财政政策提升效能、更加注重精准可持续的要求，预算安排符合法律法规规定，工作举措切实可行。财政经济委员会建议，省十三届人大六次会议同意《关于2021年全省和省级预算执行情况及2022年全省和省级预算草案的报告》，批准2022年省级预算。

三、2022年是党的二十大和省第十五次党代会召开之年，也是我省高质量发展建设共同富裕示范区深入推进的一年，做好全年财政预算工作意义重大。财政经济委员会建议：

（一）充分发挥财政政策导向作用，促进经济平稳健康发展。把稳住经济大盘作为重大政治任务，坚持稳进提质，落实积极的财政政策，持续提升政策效能，更加注重政策的精准性、可持续性。统筹财政资源，集中财力办大事，着力保障重大改革、重大政策、重大战略任务和重大项目实施。强化创新驱动，持续加大科技创新投入，助力打造全球人才蓄水池，支持关键核心技术和基础共性技术攻关。精准有效实施减税降费政策举措，加大中小微企业纾困帮扶力度，大力支持实体经济发展。

（二）探索创新财政体制机制，扎实推动共同富裕示范区建设。坚持系统谋划，先行先试，推动"扩中""提低"改革，探索构建初次分配、再分配、三次分配协调配套的基础性制度安排。大力支持乡村振兴战略实施，助力山区26县跨越式高质量发展。健全全覆盖、多层次、可持续的社会保障体系，完善全生命周期公共服务财政保障机制，推进基本公共服务优质共享。

（三）强化绩效理念，提升财政管理效能。深化财政数字化改革，推进制度重塑、流程优化和效能提升。加快健全绩效管理体系，强化绩效激励约束和问责机制，切实做到"花钱必问效、无效必问责"。进一步明晰财政事权和支出责任，优化转移支付体系和结构，完善直达资金管理机制。深化零基预算改革，健全支出标准体系，强化预算刚性约束，推进预算管理更加精准高效。坚持党政机关过紧日子，努力降低行政运行成本。

（四）坚持底线思维，着力防范化解各类财政风险。统筹发展与安全，坚决贯彻落实中央和省委关于加强地方政府债务管理的部署要求，稳妥有序化解存量隐性债务，坚决遏制新增隐性债务。完善社保基金管理机制，确保社保基金安全可持续运行。加强基层财政运行风险监测预警，切实兜牢基层"三保"底线。

财政部重要财经文件

关于印发《支持浙江省探索创新打造财政推动共同富裕省域范例的实施方案》的通知

（财预〔2021〕168号）

财政部于2021年11月25日印发

支持浙江省探索创新打造财政推动共同富裕省域范例的实施方案

为深入贯彻落实《中共中央、国务院关于支持浙江高质量发展建设共同富裕示范区的意见》，更好发挥财政职能作用，支持浙江省探索创新打造财政推动共同富裕省域范例，制定本实施方案。

一、支持浙江省探索有利于推动共同富裕的财政管理体制

（一）加快推进省以下财政事权和支出责任划分改革。支持浙江省合理配置和清晰划分各级政府财政事权和支出责任，增强省级调控职能，适度强化省级在统筹协调跨区域事务方面的职责，优化支持区域均衡发展的财政体制政策。

（二）探索完善省与市县收入划分体制。支持浙江省贯彻分税制原则，根据税费属性合理划分收入，保护和调动市县发展积极性，夯实共同富裕的经济基础。提升省级财政统筹资源能力，更好发挥省级财政的均衡作用，强化财政体制“扩中”“提低”的政策功能。探索建立省以下财政收支均衡度评估机制，逐步提高财政初次分配均衡度，为实现基本公共服务均等化奠定坚实财力基础。

（三）进一步完善省以下转移支付制度。推进浙江省明晰各类转移支付功能定位，优化转移支付体系和结构，更好发挥一般性转移支付均衡区域间基本财力配置，共同财政事权转移支付保障基本公共服务落实，专项转移支付引导下级干事创业的作用。

（四）支持深化收入分配制度改革。浙江省有关部门按国家统一部署做好税制改革措施落实。鼓励浙江省设立慈善信托，完善慈善褒奖制度，引导社会参与公益慈善事业。支持浙江省率先建立集体经营性建设用地入市增值收益分配机制。

二、支持浙江省探索率先实现基本公共服务均等化的有效路径

（五）鼓励浙江省在实现基本公共服务均等化方面先行先试。探索建立目标明确、步骤清晰、水平合理、保障到位的基本公共服务均等化保障政策框架，逐步健全基本公共服务保障标准体系，完善与经济发展阶段和财力水平相适应的基本公共服务保障标准确定机制和动态调整机制，推进基本公共服务更加普惠均等可及，保障标准和服务水平稳步提高，率先实现省域内基本公共服务均等化，为推进实现全国范围内的基本公共服务均等化提供浙江样本。

（六）上下联动加快构建“钱随人走”制度体系。中央财政研究完善中央对地方转移支付中常住人口折算比例，结合中央财力逐步增加中央财政农业转移人口市民化奖励资金规模，加大对吸纳外来人口较多地区的稳定财力支持。鼓励浙江省探索构建体系化、集成化的“钱随人走”制度体系，完善以人为核心的基本公共服务领域转移支付制度，逐步改革与人口流动关系密切的相关转移支付分配办法，促进转移支付资金分配与人口流动紧密挂钩，提升基本公共服务领域转移支付分配的合理性和精准度。加强央地协同，逐步健全上下贯通、有效衔接、层层联动的农业转移人口市民化长效机制。

（七）进一步完善全生命周期公共服务财政保障机制。促进教育公共服务体系均等化，推动浙江省义务教育优质均衡发展。提高城乡居民基本养老保险制度吸引力，加大地方财政缴费补助，激励个人多缴费长缴费。支持浙江省按国家统一部署开展长期护理保险制度试点。健全多层次、城乡统筹的社会保障托底政策体系，推进分层分类精准救助。推进城乡公共文化服务体系一体建设，支持大运河国家文化公园浙江区段建设，鼓励浙江省扩大公共体育场馆免费或低收费开放财政补助范围，支持浙江省扩大博物馆、纪念馆免费开放财政补助范围，丰富全域高品质现代文化供给。

三、支持浙江省探索践行绿水青山就是金山银山理念的财政政策

（八）引导加大生态保护补偿资金投入力度。中央财政结合财力状况，逐步增加重点生态功能区转移支付规模，加大对生态功能重要性突出地区和生态保护红线覆盖比例较高地区的支持力度。引导浙江省加大生态保护补偿资金投入力度，因地制宜出台生态保护补偿引导性政策和激励约束措施，将生态功能重要地区全面纳入省级对下生态保护补偿相关转移支付范围，建立健全差异化生态保护补偿机制，调动省以下各级地方政府生态保护积极性，增强绿色发展的内生动力。鼓励浙江省依法稳步推进不同渠道生态保护补偿资金统筹使用，一体化推进生态保护补偿工作，提高生态保护整体效益。

（九）优化流域横向生态补偿机制。建立健全横向生态保护补偿机制，促进生态保护和修复。鼓励浙江省探索更多横向生

态保护补偿方式，通过对口协作、产业转移、人才培训、共建园区、购买生态产品和服务等方式，实现受益地区与生态保护地区良性互动。

（十）创新碳达峰、碳中和财政综合支持政策。指导浙江省财政部门研究实施碳达峰、碳中和财政奖惩政策，将能耗强度、碳排放强度指标完成度和财政资金奖惩挂钩。围绕能源等重点领域，支持浙江省实施一揽子财政政策，力争为实现碳达峰、碳中和目标提供坚实支撑。鼓励浙江省进一步探索生态产品价值实现机制试点。支持浙江省开展全域幸福河湖建设改革试点，鼓励浙江省按规定统筹资金支持试点项目建设。

四、支持浙江省探索形成助推经济高质量发展的财政政策

（十一）支持科技创新。建立稳定的财政科技投入支持机制，支持浙江省打造“互联网+”、生命健康、新材料三大科创高地。着力打通基础研究、应用基础研究和产业应用全链条，推动关键核心技术、卡脖子技术攻关，支持科研院所加快高质量发展，提高自主创新能力。支持浙江省打造高质量发展的高等教育体系，充分发挥浙江省民营经济发达的优势，鼓励社会力量参与举办“小而精”的高水平特色高校，探索用新机制举办新型研究型大学和高水平应用型大学。

（十二）支持塑造产业竞争新优势。支持宁波舟山港建设世界一流强港、打造国际航运物流枢纽。支持浙江省义新欧（中欧班列）提质扩容专项激励试点，推动开放型经济高质量发展。发挥国家中小企业发展基金作用，通过市场化方式支持符合条件的中小企业。支持打造特色产业集聚区，推动浙江省民营经济高质量发展。鼓励制造业领域相关政府投资基金积极参与投资浙江省符合条件的重大产业项目。

（十三）深入实施山海协作工程。支持浙江省海洋强省建设，为全国和其他省份海洋经济高质量发展提供示范和借鉴。按照“资金跟着项目走”的原则，充分考虑浙江省重大项目、重大战略、财力水平、债务风险等因素，对新增债务限额给予积极支持，推动浙江省高质量发展，扩大有效投资补短板，加快重大项目和重大民生工程建设。支持浙江省完善系统化全域推进海绵城市建设工作方案，高品质提升城市人居环境。通过革命老区转移支付等渠道，促进浙西南革命老区振兴发展。支持浙江省建立涉农资金统筹整合长效机制。

五、支持浙江省探索建立现代预算管理制度先行示范

（十四）进一步深化预算管理制度改革。支持浙江省运用零基预算理念编制预算，合理确定支出预算规模。鼓励浙江省在预算支出标准体系建设方面先行先试，运用科学合理的实际执行情况制定或调整标准，提高预算管理的科学化、标准化水平。支持浙江省加强资产管理，推进新增资产配置与资产存量挂钩，探索将长期低效运转和闲置资产调剂共享。

（十五）不断加大预算公开力度。支持浙江省在项目预算公开方面开展试点，推动项目预算安排、使用情况等项目信息向社会公开，建立民生项目信息公示制度。

（十六）进一步加强财政资源统筹完善集中财力办大事财政政策体系。支持浙江省完善集中财力办大事政策体系，做实、做细中期财政规划，完善以项目库为基础的跨年度预算平衡机制，将项目全生命周期内的各年支出纳入中期财政规划。建立完善资金“全覆盖”、项目“全梳理”、结果“全运用”、来源“全统筹”的预算管理模式，建设形成由“目标、指标、审核、评价”组成的全过程管理机制。

（十七）推进预算与绩效的深度融合。深化部门整体预算绩效改革，深入推进部门单位行政绩效与预算绩效有机融合。建立集中财力办大事财政政策期中评估机制，加强财政政策全面绩效审查。将绩效管理理念和方法深度融入预算管理流程，实施重大政策、重大项目全生命周期绩效管理，完善重大政策、重大政府投资项目事前论证评估机制。建立重大项目绩效目标实质性审核机制，健全绩效评价和激励约束机制，将绩效管理成果作为预算安排的重要依据。

（十八）推进财政数字化建设。突出制度重塑，强化数字财政顶层设计，加快建设预算管理一体化系统，实现与相关部门数据的联通与共享，提升服务社会能力，通过应用信息技术和信息系统推进财政治理体系和治理能力现代化。

六、保障措施

建立健全共同推进探索创新的工作机制。建立上下联动、高效协同的落实机制，财政部会同浙江省财政厅进一步细化制定具体工作方案，实行“清单式、项目化”工作推进机制，按年度列出目标清单和工作清单，以项目化方式推进工作落实，加强对工作落实情况的跟踪评估。财政部加强政策扶持，优先将相关改革试点、探索示范任务赋予浙江省，加强宏观指导和监督检查。浙江省聚焦重点、聚集资源、聚合力量，率先在体制机制上取得突破，形成一批推动共同富裕的标志性成果，为全国地方财政事业高质量发展提供浙江路径。

全省财政工作会议重要文件

在全省财政工作会议上的讲话（摘要）

浙江省财政厅党组书记、厅长　尹学群

2021年是具有里程碑意义的一年。面对百年变局和世纪疫情的叠加冲击，全省各级财政部门坚持以习近平新时代中国特色社会主义思想为指导，深入学习习近平总书记关于财政工作的重要论述，聚焦"忠实践行'八八战略'、奋力打造'重要窗口'"主题主线，突出"三个争先"，以守好"红色根脉"的政治担当，扎实做好生财、聚财、用财各项工作，为"重要窗口"和共同富裕示范区建设提供坚实的财政保障。具体表现为"十个新"：

一是政治建设达到新高度。将政治建设作为首位建设，将政治能力作为首位能力，深入学习习近平总书记一系列重要讲话精神，扎实开展党史学习教育，精心组织庆祝建党100周年系列活动，开展"八八战略"实施情况评估，坚定不移做"两个确立"忠诚拥护者、"两个维护"示范引领者。

二是助推共同富裕示范区建设迈出新步伐。将共同富裕示范区建设作为重中之重，着力构建目标体系、工作体系、政策体系、评价体系。财政部印发《关于支持浙江探索创新打造财政推动共同富裕省域范例的实施方案》，涉及5方面18类支持举措，赋予浙江省10项试点。这是除西藏、新疆外，财政部第一次全面支持全省域的重大改革重大战略。积极研究与初次分配、再分配、三次分配协调配套的基础性财税制度。

三是财政数字化改革实现新突破。按照"领跑全省、领先全国、整体智治、高效协同"的目标，制定"一个门户、四个系统"的财政数字化改革总体方案，13个场景全部入选数字化改革重大应用"一本账S1"。率先在党政机关整体智治"点亮贯通"工作中完成财政专题门户建设，成为专题门户点亮贯通的模板。预算管理一体化系统建设在全国考核中稳居前列，预算指标账工作在全国率先试点。"政采云""浙里办票+浙里报账"入选数字化改革第二批"最佳应用"。"政采云"、统一公共支付、"浙里办票+浙里报账"、资产云入选数字化改革成果展。"浙里缴费"服务人次和收缴资金居全国第一。"政采云"已推广至18省（区、市）1088个行政区划，累计交易额突破1.5万亿元。

四是落实积极财政政策取得新成效。认真落实减税降费政策，全年累计为企业减负2500亿元以上。继续暂停向企事业单位和个体经营者征收地方水利建设基金，成为全国最早明确和发布新一轮停征政策的省份。健全省对市县直达资金督促指导和考核机制，直达资金支出进度居全国前列。用足用好地方政府债券。充分发挥财政引导金融政策作用，全年债券融资支持工具项目落地金额和凭证成交量均居全国第一。

五是服务保障重大战略展现新作为。落实首位战略首位保障，推进碳达峰碳中和、长三角一体化高质量发展，全面支持乡村振兴。绿色发展财政奖补机制荣获财政部"贯彻落实中央重大决策部署、深化财政改革发展的生动案例"一等奖。长三角政府采购一体化工作被评为第一批"最佳实践"。全省全年共统筹整合涉农资金规模逾300亿元，在财政部中期评估中居全国第三。中央水利发展资金绩效评价结果连续三年居全国前二。浙江农村污水外债项目被世界银行评为高度满意项目。

六是保障改善民生取得新成绩。研究提出"双减"后，义务教育生均公用经费保障标准。加强常态化疫情防控资金保障，落实全民免费接种新冠肺炎疫苗所需经费。出台城乡居民"三免三惠"健康行动实施方案。支持公租房保障和城镇棚户区改造、城镇老旧小区改造、杭州住房租赁市场发展试点。推广"文化管家"等模式，引导基层宣传文化阵地突出绩效提升效能。

七是财政管理和监督取得新进展。按照"匹配性、均衡性、可持续性"的原则，构建省市县纵向联动、财税银横向贯通的收入组织长效机制，确保收入量质齐升，领跑东部、领先全国。实施过紧日子清单管理，全年共压减一般性支出125.92亿元，压减率达11.7%。加强超收收入管理。加强财会监督，在全国首创开展社会审计报告"一库一码全链条"监管系统建设，探索构建"不敢假、不能假、不想假"的现代财会监督体系。

八是财税体制改革迈上新台阶。编制《浙江省财政"十四五"规划》，首次纳入省政府专项规划序列。研究起草《进一步深化预算管理制度改革的实施意见》，构建促进共同富裕的预算管理制度。制定零基预算指引，创新预算审核方式，推进零基预算改革。坚持"小切口、大绩效"，各地围绕8方面27项改革任务清单实施158项改革试点。承担财政部全国预算支出标准制定办法起草任务，形成《预算支出标准制定办法》《预算支出标准制定细则》等成果。

九是财政风险防控开创新局面。严格执行"三个不得立项"，强化债务风险源头管控。浙江省作为债务管理好的省份，在2021年全国人大召开的政府债务审查监督工作视频会议上作了典型发言。深入推进企业职工基本养老保险省级统筹改革，构建多层次风险防控机制。将"三保"预算编制审核的市县从24个扩大到39个。开展"乡镇财政管理强基固本落实年"行动。

十是变革型组织建设展现新气象。制定加快建设变革型财政组织实施意见，实施三年行动计划，在业务变革上重塑"六大体系"，在能力变革上实施"六大工程"，加快建设变革型财政组织。落实落细"七张问题清单"，对2家厅属单位开展政治巡察，实施清廉财政建设"七大专项行动"。全系统获评"双建"工作先进单位5个,位居全省各系统第一。推动财政大格局普法,被财政部推荐为全国"七五"普法先进单位。

回顾这些年的工作,全省各级财政部门在应对风险挑战的实践中进一步积累了对做好财政工作的规律性认识,对复杂形势下推进财政高质量发展也有了更深的体会。一是必须坚持旗帜鲜明讲政治,将"两个确立""两个维护"贯穿财政工作全过程,做到"党委政府重大决策部署推进到哪里,财政服务保障就跟进到哪里;二是必须坚持以人民为中心的发展思想,围绕共同富裕的奋斗目标,持续做大做好"蛋糕"、努力切好分好"蛋糕",不断增强人民群众的获得感;三是必须坚持以当家的思维担当管家的责任,善于跳出财政看财政、跳出财政干财政,当好党委政府的参谋助手;三是必须坚持系统观念系统方法,加强统筹协调,注重短周期平衡、长周期安排、跨周期谋划、逆周期调节,避免长期目标短期化、系统目标碎片化;四是必须坚持整体智治高效协同,形成纵贯全省的政策合力、资金合力、组织合力和工作合力;五是必须坚持底线思维,统筹发展和安全,尽力而为、量力而行,坚决守住财政风险底线。

2022年形势严峻复杂,要坚定清醒有作为,深刻领悟中央和省委的新判断新部署新要求,准确识变、科学应变、主动求变,全面提升做好财政工作的能力和水平。关键要增强"五种意识":

一要增强政治意识。提高政治判断力、政治领悟力、政治执行力,善于运用政治眼光看财政问题,善于从中央和省委工作全局去谋划推进财政工作。要坚持稳字当头、稳中求进,把稳住经济大盘作为重大政治任务,把为全国大局多作贡献作为重大政治要求,把稳增长作为安排预算、制定政策的第一原则,积极推出有利于经济稳定的政策,慎重出台有收缩效应的政策,努力做到运行稳、方向稳、频道稳,通过财政的"稳",为全省经济社会平稳健康运行夯实基础。

二要增强机遇意识。要把握中央密集出台政策的窗口期,及时做好政策预案和应对准备,争取好、承接好、落实好各项政策。按照"五大政策包+四张要素清单"的要求,继续研究谋划一揽子稳增长的财税政策,丰富工具箱,抢抓机遇、主动作为,通过政策的"进",为市场主体注入底气和信心。

三要增强风险意识。要时刻保持清醒的头脑,科学制定收入目标,合理把握收入节奏,确保收支平稳运行。密切关注财政风险异动和演变,采取切实有效的防范化解措施,切断风险传递链条,下好先手棋、打好主动仗,通过财政的"安",为经济社会大局稳定营造良好的环境。

四要增强协同意识。加强政策协同,强化财政政策与货币政策、结构政策、科技政策、区域政策等七大政策间的配合,实现跨周期和逆周期宏观政策有机结合。加强工具协同,强化减税降费、政府产业基金、政府债券、专项资金、政府采购等财政政策工具的搭配,形成政策同向发力的叠加效应。加强上下协同,坚持全省一盘棋,以省级政策带动市县政策,上下握成一个拳头,通过政策的"统",为更好发挥财政"四两拨千斤"的作用创造条件。

五要增强变革意识。要把完整、准确、全面贯彻新发展理念的过程,转化为塑造变革性实践的过程,加快打造变革型财政组织,深入推进理念变革、机制变革、方法变革、业务变革、能力变革,通过组织的"变",为积极应对各种风险挑战提供坚实的支撑和保障。

2022年是党的二十大召开之年。全省各级财政部门要坚持稳字当头、稳中求进,聚焦"忠实践行'八八战略',奋力打造'重要窗口'"主题主线,突出"稳进提质、除险保安、塑造变革",推动积极的财政政策提升效能,更加注重精准、可持续,踔厉奋发,笃行不怠,以优异成绩迎接党的二十大和省第十五次党代会胜利召开。重点抓好10方面工作:

1.坚持稳字当头,以积极的财政政策举措稳主体稳预期。坚持省市县协同,形成政策叠加效应。加强对接、提前谋划、及早应对,积极争取并落实国家政策。综合运用各类财政政策工具,支持市场主体特别是中小微企业纾困发展。强化政策性融资担保建设,缓解企业融资难融资贵。

2.坚持稳中有进,在稳增长中促进经济高质量发展。用足用好专项债券,扎实开展专项债券项目储备行动,创新财评方式,加强专项债券监管,充分发挥其在扩大有效投资、推动重大项目中的作用。加快政府产业基金3.0版运作,构建培育"1+3+N"基金生态圈。完善促进消费政策,充分激活居民消费。优化支持方向,稳住外贸外资基本盘。

3.坚持主动作为,积极投身共同富裕示范区建设。聚焦"1+5+N"特别是"扩中""提低"行动,系统谋划一揽子具有主导性、引领性、突破性的重大抓手和重大改革,加快构建有利于共同富裕的财税政策体系。对标财政部《实施方案》,逐条逐项分解任务、明确责任、落实到位。找准共同富裕场景下的财政"小切口",研究试点推进一批、研究出台一批、深化完善一批的清单,以点上破题推动面上工作。

4.坚持整体智治,加快打造财政数字化改革标志性成果。深入学习领会数字化改革的核心内涵、目标任务和路径方法,找准"跑道"、厘清界面、完善机制,加快建成"一个门户、四个系统",迭代升级"政采云""浙里办票""浙里缴费""浙里担""浙里垫付"优势项目,突破"浙企一表通""浙里报账""浙里基财智控应用"等重大应用,多点开花、多出成果。

5.坚持统筹资源,不断增强重大战略任务财力保障。持续加大科技创新投入,强化对基础研究和源头创新的支持,助力打造创新策源地。统筹引才、育才、用才政策,大力支持实施"鲲鹏行动"计划等人才项目,支持打造全球人才蓄水池。加大对新一轮制造业"腾笼换鸟、凤凰涅槃"攻坚行动的保障力度,支持制造业高质量发展,持续完善制造业创新体系。健全财政支持碳达峰碳中和政策体系。

6.坚持唯实惟先,着力提升财政管理水平。把握好组织收入的力度和节奏,确保一般公共预算收入增长与经济增长基本同步。坚决落实党政机关过紧日子的要求,节俭办一切事

业，2022年全省非刚性、非重点项目支出预算只减不增。深化预算绩效管理，积极构建更加科学、精准并在全国有影响力的绩效评价标准，完善与部门整体绩效相挂钩的预算分配和奖惩机制。

7.坚持改革突破，确保财政体制机制创新继续走在前列。构建新一轮集中财力办大事财政政策体系，实现省市县全覆盖、"十四五"期间全覆盖。深化零基预算改革，健全完善能增能减、有保有压的机制。落实税收制度改革。推进国资国企改革。深化政府采购制度改革。强化资源统筹机制，提高财政资源配置效率。

8.坚持底线思维，着力防范化解各类财政风险。强化政府债务风险管控，严格实施政府投资项目立项前财政承受能力和债务风险评估，强化事前源头管控、事中动态监测、事后专项督导的全过程监控。强化社保基金风险管控，建立健全多渠道社保风险准备金筹措机制。强化"三保"风险管控。健全乡镇财政、国有金融资本、依法行政等风险管控机制。

9.坚持问题导向，切实维护财经纪律的严肃性。整饬财经秩序，严格执行预算法及其实施条例等财经法规和管理制度。加强财会监督，完善社会审计报告"一库一码全链条"监管系统。健全行政事业单位财会管理机制，开展"财会建设年"活动，重构行政事业单位财会管理新格局。

10.坚持争先创优，积极打造高素质专业化的财政铁军。深入实施加快建设变革型财政组织实施意见和三年行动计划，按照"一年重点突破、两年深化提高、三年基本建成"的目标，挂图作战、压茬推进，力争取得一批有影响力的成果。深入实施红色根脉强基工程。推进全省财政系统头雁队伍建设和人才队伍建设。

（2022年1月6日）

全省财政工作

zhejiang caizheng nianjian

全省财税工作

全省财政

【概况】 2021年，浙江省实现生产总值73516亿元，按可比价格计算，比上年增长8.5%。第一产业增加值2209亿元，第二产业增加值31189亿元，第三产业增加值40118亿元，分别增长2.2%、10.2%和7.6%。三次产业结构比为3.3∶40.8∶55.9。全年固定资产投资增长10.8%；社会消费品零售总额29211亿元，增长9.7%。货物进出口总额41429亿元，增长22.4%。其中：出口30121亿元，增长19.7%，出口占全国的13.9%；进口11308亿元，增长30.3%。商品零售价格指数为102.2，居民消费价格指数为101.5。全省居民人均可支配收入57541元，扣除价格因素实际增长8.2%，其中城镇常住居民和农村常住居民人均可支配收入分别为68487和35247元，扣除价格因素实际增长7.6%和8.9%；城乡居民收入差距为1.94∶1。

2021年，浙江省实现财政总收入14517.03亿元，增长16.9%；一般公共预算收入8262.64亿元，增长14.0%，占财政总收入的56.9%；税收收入7171.97亿元，增长14.5%，占一般公共预算收入的86.8%。地方政府一般债务收入1325.50亿元，加上转移性收入4989.81亿元，收入合计14577.95亿元。全省一般公共预算支出11014.59亿元，可比增长9.2%。地方政府一般债务还本支出973.38亿元；加上转移性支出2589.98亿元，支出合计14577.95亿元。省级一般公共预算收入346.87亿元，可比[1]增长10.0%；地方政府一般债务收入1109.10亿元，加上转移性收入3158.84亿元，收入合计4614.81亿元。省级一般公共预算支出652.52亿元，可比[2]增长4.5%。加上转移性支出3962.29亿元，支出合计4614.81亿元。省级财政安排的转移支付支出1993.34亿元，其中：一般性转移支付1519.65亿元，专项转移支付473.69亿元。收支相抵，全省及省级一般公共预算收支平衡。

全省政府性基金预算收入11647.28亿元，增长2.6%，加上地方政府专项债务收入2910.27亿元、转移性收入1918.82亿元，收入合计16476.37亿元；支出12395.64亿元，增长4.3%，加上地方政府专项债务还本支出747.63亿元、转移性支出3333.10亿元，支出合计16476.37亿元。省级政府性基金预算收入44.09亿元，可比增长56.6%，加上地方政府专项债务收入2530.30亿元、转移性收入47.95亿元，收入合计2622.34亿元；支出145.39亿元，下降41.8%，加上转移性支出2476.95亿元，支出合计2622.34亿元。全省和省级政府性基金预算收支平衡。

1 剔除省与市县增值税留抵退税清算调库时间调整等因素。

2 剔除新增地方政府一般债务级次调整安排用于市县等因素。

全省国有资本经营预算收入125.06亿元，增长9.4%，加上转移性收入15.15亿元，收入合计140.21亿元；支出73.15亿元，增长19.1%，加上转移性支出67.06亿元，支出合计140.21亿元。省级国有资本经营预算收入46.92亿元，下降6.7%，加上转移性收入6.24亿元，收入合计53.16亿元；支出25.10亿元，下降17.0%，加上转移性支出28.06亿元，支出合计53.16亿元。全省和省级国有资本经营预算收支平衡。

全省社会保险基金预算收入6014.92亿元，增长33.4%，加上转移性收入637.54亿元，收入合计6652.46亿元；支出5734.43亿元，增长11.2%，加上转移性支出750.26亿元，支出合计6484.69亿元。省级社会保险基金预算收入2859.24亿元，增长1095.5%，加上转移性收入643.44亿元，收入合计3502.68亿元；支出3147.02亿元，增长1685.7%，加上转移性支出759.19亿元，支出合计3906.21亿元。收支相抵，全省社会保险基金本年收支结余167.77亿元、省级社会保险基金收支本年赤字403.53亿元，赤字已动用滚存结余弥补。

【加强收支管理】 加强收入分析研判。与税务部门建立常态化沟通协调机制，实时监控收入情况，分析财政收入运行及变动原因，采取有效措施，确保收入平稳可持续增长。加强超收收入管理。上年超收收入用于冲减赤字或补充预算稳定调节基金，按照法定程序通过超收收入适当增加一般公共预算支出。提高收入质量。构建省市县纵向联动、财税银横向贯通的收入组织长效机制，确保收入量质齐升。一般公共预算收入、税收收入两年平均增速、税占比继续在东部五省市保持“三个第一”。加强非税收入征收管理。稳妥做好土地出让收入等10项非税收入划转税务部门征收工作。推动财税信息系统互联互通和信息共享，与省税务局共同建设全国首个“非税征管信息共享平台”，推进征收划转工作。开展整治地方财政收入专项行动。全年非税收入13054.58亿元，其中纳入一般公共预算管理的非税收入1090.66亿元。压减一般性支出。提请省委办、省府办印发《关于进一步厉行节约坚持过紧日子的通知》，实施过紧日子清单管理，全年压减一般性支出125.94亿元，压减率11.7%。

【助推共同富裕示范区建设】 争取财政部支持。根据《中共中央、国务院关于支持浙江高质量发展建设共同富裕示范区的意见》和《浙江省高质量发展建设共同富裕示范区实施方案》，以共同富裕示范区建设为目标，向财政部争取支持政策，并会同财政部组建研究专班，共同研究共同富裕财政政策。财政部出台《支持浙江省探索创新打造财政推动共同富裕省域范例的实施方案》，提出5方面18条支持举措，赋予浙江省多项改革试点，为全国地方财政事业高质量发展提供浙江路径。完善财税政策体系。对照共同富裕示范区建设目标，聚焦“1+7+N”*和“1+5+N”*，从“财”和“税”两个方面全面梳理现有政策，完善财税体制机制和政策体系，研究与初次分配、再分配、三次分配协调配套的基础性财税制度。清单化推进重点工作。建立38项重点任务清单和9项突破性抓手清单。研究支持26县跨越式高质量发展财政体制改革方案，探索深化收入激励奖补、调整分类分档财政转移支付等改革；健全农业转移人口市民化财力保障机制，研究完善“人钱挂钩”财政激励机制，调研制定基本公共服务保障标准，促进基本公共服务均等化。

【落实积极财政政策】 落实减税降费政策。新增实施提高增值税小规模纳税人起征点、提高制造业研发费用加计扣除比例等优惠政策，延续实施增值税留抵退税、阶段性降低失业保险费率、地方水利建设基金停征等政策。全省全年为市场主体纾困减负超过3000亿元。落实直达资金。制定直达资金管理实施细则和工作规范，健全省对市县直达资金督促指导和考核机制。全年中央下达浙江省直达资金443.33亿元，支出进度96.8%，居全国前列。用足用好地方政府债券。全年争取地方政府债券4006.60亿元，重点支持交通基础设施、市政和产业园区基础设施、社会事业、保障性安居工程、农林水利等领域的重大建设项目，促进扩大有效投资、拉动经济增长。发挥财政引导金融政策作用。安排促进企业融资奖励资金，全年债券融资支持工具项目落地金额和凭证成交量均居全国第一。推动全省政府性融资担保机构体系改革，建立省担保集团风险补偿、费用补贴机制。

【服务保障重大战略实施】 支持全省数字化改革。集中财力重点保障一体化智能化公共数据平台等项目建设，支持一大批标志性应用上线运行，助力打造“整体智治、唯实惟先”的现代政府。支持碳达峰碳中和。拟定支持碳达峰碳中和工作实施意见，构建财政支持政策体系和政策清单。支持实施能耗“双控”政策，并推进建立排污权、碳排放权、用能权等交易机制。落实2.60亿元推进新能源汽车推广应用和充电基础设施建设。推进长三角一体化高质量发展。下达14.40亿元支持实施共建长三角一体化示范区嘉善片区财政政策。落实2.00亿元继续实施长三角一体化发展激励政策。建立长三角“三省一市”财政厅(局)长联席会议机制，协同出台示范区跨区域财税分享实施方案，推动财税资源合理流动与优化配置。省财政、嘉善财政会同国资企业出资15.00亿元，支持组建省长三角投资公司和长三角一体化示范区新发展建设公司。长三角政府采购一体化工作被省长三角办评为第一批“最佳实践”。支持“四大建设”。保障海洋强省国际强港战略，下达省海洋(湾区)经济发展资金20.00亿元。争取中央基建投资资金59.30亿元，落实省级资金113.44亿元，重点支持政府投资项目建设。保障高水平建设交通强省，落实中央和省级资金198.94亿元，推进公路、水运等综合交通发展。加快提升大花园核心区建设水平，落实诗路文化带建设资金5.00亿元。助推打造山海协作升级版，下达3.93亿元支持9个省级山海协作产业园提升工程和18个山海协作生态旅游文化产业园建设。下达设区市区域统筹发展财政专项激励政策资金8.00亿元，提升中心城市能级。服务自贸试验区建设。出台浙江自贸试验区建设激励型财政转移支付办法，做好财政要素保障。通过财政体制和省级财政资金引导，激励各片区争先创优。支持对外开放。构建“义新欧”中欧班列同比例分担机制，支持“义新欧”中欧班列常态化运行。下达支持外经贸发展资金7.38亿元，做好出口信用保险保费补助、关键领域产品和技术进口贴息等，支持企业开拓国际市场，引导全省38个产业集群与跨境电商融合发展。保障对口支援。全省筹措落实新一轮东西部协作和对口支援财政资金62.69亿元，助力88个受援地高质量发展。

【助推经济高质量发展】 落实首位战略首位保障。全省科技支出578.60亿元，增长22.6%，保障深入实施人才强省、创新强省战略，加快建设三大科创高地。落实38.00亿元重点保障省实验室建设，支持之江实验室纳入国家实验室体系，支持杭州城西科创大走廊和省技术创新中心等重大载体平台和重大创新项目实施，引进培育高层次人才团队。落实19.55亿元实施重点研发和基础公益研究补助政策。落实“省海外引才计划”“省高层次人才特殊支持计划”“省高层次人才绩效奖励计划”等重点人才项目资金保障5.20亿元，落实“鲲鹏行动”计划资金8.00亿元，打造人才蓄水池。推进产业升级。下达18.00亿元实施制造业高质量发展示范县(市、区)创建财政专项激励。下达14.20亿元，其中统筹10.00亿元用于数字产业化、产业数字化，重点支持实施产业链协同创新、生产制造方式转型示范项目计划、首台套产品提升工程，以及“1+N”工业互联网平台体系*、制造业创新中心建设等。发挥产业基金作用。修订省产业基金管理办法，建立省产业基金联席会议制度，打造产业基金3.0版。2021年省产业基金完成实缴52.45亿元，发挥基金引导和杠杆作用，助推企业转型升级。支持激发市场主体活力。实施“放水养鱼”行动计划财政奖补政策，兑现省级财政激励资金1.16亿元，重点支持“放水养鱼”培育库优质企业。下达5.00亿元重点支持中小微企业高质量发展培育等。实施财政专项激励政策，下达1.08亿元支持20个县打造数字生活新服务样板县和夜间经济城市创建等，推动数字生活新服务成为促进消费的重要引擎，提升消费能级。

【支持乡村振兴和新型城镇化】 谋划土地出让收入用于农业农村政策措施，拓宽乡村振兴资金来源，促进形成财政撬动、金融倾斜、社会参与的多元投入格局。健全涉农资金统筹整合机制。落实乡村振兴绩效提升奖补政策资金19.62亿元，以县域为单位支持实施60个乡村振兴产业发展和集成创新示范建设项目；下达8.91亿元支持进一步巩固脱贫攻坚成果，衔接推进乡村振兴。下达7.95亿元支持城镇生活垃圾分类和污水处理基础设施、城市地下综合管廊和海绵城市建设；下达资金1.50亿元支持农村生活污水治理。落实4.69亿元推进农房改造和美丽宜居示范村建设，持续改善城乡面貌。下达5.00亿元支持美丽城镇建设。下达农业农村高质量发展资金27.87亿元，全面落实粮油、生猪等扶持政策措施。出台海塘安澜工程财政资金管理实施细则，落实84.56亿元，推进实施海塘安澜和百项千亿重大工程建设。落实2.36亿元支持开展新品种展示示范、种质资源保护和开发利用等。下达8.00亿元支持高水平建设“四好农村路”。下达3.25亿元支持历史文化(传统)村落保护利用。下达19.03亿元支持村级组织建设。落实1.28亿元扶持壮大村级集体经济。深入开展一事一议财政奖补，落实奖补资金4.22亿元，全年支持村级公益事业项目4156个。落实7600万元支持红色美丽村庄建设。下达6.91亿元支持农村综合改革集成等综改项目建设。实施浙江农村生活污水处理系统及饮水工程建设外债项目，被世界银行评为“高度满意项目”。加快建立政策性农业信贷担保体系，为全省2万多个农业经营主体69.63亿元的贷款提供担保。

【支持生态文明建设】 全面实施新一轮绿色发展财政奖补机制，兑现财政奖补资金140.26亿元，推动生态产品质量和价值实现。绿色发展财政奖补机制获财政部“贯彻落实中央重大决策部署、深化财政改革发展的生动案例”一等奖，在全国财政工作会议上作典型发言。继续实施森林生态效益补偿机制。落实省生态环境保护专项政策资金11.40亿元，助力实施治水治气治土治废治塑，推动生态环境质量持续改善。下达省自然资源专项资金23.29亿元，补助农村宅基地复垦耕地4.1万亩，落实耕地保护补偿，推动全域土地综合整治与生态修复等。落实省级林业专项资金6.47亿元，支持百万亩国土绿化和森林质量精准提升。争取瓯江源头区域山水林田湖草沙一体化保护和修复工程通过竞争性评选入围国家试点。指导51个市县建立流域横向补偿机制。浙皖两省各出资2.00亿元，继续实施新安江流域横向生态补偿试点。

【保障民生事业发展】 继续将财政支出的三分之二以上用于民生，强化民生保障力度。保障教育事业发展。全省教育支出2039.52亿元，增长9.8%。研究提出“双减”*后，义务教育生均公用经费保障标准，研究支持规范民办义务教育政策，完善困难生补助、薄弱环节提升等财政政策，促进义务教育优质均衡发展。下达中央和省级资金39.78亿元，支持义务教育“两免一补”*；下达省级资金5.08亿元推进提升基础教育办学条件，义务教育标准化学校达标率超过98%，校际办学条件差异系数在0.3以内，缩小城乡学校办学条件。落实中央和省级学前教育补助2.11亿元，推动学前教育普惠发展。下达31.68亿元推进高水平大学、高水平学科、高水平高职院校和专业(群)等建设。

支持社会保障事业发展。全省社会保障和就业支出1286.13亿元，增长13.8%。全面实施企业职工基本养老保险省级统收统支工作，提高城乡居民基本养老保险省定基础养老金标准至月人均180元，下达中央和省级补助资金56.20亿元。落实4.75亿元支持养老服务体系建设，保障全省1.7万个居家养老服务中心运营和养老服务补贴发放。完善养老服务补贴制度，出台养老服务专业人员入职奖补办法。下达中央和省级补助资金24.68亿元用于加强困难群众生活救助。落实11.89亿元做好困境儿童、残疾人等特殊群体保障。下达5.00亿元支持公租房保障和城镇棚户区、老旧小区改造。支持退役军人全生命周期管理保障新模式工作开展，下达中央和省级优抚补助资金13.90亿元。下达中央和省级就业补助资金11.57亿元，支持稳就业。

保障医疗卫生事业。全省卫生健康支出908.04亿元，增长13.8%。支持打造“医学高峰”*、医疗卫生“山海”提升工程。制定医疗保障待遇清单，规范统一医疗保障政策。提高城乡居民基本医疗保险财政补助标准至年人均600元，落实中央和省级补助70.49亿元。落实6.50亿元，支持高标准高质量实施委省共建国家区域医疗中心、中国科学院肿瘤与基础医学研究所等“医学高峰”建设项目。推动县域医共体建设和医疗卫生“山海”提升工程，落实省级奖补资金4.07亿元。

支持做好疫情常态化防控工作。全省各级财政部门拨付疫情防控资金103.52亿元。落实新冠病毒疫苗采购资金61.35亿元，支持实施新冠病毒疫苗全民免费接种。提高基本公共卫生服务财政补助标准至年人均92元，落实中央和省级补助16.76亿元。

支持文化体育事业发展。全省文化旅游体育与传媒支出249.35亿元，增长9.5%。制定《浙江省县(市、区)公共文化服务现代化标准(2021—2025)》，提高非物质文化遗产、公益性演出等财政补贴标准。推广“文化管家”等模式，引导基层宣传文化阵地突出绩效提升效能。支持文化浙江的标志性项目建设，落实6.00亿元高水平推进之江文化中心建设。落实浙江文化艺术发展基金2.00亿元、文化产业专项资金2.00亿元，增强文化软实力和文化产业竞争力。落实省级资金4.06亿元推进基本公共文化服务均等化，完善公共文化服务体系，保障博物馆、纪念馆免费开放。下达3.00亿元继续支持农村文化礼堂建设。落实1.72亿元，用于文物平安工程、革命文物保护利用、宋韵文化传承发展和非物质文化保护。落实6.72亿元保障省属亚运场馆建设，支持办好杭州亚运会、亚残运会。

【推进财政数字化改革】 制定“一个门户、四个系统”的财政数字化改革总体方案，13个场景全部入选数字化改革重大应用“一本账S1”*。完成财政专题门户建设，成为党政机关整体智治“点亮贯通”的模板。构建集中财力办大事、预算管理一体化、核心业务事件反馈、服务社会应用“四个系统”。预算管理一体化系统建设在全国考核中排名第三，预算指标账工作在全国率先试点，得到财政部领导肯定。全省97个财政区划依托预算管理一体化系统编制2022年预算。开展“浙企一表通”、财政公权力大数据监督应用等建设。在全国率先上线全省电子发票(票据)综合服务平台，改革进度居全国第一。“浙里缴费”累计提供缴费服务突破3亿人次，服务人次和收缴资金居全国第一。“政采云”推广至18省(区、市)1212个行政区划，累计交易额突破1.5万亿元。探索软件资产管理模式，出台省级行政事业单位软件资产管理办法，重塑软件资产管理体系。2021年“政采云”“浙里办票+浙里报账”入选浙江省数字化改革第二批“最佳应用”、“政采云”、统一公共支付、“浙里办票+浙里报账”、资产云入选数字化改革成果展，“浙里担”入选“数字赋能促进新业态新模式的典型企业和平台”。

【深化财政管理和改革】 明确财政改革方向。编制《浙江省财政“十四五”规划》，被纳入省政府专项规划序列。研究起草《进一步深化预算管理制度改革的实施意见》，构建促进共同富裕的预算管理基础性制度体系。研究集中财力办大事财政政策体系2.0版。承担财政部全国预算支出标准制定办法起草任务，形成《预算支出标准制定办法》《预算支出标准制定细则》等成果。推进零基预算改革。制定省级零基预算指引，创新预算审核方式，实施分类分层预算审核机制，构建由“目标、指标、审核、评价”四个体系组成的全过程管理机制。实现零基预算改革省级全覆盖、省级试点部门整体绩效评价全覆盖。开展全生命周期绩效管理。出台《关于进一步深化预算绩效管理改革的实施意见》，重塑全方位、全过程、全覆盖的预算绩效管理体系。坚持“小切口、大绩效”，全省各地围绕8方面27项改革任务清单实施158项试点改革。加强财会监督。开展专项监督检查，加大处理处罚力度。组织开展清理规范地方公务员工资津补贴专项工作。开展注册会计师行业和资产评估行业专项整治。研究建设财会信息协同共享和智慧监管平台，探索构建“不敢假、不能假、不想假”的现代财会监督体系。以温州为试点，在全国率先开展社会审计报告“一库一码全链条”*监管系统建设，得到财政部领导批示肯定，并在全国财政工作会议上部署试点推广。推进法治财政建设。从市县败诉案例倒推依法行政情况，强化财政系统法律风险防控。推动“财政大格局普法”，荣获全国“七五”普法先进单位，连续八年荣获“浙江省法治政府建设（依法行政）先进单位”称号。落实国企改革三年行动方案。推进省级党政机关和事业单位所属企业统一监管分类处置，推动186家企业与部门脱钩。建立国资委、财政、部门三种统一监管模式，探索国企监管新路径。开展国有金融资本产权登记专项行动，推进省农信联社改制，支持省财务开发公司资产重组及财通证券、浙商银行配股，推动永安期货上市。

【防范财政风险】 防范化解政府债务风险。紧盯既定化债任务，督促市县通过“真金白银”“项目转化”“债务置换”“核销”等途径化解存量债务。按照《浙江省政府投资项目管理办法》要求，强化源头管控。对隐性债务化解情况等开展专项督导，实施2轮化债穿透式核查，抓实隐性债务化解工作。防范化解社保风险。推进企业职工基本养老保险省级统筹改革，出台基金预算管理、累计结余归集、省级统筹责任分担等办法，夯实市县政府主体责任，建立省市县责任共担机制，规范基金征缴和支出管理，提升基金自求平衡能力。迭代升级社会保障风险准备金管理制度，提高土地出让收入提取比例，强化国有资本划转充实社保基金管理，构建多层次风险防范机制。防范化解“三保”风险。“三保”预算编制审核市县范围从24个扩大到39个。健全市县“三保”运行情况定期报告制度，加强动态监测分析，及时预警提示。防范化解基层财政风险。系统重构乡镇财政管理体系，组织开展“乡镇财政管理强基固本落实年”行动。制定出台《关于基层财政资金监督管理若干问题的指导意见》。开展乡镇内部控制指引试点建设，提升乡镇内部管理水平。

【打造变革型组织】 开展党史学习教育。聚焦“六悟六争”目标，用足用好红色财政资源，开展一系列有财味的学习教育活动，得到省领导和巡回指导组肯定。通过“三跨联动”，开展“三为”实践，4条举措被列入省委专题实践活动内容，由省政府主要领导牵头，做法和成效得到批示肯定，“三跑三降”入选省“三为”专题实践活动最佳案例。组织庆祝建党100周年系列活动，深入学习党的十九届六中全会精神，开展“六讲六做”大宣讲、“五学五提升”大学习。推进全面从严治党。梳理“七张问题清单”*，逐条逐项抓好整改落实。加强政治监督，建立健全“集体会商、专题研判、跟踪反馈”三项机制，定期开展廉情分析和政治生态研判。对2家省财政厅属单位开展政治巡察，高质量抓好巡察问题整改。系统联动实施清廉财政建设“七大专项行动”，全系统获评“双建”工作先进单位5个，位居全省各系统第一。谋划变革型财政组织建设。制定加快建设变革型财政组织实施意见，实施三年行动计划，在业务变革上重塑“六大体系”，在能力变革上实施“六大工程”。打造特色财政工作。强化争先创优意识，树立“没有领先就是落后、没有特色就是问题、没有用心就是懒政”的理念，以特色工作为载体，打造财政标志性成果。2021年形成机关特色工作项目28项，部分项目已取得财政标志性成果，走在全国、全省前列，获省、部领导批示肯定。强化干部队伍建设。组织实施《省财政厅平时考核实施细则》，开展公务员考核提质增效专项行动，完善考核指标体系，优化考核系统，强化考核结果运用。加强干部全方位管理和经常性监督。2021年，浙江省财政管理工作连续第6年获得国务院督查激励，省财政厅连续第19年获评省政府绩效考核优秀单位。

（省财政厅供稿　冯　健执笔）

注：

***“1+7+N”：**即浙江省高质量发展共同富裕示范区的重点工作，“1”是评价共同富裕示范区工作推进情况的指标体系；“7”是7个方面的先行示范，包括经济高质量发展先行示范、收入分配制度改革先行示范、城乡区域协调发展先行示范、公共服务优质共享先行示范、社会主义先进文化发展先行示范、生态文明建设先行示范、社会治理先行示范；“N”是围绕7个先行示范而推进的一系列重点工作。

***“1+5+N”：**即浙江省探索有利于共同富裕的体制机制和政策体系，“1”是扩中提低、收入分配；“5”是缩小地区发展差距、缩小城乡发展差距、公共服务优质共享、精神生活共同富裕、共同富裕现代化基本单元；“N”是一系列具有引领示范作用和普遍意义的重大改革。

***“1+N”工业互联网平台体系：**“1”是指培育一个跨行业、跨

领域、具有国际水准的国家级工业互联网平台；"N"是指培育一批行业级、区域级、企业级等多级工业互联网平台。

*"双减"：即减轻义务教育阶段学生作业负担和校外培训负担。

*义务教育"两免一补"：指国家向农村义务教育阶段（小学和初中）的贫困家庭学生免费提供教科书、免除杂费，并给寄宿生补助一定生活费的一项资助政策。

*"医学高峰"：即围绕群众急需、医疗资源短缺和异地就医最突出的医疗需求，瞄准国际先进、国内一流医疗技术，开展技术研发和科学研究，建设一批具有行业领先地位和影响力的科技创新平台项目。

*数字化改革重大应用"一本账S1"：是浙江省数字化改革多跨场景应用生成、建设、迭代的"指南针"。根据省数改办（省委改革办）下发的《关于进一步加强数字化改革项目规范管理的通知》，全省数字化改革项目将实行一体化、标签化、清单化管理，多跨协同类项目遵循"一本账"。

*"一库一码全链条"："一库"整合建立会计师事务所、注册会计师、审计报告共享信息库，实现信息单一来源；"一码"：完善审计报告备案制度，赋予每份报备审计报告"二维码"身份证；"全链条"：运用大数据分析等技术，实现注册会计师行业监管全流程网上再造。

*"七张问题清单"：是基于巡视、审计、督查、生态环保、安全生产、网络舆情、群众信访等方面问题，围绕问题发现、生成、整改、评估、预防全周期，运用数字化改革思路、方法、手段赋能全流程精密智控、全要素综合分析、全方位党建统领的多跨场景应用。

全省税务

【概况】 2021年，全省各级税务部门组织税费收入21585.49亿元，同比增长36.4%，其中：税收收入13736.74亿元，规模保持全国第5，同比增长16.9%；社保费收入4735.5亿元，同比增长37.5%；非税收入2910.67亿元，剔除新划转非税收入后同比增长17.9%。2021年，浙江省税务局在全国税务系统绩效考评中位列第2，在全国纳税人满意度调查中连续第2年获第1。实现浙江税收事业"十四五"良好开局。

【服务经济社会发展】 依法依规组织税费收入，落实税费皆重要求，推进两批6项非税收入征管职责划转，完成国有土地使用权出让收入等4项非税收入划转试点工作。落实减税降费政策，深化"大数据+网格化"机制，精准匹配推送税费优惠政策，全面落实先进制造业企业留抵退税扩围、研发费用加计扣除季度享受和制造业企业加计扣除比例提高等新政，落实制造业中小微企业缓缴税费措施，延续落实支持疫情防控房产税、城镇土地使用税优惠政策，2021年全省税务部门（含宁波）落实减负降本2214.37亿元。服务长三角一体化发展，推进税收政策执行标准规范统一，明确首批6个统一事项任务。助力浙江自贸区建设，推动市场采购贸易方式试点扩围，服务跨境电商综试区发展。建立健全出口退税备案单证数字化管理体系，入围2021年度浙江自贸试验区制度创新十佳案例。2021年全省（含宁波）累计办理出口退税2823.34亿元，同比增长26.8%，正常业务平均办理时间保持在5个工作日以内。出台支持碳达峰碳中和行动方案，编制资源和环境税税种管理指引。举办"走进境外经贸合作区"发展论坛，助力企业"走出去"。落实稳外资相关税收政策，加强国际税收征管协作和税收透明度建设，规范非居民纳税人享受协定待遇管理。围绕"十大标志性产业链提升"等省委、省政府重大战略部署，加强和改进税收大数据分析。推行"重大项目税务服务专员"制度，为全省2356个重大项目配备税务服务专员1287名，所涉及项目总投资额超3万亿元。助力高质量发展建设共同富裕示范区，出台《浙江省税务系统支持山区26县跨越式高质量发展行动方案》，加快推动税收支持共同富裕的政策研究。

【税收法治】 推进依法治税，持续优化税务执法方式，健全完善税务监管体系，提升法治化规范化水平。强化税收风险管理，建立重点行业风险防控模型。加强风险项目统筹管理和应对，推进千户集团税收风险管理。全面贯彻、创新优化"一户式"管理机制。配合省政府做好相关行业风险防控专项工作，深化跨境利润水平监控，精准推进反避税调查。推进行政执法"三项制度"信息化建设，推动严格规范公正文明执法。实行税务轻微违法行为"首违不罚"清单，加大执法督察力度，落实税收执法责任制。推进内控机制建设，升级改造网格化内控管理平台，常态化做好增值税发票管理内部风险快速反应工作。

【税费征管】 统筹落实中办、国办《关于进一步深化税收征管改革的意见》和省委数字化改革部署，谋划6方面23类44项具体任务，推动浙江省《实施方案》出台。推进税收征管数字化升级和智能化改造，依托税收大数据平台，实施税源专业化管理，调整优化征管资源配置，推进纳税事项和基础管理事项集中处理、智能办理。完善信息系统大运维工作机制，完成运维监控管理平台（二期）建设，推行电子税务局"云、网、安一体化"运维新模式，连续42个征期平稳运行。完善部门间数据共享机制，畅通涉税涉费信息交互渠道，实现减负降本、社保非税等数据省级互联互通。全省推广涉税矛盾纠纷调处"最多跑一地"，实现县级税务机关入住地方矛调中心全覆盖。开展消费税重点品目漏征漏管排查，实施机动车销售以进控销，强化车购税管理。规范企业所得税核定征收，构建个人所得税年度汇算常态化工作机制，建立健全个人所得税全员全额预扣预缴申报管理长效机制，开展经营所得个人所得税规范征收方式试点。统一应用土地增值税清算项目管理台账，试点开发应用土地增值税管理平台，创新出台征管工作指引和风险内控制度。推广耕地占用税复核业务信息化闭环流转，部署上线车船税代收代缴直报系统。落实职工基本养老保险省级统筹和医疗保险市级统筹制度，配合做好参保扩面工作。

【纳税服务】 统筹深化税务领域“放管服”改革和纳税缴费便利化改革，一体推动“10+N”优化营商环境便利化行动和“我为纳税人缴费人办实事暨便民办税春风行动”。实施营商环境“无感监测”，推进不动产交易税费“一件事”改革。联合工商联推进“春雨润苗”专项行动，三级联动举办百场恳谈会，组织百位局长宣讲，选派百位税务师行业党建工作指导员，推进亲商助企。强化大企业个性化服务，推进《税收遵从合作协议》签订工作。推进财产行为税“十税”合并申报*，推行增值税、消费税分别与附加税费合并申报，在全国率先实现跨省实时缴税。推行纳税人首次服务机制，实现政务热线归并，7×24小时全天候人工服务。试点“咨询+办税”纳税服务模式，建立税务体验师制度。推进网办掌办，升级“非接触式”办税缴费，推进不动产交易、车购税申报、普票代开等重点民生事项掌上办。2021年全省网上综合办税率保持在98%以上，自然人社保费缴费业务掌办率保持在99%以上。深化纳税信用评价及结果应用，推进生产经营纳税人纳税信用评价全覆盖，建立纳税信用修复机制，采取守信联合激励、失信联合惩戒措施。深化“银税互动”合作，2021年合作银行业金融机构向128万户次小微企业发放信用贷款1786.34亿元，同比增长69%。

【税务稽查】 打击涉税违法。税警关银四部门联合打击虚开骗税违法犯罪两年专项行动收官，查处一批大案要案。开展营利性教育机构、医药生产流通领域和成品油行业税收专项治理工作。2021年稽查查补收入101.52亿元（含宁波），保持“严查快处”高压态势。依法依规查处曝光重大偷逃税案件，加强高收入、高净值人员个人所得税服务和监管，规范和调节过高收入。

【税务数字化建设】 构建“四横四纵五跑道两门户”的税务数字化体系架构，建设“一体两翼”的浙江税务大脑，打造“浙里办票”数字化改革重点应用场景，开展电子发票应用社会协同试点，“浙里办票”应用入选浙江省数字化改革“最佳应用”。推进发票电子化改革，基本实现增值税普通发票电子化，专票电子化试点走在全国前列，推进交通、医疗等重点领域通用电子发票应用。

【政务管理】 健全防范化解税收领域重大风险工作机制，妥善处置应对新冠疫情、自然灾害、网络安全、信访保密、涉税舆情等各类风险。落实过紧日子要求，严肃财经纪律，规范财务管理和政府采购。出台进一步解决形式主义问题64条措施，持续为基层减负。强化审计署发现问题整改，加强内部审计，推动以审促改、以审促管。

【党建工作】 组织开展党史学习教育。全省税务系统各级党组织以党委理论学习中心组、支部主题党日、青年理论学习小组三大载体抓好学习，“学、讲、宣、践、评”五大活动贯穿始终，推动学习教育走深走实。夯实党建基础，纵深推进“纵合横通强党建”机制体系建设，制定横向联通抓党建办法，落实“支部建在科股”要求，提升全省系统党建工作规范化水平。全域开展党员工作室创建，打造基层党建服务品牌138个，推进党建业务深度融合。深化政治巡察，做好巡视整改“后半篇文章”，对省局机关4个党支部、26个市县局党委开展常规巡察，2个市局党委开展巡察“回头看”，十九大届期巡察覆盖面超过90%。深化党内监督，统筹推进深化纪检监察体制改革试点和构建一体化综合监督体系，制定实施加强对“一把手”和领导班子监督的16项配套措施。开展纪律作风问题专项整治，开展酒驾醉驾专项整治、城乡居民医保征缴资金管理自查、税务干部经商办企业等问题专项整治“回头看”和现金税费征缴专项整治“百日攻坚”等“四大行动”。严格执纪审查，深化“纪税协作”，推进“一案双查”，做实“以案促改”。

【队伍建设】 加快干部队伍年轻化步伐，推进市、县局一把手和纪检组长交流任职，调整优化各级领导班子结构。实施职务与职级并行，完成全省系统年度职级集中晋升工作。推动事业单位改革，首次实施事业人员等级晋升。推荐税务干部到地方交流任职，拓宽干部成长空间。分级分类加强领军人才、青年才俊、业务骨干、岗位能手教育培训和人才培养，7人入围2021年领军人才培养对象，入围人数继续领跑全国，在籍人数保持全国第一。深化“学习兴税”平台应用，采用线上与线下相结合方式开展干部教育培训，开展大练兵大比武活动，全省系统6人获“浙江金蓝领”、2人获浙江省青年岗位能手、5人获浙江省巾帼建功能手等荣誉称号。2021年全省税务系统新增国家级荣誉1项，省部级荣誉49项。推进“党旗红　税务蓝”文化场景建设，集中选树“四十佳”先进典型，联合省人力社保厅开展税务系统先进集体、先进工作者评选，组织先进典型宣讲。

（省税务局供稿　刘春燕执笔）

注：

***财产行为税“十税”合并申报：**即城镇土地使用税、房产税、车船税、印花税、地占用税、资源税、土地增值税、契税、环境保护税、烟叶税十个税种合并申报。

附表

2021年浙江省税费收入情况统计

单位：万元

项目	累计入库	上年同期	同比增长%
一、税务部门组织的税费合计	215854930	158267813	36.4
(一)税务部门组织税收收入	137367438	117539262	16.9
1.国内增值税	51853026	44362410	16.9
其中：直接收入	46401740	39329011	18.0
免抵调库	5451286	5033399	8.3
其中：增值税部分品目	21339925	18721722	14.0
2.国内消费税	8360634	6799521	23.0
3.企业所得税	35726124	28027445	27.5
4.个人所得税	13462360	11854392	13.6
5.资源税	140104	128358	9.2
6.城镇土地使用税	995234	1105451	-10.0
7.城市维护建设税	4224494	3635369	16.2
8.印花税	1217751	1027381	18.5
9.土地增值税	6987764	5155937	35.5
10.房产税	2498211	2341213	6.7
11.车船税	650660	602193	8.0
12.车辆购置税	2782305	3088054	-9.9
13.烟叶税	73	89	-18.0
14.耕地占用税	729309	933147	-21.8
15.契税	7672763	8381650	-8.5
16.环境保护税	31858	33489	-4.9
17.其他税收	34768	63163	-45.0
(二)社会保险费收入	47355095	34435682	37.5
(三)非税收入合计	29106696	4383869	563.9
1.教育费附加	1961550	1686421	16.3
2.地方教育附加	1308335	1124070	16.4
3.文化事业建设费	39899	10156	292.9
4.残疾人就业保障金收入	579024	518557	11.7
5.水利建设基金	746	1502	-50.3
6.场外核应急准备收入	578	501	15.4

（续表）　　单位：万元

项目	累计入库	上年同期	同比增长%
7.石油特别收益金	39	0	
8.免税商品特许经营费收入	50	32	56.3
9.水土保持补偿费收入	27653	0	
10.排污权出让收入	166175	0	
11.防空地下室易地建设费收入	198537	0	
12.矿产资源专项收入	473462	0	
13.海域使用金收入	31293	0	
14.土地闲置费	965	0	
15.废弃电器电子产品处理基金收入	7498	6689	12.1
16.可再生能源发展基金	703827	587425	19.8
17.大中型水库移民后期扶持基金收入	268680	222571	20.7
18.地方水库移民扶持基金收入	4631	0	
19.中央大中型水库库区基金收入	1554	1864	-16.6
20.国家重大水利工程建设基金收入	184710	154133	19.8
21.核电站乏燃料处理处置基金收入	96085	57547	67.0
22.国有土地使用权收入	23035059	0	
（四）其他收入合计	2025701	1909000	6.1
二、海关代征进口税收	13044162	9358413	39.4
三、出口退税	-28233383	-22258894	26.8
其中：直接退税	-22782097	-17225495	32.3

财政分项工作

财政预算管理

【概况】 2021年，浙江省财政预算工作进一步深化财政预算管理制度改革，加强财政资源统筹，增强重大战略任务财力保障，厉行勤俭节约，优化支出结构，推进加快构建具有浙江特色的现代财税体制，为争创社会主义现代化先行省、高质量发展建设共同富裕示范区提供保障。连续第5年获得国务院办公厅落实有关重大政策措施真抓实干成效明显地方表彰奖励。2021年财政预算报告赞成率99.5%，创历史新高。2021年，全省一般公共预算收入8262.64亿元，为上年的114.0%，其中，省级一般公共预算收入346.87亿元，为上年的一般公共预算支出11014.59亿元，完成调整后预算的110.7%，为上年的109.2%，其中，省级一般公共预算支出652.52亿元，完成调整后预算92.3%，为上年的104.5%。

【部省共建推进共同富裕示范区建设】 根据党中央、国务院关于高质量发展建设共同富裕示范区的决策部署，会同财政部组建研究专班，共同研究共同富裕财政政策。财政部印发《支持浙江省探索创新打造财政推动共同富裕省域范例的实施方案》，涉及5方面18条支持举措，赋予浙江省多项试点，部省联动协同推动共同富裕，争取率先在体制机制上取得突破，形成一批推动共同富裕的标志性成果，为全国地方财政事业高质量发展提供浙江路径。

【印发浙江省财政"十四五"规划】 印发实施"十四五"时期浙江省财政事业改革与发展的指导性文件《浙江省财政"十四五"规划》。首次将财政规划纳入省政府专项规划序列进行管理，与部门专项规划、集中财力办大事财政政策体系相衔接。有序组织实施财政"十四五"规划，抓好主体责任，将规划部署落实到位。

【打造集中财力办大事财政政策体系升级版】 对标党中央、国务院和省委、省政府决策部署，强化财政资源统筹，研究确定重大任务，梳理新一轮大事，迭代形成2021—2025年集中财力办大事财政政策体系2.0版。以财政预算管理一体化系统建设为基础，研究开发集中财力办大事模块，纳入全省数字化改革重大应用。

【实施新一轮绿色发展财政奖补机制】 全面实施新一轮绿色发展财政奖补机制，兑现奖补资金140.26亿元，推动与生态产品质量和价值相挂钩的财政奖补机制取得实效，继续实施森林生态效益补偿机制。加强政策宣传辅导，密切关注各地生态环境质量指标运行情况。浙江绿色发展财政奖补机制荣获财政部"贯彻落实中央重大决策部署深化财政改革发展的生动案例"一等奖。

【研究支持26县跨越式发展财政体制政策】 开展现行省对市县财政体制运行情况调研，了解存在的问题和困难，做好数据采集整理，逐项开展政策评估分析。加强财政激励政策设计，谋划实施更加精准推动山区26县发展的财政体制政策，提出深化完善支持26县跨越式高质量发展财政政策初步方案，缩小区域之间差距，促进区域协调发展。配合省发改委出台关于山区26县"一县一策"政策支持方案。

【落实过紧日子政策】 提请省委办公厅、省政府办公厅印发《关于进一步厉行节约坚持过紧日子的通知》，以数字化改革为引领，深化节约型机关建设，实施过紧日子清单化管理，逐步建立政府过紧日子的长效机制。指导市县更好落实政府过紧日子要求，大力压减行政支出，降低行政成本。全省全年压减非刚性、非重点项目支出预算125.94亿元，压减率11.7%。

【构建具有浙江特色的零基预算管理新模式】 深化以"零"为基点的预算管理改革，建设"目标、指标、审核、评价"四个体系组成的全过程管理机制。制定《省级零基预算编审指引》，实施分类分层预算审核机制，将预算编审明细到各项支出，实现零基预算省级全覆盖。运用预算一体化管理系统数据，从收支运行、执行结转、绩效监督、过紧日子等多维度构建指标体系，供预算编制审核分析研判，提高预算安排的精准性。

【健全直达资金常态化管理机制】 印发《浙江省直达资金管理实施细则》和《浙江省财政厅直达资金管理工作规范》。建立健全直达资金督促指导和考核机制，继续实施厅领导督导市县制度，完善"业务处室分口指导+专班全过程指导"并行的业务指导模式。开展直达资金定期通报。全年中央下达浙江省直达资金支出进度为96.8%，居全国前列。

【推进预算一体化建设】 对照财政部预算管理一体化业务规范，结合浙江省预算业务模式和特点，提出预算编制相关模块业务需求。配合财政厅数字中心拟定《预算管理一体化建设总体框架》，及时上报预算编制数据，提升预算编制数据上报覆盖面。全省97个财政区划依托预算管理一体化系统编制2022年预算。

【推进部门整体绩效预算改革】 全面推进"预算与绩效"深度融合的部门整体绩效预算改革，实现省级试点部门整体绩效评价全覆盖，推进部门单位行政绩效与资金绩效有机融合，推动项目绩效管理向整体绩效管理转变。构建更加科学的部门整体绩效指标体系，进一步完善与部门整体绩效相挂钩的预算分配机制和奖惩机制。

【健全地方预算支出标准体系】 强化预算支出标准应用，结合预算管理一体化建设，统一规范、分级维护，建立健全分类别、跨层级、分领域的支出标准体系。牵头开展地方预算支出标准办法的课题研究，形成《预算支出标准制定办法》《分类别的预算支出标准制定细则》多项研究成果。省级按明细项目类别的支出范围制定支出标准，实现基本支出预算标准化，明确49类165项项目支出预算标准。

【兜住基层“三保”底线】 完善县级“三保”预算编制事前审核机制，扩大“三保”预算编制审核范围，对39个县(市、区)开展县级“三保”预算编制事前审核，审核对象比例提高到50%。研发集“三保”预算编制审核、执行动态监控、潜在风险预警等功能于一体的“三保”动态监测和风险预警系统，推进全省“三保”数字化管理。加强地方财政运行监测，实时掌握市县财政运行及“三保”保障情况。

【建设变革型财政预算组织】 制定《关于加快建设变革型财政预算组织　提高财政预算干部塑造变革能力的实施意见》，要求全省预算系统聚焦提升推进现代化建设和共同富裕的新能力，以构建具有浙江特色的现代财税体制为导向，以系统联动推进业务与党建深度融合为牵引，推进业务变革和能力变革，提升全省财政预算干部的洞见力、先决力、整合力、执行力、创新力、耐压力、学习力、自我革新力，打造忠诚干净担当的高素质专业化浙江财政预算铁军升级版。

（省财政厅总预算局供稿　金　珂执笔）

地方政府债务管理

【概况】 2021年，浙江省地方政府债务管理工作坚持“防风险与促发展并举，开前门与堵后门并重”的理念，争取新增地方政府债券，发挥政府债券跨周期和逆周期调节作用，服务高质量发展建设共同富裕示范区；打好防范化解地方政府隐性债务风险攻坚战，稳妥有序化解债务风险，确保政府债务总体安全、风险可控。

【争取地方政府债券】 储备好专项债券项目。聚焦重点领域和重大项目，按照专项债券项目融资与收益自求平衡的要求，依法合规做好专项债券项目储备工作，指导市县和省级相关部门做深做实项目前期，为争取新增专项债券额度做好准备。争取新增地方政府债券。2021年，浙江省争取新增地方政府债券2653.00亿元，同比增长10.1%，其中：一般债券386.00亿元，专项债券2267.00亿元。规范使用地方政府债券。新增专项债券重点支持交通基础设施、市政和产业园区基础设施、农林水利、生态环保、社会事业等领域的公益性项目建设1218个，发挥债券对有效投资的拉动作用。加强债券资金管理。定期统计债券资金使用支出进度，完善债券资金使用通报机制，督促各地加快债券资金使用，形成实物工作量，提高资金使用效益。

【防范化解地方政府隐性债务风险】 贯彻省委、省政府决策部署，压实市县党委政府化债主体责任，督促落实多渠道筹措财政性资金，指导各地按年度计划依法依规完成存量债务化解任务，稳妥有序化解债务风险。组织开展两轮债务化解穿透式核查，抓实化解地方政府隐性债务风险工作。

【遏制新增地方政府隐性债务】 强化源头管控，严格执行《浙江省政府投资项目管理办法》，开展政府投资项目立项前财政承受能力和债务风险评估，对省发展改革委立项的89个政府投资项目出具风险评估意见，从源头上遏制新增隐性债务产生。配合做好“七张问题清单”场景建设，通过对债务化解问题精准画像，完善债务风险防控子场景，压实市县化债责任。

【组织开展专项行动督导】 连续第四年牵头组织开展专项行动督导。组织各地开展专项行动实施情况以及政府债务管理情况的自查工作。对市县2021年度债务化解工作、化解存量债务真实性规范性等实行“清单式”督导，对发现的问题要求限期整改。开展“三服务”活动，将专项行动督导与“三服务”结合，赴16个县(市、区)开展债务管理政策上门服务，了解基层诉求，提升债务管理工作服务水平。

【开展地方政府债务风险评估和预警工作】 开展政府债务风险预警现状和趋势分析，梳理总结全省政府债务风险评估和预警机制运行情况，研判债务风险趋势。按照财政部债务风险评估预警和风险等级评定办法，测算市县政府法定债务风险，通报债务风险等级结果。

（省财政厅地方政府债务管理办公室供稿　郑　瑞执笔）

财政税政

【行使地方税政管理权限】 出台契税具体适用税率等政策。根据《中华人民共和国契税法》的授权，省财政厅会同省税务局、省自然资源厅、省建设厅起草《浙江省契税具体适用税率等事项的建议方案(送审稿)》，经省政府专题会议、常务会议以及省人大常委会审议通过，发布《浙江省关于契税具体适用税率等事项建议决定》。联合税务部门开展契税政策的宣传解读工作，在“浙江财政”微信公众号、《浙江财税与会计》杂志进行政策解读和问题解答，确保《契税法》于2021年9月1日在浙江省顺利实施。确定城市维护建设税纳税人所在地有关事项。根据《城市维护建设税法》的授权，省财政厅会同省税务局研究提出浙江省确定城市维护建设税纳税人所在地的有关事项，经省政府批准，印发《浙江省确定城市维护建设税纳税人所在地有关事项的通知》，并第一时间联合省税务局在“浙江财政”微信公众号进行政策宣传解读，确保《城市维护建设税法》于2021年9月1日在浙江省顺利实施。

【延续实施房土两税优惠政策】 联合省税务局向省政府提出延续实施房产税、城镇土地使用税减免政策建议方案，经省政府批准，2021年2月10日印发《关于延续实施应对疫情影响房产税、城镇土地使用税减免政策的通知》。明确按退坡方式延续执行房产税、城镇土地使用税减免政策至2021年6月30日。继续对住宿餐饮、文体娱乐、旅游、交通运输等四大行业和小微企业、个体工商户进行政策扶持。在《浙江日报》《浙江财税与会计》等媒体、杂志以及“浙江财政”微信公众号上进行政策宣传，扩大政策知晓面。全年为企业减免房产税、城镇土地使用税31.25亿元。

【实施境外旅客购物离境退税政策】 牵头做好境外旅客购物离境退税政策组织实施工作，印发浙江省实施离境退税政策的通知，会同省税务局、省商务厅、省文旅厅和杭州海关，通过各自的官网、微信公众号以及报纸、电台等媒体，开展政策宣传，确保离境退税政策应知尽知。组织开展第二批离境退税商店的申报备案工作，确定境外旅客购物离境退税商店36家。截至2021年12月31日，办理境外旅客购物退税开单32笔，涉及金额1907万元，税额248万元，办理退税190万元。

【牵头做好自贸区财政要素保障工作】 健全工作机制。调整增加部分厅局机关和省内自贸区各片区所在市县财政部门为专班成员单位，确保自贸区财政要素保障工作的全面完整。建立清单工作制度。研究制定专班工作任务清单和财政投入情况清单。工作任务清单，责任分解落实到厅机关各处室。统计各片区用于浙江自贸试验区建设的财政性资金投入情况，定期报送，上下联动，高质量完成自贸区财政要素保障工作。出台激励型财政转移支付政策。与省自贸办协商对接，出台自贸区激励型财政转移支付政策和实施办法，通过财政体制和省级财政资金引导，激励各片区努力争先创优。总结自贸区扩区1年来财政支持自贸区建设情况及工作成效，以专报形式报省领导参阅。

【研究梳理促进共同富裕的税收政策体系】 梳理分析现行税制、税种特征及与调节收入分配的关系，针对存在的问题，结合共同富裕示范区建设要求，研究提出重塑有利于共同富裕的税收政策体系建议。按照“小切口大牵引”改革要求，研究提出进一步支持慈善捐赠的税收政策改革事项。

【争取税收优惠政策】 争取宁波舟山启运港退税政策。完善启运港退税政策的诉求方案，向国家部委上报《浙江省财政厅关于宁波舟山港试行启运港退税政策的请示》，增加宁波舟山港作为启运港退税政策的离境港；拓展启运港范围，支持宁波舟山港建设世界一流强港、打造国际航运物流枢纽。争取长龙航空汇总纳税增加中南分公司。经与财政部沟通，财政部9月5日印发《关于调整铁路和航空运输企业汇总缴纳增值税分支机构名单的通知》，明确浙江省长龙航空有限公司汇总纳税名单增加浙江长龙航空有限公司中南分公司。长龙航空公司充分享受增值税进项税额抵扣，汇总纳税后分公司增值税预征率1%，减轻增值税负担，促进税款回流浙江。争取萧山机场免税店搬迁扩面。向财政部上报有关杭州萧山国际机场进出境免税店搬迁扩面的申请，财政部联合商务部、文化和旅游部、海关总署、税务总局下发《关于增设及规范口岸出境免税店的通知》，同意萧山机场出境免税店搬迁扩面，面积由原来的1096m^2增加到3561m^2，确保满足2022年亚运会期间出入境旅客需求。争取资源综合利用增值税优惠目录调整。向财政部上报关于要求调整《资源综合利用产品和劳务增值税优惠目录》的请示，经与财政部沟通协商，促其发布《关于完善资源综合利用增值税政策的公告》，同意浙江省提出的调整优惠目录的请示，并将浙江省废旧电池及其拆解物综合利用增值税即征即退比例由30%提高到50%。

【开展税收政策实施情况评估工作】 开展浙江省增值税留抵退税政策执行情况调研评估。通过召开座谈会、走访企业，持续强化留抵退税宣传辅导，推进留抵退税政策落实落细。开展自贸区财税政策落实情况阶段性评估分析。梳理浙江省自贸区财税政策落实情况，评估实施效果，分析存在问题，形成评估分析报告和政策建议报送财政部。会同省税务局组织开展科技企业孵化器、大学科技园和众创空间税收政策实施效果的评估工作，做好小微企业和个体工商户税收政策评估工作。

【做好税政认定工作】 会同省科技厅、省税务局完成全省高新技术企业评审认定，2021年认定高新技术企业10185家。会同省税务局、省民政厅完成全省2021—2023年度具备捐赠税前扣除资格的群众团体和社会组织的审核确认工作，公布获得2021年度公益性捐赠税前扣除资格的公益性群众团体91家、社会组织344家。完善捐赠税前扣除资格认定政策，将资格有效期延长3年。

（省财政厅税政处供稿　张丽萍执笔）

财政国库管理

【强化收支运行监测与研判】 加强收入组织监测。按照“匹配性、均衡性、可持续性”的原则，构建省市县纵向联动、财税银横向贯通的收入组织长效机制；谋划全年收入预期目标，把握组织收入的力度和节奏，为全国大局做贡献。2021年全省一般公共预算收入8262.64亿元，增长14.0%，收入规模列全国第三；税收收入占一般公共预算收入的86.8%,列全国第二。*加强分析研判*。与税务部门建立常态化沟通协调机制,按月分析财政收支运行及变动原因,强化财政收支分析精细化、专业化、清单化。就主要税源行业、山区26县财政收支形势开展调研,对收支执行重点、难点问题进行专题分析,报省委、省政府决策参考。浙江省2020年度预算执行分析工作获财政部通报表扬。

【加强财政库款管理】 印发《浙江省财政厅关于进一步加强地方库款管理和地方财政专户管理的通知》,完善市县库款与转移支付挂钩机制,加大省与市县库款调度和上解力度,测算并调整2022年留用(上解)比例。加强库款运行与保工资监测,对存在风险地区及时进行预警并安排资金调度提供应急支持。2021年,安排省对市县日常调度23次,资金799.00亿元;安排直达资金调度6次,资金354.35亿元,确保不出现"三保"支出和财政运行风险。强化库款管理和债券发行统筹,对于库款规模预计较高或因项目实施进度原因暂不使用债券资金的地区,协调债券发行计划,暂缓发行债券。浙江省库款管理工作连续第5年获国务院办公厅落实有关重大政策措施真抓实干成效明显地方荣誉。

【发行兑付地方政府债券】 *加快债券发行使用*。2021年,全省(不含宁波)发行浙江省政府债券11次67期,发行总量3639.40亿元,公开发行规模、次数和债券期数均创历史新高,平均投标倍数17.2,平均发行利率3.3%,加权平均发行年限12.3年。按偿债资金来源分:一般债券1109.10亿元,专项债券2530.30亿元;按是否增加债务余额分:新增债券2310.00亿元,再融资债券1329.40亿元。*加强债券发行管理*。把握债券发行节奏,结合项目建设进度、再融资债券到期时点及库款水平,制定发行计划,全年累计延期发行债券规模593.00亿元,年内节约利息3.62亿元。清退并增补承销商7家,保障债券平稳发行;丰富债券存续期信息披露内容,首次披露新增专项债券对应项目上一年度全年实际收益、项目最新预期收益等信息,首次出具不定期跟踪评级;做好债券本息兑付,足额拨付2021年还本付息资金1686.97亿元。浙江省财政厅获得上海证券交易所债券市场2021年度"地方政府债券优秀发行人"称号;获得中央国债登记结算有限责任公司"地方债卓越贡献发行人"称号。

【规范公款存放管理】 牵头中央巡视反馈问题整改落实,组建由七个省级部门组成的整改工作专班,制定公款存放管理整改方案,下发整改通知,在全省全面开展自查整改,选取30个市县开展专项督查。迭代升级网上招标平台功能,修订出台《浙江省省级行政事业单位公款竞争性存放管理办法》,指导省级单位规范开展竞争性存放,2021年累计为156家单位提供备案审核服务和共性指标数据。优化省级财政资金竞争性存放机制,在全国率先开展社保资金委托存放,全年委托市县存放省级社保风险金589.24亿元,为企业职工基本养老保险基金全国统筹提供浙江经验。2021年,全省通过公款竞争性存放网上招标平台操作293期,金额5143.91亿元,其中:省级财政资金竞争性存放开展招标22期,金额2401.42亿元,到期可实现利息收益27.37亿元。

【推进国库管理数字化改革】 *探索建设"浙里报账"*。以"报账"为小切口,串联政府经济活动全流程,推进财政财务流程再造和制度重塑,牵引整体智治财政大场景。加强顶层设计,成立工作专班,形成系统建设方案;在构建灵活可配置的系统技术基座基础上,按业务场景分步推进系统建设,陆续推出公务出行、会议活动、学习培训、办公用品等业务场景应用。"浙里报账"和"浙里办票"协同入选省政府数字化改革第二批最佳应用。*履行好预算管理一体化系统建设工作专班相应职责*。组织全省各地按时向财政部报送预算执行和单位会计核算数据,指导、督促各市县做好部门单位会计核算业务软件与一体化系统对接。2021年,实现20037家部门(单位)会计核算与一体化系统对接,覆盖率100%。拟定预算指标账*试点方案,确定试点市县及资金范围,部署全省试点工作,实现预算指标核算"记录、控制、报告"的试点目标。

【加强国库集中支付管理】 *加强国库集中支付运行管理*。修订《浙江省财政国库集中支付资金银行清算办法》,按T+0进行国库集中支付资金清算,节约垫付资金利息。2021年,全省累计国库集中支付改革资金量19892.34亿元,增长6.9%。全省公务卡累计刷卡支出19.36亿元,增长11.5%。*加强国库集中支付代理银行管理*。修订《浙江省省级财政国库集中支付银行代理业务综合考核办法》,公开招标新增国库集中支付代理银行4家。

【加强动态监控管理】 *加强国库集中支付动态监控*。根据政策文件、审计和巡视及省级部门意见等要求,调整监控重点、更新预警规则,督促预算单位严格规范执行,防范财政资金支付风险。优化系统功能,突出预算单位主管部门预算执行主体地位和责任,提升跨部门协同监控力度。加强与驻厅纪检监察组、预算单位主管部门的信息互联互通,共享、推送疑似违规业务数据,强化部门主体责任意识,形成监管合力。2021年,全省国库集中支付动态监控累计监控财政资金11272.60亿元,确认违规支付64.80亿元,违规率0.6%,下降14.3%;纠正金额64.80亿元,纠正率100%。*加强"两直"资金动态监控*。印发《浙江省财政厅关于进一步加强直达资金预算执行管理的通知》,明确直达资金预算安排、资金支付、账户管理等业务规范要求,推动直达机制落地见效;做好日常监控和数据分析,跟踪直达资金相关信息,每周通报工作进度,全面分析全省直达资金分配、支出进度,按月向财政部报送分析报告。

【完善财政决算管理】 *编制财政总决算*。下发审核要点和编审业务解答,制发审核模板和核对数据,提高审核精准度,提升数据质量，完成2020年度财政总决算编审工作。编制部门决算。编印《部门决算编制指南》，做好参数维护和网络版编审系统维护更新；开展省级部门决算汇审和市县部门决算交叉审核及汇审；推动部门决算批复公开，制定公开实施方案并指导省级部门和市县做好预案，统一于8月31日公开省级部门决算。加强决算数据分析利用。编印《2020年度财政统计资料》和《2020年度部门决算数据资料汇编》，发挥决算数据对管理和决策的参谋作用。

【夯实国库管理基础】 做好总会计工作。全面上线省级财政专户拨款电子化业务，取消财政拨款纸质凭证，财政拨款银行从“频繁上门服务”变为“一次都不跑”；试运行存单管理软件，智能统计分析财政存款情况；上线预算执行进度智能统计分析功能，推动加快预算执行进度。编制政府财务报告。开展报表联审，提升部门财务报告与国有资产报告数据的一致性；采用系统与人工审核相结合模式，开展省级部门财务报告汇审和全省综合财务报告集中汇审。2020年度全省8818个部门完成政府部门财务报告的编制，在省本级、114个市县区完成2020年度各级政府综合财务报告编制基础上，合并完成全省政府综合财务报告编制。规范账户管理。严格财政专户管理，专项督查市县财政专户管理核算内容，梳理问题清单和反面案例，持续跟踪督促整改；截至2021年末各级财政部门保留财政专户计1555个，其中省本级20个。严格预算单位银行账户管理，完善系统设置，提高财政审批实效，实现省本级单位银行账户审批“零上门”常态化。

（省财政厅预算执行局供稿　赵春霞执笔）

注：

*预算指标账：政府财政部门采用会计复式记账法对预算指标管理业务或事项进行核算。

财政综合

【深化统一公共支付平台应用】 推进统一公共支付平台线上线下一体化收缴。省市县各级财政结算账户接入统一公共支付平台，关停原有代理银行代收通道，单轨制运行，非税收入实行线上线下一体化收缴。推进综合执法多业务综合集成协同应用。在省级层面打通统一公共支付平台与统一行政处罚办案系统，省市县联动，形成合力，完成全省1400余家执法单位行政处罚业务对接统一公共支付平台实施工作，推进违法处理与罚款缴纳业务深度融合。拓展平台服务范围。会同市场监管局推进浙江质量在线（“浙里检”）对接统一公共支付平台，实现检测、寄送、费用缴纳、报告出具等一体化在线运行；会同人力社保厅开展社保省集中系统对接统一公共支付平台试点运行，实现被征地农民养老保障资金接入平台收缴；会同推进食品行业、烟草专卖领域执法系统与统一公共支付平台的综合集成，实现“掌上执法”“简案快办”；会同科技厅等部门推进软件专业资格考试、专利代理人资格考试、交通工程监理资格考试等相关考试收费接入统一公共支付平台，实现考试报名、缴费、取票一站式办理。加大数字化改革政学研合作力度。会同浙江财经大学地方财政研究院、人行杭州中心支行举办公共支付数字化改革论坛，从实务和理论等多角度、多层面开展研讨；聚焦高质量推进公共支付数字化改革开展理论研究，相关研究成果在国家级刊物《新理财（政府理财）》上发表。公共支付数字化改革入选2021年省政府部门改革创新项目和省直机关工委组织评选的最佳制度供给优秀案例，作为数字政府建设重要成果入选省数字化改革成果展。截至2021年底，统一公共支付平台接入执收单位2.27万家，接入代收机构33家，累计受理收缴业务3.30亿笔、收缴资金1.77万亿元。

【深化财政电子票据改革】 参与跨省报销改革试点工作。推动长三角三省一市财政电子票据共享工作，作为全国6个改革先进省份之一，参与制定全国财政电子票据跨省报销改革工作方案和技术方案。推进数字政府重大应用建设工作。联合省税务局、省档案局等部门成立浙江省电子发票（票据）推广应用专班，在全国率先上线“浙里办票”应用，建设全省电子票据公共存储、下载和归档云平台，开设“我要查验”“我要票据”“我要接口”“我要咨询”等功能窗口，通过数字赋能、多跨协同，实现电子发票（票据）一站式查询、真伪查验和数据报销应用流转等功能。“浙里办票”入选浙江省数字化改革第二批最佳应用。优化社会服务功能。在全国率先出台浙江省地方标准《财政电子票据区块链技术应用规范》，新增“电子发票（票据）无纸化报销备案登记”公共服务事项，选择大型企事业单位试点电子发票（票据）全流程无纸化应用。持续深化医疗收费票据改革工作。修订《浙江省医疗收费电子票据管理办法》和《浙江财政电子票据业务（医疗机构）数据规范》，推广医疗电子票据省级集中模式试点经验，完善电子票据医保零星报销和商业保险理赔应用流程。在财政部召开的全国深化财政票据管理改革培训班上，浙江省作典型经验交流发言。截至2021年底，全省开通电子票据服务的机构3.6万家，年度累计开票7.17亿张，累计开票金额1.77万亿元，实现行业类型、票据种类、县（市、区）地域“三个全覆盖”，各项改革进度均列全国第一。

【强化非税收入收缴管理】 牵头做好非税收入征收职责划转工作。作为全国第一批土地出让收入等四项非税收入划转税务部门征收的试点省份，第一时间向省委、省政府做专题汇报，主动牵头做好四部门协调工作。划转后，赴多地开展调研，实地了解问题，协调解决。有关划转工作情况的2个专报分别获省委书记及省长肯定批示。推动财税信息系统互联互通和信息共享。土地出让收入等划转税务部门征收过程中，加强顶层设计，提前谋划协调，优化收缴流程，突出数字赋能，实现部门多跨协同、系统互联互通及信息实时共享，与省税务局共同建设全国首个“非税征管信息共享平台”，推进征收划转工作。涉及划转非税收入的信息交互与征管、反馈、分析利用等都通过该平台实现。2021年，平台征收入库信息58803笔，涉及金额2443.10亿元，其中，国有土地使用权出让收入入库信息42934笔，涉及金额2370.62亿元。推进预算管理一体化电子凭证库建设应用工作。省本级和金华市财政局完成电子凭证库建设试点工作，实现资金划解、退付、上解、下拨、返还5种业务模式贯通，截至2021年12月31日，省本级有40家执收单位的非税收入划拨业务申请通过电子凭证库渠道拨付，拨付金额为1.72亿元。向市县财政部门下发财政端和单位端相关操作手册，推进全省全面实施。规范收缴核算业务管理。分析研判各级审计、财政督查、巡视巡查发现的全省非税收入管理中各类问题，从核算管理、账户管理、其他事项三方面汇总整理8大类审计问题，制定相关制度规范，加强业务指导；根据省级地方财政收入虚假问题自查方案，提供近三年省本级非税收入缴库清单进行核查，汇总形成专项自查材料，推进省级自查行动有序开展。强化非税收入形势分析。结合经济运行情况和政策变动对非税收入进行研判分析，提出下一步非税收入收缴工作思路，为领导决策做好参谋。

【持续推进减税降费工作】 延续地方水利建设基金停征政策。紧跟中央减税降费步伐，在国家授权范围内用足用好政策空间，延续停征地方水利建设基金，成为全国最早发布且减免力度最大的省份。助力提前完成省政府工作报告减负降本目标任务。主动核对减负降本政策落实实效，提前完成年初省政府工作报告“力争全年为企业减负2500亿元以上”目标任务。开展涉企违规收费专项检查。协助浙江省监督局重点抽查省本级及部分市县财政部门和相关执收单位，开展涉企收费专项检查，确保国家减税降费政策落地生效；落实2021全国两会政府工作报告相关任务部署，加强政府非税收入财政监督管理，严肃财经纪律，布置开展政府非税收入和财政票据管理情况全省专项检查。

【推进政府购买服务改革】 完善政府购买服务数据信息和预算管理。按照预算管理一体化改革要求，优化政府购买服务预算编报需求，实现全省预算管理统一部署、互联互通。汇总全省政府购买服务2020年决算数据和2021年预算数据，2021年全省（不含宁波）政府购买服务预算项目金额308.35亿元。打造全国政府购买服务样板县。龙港市作为全国第一个撤镇设市的县级市，具有实施政府购买服务改革的先天优势，2021年财政部将龙港市新增为全国政府购买服务联系点，根据财政部规定，省财政厅多次赴该市调研督导，促进其强化制度建设，制定改革规划，完善数据统计，推动改革走深走实，为全省政府购买服务改革提供做法经验。推动全省视频监控资源统筹整合。以财政专报形式向省委、省政府主要领导报送《财政部门建议统筹整合视频监控资源推广海宁做法经验》，引起省领导高度重视，并带队开展实地调研，系统提出全省公共视频监控建设一体化改革思路，省财政厅所提建议被采纳并转化为政策制度。7月，省政府办公厅下发《全省公共视频监控一体化改革指导意见》。提出规范全省政务新媒体政策建议。赴丽水市开展调研，加强与省政府办公厅、省大数据局等部门的联系沟通，向省委、省政府主要领导报送《关于统筹整合政务新媒体资源、提绩效减负担的建议》，提出完善管理机制、整合现有资源、健全评价体系等政策建议，得到省领导肯定批示。

【强化住房土地海域和彩票等资金监管】 贯彻落实中央关于土地出让收益用于农业农村比例达50%以上的决策，多次与有关市县沟通，了解政策落实情况和存在问题，向财政部反馈沟通，提出意见建议。按照“市县为主，适度统筹”的原则，建立健全土地出让收入省级统筹机制，起草资金统筹具体办法（征求意见稿）。针对省政府专题会有关在全省有序推进农村集体经营性建设用地入市工作的部署，提出关于土地增值收益分配问题原则性意见，做好制定相关政策的准备工作。会同省自然资源厅出台《海域、无居民海域使用金征收管理规程》，规范海域、无居民海域使用金征收、减免等相关工作流程和要求；会同省自然资源厅做好围填海历史遗留问题的整改工作。开展全省住房公积金专项检查，确保住房公积金运行平稳有序、保值增值。强化部门协作，促进彩票市场健康发展。起草《关于进一步做好彩票市场安全管控的通知》，明确不同主体违法违规行为的查处办法。组织开展体彩、福彩全省行业自查，会同成员单位进行重点检查，对发现存在违规行为的彩票代销点督促整改落实，强化彩票机构财务监管，确保彩票资金安全规范运行。2021年，浙江省彩票销量285.42亿元，筹集彩票公益金80.69亿元，跃居全国第二。

（省财政厅综合处供稿　周卫平执笔）

会计管理

【推进会计管理数字化改革】 以企业财务“一张表”为小切口，在全国率先开展“浙企一表通”应用建设，探索建立企业财务报表数据单一来源制度，实现会计信息一个渠道报送、政府部门共享和其他单位授权应用。研究制定“浙企一表通”应用建设方案，完成应用总体架构设计，启动“最多报一次”、会计信息“雷达”、会计信用“画像”、企业运营“CT”、会计服务在线五大应用场景开发，完成会计服务在线应用场景迭代升级，实现涉会行政审批“一网通办”、会计人员“单位+人员”双维管理和会计人员信用管理。

【推进电子票据报销入账归档工作】 协同省档案局在全国率先发布《浙江省电子会计凭证归档业务指引（试行）》，明确单位电子会计凭证归档职责分工、处理流程、归档内容等，夯实会计电子档案管理制度基础。协同省档案局、省商务厅、省税务局确定国网浙江省电力有限公司等34家单位为电子票据电子化报销、入账、归档试点单位，并开展跟踪指导、试点验收工作，夯实会计电子档案管理实践基础。

【宣传贯彻会计准则制度】 联合省交通厅制定《浙江省公路水路公共基础设施重置成本参考标准》《浙江省公路水路公共基础设施政府会计核算实施细则》，培训指导各市县按规定将存量公路水路公共基础设施纳入政府会计核算，全面反映公路水路资产"家底"。更新编制《政府会计准则制度汇编》《省级行政事业单位财经制度汇编》，针对单位长期股权投资核算不规范、往来款清理不及时等问题，编写《长期股权投资会计处理参考》《以前年度往来款清理会计处理问答》等专题资料，做好指导和答疑。组织开展全省政府会计准则制度网上培训和企业会计准则制度高质量实施工作线上培训，提高财会人员对会计制度的理解和把握能力。

【推进单位内控制度建设】 组织全省行政事业单位内控报告编报工作，通过开展全覆盖培训、数据质量检查和考核结果引导等措施，确保内控报告上报率和填报质量。2021年全省上报2020年度内控报告19587家，内控报告上报率95.3%；内控报告评价优良率70.8%，较2019年度提升56个百分点。修订发布《省级行政事业单位内部控制指引(2021年版)》，推动单位内控制度持续更新。组织开展省级单位内控建设情况评价工作，逐一反馈评价结果，指导单位提升内控建设水平。创新开展乡镇内部控制指引建设试点工作，确定桐庐县等16个县(市、区)为指引建设试点地区，省市县乡四级联动，形成乡镇内控指引样本，将内控理念和措施嵌入基层行政单位日常运行。

【研究加强行政事业单位财会管理工作】 针对行政事业单位财会管理中存在的机构队伍弱化、能力素质下降等问题，赴省级单位和市县开展调研，召开全省市县财政部门专题座谈会，了解掌握相关情况，听取各方意见建议，梳理问题和成因，形成重构行政事业单位财会管理格局对策建议报告。

【加强会计中介机构监管服务】 深化会计中介机构"证照分离"改革，在浙江自贸区范围内取消中介机构从事代理记账业务审批，将会计师事务所分支机构设立由审批改为备案，优化审批服务。根据省大数据局统一部署，完成会计师事务所(分所)、代理记账机构"证照分离"业务和数据协同系统建设，构建"一横+一纵+一环"整体架构，形成管理闭环。开展会计中介机构首次证后核查，对3家会计师事务所(分所)进行告知承诺首次证后现场监督检查，指导和督促市、县(市、区)财政局对134家代理记账机构开展告知承诺全覆盖首次证后现场监督检查。开展注册会计师挂名执业、网络售卖审计报告、注册会计师超出胜任能力执业和会计师事务所"无证经营"专项整治。对3340名执业资格异常人员进行重点核查，注销1273名注册会计师执业资格。对151名注册会计师及所在的70家会计师事务所进行超出胜任能力执业情况现场检查。查处4家涉嫌网络售卖审计报告企业，破获全国首例集团化网络售卖虚假审计报告案。清理141家"有照无证"会计师事务所，督促133家"有照无证"会计师事务所(分所)完成整改。

【做好高级会计职称评审工作】 组织开展2021年度会计高级职称评审工作，全省申报正高级会计师76人，评审通过38人；全省申报高级会计师1665人，评审通过1225人。做好高级会计职称人员跨省调转工作，加强与外省会计管理部门的联系协调，完成19名省外调入会计高级职称的确认工作。

【加强高端会计人才培养】 完成浙江省国际化高端会计人才(民营企业类)班集中培训，64名学员经考核合格准予毕业。启动浙江省第三期高端会计人才(行政事业类)班培养工作，对60名学员开展年度集中培训。组织参加财政部大中型企事业单位总会计师素质提升工程培训，培训学员650人。举办2021年度浙江省数字化转型与新经济领导力研修班，开展大中型企事业单位分管财务领导、财务机构负责人以及数字化应用管理人员培训，培训学员80余人。

(省财政厅会计处供稿　王海军执笔)

行政政法财政财务管理

【支持"人才强省"战略实施】 坚持首位战略首位保障，围绕"互联网+、生命健康、新材料"三大科创高地，集中财力加大"鲲鹏行动"计划投入力度，支持引进一批具有全球影响力的顶尖人才；落实省海外引才计划、万人计划、绩效奖励计划等重点人才项目资金保障5.20亿元，为打造全球人才蓄水池提供财力支撑。配合省委组织部制定《浙江省人才发展"十四五"规划》，推动各项目标任务落到实处。

【支持"质量强省""标准强省""品牌强省"建设】 做好质量强省、标准强省、品牌强省建设的财政支持保障工作。安排4174万元用于支持深入开展"浙江制造"品牌建设、"浙江制造"标准研究制定、"浙江制造"认证实施，推动认证结果国际互认。持续推进省政府质量奖激励政策，安排2600万元用于引导和激励全省各行业加强质量管理、追求卓越绩效。安排2020年落实有关重大政策措施真抓实干成效明显地方省政府督查激励资金2000万元。

【支持提升政法工作现代化水平】 根据《财政支持政法工作现代化三年行动实施方案(2021—2023年)》文件精神，组织开展2021年政法工作现代化创新引导项目和公检法司条线工作现代化创建项目申报评审工作。2021年，安排2.40亿元支持政法工作现代化创新引导项目29个、公检法司工作现代化创建项目

139个。贯彻落实省委数字化改革会议精神，支持开展全省数字赋能社会治理现代化场景应用项目揭榜认领工作，加快推进社会治理领域数字化改革，推进基层社会治理领域“重要窗口”建设。2021年，安排4800万元支持全省数字赋能社会治理现代化场景应用揭榜认领项目35个，其中：省级指定场景项目11个、地方自主申报项目24个。

【创新公务开支标准制度】 在2020年差旅费“双轨制”报销机制创新基础上，进一步完善差旅费开支标准制度，2021年出台《浙江省财政厅关于在部分省级单位开展新一轮差旅费报销改革试点的通知》。将出差住宿费纳入包干试点范围，即出差人员可以选择按包干方式报销住宿费。11月25日，在全国行政政法工作会议上作先进经验介绍，为全国差旅费制度改革探路先行。

【协同完成省高速公路交通警察管理体制改革】 贯彻落实《中共浙江省委办公厅、浙江省人民政府办公厅关于调整完善全省高速公路公安交通管理体制的实施方案》精神，制定《全省高速公路公安交通管理体制调整资产财务管理划转实施意见》，明确经费划转范围、划转基数、罚没收入管理等事项，指导各地有序开展财物管理体制改革工作，落实支出责任，加强经费管理，确保改革无缝衔接。

【加强省以下法院检察院财物统管改革制度建设】 按照中央关于推进省以下法院检察院财物统一管理改革的相关要求和《浙江省省以下法院检察院财物统一管理改革实施方案》精神，推进浙江省法院检察院“六统一”管理制度体系建设。2021年，出台《浙江省人民法院财务管理办法》《浙江省人民法院案款管理办法》，持续开展调查研究，探索在省以下法院检察院日常公用经费标准、涉案财物管理、诉讼费管理等方面形成制度性成果。

【建立全省企业破产援助奖补机制】 印发《关于建立浙江省企业破产援助奖补机制的通知》，明确自2021年起，用三年时间，引导全省各市、县(市、区)设立和规范使用破产援助资金，解决无产可破或缺乏启动资金的企业破产程序启动和推进问题，助力市场主体退出机制改革。支持和奖励企业破产援助资金管理规范、使用率高、成效明显的市、县(市、区)，引导各地合理设置企业破产援助资金规模，减少资金闲置，提高资金使用效益，拓宽破产援助资金筹措渠道。鼓励各地创新推动破产审判工作，形成可复制可推广的经验，发挥企业破产援助资金支持加快市场主体出清作用。

（省财政厅行政政法处供稿　陈　蕾执笔）

科教财政财务管理

【概况】 2021年，浙江财政科教工作落实教育投入“只增不减”、科技经费投入两大目标，健全预算管理，强化绩效理念，提高管理水平，推进全省科教事业发展。全年全省一般公共预算教育支出2039.52亿元，增长9.8%；科学技术支出578.60亿元，增长22.6%。

【联动支持高能级创新平台建设】 梳理“十四五”省财政支持杭州城西科创大走廊财政支持政策，参与省政府《关于进一步推进杭州城西科创大走廊打造创新策源地实施意见》政策研究，省市区联动，支持杭州城西科创大走廊打造面向世界、引领未来、辐射全省创新策源地建设。研究建立以绩效为导向的高能级平台财政支持政策，对省实验室、省技术创新中心建设，省财政给予首年创建经费补助，第2年起根据年度自评报告、中期评估等情况给予后续支持，助推基础研究和源头创新从“0”到“1”以及产业创新从“1”到“N”的突破。

【加强科研经费管理】 改革完善省财政科研经费管理政策。根据中央文件精神，牵头起草并报请省政府办公厅出台《关于改革完善省财政科研经费管理的实施意见》，完善科研项目资金管理、简政放权，为科研人员“松绑”。推进科研经费“包干制”试点。对省自然科学基金杰青项目和部分符合条件的省自然科学基金重大项目实行“包干制”，促进高校院所加快推进科技成果转化。联合省科技厅制定《关于加强高校院所科技成果转化的实施意见》，简化程序，规范管理。

【推进创新引领基金投资运作】 完成创新引领基金第三期拟出资的11个子基金项目会议投决、报批、公示等工作，对3批次25只子基金省创新引领基金认缴17.86亿元，子基金合计投资项目182个，投资金额38.17亿元，项目层面带动风险投资、股权投资260.95亿元，扶持科技企业创新创业。

【支持教育高水平发展】 对“十四五”新一轮学科建设资金的分配、使用、绩效评价等提出建议。会同杭州市人民政府向省政府提交《关于给予西湖大学云谷校区(一期、二期)启用搬迁费财政补助的请示》，采用“核定总额、分年补助、体制结算”方式下达补助经费，并对西湖大学新一轮经费支持提出政策建议。研究提出省市共建东方理工大学财政支持政策建议。落实《浙江省引进高水平大学省级引导资金管理办法》，联合省教育厅，报请省政府同意，确定首批6个申请项目补助额度4.37亿元，拨付2021年补助经费1.44亿元。印发《关于明确引进高水平大学升级引导资金有关事项的通知》，规范申请条件、审核流程、补助计算、资金使用等。统筹安排义务教育保障经费39.78亿元，以转移支付方式支持地方改善义务教育阶段薄弱环节、提升办学能力，推动城乡义务教育一体化均衡高质量发展。新增3000万元支持市县增加普惠性学前教育资源供给，提高整体幼教质量；支持职业教育省“双高计划”*，对入选省双高计划学校和专业，以“专业”为核心测算补助经费，对A类、B类专业分别补助200万元和

70万元。

【支持教育领域重大工作】 落实资金，保障习近平新时代中国特色社会主义思想学生读本发放。落实迪拜国际学校2021年度省级补助经费，支持浙江省办好第一家海外学校。结合新一轮集中财力办大事机制以及“共同富裕”相关政策，提出教育领域“钱随人走”*省对市县转移支付政策改进工作方案，并与现有义务教育经费保障机制和管理相衔接，体现对学生流入地区的进一步支持。研究起草“双减”后课后服务保障办法，测算财政补助金额，提出完善收费管理建议，获省政府主要领导批示同意。研究国家规范民办义务教育管理后相关重大任务，纳入集中财力办大事体系予以阶段性支持。

【强化直达资金管理】 对义务教育经费保障、学生资助补助、支持地方高校改革发展专项三项直达资金，以及参照直达管理的现代职业教育提升计划资金，予以备案、分配、下达，并监控指导市县做好教育领域直达资金相关工作，确保资金分解和支出进度。每月报送科教处对口服务联系的湖州、嘉兴两地两直资金执行报告，分析问题，提升执行进度。针对直达资金管理中的问题，向财政部提出完善意见建议。按照《浙江省财政厅关于进一步加强直达资金预算执行管理的通知》的要求，指导市县加强城乡义务教育补助经费和学生资助经费直达资金管理工作。

【配合省编办开展省属事业单位分类改革】 开展省属事业单位绩效工资制度改革基本框架研究；会同省人力社保厅、省教育厅和省科技厅、社科联，开展省属高校、科研院所事业单位绩效工资改革方案起草和测算；做好省国土资源厅、省市场监管局下属事业单位绩效工资联动考核试点总量核定和方案研究。组织做好省特科院“新型事业单位改革”经验总结。

【推进清廉学校建设】 支持推动省教育厅等部门做好清廉学校建设相关工作，强化学校预决算管理，指导各级各类学校建立健全厉行节约长效机制，压减一般性支出，统筹用好各项教育资金，保障重点项目实施。加强项目前期论证，提高预算编制的准确性。助推学校在工程基建、招标采购、招生招聘、科研经费管理等重点领域加强制度建设，指导学校依法依规公开预决算，接受社会监督。

（省财政厅科教处供稿 徐佳梦执笔）

注：

*“双高计划”：即中国特色高水平高职学校和专业建设计划，这里指纳入浙江省高水平职业院校和专业（群）建设名单的中职学校和专业。

*“钱随人走”：指以人为核心的基本公共服务领域转移支付制度，即人到哪里，转移支付资金即拨付到哪里。

文化财政财务管理

【概况】 2021年，文化财政财务管理工作对标“打造新时代文化高地”新要求，研究完善财政支持文化建设政策体系，推进各项重点工作，推动文化事业和文化产业协同发展。全年省级预算安排文化旅游体育与传媒支出29.71亿元，比上年增长6.7%。

【筑牢宣传文化思想阵地】 重点保障基层宣传思想阵地建设所需经费，支持建党百年系列纪念活动，安排学习教育专项经费634万元，保障全省党史教育的理论学习、宣传普及和研究阐释。推动习近平新时代中国特色社会主义思想在浙江的生动实践。支持推进公民道德建设，持续培育社会主义核心价值观，打造“最美浙江人”品牌，提高公民文明素质和社会文明程度。加强网络文化阵地建设，支持省网络应急指挥中心建设，加大互联网信息人才队伍建设的支持力度，保障网络安全工作，守好网络安全防线。支持办好2021年世界互联网大会。

【探索构建新时期公共文化服务高质量发展体系】 贯彻落实国务院办公厅关于公共文化领域中央与地方财政事权和支出责任划分改革要求，梳理省以下财政事权与支出责任划分，报请省政府办公厅出台《浙江省公共文化领域财政事权和支出责任划分改革实施方案》。落实中央《关于推动公共文化服务高质量发展的意见》精神，会同省文化和旅游厅拟定《关于高质量建设公共文化服务现代化先行省的实施意见》《浙江省公共文化服务现代化主要目标指标》《浙江省县（市、区）公共文化服务现代化标准（2021—2025年）》，报请省委办公厅和省政府办公厅印发，提升公共文化服务标准，确保全省公共文化服务现代化建设有方向、有目标。

【落实基本公共文化服务财政保障责任】 安排专项资金3.00亿元，支持全省新建农村文化礼堂2000个。突出绩效导向，引导基层宣传文化阵地提升效能。下达中央和省级基本公共文化服务专项资金6.86亿元，支持公共文化服务现代化建设，引导市县完善公共文化服务体系，促进城乡均衡发展。继续强化基层公共文化服务人才队伍培养机制，支持乡镇文化员定向培养，把优秀学生充实到基层公共文化管理与服务队伍中，提升乡镇公共文化管理水平。下达中央补助资金1.28亿元，落实博物馆纪念馆免费开放、中央公共体育场馆免费低收费开放补助政策。

【扶持文化精品创作】 支持打造文艺精品高地，安排浙江文化艺术发展基金2.00亿元，推动出台项目申报细则，完善基金管理。落实中央和省委深化国有文艺院团改革意见精神，会同省委宣传部、省文化和旅游厅拟定《关于推进全省国有文艺院团深化改革加快发展的实施意见》，推进浙江省国有文艺院团改革。研究省属院团绩效工资制度改革先行先试，探索建立省属文艺

农村文化礼堂运动会开幕式

院团财政拨款绩效挂钩机制，释放体制机制活力，引导浙江省国有文艺院团高质量、可持续发展。

【支持优秀文化传承发展】 落实1.72亿元，用于文物平安工程、革命文物保护利用、宋韵文化传承发展和非物质文化保护，推动传统文化扬弃继承、转化创新、丰富再造。聚焦聚力保障“传承发展浙江优秀传统文化行动计划”，支持实施世界级文化遗产培育、非物质文化遗产展示体验等工程，开展文化基因解码工程，挖掘传承地方特色文化，增强非物质文化遗产活力。新增资金693万元支持启动新一轮“文物平安工程”，加快推进文物安防、消防、防雷等安全防护基础设施建设。会同省文物局等部门拟定《关于开展全省文物安全大排查大整治大提升攻坚行动的意见》和实施方案，督促落实文物安全主体责任，加大文物保护力度。保障浙江省考古与文物保护基地建设，支持良渚古城遗址保护和研究。

【支持体育事业发展】 落实百姓健身房建设补助，完成2021年浙江省十大民生实事建设任务，打造城市社区“10分钟健身圈”。支持保障竞技体育成绩取得新突破，综合实力跻身全国前列，保持届届奥运有金牌的荣誉，东京奥运会浙江省夺得7金2银1铜，金牌数位列全国第一；第十四届全运会金牌数、奖牌数均位居全国第三。支持推进国家版本馆杭州分馆、之江文化中心、省全民健身中心、新时代文化艺术创研基地、省考古与文物保护基地建设。根据亚运会省属场馆建设资金分担政策，落实黄龙体育中心等亚运比赛、训练场馆改建工程经费。研究提出2022年杭州亚运会办赛经费保障机制和赛时运行经费分担建议，确保亚运会亚残运会顺利举办。

【支持文旅融合发展】 按照“诗画浙江”建设规划部署，安排旅游发展专项1.99亿元，推动文旅融合。牵头负责省旅游专班政策支持小组，全面梳理相关支持政策，研究政策储备，拟定《关于促进旅游业高质量发展的若干措施》，支持旅游业复苏发展。推进国家全域旅游示范省建设，贯彻落实省委经济工作会议精神，会同省文化和旅游厅制订《关于加快山区26县旅游业高质量发展的意见》《浙江省旅游业“微改造、精提升”五年行动计划（2021—2025年）》，统筹现有旅游发展相关资金，支持提升旅游品质，促进旅游消费。

【促进文化产业提质增效】 下达省文化产业专项资金2.00亿元，联合省委宣传部，对获专项资金扶持县（市、区）实施事中绩效监控。研究海南自贸港税收优惠政策对横店影视文化产业的影响，提出财政政策建议。做好2022年度省文化产业发展专项资金预下达工作，科学分配文化产业发展省级项目补助资金。发挥产业基金作用，引导社会资本投入，支持推进文化产业重点项目，研究提出媒体融合改革发展政策建议。

【加强省属文化企业管理】 指导省属文化企业制定发展战略和布局规划，从源头上维护文化安全和出资人权益。完成新远集团、古建筑院划转和古建筑院改制等审核事项，优化国有文化资产布局。实施省属文化企业领导人员2020年度经济效益考核等工作，配合省委宣传部做好省属文化企业风险排查及重大问题后续处置工作。针对企业债务、经营管理等问题，指导省属文化企业完善公司治理结构，加强内控建设，完善外部监督体系，加强考核评价，确保国有文化资产安全高效运行。

【加强文化财政财务管理】 规范转移支付资金管理，修订出台《浙江省扶持体育发展专项资金管理办法》。在开展“省级文化场馆运行经费”绩效评价的基础上，分析近3年省级博物馆实际运行情况，建立省级博物馆日常运行经费标准。加强绩效评价工作，完成上一轮文化口集中财力办大事政策全面绩效审查工作，提出新一轮集中财力办大事政策建议，分解下达2021年文化口专项资金绩效目标。

（省财政厅文化处供稿　李慧辉执笔）

国有资产及国企财政财务管理

【开展国有资产报告工作】 2021年11月24日，省十三届人大常委会第三十二次会议审议通过《浙江省人民政府关于2020年度国有资产管理情况的综合报告》。截至2020年底，全省国有企业资产总额13.15万亿元，增长20%；全省国有金融企业资产总额7.53万亿元，增长18.6%；行政事业性国有资产总额1.58万亿元，增长10.9%；全省国有土地面积180.35万公顷，水资源总量1026.60亿立方米，领海与内水面积4.44万平方公里，森林覆盖率61.17%，国家公园面积7.58万公顷，纳入统计的矿产94种。

【落实国企改革三年行动方案(2020—2022年)】 推进省属经营性资产统一监管。牵头省级党政机关和事业单位所属企业分类处置工作，推进186家企业与部门脱钩；提出并经省政府批准确立国资委统一监管、财政统一监管和部门统一监管三种模式相结合的改革路径；开展财政和部门统一监管政策研究工作。

推进高校校办企业改革。会同省教育厅推进高校校办企业规范设置、调整布局、优化提升，集中审核完成60所高校下属478家企业改革方案，并组织推进改革方案实施落地。

落实国有资本充实社保基金后续管理。截至2021年12月31日，全省划转157家企业国有资本及权益1651.79亿元，完成工商变更登记153家。承办财政部召开部分地区关于划转国有股权运作管理座谈会，研究探讨划转国有股权后续管理问题；做好划转企业国有资本收益收缴工作，下发《浙江省财政厅关于国有资本划转充实社保基金企业收益分配事宜的通知》，明确划转收益时点、划转收益计算及划转收益审核与收交程序。2021年度，划转国有资本充实社保基金8.91亿元。落实《财政部关于划转部分国有资本充实社保基金后企业增资财务处理有关事项的通知》要求，督促省财务开发有限责任公司做好账务调整。

推进国有经济布局和结构调整。发挥国有资本经营预算作用，围绕服务重大战略、产业升级和民生保障，重点支持“八八计划”*以外铁路项目建设，做大做强省交通集团、省能源集团等投融资主平台。督促归口企业及时足额上缴国有资本经营预算收益39.46亿元，其中4.54亿元划转充实社保基金；加快推进公司制改革，全面摸排省级部门所属企业公司制改革情况，压实改制主体责任，督促依法依规完成改制工作。会同省国资委出台《全省行政事业单位、国有企业低效无效资产处置专项行动实施方案》，组织开展省级行政事业单位和省级部门下属企业低效、无效资产处置专项行动。开展省级部门所属企业不动产确权工作，推动盘活企业土地房产等存量资产，推动国有企业高质量发展。

协同推进剥离国有企业办社会职能。配合省国资委、省人力社保厅做好央企退休人员社会化管理工作经费清算，向财政部浙江监管局报送清算报告，向国务院国资委和财政部报送《2020年度在浙央企退休人员社会化管理补助资金预算执行绩效自评情况的报告》。联合省国资委、省委宣传部印发《关于再次做好省级国有企业退休人员情况摸底调查有关事项的通知》，掌握省级部门下属国有企业退休人员情况，为进一步做好退休人员社会化管理工作打好基础；做好国有企业职教幼教退休教师待遇经费保障。

【加强行政事业单位国有资产日常监管】 加强《行政事业性国有资产管理条例》宣传和培训。下发《浙江省财政厅关于做好行政事业性国有资产管理条例贯彻实施工作的通知》。将《条例》纳入财政“十四五”普法和财政法治宣传的重点宣传内容，通过浙江法制报、省财政厅门户网站、浙江财政微信公众号、《浙江财税与会计》杂志等宣传平台，向党政领导、人大代表、资产财务工作人员和社会各界宣传《条例》新要求，强化国有资产管理法治观念。按照财政部统一部署，组织省级部门和市县区财政系统相关人员参加财政部《条例》视频培训，全省参训人员计5653人。

加强资产配置管理。按照《行政事业性国有资产条例》和省委、省政府关于过“紧日子”要求，下发《浙江省财政厅关于进一步加强省级行政事业单位资产配置管理的通知》，调整部分通用办公设备和办公家具配置标准，从严控制非必需设备购置，要求各级财政部门和主管部门强化资产配置管理，把好资产配置“入口关”。

规范房产土地管理。开展房产土地管理情况专项检查工作，在单位自查的基础上，抽取100家单位开展专项检查，对3581条出租信息予以核查，以问题为导向完善管理制度，规范省属国有房产、土地出租使用行为。联合省机关事务局、省自然资源厅印发《浙江省省级机关单位自管住房管理暂行办法》，规范省级机关单位自管住房管理，提高自管住房利用效率。落实疫情管控期间减免房租政策“回头看”，根据省委《关于认真做好中央巡视反馈落实减免房租政策不到位问题整改工作的函》要求，组织省级单位开展落实减免房租政策自查整改工作，通过自查整改，新增减免租金210.79万元，惠及承租户57户。

推进资产共享共用。按照《深化数字浙江建设实施方案》要求，完成软件数据资产管理的课题研究，研究制定《浙江省省级行政事业单位软件资产管理办法》，提出国有软件资产必须通过软件共享仓库实现快速共享，并通过资产云应用平台建设软件共享仓库，为全国软件数据资产管理提供新的路径指引。联合省科技厅推进高校科研院所大型科研仪器向全社会开放共享，实现科研仪器管理“一网办”和科研仪器开放共享服务“一指办”，并在使用科研仪器时实现实时数据监测和绩效评价全链条闭环管理。截至2021年12月31日，大型仪器共享平台整合全省30万元以上大型科研仪器19906台，价值203.05亿元。完善公物仓管理制度，以省级行政事业单位替换设备资产处置为契机，联合相关部门出台处置方案，对于可继续使用的办公设备，通过公物仓调拨给教育、民生等领域，促进闲置资产高效使用。

加强行业资产管理。根据财政部和交通运输部印发的公路资产管理暂行办法的要求，落实全省公路资产清查前期准备工作，会同省交通厅研究公路资产管理办法。根据财政部和住房和城乡建设部的要求，协同省建设厅开展全省《公共租赁住房资产管理暂行办法》执行情况调研，按要求完成并向财政部报送执行情况报告。

加强资产财务报告。根据财政部统一部署，夯实行政事业性国有资产月报数据，按要求完成并向财政部报送2020年度行政事业性国有资产报告。

【推进资产管理数字化转型】 “资产云2.0”全面上线，全省所有行政事业单位全部上云，实现全省信息资源整合共享，各级财政国有资产监管业务云上办理。联合省标准化研究院，探索建立《资产分类与编码规范》系列标准，成为国有资产管理领域全国第一个省级地方标准，具有广域通用性，可复制和可推广。推进编码云服务赋能资产数字化精准监管，全省行政事业性国有资产实现统一赋码、唯一身份管理，并贯穿资产采购、使用和处置等各环节，实现资产数据共享和全链追溯。开发“资产云助手”，借助移动终端，实现“人人都是资产管理员”。探索公物仓管理工作，推进虚拟公物仓建设、扩大资产共享共用范围。推进资产云平台与人大预算联网监督平台等应用系统的对接和协同，实现国有资产管理信息和数据互通共享，为建立国有资产报告制度提供技术支撑。

【加强国有企业财务监管】 出台《浙江省财政厅关于进一步落实国有企业境外投资财务管理办法的通知》，督促企业加强境外投资财务管理。做好2020年度全省国有企业财务会计决算报表工作，全省（不含宁波）报送财务会计决算报表的国有及国有控股企业（不含金融企业）11822户，比上年净增2132户。每月向财政部报送国有企业经济效益月度快报及重点指标变动说明。梳理完善省级国有企业名录，夯实政府财务报告编制基础。

【加强部门预算管理】 做好省国资委、转体的集团公司本级离退休人员经费保障及其下属事业单位部门预算管理。加强2021年度资产处归口预算单位预算执行的动态监管，注重绩效管理，按月向各部门通报支出执行进度，并对归口职业院校项目支出进度实行按月监控。严格按照资金“全覆盖”、项目“全梳理”、结果“全运用”、来源“全统筹”的“零基预算”理念和方法，做好归口单位2022年度预算编制。

【加强资产评估行业监管】 加强资产评估机构备案管理，更新和完善资产评估备案信息管理系统中294家资产评估机构合伙人（股东）的信息。开展资产评估行业专项整治，机构自查覆盖率100%，财政部门重点检查覆盖率49.0%，提升浙江省资产评估行业规范化、专业化水平。

【建立财政资产管理人才库】 加强系统专业人才库建设，印发《浙江省财政资产管理人才库管理办法》，建立财政资产管理人才队伍选拔、管理、培养、使用的机制。全省财政资产管理人才库下设行政事业、国有企业、数字化改革三个研究小组。

（省财政厅资产管理处供稿　饶亚君执笔）

注：

*“八八计划”：即“十二五”期间（2014年、2015年）确保开工8个项目，后两年（2016年、2017年）在加快前期工作的基础上，再开工8个项目，争取2020年前建成16个项目。

农业财政财务管理

【强化“三农”多元投入保障】 加大财政支农投入力度。2021年全省（不含宁波）一般公共预算农林水支出699.66亿元，增长3.4%。落实中央调整完善土地出让收入使用范围优先支持乡村振兴的要求，谋划土地出让收入用于农业农村的政策措施，拓宽乡村振兴资金渠道。扩大农业农村有效投资，以实施省级乡村振兴产业发展示范建设等重大项目为牵引，引导撬动农业龙头企业、农民专业合作社等市场主体参与乡村振兴。

持续推进涉农资金统筹整合。健全完善行业内、行业间涉农资金统筹整合机制，多层次、多形式推进涉农资金实质性统筹整合。2021年，在财政部开展的涉农资金统筹整合工作中期评估中，浙江省列全国第三。

完善财金协同支农体系。推进建立以数字担保为核心，政银担合作、省市县协同的政策性农业信贷担保体系，新增桐庐等18个基层政策性农业信贷担保服务创新试点，试点范围扩大到28个地区，年末担保余额82.36亿元，比上年增长48.7%。配合财政厅有关处室出台省产业基金管理办法，推动基金投资项目有效运作。

【保障重要农产品有效供给】 支持重要农产品稳产保供。会同省农业农村厅等部门研究制定《关于大力推进粮食生产降本增效的通知》《关于稳定和扩大优势产能促进生猪稳产稳供稳价的通知》等政策，筹措落实耕地地力保护、粮油规模种植、生猪养殖奖励等资金21.92亿元，支持农业生产稳定发展和农民持续增收。

促进现代种业发展。配合省农业农村厅制定出台《关于加强农业种质资源保护与利用的实施意见》，健全完善种质资源保护制度和政策保障体系。支持特色优势种质资源保护和开发利用，加强种子生产基地和种业创新平台建设。支持开展农作物新品种展示示范，探索构建支持育繁推一体化发展机制，推动现代种业提升竞争力。

加强耕地保护和农业基础提升。整合粮食生产功能区提标改造和高标准农田建设资金，集中支持高标准农田和高效节水灌溉设施建设，加快补齐农业基础设施短板。配合省农业农村厅制定出台《关于开展绿色农田建设的通知》，明确试点范围内高标准农田建设和改造提升省级财政亩均补助标准提高至3000元/亩～5000元/亩，集中力量支持建设高标准农田样板区，提高农业综合生产能力。

【推动农业产业和绿色农业高质量发展】 支持农业产业集群、现代农业园区、特色农业强镇等平台建设，推动乡村特色优势产业加快发展。截至2021年年底,全省建成省级以上现代农业园区49个、特色农业强镇112个。支持实施乡村振兴产业发展和集成创新示范建设,新增临安等25个县(市、区)为示范建设区,全年兑现省级奖补资金12.00亿元。支持科技强农、机械强农。制定出台《浙江省2021—2023年农机购置补贴实施意见》,加大丘陵山区和小型化、轻量化农机具应用支持力度,补贴机具种类同比增长56.6%。支持质量兴农、绿色兴农。聚焦农产品质量安全,支持推进肥药"两制"改革和病虫害专业化统防统治等社会化服务,大力发展高效生态农业,促进绿色优质农产品有效供给。

【支持渔业高质量发展】 实施新一轮中央渔业发展补助政策。安排渔业发展补助资金39.23亿元,支持国家级沿海渔港经济区建设,以及渔船精密智控工程建设、现代渔业装备设施改造提升、集中连片内陆养殖池塘标准化改造和尾水治理等,促进渔业绿色高质量发展。会同省农业农村厅制定出台《关于促进远洋渔业持续健康发展的意见》,加大对远洋渔业发展支持力度。

【推进水利事业高质量发展】 安排省水利建设与发展专项重大水利项目补助资金48.08亿元,支持海塘安澜工程建设;持续推进"百项千亿"重大工程建设,提升防台御潮、江河防洪和平原排涝能力。安排省水利建设与发展专项资金31.25亿元,支持小型水库除险加固、中小流域综合治理、中型灌区配套改造、重要山塘整治、圩区整治、水文基础设施建设等,补齐农村水利基础设施建设。安排省以上补助资金4.81亿元,推进农村水环境综合整治,支持2020、2021年4个中央水系连通及水美乡村试点县加快项目实施。安排省级补助资金7000万元,支持建德市等11个县(市、区)开展2021年度幸福河湖试点县建设,引领打造江河流域治理现代化先行示范区。

【深化新时代美丽乡村建设】 支持深化"千万工程"建设,安排省级资金5.87亿元,重点支持历史文化(传统)村落保护利用、农村生活垃圾分类运维奖补和省级休闲乡村农家乐集聚村创建。预拨省级补助资金7700万元,支持开展共同富裕新时代美丽乡村示范带培育,在美丽乡村片区化打造、一二三产融合、新业态培育、数字乡村建设等方面先行先试,推动城乡共同富裕。

【巩固拓展脱贫攻坚成果与乡村振兴有效衔接】 下达2021年度区域协调财政专项激励资金18.00亿元,支持相关地区高质量打通"绿水青山就是金山银山"转化通道。安排省以上衔接推进乡村振兴补助资金11.79亿元,为促进低收入农户增收、实现共同富裕提供财政保障。会同省级有关单位组织开展财政专项扶贫政策评估,调整完善帮扶政策,出台财政衔接推进乡村振兴补助资金管理办法,优化财政资金使用方向和扶持重点。

【支持气象事业发展】 安排公共气象服务专项资金2527万元,支持气象监测预报能力提升工程建设,提升气象精准监测预报服务能力。支持覆盖城乡、区域均衡、全民共享的基本公共气象服务建设,打造基层气象防灾减灾救灾体系。

【深化财政支农管理】 强化财政支农政策研究。牵头做好整合财力支持山区26县跨越式发展政策研究。配合财政厅有关处室做好共同富裕示范区建设政策梳理,开展巩固拓展脱贫攻坚成果与乡村振兴有效衔接、高标准农田建设、新一轮渔业油价补贴等政策研究,做好相应政策储备。加强财政支农资金和项目管理。制定出台《浙江省农业相关转移支付资金管理实施细则》《浙江省中央财政农业生产和水利救灾资金管理办法实施细则》《浙江省财政衔接推进乡村振兴补助资金管理办法》等一系列制度,规范财政支农资金管理。对中央水利发展资金、乡村振兴产业发展示范建设、区域协调激励政策等开展绩效评价或检查,提高项目和资金管理规范化水平。组建财政支农重大项目监管工作专班,建立财政支农重大项目定期调度机制,指导督促市县加快项目实施进度。做好与审计监管部门的沟通衔接,持续跟进中央直达资金管理使用和农田建设补助资金绩效评价情况,加快资金执行进度。深化部门预算管理。做好省级农口部门预(决)算编制、公开工作。加强农林水支出执行情况分析,督促规范预算执行。加强省农担公司管理。制定出台《浙江省农业融资担保有限公司运营绩效评价办法》《浙江省农业融资担保有限公司薪酬管理办法》等制度文件。创新推动应用数字技术,支持打造"浙里担"平台,提升政策性担保服务水平。对省农担公司运营绩效开展专项审计,查找问题,加强整改。

(省财政厅农业处供稿　傅小普执笔)

基层财政管理

【概况】 2021年,浙江省基层财政管理工作坚持整体财政理念,加强基层财政资金监督管理,推进"乡镇公共财政服务平台+一卡通"迭代升级,做好财政支持村级组织建设工作,推进乡镇财政机构队伍建设,组织开展"乡镇财政管理强基固本落实年"行动,深化落实《浙江省财政厅关于全面强化和规范乡镇财政管理的实施意见》,系统重构乡镇财政管理体系;深化农村综合改革,推进一事一议财政奖补工作,支持美丽乡村建设,强化农村综合改革项目资金管理,探索农村综合改革机制体制创新。

【系统重构乡镇财政管理体系】 在全省组织开展"乡镇财政管理强基固本落实年"行动,将深化落实《浙江省财政厅关于全面强化和规范乡镇财政管理的实施意见》作为贯穿全年的工作任务,通过政策解读、定期报告、实地督导、典型引路、重点督导、组织检查、回顾总结等方式,开展分阶段、清单式推进落实。开展乡镇财政机构队伍建设调研,由厅领导带队会同省委编办分赴湖州、嘉兴、台州、金华、衢州、丽水等地,实地调研乡镇财政机构

农旅项目航川村军事训练基地

设置、人员编制、现行乡镇财政队伍建设与乡镇财政履职要求相适应情况等。加大基层财政干部业务培训力度，举办省级业务培训班2期共培训400人，对全省市、县（市、区）财政局乡镇财政管理处（科）长、乡镇财政办（所）主任（所长、总会计）进行重点轮训，推动乡镇财政干部业务素质和工作能力提升。

【加强基层财政资金监督管理】 制定出台《浙江省财政厅关于基层财政资金监督管理若干问题的指导意见》，从预算管理、收支管理、深化完善国库集中收付改革、财政资金内控管理等10个方面，分门别类提出监管要求。采取“市县自行普查、市级交叉检查、省级重点抽查”的方式开展乡镇财政就地就近资金监管工作专项核查，在各地自查、交叉检查基础上，委托中介机构重点核查18个县36个乡镇的资金监管工作情况、一事一议财政奖补工作开展情况、村级支出“三保”落实情况和《浙江省财政厅关于全面强化和规范乡镇财政管理的实施意见》贯彻落实情况，并在全省通报重点核查情况，通过“点对点”方式督促相关县（市、区）立整立改。组织开展基层财政资金管理专项检查“回头看”工作，选取30个县（市、区）实施省级重点检查，对检查发现问题实行清单化管理和销号制整改，巩固基层财政资金管理专项检查成果。会同驻厅纪检监察组赴庆元、文成、安吉三个案发地对案件整改情况进行“回头看”，督促三地吸取教训、举一反三、建立健全长效管理机制。

【推进“乡镇公共财政服务平台＋一卡通”迭代升级】 按照“分级公布、统一格式”原则，梳理整合中央和省级出台的所有到人到户的涉农补助和民生补贴财政资金政策，审核各地梳理上报的市县两级政策清单，在2021年6月底前向社会集中公布全省1502项政策。组织开展“乡镇公共财政服务平台+一卡通”绩效考评重点核查，采取市级交叉核查、省级重点核查的方式，核查2020年度考评结果，巩固“乡镇公共财政服务平台+一卡通”建设成果。督导推动全省各地通过社会保障卡“一卡通”发放到人到户的涉农补助和民生补贴财政资金，重点关注督导宁波市推进情况。开发“浙里基财智控应用”平台，并作为新增重大应用项目列入全省数字化改革重大应用“一本账”目录，同时，成立“浙里基财智控应用”建设工作专班，制定全省“浙里基财智控应用”建设实施方案。《浙江省“乡镇公共财政服务平台+一卡通”建设取得显著成效》经验材料得到省领导批示肯定，被财政部《财政信息》刊用。

【做好财政支持村级组织建设工作】 会同省委组织部制定出台《浙江省财政厅　中共浙江省委组织部关于完善“一肩挑”后村干部基本报酬制度进一步加强激励保障的意见》，健全村干部基本报酬稳定增长机制。做好村干部基本报酬、村级组织运转补助、社区工作经费、村级组织活动场所（党群服务中心）等财政资金保障，助力基层组织建设工作。落实“26+3”县扶持壮大村级集体经济发展补助资金。落实建设红色美丽村庄试点补助资金。全年落实中央及省级各类涉村补助资金22.23亿元。

【支持村级公益事业和美丽乡村建设】 推进一事一议财政奖补工作。一事一议财政奖补工作被列入省长牵头的“我为群众办实事”专题实践活动，报送的《关于一事一议财政奖补为民办实事项目情况的汇报》得到省领导的批示肯定。落实2021年度中央和省级财政一事一议财政奖补资金9.72亿元，建设村级公益事业项目3366个。支持地方打造升级版美丽乡村。竞争立项择优确定19个县（市、区）列入支持范围，落实省以上财政奖补资金3.68亿元，支持建设升级版美丽乡村92个。

【深化农村综合改革】 争取财政部资金政策支持。争取新一批国家级项目落地浙江省，2021年获得国家级农村综合改革试点项目4个，其中国家级田园综合体建设试点1个、农村综合性改革试点试验2个（其中1个为激励项目）和美丽乡村重点县建设项目1个；获得中央财政农村综合改革转移支付10.69亿元，资金规模比上年增长55.4%，增幅位列全国前3位。总结农村综合改革工作成果，在全国财政支农政策培训会议上作典型经验交流。推动项目建设。推进15个省级集成改革项目实施，下达省级财政奖补资金4.38亿元；落实项目联络员制度，结合“三服务”

活动，赴县（市、区）开展上门服务26次，跟踪指导项目实施，督促各地加快项目建设。加强资金管理。修订出台《浙江省农村综合改革补助资金管理办法》，规范和加强农村综合改革补助资金管理，提高资金使用效益；对2018年度国家级农村综合性改革试点试验和省级农村综合改革集成区试点项目组织开展绩效评价，巩固提升农村综合改革工作成果。强化项目管理。下发2021年度一事一议财政奖补资金项目落实情况备案表，指导各地区做好项目备案工作，推动各地加快项目实施；建立健全全省一事一议财政奖补助推美丽乡村建设台账。

【开展一事一议财政奖补政策实施10周年成果宣传展示】 组织开展一事一议财政奖补政策实施10周年成果宣传展示活动，指导市县做好总结宣传展示活动；回顾总结一事一议财政奖补建设成果，梳理形成2010—2020年全省一事一议财政奖补总体投入情况、项目分类投入情况、财政奖补项目建设成果等统计台账；通报表扬15个一事一议财政奖补工作成绩突出县、100个建设成效显著村，激励各县（市、区）深化提升一事一议财政奖补工作。组织拍摄一事一议财政奖补系列宣传片，在浙江卫视钱江频道播出；开展一事一议财政奖补10周年图片展；在浙江日报开展专版宣传；汇编10周年工作成果，整理成绩突出县、成效显著村的工作经验做法和主要成果，汇编成册供全省学习借鉴和推广复制。

（省财政厅基层财政管理处供稿　王　东执笔）

自然资源和生态环境财政财务管理

【构建碳达峰碳中和财政政策体系】 成立碳达峰碳中和财政政策研究工作专班，制定财政支持政策清单，起草《浙江省财政支持碳达峰碳中和工作实施意见》，构建“1+5+N”财政支持碳达峰碳中和政策体系（1个目标、5个政策工具、N个领域）。1个目标，即有利于绿色低碳发展的财税政策体系；5个政策工具，即财政事权和支出责任、财政支出政策、税收政策、政府绿色采购政策、多元化资金投入；N个领域，即能源、工业、建筑、交通、农业、居民生活、科技领域。

【推动流域横向生态补偿机制】 延续执行新安江流域水环境第三轮生态补偿协议，根据考核结果拨付安徽省2.00亿元。持续推动实施省内流域横向生态补偿机制，将省内上下游流域横向生态补偿协议签订和执行情况列入美丽浙江考核内容。2021年，全省51个市县签订跨流域横向生态补偿协议54份，涉及补偿资金1.96亿元。其中，跨市流域生态补偿协议5份。

【支持打好生态环境巩固提升持久战】 落实事权与支出责任。出台并落实浙江省生态环境领域财政事权与支出责任划分改革实施方案，理顺省市县监测能力和体系建设责任，建立与之相适应的经费保障方式。争取中央转移支付资金8.70亿元，安排省级生态环境专项转移支付资金11.40亿元，支持治水治气治土治废，推进“清新空气示范区”“污水零直排区”“无废城市”“美丽海湾”建设。加强重点生态保护修复。参与财政部等三部委组织的竞争性分配，瓯江源头区域山水林田湖草沙一体化保护和修复工程争取到中央重点保护修复资金20.00亿元（2021年—2023年），2021年下达4.00亿元。指导、督促4县市做好钱塘江源头区域山水林田湖草生态保护修复国家试点建设，总结宣传特色亮点工作。实施省级山水林田湖草试点情况中期评估，组织专家调整优化实施方案，安排省级资金2.00亿元，推动10个省级山水林田湖草试点。开展“蓝色海湾”整治。争取中央海洋生态保护修复资金5.50亿元，支持台州玉环市、舟山嵊泗县改善海洋环境质量，提升海岸、海域和海岛生态环境功能。

【推进国家公园试点】 安排省级资金3.10亿元，支持创建钱江源——百山祖国家公园。推进百山祖国家公园省级公益林扩面和集体林地地役权改革，参照集体林租赁实行48.2元/亩的最高补偿标准，落实补偿资金3204万元，实现森林资源资产集中统一管理。支持探索跨省域森林合作保护，钱江源国家公园所属乡镇、村与毗邻的江西、安徽所辖三镇七村及安徽休宁岭南省级自然保护区签订合作保护协议，实现省际毗邻镇村合作保护模式全覆盖。

【推进“森林浙江”建设】 下达省级林业专项资金6.47亿元，支持开展百万亩国土绿化和千万亩森林质量精准提升工程、林业有害生物防治、森林防火等。争取中央林业转移支付资金7.76亿元，较上年增长45.6%，推动大规模国土绿化、自然保护地建设能力提升、湿地保护修复等。落实省级以上公益林补偿政策，下达森林生态效益补偿资金14.70亿元。

【推进土地要素供给】 安排省级造地改田资金20.42亿元，支持省统筹补充耕地0.46万亩和农村宅基地复垦耕地4.1万亩；上解2020年城乡建设用地增减挂钩节余指标跨省域调剂资金185.71亿元，涉及建设用地指标5.7万亩；申请2021年跨省域补充耕地指标5.5万亩，涉及资金284.24亿元，保障全省能源、交通、水利等重点项目土地要素供给。

【实施绿色转化财政专项激励政策】 出台《绿色转化财政专项激励政策绩效考核办法》，指导市县按照实施方案推进试点。下达2021年绿色转化财政专项激励资金21.00亿元，对于纳入扶持范围的每个非海岛县给予1亿元激励资金，对于纳入扶持范围的海岛县，分别给予3000万～4000万元激励资金。

【提升应急救援和物资保障能力】 筹措落实省级粮油储备补贴资金5.46亿元，确保省级粮食7.5万吨增储任务落实到位，优化新增大豆和玉米作为省级储备粮品种，提高粮油应急保供能力。

开展粮食购销领域腐败问题专项整治,根治粮食安全风险隐患。筹措落实1.46亿元,支持全省自然灾害综合风险普查等安全生产及应急管理事项。筹措落实省消防救援资金4000万元,支持应急救援装备、消防基础设施和合同制消防站建设等。完善消防经费保障机制,落实消防救援队伍人员工资等相关政策,指导市县做好消防救援队伍改革转隶相关财政保障工作。

(省财政厅自然资源和生态环境处供稿　王翔锋执笔)

金融财政财务管理

【强化国有金融资本风险管理】　加强境外资产财务管理。印发《关于加强省属金融企业境外资产财务管理工作的通知》。梳理省属金融企业对外投资管理情况,加强省属金融企业境外投资资产财务管理,预防境外腐败和国有资产流失。督促省属金融企业聚焦主业、压缩层级。掌握省属金融企业的法人层级、声誉管理、信息披露等情况,督促企业对照要求落实整改。加强省属金融企业负债和对外担保监管。梳理企业负债情况,指导企业建立健全风险处置预案,严守不发生系统性风险底线。排查全省中小银行金融风险。结合财务报表等相关数据指标,对全省中小银行各类风险指标进行筛查,压实属地责任,提升风险管理能力。

【加强国有金融企业管理】　履行国有金融资本出资人职责。对省属金融企业的国有资产转让、企业年金制度、配股融资等重大事项进行审核批复。监督指导省农信联社用好发展风险准备金,协助推进省农信联社改革。做好省属金融企业经营业绩考核和负责人薪酬核定工作。对2020年度省属金融企业进行绩效评价和经营业绩考核,根据评价和考核结果核定2020年度省属金融企业主要负责人薪酬。完善省属金融企业公司绩效管理。修订完善省属金融企业经营业绩考核办法,优化省属金融企业经营业绩考核,结合银行类省属金融企业实际,完善相关考核指标和加减分事项,促进企业规范经营、健康发展。促进省属金融企业健全公司治理结构。建立省属金融企业外部董事制度,草拟《浙江省省属金融企业外部董事选聘和管理办法》和《浙江省省属金融企业外部董事薪酬和工作补贴管理暂行办法》,明确外部董事选聘、履职、考核、薪酬管理等事项,区分专职与兼职外部董事的具体管理事项,规范外部董事履职行权。推进省属金融企业突出问题专项治理工作。贯彻《关于开展全省国企领域突出问题专项治理工作的实施方案》和省纪委省监委有关工作要求,建立国企领域突出问题专项治理工作机制,指导省属金融企业做好治理自查工作。

【财政金融政策协同助力实体经济】　撬动金融资源服务企业融资。实施对银行业金融机构直接奖补政策,引导更多金融资源、金融服务支持企业融资。2021年,省财政安排奖励资金1.81亿元,激发金融机构支持企业发债融资积极性,推动央行低息政策性资金精准直达小微企业,撬动金融机构增加资金供给超4500.00亿元。2021年,全省债务融资工具发行6156.00亿元,增长40%,累计投放再贷款、再贴现等央行政策性资金3508.00亿元。推进多层次资本市场建设。采用差异化补贴方式,对浙江省股权交易中心为企业提供挂牌服务、资本市场培训、融资项目路演等进行补助,对助力企业实现IPO或转板新三板给予奖励。2021年,兑现省股权交易中心专项补助1151万元,推动助企服务精准优质提升。截至2021年底,省股交中心挂牌企业9665家,累计融资484.73亿元。服务疫情防控重点保障企业。组织各级财政部门开展对疫情防控重点保障企业优惠贷款贴息资金结算工作,会同人民银行杭州中心支行、财政部浙江监管局进行审核,争取中央疫情防控重点保障企业贴息资金4.89亿元。

【鼓励开展区域金融创新】　做好中央民营和小微企业金融服务综合改革试点。温州市、台州市连续第3年入选中央试点城市,分别获得中央试点奖励资金3000万元,主要用于当地金融机构风险补偿,及对政府性融资担保机构的补偿激励和资本金补充。继续实施省级试点奖补政策。2021年,省财政安排试点奖补资金1.00亿元,支持富阳区、瑞安市等10个县(市、区)加强融资服务体系和政策性融资担保体系建设,因地制宜探索金融服务民营和小微企业的有效模式,引导金融资源"支小助微"。

【助推融资畅通工程】　实施风险补偿和费用补贴机制。2021年,省财政安排省担保集团风险补偿、费用补贴资金3000万元,引导各级政府性融资担保机构降低担保、再担保费率,持续扩大全省政府性融资担保覆盖面。截至2021年末,全省政府性融资担保机构支持小微企业和"三农"融资担保业务金额1048.64亿元,同比增长54.8%,服务企业13.45万户,同比增长48.3%;支小支农业务占融资担保业务比例的93.5%,融资担保放大倍数3.19倍,平均代偿率0.78%,平均担保费率0.79%,始终保持在1%以下。打造浙江版"总对总"银担合作新样板。支持担保服务小微企业方式创新,截至2021年末,浙江版批量担保业务在保余额55.57亿元,服务小微企业和"三农"7093户。争取中央小微企业融资担保降费奖补资金。2021年,浙江省获得中央奖补资金15525万元,会同省经信厅制定资金分配方案并及时下达奖补资金,支持地方对直接服务小微企业且收取费用较低的担保机构加大奖补力度,发挥奖补资金引导激励作用。

【提升政策性农业保险保障能力】　2021年省级财政投入2.71亿元,争取中央资金2.81亿元,为全省农户提供保险保障442.00亿元。鼓励地方创新开展特色农业保险品种,2021年通过以奖代补方式给予保费补贴资金2500万元,鼓励市县创新险种,提高风险保障水平。加强对保险数据整理利用,留存保险保单级数据，提升农业保险服务质量。印发《浙江省加快农业保险高质量发展的实施意见》，完善浙江省农业保险政策体系、提高农业保险服务能力和优化农业保险运行机制。开展政策性农业保险承保机构遴选工作，印发《浙江省财政厅关于做好政策性农业保险承保机构遴选工作的通知》，指导市县完成农业保险承保机制遴选，加强对政策性农业保险承保机构管理，优化农业保险市场布局，提升农业保险服务质量。

【世行贷款项目获“高度满意”评价】 世行贷款浙江农村生活污水处理系统及饮水工程项目贷款额为2.00亿美元，2015年2月正式生效，贷款期限20年，建设期6年，于2021年6月30日关账，累计提款1.99亿美元。该项目显著提高富阳、安吉、天台、龙泉市等实施地区农村生活污水治理水平，为全国农村生活污水治理提供了可复制、可推广的“浙江经验”。2021年被世行中国局、东亚及太平洋区水务局和可持续发展局评为“高度满意”项目。

【做好政府外债项目管理工作】 加强政府外债项目全流程管理。印发《关于加强政府外债项目资金管理的通知》，以强化资金管理为切入口提升项目工程质量。组织农业、林业、水利、供水等领域专家，对世行贷款千岛湖及新安江上游流域水资源与生态环境保护工程等项目开展检查与督导，确保项目工程质量。协调解决政府外债项目管理工作中存在的问题，其中“助力新开发银行嵊州城乡供排水一体化项目再启支付”获省直机关工委2021年度最佳服务项目优秀案例。完成在建世行贷款项目、法开署贷款项目的检查，推进项目快速、合规开展。做好新项目申报工作。印发《浙江省国际金融组织非主权项目申报操作指南》，指导浙江省企业与世行集团下属的多家国际金融组织开展贷款、股权投资、能力建设等领域的合作。加强新项目前期准备。法开署贷款浙江开化钱江源头保护与美丽城镇互促发展示范项目获法开署董事会批准，拟利用法开署贷款6500万欧元，贷款期限20年。

（省财政厅金融处供稿　陈燕燕执笔）

社会保障财政财务管理

【概况】 2021年，浙江省社会保障财政财务管理工作，着力构建多层次的社会保障体系，常态化做好风险防范、疫情防控工作，确保民生和谐稳定，推进共同富裕示范区建设。全省社会保障和就业支出、卫生健康支出分别为1286.13亿元和908.04亿元，比上年增长13.8%和8.2%，两项支出占财政支出比重为19.9%。社会保险基金总收入6652.46亿元，总支出6484.69亿元，滚存结余5541.42亿元。

【推进共同富裕示范区建设】 组建由厅主要负责人担任组长、分管厅长担任副组长、相关处室参加的共富专班，完善工作机制，抓好统筹协调。全过程参与省委《浙江高质量发展建设共同富裕示范区实施方案》的研究制定，提出15条意见建议均被方案吸收采纳。对照省政府“四张清单”，梳理38项重点任务清单、9项突破性抓手清单以及13项争取国家支持改革试点政策清单。从“财”和“税”两个方面梳理重塑财税体制机制和政策体系，厅主要领导在省委召开的高质量发展建设共同富裕示范区重点工作推进例会上作专题汇报。紧扣共同富裕示范区建设的各项目标任务，研究打造集中财力办大事财政政策体系2.0版。争取国家支持，推动财政部出台《支持浙江探索创新打造财政推动共同富裕省域范例的实施方案》。完成《建立健全有利于促进共同富裕建设的财政政策体系》课题研究。加强财政支持建设共同富裕示范区的探索与实践宣传，参加浙江电视台“有请发言人”共同富裕主题宣传。

【做好疫情防控保障】 全年各级财政拨付疫情防控资金103.52亿元。加强全民免费接种新冠疫苗经费保障，制定新冠疫苗及接种费用保障政策，做好中央补助资金结算，截至2021年末，全省采购新冠疫苗5841万剂次，支付医保基金61.35亿元，落实省级以上新冠疫苗及接种费用财政补助4.70亿元。研究完善重点人群核酸检测经费保障政策，落实省级公立医院核酸检测补助资金1.03亿元。支持省级配置移动核酸检测车4辆，落实省级补助资金1894万元。支持嘉兴市开展上海空港口岸入境来浙人员转接和隔离工作，落实省级补助资金1.19亿元。指导各级财政做好疫情防控相关工作。

【支持稳岗就业】 下达中央和省级就业补助资金11.57亿元，安排省级失业保险调剂补助资金8.00亿元。印发《关于做好小微企业吸纳高校毕业生社保补贴发放工作的通知》，鼓励支持多渠道灵活就业。制定《关于延续实施部分减负稳岗扩就业政策措施的通知》，延续实施失业保险稳岗返还、失业补助金等减负稳岗政策。安排省级补助资金1.00亿元，制定《新时代浙江工匠遴选办法》《关于实施“金蓝领”职业技能提升行动的通知》，统筹职业技能提升行动专账资金，支持实施新时代浙江工匠培育工程和“金蓝领”职业技能提升行动。

【提升社会保障待遇水平】 全面启动实施企业职工基本养老保险省级统筹改革，落实责任分担机制。调整企业职工基本养老保险待遇，退休人员月人均养老金水平提高127元。推动被征地农民参保规范工作平稳落地。制定出台城乡居民基本养老保险基金省级管理方案，研究完善城乡居民养老保险制度，调整城乡居民基本养老保险基础养老金省定标准，2021年8月1日起，由原165元/人·月提高至180元/人·月。出台全面做实基本医疗保险市级统筹的指导意见，制定《浙江省医疗保障条例》、医疗保障待遇清单、医疗保障脱贫攻坚、完善大病保险制度等政策意见。城乡居民基本医疗保险财政补助省级标准提高至600元/人·年，落实省级补助资金70.49亿元。提高重大疾病和医疗救助保障水平，大病保险最低支付比例提高到70%，医疗救助对象提高到80%并取消最高支付限额；低保对象救助比例由70%提高到80%，低边对象由60%提高到70%；医疗救助年度救助限额标准由不低于8万元提高到不低于10万元，门诊和住院共用年度救助限额。加快推进门诊费用跨省直接结算相关工作。

【迭代升级社保风险防控机制】 建立企业职工基本养老保险基金累计结余归集机制，全年全省各地基金累计结余上解1415.95亿元。印发《浙江省企业职工基本养老保险基金省级统筹责任分担办法》，压实市县政府责任，全年全省各地上解责任分担资金715.05亿元。修订《浙江省社会保障风险准备金管理办法》和《浙江省省级社会保障风险准备金管理办法》，规范社保风险准备金的筹集、使用和管理工作。开展国有资本划转充实社保基金试点，截至2021年底，累计完成157家企业国有资本划转工作，划转国有资本及权益1651.79亿元，划转进度居全国首位(由资产处复核)。加强社保基金预算编制和绩效管理，2020—2021年度获全国社会保险基金预算绩效管理工作一等奖。

【优化医疗卫生体系建设】 加大财政公共卫生投入，基本公共卫生服务人均财政补助标准提高至92元/人·年，落实省级补助16.76亿元。建立基本公共卫生服务“钱随人走”制度，修订完善基本公共卫生服务转移支付办法。会同有关部门出台城乡居民“三免三惠”健康行动实施方案、利福平耐药肺结核病规范化诊疗项目实施方案，会同有关部门制定《进一步促进无偿献血工作健康发展的政策意见》。支持医疗卫生服务能力“山海”提升工程，出台省级补助资金管理办法，安排省级补助2.10亿元，支持13家省、市三甲医院对口支持32个山区海岛县提升县域医疗卫生服务能力。安排省级补助1.97亿元支持县域医共体建设，安排省级补助2.00亿元支持山区26县提升重大疫情防治能力。持续推进“医学高峰”项目和高层次卫生人才队伍建设，针对医学高峰项目引进高层次人才与引才奖补标准提出的政策意见，安排医学高峰项目资金6.46亿元，落实2019—2021年引进高层次人才奖补资金1.56亿元，落实2021年选拔的315名“551”高层次卫生人才培养补助资金0.21亿元。继续深化医疗卫生改革，制定推进医学检查检验结果互认共享的政策意见，建立结果互认共享医疗责任风险财政保障机制。建立医疗服务价格动态调整机制。

【加强“一老一小”保障】 安排省级补助资金9.00亿元支持养老服务体系建设。转变财政资金支持方式和扶持方向，提高资金绩效，在省人大常委会组织实施的养老服务体系建设测评中，省财政厅在资金投入和方向、资金绩效方面的满意和基本满意率为100%。印发《浙江省养老服务专业人员入职奖补办法》《浙江省养老服务补贴实施办法》，完善养老服务体系制度。印发《浙江省2021年困难老年人家庭适老化改造实施方案》，完成改造2.7万户。研究构建育儿友好型社会和优化人口生育的政策意见，推动浙江省人口长期均衡发展。落实省级补助资金3.96亿元，支持各地全面落实计划生育特别扶助和奖励扶助政策。安排省级补助资金3589万元，推动各地深入实施妇幼体系建设，为落实人口生育政策提供配套支持。

【提升救助优抚水平】 下达中央和省级困难群众救助补助资金24.68亿元，保障困难群众基本生活。下达省级补助资金1.26亿元，支持孤残和困境儿童保护。下达“儿童之家”建设项目补助经费5000万元，推进未成年人保护设施建设。印发《浙江省困难残疾人生活补贴和重度残疾人护理补贴实施办法》《浙江省残疾人职业技能培训管理办法(试行)》等政策文件，下达残疾人两项补贴省级补助资金10.45亿元，加强残疾人保障。调整完善特困供养人员基本生活和护理费标准等供养政策。扩大优抚对象免费健康体检范围，出台退役士兵参加社会保险补缴资金财政负担机制，出台军休人员荣誉疗养财政支持政策，加大部分优抚对象短期疗养支持力度。

(省财政厅社会保障处供稿　钟昀陶执笔)

经济建设财政财务管理

【落实长三角一体化国家战略】 安排并及时下达省推进长三角一体化发展奖补资金2.00亿元，重点支持长三角一体化示范区等重点区域建设。与沪苏共同出资设立一体化示范区先行启动区财政专项资金，2021—2023年3年累计投入不少于100亿元，共同制定出台专项资金管理办法，协同制定专项资金管理实施细则。会同浙江省国资系统共同出资30.00亿元(财政专项资金和国资资金各15亿元，其中省财政5.30亿元)，支持组建省长三角投资公司和长三角一体化示范区新发展建设公司。指导并督促嘉善县及时拨付示范区先行启动区财政专项资金。

【支持打造山海协作升级版】 安排并及时下达省级山海协作产业园建设资金3.93亿元，重点支持9个省级山海协作产业园提升工程和18个山海协作生态旅游文化产业园建设，在省发展与改革专项中安排2000万元用于山海协作“消薄飞地”项目。根据省政府办公厅关于进一步支持山海协作“飞地”高质量建设与发展的实施意见要求，从财政资金、基金、体制政策等方面支持山海协作“飞地”高质量建设与发展。

【做好对口支援和东西部协作】 配合省对口办完成“十四五”对口支援和东西部协作规划编制工作，制定“财联东西”专项行动方案，研究确定新一轮东西部协作资金筹措方案，拨付对口支援和东西部协作财政资金62.69亿元、前方指挥部工作经费2445

万元。与前方指挥部(工作组)采取多种形式沟通交流,加强对前方总体工作、项目建设、帮扶资金和工作经费使用管理等方面的调研和指导。

【推进保障性安居工程建设】 争取中央财政资金17.59亿元,安排省级资金5.00亿元,支持公租房保障和城镇棚户区改造、城镇老旧小区改造、杭州住房租赁市场发展试点。安排资金2.43亿元支持农村困难家庭危房改造,实现符合条件农村困难家庭危房改造应保尽保。参与制定《推进高质量发展建设共同富裕示范区打造"浙里安居"品牌的实施意见》《浙江省人民政府办公厅关于加快发展保障性租赁住房的指导意见》,围绕"扩中""提低"统筹省级相关资金,做好财政政策储备。牵头出台《浙江省城镇保障性安居工程财政资金绩效评价实施细则》《浙江省城镇老旧小区改造资金管理办法》,加强财政资金的分配和绩效管理。

【支持城乡交通设施互联互通】 修订《浙江省交通运输发展专项资金管理办法》总办法和《浙江省内河水运基础设施建设项目资金补助办法》《浙江省普通国省道公路建设和养护资金补助办法》两个子办法,规范省级交通资金管理。争取中央交通运输类资金104.95亿元、收费公路专项债券70.80亿元,安排省交通运输发展专项资金93.99亿元,用于公路、水运、民航等交通基础设施建设和养护。安排省交通集团国资预算11.25亿元和铁路建设专项债券62.70亿元,支持"八八计划"外铁路建设。推进铁路项目土地综合开发试点工作,出台《浙江省杭衢铁路项目土地综合开发收益收缴、使用管理办法》。继续安排省海洋(湾区)经济发展专项资金20.00亿元,推进海洋强省国际强港战略实施,落实扶持集装箱多式联运发展政策。

【研究碳达峰碳中和财政支持政策】 *支持新能源汽车产业发展。*安排2.60亿元省级新能源汽车推广应用财政奖补资金,支持新能源汽车推广应用和产业发展,会同省发展改革委研究氢燃料电池汽车产业发展"十四五"实施方案,促进完善新能源汽车产业链。*支持新型建筑工业化发展。*安排省级奖补资金1.00亿元,支持建筑工业化技术创新、装配式建筑和绿色建筑等。*支持循环经济发展。*安排省级园区循环化改造、餐厨试点建设资金1.20亿元,下达国家园区循环化改造、餐厨试点城市项目验收清算补助资金1.73亿元,用于园区循环化改造、餐厨试点城市建设试点项目。研究能源、工业、交通、建筑等四大领域碳达峰碳中和财政支持政策,提出初步思路与建议。参与全省2020年度能源"双控"工作考核,并下达财政奖惩资金。

【支持城乡人居环境提升改造】 推荐杭州市成功入选2021年系统化全域推进海绵城市建设示范城市,三年争取到中央财政专项补助资金9.00亿元。安排省级资金5.00亿元,深入实施"百镇样板、千镇美丽"行动,发挥小城镇在城乡融合发展的节点作用。统筹安排省住房与城市建设专项资金10.64亿元,支持城镇生活污水和城镇生活垃圾分类处理基础设施、海绵城市、地下综合管廊、美丽宜居示范村、传统村落保护等建设。推进农村生活污水治理。将省级奖补资金从6160万元增加至1.5亿元,推动各地完善农村生活污水治理管护长效机制。安排并及时下达诗路文化带建设资金5.00亿元,支持诗路文化带建设项目。

【支持打造全球数字经济发展高地】 安排资金18.00亿元实施制造业高质量发展示范县创建激励,其中用于数字经济发展方面不低于60%,并会同省经信厅对激励县开展年度绩效考核,落实考核奖惩政策。统筹安排资金10.00亿元支持数字产业化、产业数字化,其中:安排4.63亿元,创新"区域+项目清单"方式,支持31个市、县(市、区)的114个生产制造方式转型示范项目实施,推进新智造;安排7000万元支持14个省级重点工业互联网平台建设,助力打造浙江省"1+N"工业互联网平台体系。

【聚焦助力产业链供应链现代化】 落实落细新一轮制造业"腾笼换鸟、凤凰涅槃"攻坚行动财政支持政策,助力加快全球先进制造业基地建设。聚焦十大标志性重点产业链断链断供风险清单,通过"目录引导、揭榜挂帅"方式,安排5.19亿元支持77个产业链协同创新项目计划实施,促进提升产业链竞争力和稳定性。安排1.57亿元支持首台套产品奖励及保险补偿和首批次新材料保险补偿,会同省经信厅研究出台促进新材料产业高质量发展政策意见,细化首台套装备、首批次新材料应用奖励及保险阶梯补偿机制等新政策,推动省委首台套新政15条全面落地实施,促进加快国产替代战略实施。会同省经信厅研究出台新一轮制造业创新中心建设提升实施方案,支持完善制造业创新体系。

【完善省产业基金管理及投资运作】 印发省产业基金管理办法,优化省产业基金投资运作流程。根据省领导对创新省产业基金运作管理机制的指示精神,优化省产业基金运作管理机制,落实主管部门职责、完善决策流程、建立项目分类立项决策机制、新设效益类投资项目等。出台省产业基金联席会议制度、投资运作尽职免责指引等配套制度。推进基金项目落地,会同省经信厅等部门推动杭州富芯12英寸IDM模拟集成电路芯片生产线项目签约落地;推进国家制造业转型升级基金在浙江设立子基金,并争取其他国家级基金投资浙江省内优质项目。

【支持优化中小企业发展环境】 安排省中小企业发展(竞争力提升工程)专项资金5.00亿元,重点支持小微企业园、中小企业公共服务体系、中小企业融资服务体系建设,以及中小微企业高质量发展培育等。贯彻落实"放水养鱼"行动计划,会同省经信厅建立“放水养鱼”优质企业培育库，兑现市县2020年度“放水养鱼”财政奖补资金6261万元，助力培育优质中小企业成为细分领域领军企业。配合做好省中小企业发展专项资金重点绩效评价，修订省中小企业发展专项资金管理办法，完善省中小企业发展专项资金支持方式，助推中小企业“专精特新”发展。争取国家中小企业发展专项资金1.49亿元，重点支持专精特新“小巨人”企业发展，研究制定支持“专精特新”中小企业高质量发展中央奖补政策工作指南，压实管理责任，强化资金绩效。

【支持构建双循环发展格局】 支持促进外贸高质量发展。统筹安排7.38亿元资金促进外贸高质量发展，支持国际性展会、产业集群跨境电商、出口信用保险、出口奖励、应对国际贸易诉讼等。构建“义新欧”班列同比例分担机制，在完成省政府确定的年度发展绩效目标基础上，省与金华市、义乌市按照1:1比例分担班列补助经费。调整“义新欧”班列双平台考核体系，对2020、2021年度统一实施考核评价，根据完成情况给予奖励。落实外经贸领域相关整改工作，针对外贸出口中存在的买单出口等情况，提出整改意见并予以落实；落实境外外经贸综合服务体建设绩效评价整改工作，整改违规情况。做好海运空箱调运政策落实，会同省商务厅研究出台海运空箱补助政策，指导各市拨付资金，缓解浙江省外贸企业出口集装箱短缺困境。支持促进消费增长。统筹安排0.68亿元资金组织开展数字生活新服务样板县打造，通过竞争性遴选方式，对20个样板县给予专项激励，推动数字服务业发展。统筹安排0.40亿元资金支持省级现代供应链创新发展试点，推动全省供应链体系建设。调整优化浙江省汽车“以旧换新”让利促销活动范围，促进省产汽车销售。组织开展批发零售业改造提升、电子商务创新发展试点绩效评价。继续安排5000万元，支持推进数字农合联建设和基层供销社建设，健全“三位一体”服务体系，提升供销社服务乡村能力、创业创新能力。

（省财政厅经济建设处供稿　徐　峰执笔）

财政监督

【概况】 2021年，财政监督强化财会监督作用，深化预算绩效管理改革，加强项目审核监管，保障财政监督服务全省财政改革大局。获财政部2021年度地方财会监督工作综合表现突出集体称号，惠民惠农财政补贴资金“一卡通”管理、地方会计信息质量检查、地方注册会计师行业专项整治、绩效评价、信息宣传等专项工作受点名表扬；获财政部优秀案例评选组织奖；2名财政监督干部获得全国财政监督评价先进个人荣誉称号。

【深化预算绩效管理改革】 出台进一步深化预算绩效管理改革的实施意见，制定改革工作计划，梳理8方面27项改革任务清单，确立12项重点突破事项，全省90个市县区全年实施改革试点158项。举办“绩效西湖论剑”活动2场，《浙江新闻联播》和《中国财经报》予以重点宣传报道。对省级上一轮（2018—2020年）142项集中财力办大事财政政策组织开展全面绩效审查，对10项政策建议予以取消或不列入下一轮集中财力办大事政策体系，24项政策予以整合。持续推进预算绩效管理信息化系统建设，初步形成浙江省“智慧绩效”展示平台页签，完成“智慧绩效”平台从“预算云”到“预算一体化”系统的迁移。完成全省首批预算绩效评价第三方机构信用管理平台试运行工作，并在财政部视频会议上作典型发言。出台《浙江省省级预算绩效目标管理办法》。完善重大政府投资项目事前绩效评估机制，制定《财政提前参与重大政府投资项目事前绩效评估试点方案》。组织93个上会部门做好省人大会预算联网监督相关预算绩效编报工作。对省本级1000万元以上的重大项目及省级重点上会部门所有项目实施绩效目标实质性审核，首次对省本级国有资本经营预算项目绩效目标开展集中审核。依托信息系统组织开展绩效运行监控。实现省级部门绩效自评全覆盖，抽评不少于10%比例的项目实施绩效评价，选择省教育厅、省林业局实施整体支出重点绩效评价试点。完成“小切口”项目绩效评价，年度重点绩效评价项目形成评价报告并反馈相关部门落实整改。做好扶贫动态监控系统绩效管理工作。组织省级部门开展2020年度财政管理绩效综合评价。

【强化财会监督】 全省（不含宁波）县级以上财政部门对14293户（含受理举报件44户）行政事业单位和企业开展监督检查，检查发现违法违规问题户数2992户，涉及问题资金40.51亿元。截至2021年底，整改处理问题单位2851户，纠正财政违法违规资金40.51亿元，其中追缴收回（扣拨）财政资金1.91亿元；查补财政收入164万元，罚没款142万元。经有关部门问责处理，给予党纪政纪处分4人，移送纪检监察、司法等机关9人。组织开展预决算公开、多头申报中央转移支付补助资金、财政扶贫资金问题整改情况“回头看”专项监督检查。完成财政部、国家税务总局组织的收入专项整治复查，牵头开展楼堂馆所违规建设问题处理工作，做好水污染专项资金检查发现问题整改督促。强化年度会计师事务所执业质量检查工作，会同省注协（评协）组织开展“五统一”会计师事务所、资产评估机构等监督检查。全年处罚有问题的会计师事务所5家及注册会计师18名，联合省注协对18家事务所进行训诫、约谈。会同会计处、省注协清理“有照无证”事务所（分所）92家、挂名执业注师1273名。做好中介机构日常投诉举报受理工作，受理投诉举报事项30个，处理办结16件。

【构建“一库一码全链条”现代财会监督体系】 履行财会监督职责，落实财政部关于社会审计机构监管工作要求，发挥浙江在数字化改革先行省优势，开展社会审计机构“一库一码全链条”监管机制建设工作。以社会审计报告二维码防伪为“小切口”，实现审计报告单一来源、联网可查，以信息化手段打造“不敢假、不能假、不想假”的现代财会监督体系。该系统在温州市试点，已正式上线试运行并归集2020年以来全省6000多名注册会计师、40多万份审计报告，建立行业监管数据云。

【推进财政内控建设】 修订完成《浙江省财政厅内部控制基本制度》并发布施行，完善财政内控制度体系、工作内容、职责分工及监督管理机制。建立审计等问题内控分析和内控业务风险提示机制，组织处室对审计取证办理反馈进行会商，防范业务风险。强化厅属事业单位内部审计工作，组织完成6家涉改事业单位法定代表人任期经济责任审计工作。开展财政内控检查和督导工作，组织财政厅机关内控自查，对7个机关处室实施内控检查，对10个设区市和部分县（市、区）开展内控督查。

【规范综合审计联络服务】 完成省党政主要领导经济责任审计整改工作，由省财政厅牵头问题全部整改完毕。规范审计公文分办，做好其他综合审计联络服务，组织完成审计署上海办财政收支大格局审计、政策跟踪审计、省审计厅同级审、社保基金专项审计及整改等相关工作。

【财政项目资金审核】 开展部门预算项目审核，完成包括省属亚运训练场馆提升改造工程等一批重点项目审核，涉及项目1543单，资金总额154.32亿元，核减18.58亿元，核减率12.04%。亚运会训练场馆提升改造项目审核核减率达37%，此项工作获省领导肯定批示。审核完成政府投资竣工财务决算项目3个，资金5.01亿元。推动项目支出预算标准建设，制定完成省级文化类场馆运行经费支出标准，参与制定省房建、市政项目总承包计价规则和省水利工程造价计价依据，定额标准应用效果显著。强化审核成果运用，完成《浙江省财政项目预算审核典型案例汇编》。

【加强监督队伍建设】 强化支部党建，全面落实从严治党主体责任，以建设清廉财政为目标，营造良好政治生态。开展党史学习教育，组织“追忆红色历史　守好红色根脉”主题党日活动和“好书周周读　书香满监督”读书活动，专题召开变革型组织务虚会，夯实支部战斗堡垒作用，增强团队凝聚力。全面实施“三服务2.0版”，创新开展“月月有亮点、月月去调研、月月补短板”的“月月+”系列活动，不断提升服务基层、企业、群众的能力。2021年开展“三服务”活动84次。组织开展全省财政监督人才库培训、项目审核业务培训，提升监督队伍业务能力。

（省财政厅监督局供稿　柳　颖执笔）

政府采购监督管理

【概况】 2021年，浙江省深入推进政府采购数字化改革，拓展发挥政府采购政策功能，持续优化政府采购营商环境，各项改革取得阶段性进展。全省政府采购规模1719.94亿元，占全省一般公共预算支出和GDP的比重分别为15.6%和2.3%。

【政府采购数字化改革】 启动全省第一批政府采购数字化共建共享试点项目12个，建立数字化改革“一地创新、全省共享”机制，被16届全国政府采购监管峰会组委会评为2020—2021年度政府采购创新制度，政采云项目入选浙江省数字化改革“最佳应用”，列入数字经济系统重大应用目录2.0，入选数字经济系统第一批优秀省级重大应用。2021年，政采云服务全国18省，1088个行政区划，以及新疆建设兵团、全国税务系统、国家体育总局等中央预算单位，累计交易规模1.53亿元，年度交易规模6819.40亿元。

【拓展政府采购政策功能】 贯彻《政府采购促进中小企业发展管理办法》，落实面向中小企业预留采购份额、政府采购评审价格扣除优惠、优先采购等支持措施，全年授予中小微企业政府采购合同份额占政府采购规模比重为81.2%。实施绿色政府采购促进碳达峰碳中和，全年节能节水、环保产品采购规模分别占同类产品采购总规模的95.8%和89.1%。开展政府采购支持绿色建材促进建筑品质提升试点，提高杭州、湖州、绍兴3个试点城市绿色建材采购比重，研究编制绿色建筑和绿色建材政府采购需求标准。实施政府采购支持乡村产业振兴，全省预留脱贫地区农副产品采购任务份额1.50亿元，实际交易金额1.85亿元。鼓励各预算单位采购浙江省山区26县和对口帮扶地区的农副产品，助力共同富裕示范区建设，乡村振兴馆年度交易额1.79亿元。

【推进长三角政府采购一体化】 会同上海市财政局研究制订《推进沪浙政府采购一体化发展三年行动计划》，推动各项工作落地。推动江苏、安徽加快融入长三角政府采购一体化进程，建立一体化工作协调机制并成立专项工作组，研究制定《长三角政府采购一体化工作协调机制暨长三角政府采购专项合作工作组工作制度（试行）》。“以数字化改革推动长三角政府采购一体化发展”被浙江省长三角办评为第一批“最佳实践”项目。

【优化政府采购营商环境】 印发《浙江省财政厅关于进一步促进政府采购公平竞争打造最优营商环境的通知》，出台深化政府采购全过程信息公开、深入实施“互联网+政府采购”行动、强化政府采购全链条监管等三个方面九条措施，打造最优营商环境。开展政府采购备选库、名录库、资格库专项清理，通过单位自查和财政核查清理“三库”378个。实施政府采购支持融资畅通工程，在全国首创开发运用政府采购预付款保函。推广应用线上普惠金融产品——“政采贷”，2021年“政采贷”通过政采云平台授信51.40亿元，发放贷款34.40亿元。优化供应商信息登记和资格文件提供。按照“一次认证、自主登记、分步维护、互认共享”原则实行供应商信息登记，取消审核、公示和提交书面资料等环节，供应商参加政府采购活动实行“承诺+信用管理”制度，简化资格文件。

【强化政府采购监管】 开展政府采购行政裁决试点，引入政府采购纠纷调解机制，在富阳举办省市区三级联动政府采购行政裁决示范化建设工作现场会，该试点项目入选浙江省合法性审查与行政裁决工作“最佳实践”培育试点，组织实施2021年政府采购代理机构监督评价工作，对全省197家采购代理机构开展监督检查，检查项目1018个，对143家代理机构、20名评审专家、146家采购单位作出处罚处理。同时，按照“自愿申请、正向引导”原则，对74家代理机构进行评价，在浙江政府采购网公布62家评价得分较高的代理机构，引导采购单位择优委托代理机构。创新网超商品价格监测工作，每月确定并公布监测重点行业，对区域内上月销售额前5名的供应商作为监测重点，协调集采机构下架或责令整改商品671377件次，警告或处理供应商35422家次。组织全省预算单位开展违规采用单一来源采购方式实施政府采购行为自查自纠，重点核查近三年各级各单位单一来源采购项目的政策法规依据适用情况、采购执行情况、内控机制建设情况、干部违规干预采购情况。完善政府采购评审专家日常管理机制，试运行政府采购评审专家学习系统，规范专家执业行为。

（省财政厅政府采购监管处供稿 冯 华执笔）

财政政策法规

【笃学践行习近平法治思想】 开展“笃学践行习近平法治思想”系列活动。组织厅党组理论学习中心组学习，主要领导带头学；组织财政厅机关干部收看“习近平法治思想核心要义”专题讲座；开展省市县乡四级财政法治部门线上学习交流活动；在《浙江财税与会计》杂志开辟“学习习近平法治思想”专栏，总结宣传市县财政部门学习贯彻成果；举办财政法治工作局长论坛，提升财政法治工作人员的政治站位，树立“财为政服务，法为财保障”的理念。编印《学法手册》习近平法治思想专刊，收录重要领导及著名法学家学习习近平法治思想的署名文章，供全系统学习。组织撰写的《沿着习近平总书记在浙江开创的法治道路奋勇前进》《全面贯彻落实宪法 扎实推动共同富裕》刊发于《中国财政》，列入财政厅党史学习教育资料，得到财政部条法司和财政厅主要领导肯定，供全国财政系统学习。

【加强党对法治工作的领导】 省财政厅党组2次研究部署法治工作，主要负责人切实履行推进法治建设第一责任人职责，落实领导干部学法制度，开展法治专题学习4次，重点学习习近平法治思想、宪法、党内法规以及财税法律法规。

【强化法治能力建设】 组织全体省管领导干部、公务员学习专题课件和文字材料，完成2021年度以宪法为主题的法律知识考试。举办“全省财政法制骨干暨财政行政执法人员培训班”，促进法制人员及行政执法人员加强自身法治素养，提高依法行政水平。加强法律顾问、公职律师管理，充分发挥其参谋助手作用。

【加强行政规范性文件管理】 组织绘制行政规范性文件起草流程图，组织对省财政厅23件行政规范性文件合法性审查，并按规定报省司法厅统一登记、备案。开展涉财省政府及省政府办公厅行政规范性文件专项清理，开展涉财地方性法规、政府规章和行政规范性文件等与新《行政处罚法》抵触专项清理工作。组织开展省财政厅行政规范性文件全面清理工作。

【开展合法性审核】 依法履行合法性审查职责，当好“安全阀”。2021年审核各类政策制度78件、行政处理处罚62件、信息公开68件、行政履职38件，合同51件，全年出具法律意见建议500件次以上，提供法律咨询600件次以上，防范财政法律风险。

【严控财政法律风险】 规范财政重大决策程序，在省级机关率先推动重大行政决策事项标准指引，制定《全省财政系统重大行政决策事项标准（试行）》。依法办理行政复议应诉案件5件，持续保持行政诉讼零败诉的纪录。“三项制度”有力推进。开展行政执法监督，组织全省财政系统行政执法案卷评查，对执法公示和全过程记录工作进行专项监督。开展财政行政争议诉源治理，完善预防和实质性化解行政争议，减少复议诉讼。推进财政行政裁决示范建设，浙江省财政厅被确定为32家全省合法性审查与行政裁决“最佳实践”培育试点单位之一。梳理复议诉讼败诉案例倒推依法行政问题，编印《案例汇编》供全省财政系统学习借鉴。梳理新行政处罚法出台后对财政执法的影响，为财政部门执法、守法、用法提供参考，防范行政处罚风险。

【启动财政“八五”普法】 梳理总结宣传“七五”普法与依法治理成效，获评2016—2020年全国普法工作先进单位，获全国财政系统“七五”普法工作表现突出单位。印发《全省财政法治宣传教育第八个五年计划》，启动全省财政系统“八五”普法工作。

【开展财政法制宣传】 制定2021年度法治宣传教育责任清单，开展财税法律法规宣传教育。围绕“12·4”国家宪法日，组织宪法宣传周系列活动，举行2021年度新任副处级以上领导干部集体宪法宣誓仪式。研究编印《共同富裕的德国经验》等学法手册4期。与省普法办联合开展财政法治宣传进农村活动，活动被浙江法制报、“浙江普法”微信公众号宣传报道，被评为浙江省第三批社会大普法优秀项目，入围2021年度全省“十大普法影响力事件”提名奖。

（省财政厅政策法规处供稿　毛明辉执笔）

党建工作

【开展党史学习教育】 根据省财政厅党组提出的“六悟六争”目标要求，谋划实施5大系列18项具体举措。落实“第一议题”制度，通过“六讲六做”“五学五提升”等载体，学习贯彻习近平总书记关于党史学习教育系列重要讲话精神和省财政厅党组编印的《习近平总书记关于财政工作的重要论述》，以及党的十九届六中全会和省委十四届十次全会精神，开展“八八战略”指引下的财政工作评估。组织庆祝建党100周年系列活动，通过开展“心向党、读好书”讲书大赛、浙江财政8090青年宣讲团宣讲、“财悦读”、党外人士学习交流座谈会等活动，增强学习教育实效性。组织党员干部参观中国财税博物馆、浙江财政展示厅；推动“红色文物故事”创作，被省学教办正式录用并在学习强国省平台刊载13篇，列省直机关第一。每月厅长碰头会上将讲评和研究党史学习教育作为第一议题，制定并向各党支部发送《每月党史学习教育计划》；对党史学习教育实行积分制管理，对各支部党史学习教育情况同步跟进督查。省财政厅列入省委“三为”专题实践活动方案的4条重点举措，以及用好用活红色财政历史“富矿”、“三跨联动”提升“三为”质效等做法，均得到省领导批示肯定。党史学习教育相关做法被人民日报、新华社、浙江日报、浙江卫视新闻联播等主流媒体关注报道36次，受到网民点击40余万次。“三跑三降”入选省“三为”专题实践活动最佳案例。

【推进清廉机关模范机关建设】 推进清廉机关建设。围绕2021年财政重点工作任务和廉政风险易发多发领域，制定出台《省财政厅进一步深化清廉财政建设实施方案》，组织实施“服务保障清廉浙江、数字赋能风险防控、公款存放规范提升、乡镇财政强基固本、预算绩效全面提速、厉行节约过紧日子、服务效能优化提升”七大专项行动，在全省财政系统形成清廉财政建设全线共进态势，打造一批清廉机关建设样板。创新责任传导载体和形式，丰富党组季度廉情分析会内容，每季度明确一个主题，由牵头业务处室汇报落实情况，聚焦突出问题，开展专题研究分析。清廉财政建设典型做法得到省纪委、省直机关纪检监察工委肯定，在省纪委《浙江纪检信息》上作专题报道。推进模范机关建设。划分财政机关事业单位、乡镇财政、两新组织、财会队伍4类主体，研究谋划全省财政系统全面实施“红色根脉强基工程”。开展变革型财政组织建设三年行动，实施党支部建设提升工程，发挥机关党建与财政业务深度融合“七项机制”作用，围绕共同富裕、财政数字化改革、碳达峰碳中和等大事要事开展专题研学26次，提出财政举措。2021年省财政厅“七项机制”课题荣获全省机关党建优秀课题研究一等奖。全省财政系统5家单位获评“双建”工作先进集体，受表彰数量列全省各系统条线第一。

【推进机关党建四级“系统联动”】 创新推进省市县乡四级财政机关党建“系统联动”。2021年，组织省市县乡四级财政机关党建“系统联动”20次，通过“活动联抓、实事联办、难题联解、队伍联建”，发动全省财政系统党员干部投身“深化拓展三服务、凝心聚力十四五”行动、“三为”专题实践活动和疫情防控工作，集中省市县乡四级财政各业务条线党员干部智慧和力量解决问题15个，提出对策措施，推动业务工作；围绕“三跑三降”“一事一议”“三化转型”等工作，组织党员干部深入工厂车间、田间地头、营业网点，帮助基层、企业解决实际问题，“点对点”解决群众“急难愁盼”问题。突出“三跨联动”，提升“三为”活动质效，依托“浙政钉”线上平台和厅《党建信息》（党史学习教育专辑）线下平台分享系统内“三为”好经验、好办法131条，加快形成可复制、可推广、可借鉴的为民服务模式，实现党员受教育、群众得实惠。2021年，省市县乡四级财政机关党建“系统联动”机制，入选全国“第三届党建创新成果展示交流活动”百优案例。

【高质量抓好巡察工作】 制定2021年巡察工作方案，对2家所属单位开展政治巡察，发现问题32个，两家被巡单位提出整改措施119项。建立巡察组、巡察办、驻厅纪检监察组、主管处室四方联审机制，逐条核实上一轮被巡单位反馈的整改举措。丰富“1+X”巡察制度体系，制定出台《浙江省财政厅党组巡察工作领导小组工作规则》《浙江省财政厅党组巡察领导小组办公室工作规则》《浙江省财政厅党组巡察组工作规则》和《巡察报告问题底稿管理办法》等，细化工作流程，明确工作标准。

【从严纠治“四风”】 贯彻落实中央和省委关于作风建设的新要求，开展违规吃喝、违规收送礼品礼金、酒驾醉驾等三项专项整治，采用“自查+重点检查”“教育+承诺”的形式，在全财政厅范围内开展专项整治，393名党员干部自查并签字承诺。对下属单位工作人员违反中央八项规定精神的情况进行了立案查处。开展重要节点廉政提醒和明察暗访，通过联合检查、交叉检查、实地抽查等方式，对机关食堂公务接待、用餐、公车使用、工作人员工作状态、人员在岗等情况进行检查。2021年开展明察暗访6次，发现并整改问题2个。建立健全作风建设长效机制，制定下发《关于严肃纠治“四风”问题　加强机关纪律作风建设的通知》，从思想认识、纪律规定、监督检查等方面提出要求，重申公务出行、公务接待、支部主题党日活动等纪律规定，以严实举措纠治“四风”突出问题。

【数字赋能监督】 聚焦财政资金“小切口”，利用国库集中支付动态监控系统抓取异常数据，开展实时预警分析，总结“三公”领域存在的问题，建立财政与纪检信息共享机制，提高监督实效。

协同驻厅纪检监察组成立“财政公权力大数据监督应用”建设专班，制定资金拨付领域公权力大数据监督应用建设方案，围绕“动态监控”“基财智控”“政府采购”“直达资金”四个模块，把监督内嵌于财政核心业务。此项目列入省纪委公权力大数据监督应用“一本账S0”。

【推进党建带团建工作】 围绕党史学习教育主题主线，用好厅团委导学、研学、见学、践学、互学的“五学”机制，推进团建工作。依托“财政青年理论学习小组”，学习习近平总书记关于党史学习教育系列重要讲话精神、“七一”重要讲话精神等，重温习近平总书记关于财政工作的重要论述，围绕“提升‘八个力’”开展专题研学。组织参加省直机关“学党史 迎百年”党史知识竞赛，荣获优胜奖。邀请“光荣在党50年”老党员讲述财政发展亲历；赴浙江财经大学“特色馆藏阅览室”见学。组建“浙江财政8090青年宣讲团”，深入全省14个宣讲点，围绕6类对象巡回宣讲，宣传财政政策，扩大社会影响面。引导团员青年积极投身“三为”专题实践活动，成立“财政青年助老智行小分队”，服务保障厅离退休干部共享数字化改革成果。

（省财政厅机关党委供稿 朱知攀执笔）

人事工作

【概况】 2021年，浙江省财政厅人事工作落实省委选人用人“一体系三机制”要求，以加快建设变革型财政组织为契机，推进干部队伍干部工作全方位系统性重塑，打造财政铁军。

【优化干部队伍建设】 强化正确用人导向，重塑事业为上选贤任能机制，选优配强关键岗位领导干部，提拔正处级领导干部8名、副处级领导干部11名，推动各处室班子形成年龄层次相衔、知识能力相长、经历经验相补的合理结构。截至2021年底，40岁以下处级领导干部占比20.83%。突出政治标准，激励担当作为，晋升二级巡视员3人次、一级调研员及以下职级20人次，晋升岗位等级13人次。从严把好进口关，财政厅机关面向“双一流”A类高校选调应届毕业生4名，所属参公单位公开招录公务员5名。加强干部培养锻炼，将好苗子放到关键吃劲岗位压担墩苗，选派5名年轻干部援派挂职锻炼，6名干部参加省委巡视和各项专项督查督导工作。

【强化干部管理监督】 组织实施《省财政厅平时考核实施细则》，开展公务员考核提质增效专项行动，完善考核指标体系，优化考核系统，强化考核结果运用，发挥好考核“指挥棒”作用。严格日常兼职审批管理，组织开展干部兼职情况排摸清查行动，实行“零报告”和内部公示制度，接受干部群众监督。组织开展领导干部违规从事营利性活动专项治理，加强干部全方位管理和经常性监督。做好领导干部个人有关事项报告工作，推动“1+1+X”宣传教育工作机制迭代升级，打好动员部署、专题培训、个性服务“组合拳”。全年查核一致率较上年提高4.6个百分点。

【推进制度系统集成】 修订《浙江省财政厅处级领导干部选拔任用工作办法》，规范和完善处级干部选拔任用工作。结合财政实际，制定加强“一把手”和领导班子监督实施细则，细化省财政厅“五张责任清单”，紧盯关键少数，落细落实全面从严治党政治责任。贯彻省委构建亲清政商关系意见，研究制定具有财政特色的贯彻落实意见，建立“五严禁”31条行为规范、省财政厅领导干部配偶、子女及其配偶禁业范围、省财政厅干部政商交往“负面清单”、省财政厅干部辞去公职后从业行为限制清单等四张清单，系统重塑“责任传导全链条、规范对象全覆盖、公职生涯全周期、监督管理全方位”的闭环管理体系，进一步规范财政干部廉洁从政从业行为。

【加强财政文化建设】 树立“全省一盘棋”理念，在全省财政系统推进争做新时代浙江组工人主题实践活动。组织制作“争做新时代浙江组工人”主题实践活动微视频，开展“财政铁军如何锻造？‘浙’些地方在实践”主题宣传，塑造“领跑者”，促进系统上下同频共振、各单位之间互学共鉴。结合党史学习教育，在全省财政系统开展“百年潮涌 我心向党”庆祝中国共产党成立100周年主题朗诵活动，激励全省财政系统党员干部团结一心跟党走、接续奋斗开新局。

【做好老干部服务工作】 坚持把政治建设摆在首位，组织开展“你好，2021”庆祝建党百年征文活动，征集诗文、书法、绘画等各类作品30幅。发挥离退休党支部在组织凝聚老同志方面的红色引擎作用，结合党史学习教育开展“偕老智行，我为群众办实事”党员志愿活动。落实生活待遇，服务重点倾向重病、高龄、失能、独居、空巢等有特殊困难的老干部，节前、病中走访慰问，加强精神慰藉和人文关怀，使老同志“难时有人帮、病时有人管”。

（省财政厅人事处供稿 高晓丽执笔）

办公室工作

【推进变革型组织建设】 研究制定《中共浙江省财政厅党组关于加快建设变革型财政组织的实施意见》和三年行动计划（2021—2023年），推进在业务变革上重塑“六大体系”（即财政收支高质量可持续运行体系、集中财力办大事财政政策体系、高质量发展财政保障制度体系、全生命周期公共服务供给体系、全面预算绩效管理体系、财政风险防控体系），在能力变革上实施“六大工程”（即政治能力提升工程、整体智治融合工程、争先创优领跑工程、破难攻坚亮剑工程、财政文化引领工程、自我革新强基工程），并按照“一年重点突破、两年深化提高、三年基本建成”的总目标，具体化、清单化、压茬式组织实施，推进各项工作落地见效。

【推进巡视督办事项落实】 做好中央巡视反馈问题整改，印发《省财政厅关于落实中央巡视反馈问题整改工作方案》，围绕3项牵头整改和7项责任整改问题，逐条分析落实并全部整改到位。组织做好“七张问题清单应用”系统巡视整改及督查检查工作，确保各项任务落实到位。制定实施“马上做”“做成了”政务督查督办工作机制，通过工作要求清单化、答复格式模板化，提高省领导批示办理的效率和质量，全年督查办理省委、省政府主要领导批示590件。

【推动特色工作出成效】 贯彻“没有走在前列也是一种风险”的忧患意识和“没有领先就是落后、没有特色就是问题、没有用心就是懒政”理念，创设省财政厅特色工作项目。2021年度，形成机关特色工作项目28项，均按目标完成年度任务，部分项目已取得财政标志性成果，走在全国、全省前列，获省、部领导批示肯定。办公室开展的“深入践行零基预算，创新编制部门预算”和“创造新时代机关群团工作新经验”两项特色工作均完成既定目标任务，其中厅工会开展的“财悦读”活动展示“周读一本书”学习成果取得良好效果。

【提升办文办会质效】 加强公文管理，全年登记收文8211件，发文4045件，办理交办件2077件；严格执行省委办公厅“办文指数”评价要求，继续保持“零退文”。全年完成财政厅主要负责人讲话材料、全省财政工作报告、重要会议精神传达、述职述廉报告、党史学习教育材料、共同富裕和数字化改革等重大专题材料百余篇。制定文件和会议年度目标计划，继续保持压减趋势。全年“三类文件”发文85件，发文数较2020年下降7.6%；召开全省性会议11个，会议数较2020年下降45.0%。

【优化完善绩效考评机制】 做好省政府绩效考评工作，对纳入省政府绩效目标的重点量化指标，定期开展阶段性评估、阶段性自查。加强与省政府督查室沟通对接，查漏补缺，督促落实重点指标完成情况。按月梳理财政厅党组重点工作安排并总结完成情况，确保省委、省政府和财政厅党组决策部署落地见效。修订财政厅机关和全省财政管理绩效考评办法，优化考评指标，规范考评流程，发挥好考评指挥棒作用。完成年度绩效考评工作，考评结果经财政厅党组会议审议通过后公示并发文通报。

【加强财政宣传调研】 开展“八八战略”财政实践评估，完成《“八八战略”指引下的财政探索与实践》课题，全面评估“八八战略”实施以来财政工作成效、存在问题，研究提出工作建议。完善政策研究专班工作机制，协助处室向省委、省政府报送专报信息，获得省领导批示78篇次，比上年增长34.5%。围绕重点工作发出财政好声音，全年在中央及省级媒体刊发各类新闻稿件近百篇，其中围绕共同富裕主题，在《中国财经报》发表3篇纪实，在《中国财政》刊发“共同富裕‘浙’里起步”专题，以《财为共富政当时》为题参加浙江经视《有请发言人》节目录制。加强“浙江财政”微信公众号建设，创设“财政‘浙’一周”新栏目，全年推送微信215期860条信息，关注人数20万。

【深化政务公开、保密、信访工作】 推进政务“五公开”。加强预决算公开，首次公开所有部门项目支出预算、部门预算中的国有资本经营预算支出情况和二级单位预算；加强政府采购信息公开，在全国率先试点推行专家评分公开、履约验收结果公开，主动接受公众和社会监督。有效回应依申请公开，严把受理关、办理关、答复关，全年受理申请83件，均按时办结。落实财政厅保密工作制度，开展保密自查，通过处长例会通报典型案例、张贴海报等形式，强化保密意识和宣传教育。做好信访工作，全年办理纸质信访件152件，其中内导行政履职程序41件，出具各类答复、告知书42件。处理网上来信、来电(含咨询件)2006件，按期办理率100%，按期办结率100%。2021年省财政厅连续第5年获省直部门信访工作考核优秀单位。

【加强建议提案办理】 加强组织领导，落实分级负责、分工办理、专人经办的工作机制。通过电话访问、上门服务、邀请座谈等方式主动对接代表委员，做好建议提案办理工作。全年承办省“两会”建议提案520件，其中：人大建议主办15件，会办283件；政协提案主办4件，会办218件。主会办件全部按期办结。

【强化财务资产管理】 加强财政厅机关、所属单位财务管理，深入践行“零基预算”，在省直单位中创新采用预算磋商方式编制预算。印发《浙江省财政厅机关自行采购管理办法》，明确集体决策制度，规范厅内自行采购操作流程，防范单位内部廉政风险。加强内控制度建设，组织开展内控自查，做好内控检查发现问题的整改落实。强化设备资产管理，按照省委、省政府要求做好国产化相关设备更新替代工作并通过验收。完成票据中心用房工程的调概批复，推进开展后续工程财务决算和资产移交。清理解决财政厅自管住房遗留问题，清退各类占用住房9套(含封存1套)、移交产权房17套。

【提升服务保障能力】 推进机关数字化改革，开发重要会议无纸化系统，提升机关运转效能，减少机关运行成本。迭代优化“互联网+政务服务”，优化服务事项功能，推进各项核心指标持续领跑全国。印发《浙江省财政厅关于开展“深化拓展三服务、凝心聚力十四五”行动工作方案》，打造“三服务”2.0版，累计开展年度服务605次，其中厅领导带队78次，解决问题606个。印发《浙江省财政厅突发事件应急预案》，提高应急突发事件的预防和处置能力。强化档案管理，完善档案制度，全年归档整理档案4211件，提供纸质查档服务287人次，调取纸质文件723件，电子查档8346次，持续提升档案服务水平。

(省财政厅办公室供稿　盛滢婷执笔)

直属单位概况

财税政策研究

【开展“财眼看经济”研究】 围绕“八八战略”综合评估、高质量发展建设共同富裕示范区等省委、省政府决策部署，联合办公室完成《“八八战略”指引下的财政实践、探索与建议》研究；协同社保处完成省委书记袁家军2021年重点课题《推进共同富裕先行示范研究》，完成政策体系模块研究《探索完善有利于促进共同富裕的财政政策制度》；整合共同富裕专班研究力量，开展共同富裕“1+N”系列研究。聚焦中心工作，结合新形势、新任务开展深度分析和研究，编发《浙江财税参阅》55期，得到厅以上领导批示37篇次，其中《八省市生物医药产业分析》《全省各市财政运行分析》《困难退役军人帮扶调研报告》得到省领导批示，其中《三大阵营视角下我省各市财政运行情况分析》得到省长、常务副省长批示肯定，并要求印发各市委、市政府参阅，财政厅主要领导到省委党校中青班授课。

【完善政策研究专班工作机制】 持续深化对兄弟省市的跟踪分析，提高参阅政策时效性和参考性，服务财政厅领导决策和财政改革深化。多维度解读热点难点问题，完成“中欧投资协定”“拜登税改方案”研究，解读“中央政治局会议精神”“政府工作报告”“十四五规划”等；围绕数字经济、宏观经济形势和产业发展，完成“数字财政应用场景案例”“芯片产业”等研究；着眼财政管理，完成“两直资金”“绩效评价体系构建”“积极财政政策”“环境保护税”“碳达峰碳中和”“碳税”“我省外贸财政补助情况及政策建议”等研究，供财政厅领导和机关各处室、单位参阅，全年编印《财政动态参阅》37期，获厅领导批示21期。

【联动开展财政前瞻性研究】 协助财政部政研室开展全国协作课题研究，提交财政部政研室《构建集中财力办大事财政政策体系的实践与思考》《财政服务构建新发展格局的实践与探索》等研究成果；协同财政厅业务处室开展研究，会同社保处完成《省级公立医院合作办医的现状与对策建议》等研究，配合综合处完成《我省土地出让金的情况及建议》等课题，配合科教处起草《关于改革完善省财政科研经费管理的实施意见》，配合数字中心开展《省财政厅上线浙里担财政金融协同支农应用》研究。组织专家、部门、企业等围绕改革热点召开座谈，梳理关于“扩中提低”“数字经济”等专家观点综述，为领导决策提供参考。

【办好《浙江财税与会计》】 做好重要会议精神宣传，重点宣传财政部工作部署、省委全会、省委常委会、全省财政工作、省财政厅党史学习教育动员部署等会议精神，推动中央、省委重要部署在浙江财政系统的贯彻落实；做好财政厅党组工作理念宣传，通过党组会议、领导调研、刊发领导署名文章等形式，第一时间向全省财政系统和社会公众广泛宣传财政厅党组工作理念。围绕财政改革热点，先后策划以系统观念谋划财政高质量发展、为脱贫攻坚贡献财政力量、共同富裕等12个主题宣传。联系业务处室，总结浙江财政改革成果，全年报道财政数字化、产业链提升、基层“三保”等浙江财政工作亮点14个；完善通联机制，挖掘市县财政改革经验，全年报道长三角一体化、乡镇财政管理体制重构、“三服务”等成果40余项；创新栏目设置，通过“财政好声音”“政策释疑”“财经点评”等，邀请政策制定处室、财经专家、市县财政局长解读最新财税政策，剖析财税政策精神，推动财税政策贯彻实施；关注财政舆情，组织专业文章，引领正确的舆论导向，展示财政积极向上形象。

【参与党史学习教育宣传】 开辟“建党百年”专题栏目，连续刊载，重温党史重要时刻、回顾中华人民共和国成立以来的浙江财政发展史等；采访财政系统老党员，回顾党的伟大历史和浙江财政改革发展历程，探寻财政人的初心使命，引领年轻同志坚定信念、奋发作为；与财政厅机关党委、人事处联合组织建党100周年征文活动，展现党领导下的浙江财政改革创新成果，征集征文279篇，组织专家评审出一、二、三等奖110篇，组织奖10个。

【编纂《浙江财政年鉴》】 完成《浙江财政年鉴(2021卷)》(总第21卷)编撰，全卷分9个篇章和附录计10部分，全卷100万字，印刷1000册，向全省财政系统、乡镇财政机构、省内外高校图书馆、省人大、省政协及部分省市财政部门赠阅(交换)。持续改进移动端阅读体验，优化“浙江财政”微信公众号“财政年鉴”栏目呈现。做好向《中国财政年鉴》和《浙江年鉴》供稿工作，其中向《中国财政年鉴(2020卷)》供稿的“浙江财政”获全国“地方财政工作概况”二等奖。

【更新浙江财政展示厅】 围绕“忠实践行‘八八战略’、奋力打造‘重要窗口’”主题，重新设计财政展示厅布局，从“总书记怎么说，我们怎么干”二个维度展示浙江财政成效。搜集大量史料信息，修改完善展示内容，记录财政历史，传承财政文化，得到财政厅领导和干部职工好评。

(省财税政策研究室供稿　颜伟杰执笔)

数字财政建设

【概况】 2021年，浙江省数字财政建设工作围绕财政数字化改革“一个门户、四个系统”(即数字财政综合应用门户、集中财力办大事系统、预算管理一体化系统、核心业务事件反馈系统、服务社会应用系统）建设和整体财政智治要求，重点打造预算管理一体化、政采云、“浙里办票+浙里报账”等应用场景。加强信息系统安全建设和服务保障工作。13个应用场景全部入选数字化改革重大应用“一本账S1”，其中政采云、“浙里办票+浙里报账”两个应用入选第二批全省数字化改革最佳应用，统一公共支付、国资智管（浙里资产）、政采云、“浙里办票+浙里报账”等四个应用入选省数字化改革成果展，《财政数字化改革的实践与探索》获得全省财政系统调研课题评审一等奖。

【数字财政综合应用门户和公共数据平台建设】 构建数字财政综合应用门户、财政专题门户、“浙政钉2.0”工作台，完成财政核心业务、重大任务、重点工作、单位概况等数字财政综合应用门户建设。在党政机关整体智治综合应用建设中，率先实现专题门户的“点亮贯通”，成为省级单位专题门户的模板。参与一体化智能化公共数据平台建设，作为省级两家试点单位之一，协助省大数据局制定工作台的界面设计标准和开发建设规范，完成“浙里报”“运维服务”“浙里垫付”“我的票据”“我的订单”“我的工资”等应用和组件开发。在一体化数据资源系统（IRS）中，编制信息系统目录19套，关联公共数据目录929项、外部门数据419项、公共组件5个、云资源1552项。

【预算管理一体化系统建设】 持续推进预算管理一体化系统建设，实现应用政务专有云容器化*部署和数据库信创云*国产化部署。按照财政部业务规范和技术标准，上线预算管理一体化业务中台，以云架构、微服务方式开发公共组件12个。稳步推进应用试点和推广工作，2021年6月份起使用预算编制模块编制2022年部门预算，9月份起预算执行模块在全省全面推广。做好全省数据质量检查、技术支撑和一体化数据报送工作，在财政部考核中名列前茅。

【集中财力办大事系统和核心业务反馈系统建设】 完成集中财力办大事系统建设方案编制和原型化设计。对接省委、省政府重大任务，形成横向到边、纵向到底的全省一盘棋大事财政保障制度，对大事资金进行全流程跟踪管理，形成大事资金跨年度、跨部门、跨层级、多维度全生命周期监管，实现资金流与决策流、业务流、信息流闭环管理。完成核心业务事件反馈系统建设。建成涵盖地方财政收入、财政支出、社保基金、直达资金、地方债务、政府采购、非税征管等7个态势感知子系统，在数字财政综合应用门户和财政专题门户等应用场景上线运行。

【服务社会应用系统建设】 开展“浙里办票”应用场景建设。协同省税务局全力推进税务发票、财政票据电子化改革，建设财政票据管理、电子发票（票据）综合服务平台等应用，支持医保零星报销、商业保险理赔等社会化应用场景，在国家电网浙江分公司、中国电信浙江分公司等试点单位开展电子票据深化应用，试点跨省报销改革工作。开展会计人员继续教育移动端应用场景建设。在会计专业技术资格考试中将人脸识别等技术手段用于考场签到，利用省大数据局健康码、日常健康监测状况、核酸检测报告等疫情防控数据，提升考务管理的工作效率和工作质量。开展“浙里报”应用场景建设。上线公务出行、会议活动、学习培训、办公用品购置等高频应用场景，实现省、市、县、乡四级贯通。开展“浙里担”应用场景建设。建设“一库一码一模型一平台”，实现系统对接和业务融合，累计为4.5万个农业主体办理担保贷款150.24亿元，其中通过银担直连为5502户提供担保24.77亿元，相关做法在省数字化改革工作动态第91期刊发。持续推进“浙里缴费”“浙里垫付”等场景应用建设。“浙里缴费”同统一行政处罚办案等系统进行多业务集成协同。“浙里垫付”实现道路交通救助基金垫付全流程网上办理、线上线下双轨运行，2021年通过“浙里垫付”发起申请925件，全省累计向1979人次垫付道路交通事故社会救助基金1.59亿元。

【数字财政建设】 持续迭代财政综合办公平台数字人事版块，完成季度实绩测评、证照管理、因私出国申请及审批、组织人事管理等功能。做好电子凭证库和电子印章等集中支付电子化支撑环境运行保障，确保全省支付电子化业务稳定运行。迭代升级财务核算云，完善数据同步机制，实现支付、用款计划等数据的实时归集。制定非税征管系统对接电子凭证库的技术方案，通过电子凭证库完成资金划拨业务的划解、退付和返还等业务。配合非税收入划转工作，制定浙江省财政与税务部门的互联互通技术方案，在杭州开展土地出让金划转试点工作，实现财政、税务和业务部门三方数据的互联互通。推进“乡镇公共财政服务平台+一卡通”迭代升级，2021年全省完成民生补贴资金发放791.14万人，涉及金额229.20亿。

持续保障财政部统一报表、部门决算和金融企业报表等系统正常运转，完成统一报表系统的内部控制报告、省级单位公款存放表和预算执行动态监控违规分类情况表等配置工作。优化财政部直达资金动态监控平台运维方案，实现直达资金监控平台支付数据自动关联功能。

【政务服务和数据共享】 配合开展证照分离改革工作，完成“中介机构从事代理记账业务审批”“会计师事务所分支机构设立审批”等两个事项实行告知承诺制改革，完成“会计师事务所设立审批”事项审批业务优化，实现“代理记账机构年度报备”事项的秒办功能。完成数据中台在省信创云的适配改造和部署，2021年数据中台累计完成数据编目370项、数据表上云3021张，云端数据量160亿条，数据累计被调用90亿次，支撑保障财政决策支持等系统的大数据应用。做好一体化智能化公共数据平台上的数据归集、数据更新、数据质量改进、数据共享开放、数据回流等工作，累计完成929项数据目录的编制，形成110条数据归集目录，被各级政府和部门调用6297万次，向社会开放的数据被下载使用133万次，确保共享和开放数据的质量，激发财政数据应用活力。

【信息安全工作】 开展财政门户网站攻防演练，对发现的漏洞和安全隐患及时整改，提升防范化解重大网络安全风险能力。升级防病毒软件，更新病毒库，集中清理堡垒机运维账号，减少安全隐患，确保建党100周年、"两会"及节假日等重点时段信息网络安全。开展预算管理一体化系统、财政综合办公平台等9个财政信息系统等级保护测评、风险评估工作。加强对市县财政网络安全的指导检查，下发《关于进一步做好财政网络安全风险防控工作的通知》《关于开展全省财政网络安全大检查的通知》等文件，全面摸清省财政网络安全防护状况，对6个市县财政局进行现场网络安全检查。

（省财政厅数字中心供稿　王洪俊执笔）

注：

*政务专有云容器化：即在浙江省政务专有云平台环境下，面向政务公共业务和部门专有业务的一种高效便捷、节约成本、降低运维量、标准快速构建、一键自动化集群部署、资源集约化、弹性伸缩高性能等优势的应用服务部署方式。

*信创云：即在信息技术应用创新的背景下，以国产化的CPU、操作系统为底座的自主研发的云平台，统筹利用计算、存储、网络、安全、应用支撑、信息资源等软硬件资源，发挥云计算虚拟化、高可靠性、高通用性、高可扩展性及快速、弹性、按需自助服务等特征，提供可信的计算、网络和存储能力。

国有金融资本与PPP项目管理

【做好财务决算报告编制】 对纳入浙江省2020年度地方金融企业财务决算汇总报表统计范围的银行类、信用社类、证券类、保险类、担保类、金融控股类和金融资产管理类等7类803户金融企业，汇总审核报表数据，撰写分析材料，形成浙江省2020年度地方金融企业财务决算报告，上报财政部。纳入汇总报表的浙江省金融企业资产总额90686.66亿元，国有资产保值增值情况良好。

【组织季度快报编报】 按照财政部对地方金融企业财务季度快报编报的要求，对照政策，开展指导，将各地报送的数据进行汇总并审核，反馈修改问题，按时向财政部报送2021年全省地方金融企业四个季度的财务快报。

【开展地方金融企业绩效评价】 按照财政部对绩效评价"统一政策、分级管理"的工作要求，组织各地财政部门对全省501家地方金融企业开展绩效评价，汇总形成浙江省地方金融企业绩效评价结果报告，报送财政部。浙江省地方金融企业中的商业银行、农村合作金融机构、证券公司、小额贷款公司、金融控股公司和财务与信托公司经营平稳，发展良好，50%以上的企业在全国处于优秀水平；部分小型融资担保机构经营状况不佳，成本较大，发展压力较大。

【实施国有金融资本产权登记】 贯彻落实财政部关于开展国有金融资本产权登记专项工作部署要求，按照"全面覆盖，应登尽登"原则，审核省属金融企业提交的登记材料，印发产权登记证（表）。截至2021年底，省本级地方金融企业登记47家，全部完成审核；全省市县完成地方金融企业登记224家，全部完成审核。

【开展国有金融企业运营分析评价】 以全省地方金融企业财务报表数据为基础，从盈利水平、资产质量、资本充足情况、风险控制等角度建立风险打分模型，对5家省属金融企业和8家城市商业银行的运营情况进行评价打分。对分析评价发现的部分经营状况不佳城市商业银行，及时提醒企业所在地财政部门重点关注银行经营情况，防范金融风险。

【推进政府和社会资本合作（PPP）发展】 开展项目入库评审。2021年金融评价中心组织评审入库项目8个，分别为浙江省舟山市市本级甬舟高速公路复线金塘至大沙段工程、苍山污水处理厂二期工程PPP项目、平阳县昆鳌污水厂二期扩容及清洁排放工程PPP项目、湖州市东部新区污水处理厂清洁排放技术改造工程、瑞安市江南片路灯设施节能改造项目、瑞安市湖岭镇农副产品加工产业园污水处理设施建设工程PPP项目、瑞安市全域污水处理厂网一体化PPP项目、义乌市再生资源利用中心项目二期工程PPP项目，涉及项目总投资136.86亿元。做好财承台账管理。在财政部全国PPP综合信息平台做好省本级一般公共预算支出数据更新，完成全省各市、县一般公共预算支出数据更新审核工作。按照《浙江省财政厅关于建立政府和社会资本合作（PPP）项目财政支出责任台账制度的通知》要求，按季度汇总分析全省各市、县（市、区）在库PPP项目季度财政支出责任台账，对财承支出责任超9.0%的县（市、区）发函提醒。做好PPP政策咨询服务。PPP项目牵涉市政工程、交通运输、生态环保等近二十个领域，项目政策性强，牵涉面广，针对执行中碰到的项目调整变更、投资增加、财承支出责任变化、社会资本方变更等问题，为市、县财政局做好政策咨询解释服务工作。推进浙江省PPP项目绩效指标体系建设。在实地调研选取典型项目进行试评价的基础上，起草完成浙江省PPP项目污水处理行业绩效指标体系制定工作。

（省财政厅金融评价中心供稿　凌振宇执笔）

道路交通事故社会救助基金管理

【概况】 2021年，浙江省道路交通事故社会救助基金（下称"救助基金”)垫付、支出1.87亿元,同口径(剔除2021年温岭“6·13”案件在浙二医院为当事人垫付抢救费用5393万元,下同)增长48.8%,其中抢救费用1.84亿元,同口径增长50.7%;丧葬费用1.65万元,同口径增长275%;其他支出(困难补助)247万元,同口径下降22.4%。追偿金额1.08亿元,同口径增长89.1%,核销金额271万元,同口径增长155.3%,当年追偿与核销合计金额占支出的59.1%。

【加强基金管理】 2021年,按交强险固定比例提取资金1.30亿元,同口径增长8.9%。截至2021年底,全省救助基金期末存款余额16.15亿元,其中省中心特设专户期末存款余额4.78亿元,各级救助基金特设专户期末存款余额11.37亿元。通过公开招标对省中心救助基金特设专户的闲置资金进行竞争性存放,确定中标银行4家,存放1年期定期存款4.38亿元,实现资金保值增值,降低廉政风险。鼓励市、县(市、区)通过政府购买服务的方式委托第三方专业机构开展救助基金日常管理工作。2021年9个市、县(市)通过政府购买服务的方式开展工作,垫付救助基金4101万元,占全省垫付金额的22.3%。

【上线“浙里垫付”】 以“小切口、大场景”为突破口,推出“浙里垫付”场景应用,加快体系化构建、推进规范化运行、实现智能化管理。该应用同时兼容浙江政务服务网、浙里办App、浙政钉等平台,全面实现救助基金“一件事”申请,一表式审核、一次性流转、一站式服务。

【开展业务培训】 组织开展救助基金政策专题研究和学习,对《浙江省道路交通事故社会救助基金管理办法》和专户财务管理进行政策解读和理论培训。全年举办培训班1期,培训94人次。健全与相关部门沟通协调机制,协同推进救助基金工作开展。

(省财政厅基金管理中心供稿　陆昉宇执笔)

会计事务服务

【组织会计专业技术资格考试】 组织浙江省会计专业技术初级、中级、高级资格考试考务工作,其中:2021年会计初级报名人数190323人,减少448人,实考人数117494人,实考率61.7%,合格率31.9%;会计中级报名人数117654人,增加16576人,实考人数59491人,实考率50.6%,合格率27.4%;会计高级报名人数3389人,减少117人,实考人数1996人,实考率58.9%,合格率61.3%。继续委托深圳市海云天科技股份有限公司等4家公司为浙江会计职称考试考务服务供应商;结合疫情防控工作要求,制定会计专业资格考试疫情防控方案及考场防疫措施;搭建集监管、监控、数据处理“三维一体”的会计考试监管平台,将视频监控与考务工作数字化管理相结合;在全省11个设区市试点统一安装监控摄像头,接入省级监控大屏,实现考试期间实时全方位轮巡以及存储回放视频信息等功能;在全省22个考场试点投放人脸识别签到仪,与考试监管平台相连接,实现数字化管理;加强与教育部门沟通协调,保障疫情防控期间考场落实、学校疫情防控工作,落实考点40个、考场629个、考试机位45241个;采用购买服务形式,选定阅评全省会计专业技术高级资格考试试卷的单位;选定、组织114名专家和老师阅评全省会计专业技术中级资格考试试卷,完成阅卷124396科次,其中会计实务42549科次,增长7.4%;财务管理39654科次,增长7.8%;经济法42193科次,增长7.2%。

【开展会计人员继续教育】 上线移动端“浙里办”App继续教育学习功能,方便会计人员利用碎片化时间完成继续教育学习;组织专家对6家课件供应商进行绩效评价考核。截至2021年12月31日,会计人员继续教育网络报名365630人,缴费357580人,完成培训270814人,其中高级会计人员报名3653人,缴费3542人,完成培训2448人。与上海、厦门国家会计学院合作举办高级会计人员继续教育面授培训班10期、培训高级会计人员2107人,完成北京国家会计学院受托开展的直播课培训667人。

(省财政厅会计服务中心供稿　孙　杰执笔)

财政干部教育

【财政干部培训】 落实《浙江省财政厅2021年干部教育培训计划》,全年举办培训班26个28期,培训3579人次,其中:财政厅机关培训班20个22期,培训3036人次;所属事业单位培训班6个6期,培训543人次。结合党史学习教育,围绕财政改革与发展任务,推出打造共同富裕示范区建设、数字化改革、预算绩效、直达资金管理等培训内容。按照采购新规,做好培训场地政府采购,统筹采购地点,制定分散采购评标标准和办法,按规范流程实施采购。结合疫情防控常态化情况,科学研判培训时间,加强与省疾控中心、中标场地联系,按照疫情防控要求,安全做好培训工作。更新师资库,整理2019—2021年在全省财政干部培训班上授课的师资信息,更新后的师资库成员143名,为全省财政干部教育培训工作提供师资保障。推行培训资料电子化,将培训资料及课件上传钉钉工作群或培训班微信群,供学员实时在线查阅。搭建向基层征集意见建议的二维码问卷平台,向基层征集意见建议,涉及工作问题31个,参与学员434位,征集到意见1599条。通过细化培训管理各个环节,规范培训管理,提升培训质量。

【财政支农政策培训】 全省财政支农政策培训工作依托“一本教材、一份手册、一张光盘、一支队伍”的“四个一”的培训体系,组织开展全省财政支农政策培训,全年全省完成培训27948人次,其中:培训代理会计及报账员9513人次,村干部

7441人次，村民理财小组成员、农民专业合作社及农业龙头企业及其他10994人次，服务全省乡村振兴战略实施。向各级财政下发《浙江省财政支农惠农政策解答》电子版教材，用于财政支农政策培训，鼓励市县上传至财政局网站，扩大支农惠农政策宣传面。

（省财政厅干教后勤中心供稿　潘敏华执笔）

农业融资担保

【概况】 2021年，浙江省农业融资担保有限公司全年在保项目2.53万个，在保余额82.36亿元，放大倍数6.54倍，代偿率1.5%。在全省财政系统开展的“三跑三降”*活动，被评为省党史学习教育“我为群众办实事、我为企业解难题、我为基层减负担”专题实践活动最佳案例，省直机关工委“最佳服务项目”十佳案例。推进农担全过程数字化改革，“浙里担”应用被纳入全省数字化改革重大应用“一本账S1”，入选全省2021年数字赋能促进新业态新模式的典型企业和平台，建设成果两次被省改革办录用在数字化改革《工作动态》。成果获省领导批示肯定，获省级以上媒体报道11次。

【承担政策性职责】 坚持政策性定位，公司在保余额82.36亿元，其中免抵押物的信用担保占比100%。支持优势产业集群，将50个重点产业列入扶持清单，形成常山、兰溪、柯城、磐安、龙游、衢江、嘉善等典型合作模式。落实省委、省政府支持山区26县决策部署，山区26县及农业大县的业务在保余额33.59亿元，占公司全部在保规模的40.8%。33个重点县（26个加快发展县加9个考核重点县，剔除重复2个县）中，在保余额超亿元的县15个，其中前三位为衢州市柯城区、龙游县、常山县。

【数字化改革】 推动银担业务融合、流程再造、制度重塑。开发上线“浙里担”应用，并在“浙里办”上线，归集省公共数据平台和财政、农业等部门7类61项数据指标，建成全省新型农业经营主体数据库，多跨融合打通9套部门系统，实现担保申请、政策查询和补贴查询等信息一屏掌控。迭代升级业务系统，开发建设“浙里担”驾驶舱，完善涉农主体数据库，优化并开发大数据风控模型，线上开展银担系统直联、担保业务智能审批和电子保函出具等，推动业务侧、管理侧融合互通，将农业主体办理担保贷款天数缩短为1至5天，实现农业主体办贷最多跑1次。7月，国家农担公司在浙江杭州举办2021年全国农担体系数字化转型观摩会，推广“浙里担”模式的经验和做法。

【协同支农】 健全完善省市县协同、政银担合作服务机制。构建基层政策性农业信贷担保体系，在17个县（市、区）实施新一批基层政策性农业信贷担保服务试点，试点机构28家，累计建立风险池资金规模1.39亿元，实现在保业务规模20.27亿元，相对省地共建资金池放大15倍。强化与财政、地方产业政策等的协同，推动试点地区出台配套支持政策，创新联合担保模式为地方涉农担保机构增信，降低农业主体融资门槛。围绕深化“三位一体”*改革，与省农合联（省农民合作经济组织联合会）开展全面合作，精准支持省政府“一县一品”地方特色产业发展，发挥联盟培训交流、业务协同、总结宣传“三个机制”作用，定期发布行业和政策信息、组织开展体系培训、总结宣传先进经验，农担联盟成员88家。

【业务发展】 推出“总对总”批量业务模式，与省农信联社、稠州银行开展“总对总”合作，扩大业务授权范围，降低银行风险分担比例，实现全省72家农商行“总对总”业务全覆盖。构建“农担通”线上业务办理模式，打通与合作银行系统对接通道，推出纯线上“增信e贷”产品，缩短审批办理周期。优化产品结构，新增业务中最主要的产品“新农贷”占比提高至新增业务55.6%。拓展工商银行、浙商银行、华夏银行等6家金融机构合作，推进与台州信保基金、地方担保机构业务合作，推动多方共赢。

【风险防控】 健全风险管理体系，2021年度获评全国农担体系风险管理评价A等级。完善担保业务流程、审批标准和风险管理手段，分析风险数据、总结风险特征，修订管理办法、规范业务流程，健全面向全过程管理的风控体系。组织开展内控合规月活动，梳理完善内控合规管理流程、更新内控合规手册，开展内控合规检查、内部制度评估、内控合规培训和测评等活动，对存在的问题进行跟踪、整改，闭环管理。推广委托追偿模式，以公开招标的方式分区域确定6家律师事务所开展追偿工作，建立定期跟踪反馈机制，全年追回代偿款项289万元。

【党建统领】 开展党史学习教育，公司党支部以开展“三跑三降”活动作为落实“我为群众办实事、我为企业解难题、我为基层减负担”实践活动的重要抓手，实现党建与业务高度融合。通过跑农村降门槛、跑银行降成本、跑数据降风险，构建破解农业主体融资难贵烦问题长效机制。全年深入基层开展服务835次，采集用户需求134.79亿元，发放担保贷款114.27亿元，农业主体担保响应率、办结率、授信率分别达到99.6%、97.5%、84.8%，调查满意度98.7%。

（省农业融资担保有限公司供稿　周　云执笔）

注：

*“三跑三降”：通过跑农村降门槛、跑银行降成本、跑数据降风险，着力破解农业融资难贵烦。

*“三位一体”：生产、供销、信用“三位一体”综合合作。

学会协会活动

浙江省财政学会

【开展自主研究】 围绕财政紧平衡现状、三大科创高地建设、人口普查、双循环新发展格局等发展要事难事和重点热点，开展《“十三五”时期浙江省税收情况分析及政策建议》《“十三五”期间浙江省金融业税收情况分析》《浙江数字经济核心产业现状分析与对策建议》等相关专题研究，为省委、省政府及财政厅党组提供决策参考。

【组织协同研究】 协助财政部开展课题研究。形成《推动共同富裕的财政政策研究》《浙江财税体制改革的实践、探索和建议》等研究成果；提交《关于浙江数字经济发展的现状、问题和建议》等书面调研材料，得到财政部部领导批示肯定。与高校开展常态化、动态化合作。与浙江财经大学建立战略合作，形成《推进共同富裕需注意的几个问题》《把“小烧饼”做成富民“大产业”的实践思考》等多项研究成果；与上海财经大学、中国人民大学等国内一流高校开展合作，借助其丰富研究资源，就全省改革重点开展前瞻性研究。

【组织系统开展课题研究】 组织市县财政学会开展课题研究。全年完成课题87个，组织高校等有关专家进行评审，评出一等奖5篇，二等奖15篇，三等奖20篇，以电子合集转发、杂志刊登等形式做好课题成果的转化应用。

【办好学会会刊】 办好学会会刊《浙江财政研究》，全年出版6期。新开辟“法治财政”“财眼看经济”“政策分析”“建党100周年”等栏目，提升可读性；围绕“数字经济”“养老保险基金运行”“财政可持续发展”“民营经济发展”等热点问题，开展专题探讨；围绕“积极财政政策”“十四五时期财政改革思路”“变革型组织”等主题，邀请专家撰文，厘清财政改革发展方向；邀请市县长、财政局长撰文谈地方财政改革新思路，为地方提供经验交流平台。

【政研人才培养】 举办财政科研骨干培训班，拓宽市县财政科研人员的研究视野。开展2020和2021跨年度政研人才考核，以考促干，激发全省财政科研骨干研究热情。

（浙江省财政学会供稿　黄　阳执笔）

浙江省会计学会

【组织开展财会课题研究】 围绕财会改革和发展热点问题，年初由有关市县财政部门、财经院校、会计师事务所等单位自行申报立项，全年完成课题成果64项，内容涵盖智能财务会计、数字化转型下的财务会计、行政事业单位内控制度建设、会计人才和队伍建设、会计诚信体系建设、管理会计等方面。组织专家对2021年课题进行评审。将2020年课题研究成果汇编成《会计实践与探索——浙江省会计科研课题成果》。

【举办“数智时代财会变革与创新”学术沙龙】 举办线上学术沙龙活动。来自浙江大学、浙江财经大学、浙江工商大学、浙江工业大学、杭州电子科技大学、宁波大学、浙江理工大学、浙江农林大学、嘉兴学院的有关专家，以及杭州实在智能科技有限公司、浙江物产环保能源股份有限公司等实务部门专家，针对数智时代背景下的会计教育和人才培养、企业的财务转型、管理会计等问题，在线上作交流发言。沙龙活动吸引6.5万名高校师生、财务会计人员在线上参与旁听。

【办好《财会信息》】 发挥学会服务财政中心的智库作用，全年出刊《财会信息》7期，刊登财会改革的热点、难点、疑点问题，以及各地财会改革的经验做法，供省财政厅领导和有关单位参阅。其中3期得到省财政厅主要领导肯定性批示。

【领军人才培养】 增强“领军浙说”品牌效应。举办“财务数智化专题研讨会”“企业股权治理与激励培训及学术交流会”“政府会计准则制度实践专题交流会”“投资理财沙龙”，提升领军人才专业化水平。设立领军学社。由部分在浙工作的全国和省级领军（高端）人才发起设立领军学社，通过线上线下开展每周公益实战课。2021年开展公益实战课10次，培训超过2500人次。强化典型宣传。通过《中国会计报》宣传报道一批先进典型，以典型引领，增强服务凝聚力。运营“浙江省会计领军人才之家”公众号。截至2021年12月15日，“浙江省会计领军人才之家”公众号发布信息69篇，阅读量53885次，社会影响面进一步提升。

【开展“三服务”活动】 2021年8月，组建会计领军志愿服务队11位专家，为杭州市上城区教育、卫健系统开展“三服务”活动，帮助其解决会计核算、资产管理和财务管理上存在的问题18个，形成“五个一”工作成果。

【举办珠心算比赛】 2021年5月至6月举办国际珠心算大奖赛，分设杭州、湖州、诸暨、慈溪、义乌、乐清、龙港、舟山八个赛区，158支代表队计3661名小选手参加比赛，产生特等奖

175名。

【加强学会组织建设】 学会换届。召开浙江省会计学会第十次会员代表大会，来自省级行政事业单位、省级专业会计学会、市县会计学会、会计实务界、省内高校和珠心算会员单位的76位代表参加会议。会议审议通过第九届理事会工作报告、《浙江省会计学会章程》《关于成立浙江省会计学会学术委员会的议案》《关于成立浙江省会计学会珠心算委员会的议案》；选举产生第十届理论会理事、常务理事及其领导机构，选举省财政厅党组成员、总会计师倪学军为学会会长。制度建设。完善学会内部管理制度，新修订《浙江省会计学会证章管理办法》《浙江省会计学会车辆使用办法》《浙江省会计学会工作人员请假制度》《浙江省会计学会工作人员出差审批制度》等制度。

（浙江省会计学会供稿　余丽生执笔）

注：

*“五个一”：即撰写一份高质量的服务建议报告，完成一本全生命周期资产管理书，设计一个内容丰富的服务大礼包，编发一张动态服务电子简报，打造一支专业素质高、工作方法优、服务意识强的专家团队。

注册会计师、资产评估行业管理

【概况】 2021年，浙江省注册会计师协会、浙江省资产评估协会克服疫情影响，转变工作方式方法，推动行业健康稳定发展。截至2021年12月31日，全省注册会计师6530名，资产评估师2328名，会计师事务所476家，资产评估机构309家。

【宣传贯彻国办文件】 举办培训班，组织全省会计师事务所学习《国务院办公厅关于进一步规范财务审计秩序促进注册会计师行业健康发展的意见》（以下简称“国办发30号文件”），领会文件要义，指导行业工作。制定学习宣传“国办发30号文件”方案，围绕学、研、践、提四个方面，组织开展“十大专项行动”。组织“规范财务审计秩序　促进行业健康发展”知识竞赛，制定参与知识竞赛抵免2022年度会计人员继续教育学分政策，全省行业参加竞赛总人数7318人，答题86627次。开展“走近浙江注协、走近会计师事务所、走近注册会计师及从业人员”专题采访，谈学习体会、落实情况、措施及工作成效，推动“国办发30号文件”精神及学习成果落实。

【严格执业监管】 与省财政厅监督局、会计处、资产处联合组织开展会计师事务所、资产评估机构执业质量检查。全年对80家会计师事务所、58家资产评估机构进行年度执业质量检查，对71家会计师事务所开展超出胜任能力执业专项检查，对13家会计师事务所和39名注册会计师予以行业惩戒，对存在执业质量问题的12家会计师事务所予以风险警示，对存在质量问题的4家会计师事务所和6家资产评估机构进行约谈。开展对注册会计师、资产评估行业资格挂靠及未专职执业、已取得营业执照但未在财政部门备案、网络售卖评估报告等事项的专项整治工作，规范市场秩序，净化执业环境。开发鉴证业务报告防伪报备系统，发挥数智提能功效，从源头上治理虚假审计报告。加强日常监管和涉诉专项检查，全年处理注册会计师行业投诉举报21起、资产评估行业投诉举报4起。接受相关人民法院委托组织资产评估专业技术评审18次，组织专家组对涉及资产评估报告及评估工作底稿进行论证，出具专业技术评审报告。组织专家走访5个地区的7家事务所，对存在执业质量问题的事务所进行整改巡回检查和上门技术帮扶。

【提高执业质量】 发布《后疫情时代资产评估关注事项》和《如何利用管理层聘请的商誉减值评估专家出具的评估报告的有关建议》两个专家提示，帮助指导执业机构做好企业价值评估和商誉减值测试相关工作，合理控制执业风险，提高执业质量。发布《项目支出绩效评价操作规程（试行）》《政府专项债项目收益与融资自求平衡财务评估操作指引（试行）》，为行业执行项目支出绩效评价业务和政府专项债券评估业务提供实务性指导。总结专项审计先进经验，开展专项审计案例评选，涵盖财政资金专项、信息技术审计、司法鉴定、经济责任审计等内容，评选出优秀专项案例11个，供全省会计师事务所学习借鉴，推进专项审计成果转化运用。组织行业专家结合审计准则最新变化对审计工作底稿进行修订，供全省会计师事务所使用，推动全省中小会计师事务所规范执业，确保审计业务质量。

【完善执业保障】 开展2021年度全省注册会计师任职资格检查工作。全省458家会计师事务所的7016注册会计师参加年检，通过年检的注册会计师5611名。开展2021年度全省执业会员年检和单位会员信息报备工作，全省2205名资产评估师通过年检，263家单位会员进行信息报备。加快审批流程，将每季度审批一次注册会计师注册申请及资产评估师登记申请，调整为随时申请、按月公告。申请并被列为财政部第二批电子证照试点名单。探索实行电子证书改革，制作完成电子证书格式，完成电子印章申领。做好执业会员注册（登记）、转所、转会、执转非、注销，非执业会员登记、注销等工作。全年批准注册会计师915位，办理非执业会员入会2139人，注册会计师转非执业会员1477人；全省新登记资产评估师执业会员257人，办理省内转所177人、转会64人，注销59人。对新注册（登记）入会注册会计师、资产评估师举行诚信宣誓仪式12期，引领全省行业人员坚守以诚信为核心的职业道德和职业精神。组织开展中注协第四批资深会员评定工作，推选第四批资深会员候选人29名，其中执业会员24人，非执业会员5人。公开选拔省属企业兼职外部董事人才库候选人，向省国资委推荐，推进国有企业“外大于内”董事会建设，优化董事会成员结构。

【注重人才培养】 做好疫情防控下注册会计师、资产评估师两大类考试。首次试点全省多考区(杭州、温州、嘉兴、绍兴)资产评估师职业资格全国统一考试。2021年,全省注册会计师考试报考专业阶段考试74725人、201139科次,分别减少24.1%和20.0%;报考综合阶段考试3393人,减少0.3%。全省资产评估师考试报名4197人,报考10459科次,分别增长18.7%和12.8%。按照疫情防控要求,安全有序组织全省注册会计师和资产评估行业线上线下培训,全年组织面授类培训23期。截至2021年底,全省注册会计师网络继续教育完成6545人,累计听课243446学时。开展首期全省资产评估行业后备管理人才培养项目,选拔行业内30名优秀中青年骨干合伙人开展为期2年的跟踪培养。

【推进增值服务】 搭建行业人才供需平台,在省注协官网举办2021年浙江省注册会计师、资产评估行业专场(网络)招聘会,129家执业机构为高校毕业生提供岗位2937个。组织会员开展疗休养活动2期,结合"红色引擎促发展"专题活动,组织会员就近参观红色教育基地,接受爱国主义教育。举办茶文化品鉴课堂,丰富会员文化生活。开展行业"关爱女性健康"直播讲座,全省412名行业女性观看讲座直播。为行业因病重大变故生活困难的6名会员发放关爱基金补助款85000元,解决行业会员实际困难。

【坚持党建引领】 成立行业党史学习教育领导小组和巡回指导组,对11个设区市执业机构党组织党史学习教育、流动党员管理和政治功能发挥等情况开展巡回督导2次,确保全省注册会计师资产评估行业党史学习教育高质量开展。成立浙江省注册会计师资产评估师行业党校,制定行业党校章程、学员管理制度,与省委党校(行政学院)干部教育学院开展战略合作,研究整合行业党建培训资源,分层分类构建行业党员教育培训体系。举办执业机构党组织书记培训班、行业党务工作者培训班3期,将党史学习教育纳入2021年培训重点内容。组织召开全省行业先进党组织和优秀个人表彰大会,对3个先进党组织、23个先进执业机构党组织、100名优秀共产党员、34名优秀党务工作者、11名支持党建(党外)合伙人进行表彰。举办全省行业"知史爱党、知史爱国"党史知识竞赛,以赛促学、以考促学,营造庆祝建党百年浓厚氛围。制定"3+2"党建考评制度,以奖代补,向市级行业党组织下拨党建经费165万元。

【做好行业宣传】 加强会刊编印工作,完善网站、微信公众号建设,加强《浙江注册会计师》期刊编印工作,提升期刊质量。利用网站和公众号等"窗口",提升行业影响力。公布2020年度业务收入前50家会计师事务所、年度业务收入前30家资产评估专业类别机构、业务收入前10家其他评估专业类别机构的信息,提升全省会计师事务所和资产评估机构影响力。

(浙江省注册会计师协会供稿　孙　杰执笔)

浙江省政府采购联合会

【概况】 2021年,浙江省政府采购联合会开展政府采购政策制度研究,搭建沟通平台,推动政府采购行业健康发展,被中国政府采购杂志社评为政府采购宣传工作优秀组织单位。

【编制需求标准】 研究并编制完成全国首个《政府采购家具项目采购需求管理指南》团体标准,完成《政府采购物业管理服务项目采购需求标准》。

【调研宣传】 组织会员单位开展学党史、促改革调研活动,走进省财税博物馆、吉利汽车研究院、政采云公司等,助力中国品牌推广,宣传政府采购信息化建设成就。建设推广微信公众号,传播财政动态和政府采购最新政策,2021年推送信息182期505条,公众号关注人数6173人。

【业务培训】 通过线上平台开展政府采购业务培训,为基层、企业提供政策辅导,累计培训2135人次。

(浙江省政府采购联合会供稿　洪　露执笔)

市县（市、区）财政工作

Zhejiang caizheng nianjian

杭州市财政工作

杭州市

【概况】 2021年，杭州市实现地区生产总值18109.42亿元，按可比价计算，增长8.5%。其中：第一产业增加值333.49亿元，增长1.8%；第二产业增加值5488.62亿元，增长8.6%；第三产业增加值12287.31亿元，增长8.7%。三次产业结构比为1.8∶30.3∶67.9。全市货物进出口7368.97亿元，增长23.7%。全市数字经济核心产业增加值4904.72亿元，增长11.5%。按常住人口计算，全市人均地区生产总值149857元。全市常住居民人均可支配收入67709元，增长9.4%；城镇居民人均可支配收入74700元，增长8.8%；农村居民人均可支配收入42692元，增长10.3%。城乡居民收入比1.75，连续11年缩小。

全市财政总收入4561.72亿元，增长18.4%。全市一般公共预算收入2386.59亿元，增长14.0%。其中市区一般公共预算收入2283.76亿元，增长14.1%；市本级一般公共预算收入334.96亿元，增长13.4%。全市一般公共预算支出2392.56亿元，增长15.6%。其中市区一般公共预算支出2190.27亿元，增长16.7%；市本级一般公共预算支出424.53亿元，增长14.7%。全市各级财政收支平衡。

【组织财政收入】 提升收入质量。全市一般公共预算收入占地区生产总值的13.2%；一般公共预算收入占财政总收入的52.3%；税收收入2233.00亿元，增长12.9%，占一般公共预算收入的93.6%，居全省设区市和全国副省级城市首位。科学组织收入。把涵养优质税源放在首位，加强对各区、县（市）财政部门的指导，确保财政组织收入工作有序平稳。加强非税征管。做好非税收入预测，加强土地出让金拨付、非税收入缴库、清算及退付等工作。7月1日起，国有土地使用权出让收入等四项政府非税收入顺利划转税务部门征收。全市完成非税收入2642.66亿元，其中纳入一般公共预算管理的非税收入152.99亿元。

【支持经济发展】 落实积极的财政政策，推动经济社会可持续高质量发展。巩固减税降费成效。落实制造业研发费用加计扣除、先进制造业留抵退税、中小微企业和个体工商户纾困帮扶等政策，推动企业减负、结构优化和产业升级，全年减税降费936.34亿元。激活行业发展动能。市财政投入70.57亿元，助力实施“新制造业计划”，优化数字经济、未来工厂、生物医药等政策，推进集成电路、新能源等重大项目，鼓励内贸消费、新零售、直播电商、跨境电商和服务贸易发展。提升科技创新能力。全市一般公共预算科学技术支出179.67亿元，增长24.5%。支持重要领域核心技术攻关，助力高新技术企业培育，鼓励中小微企业研发投入，构建热带雨林式创新创业生态。加大人才引育力度。市财政安排资金46.07亿元，支持实施海外引才和国外智力引进计划，支持高层次人才团队引进培育和创新创业，发放新引进应届高学历毕业生生活和租房补贴，完善人才培养机制，助力打造人才生态最优城市。完善产业政策体系。支持组建千亿创新引领母基金，完善天使投资引导基金管理办法，做强政府性融资担保机构。支持知识产权保护、标准体系完善和法治社会建设，推动重点领域绿色低碳转型。营造良好营商环境。出台《优化政府采购营商环境100条》，助力打造国际一流营商环境，“政府采购”指标获营商环境国家评价第三、世界银行评价第一。

【增进民生福祉】 全市一般公共预算用于民生方面支出1839.73亿元，占比76.9%。完善社保体系。全市一般公共预算社会保障和就业支出286.89亿元，增长13.3%。支持构建市域统筹社会保障体系，桐庐、淳安、建德三县（市）基础养老金标准超过全省平均水平，统一全市域低保低边补助、孤儿和困境儿童补贴等社会救助标准。发展素质教育。全市一般公共预算教育支出466.74亿元，增长15.7%。推进新时代城乡义务教育共同体建设，规范校外培训机构，完善学前教育体系，加强普职融通，提升特殊教育品质，保障教师待遇，实施三十年教龄教师免费乘坐公交地铁。支持文体事业。全市一般公共预算文化旅游体育与传媒支出45.03亿元，增长12.4%。支持基层文化和体育健身场地设施完善，挖掘、传承和弘扬世界文化遗产，建设之江文化产业带和大运河文化带，增强城市文化软实力。建设“健康杭州”。全市一般公共预算卫生健康支出171.53亿元，增长15.1%。保障落实疫苗接种、核酸检测、实验室建设等经费，支持打赢疫情防控阻击战。支持建立市域大健康统筹联动管理机制，健全医疗卫生服务体系，提高应对突发公共卫生事件能力和医疗救治水平。缩小城乡居民医保筹资和待遇差距，推进医疗保险基金市级统筹。

【统筹城乡治理】 以筹办亚运会和亚残运会为契机，推进城乡一体化发展。优化城市管理。全市一般公共预算城乡社区支出367.62亿元，增长35.4%。支持建设新型智慧城市，提升改造城市河道、路灯、无障碍设施、国际化标识等，排查整治地下空间、桥隧等安全隐患，保障“雪亮工程”，推进全国市域社会治理标杆城市、国家安全发展示范城市创建。改善人居环境。全市一般公共预算节能环保支出40.56亿元，下降23.9%。支持蓝天、碧水、净土、清废、降碳行动，开展生态文明示范创建和海绵城市建设示范，提升生态环境监测和治理修复能力。强化住房保障。全市一般公共预算住房保障支出47.54亿元，增长18.3%。支持老旧小区改造、既有住宅加装电梯、高层二次供水设施改造等，完善住房保障体系，助力国家住房租赁市场发展试点示范。推进乡村振兴。全市一般公共预算农林水支出98.79亿元，下降4.1%。支持重要农产品稳产保供，扶持美丽乡村精品村（特色村)建设,推动珍贵示范林建设、美丽河湖、水库除险加固等。支持淳安特别生态功能区建设。

【深化财政改革】 2021年杭州市财政综合管理绩效真抓实干连续第2年获国务院督查激励。优化市区财政体制。提请市政府印发《关于优化完善市区财政体制的通知》。加快财政事权和支出责任划分改革,提高基本公共服务供给效率,推进基本公共服务均等化。健全资源统筹机制。落实重大项目建设专项资金筹集机制,统筹存量与增量、上级补助和本级资金、政府债券及各类资产资源。建立市级行政事业单位公物仓,推动资产共享共用和优化配置。加强预算长效管理。落实"总量控制、统筹使用、申请评估、过程检查、结果评价"预算绩效全过程管理,健全预算分配和项目动态调整机制,提升预算绩效管理水平。市本级一般性支出和"三公经费"均压减10%以上。推进重点领域改革。开展政府采购支持绿色建材试点。推进历史遗留项目竣工财务决算批复,市本级财政直接投资项目批复完成100%,完成清零目标。

【建设数智财政】 谋划改革方案。制订《杭州财政数字化改革方案》并报市委深改委审议,推进"集中财力办大事辅助决策、财政数字驾驶舱、预算管理一体化、财政服务"四大系统建设。推进项目实施。上线预算管理一体化系统,打造财务"掌上报"、资产"掌上配"、票据"掌上办"、贷款"掌上担"、人大"掌上审"五大应用场景,获省领导批示肯定。提升治理能力。扩展财政"驾驶舱"预算管理、税收分析、预算三审、预警中心四大专题功能,提升财政整体智治水平。促进均衡发展。加强对杭州市辖各地区财政数字化改革工作指导,开展数字化改革优秀项目比武和展示交流,培养挖掘数字化改革人才。

【强化财政监管】 打造阳光财政。推进预决算公开,提升财政透明度。清华大学《2021年中国城市政府财政透明度研究报告》,杭州市在294个地级及以上城市中名列第3。完善制度体系。出台全面预算绩效管理、事前绩效评估管理等制度,建立市级专项资金157套指标体系6000余个核心指标。开展重大政策中期评估,完善政策,优化预算,推进管理闭环。加强风险防控。完善常态化财政资金直达机制。强化专项债全过程数字管控能力,抓实隐性债务风险化解。加强社保基金运行态势分析,提升风险预警、应急处置能力,兜牢"三保"底线。加强直达资金管理。分配下达中央直达资金43.18亿元,支出进度97.2%,推动"两直"政策落地,确保快速直达基层、直接惠企利民。服务人大监督。完善人大审查和预算编制全流程推进机制,预算草案"三审制"提质扩面,承办人大代表建议63件、政协委员提案94件,办结率、见面率、满意率100%。

【加强队伍建设】 开展党史学习教育。学习习近平总书记在党史学习教育动员大会和"七一"庆祝大会上的重要讲话精神以及十九届六中全会精神等。实施党员项目领办、政策领讲、走访领跑"三领工程",建立政策、资金、服务"三直达"模式,累计服务企业2000余家、向群众宣讲200余场次受众超2万人次。推进干部队伍建设。探索数字人事,构建数字化流程,实行数字化考核,推进组织人事工作全周期管理。建设线上培训教育平台,实现练兵比武和日常学习数字化升级,提升干部履职能力和综合素养。围绕"共同富裕"主题开展系列读书活动,承办省财政厅和市直机关"财悦读"现场会。打造财政党建品牌。围绕"聚能环"品牌主线,落实"民呼我为"主题活动,构建党建引领、业务支撑、系统联动、联盟聚力的财政服务保障格局。省市区镇村五级财政党组织结对共建,开展"先锋领杭双报到"试点,成立"彩虹"党建服务联盟,组建注册会计师、资产评估师、税务师"三师"公益服务队,为企业、群众宣讲政策破解难题。2021年,杭州市财政局获全省"建设清廉机关、创建模范机关"工作先进集体,"聚能环"品牌相关做法被人民日报、浙江日报、学习强国浙江平台等主流媒体专题报道。

(杭州市财政局供稿　刘　淮执笔)

上城区

【概况】 2021年,杭州市上城区实现地区生产总值2417.51亿元,按可比价计算,同口径*(下同)增长7.2%。其中:第二产业增加值604.66亿元,增长5.1%;第三产业增加值1812.85亿元,增长7.8%。一、二、三产业结构比为0:25.0:75.0。按常住人口计算,人均生产总值为181767元,增长5.5%。全区财政总收入377.79亿元,同口径增长5.8%,其中一般公共预算收入201.38亿元,同口径增长7.6%;全区一般公共预算支出140.78亿元,同口径增长4.4%,其中区本级一般公共预算支出119.35亿元,同口径增长9.6%。全年财政收支平衡。

【重塑业务体系】 推进区划调整后财政融合工作,围绕支出标准、财政账户、管理制度、财政体制、信息系统五大方面梳理核心业务,形成并下发过渡期间财政预算管理要求,制定涉及账户整合、资产管理、资金管理、经费标准等制度规范27项,指导街道、部门财政相关工作平稳有序过渡。梳理全区民生支出标准,形成覆盖全部民生领域的政策比对清单,整合优化民生政策93项,统一民生政策140项。

【组织财政收入】 优化收入结构。一般公共预算收入占地区生产总值的8.3%,占财政总收入的53.3%。一般公共预算收入中,税收收入190.68亿元,同口径增长5.8%,占比94.7%。加强收入分析预测。研判新一轮市区财政体制影响,落实分行业、分税

*同口径:因区划调整,文中上城区上年所有数据统计口径均为2020年原上城区与原江干区该基数相加之和。

种、分区块财政收支月报制度。牵头调研区划调整后全区财源建设情况，完善经济部门联动协调、定期通报、数据共享、督查考核工作机制，把握组织收入节奏。强化非税收入征管。规范行政事业性收费管理，公开行政事业性收费目录，督促相关单位落实取消、停征或减免的收费项目和上级清费减负政策，按要求完成国有土地使用权出让收入等非税收入划转至税务部门征收。落实财政票据电子化改革，推进非税收入统一公共支付平台数字化建设，非税收入全部实现电子化收缴。全年征收非税收入13.49亿元，其中纳入一般公共预算管理的非税收入10.70亿元。

【服务经济发展】 支持产业发展。出台规范全区“一企一策”及产业政策的指导意见，配合制定新一轮“1+4”产业扶持政策*，建立招商项目资源共享机制，推动产业结构迭代升级。全区“3+2”高端产业体系*税收占比57.3%，房地产业税收占比同口径下降9.0%。落实惠企利民政策。全年兑现各级惠企资金12.06亿元，惠及企业超2000户次。落实“亲清在线”*惠企资金一键直达，兑现大学生创业经营场所房租补贴、国家高新技术企业补助等暖企惠企资金3.79亿元。支持人才引育。投入财政资金5.47亿元，支持“尚人才·成未来”人才品牌做优做强，保障新引进应届大学生生活补助及房租补贴、高层次人才补助、上城“黄金二十条”*等人才政策资金。落实减税降费。落实小规模纳税人减免、部分行业免征增值税、社保费降费等减税降费政策，全年降本减负47.96亿元。

【增进民生福祉】 全年全区民生保障和社会事业支出119.64亿元，占一般公共预算支出的85.0%，同口径增长10.3%。支持教育事业发展。投入37.93亿元，支持校园安全健康服务提升及校舍新建改建，保障“双减”等改革政策落地，推进教育优质均衡发展。支持卫生事业发展。投入8.37亿元，支持基层卫生医疗设施提升改造，落实疫情常态化精准防控资金保障，其中投入疫情防控资金2.02亿元，保障防控物资、隔离点、核酸检测、疫苗接种等相关经费。支持社会保障事业发展。投入18.94亿元，加大社会保险基金补充力度，落实重点群体基本保障，保障城乡低保对象、特困人员、孤儿、事实无人抚养儿童和低保边缘家庭对象等困难群众节日临时生活补助发放。支持文化事业发展。投入2.95亿元，完善现代公共文体服务体系，支持办好重大文旅节庆活动，举办社区级以上文化惠民活动4000余场，推进精神文明家园建设。

【深化财政改革】 推进区街财政体制改革。推动区划调整后街道财政体制融合工作，强化街道增量激励机制，建立街道财力统筹机制，设立街道统筹平衡基金，完善特殊转移支付制度，增强重大战略任务及紧急突发事项保障能力。推进预算绩效管理改革。深化“财政主导、专家评审、部门答辩、人大监督”的预算绩效事前评估机制，组织召开线上专家评审会，选取教育、民生、城市管理等7个重点财政资金项目开展事前绩效评价，涉及预算资金8137万元，压减项目预算33.6%。推进绩效目标管理全覆盖，规范绩效目标设置，累计审核绩效指标10240条，修正指标5232条。推进财政数字化改革。根据区划调整工作要求，实行“双轨切换”模式推动财政系统平稳融合，保障财政业务办理高效稳定。推进预算管理一体化建设，上线预算管理一体化系统预算编制模块及国有资产管理云平台。规范政府债务管理。推进隐性债务化解工作，年度化债任务完成率122.2%。争取政府债券11.95亿元，新增地方政府债务限额8.45亿元，保障杭州市钱学森学校建设、德寿宫遗址保护展示工程、复兴路道路提升改造工程、城镇老旧小区改造工程等重点项目推进。

【加强财政监管】 强化财政监督检查。开展政府采购、会计代理记账、财政票据等多项检查。创新财政监督方式，以小营街道为试点，探索基层财务管理和数字化监管新模式，该事项入选浙江省财政厅、杭州市财政局社区财务数字化监管试点。运用“互联网+监管”执法平台，开展重点检查65项，实现行政检查事项全覆盖。强化支出管理。严控预算支出，在年初预算基础上压减一般性支出8293万元，统筹资金优先保障民生及重点项目。出台财政资金管理办法，严把资金支付关，“三公”经费同口径下降16.8%。强化政府投资建设项目管理。规范政府投资建设项目管理，按规定履行招标清单控制价审核职责，全年完成投资项目控制价审核29项，净核减率12.6%。

【加强队伍建设】 组织党史学习教育和解放思想大讨论行动，通过局党委会议、理论中心组学习、专题讲座等形式，围绕习近平总书记“七一”重要讲话精神、十九届六中全会精神等组织专题学习讨论。规范干部管理，修订请休假、出国境审批、日常考核等17项内部管理制度，开展参观红色教育基地、警示教育、签订家属助廉书等廉政教育活动，营造浓厚廉政氛围。加强年轻干部培养，完善年轻干部“选育管用”四个链条培育体系，深化“财青论坛”品牌培养，运用项目领办、蹲点调研、结对联建等方式，激发干部发展潜力。

（杭州市上城区财政局供稿　黄怡雯执笔）

注：

***新一轮“1+4”产业扶持政策：**上城区为进一步实施产业升级工程，做大做强总部经济、楼宇经济，出台的重点产业政策。“1”是指《关于推动区域经济高质量发展　加快建设一流国际化现代城区的若干意见》，该政策为全区纲领性政策。“4”是指高端服务业、消费经济、科技创新、文化产业4条产业政策。

***“3+2”高端产业体系：**上城区为进一步打造高端产业新高地，确定以金融服务、消费服务、智能制造为支撑，专业服务、大健康为特色的“3+2”高端产业体系。

***“亲清在线”：**“亲清在线”是杭州市亲清新型政商关系数字平台，是“一键通”的新型政商数字协同系统，惠企政策可通过“亲清在线”平台实现在线兑付。

***上城“黄金二十条”：**上城区为进一步完善人才引育留用体

系,出台《关于打造一流人才生态城区的实施意见》(即“黄金二十条”),推出领军人才引育工程、产业人才培养工程、高层次人才项目引进计划、青年人才招引工程等四大“金靴计划”。

拱墅区

【概况】 2021年,杭州市拱墅区实现地区生产总值1968.56亿元,按可比价计算,同口径*(下同)增长8.1%,其中第二产业增加值193.79亿元,增长4.3%;第三产业增加值1774.77亿元,增长8.5%。三次产业结构比为0:9.8:90.2。按常住人口计算,人均生产总值为17.37万元,增长6.8%。全区实现财政总收入322.04亿元,增长7.3%;一般公共预算收入179.54亿元,增长6.9%,其中税收收入168.27亿元,增长7.0%。全区一般公共预算支出118.79亿元,增长3.4%。当年财政收支平衡。

【推进区划调整政策整合】 夯实区划调整基础。开展区划调整财权、事权事项梳理,加强区划调整经费保障。出台加强行政事业单位办公用房调整期间固定资产管理工作的通知,完成行政事业单位资产清查核实。保障财政平稳运行。针对原拱墅区、原下城区两区财源情况调研,加强分析预测,掌握财政收入管理主动权。做好两区金库、国库集中支付及财政专户衔接整合,推进财政融合运作。推动政策整合衔接。分类梳理预算标准,统一公用经费、编外用工等预算支出标准体系。逐项梳理比对原两区的经济、民生各项政策支出标准,配合各主管部门做好政策的整合、衔接及优化。

【组织财政收入】 加强收入分析。确定全年收入预期增长目标,开展月度分析和重点税源企业调研,确保收入平稳增长。优化收入结构。一般公共预算收入占财政总收入的55.8%,税收收入占一般公共预算收入的93.7%。强化非税收入征管。开展非税收入征收测算,加强非税收入目录清单管理。全年实现政府非税收入8.40亿元,其中纳入一般公共预算管理的非税收入6.39亿元。

【助力经济发展】 强化产业扶持。聚焦拱墅产业主攻方向,加大对商贸金融、数字经济、生命健康、文化创意等行业扶持力度,加快兑现各类配套政策,全年累计兑现各类企业扶持资金8.67亿元。推动创新发展。投入科技支出5.70亿元,优化创业创新发展环境,支持人才引育、数字赋能、智慧政务等项目,提高区域创新能力。优化营商环境。开展政府采购跨区域远程异地评标新模式,亚运公园等4个项目入选政府采购支持绿色建材试点。放大扶持资金效应。修订产业基金管理办法和实施细则,与相关私募投资基金及项目合作,推进政府产业基金实质性运作。加强政府性融资担保体系建设,推动“投贷保担”协同创新,缓解中小企业融资困难。支持减税降费。落实小规模纳税人减免、部分行业免征增值税、社保费降费等减税降费政策,全年降本减负41.67亿元。

*同口径:因区划调整,文中拱墅区上年所有数据统计口径均为区划调整后隶属于拱墅行政区划部分的数据。

【保障民生支出】 全年一般公共预算民生支出101.18亿元,同口径增长5.4%,占一般公共预算支出的85.2%。促进教育优质均衡发展。教育支出30.79亿元,支持构建运河名师、名班主任、名校长的教师梯队结构;保障公办初中提质强校行动,支持建设高水平中等职业教育体系,助力推行名校集团化品牌建设;助力优化创新学后托管、暑托班等课后服务,促进教育“双减”改革任务落地见效。强化社会保障建设。社会保障和就业支出16.72亿元,支持强化救助兜底保障和省级无障碍社区创建;保障人才生活补贴、青荷礼包等政策资金需求,激发人才创新活力;加强养老保险基金库、企退人员慰问、退役军人服务等资金保障。助力公共文化建设。文化旅游体育与传媒支出1.27亿元,支持长三角水上运动节等活动举办,推动文旅数字平台应用场景落地;支持打造桥西历史街区成为首批浙江省旅游休闲街区,助推传统文化传承保护。保障老旧小区改造提升。争取中央、省、市各级老旧小区综合提升改造项目补助资金5.66亿元,改善老旧小区居住环境。

【深化财政改革】 深化财政体制改革。推进区街财政体制改革,制定以“核定收支、超收分成、政策激励、收支平衡”为内容的新区街财政体制,加大对街道财政运转绩效和招大引优工作考核力度,调动街道发展经济、培植税源、增收节支积极性。推进预算管理改革。对标全省预算管理一体化建设规范和标准,推进业务梳理、数据归集等各项前期工作。完善“钱随事走”*项目预算管理机制,强化政府购买服务监管。推进数字化改革。深化罚没领域非税收入征管数字化改革,实现罚没事项线上缴费,开启移动端非税收入征缴新模式。提升预算管理绩效。重大项目绩效目标实质性审核入选全省深化预算绩效管理改革2021年度重点突破事项试点。推进项目绩效自评,涉及项目1830个、资金54.80亿元。建立部门整体绩效自评共性指标体系,实现部门整体自评全覆盖。

【强化财政监管】 强化财政支出管理。加强结转结余资金清理,盘活沉淀资金5283万元、统筹存量资金1.88亿元,提高财政资金配置效率。从严安排“三公”预算,一般性项目经费较年初压减30%以上,部门政府投资建设项目压缩20%,集中财力保障重点项目支出。加强财政监督检查。开展预决算公开、街道财政资金、内控建设等监督检查,发现问题及时整改落实。编制全区统一的内部控制管理指引,提升内控报表编制质量。强化“两直”资金管理,发挥直达资金惠企利民实效。优化政府投资管理。完善审价管理制度,规范项目运作流程。实行项目复核把关及交叉审核，提高项目审核的准确性和规范性。防范政府债务风险。通过土地出让金、核销政府购买服务、项目转型及追述已拨付资金等路径落实化债工作。加大隐性债务监测力度，加强融资合规性审查，对国有企业融资实行源头把关。争取债券资金，降低融资成本，缓解城建资金压力，全年争取到各类政府债券资金30.00亿元。

【强化队伍建设】 以党史学习教育为主线，依托理论中心组学习、党员春训冬训、学习强国等学习主阵地，深入学习领会习近平新时代中国特色社会主义思想、党的十九届六中全会文件精神，学习总书记在庆祝中国共产党成立100周年大会及党史学习教育动员大会上的重要讲话精神。深化学习型机关建设，组建宣讲团，带头到基层一线开展宣讲，全年宣讲40场次，受众1500余人。推进清廉机关、模范机关建设，聚焦服务"一老一小"，选派精兵强将组成突击队，全方面下沉社区，开展疫情防控、抗击台风、政策咨询等志愿活动。

（杭州市拱墅区财政局供稿　袁文彬执笔）

注：

*"钱随事走"：财政资金的安排使用要根据部门承担的工作职责、工作量的大小和工作绩效来核定。

西湖区

【概况】 2021年，杭州市西湖区实现地区生产总值1904.22亿元，按可比价计算，增长10.7%。其中：第一产业增加值3.10亿元，下降1.2%；第二产业增加值144.00亿元，增长10.5%；第三产业增加值1757.12亿元，增长10.8%。三次产业结构比为0.1∶7.6∶92.3。按常住人口计算，人均生产总值17.24万元，增长12.2%。全年实现财政总收入345.67亿元，增长8.8%，其中一般公共预算收入175.67亿元，增长8.5%。全区一般公共预算支出126.98亿元，增长15.9%。全区财政收支平衡。

【组织财政收入】 加强税源分级管理。健全组织收入机制、谋划提高收入质量，对税源实施分级管理，夯实收入增长基础。全区前300家纳税企业入库税款252.30亿元，增长20.8%，占全区财政总收入的73.0%；房地产业税收占财政总收入的13.0%；数字产业税收增幅38.2%，占财政总收入的37.2%。优化收入结构。全区一般公共预算收入占财政总收入的50.8%，占GDP的9.2%。其中，税收收入165.47亿元，占一般公共预算收入的94.2%。强化非税管理。全年完成非税收入12.32亿元，增长0.7%，其中纳入一般公共预算管理的非税收入10.20亿元，增长3.6%。

【支持经济发展】 强化政策支撑。配合产业主管部门，修订飞天企业培育工程、高校经济、特色小镇、街区改造等产业扶持政策17条。建立招引项目"首谈备案制"，完善税源招引扶持机制。兑现扶持资金。全年累计兑现各类产业扶持资金27.74亿元，撬动社会资本25.80亿元，已投项目金额19.60亿元，增长57.0%；上市过会审批项目4个，培育梯队项目12个。落实减税降费政策。落实中央和省市各项减税降费政策，减轻中小微企业和受疫情影响困难行业企业的税费负担，全年累计减免税费44.91亿元，其中税收减免42.30亿元，非税减免2.61亿元。支持创新发展及人才引进。全年落实区级科技支出9.31亿元，重点支持西湖大学实验室及产学研基地等建设，兑现资金7.55亿元，落实新引进应届高学历毕业生生活补贴、租房补贴等人才政策。优化政策性融资担保。提供小微企业担保额1.00亿元。

【保障民生事业】 全年民生支出109.22亿元，增长21.1%，占一般公共预算支出的86.0%。支持教育事业发展。全年教育支出45.42亿元，重点保障教师待遇提标和西湖大学建设。支持文化事业发展。全年文化支出1.23亿元，保障全区文旅体融合发展，助力打造新时代文明实践中心。支持卫生事业发展。全年医疗卫生支出6.90亿元，保障医疗卫生政策落地。其中，落实疫情防控经费0.77亿元，医务人员一次性核增绩效工资0.17亿元，保障新冠疫苗全民免费接种、核酸检测、物资储备等工作推进。支持平安创建工作。全年"平安西湖"支出8.66亿元，保障雪亮工程、城市大脑警务操作等社会治理项目建设。支持社会保障事业发展。全年社会保障和就业支出15.16亿元，保障困难群众、城乡低保、残疾人等各项民生兜底。获批"两直"资金2.20亿元，全年累计拨付2.19亿元，执行进度99.6%，用于保障义务教育、基本公共卫生服务、退役军人优抚、住房保障等民生事业支出。

【支持城市建设】 推进项目建设。投入35.73亿元，用于西湖大学云谷校区、紫金港科技城、之江未来城、西溪谷金融科技生态圈等重大基础设施建设。投入34.66亿元，用于安置房、老旧小区改造、道路提升改造等重点民生领域项目建设。强化城市治理。投入19.84亿元，用于道路保洁、垃圾分类、城市绿化及城乡发展一体化等建设。争取债券资金。向上级财政部门申报各类政府债券，新增地方政府专项债券24.50亿元，用于保障西湖大学三期工程、紫金港电力上改下等重大项目建设。

【深化财政改革】 推进财政数字化转型。制定财政数字化改革方案，组建专班统筹推进预算管理一体化、浙里报等应用场景的财政数字化改革，创成全省财政数字化改革工作试点区县。打造"资产云管家"。健全集预算、采购、登记、处置、核销为一体的全生命周期国有资产管理体系，获省委改革办《竞跑者》栏目点赞，入选数字化改革成果展。深化会计管理改革。深化"放管服"改革，代理记账行政许可审批实现"零次跑"，满意率100%。推进政府采购改革。拓展"政采云"平台应用，完善在线监控体系，完成交易1.80万笔，交易额13.44亿元，获评全国政府采购百强县荣誉称号。落实电子票据改革。精准上线"核算云"，全区348家预算单位完成新旧系统切换，400家用票单位上线财政电子票据,开票500万张,开票金额175.00亿元。

【加强财政监管】 落实政府过"紧日子"。部门预算公用经费定额压减10.0%。非急需、非刚性、非重点项目不新增安排支出。规范投资项目监管。审查各类估、预、结算的政府投资项目1967份,涉及金额184.56亿元,核减不合理费用6.70亿元。新增4家社会中介机构提升整体专业水平,复核监督重大项目56个,涉及投资金额27.70亿元,纠正差错金额1.74亿元。强化预算绩效管理。开展基层慰问、扶贫资金"回头看"专项督查,涉及资金1.80亿元。全年实施事前绩效评价预算项目15个,涉及资金0.92亿元,核减资金0.33亿元,取消立项3个,核减率35.8%。获评全市财政管理绩效考评2021年度优秀单位。防范化解债务风险。完成年度化解隐性债务任务,风险等级评定指数回归正常范围。制定《西湖区区属国有企业融资管理指导性意见》,完成之江经管集团AA评级工作,实现评级全覆盖。

【加强队伍建设】 推动党史学习教育与财政业务深度融合,学习贯彻党的十九届六中全会精神和习近平总书记系列重要讲话精神。全年开展理论中心组学习研讨12次,党总支支委会16次,专题民主生活会1次,组织生活会3次。拓展"财税助企党建联盟"范围,创建全省首家区县级注册会计师资产评估行业党群服务中心。培育"财+红"彩虹党建特色品牌,全年与省、市财政系统联建共建活动4次。开展疫情防控、文明劝导等志愿服务1000余人次、200余小时。2021年,西湖区财政局获评全省党建成果创新创优展示银奖、晒单亮绩"基层党建特色"优胜案例、西湖区"建设清廉机关、创建模范机关"党建品牌展示二等奖、全市最美志愿服务组织等荣誉称号。

(杭州市西湖区财政局供稿　张　妍执笔)

高新技术产业开发区(滨江)

【概况】 2021年,杭州高新技术产业开发区(滨江)实现生产总值2022.60亿元,按可比价计算,增长11.3%,其中:第一产业增加值0.48亿元,下降27.3%;第二产业增加值859.05亿元,增长12.9%;第三产业增加值1163.07亿元,增长10.2%。三次产业结构比为0.02∶42.48∶57.50。按常住人口计算,人均生产总值392356元。全区财政总收入406.99亿元,增长13.5%,一般公共预算收入202.89亿元,增长11.0%,一般公共预算支出143.17亿元,增长13.3%。全年财政收支平衡。

【组织财政收入】 强化税源培育。加强财政与税务部门联动,跟踪分析区内重点领军企业的税源布局变化情况,增强既有税源发展后劲。建立部门协调机制,财政、街道、平台及相关部门形成合力,强化安商稳商、双招双引(招商引资、招才引资),挖掘新生优质税源。全年一般公共预算收入占财政总收入的49.9%,占GDP的10.0%;税收收入192.49亿元,占一般公共预算收入的94.9%。加强非税征管。跟踪出让地块挂牌进程,加强与上级部门协调沟通,对接摘地单位,及时入库土地出让金收入。全年非税收入71.12亿元,其中纳入一般公共预算管理的非税收入10.39亿元,土地出让金收入57.61亿元。争取上级资金。申报专项债券项目14个,新增专项债券资金34.62亿元。向上级财政部门争取转移支付产业扶持资金11.23亿元。

【服务经济发展】 落实减税降费政策。落实国家小微企业普惠性优惠政策、增值税增量留抵退税等税收减免政策,确保市场主体应享尽享。全年为市场主体落实税收优惠145.41亿元。落实惠企直达资金。贯彻落实积极财政政策,优化资金拨付流程,加快资金拨付进度,确保补助资金直接惠企利民。全年收到并分配两直资金1.24亿元,支付率92.5%,其中用于支持中小企业发展、服务业发展的直达资金1274万元。加大产业扶持力度。聚焦科技创新、数字变革、孵化培育、人才生态等发展目标,落实新一轮产业扶持政策,兑现区级产业资金44.99亿元,支持数字经济、新制造业等实体经济发展,推进创新要素集聚、推动产业持续稳健增长。提升企业人才服务水平。开展两轮调查取样,修订人才激励政策。强化企业人才日常服务,走访企业100家。加强会计人才队伍建设,落实高级会计师职务任职资格评审、高端会计人才培养工作。

【增进民生福祉】 全年一般公共预算民生支出124.07亿元,增长15.5%,占一般公共预算支出的86.7%。助推"美好教育"建设。全年教育支出27.00亿元,新建、续建浦乐单元、中兴单元等中小学及幼儿园17所,支持创建全国学前教育普及普惠区。推进"健康滨江"建设。全年卫生健康支出3.80亿元,重点保障防疫支出,新(改)建社区卫生服务站5家。支持文体事业发展。全年文化旅游体育与传媒支出3.59亿元,主要用于文化体育设施建设,建成百姓健身房、口袋运动场、健身苑27个,保障举办第十七届中国国际动漫节、第十五届杭州文博会等文体活动。提升社会保障水平。全年社会保障和就业支出18.32亿元,落实促进就业专项经费,助力消除"零就业家庭"。创建示范型居家养老服务中心2家,建成婴幼儿成长驿站10家。

【改善城市面貌】 支持"全域清零"。投入征迁资金4.96亿元,完成拆迁收购278户、交地6036亩。保障安居工程。投入安置房建设资金52.06亿元,推进老旧小区改造、加装电梯、美好生活共同体等安居工程。改善城市交通。投入道路基础设施建设资金19.46亿元,保障滨盛路下穿隧道和江南大道改造提升等道路工程建设,打通科技馆街、坚塔街等"断头路"。提升公共服务。投入公共服务设施建设资金15.02亿元,重点保障亚运场馆及其配套建设,建成口袋公园10个。优化生态环境。投入水利环境整治建设资金2.95亿元,保障河湖综合整治工程,推进省级生态文明示范区和"无废城市"建设。

【深化财政改革】 深化预算绩效管理改革。探索中期财政绩效管理机制，实施绩效项目分级分类管理，开展全生命周期绩效管理试点。建立人大代表、政协委员参与评价工作机制。督促部门整改财政重点评价、重点监控发现的问题92个。推进绩效与预算一体化闭环管理，建立预算安排与绩效目标、绩效监控、绩效评价及项目储备"四挂钩"机制，审减2022年部门预算资金5679万元。推进财政数字化改革。按照"1个平台、2个综合应用、2个保障体系"的总体布局，打造数字财政新体系。构建以财政核心业务为主要内容的预算一体化系统。打通"政采云"平台数据，整合集成政府采购监管体系，推出"社区财E通"系统，规范社区财务运行。再造政府投资项目评审流程。调整政府投资项目资金拨付流程，推进项目评审容缺化、精细化、时效化管理，预、结算项目评审净核减4.34亿元。

【加强财政监管】 强化政府债务管理。完成2021年化解地方政府隐性债务任务，累计政府债务化解率56.2%。研究制定商业资产经营公司转型方案，推动隐性债务依法合规化解。规范财政资金管理。开展财政专户和公款存放问题自查和整改，实施财政国库支付中心资金专户公开招标。强化直达资金监管，将资金监管贯穿于分配、拨付、使用各环节，规范资金使用。落实基层财政资金管理专项检查"回头看"，督促西兴、浦沿街道完成自查整改。加强政府采购监管。对8个采购单位（含3个街道）的40个项目开展政府采购专项检查，涉及采购资金8.21亿元，发现问题239个，并落实整改举措。组织全区采购单位开展妨碍政府采购公平竞争的"三库"（备选库、名录库、资格库）清理，督促5家责任单位完成清理和结果公示。落实过"紧日子"要求。印发《关于压减部门一般性支出的通知》，压减各部门非必要支出及一般性支出经费2.15亿元。强化"三公"经费预算管理，"三公"经费预算控制指标压缩5.0%，全区全年"三公"经费支出813万元，下降9.6%。

【加强队伍建设】 开展党史学习教育。学习党的十九届六中全会精神和习近平总书记系列重要讲话精神，举办微党课互学互比活动，推动教育实践活动走深走实。规范注会评估行业党组织建设。开展行业党建调研，形成行业党组织建设方案。编印行业党建规范化指引，指导事务所成立党支部3个。落实行业党建工作层级化管理新模式，树立"财会领秀，高新聚力"行业党建品牌。打造区注会评估行业党建示范点1家。强化清廉财政建设。落实全面从严治党主体责任体系建设，配合做好省委巡视问题整改。开展廉政风险排查防控工作和警示教育。推进国企领域突出问题专项治理工作。加强干部队伍建设。实施年轻干部"项目领办、攻坚创效"行动。开设财政大讲堂，提升财政干部的专业能力。

（杭州高新技术产业开发区（滨江）财政局供稿　周贵勇执笔）

萧山区

【概况】 2021年，杭州市萧山区实现地区生产总值2011.62亿元，按可比价格计算，增长8.7%。其中：第一产业增加值58.41亿元，第二产业增加值775.27亿元，第三产业增加值1177.94元，分别增长1.7%、7.7%和9.7%。三次产业结构比为2.9∶38.5∶58.6。按户籍人口计算，人均地区生产总值9.88万元。全区财政总收入564.98亿元，增长22.5%；一般公共预算收入343.03亿元，增长14.3%；一般公共预算支出324.23亿元，增长17.6%。全年财政收支平衡。

【组织财政收入】 强化收入调控。建立财税季会月联制度，按月做好收入预测，跟踪分析重点企业、重点行业，掌握收入进度和增长态势，增强组织收入的预见性和收入把控的主动性。全区一般公共预算收入中税收收入315.82亿元，占比92.1%。一般公共预算收入占财政总收入的60.7%，占GDP的17.1%。组织非税收入。完善非税收入征管体系，优化非税收入收缴电子化管理。实行收费目录清单常态化公开，实现收入均衡入库。全年征收非税收入555.37亿元，其中纳入一般公共预算管理的非税收入27.21亿元。

【支持经济发展】 加大产业扶持。配合业务主管部门制定新一轮产业扶持政策实施细则，加大重点产业扶持力度，全年累计兑现各级扶持资金45.54亿元，增长14.1%，其中科技投入17.49亿元，增长20.1%，政府产业基金财政出资9.58亿元。支持人才强区。落实人才招引培育政策，兑付人才专项资金10.20亿元，增长43.7%，推动西电研究院落地开学，发挥浙大（杭州）国际科创中心、北大高等信息技术研究院等创新平台引领作用。优化营商环境。深化政采云平台应用，实行政府采购备案管理，简化政府采购审批流程，推进"政府采购支持绿色建材促进建筑品质提升"改革试点，"代理记账助推小微企业高新认定"入选全省典型案例。落实减税降费政策。落实国家各项减税降费政策，累计减免税费90.00亿元，减轻企业负担。

【保障民生支出】 全年民生支出228.20亿元，增长13.0%，占一般公共预算支出的70.4%。加大社会保障投入。社保和就业支出29.68亿元，用于完善社保救助体系，托稳兜实低保救助、儿童关爱、扶贫帮困等基本保障，支持困难老年人家庭适老化改造，新增社区老年食堂，提升运行标准。助力公共服务提升。教育支出62.63亿元，落实义务教育均衡发展战略，加强教育领域信息化投入；卫生健康支出26.45亿元，加大公共卫生体系建设，强化新冠疫情防控资金保障；文化旅游体育与传媒支出4.15亿元，支持文化强区建设，"引导多元化投入提升公共文化服务效能项目"被财政部列为国家级示范项目。深化美丽乡村建设。农林水事务支出9.63亿元、环保支出9.05亿元，推进美丽乡村扩面提质，实现整治村全覆盖。争取中央与省级专项资金1.60亿元，成功申报国家级美丽乡村重点县试点、省级农村综合改革集成建设试点。保障重大项目建设。全年区本级基本建设支出118.31亿元，推进亚运场馆、地铁、通城大道、彩虹快速路、金城路改造提升、保障性住房等重大政府投资项目建设。

【深化财政改革】 深化镇街财政体制改革。制定新一轮镇街财政体制，优化财政事权与支出责任，调整完善镇街项目管控机制，把控镇街项目立项评审、资金审核、预算安排、预算执行等关口，严控镇街项目新增与规模超标。深化财政数字化改革。启用预算管理一体化系统，全区预算编制、核算云覆盖率100%。推动财政票据电子化改革，“财政电子票据换开”*作为杭州市唯一试点区县通过验收，新版纸质票据涵盖全类别财政电子票据换开服务。上线国资监管大数据平台，以数字化驱动国资监管机制迭代升级，房产监督模块入选全省数字化改革公权力监督“一本账”系统。深化预算绩效管理。通过大数据赋能，实行预算执行和绩效目标“双监控”机制，出台项目支出绩效评价管理办法，汇编绩效管理制度。实施重大新增政策项目事前绩效评估机制，开展全生命周期绩效管理改革试点，全年聚焦基本民生、经济政策、创新平台扶持等方向，完成财政重点绩效评价项目21个。建立健全常态化财政资金直达机制。将直达资金扩展至义务教育、高标准农田建设、保障性安居工程等重点民生领域，全年分配下达直达资金3.44亿元。

【防范运行风险】 防控政府债务风险。落实年度化债计划，强化全口径债务系统动态监管，科学处置到期债务，规范调度资金管理，遏制新增隐性债务。强化基层运行保障。紧盯镇街财政运行基本盘，加大基层转移支付力度，缓解镇街财政压力，保障基层“三保”运转。保障社保基金支付。筹措社保基金各项财政补助资金，落实企业职工基本养老保险省级统筹制度，完成年度社保风险准备金筹集任务56.08亿元。截至2021年底，社保风险准备金滚存结余154.32亿元，筑牢社保基金风险底线。

【加强财政监管】 加强财政支出管理。落实党政机关过紧日子要求，硬化预算刚性约束，严控部门预算追加，压减公用经费定额5%，压减部门专项控制数10%，压减一般性支出3.00亿元。加强财政资金监管。完善预算执行动态预警监管，出台资金支付安全内部管理规范，全年处理动态预警14787笔，纠正违规资金1451万元。推行预算单位银行账户管理，修订财政专户资金竞争性存放办法及细则，完成区级财政资金竞争性存放30.00亿元和国库支付中心资金竞争性存放30.00亿元，参与省财政库款现金管理60.00亿元。加强项目审核监督。开展政府投资项目竣工决算清理，审核项目资金427.87亿元，核减资金34.60亿元。建立财巡联动监督检查机制，全年开展重点领域监督检查11项，出具财政检查意见书6份，做出行政处罚决定1起，移交纪委办案线索1条。

【推动队伍建设】 开展党史学习教育。开展系列学习教育活动30余次，举办“百年风华 财心向党”建党百年文艺汇演，深化“民情双访”活动，班子成员每人领办一件实事，“一事一议财政奖补”项目入选全区“三为”*最佳实践案例。推进全面从严治党。学习领会习近平新时代中国特色社会主义思想，落实全面从严管党治党各项规定，制定实施机关党建三级四岗责任清单，加强党委理论学习中心组学习，强化四责协同机制，完成区委巡察整改及“回头看”，加强干部党风廉政建设与教育管理。重视财政文化建设。开展“模范机关”创建活动，推进先锋岗创建活动，开展“财学沙龙”*系列培训、“师徒结对”活动以及群团组织活动。

（杭州市萧山区财政局供稿　徐丹萍执笔）

注：

*“财政电子票据换开”：在启用“浙江省财政通用票据”的基础上，取票人员可在公共支付自助机上通过三种方式获取相应票据，还可自行选择打印电子票据或换开纸质票据，实现自助缴款、自主换开。

*“三为”：即为群众办实事、为企业解难题、为基层减负担。

*“财学沙龙”：为促进党建与业务相融合，提升干部专业素养，浓厚学习氛围，开展各类以财政业务重难点为主题的一系列培训活动。

余杭区

【概况】 2021年，杭州市余杭区实现地区生产总值（GDP）2502.20亿元，按可比价格计算，同口径*（下同）增长7.5%。其中：第一产业增加值39.74亿元，增长1.7%；第二产业增加值336.98亿元，增长13.5%；第三产业增加值2125.48亿元，增长6.7%。三次产业结构比为1.6∶13.5∶84.9。按户籍人口计算，人均生产总值365872元。2021年财政总收入745.31亿元，增长15.2%；一般公共预算收入375.69亿元，增长14.0%；一般公共预算支出334.11亿元，区本级一般公共预算支出324.83亿元。全年财政收支平衡。

【组织财政收入】 强化分析预测。加强与税务、规划与自然资源等部门合作，科学研判经济走势、政策实施、新冠疫情等因素对财政收入的影响，密切关注重点企业、重点行业发展，夯实收入征管基础，提高收入预测精准性，把控收入节奏。提升收入质量。全区一般公共预算收入占地区生产总值的15.0%，占财政总收入的50.4%；税收收入362.80亿元，占一般公共预

*同口径：因区划调整，文中余杭区2020年所有数据统计口径均为区划调整拆分后隶属于新余杭区部分的数据。

算收入的96.6%。加强非税收入征管。全年累计完成非税收入242.21亿元。其中,纳入一般公共预算管理的非税收入12.89亿元。

【服务经济发展】 落实产业扶持政策。落实"全域创新66条"*产业扶持政策,助推数字经济、生物医药、智能制造、科技金融四大主导产业发展,全年兑现各类政策资金104.12亿元。深化产业基金运作。重点支持TMT(数字新媒体)、智能制造、生物医药、新零售、大消费等领域项目,与社会资本合作设立"子基金"49只,"子基金"规模450.48亿元,其中政府产业基金出资额59.41亿元,撬动社会资本391.07亿元。降低企业融资成本。发挥政策性转贷资金应急、保障和普惠功能,为324家中小企业办理转贷业务2680笔,转贷金额114.98亿元,节约融资成本3247万元。落实减税降费。落实小微企业普惠性税收优惠、增值税增量留抵退税、研发费用加计扣除、软件和集成电路企业所得税优惠、高新技术企业企业所得税减征等政策,全年为市场主体减负降本147.90亿元。

【提升民生保障水平】 全区民生支出242.48亿元,占一般公共预算支出的72.6%。支持教育事业发展。安排教育资金41.92亿元,推动中小学教育信息化建设,保障中国美院良渚分院、中法航空大学筹建工作,支持良渚高级中学、瓶窑中学等改扩建项目。提升公共文化服务水平。安排文化旅游体育与传媒支出5.19亿元,推动非物质文化遗产各级名录项目的保护传承,支持农家书屋、社区图书室建设,保障余杭区庆祝中国共产党成立100周年文艺演出等专项文化活动。支持医疗卫生事业发展。安排卫生健康资金13.48亿元,用于疫情防控保障、医疗设备采购、新建医院人才储备补助等,保障城乡基本公共卫生服务和社区卫生服务中心基本医疗服务,支持老年人体检、疫苗接种等项目。完善社会保障体系。安排社会保障和就业资金28.52亿元,保障城乡居民基本养老保险补助、老年人生活补助、农村居民最低生活保障金等支出,补充社保风险准备金,落实高校毕业生补贴、海创园项目人才政策和重大服务业项目政策。推动城乡建设。安排城乡社区资金92.01亿元,用于地铁资本金、之江实验室等重点项目建设,保障垃圾分类、交通治理、污水零直排、老旧小区改造等工作。

【财政数字化改革】 搭建"亲清余杭"企业服务平台。以"城市大脑余杭分中心"为依托,整合多部门涉企数据,开发资金申报兑现、政策咨询问答、企业金融服务、"政策计算器"*等多项服务功能,全年"亲清余杭"企业服务平台上线惠企政策452条,服务企业6085家次、公众4005人次,兑现资金11.15亿元。搭建"资产云"2.0系统。将66个部门、12个镇街资产全部导入,强化资产的信息化管理。打造区级公共物资智慧管理中心"公物仓",盘活闲置资产,强化对可调剂资产的动态管理。优化国资国企数字化管理平台。以国企端和国资端系统为服务对象,谋划"三重一大""财务一盘棋""资产一盘棋""监管一盘棋"等多项子应用场景,为清廉国企建设、低效无效资产处置等工作提供数据和技术支撑。推进预算管理一体化改革。将预算管理的全流程固化到信息系统,构建信息技术条件下的"制度+技术"管理机制,提高各级预算规范化、标准化和自动化水平。

【财政管理与监督】 推进直达资金落地。做好预算分配下达、指标登记和数据导入等工作,逐级把好预算关口,加强源头管理,及时规范分配下达,全年收到直达资金3.44亿元,100%分配至各预算执行单位,确保资金快速直达、发挥效益。推进预算绩效管理。承担浙江省财政厅"完善重大政府投资项目事前绩效评估机制"试点,形成"投资规模控制闭环""绩效指标管理制度"等4个方面可推广经验做法,节约建设资金15.00亿元,节约土地超12万平方米。加强政府投资项目管理。开展结算项目"积案清理"专项行动,历史遗留积案数从78个下降到2个,全年完成财政评审项目378个,涉及资金211.88亿元。

【加强队伍建设】 重塑机构组织。因杭州市行政区划调整,调整后的杭州市余杭区财政局于2021年8月2日挂牌成立,内设科室19个,下属参公事业单位1个,下属事业单位4个,干部职工92人。开展党史学习教育。建立局党委理论学习中心组、机关党委、党支部、党员个人的联动学习机制,推进"办实事、解难题、减负担"暨"民呼我为"专题实践活动,完成"优化升级产业基金运作模式"等3项重点实践任务。落实党风廉政建设责任制。抓好作风建设,践行监督执纪"四种形态",健全干部"廉政档案",支持并配合派驻机构履行监督责任。打造"三服务"2.0版。将"三服务"活动贯穿党史学习教育始终,依托财政专业化服务队,服务基层单位60次、预算单位42次、企业123家,推进政府投资项目建设18次。

(杭州市余杭区财政局供稿　章立洲执笔)

注:

***"全域创新66条"**:《关于加快全域创新策源地建设　推动经济高质量可持续快发展的若干政策意见》中涉及的66条政策措施。

***"政策计算器"**:为"亲清余杭"企业服务平台提供的一项功能,通过企业数据自主匹配计算和政策标签智能匹配等手段,实现惠企政策的精准推送。

临平区

【概况】 2021年,杭州市临平区实现地区生产总值940.09亿元,按可比价格计算,同口径*(下同)增长10.6%。其中:第一产业增加值15.42亿元,增长3.8%;第二产业增加值505.89亿元,增长10.8%;第三产业增加值418.78亿元,增长10.6%。三次产

*同口径:因区划调整,临平区上年所有数据统计口径均为区划调整后隶属于临平行政区划部分的数据。

业结构比为1.6∶53.8∶44.6。按户籍人口计算，人均生产总值79300元。2021年财政总收入247.08亿元，增长37.9%。其中，一般公共预算收入151.33亿元，增长35.7%。全区一般公共预算支出182.89亿元，全年财政收支平衡。

【组织财政收入】 抓好收入组织。强化财政、税务、规划和自然资源等部门联动，形成工作合力，全区实现税收收入145.10亿元。一般公共预算收入占地区生产总值的16.1%、占财政总收入的61.2%；税收收入占一般公共预算收入的95.9%。强化税源培育。坚持产业平台引领发展，出台产业新政、人才新政，支持制造业数字化转型，培育壮大新经济，做强做优总部经济。强化非税收入征管。稳步开展非税收入征收管理工作，全区完成非税收入208.80亿元，其中纳入一般公共预算管理的非税收入6.23亿元。

【强化民生保障】 全区民生支出131.97亿元，占一般公共预算支出的72.2%。保障教育事业发展。投入37.14亿元支持教育事业发展，保障教师工资待遇，强化教育基础设施，支持余杭高级中学南区扩建及北区改造、余二高改扩建、超山九年一贯制学校等建设项目。保障医疗卫生服务。投入16.18亿元支持医疗事业发展，保障新冠肺炎疫情防控，落实老年人免费体检、新生儿筛查、两癌筛查等惠民工程。加强社会保障体系建设。投入19.60亿元支持社会保障事业发展，落实民生帮扶政策，提升全区养老、助残和就业服务水平。

【服务经济发展】 落实减税降费政策。落实落细国家出台的各项减税降费政策，全年为市场主体减税43.10亿元。支持产业发展。安排产业发展专项资金27.03亿元，保障产业培育和发展资金需求。围绕企业生命周期不同阶段需求，会同行业主管部门出台支持产业高质量发展政策的实施意见以及打造人才活力强区的实施意见等文件及配套实施细则。支持重大项目建设。围绕“南融、北创、东靓、西优、中兴”发展战略，安排4.52亿元支持地铁建设，安排5.00亿元支持运河二通道项目，安排2.00亿元支持临平亚运场馆周边环境提升工程，安排2.39亿元支持亚运场馆改建项目。统筹做好乔司全域土地综合整治与生态修复、大运河国家文化公园等项目的资金保障方案。推进产业基金运作。出台《杭州市临平区政府产业基金管理办法》及7个配套实施细则，发挥产业基金杠杆和乘数效应，批复投资项目14个，政府出资20.10亿元，撬动社会资本80.00亿元。助力招才引智。全年拨付人才专项资金5.52亿元，新引进国家级领军人才21名，新培育市级及以上海内外人才7人，新引进高校毕业生2.33万人。

【深化财政改革】 推进预算一体化改革。搭建预算一体化系统并对区内130个预算单位、8个镇街的财务人员分批开展专题指导，实现基础信息、项目库和预算编制三个模块的预算管理一体化100%覆盖率。推进镇街财政体制改革。出台优化完善镇街财政体制，进一步加强财权事权管理的实施意见，优化区与镇街财权事权管理，提高镇街财政保障能力；统筹教育、卫生经费管理，加大财政保障力度；完善城市管理维护体制，调动镇街积极性，提升城市化管理水平。推进数字化改革。搭建集人员管理、产权登记、财务监管等十二大功能于一体的国有资产数字化监管系统，实现人、财、物一体化数智化监管，为国有资产科学管理提供技术支撑。强化行政事业单位资产管理，上线“资产云”2.0系统。推进政府采购改革。深化“政采云”平台应用，完成交易4519笔，交易额8.91亿元。

【规范财政管理】 强化债务管理。全年争取省政府地方债券20.92亿元，债券资金100%拨付至各项目单位并督促各单位加快工程进度、规范使用债券资金。推动“两直”资金落地。快速落实资金分配，加强资金使用情况监督，全年拨付“两直”资金1135万元，支付进度100%。加强预算绩效管理。出台《临平区项目支出绩效评价实施法（试行）》等7个预算绩效管理文件，规范项目绩效事前、事中、事后全过程管理。开展2022年度预算项目绩效目标评审答辩会，组织评审专家评审项目6个，建议核减预算金额1713万元，暂缓立项项目1个，涉及金额800万元。加强政府投资项目管理。优化调整招标控制价审核原有流程，加快项目建设推进速度，全年完成招标控制价评审190个，审减金额2.92亿元；完善结算评审机制，加强中介管理，完成结算评审153个，审减金额3.56亿元；开展“尾款项目清理”行动，推进竣工财务决算工作，完成财务决算项目76个。

【加强队伍建设】 重塑组织机构。因杭州市行政区划调整，杭州市临平区财政局于2021年7月31日挂牌，内设科室13个，下属参公事业单位1个，下属事业单位3个，在编人员70人。抓实党史学习教育。开展党史学习教育系列活动，通过党委书记上主题党课、分管领导讲心得、先进党员谈体会深化理论学习。围绕学党史主题组织“迎百年　庆七一”摄影比赛、拍摄七一宣传视频、走访红色教育基地、“财悦读”等系列活动。提供财政专业服务。成立财政专业化服务队，开展“民呼我为”、党员固定活动日、“三服务2.0”等形式的走访服务活动，对接部门、镇街、企业，协调做好教育资金保障、基层财政管理、政策兑现等事宜，全年受理办结问题329个。助力疫情防控。贯彻落实上级党委政府对疫情防控的决策部署，组织25名干部下沉社区开展疫情防控工作。

（杭州市临平区财政局供稿　戚梦蝶执笔）

钱塘区

【概况】 2021年，杭州市钱塘区实现地区生产总值1218.23亿元，按可比价计算，同口径*（下同）增长6.6%。其中：第一产业

*同口径：因区划调整，钱塘区上年所有数据统计口径均为区划调整后隶属于钱塘行政区划部分的数据。

增加值13.96亿元，下降5.0%；第二产业增加值828.63亿元，增长5.7%；第三产业增加值375.65亿元，增长9.0%。一、二、三产业结构比为1.1∶68.0∶30.9。按常住人口计算，人均生产总值为155585元，增长9.8%。全区财政总收入240.61亿元，增长26.5%，其中一般公共预算收入117.31亿元，增长17.0%；全区一般公共预算支出156.25亿元，增长24.9%。全年财政收支平衡。

【组织财政收入】 加强组织收入。完善财政收入组织协同机制，定期开展财政收入的形势研判、结构分析、规模预测及目标分解，把握收入节奏。提升收入质量。一般公共预算收入占地区生产总值的9.6%，占财政总收入的48.8%。税收收入109.21亿元，增长17.9%，占一般公共预算收入的93.1%。强化非税征管。推进行政处罚和罚款收缴一体化、数字化、在线化运行，实现非税收入收缴全过程管控，全年征收非税收入28.25亿元，其中纳入一般公共预算管理的非税收入8.10亿元。

【支持经济发展】 扶持产业发展。出台《杭州市钱塘区政府产业专项资金管理办法》《杭州市钱塘区产业项目租赁和购置国有企业标准厂房补助办法》等政策文件，完善产业扶持政策，提高产业资金绩效。全年兑现产业资金52.00亿元，鼓励企业开展科技创新活动，推进产业转型升级。撬动社会资本。完善“母基金+子基金（政策性直投基金、社会化合作基金、定向基金）”的政府产业基金运作体系，投资范围覆盖“515”产业*，通过与银行资本、风投资本、产业资本和上级国企资本等合作设立子基金，发挥财政资金“四两拨千斤”作用，参股子基金规模155.59亿元，累计投资区内项目141个，投资金额78.91亿元，带动社会资本投资114.97亿元，引进34个项目落户钱塘区。支持城市建设。投入55.70亿元，保障开发区电力隧道工程、艮山东路东延工程等重大基础设施建设，推进“五水共治”、老旧小区改造等城市环境面貌改善。支持人才强区。兑现人才专项资金8.74亿元，增长27.5%，支持高层次人才项目、大学生创业、科创平台建设，引进全球顶尖及领军人才60名，培育高技能人才3260人，引进35岁以下大学生3.7万名。

【增进民生福祉】 全年民生支出105.92亿元，增长24.7%，占一般公共预算支出的67.8%。支持教育事业发展。投入27.76亿元，支持校舍建设与提升改造，开工学校项目16个，竣工8个，落实国家“双减”政策，保障寒暑期托管服务，强化教育经费生均保障，提高教师工资待遇。完善社会保障体系。安排社会保障和就业支出7.91亿元，支持养老、社会治理、帮扶救助事业发展，新增养老机构床位130张，适老化改造110户，启用5A级居家养老服务中心1个，提升残疾人之家3个，建设儿童之家93个，创建无障碍示范场所10处。支持医疗卫生服务。投入4.45亿元，支持就医环境改善，组建城市医联体，投用社区卫生服务站9家，新增婴幼儿成长驿站10家，培育儿童保健科等基层名科10个，十类重点人群家庭医生签约率90.6%。其中投入疫情防控资金6252万元，保障防控物资、核酸检测、疫情防控人员等相关经费需求。支持乡村振兴战略。投入4.29亿元，推进高标准农田建设，支持农业现代化，打造农业示范园11个，新增高标准农田5000亩。

【深化财政改革】 推进财政数字化改革。依托数字财政系统，将街道财政性资金逐步纳入区级国库单一账户体系管理；深化机关内部“最多跑一次”改革，实现财政专项资金“审批+拨款”的全流程线上化，提升财政资金审批效率，防范拨款风险。深化预算绩效改革。落实财政项目资金绩效分级管理，将42个部门、7个街道、94个学校的1110个项目纳入绩效管理，实现项目绩效目标和绩效监控的全覆盖；选取3个财政支出重点项目开展绩效评价，评价结果为完善政策提供决策支撑；开展绩效自评442个，涉及金额19.57亿元，开展绩效抽查复评45个，督促绩效评价问题整改落实。加强政府采购监管。开展政府采购支持融资畅通工程，推广“政采贷”、预付款保函、履约保函等政府采购金融服务，组织各类政府采购培训11场，规范单位采购行为，实施政府采购备选库、名录库、资格库专项清理，健全政府采购专项检查和抽查机制，蝉联“全国政府采购百强区（市、县）”，政府采购营商环境考核位列全市第二。

【加强财政监管】 加强预算管理。钱塘行政区设立后，修订完善《钱塘区预算管理办法》和《钱塘区财政资金拨款审批管理办法》，按照预算法及其实施条例的要求，编制行政区预算草案，规范收支管理。加强支出管理。压减公用经费定额5%，压减“三公”经费、差旅费、会议费、培训费等经费，严控一般性支出，严格执行通用办公设备家具配置标准。推进“两直”资金落地。构建覆盖资金分配、支付和监管全过程的制度体系，加强资金使用情况跟踪监控，全年支付直达资金1.64亿元，分配进度100%，支付进度95.6%。加强债务管理。全年筹措财政性资金93.68亿元用于政府债券还本付息和隐性债务化解，落实八年化债计划进度要求。抓住地方政府债券发行窗口期，争取政府债券57.90亿元，增长46.6%。加强政府投资项目管理。出台《杭州市钱塘区政府投资项目资金纳入国库集中支付改革管理办法》，减少资金拨付环节，提高资金使用效益，清算建设类应收款，收回财政资金1.46亿元。

【加强队伍建设】 重塑机构组织。因杭州市行政区划调整，杭州市钱塘区财政局于2021年7月30日成立，内设科室10个，下属参公事业单位1个、事业单位3个，在编人员36人。推进党史学习教育。举办“百年潮涌　我心向党”主题朗诵活动；组织清明祭扫、观看红色电影、参观红色沙地纪念馆等；参加党史知识竞赛、财政系统主题征文及读书分享会等系列活动。加强党风廉政建设。围绕重点领域、重点环节的廉政风险，建立廉政风险点目录，制定防控措施83条，针对机构筹建、人员转隶等工作开展集体谈心谈话160人次。提升干部素质。开展“财金夜学”课堂16期，班子成员讲党课活动4次。开展科室负责人全员竞争上岗，选拔综合素质优秀、业务能力突出的干部，打造变革型财政组织。践行为民服务宗旨。落实党员结对村社报到、认领微心愿工作，累计走访慰问困难户110余户。组建“抗台先锋队”，50余名党员干部下沉村社一线抗击台风“烟花”，转移群众，做好后勤保障工作。赴区内18家国企、33家银行开展疫情防控工作督导检查。

（杭州市钱塘区财政局供稿　李胜男执笔）

注：

*“515”产业：即“515”现代产业发展体系，包括生命健康、半导体、智能汽车及智能装备、航空航天、新材料等五大先进制造业，未来产业，研发检测、电子商务、科技金融、软件信息、文化旅游等五大现代服务业。

富阳区

【概况】 2021年，杭州市富阳区实现地区生产总值873.30亿元，按可比价格计算，增长7.7%。其中：第一产业增加值49.50亿元，增长2.2%；第二产业增加值391.40亿元，增长9.6%；第三产业增加值432.30亿元，增长6.8%。三次产业结构比5.7∶44.8∶49.5。按户籍人口计算，人均生产总值126014元。全区实现财政总收入174.60亿元，增长25.9%，一般公共预算收入105.02亿元，增长16.5%；一般公共预算支出118.00亿元，增长15.1%。全年财政收支平衡。

【组织财政收入】 强化收入分析。研判财政经济形势，加强收入结构分析、规模预测。与税务部门建立工作互动机制，制定组织收入预案，实施动态调整，把握组织收入主动权。全年一般公共预算收入占财政总收入的60.1%，占GDP的12.0%；税收收入98.56亿元，占一般公共预算收入的93.8%。组织非税收入。全年征收非税收入211.61亿元，下降49.7%，其中土地出让收入200.06亿元，下降51.1%；纳入一般公共预算管理的非税收入6.46亿元，增长38.9%。

【支持经济发展】 实施助企行动。完善直达资金监管机制，全年支出直达补助资金7.66亿元，惠及企业766家、群众2万人次。开展政府采购支持企业融资畅通工程，推动金融机构发放“政采贷”1581万元。促进产业发展。加快产业政策兑现，对符合条件的企业，简化流程，及时兑现，全年兑现产业政策资金21.77亿元。推进杭州市富阳区科技投资引导基金、富阳区制造业转型升级产业基金等政府产业引导基金实质性运作，基金池总规模10.00亿元，完成项目投资15个、投资金额3.69亿元。加强招才引智。投入1.79亿元，支持高层次人才引育、技能劳动者培养，引进高层次人才1723名、培养技能劳动者6万人。安排科技专项资金3.73亿元，培育省级企业研究院2家、省级高新技术企业研究开发中心6家、市级以上科技孵化器8家、市级以上众创空间5家。落实减税降费政策。实施减税降费直达快享，全年为企业减负超32.00亿元。

【保障民生支出】 全年民生支出92.43亿元，增长14.1%，占一般公共预算支出的78.3%。支持疫情防控。安排疫情防控资金4242万元，保障医疗物资、医疗救治、卫生防疫、一线医护人员补贴等支出。支持教育事业发展。全年教育支出25.00亿元，增长4.3%。投入3.87亿元用于学校整治，新建和改扩建中小学、幼儿园29所。安排教育现代化专项资金9188万元，加强校园信息化建设，支持创建全省教育基本现代化区。安排课后服务经费2000万元，落实“双减”政策，保障义务教育阶段学校课后服务。支持卫生健康事业发展。全年卫生健康支出14.80亿元，增长5.2%，支持“健康富阳”建设，重点人群家庭医生签约率92.0%。助力通过第六轮国家卫生城市复评，获评全国健康促进区。支持社会保障事业发展。全年社会保障和就业支出16.20亿元，增长6.4%，城乡居民养老保险标准提高至310元/人·月，社保、医保参保率99.0%，城镇新增就业2万人。支持乡村振兴。全年农林水支出8.93亿元，增长0.7%。投入5.40亿元，支持美丽乡村建设，创建新时代美丽乡村118个。安排4.94亿元资金，支持“四好农村路”建设，打通6条农村“断头路”，完成美丽经济交通走廊278公里，获评省级万里美丽经济交通走廊达标县（区）。

【深化财政改革】 优化预算绩效管理。出台《关于严格财政支出预算管理的通知》《关于进一步规范专项资金管理的通知》等管理办法，编印《深化预算绩效管理改革工作政策汇编》，规范财政资金管理。开展全生命周期绩效管理改革，实施重大新增政策项目事前绩效评估，实行预算执行和绩效目标双重监控。完善财政体制机制。重构乡镇财政管理体系，提请区政府印发《杭州市富阳区关于进一步强化和规范乡镇（街道）财政管理的若干意见》，明确财政与乡镇的管理职能，实现用制度管事、管人、管权。建立涉农资金统筹整合机制，统筹使用性质相同、用途相近的涉农资金，集中投入功能互补、用途衔接的涉农项目，提高财政资金绩效。严格财政支出管理。建立预算管理支出标准化体系，推进部门支出标准化、规范化建设，编制并发放部门预算财政财务管理操作手册356份。落实过“紧日子”要求，“三公”经费压减5%、部门项目经费预算压减整合10%，压减资金集中用于保障民生、促进发展等领域。推进“数字财政”建设。上线“预算绩效管理系统”，项目绩效目标设置、绩效监控和绩效评价纳入系统管理，完成项目绩效目标申报408个、项目绩效监控154个。深化“乡镇公共服务平台+一卡通”运用，发放涉农补助和民生补贴资金4.54亿元，受益60万人次。推广“政府采购监管平台”，指标下达、项目实施、履约验收、资金支付等政府采购环节实现网上办理。

【强化财政监管】 强化财政监督检查。开展乡镇(街道)存量资金、旅游发展专项资金、扶贫专项资金、涉农产业发展项目等检查,收回违规财政补助资金44万元。加强政府采购监管。建立从采购意向、专家评分明细、合同公告到履约验收结果的全流程信息公开体系。完善政府采购评审专家考核评价机制、供应商诚信体系和失信惩戒制度,开展政府采购代理机构综合信用评价,抓实违法违规案件查处,全年责令整改网上超市供应商108家,下发财政监督整改意见书23份。防范化解债务风险。开展防范化解地方政府隐性债务风险专项行动,全年隐性债务累计化解率78.2%。

【加强队伍建设】 开展党史学习教育。开展红色研学、调查研究等学习活动,组建8支服务队走访农户157户、企业8家,解决疑难问题73个,形成调研报告5篇,"党建+河长联动机制""村社采购进入云时代"入选区级"民呼必应"最佳案例。推进全面从严治党。推进清廉财政建设与财政业务工作融合,深化"控权四级联动"防控机制*,加强财政内外监督,开展内部廉政风险点排查,梳理风险点47个,修订制度37项。加强干部队伍建设。开展干部师徒结对、财政夜学等活动,提升干部能力素质,增强干部队伍凝聚力。根据深化财政改革的需要,调整科室职能和人员配置,轮岗交流干部20人次。向上推荐1名县处级正职领导干部人选、4名县处级副职领导干部;选拔任用2名正科长级领导干部、2名副科长级领导干部。

(杭州市富阳区财政局供稿 邬婉燕执笔)

注:

*"控权四级联动"防控机制:建立"制度控权、流程控权、技术控权、监督控权"机制,防范廉政风险,推进清廉财政建设。

临安区

【概况】 2021年,杭州市临安区实现地区生产总值658.35亿元,按可比价计算,增长7.6%。其中:第一产业增加值45.57亿元,第二产业增加值331.99亿元,第三产业增加值280.79亿元,分别增长2.1%、8.5%和7.6%。三次产业结构比为6.9∶50.4∶42.7。按户籍人口计算,城镇居民人均可支配收入65377元,农村居民人均可支配收入39506元,城乡居民人均可支配收入比为1.65,缩小0.02。全年财政总收入148.92亿元,增长35.9%,其中一般公共预算收入90.39亿元,增长31.9%。一般公共预算支出103.69亿元,增长14.6%。全年财政收支平衡,略有结余。

【组织财政收入】 强化收入分析预测。建立财税运行实时监测和分析研判机制,加强每月各税种、行业、企业的研究分析,建立健全月报制度,研判收入增减因素和发展形势,加强税收征收管理。全年一般公共预算收入占财政总收入的60.7%,占GDP的13.7%;税收收入85.86亿元,占一般公共预算收入的95.0%。组织非税收入。开展非税收入征收工作,全年非税收入130.72亿元,下降36.5%。纳入一般公共预算管理的非税收入4.54亿元,增长607.6%。推广非税收入电子票据,实现电子票据改革单位覆盖率100%。协助区第一人民医院实现横版票据改革试点成功,实现医疗票据的全国统一,并与医保联网。

【服务经济发展】 支持产业发展。构建"1+1+3+X"产业政策体系*,兑现各类财政奖补资金8.66亿元。优化区政府产业基金管理办法,规范政策性直投基金和市场化子基金的运作管理,完成引导基金投资项目12个,参股资金5.55亿元。组建市场化子基金,构建"基金+招商"模式,通过基金管理机构对接区外企业,吸引优质的项目、资金及高端人才落户临安。助力"双招双引"。加强人才激励保障,围绕人才引进、素质培养、高管人才奖励等政策,落实各类人才资金1.85亿元。助企纾困。落实减税降费政策,全年新增减税降费金额11.33亿元,稳定市场预期,激发市场主体活力。为缓解企业融资困难,办理中小企业融资担保和应急周转业务,降低企业融资成本。全年办理融资担保业务2.06亿元,办理应急周转资金6500万元。推动重点项目建设。围绕全区重大项目建设,对接金融机构,做好融资计划管理,保障职教中心、中医院迁建、"四好农村路"、329国道改建等项目建设。做好PPP项目的跟踪服务,做好杭临城际铁路广场站、颊口至华光潭农村公路提升改造、双溪口水库工程等重点项目的保障。

【保障民生支出】 全年民生支出83.94亿元,增长19.7%,占一般公共预算支出的81%。支持教育事业发展。全年教育支出18.70亿元,增长6.5%。开展城南小学、昌化镇第一小学等学校项目建设27个,推进义务教育阶段学校课后服务工作,确保"双减"政策落地见效。落实教育信息及装备项目资金3000万元,提升教育管理信息化水平。支持文化事业发展。全年文化体育与传媒支出2.32亿元,增长42.0%。推进杭州2022年亚运会跆拳道和摔跤项目场馆建设及吴越国王陵考古遗址公园建设;加强文物保护,落实3000万元专项资金,支持文物保护、修缮工作。支持社会保障事业发展。全年社会保障和就业支出19.88亿元,增长34.2%。实施养老服务电子津贴制度,实行企业职工养老保险省级统筹,城乡养老、职工医保(含生育保险)、城乡医保、失业、工伤纳入市区统筹。新增城镇就业41026人,实现失业人员再就业2203人,发放创业贷款3100万元,引进大学生就业6615名。支持卫生健康事业发展。全年卫生健康支出11.50亿元,增长48.3%。全年累计下达各类疫情防控经费5978万元,其中用于新冠疫苗及接种费用补助1243万元、核酸检测经费771万元。补助区中医院整体搬迁8649万元,完成区疾控中心病原微生物实验室改造工程。

【深化财政改革】 推进“集中财力办大事”改革。加强对现有政策的梳理、整合,构建以绩效为核心的“集中财力办大事”财政政策体系,保障三大攻坚战、全省富民强省十大行动计划等重点工作。建立直达资金工作机制,控制资金使用方向,全年争取并发放直达资金3.16亿元。加强财政预算管理。提升预算编制水平,增强预算执行刚性,严格控制预算追加。树立政府过紧日子思想,引导各部门厉行节约,控制行政经费和一般性支出。加强公款竞争性存放管理,落实国库集中支付制度,严格支付审核,全年办理支付业务11余万笔,金额81.62亿元。深化预算绩效管理。围绕乡村振兴及现代服务业政策评估、部门整体绩效评价、镇(街)财政运行综合评价等项目,梳理监督管理项目25项,发现问题26个,并督促落实整改。开展预算项目绩效评审13个,核减项目预算7577万元,核减率31%。推动“数字财政”建设。开展预算管理一体化试点,开展数据核查、修正,实现一体化预算编制和预算执行模块上线使用。设计开发基层财政综合管理信息平台,推进基层财政业务“区—镇—村”三级联动管理,实现镇街、村社财政资金数据的互联互通和全程监管,纳入全省“浙里基财智控”应用平台试点。

【加强财政监管】 推进资金规范管理。强化政府投资项目监管,审批较大工程变更62个,审核项目342个,核减金额5.76亿元,净核减率4.4%。加强政府采购监管,开展采购备选库、名录库、资格库专项清理,强化代理机构管理服务,搭建采购评标过程在线监管系统,完成政府采购11.50亿元,核减金额1.66亿元,节约率12.6%。加强国有资产管理。实施房产及土地全面清查处置,规范砂石资源管理,实现拍卖收入3.66亿元,溢价率132%。强化债务风险防控。加强全口径债务管理,每月做好债务数据的统计、分析,掌握全区债务情况。加强债券项目储备、梳理,全年争取债券资金15.34亿元,保障人民医院、天目药港医药产业孵化园、老旧小区综合改造等项目建设。开展政府投资项目债务风险评估核查,确保隐性债务不新增,并稳妥推进隐性债务化解,全年累计化债66.43亿元。

【加强队伍建设】 增强财为政服务意识。将政治建设摆在首位,推进“财惠临安·寸金有情”模范机关创建工作,落实“三会一课”“固定主题党日”“天目红盟”等党建工作制度。围绕党史学习教育,组织开展系列理论实践活动。推进清廉财政建设。开展岗位廉政风险排查,建立10条制度并进行跟踪问效;发现50项问题,形成整改意见及落实责任、完成时间的“整改清单”,确保全局干部坚守廉政底线。规范队伍建设管理。组织开展全员轮训、知识竞赛等活动,强化素质提升,增强干部科学理财、依法理财、民主理财的本领。

(杭州市临安区财政局供稿　朱乐意执笔)

注:

***“1+1+3+X”产业政策体系:**政府产业基金+双招双引政策+工信、现代服务业、农业+电线电缆、复合装饰纸、绿色照明专项政策。

建德市

【概况】 2021年,建德市实现地区生产总值430.60亿元,按可比价格计算,增长7.5%。其中:第一产业增加值37.81亿元,增长3.8%;第二产业增加值217.09亿元,增长9.0%;第三产业增加值175.70亿元,增长6.6%;三次产业结构比8.8:50.4:40.8。按户籍人口计算,2021年人均生产总值84646元,增长10.2%。城镇居民人均可支配收入60183元,增长9.5%;农村居民人均可支配收入33807元,增长9.9%。全市财政总收入66.61亿元,增长19.7%,其中一般公共预算收入38.50亿元,增长12.5%;全市一般公共预算支出63.67亿元,增长7.3%。全年财政收支平衡。

【组织财政收入】 加强收入分析。建立财税统筹协调机制,把握好组织收入规模和进度。全年一般公共预算收入占地区生产总值8.9%、占财政总收入57.8%;税收收入34.40亿元,占一般公共预算收入的89.4%。强化非税征管。加强土地出让金、土地指标款等非税收入征管,推进财政电子票据和非税收缴一体化改革。全市征收非税收入66.47亿元,增长79.3%,其中纳入一般公共预算管理的非税收入4.10亿元,增长3.1%。

【支持经济发展】 优化营商环境。落实减税降费政策,全年减免税费20.47亿元。推出政府采购网上超市竞价采购模式,创新“政采贷”服务,支持中小企业发展。加大政策扶持。联合主管部门修订出台13项扶持企业政策,全年兑现扶持资金5.00亿元。发挥中小企业转贷专项资金作用,办理企业转贷4.20亿元。重组建德市融资担保有限公司,实现国有控股,优化和增强支农支小融资担保服务。推进基金运作。发挥产业基金引导作用,累计出资2.16亿元,在投企业项目8个。支持地方特色产业。全年文化旅游体育与传媒支出1.21亿元,重点支持建德“十大碗”“建德豆腐包”等文旅品牌建设,推进地方特色产业发展。

【保障改善民生】 全年民生支出48.10亿元,增长7.1%,占一般公共预算支出75.6%。加快城乡建设。全年城乡社区支出3.96亿元,支持改造老旧小区4个,既有住宅加装电梯73台,新建、改造绿道70.73公里,2020年省级绿色转化财政专项激励政策评价优秀。支持教育事业发展。全年教育支出11.44亿元,支持学前教育、义务教育、素质教育均衡发展,保障“智安校园”“阳光厨房”等护校安园建设,为“双减”政策落地营造良好教育生态。完善社会保障。全年社会保障和就业支出7.11亿元,推进星级“残疾人之家”建设,实施适老化改造工程,提高优抚对象保障水平,支持退役军人健康驿站建设,推进婴幼儿成长驿站建设,建成首个固定爱心献血屋。支持医疗卫生事业。全年卫生健康支出6.60亿元,推进医共体和公共卫生保障体系建设,保障疫情防控、核酸检测及实验室建设、新冠疫苗免费接种经费1.37亿元,为市民免费接种新冠疫苗近90万人次。推进乡村振兴。全年农林水支出8.31亿元，推进高标准农田建设，落实粮油增产补贴、生猪增产补贴、政策性农业保险等政策，支持主要农产品稳产保供。争取到2021年省级乡村振兴集成创新示范建设县试点、2021年基层政策性农业信贷担保服务创新试点、2022一事一议财政奖补助推美丽乡村建设项目等补助资金1.06亿元。获评省一事一议财政奖补工作成绩突出县、浙江省生猪增产保供成绩突出集体。

【深化财政改革】 重构乡镇财政管理体系。坚持因地制宜、守好底线、强化激励原则，出台《关于调整乡镇（街道）财政管理体制的通知》，推进乡镇财政管理体制改革。完善预算绩效管理体系。完善以绩效为核心的集中财力办大事政策体系，建立"以我为主、专家辅导"的重点绩效评价体系；提高预算执行进度，盘活存量资金，将预算资金统筹到需求强、绩效高的领域。推进数字化改革。完成预算一体化、国企信息化、核算云系统等系统的建设、运行。争取到集中财力办大事应用建设、"浙里报"系统扩面、政府采购数字化共建共享改革等试点项目，推出政府采购网上超市竞价采购模式。深化国资国企改革。创新国资股权投资和"资本招商"模式，完成国企"十四五"规划编制。拓宽融资渠道，运用44.70亿元债务融资工具以及1.30亿美元债券发行，助力企业发展。财政管理工作获2020年度省政府督查激励；建德市财政局获评2021年度全省财政管理绩效考评优秀单位。

【加大风险防控】 防范地方政府债务风险。完成年度债务化解任务，地方政府债务率处于可控范围。实施债务全口径统计监督，采取限额管理、预算管理、风险预警管理、债务公开等措施，严防债务风险。严控"三保"支出风险。坚持"三保"支出在财政支出中的优先顺序，加强重点领域支出需求保障，增强"三保"保障能力，兜牢"三保"底线。化解社保基金运行风险。完善社保风险预警机制，争取到城乡医保、城乡养老两项上级转移支付资金1.55亿元。

【加强财政监管】 强化财政监督。开展政府采购政策执行情况、农村环境连片整治示范项目等专项检查，实现信息共享、资源互通。加强行政事业单位内控建设，完成行政事业单位内控评级199家。加强绩效管理。出台项目支出绩效评价管理办法，开展全方位多层次绩效评价，完成单位自评项目73个，重点绩效评价项目8个。加强国资管理。完成1735处国有资产权证补办工作，推出国有资产处置网拍新模式，完成罚没物资、房产等29件拍品拍卖工作，成交额1141万元。加强政府投资项目管理。围绕"提速、增效、防风险"总体目标，完善审核制度，推进政府投资项目投资资金管理的重心前移和全过程管理。推进"两直"资金落地。制定直达资金分配方案，加强资金使用情况跟踪监控，全年拨付"两直"资金3.69亿元，支付进度99.6%。

【加强队伍建设】 以"同心争先锋　聚力创一流"为主题，建立"五红五员"*活动机制，推进党史学习教育。领办关键小事和民生实事16件，《财政管家的民心工程》案例获评建德市"民呼我为"十佳案例，"135工作法"*获评建德市"优秀党支部工作法"。健全"1+1+X"*及"财政跑"服务机制，主动上门走访乡镇（街道）、平台、部门、企业126次，帮助解决问题32个。落实全面从严治党要求，实施廉政风险除险加固工程。深化党建"双强双优"比拼、"党建引领　双线作战"专班工作、"师带徒"等机制，开展新安夜学12次，加强干部梯队培育和素质提升。2021年，调整和提拔中层干部17人，完善管理制度10项，其中内控制度4项。

（建德市财政局供稿　吴文碧执笔）

注：

*"五红五员"：通过红色喇叭、红色影院、红色课堂、红色旅程、红色服务五个"红色"载体，让每一名党员当上一次"广播员""放映员""教导员""讲解员""服务员"。

*"135工作法"：抓好"守初心践使命"这一条主线，搭好廉政教育、基层服务、赛场赛绩三个平台，当好"广播员""放映员""宣讲员""解说员""服务员"五个员，以党建引领推动党建业务双强双优的工作方法。

*"1+1+X"："一名财政结算支付中心联络员+一名财政归口管理科室联络员+对口服务单位"服务模式，采用座谈会、培训会、上门走访服务、窗口业务指导等方式开展服务活动。

桐庐县

【概况】 2021年，桐庐县实现地区生产总值（GDP）413.88亿元，按可比价格计算，增长9.5%。其中：第一产业增加值26.11亿元，增长2.6%；第二产业增加值188.04亿元，增长11.2%；第三产业增加值199.73亿元，增长8.9%。三次产业结构比6.3∶45.4∶48.3。按户籍人口计算，人均生产总值98727元，增长9.5%。全县财政总收入67.58亿元，增长15.9%。一般公共预算收入38.40亿元，增长12.2%。一般公共预算支出61.25亿元，增长8.6%。全年财政收支平衡。

【组织财政收入】 强化收入预测分析。加强与税务部门联动，定期预测分析收入形势，关注重点行业、重点企业税源变化，提高收入监测准确性。优化收入结构。全县一般公共预算收入占地区生产总值的9.3%，占财政总收入的56.8%。税收收入35.45亿元，占一般公共预算收入的92.3%，占比提高0.6个百分点。加强非税收入征管。实现省综合行政执法办案系统与公共支付平台数据互联互通，提升缴费便利度。全年通过统一公共支付平台缴纳非税收入44.73万笔，网上收缴率100%。全年组织非税收入50.90亿元，其中纳入一般公共预算管理的非税收入2.95

亿元,土地出让金收入45.79亿元。

【服务经济发展】 支持产业发展。完善新一轮产业政策体系,注重支持快递、医疗、旅游等特色产业发展,全年兑现各类财政政策资金5.02亿元,增长9.4%。推进产业引导基金规范运作,基金总规模14.01亿元,撬动社会资本投资2.77亿元。减轻企业负担。落实中央和省市各项减税降费政策,全年累计为企业降本减负19.78亿元。优化中小企业转贷基金服务,全年办理转贷业务1745户次,转贷规模45.86亿元,增长30.1%,其中当天完成"0费用"转贷的占95%以上。强化科技支撑。投入科学技术支出3.63亿元,增长19.9%,推进院士专家工作站、高校科研院所及产学研合作项目等建设,加大对科技企业的扶持力度,支持第十届科技人才周成功举办。

【保障民生事业】 全县民生支出51.21亿元,增长8.5%,占一般公共预算支出的83.6%。提升社会保障水平。投入社会保障和就业支出5.01亿元,提升养老服务质量,新增示范型居家养老服务中心7家,完成困难家庭适老化改造480户。提高困难群众补助标准,其中最低生活保障标准由每人每月882元提高至每人每月1102元。城乡居民基础养老金标准由每人每月170元提高至每人每月275元,高于全省平均水平。优化医疗卫生投入。投入卫生健康支出6.30亿元,支持新冠病毒疫苗免费接种和疫情防控常态化,深化"三医联动六医统筹"*改革和县域医共体建设。促进教育事业发展。投入教育支出17.18亿元,落实义务教育"双减"政策,推进名校合作办学,加快健康城幼儿园、培智学校、叶浅予建兰学校等项目建设,新增幼儿学位1500个。支持乡村振兴战略。投入农林水支出7.30亿元,助力打造美丽乡村3.0,培育新时代美丽乡村示范村18个,获评全省一事一议财政奖补工作成绩突出县,争取到2022年度省级一事一议财政奖补助推美丽乡村项目建设。支持文化体育事业。投入文化旅游体育与传媒支出1.65亿元,支持第三届中国(浙江)民族服饰设计展演、富春江诗歌节、"浙里富春·那么乡田"中国山水艺术季、"喜迎亚运、全民健身"等活动举办,加快亚运会马术项目建设,无疫区通过国家级验收。推进城乡风貌改善。投入城乡社区支出2.92亿元,推进"污水零直排区"建设和农村生活污水处理设施改造提升,助力创成全省大花园示范县。

【深化财政改革】 加快财政数字化改革。推进预算一体化系统试点建设,完成2022年预算编制147家,覆盖率100%。开展公款竞争性存放网上招投标,存放第一期社会保险基金定期存款项目8.00亿元。推动乡镇财政内控平台建设全覆盖,迭代升级乡镇公权力运行监督平台。深化预算绩效管理。成立预算绩效管理工作专班,开展政府投资信息化项目全生命周期闭环管理,入选省财政厅绩效管理模式改革试点,完成项目部门联审和专家评审77个,压减预算1.24亿元,节资率31.0%。优化政府采购服务。上线政采云平台在线监控系统,全面推行政府和国有企业电子化采购,拓展政府集中采购项目远程异地评标跨区域合作对象。全年发布政府采购意向公开信息650条,涉及项目采购金额4.60亿元。政府采购营商环境指标评价名列全省前茅。推进电子票据改革。扩大财政电子票据应用范围,实现非税收入票据、捐赠票据、往来结算票据等各类财政票据电子化,开通财政电子票据业务单位328家,开通率99.7%,开立电子票据56万份,开票金额186.59亿元。

【强化财政监管】 强化预算支出管理。从严从紧编制部门预算,全年压减非刚性非重点项目支出、统筹收回部门结转结余资金5.90亿元。全年"三公"经费支出2620万元,下降0.2%。提升国有资产效益。落实国有房产亮牌*工作,明确国有房产权属和监督责任,提升国有资产利用率,全年亮牌国有经营性房产253处。建立国有资产处置网上竞价机制,实现竞拍人"最多跑一次"和国有资产保值增值。全年上线标的43个,成交率93.0%,平均溢价率86.0%。化解政府债务风险。健全融资计划控制和成本控制机制,统筹安排财政性资金优先用于化债,完成2018—2022五年化债计划前四年任务。全年争取地方政府债券14.40亿元,其中新增债券5.50亿元,用于县第一人民医院迁建工程、3080电子器械产业园等项目;再融资债券8.90亿元,用于置换2021年到期债券。应对社保基金风险。加强基金日常监管,从土地出让收入中提取16.83亿元弥补社保基金缺口,加大财政补助力度,保障社保基金及时足额支付。

【加强队伍建设】 学习领会习近平总书记在建党100周年庆祝大会上的重要讲话精神和党的十九届六中全会精神,组织党委理论中心组学习13次。组织党史学习教育专题学习会5次,开展主题宣传4期、主题宣讲5期。推动"三为"实践活动开展,在职党员志愿队伍被评为杭州市机关最美志愿服务组织。执行"三重一大"、末位表态等集体决策制度,全年召开县财政审核审批会议8次、局党委会议19次。落实党风廉政建设责任,明确重点任务22项,排查廉政风险防控样本7个。

(桐庐县财政局供稿　王　琪执笔)

注:

*"三医联动六医统筹":即深化"医疗、医保、医药"联动改革,推动"医保、医疗、医院、医药、医生和中医"统筹发展。

*国有房产亮牌:即以门牌形式亮明国有房产的产权单位及联系方式等信息。

淳安县

【概况】 2021年,淳安县实现地区生产总值255.17亿元,按可比价格计算,增长5.2%。其中:第一产业增加值40.42亿元,增长2.6%;第二产业增加值63.70亿元,下降0.5%;第三产业增加值151.05亿元,增长8.5%。三次产业结构比为15.8:25.0:59.2。

按常住人口计算，全县人均生产总值77676元，增长5.5%。全县财政总收入47.76亿元，增长19.0%，一般公共预算收入25.94亿元，增长13.9%，占GDP的10.2%，占财政总收入的54.3%；税收收入22.95亿元，增长10.1%，占一般公共预算收入的88.5%。全县一般公共预算支出77.37亿元，增长0.9%。全年财政收支平衡。

【组织财政收入】 挖掘增收潜力。摸清税源底数，优化乡镇财政税收收入考核机制，培育优质税源，配合飞地平台落实人才招引、政策兑现工作。盘活存量资金。清理盘活2018年及以前暂存款755万元，收回财政专户资金3100万元。规范非税监管。完成非税收入及其他资金23.57亿元，其中纳入一般公共预算管理的非税收入3.00亿元，占一般公共预算收入的11.5%。

【服务经济发展】 兑现涉企政策。制定《淳安县涉企政策兑现工作专项考核办法（试行）》，优化涉企政策兑现流程，压缩工作时限，兑现各类产业政策补助1.56亿元，惠及企业792家，为企业纾困解难，助力实体经济发展。落实企业减负政策。实施重点监控与精细管理相结合的税源征管措施，深入开展“三服务”行动，累计降本减负6.70亿元。优化营商环境。实现政府采购项目全程在线监控，政采云实现交易单数5480次，采购金额6.25亿元，其中电子化招投标项目385个。完成定点服务统一招标及供应商征集8个。

【保障民生支出】 全年民生支出55.67亿元，占一般公共预算支出的72.0%。保障疫情防控。设立疫情防控专项资金，开通疫情防控物资政府采购绿色通道。疫情防控直接支出3628万元。发展教育事业。教育支出10.28亿元，改造全县农村寄宿制学校“两室两堂”*60间；完成城镇公办中小学校空调安装和线路改造，惠及学生22076人；购置专用校车70辆，覆盖淳安18个乡镇，惠及25所农村初中和小学。提升医疗卫生水平。卫生健康支出7.00亿元，实行基本医保市级统筹，新增政策5项，调整政策11项，取消政策3项，实现杭州地区同城同待遇。完善社会保障体系。社会保障和就业支出10.03亿元，落实企业技能提升培训、以工代训等稳就业扶持政策。最低生活保障标准由955元/人·月调整至1102元/人·月，特困人员基本生活补助标准由1373元/人·月调整至1837元/人·月，福利机构养育的孤儿基本生活费标准由2005元/人·月调整至2571元/人·月，社会散居孤儿基本生活费标准由1604元/人·月调整至2057元/人·月，城乡保险基础养老金标准由180元/人·月调整至275元/人·月，逐步实现与市级并轨。保障民生实事。完成老旧小区综合改造工程17处，建筑面积46.55万平方米；加装既有住宅电梯45台，建设“美好家园”住宅示范小区4个；提升改造单村供水工程制水设施45处；新建及提升儿童之家25处。

【深化财政改革】 推进财政数字化改革。推进统一公共支付平台建设，县内金融机构全接入，完成交易27.8万笔，涉及资金11.81亿元，其中移动支付占比96.8%。深化电子票据改革，鼓励开票单位开通电子票据766家。开展全省村级集体经济组织电子票据试点改革，枫树岭镇白马村开出全省第一张村级集体经济组织电子收据。启动医疗电子票据竖版改横版试点工作，提升财政管理制度化、标准化和数字化水平。推进预算管理一体化业务系统建设，实现部门整体绩效预算编制全覆盖。升级国库集中支付系统，加强资金支付与采购管理等业务衔接，新增国库集中支付管理单位73家，部门预算编制、财政总预算执行和部门单位核算覆盖率均实现100%。落实直达资金管理。构建直达资金监控系统，协同主管部门加快项目推进，简化审批拨付流程，完成10.72亿元直达资金分配，资金支付执行进度99%。完善生态特区财政体制。完成“强村富民”清单和“四个污染”防治实施方案编制。出台《淳安县特别生态功能区生态公益林补偿资金管理办法》，明确千岛湖配水工程水资源费省市县各级分成比例。

【强化财政监管】 严控债务风险。坚守限额内地方政府债务不超警戒线和隐性债务不新增两个底线，动态监控全县27家国有企业和158家行政机关事业单位的负债和融资情况，核查3个风险点，完成年度化债任务。严防资金运行风险。加强库款运行监测，合理控制库款规模，提高国库支付能力。修订《淳安县行政事业单位公款竞争性存放评分标准》，完成单位公款存放招标6次、金额3.13亿元，财政性资金竞争存放2.60亿元。加强项目监管。深化政府投资项目绩效管理，创新项目分配机制，建立预算审核追溯制度，完成政府投资项目预算审核864个，净核减1.46亿元。强化政府采购绩效管理，开展政采云上架商品价格监测405项，发布价格预警223项、责令暂停上架11项；开展政府购买服务项目预算绩效审核，核减采购预算1045万元。

【加强队伍建设】 制定党史学习教育实施方案，构建全员集中学、个人深入学、老师带领学和现场体验学的“四学联动”模式。举行“光荣在党50年”纪念章颁发仪式，开展“逐梦百年我心向党”党史知识竞赛、“民呼我为”主题实践活动等各类活动。深耕“为民理财红管家”党建品牌建设，推进“党建双强”创建，结对共建省市注会行业党组织，组建“三师聚能　党建聚力”公益服务队，赴企业开展特色服务，助企业解难题。提拔年轻中层干部16名，中层干部平均年龄从41周岁降为38周岁。

（淳安县财政局供稿　吴哲宇执笔）

注：

***“两室两堂”**：对全县60所农村寄宿制学校（含校区）农村教师的办公室、寝室、食堂和澡堂进行改造，主要建设内容包括卫生间改造、宿舍家具配置等。

宁波市财政工作

宁波市

【概况】 2021年,宁波市实现地区生产总值14594.90亿元,增长8.2%。分产业看,第一产业实现增加值356.10亿元,增长2.8%;第二产业实现增加值6997.20亿元,增长9.8%;第三产业实现增加值7241.60亿元,增长7.1%。三次产业结构比为2.4:48.0:49.6。全年实现社会消费品零售总额4649.10亿元,增长9.7%。外贸进出口总额11926.10亿元,增长21.6%,其中出口7624.30亿元,增长19.0%;进口4301.80亿元,增长26.3%。居民人均可支配收入65436元,扣除价格因素实际增长6.9%。其中城镇居民人均可支配收入73869元,实际增长6.4%;农村居民人均可支配收入42946元,实际增长7.5%。2021年全市财政总收入完成3264.39亿元,增长15.1%。一般公共预算收入1723.14亿元,增长14.1%,高于全省平均水平,在全国主要城市中排名第10。税收收入1468.52亿元,增长16.8%。全市一般公共预算支出1944.42亿元,增长11.6%。2021年市本级实现财政总收入507.15亿元,增长6.7%;市本级一般公共预算收入160.02亿元,增长10.6%;市本级一般公共预算支出432.60亿元,增长18.5%。全年全市及市本级财政收支平衡。

【强化收支管理】 加强收支分析和经济形势预判。会同税务部门制度性组织收入计划研判,统筹指导区(县、市)精准组织收入。根据财政经济形势发展变化,加强收支分析和收支形势研判,为宏观决策提供参考依据。组织非税收入。全年征收非税收入1886.53亿元,其中纳入一般公共预算管理的非税收入254.61亿元。常态化实施财政资金直达机制。制定出台直达资金管理实施细则,实时跟踪执行情况,确保资金规范、高效落地。2021年收到中央直达资金56.34亿元,全部完成分配,支出进度91.6%。争取新增债务限额。2021年财政部下达宁波市新增债务限额306.00亿元。健全地方债发行机制,优化招标发行规则,建立柜台债发行机制,全年累计发行地方债券596.38亿元。

【服务经济发展】 落实减税降费政策。落实国家和省市系列减税降费政策,全年累计新增减税降费198.80亿元,其中减免税收166.50亿元,持续为市场主体纾困解难。助力打造现代产业体系。市级财政支出31.81亿元,重点支持打造现代化经济体系,推进产业基础高级化和产业链现代化。统筹资金2.00亿元支持外贸企业开拓市场,制定鼓励内外贸一体化若干意见,支持自贸区建设和招商引资。支持科技创新。建立健全财政科技经费稳定增长机制,支持甬江科创大走廊和甬江实验室建设,全市科技支出131.23亿元,增长16.6%。安排人才专项资金7.39亿元,助力建设人才高地。争取世行贷款1.50亿美元,推进宁波城镇生活垃圾智慧分类项目。支持普惠金融发展。升级"财政+金融"机制,迭代优化"微担通"政策工具,推出"惠通""速通"政策性融资担保产品,将政府性融资担保拓宽至外汇领域,2021年两家市级担保公司累计减免费用1.02亿元,在保余额144.65亿元。

【保障民生事业发展】 全年民生支出1372.18亿元,增长10.6%。支持疫情防控。及时足额做好疫情防控经费保障,全市累计疫情防控支出13.96亿元,安排15.35亿元支持疫苗接种,筑牢疫情防线。推进基本民生政策统筹均衡,梳理基本民生政策91项,其中已平衡政策87项。率先统一城乡居民基本养老保险、最低生活保障等6项全市基本民生补助标准,惠及群众42万人。全市教育支出284.44亿元,增长5.5%,推进城乡优质教育均衡发展,打造宁波特色职业教育体系,提升高等教育内涵。全年投入1.60亿元,实施人才生活安居补助政策,吸引更多高层次人才来甬就业创业。全年卫生健康支出139.16亿元,增长12.2%,强化公共卫生体系建设,提高基本公共卫生服务标准,推进基本医保市级统筹,完善基本医疗保障体系。落实企业职工基本养老保险省级统筹。加大对口支援力度。加强东西部协作,落实新一轮援疆援藏对口支援,推进山海协作和结对帮扶,全年累计拨付资金16.76亿元。

【财政数字化改革】 落实省数字化改革"一号工程"。实时对接整体智治、数字政府、数字经济、数字社会、数字法治5个综合应用和一体化智能化公共数据平台,完成改革任务。推进"智慧财政"建设。全面优化预算核心业务一体化系统,全市首次统一应用"智慧财政"系统编制2022年预算。强化财政数字化应用。优化"甬易办"惠企惠民政务服务平台,全年累计兑付资金28.46亿元,惠及企业群众6632户/人。推进财政电子票据改革,构建"电子+纸质"财政票据全生命周期管理,全年财政电子票据开具1.42亿份、新上线单位3000家以上。

【深化财政改革】 深化预算管理改革。制定进一步深化预算管理制度改革的实施意见,严格预算编制,加强收支管理,推动构建资源统筹、政策协同、绩效导向、可持续发展的预算管理格局。深化事权和支出责任划分改革。制定出台基本公共服务等五个重点领域七方面财政事权和支出责任划分改革方案,进一步增强市级统筹管理能力,加大基本公共服务投入,统一规范基本公共服务共同事权分担比例,促进基本公共服务均等化。深化预算绩效管理改革。制定《全面深化预算绩效管理改革实施意见》,创新改革试点任务,强化绩效工作规范,高质量构建形成全方位、全过程、全覆盖的预算绩效管理体系。推进政府采购制度改革。健全交易机制,加强政府采购标准化建设,全面推广应用电子招投标,持续优化营商环境。推进财政法治建设。制定关于深入推进财政法治建设的实施意见,加强财政工作合法性审核,创新实施法治审核员制度,防范财政法律风险。

【加强财政监管】 落实政府带头过"紧日子"。建立厉行节约坚持过紧日子长效机制实施意见,压减非重点非刚性支出,严控新增预算审批,全年一般性支出压减10.7%。强化财政监督。实施市级预算单位财政资金使用管理专项检查,组织全市基层财政资金安全"回头看"行动,推进地方财政收入问题专项行动,全年累计开展9项检查行动。防范化解债务风险。督促全市各地强化化债主体责任,核查化债数据,统筹资金资产资源,调整优化化债计划方案。完善常态化监控机制,规范政府举债融资行为,守牢风险底线。探索创新财会监管方式。完善制度体系,建立财政监督"一员一库"制度,健全财政检查工作规程;优化检查方式,建立部门协同监管、信息共享机制。履行市级国有金融资本出资人职责。健全"1+1+N"的国有金融资本管理制度体系,优化国有金融资本布局,落实国有金融资本联合监测监管机制,探索建立国有金融资本经营预算制度。

【干部队伍建设】 强化机关党建。通过市局理论中心组学习、局长书记讲党课等形式,深入学习习近平总书记"七一"重要讲话精神和党的十九届六中全会精神,研究贯彻落实措施,做到"中央省委有部署、宁波有要求,财政见行动"。打造"锋领财政四明管家"机关党建品牌,实行"一支部一品牌"。机关第十支部被列为首批市直机关模范党支部,第五支部被评为市直机关先进基层党组织。提升干部能力。加强干部队伍整体建设,搭建智慧财政讲坛、财政学堂和处室日常业务学习三大平台,提升干部系统谋划、干事创业的专业能力。展示干部风采。开展主题党日、读书征文、党史知识大赛、主题朗诵比赛等活动,举办支部书记微型党课集中展示,促进十九届六中全会精神和财政业务工作深度融合。开展"我为群众办实事、我为企业解难题、我为基层减负担"专题实践活动,累计走访服务单位90余家,收集意见建议近60条,关注群众所思所想所需所求。

(宁波市财政局供稿 范 雯执笔)

海曙区

【概况】 2021年,宁波市海曙区实现地区生产总值(GDP)1400.63亿元,增长9.2%。其中:第一产业增加值16.37亿元,增长0.7%;第二产业增加值427.51亿元,增长9.3%;第三产业增加值956.75亿元,增长9.4%,三次产业结构比为1.2∶30.5∶68.3。按户籍人口计算,人均GDP 218941元,增长8.5%。全年财政总收入225.31亿元,增长19.9%,其中一般公共预算收入129.70亿元,增长12.0%,占GDP的9.3%、占全区财政总收入的57.6%;全年税收收入119.97亿元,增长20.0%,占一般公共预算收入的92.5%。全年完成非税收入14.35亿元,其中纳入一般公共预算管理的非税收入9.73亿元。全年完成一般公共预算支出113.89亿元,增长11.7%。全年财政收支平衡。

【科学管理财政收支】 应对组织收入形势变化,科学预判疫情和减税降费影响,防范因收入波动带来的财政运行风险。统筹上级和本级财政资金,发挥财政在制度、政策、资金等方面的保障作用。落实政府过紧日子政策,压减"三公"经费、会议费、培训费,节省资金统筹用于民生领域经费保障,节用裕民。落实常态化财政资金直达机制,确保资金精准高效落地,第一时间将中央直达资金3.20亿元及市配套资金0.45亿元分配下达,并安排区级配套资金1.72亿元,形成资金叠加放大效应,统筹落实各项惠企利民政策,实现民生补助资金全覆盖,涉及教育、卫生、社会保障、老旧小区改造、住房保障等领域的60个项目,惠及群众83.6万人。

【支持经济发展】 支持临空经济示范区建设,保障宁波国际邮件互换中心运营,推进内外贸一体发展,深化区域开放合作。保障重点区块资金需求,保障机场四期安置房建设,支持推进丁家湾区块开发,支持鄞江堤防工程、中医药特色街区改造等重点领域重大基础设施建设项目顺利推进。支持加快建设先进制造业,夯实服务业主导地位,商贸业、金融业规模不断壮大。支持深入实施"百创汇海""菁英汇海""匠心汇海"三大引才计划,重点支持数字经济核心产业领域的团队和人才,打造高素质人才发展重要首选地。建强重大创新平台,支持关键核心技术攻关,重点实验室建设,扶持领军企业、研究机构发展。实施新时代美丽乡村工程,加快推进乡村产业振兴行动,持续深化农村集成改革,健全财政转移支付和生态补偿机制。落实减税降费政策。继续实施降低增值税税率等制度性减税政策,政策叠加效应持续释放,落实阶段性减税降费政策和结构性减税政策,强化小微企业税收优惠,支持制造业和科技创新,继续阶段性降低失业保险、工伤保险费率,加大各类违规涉企收费整治力度,确保落实落细减税降费政策。全年减税降费15.70亿元。

【增进民生福祉】 满足群众对美好生活的需要,全年民生领域支出81.56亿元,增长12.7%,占一般公共预算支出的71.6%,其中教育支出21.92亿元,卫生健康支出8.92亿元,社保和就业支出12.36亿元。推进学前教育优质普惠,扩大学前教育资源供给,健全学生资助政策,实现所有学段、公办民办学校、家庭经济困难学生全覆盖。促进医疗卫生服务品质提升,持续推进医联体"一体化"医疗体系建设,提升基本公共卫生服务能力水平。加强社保基金资金保障,全力支持社保各项改革措施,持续实施全民参保计划,困难群众医疗保险实现全覆盖;落实就业优先政策,继续阶段性降低失业和工伤保险费率,不断健全就业体系,强化就业创业政策资金保障;加快推进住房租赁市场发展,加强住房保障;支持居家养老服务机构建设运营、社会养老服务体系建设等,养老体系不断健全。支持实施"百川工程"等文化惠民活动,开展农村文化礼堂建设,支持中医药文化传承生态保护区创建、省级公共文化服务体系示范区创建等,完善公共文化服务体系。继续支持城乡交通路网体系优化、"四好"农村公路建设、美丽城镇创建和农村污水治理等工程,促进城乡共同富裕、协同发展。

【深化财政改革】 持续推进财政数字化改革,推进预算管理制度改革,全面启用"智慧财政"系统。完成新一轮区与镇(乡)、街道、园区财政管理体制改革,理顺区镇两级财政分配关系。推进区级行政事业单位内控建设,强化镇(乡)、街道财政财务规范化管理,健全财政财务管理制度体系,提升财政财务管理水平,防范违法违纪风险。推进财政电子票据改革,完善国库支付电子化改革,规范单位银行账户和公款竞争性存放管理。推进政府投资项目引入社会资本,建立PPP项目储备库。推进融资平台公司实体化、市场化转型,统筹资产资源整合。推进"证照分离"改革,审批事项实行告知承诺制度,进一步便民利民。建立会计人员诚信管理体系,强化对全区会计人员的监督管理。

【加强队伍建设】 开展党史学习教育,确保广大党员对规定篇目、身边典型的学习不走形式、出实效。落实全面从严治党主体责任和"一岗双责",持续深入开展警示教育,确保干部能成事不出事。依托"我为群众办实事,我为基层减负担,我为企业解难题"活动,结合领导干部联系服务基层制度,局班子成员"带题上门",深入基层、企业开展业务辅导,精准服务。发挥"才正讲堂"作用,通过开展财政业务宣讲交流、廉政教育、道德教育、文化讲座等活动,提高党员干部业务水平、廉政意识、文化素养。推进"海财有爱"志愿服务团队建设,组织和引导广大干部职工履行社会责任,开展台风救灾、秩序维护、文明劝导、扶贫济困、基层抗疫等志愿服务活动;组织参加"两优一先"评选、微型党课宣讲、"光荣在党50年"纪念章颁发等活动,充分展现党建引领作用。

(宁波市海曙区财政局供稿 高 瑜执笔)

江北区

【概况】 2021年,宁波市江北区实现地区生产总值829.43亿元,按可比价格计算,增长10.1%。其中:第一产业增加值8.53亿元,下降1.6%;第二产业增加值259.57亿元,增长13.7%;第三产业增加值561.33亿元,增长8.8%。三次产业结构比重为1.0:31.3:67.7。按照常住人口计算,人均生产总值为168446元。全区财政总收入171.07亿元,增长20.6%,一般公共预算收入101.63亿元,增长20.6%,占财政总收入的59.4%、占地区生产总值的12.3%,税收收入91.84亿元,占一般公共预算收入的90.4%;全区一般公共预算支出79.30亿元,增长7.5%。全年财政收支平衡。

【组织财政收入】 完善财政收入分析联席会议制度,关注国内外经济形势和宏观经济政策及疫情影响,强化重点行业、企业税收分析预测,提前应对备案,提升收入研判的科学性、准确性,把握组织财政收入的进度和节奏。深化企业服务,开展重点企业、重大项目走访服务,加强对中小微企业纾困帮扶,落实中央、省、市减税降费各项政策,全年新增减税降费14.93亿元。强化招商引资,依托文创港、慈城古县城、前洋经济开发区等平台,围绕"5G+"产业、工业互联网、智能制造、数字产业、现代商贸、医疗健康等重点产业,开展招引央企总部、行业头部企业等优质税源,培育财政收入新增长点。加强非税收入征管,全年非税收入82.94亿元,其中,纳入一般公共预算管理的非税收入9.79亿元,增长113.6%。

【促进产业增效】 完善财政扶持政策体系,推动高新技术产业和高端服务业"双轮驱动",以绩效为导向,出台财政支持港航服务业、高端专业服务业、科技服务业、制造业高质量发展、泛老外滩金融保险创新港等产业政策。支持打造"光学膜""5G+工业互联网智能制造"新兴产业链标和发展集聚现代服务业,促进数字产业发展,培植楼宇经济。优化支持方式,推动成立产业发展引导基金,母基金总规模1.05亿元,其中财政出资0.40亿元与社会资本成立4.72亿元规模的产业发展子基金。支持创新驱动,加大财政科技投入,一般公共预算科学技术支出4.24亿元,增长17.1%。支持人才强区战略实施,保障揽才聚智工作,推动领军人才、创业创新人才"双倍增"行动。

【增进民生福祉】 全年民生支出52.32亿元,占一般公共预算支出的66%,增长13.4%。加大对公共安全、教育、医疗卫生、社会保障、文化体育、农林水、生态环保、城乡社会管理、住房保障等社会民生领域的财政投入。支持建设健康江北,全年卫生健康支出4.04亿元,持续保障疫情常态化防控,完成市第九医院公卫楼改建、甬江和洪塘社区卫生服务中心硬件提升;支持发展特色中医药,慈城古县城打造中医药特色基地。支持打造优学品牌,全年教育支出12.64亿元,增长18.9%,全面落实"双减"教育政策,宁波上海世界外国语学校、江北中学二期投用,省级现代化学校数十所。支持实施乡村振兴战略,全年农林水支出6.86亿元,增长10.2%,推进现代农业和旅游业融合,助推村庄环境整治、风貌塑造、文化挖掘;实施美丽创建,新增省级景区村8个、美丽乡村精品村5个。支持改善生态环境,市控以上断面水质优良率保持100%,空气质量优良率93.3%。支持社会保障事业,全年社会保障和就业支出5.98亿元,增长36.2%,促进就业创业,城镇新增就业2.5万人,失业人员和就业困难人员再就业率全市第一,户籍人口养老保险和基本医疗保险参保率全市领先。支持文体事业发展,全年文化体育与传媒支出1.08亿元,助推文化强区建设,保障全区庆祝建党100周年、大运河国际钢琴艺术节、海上丝绸之路文旅博览会、唐弢文学奖等重大文化活动开展。

【深化财政改革】 建立常态化财政资金直达机制，全年中央直达资金1.82亿元(不含参照直达资金)，省直达资金550万元。其中中央直达资金支付1.37亿元，整体支出进度74.9%；省直达资金支付497万元，支出进度90.4%。开展“智慧财政”建设，上线预算管理一体化系统，促进财政资金全方位监管，提高预算执行效率。打造惠企政策兑现“一件事”集成服务，简化操作环节，促进政策落地见效。强化绩效评价改革，将考核对象扩大至各预、决算公开单位，强化预算绩效目标公开等基础工作，提升绩效管理意识。深化国有企业改革，确定改革方案，健全各项制度，出台国企负责人履职待遇、业务支出、经营业绩考核、人员管理等管理办法，推进国有资本布局优化，提升国企实体化运作能力。加强地方政府性债务管理，防范财经运行风险。

【提升队伍建设】 强化党组理论学习中心组学习机制，开展党史学习教育和十九届六中全会精神学习贯彻落实。开展理论宣讲、微党课、场景教育、音乐党课等活动，提升学习效果。落实全面从严治党主体责任，建立三级责任体系，压实党组书记、班子、科室负责人的主体责任，完善“三色”履职记录簿体系，落实“两交底”制度(科室职责和廉政风险点)和“五必谈”机制。提升财政服务水平，深化“强服务、提效能、促担当”活动，服务基层企业、结对社区及预算单位，并组织干部下沉，抗击台风“烟花”，志愿服务疫情防控。创新廉政风险排查机制，组织全体干部排摸岗位职责及工作流程中的廉政风险点，制定防控措施。建立导师、老师、青年干部培养机制，开展读书分享会、进企业学党史、青年座谈会等导师教学活动，提高青年干部综合素质。推动区国资管服中心和5大区属国企的党建“1+5”的品牌建设，促进国企业务经营和党建工作双提升。

（宁波市江北区财政局供稿　包　鑫执笔）

镇海区

【概况】 2021年，宁波市镇海区实现地区生产总值(GDP)1252.40亿元，按可比价格计算，增长7%。分产业看，第一产业7.06亿元，增长3.1%；第二产业839.66亿元，增长7.8%；第三产业405.68亿元，增长5.5%。三次产业结构比为0.6∶67.0∶32.4。城镇居民人均可支配收入、农村居民人均可支配收入分别为77367元和44064元，分别增长8.7%和8.9%。全社会固定资产投资增长22.6%。全年全区财政总收入152.88亿元，增长13.0%。一般公共预算收入89.94亿元，增长6.4%。一般公共预算支出95.95亿元，增长9.4%。全年财政收支平衡。

【稳住财政收支基本盘】 组织财政收入。全年一般公共预算收入占财政总收入的58.8%，占生产总值(GDP)的7.2%。税收收入76.81亿元，增长11.8%，占一般公共预算收入的85.4%。全年非税收入15.33亿元，其中纳入一般公共预算管理的非税收入13.14亿元，下降16.9%。贯彻落实减税降费政策。落实落细一系列减税降费政策，减轻企业负担，发挥政策“放水养鱼”作用，2021年累计新增减税降费8.60亿元，其中：税收减免7.47亿元，社保降费、非税减免等1.13亿元。落实政府“过紧日子”要求。压减非急需非重点支出，削减低效无效支出，一般性项目支出和“三公”经费分别在上年压减基础上，再压减10.8%和8.0%。加大存量资金清理力度。根据结转结余清理要求，收回结余指标3.86亿元，收缴单位结余资金0.16亿元，消化存量资金1.54亿元。统筹预算编制和执行。优化预算安排挂钩管理机制，对各单位截至当年10月底实际项目整体执行率低于80%的，按一定比例压减部门下年预算控制数。加强预算执行分析和结余预清理，对当年9月底前尚未实施的项目，冻结未分配指标的50%，全年冻结指标8200万元。保障重点领域支出。建立动态调整追加机制，持续为疫情防控提供坚实资金支持，累计统筹1.56亿元疫情防控专项资金。科学制定“两直”资金分配方案，累计安排直达资金3.61亿元。疫情防控期间保障财政资金优先用于“三保”支出。

【统筹推进疫情防控和经济社会发展工作】 做好疫情防控工作。全体干部职工分批下沉村、社区和企业一线做好疫情防控和复工复产工作，累计下沉600多人次。开通资金拨付“应急通道”、指标下达“快速通道”和政府采购“绿色通道”，保障全区行政运行和疫情防控资金需求。助力企业稳岗留工促产。春节期间实施“浙里过年、镇海有礼”专项行动，明确留镇政策相关人员认定标准和实施范围，明确企业补助资金申报、发放流程。发放各类补助2000万元、减免景区门票998万元。年末突发疫情防控期间，简化审批流程，提高拨付效率，累计兑现各类政策资金1.01亿元，拨付专项抗疫保障资金1500万元，安排“留工优工稳企促产”专项行动资金5000万元。优化环境服务实体经济。推动制造业高质量发展，全年累计完成项目申报428个，拨付资金10.20亿元(其中区级4.64亿元)，涉及企业及个人6000余家/次。产业发展基金对外投资项目10个(其中直投项目3个)，认缴投资3.60亿元、实缴2.70亿元，带动社会投资21.80亿元，撬动社会杠杆6.04倍。汇智天使人才基金对外投资项目16个，投资金额3950万元，撬动社会资本3.80亿元。

【保障民生福祉】 全年民生支出77.37亿元，占一般公共预算支出80.6%。完善社会保障体系。全年安排社会保障和就业支出1.11亿元，主要用于城乡居民社会养老保险基金7320万元、社区事业保障补助经费3088万元、城市最低生活保障1217万元、残疾人保障专项经费4125万元。安排卫生健康支出5.00亿元，主要用于公立医院综合改革和政策性补助1.25亿元、提升公共卫生服务和基层卫生保障水平1.36亿元、新型冠状病毒防控及相关支出1.26亿元、推进镇海区智慧健康保障工程建设467万元。加大教育事业投入。全年安排教育支出15.00亿元，其中用于保障全区中小学教育资源配套建设等工程基建资金1.58亿元。支持做好"双减"政策相关调研工作,配合教育局出台《关于公办义务段学校课后服务收费和师资薪酬补助实施意见》。推进美丽乡村创建。全年安排农林水支出5.00亿元,主要用于美丽乡村、水利设施、一事一议项目等建设,重点支持人居环境整治。成功创建省级农村生活垃圾分类处理工作优胜县(市、区),九龙湖镇、澥浦镇、骆驼街道、庄市街道为农村垃圾分类市级示范镇。安排3.46亿元开展水环境综合治理,支持清水浦泵站工程、"海塘安澜"工程等重大水利项目建设。提升公共文化服务能力。全年安排文化旅游体育与传媒支出1.45亿元,主要用于完善公共文旅体设施,促进更多户内外文旅体活动场所、公共文旅体服务提质增效,配套设施进一步提升。

【推进财政改革】 优化财政管理体制。2021年镇街道财政管理体制发挥作用,六个镇街道一般公共预算收入增长21.8%,财力相较于上年增加1.00亿元,切实保障镇街道的"三保"支出和各项刚性支出。规范公款竞争性存放管理。开展中央巡视反馈问题自查整改工作,涉及区本级及镇(街道)财政专户18个,行政事业及其下属单位251家。完善财政资金招投标综合评分指标体系,提高银行机构经营指标权重至40%,保障财政资金存放安全性。完成预决算编报和公开工作。完成2020年度部门决算、总决算和政府综合财务报告编制等工作,严格规范基础数据管理。稳妥推进部门所属二级预算单位预决算公开,全年实现部门预算公开116家,2020年部门决算公开161家。强化基本建设财务管理。加强项目合同管理,加快政府投资项目决(结)算审计工作,清理竣工项目33个,清理结余资金7812万元。推进基建项目信息化监管,实时查看资金进度,拨付资金3.40亿元。加强财政监督和绩效管理。2021年,对259个重点项目开展"双监控",调减项目预算资金1936万元,暂停或终止项目4个。强化政府采购监管,全年完成政府采购项目294个,采购预算6.47亿元,成交金额4.38亿元,节约资金2.09亿元,资金节约率32.3%。

【强化政府性债务管理】 化解隐性债务风险。综合运用项目结余资金、资产处置变现偿还以及核销未提款等多种措施加快化债进度,加大土地出让金及上级成本结算的统筹用于化债力度。助推重点项目建设实施。全年累计发行政府债券40.60亿元,其中发行再融资债券6.40亿元偿还以前年度到期债券;发行新增专项债券34.20亿元,保障宁波绿色石化等13个重点项目建设实施。提升债务管理水平。加强政府债券、隐性债务和乡镇债务的常态化风险监测,落实隐性债务化解进度、债券资金使用进度月报和定期通报制度。规范完成政府债务预决算公开和政府债券存续期信息公开。

【加强财政干部队伍建设】 提升政治素养。开展党史学习教育,领导班子带头上专题党课,掀起"六讲六做"大宣讲热潮。选派党员干部参加"岗位大练兵,技能大比武"知识竞赛,制定"学习强国"学习方案,"学习强国"学习成绩全区排名靠前。提升服务效能。开展文明志愿活动,全员赴总浦桥社区开展垃圾分类宣传、新冠疫苗接种宣传等志愿服务活动。深化"三服务",提高代理记账机构行政许可审批效率,符合条件的当场作出准予许可决定。实现行政事业单位和社会组织财政票据电子化全覆盖,助力公共服务便民利民。筑牢廉政防线。每季度党组研究部署党风廉政建设工作,督促落实"一岗双责"。组织纪律法规网上视频学习,通过典型案例剖析强化警示教育成果。经常性开展谈心谈话,及时掌握干部思想动态,提前打好"预防针"。

(宁波市镇海区财政局供稿　姚　玥执笔)

北仑区

【概况】 2021年,宁波市北仑区(含开发区、保税区、大榭开发区)实现地区生产总值(GDP)2382.50亿元,按可比价计算,增长8.0%。其中,第一产业增加值8.72亿元,增长3.5%;第二产业增加值1208.22亿元,增长7.9%,其中工业增加值1144.10亿元,增长8.8%;第三产业增加值1165.56亿元,增长8.1%,三次产业结构比为0.4∶50.7∶48.9,第二、第三产业分别拉动GDP增长3.9和4.1个百分点。按户籍人口计算,人均地区生产总值459323元。2021年北仑区(含开发区、保税区、大榭开发区)财政总收入781.11亿元,增长27.6%,总量位居全省第一。其中:北仑区本级和开发区505.26亿元,增长28.2%;保税区86.37亿元,增长17.8%;大榭开发区189.48亿元,增长30.9%。北仑区(含开发区、保税区、大榭开发区)一般公共预算收入391.89亿元,增长26.8%。其中:北仑区本级和开发区254.98亿元,增长24.7%;保税区41.43亿元,增长16.5%;大榭开发区95.48亿元,增长38.5%。2021年,北仑区(含保税区、大榭开发区)一般公共预算支出308.79亿元,增长9.9%,其中北仑区本级和开发区一般公共预算支出208.71亿元,增长9.1%。全年财政收支平衡。(以下数据除特殊说明外仅指北仑区本级和开发区)

【组织财政收入】 持续升级税源管理系统,构建大数据交换平台,掌握组织收入主动权,2021年度39家税收支柱企业(集团)完成各项税费收入95.37亿元,增长26.0%,占财政总收入的18.9%。注重统筹协调,既测算好经济税源和减免税的"总账",又掌握好各行业税收潜力和风控的"明细账",通过全面了解免抵调、缓缴税款和非税收入相关情况,提高财政收入质量。加强非税收入管理,2021年北仑区本级和开发区全年完成非税收入25.52亿元,增长1.6%,其中纳入一般公共预算管理的非税收入19.93亿元,增长16.4%。

【支持经济发展】 健全专项资金扶持体系,全面梳理整合北仑区扶持政策,制定《北仑区(开发区)促进产业结构调整专项资金扶持政策》。支持制造业高质量发展,加大稳增长调结构投入力度，重点支持宁波万千亿级产业集群培育工程和千百十亿级企业培育工程。加大人才引进培养的政策服务和资金保障，安排“青年北仑”和人才基金5.72亿元，支持各项引才工作，促进自贸区青年集聚发展。常态化落实财政资金直达机制，加快直达资金的分配和支付工作，确保资金直接惠企利民，2021年度直达资金范围从中央资金扩展到市县配套资金。截至12月底，全区安排直达资金6.69亿元，其中中央直达资金3.31亿元。落实更大规模的减税降费政策。2021年新增减税降费17.42亿元，其中2021年新出台的政策减税降费8.82亿元。

【保障民生支出】 保证民生投入力度，统筹财力兜牢民生底线，全年民生支出83.10亿元，剔除吉利一次性央补资金影响后比2020年增长1.3%，占一般公共预算支出的71.5%。教育支出21.75亿元，增长0.8%，主要用于支持各类教育资源均衡发展，推进学前教育普及和义务教育优质均衡区创建，建立健全公共财政扶持民办教育政策体系。科学技术支出11.75亿元，增长16.2%，主要用于加大科技企业扶持力度，强化科技赋能，提升高新引领能力，培育创新主体，搭建区域科创平台，做大高新技术企业“北仑板块”。文化体育与传媒支出2.54亿元，与上年基本持平，主要用于推进文化产业创新发展和转型升级。社会保障和就业支出15.04亿元，增长15.1%，主要用于完善社会保障制度体系，落实保险惠民，健全特困人员救助供养体系和退役军人服务保障体系，推进居家养老服务工作。卫生健康支出10.49亿元，增长3.1%，主要用于优化基本医疗保障体系，抓紧抓实抓细常态化疫情防控，全年支出1.00亿元用于新冠疫苗接种补助、隔离点经费保障等。

【强化财政管理】 制定北仑区各职能部门落实紧日子工作任务清单，确保“三公”经费支出只减不增，2021年“三公”经费支出2710万元，下降5.5%。健全财政存量资金定期清理机制，加强结转结余资金管理，全年清理盘活存量资金1.31亿元，统筹用于民生项目和重点领域。推进数字财政建设，实现财政电子票据管理改革，开启从“群众跑腿”到“数据跑腿”的服务管理新模式。全面落实预算绩效管理，在部门自评覆盖面逐年提高基础上，增加财政重点绩效评价项目数量，2021年选取10个项目开展重点绩效评价、4个部门开展重点部门预算绩效监督评价，评价和监督结果作为改进预算管理和安排以后年度预算的重要依据。修订《北仑区街道财政规范化建设考核办法》，强化街道财政财务基础工作，增强街道可持续发展的内生动力。持续深化财政预决算信息公开，组织开展2018—2020年度预决算公开情况“回头看”，指导区级68家单位完成2021年度部门预算和“三公”经费预算公开。

【加强队伍建设】 开展党史学习教育。通过理论学习中心组带头学、全体党员干部学、深化“周二夜学”、开设专栏学、组织竞赛学、开展党课学、组织讨论学等形式，深入开展党史学习教育，提高全局干部职工的思想境界和综合素质。抓好机关党建工作。以创建“模范机关”为抓手，以党史学习教育为突破口，突出党建引领服务中心工作，提高机关党建工作质量，2021年北仑区财政局党总支获评区级先进基层党组织。激发干部队伍活力。规范干部选拔任用，同时做好对干部的关心关爱，提高干部干事创业的精气神。2021年，职级晋升干部15名、职务晋升干部5名、新入职干部13名。落实党风廉政建设。制定局2021年《党风廉政建设与反腐败工作要点》《党风廉政建设与反腐败组织领导与责任分工》《党风廉政建设与反腐败责任范围和对象》，明确主体责任，落实“一岗双责”，将财政工作与党风廉政建设紧密结合。组织班子成员、科室及全局干部排查廉政风险点，局机关排查个人廉政风险点271个，科室廉政风险点48个。

（宁波市北仑区财政局〔宁波经济技术开发区财政局〕供稿　田苗苗执笔）

鄞州区

【概况】 2021年，宁波市鄞州区（含宁波国家高新区、东钱湖旅游度假区）实现地区生产总值2500.30亿元，按可比价格计算，增长7.0%。区本级生产总值2166.10亿元，增长6.7%，分产业看，第一产业增加值28.70亿元，增长2.8%；第二产业增加值567.10亿元，增长8.7%；第三产业增加值1570.30亿元，增长6.0%。三次产业结构比为1.3∶26.2∶72.5。2021年，全区（含宁波国家高新区、东钱湖旅游度假区）财政总收入494.39亿元，增长8.3%，其中一般公共预算收入294.24亿元，增长7.6%（含税收收入271.05亿元，增长13.8%）；一般公共预算支出247.54亿元，增长7.5%。区本级财政总收入392.83亿元，增长7.51%，其中一般公共预算收入231.92亿元，增长7.3%（含税收收入214.20亿元，增长10.5%）；一般公共预算收入占财政总收入的59.0%，税收收入占一般公共预算收入的92.4%。一般公共预算收入中，非税收入17.72亿元，占一般公共预算收入的7.6%。全年一般公共预算支出183.38亿元，增长10.2%。全年财政收支平衡。

【支持经济发展】 2021年鄞州区安排17.58亿元资金用于支持经济发展，其中“一企一策”预算资金9.01亿元，支持优势产业做大做强，为“154”千百亿产业集群*、“343”服务业倍增发展行动*、“254”外贸攻坚倍增提质行动*等重要战略提供资金保障。全面落实减税降费政策，全年新增减税23.34亿元，减轻企业负担，激发市场主体活力，优化营商环境，涵养税源，入选“2021年中国企业家幸福感最强市（区）”。

【优化支出结构】 贯彻落实政府“过紧日子”要求，全年“三公”经费支出下降9.8%，实现“九连降”。加强财政资源统筹，收回部门存量资金24.50亿元，用于疫情防控、重点项目、基本民生等领域投入。争取政府专项债，发行专项债18.10亿元，保障重点项目推进。

【保障民生支出】 2021年鄞州区属民生支出140.42亿元,增长14.6%,占一般公共预算支出76.6%。其中安排教育支出33.40亿元,新(迁、扩)建中小学5家、幼儿园7所,优化教育资源配置。安排社保和就业支出23.90亿元,打造"最美就鄞"品牌,发放稳岗补贴3334万元,新增城镇就业4.65万人。安排卫生健康支出19.10亿元,医疗资源总量、健康浙江建设居省内领先水平。

【推进财政改革】 作为宁波市唯一入选中央2021年财政支持深化民营和小微企业金融服务综合改革试点城市,获得奖励资金3000万元,发挥财政引导金融政策作用。推进数字化改革,全面运用"智慧财政"系统编制2022年部门预算,让预算资金看得见、说得清、管得住。监控预算执行进度,首次按季度进行部门预算支出进度通报,督促部门强化预算执行管理主体意识。深入推进电子票据改革,2021年鄞州区215家行政事业单位500个开票点完成行政事业单位电子票据改革,每年开具电子票据3000万张,节约印制成本260万元。规范政府购买服务预算编制,减少"泛化""滥化"现象。

【完善财政监管】 制定《鄞州区项目支出绩效目标管理办法》《鄞州区项目支出绩效评价管理办法》《预算绩效管理工作规程》,深化预算绩效管理,完善各项预算绩效管理制度。全年纳入预算绩效目标和跟踪管理的项目141个,覆盖54个部门,涉及预算金额24.92亿元。在政府购买服务领域开展绩效管理工作,出台《鄞州区政府购买服务预算绩效管理办法》,开展园林日常养护政府采购服务项目绩效评价工作,探索建立特色绩效管理模式。以未来小城市集成开发为契机,探索国有资本经营预算、地方政府性债务和镇(街道)财政收支综合运行等特定领域的绩效管理制度。加强镇街财政监督指导,对9个一级财政体制镇街开展专项"体检",督促各镇(街道)查漏补缺,对执行中存在问题及时进行整改或修订完善制度,加强镇(街道)财政工作风险意识。安排一般性转移支付,助力经济薄弱地区实现均衡发展。强化政府采购监管,推进"政采贷"金融服务,通过定向采购支持山海协作和乡村振兴。

【推动会计发展】 做好会计专业技术资格考试咨询工作,全区报名参加2021年全国会计专业技术初、中、高级资格考试人数分别为6139、3905、100人。2021年全区会计专业技术人员22019人,完成2021年共同富裕指标数。

【加强队伍建设】 加强党史学习教育,全年开展集中学习50次、专题党课15次、研讨交流8次,组织专题讲座4次、观看视频18次,安排党员赴红色教育基地学习交流5次,参加知识竞赛2次,开展党史知识测试2次。通过上述活动提升党员整体素质。开展对违反中央八项规定精神,整治群众身边不正之风和腐败问题等各领域典型案例剖析教育,观看警示教育专题片,筑牢廉政意识堤坝。结合财政工作实际,履行从严治党"一岗双责",从分管领导、科室负责人、一般工作人员三个层面逐级签订党风廉政建设责任书,形成横向到边、纵向到底、覆盖完整的责任落实体系。

(宁波市鄞州区财政局供稿 肖 扬执笔)

注:

*"154"千百亿级产业集群:对接宁波"246"万千亿级产业集群,到2025年培育形成软件与新兴服务1个千亿级产业集群,汽车、高端装备、新材料、电子信息、智能家电5个五百亿级产业集群,关键基础件、时尚纺织服装、生物医药、节能环保4个百亿级产业集群。

*"343"服务业倍增发展行动:对接宁波"3433"服务业倍增发展行动,壮大现代金融、现代贸易、软件信息三大龙头引领产业,全面巩固高端商务、现代物流、文创旅游、都市消费四大传统优势产业,创新发展科技服务、会议展览、健康养老三大重点突破产业。

*"254"外贸攻坚倍增提质行动:对接宁波"225"外贸双万亿行动,到2025年全区外贸进出口总额占到全市20%以上,重点发展机电及高新技术产品出口、进口贸易、跨境电商、数字贸易、服务贸易5大特色和新型贸易领域,外贸进出口总额超4000亿元。

奉化区

【概况】 2021年,宁波市奉化区实现地区生产总值848.44亿元,按可比价格计算,增长5.6%,第一产业增加值33.79亿元,增长3.5%;第二产业增加值523.83亿元,增长9.1%;第三产业增加值290.82亿元,增长0.2%,三次产业结构比为4.0:61.7:34.3。按常住人口计算,人均地区生产总值146283元。全区城镇居民人均可支配收入64495元,增长9.3%;农村居民人均可支配收入38453元,增长10.0%。实现社会消费品零售总额162.14亿元,增长6.3%。全年完成固定资产投资额比上年增长28.9%。全区财政总收入119.98亿元,增长19.9%,其中,一般公共预算收入74.18亿元,增长15.0%;一般公共预算支出94.39亿元,增长10.6%。全年财政收支平衡。

【组织财政收入】 加强财政收入动态分析,健全财税联席会议机制,分析研判收入形势,严格税收和非税征管,增强财政收入增长的稳定性和可持续性。一般公共预算收入占GDP比重为8.7%,占财政总收入比重为61.8%,税收收入占一般公共预算收入比重为86.6%。全年税收收入64.27亿元,增长15.9%。收入结构保持良好。全年非税收入10.01亿元,增长9.0%,其中一般公共预算收入中非税收入9.91亿元,增长9.5%。

【服务经济发展】 不折不扣落实中央、省、市减税降费政策，强化重点税源、重点企业跟踪，全年减税降费27.30亿元，为企业纾困解难，激发市场主体内生动力。支持经济高质量发展，全年科技支出4.72亿元，增长15.5%，通过财政补助兑付各级各类扶持资金6.98亿元，主要用于支持招商引资、科技政策兑现和“小而美”企业培育等。

【支持民生事业发展】 全年民生支出累计70.60亿元，增长15.6%，占财政支出的74.8%，加强惠民政策“提标扩面”，推进教育、医疗、社保、养老等基本公共服务标准化、均等化。全年教育支出15.99亿元，增长3.3%，主要用于教师队伍建设、薄弱学校改造提升、帮困助学、教育综合发展和现代职业教育提升等。全年社会保障和就业支出15.62亿元，增长29.0%，主要用于各类群体社保、城乡居民最低生活保障、社会养老服务、困难群众补助、残疾人补贴、退役军人安置、就业扶持等。全年卫生健康支出8.93亿元，增长24.3%，主要用于疫情防控、医院亏损补助、保障基本药物补助、推进公共卫生服务均等化、保障医护人员补贴、落实计生奖扶政策和完善医疗保险制度等。全年农林水支出9.03亿元，增长5.5%，主要用于农产品有效供给、农村人居环境提升、农业产业发展、促进农民收入增长等，加快推进农业农村现代化。健全直达资金监管机制，“提速”惠企利民，截至2021年12月底，上级直达奉化区资金4.37亿元，支出进度95.4%，主要用于保障性安居工程、城乡居民医疗保险补助、城乡义务教育、公共卫生等领域。足额保障疫情防控经费，全年投入疫情防控资金8511万元。

【推进财政改革】 推进“智慧财政”系统推广应用，把控关键工作节点，2022年全区部门预算实现“智慧财政”线上编制，促进预算管理科学化、标准化、规范化。开发建立财政税源分析系统，基于税务、市场监督管理局及其他部门提供的基础数据源，实现数据的归集、加工和共享。创新建立重大国有资产地图分析平台系统，摸清资产底数，即时反映六大类资产变动情况和问题资产整改落实情况。牵头资产整合提效专班开展资产整合，完成整改问题2738个，追回各类未及时追缴租金609万元。制定《关于全面规范和强化镇（街道）财政管理的实施意见》，重新梳理完善《奉化区镇（街道）财政工作考核办法》，构建职责明晰、职能科学、任务明确、保障有效、管理规范、运转高效的乡镇财政管理体系。修订完善《宁波市奉化区政府产业基金管理办法》《宁波市奉化区政府产业基金工作人员尽职免责实施办法》等，执行产业基金统一集中管理，防范产业基金政策风险。

【强化财政监督】 坚持问题导向，加大财政监督力度。开展扶贫资金“回头看”和造田项目专项检查。强化财政投资项目评审工作，全年完成评审项目351个，净核减率4.9%，累计净核减额13.45亿元。开展预算绩效管理，全年开展事前绩效评估、事中绩效跟踪、事后绩效评价计100个，核减2022年预算3.38亿元，调减2021年预算2262万元。从严从紧控制政府采购成本，创新“降价+竞价”模式，财政资金节约率7.2%。

【加强债券资金管理】 争取新增债券和债券置换额度，全年向上争取3批专项债，额度18.70亿元，再融资到期债券9.42亿元。对2018—2021年全区15个新增专项债券项目的债券金额、债券资金使用存放情况以及债券项目进展情况等开展核查，确保债券资金按规使用。

【加强队伍建设】 开展党史学习教育，组织庆祝建党100周年系列活动和十九届六中全会精神学习，通过集中研读、专题讲座、书记党课、“讲读谈赛”等方式，打造“线上+线下”“党史+财政”小课堂，形成具有财政特色的党史学习教育氛围。建立活动联办、阵地联建、品牌联创“三联”机制，紧扣“服务”功能，高水平打造“聚沙成塔·把薪助力”党建品牌，实施忠诚卫士、专精尖新、服务先锋、清廉标兵四大干部“培育工程”，推动党建工作与财政工作深度融合，获得区级模范机关创建示范单位、区级文明机关等荣誉。常态化开展“财政服务月”活动，以服务企业、服务群众、服务基层为导向，有针对性地对口联系、惠民惠企。组建“财青”志愿者服务队，按照“有召即应”原则，成立抗台、抗疫、巡街等小分队，统筹开展疫情防控、村社结对、文明创建等各类志愿服务活动。

（宁波市奉化区财政局供稿　周露璐执笔）

余姚市

【概况】 2021年，余姚市实现地区生产总值1441.50亿元，按可比价格计算，增长9.1%。其中，第一产业增加值50.68亿元，增长2.4%；第二产业增加值885.23亿元，增长11.4%；第三产业增加值505.59亿元，增长6.1%。三次产业结构比为3.5∶61.4∶35.1。按户籍人口计算，人均生产总值为173053元。全市财政总收入226.30亿元，增长22.2%，其中一般公共预算收入129.72亿元，增长13.6%；全市一般公共预算支出142.52亿元，增长10.6%。全市财政收支平衡。

【组织财政收入】 围绕组织财政收入，加强分析研究，强化财源建设，挖掘增收潜力，做到依法征收、应收尽收，实现财政收入平稳增长。注重收入质量，全市一般公共预算收入占GDP的9.0%，一般公共预算收入占财政总收入的57.3%，税收收入113.96亿元，占一般公共预算收入的87.9%。加强非税收入管理，2021年全市非税收入175.12亿元，其中纳入一般公共预算管理的非税收入15.76亿元，下降1.5%。

【支持经济发展】 会同相关部门制定出台支持制造业高质量发展、加快现代服务业和开放型经济发展政策措施。落实财政扶持经济政策，2021年拨付各级财政扶持企业政策资金8.43亿元。贯彻落实中央、省、市各项减税降费政策，2021年减免各项税费25.77亿元。推动直达资金落实落地，全年下达直达资金4.42亿元，支付进度99.2%。

【加大财政支农力度】 支持新农村建设，安排2500万元资金用于村级公益事业建设、幸福美丽乡村建设。支持现代农业发展，安排2500万元资金用于农业科技创新平台建设、农业标准化建设、传统产业品质提升等。安排1480万元资金用于规模种粮大户种植补贴，安排1000万元资金用于高标准农田建设。安排650万元资金用于村级集体经济发展和低收入农户增收扶持项目，安排1600万元资金用于政策性农业保险项目。

【支持生态文明建设】 安排8170万元资金用于生态公益林建设、森林城镇及村庄建设、"一村万树"示范村建设和四明山区域生态发展。安排4436万元资金用于水环境整治、河道清污(淤)、山塘治理、小流域治理、泵站改造、农村小水电站技术改造等；安排850万元资金用于农村生活垃圾分类和农药废弃包装物回收和集中处置工作。

【支持社会事业发展】 全年民生支出110.19亿元，增长9.9%，占一般公共预算支出的77.3%。教育支出26.14亿元，增长6.5%，主要用于城乡义务教育、幼儿基础教育建设、再就业教育等。社会保障和就业支出26.08亿元，增长20.6%，主要用于城乡居民基本养老保险财政补贴、最低生活保障金补助、困难群众及优抚对象生活补贴、引进人才费用等。卫生健康支出13.62亿元，增长0.8%，主要用于城乡居民基本医疗保险补助、基本公共卫生服务、新冠疫情防控及疫苗接种补助等。农林水支出14.93亿元，增长10.9%，主要用于水利建设与发展、四明山区域生态发展、农村事业发展、村级集体经济组织补助、防汛等支出。全市节能环保支出2.20亿元，下降21.4%，主要用于生活垃圾焚烧补贴、环保执法监测、环保扶持政策等。全市文化旅游体育与传媒支出2.22亿元，增长10.2%，主要用于旅游业扶持、城乡群众文化活动、群众体育等。做好疫情防控资金保障，全年落实防控资金3.39亿元。

【推进财政数字化改革】 推进财政电子票据管理改革，启动捐赠票据、非税票据、往来结算票据等电子化改革，截至2021年底，余姚市完成财政电子票据改革单位268家，其中行政事业单位230家、社会组织38家，涉及民生领域的财政电子票据改革基本完成。推进"智慧财政"建设，6月份运行测试系统，8月份作为宁波首家"智慧财政"支付系统试点单位上线运行。拓宽统一公共支付平台应用面，提升线上缴费业务量。做好新一轮乡镇财政体制调整，加大对乡镇财政的倾斜力度。

【强化财政监管】 加大存量资金盘活力度，开展结转结余资金清理。落实过紧日子要求，压缩一般性支出，全市"三公"经费下降3%。加强预算绩效管理，对6个项目开展重点绩效评价。组织全市行政事业单位国有资产清查工作，提出分类处置方案，修订行政事业单位资产管理制度。加强财政监督，组织开展基层财政资金安全专项检查工作"回头看"、预决算公开情况专项检查、动用财政资金违规兴建楼堂馆所专项核查、会计和评估监督检查。加强乡镇财政管理，出台新一轮乡镇财政体制。加强债务风险防控，完善细化化债方案，督促各单位有序推进各项化债工作。积极向上争取政府债券，2021年新增专项债券6.50亿元。

【加强队伍建设】 开展党史学习教育，组织党史知识及政治理论学习。丰富党史学习教育载体，开展党史学习交流会、"党史中的巾帼力量"专题教育、"青春心向党"党史知识竞赛、"我的电影党课"、党史现场教学等活动。组织各类志愿服务，开展"洁净家园行、扮美全姚城"垃圾清理、"上门入户访民情办实事"、"心系群众、血浓情深"无偿献血、"微心愿"认领等活动，开展文明城市创建道口文明劝导执勤，落实低收入农户"一户一策一干部"工作。加强作风建设自查，通过浙政钉对干部上下班纪律、请销假制度执行等情况进行抽查，开展民间借贷问题、收受礼品礼金问题、酒驾醉驾及其背后的"四风"问题等自查自纠。强化廉政教育，组织开展典型案例剖析，收看廉政警示教育片，在局内网开设廉政专栏，利用短信、局内网平台加强日常廉政和效能提醒。

(余姚市财政局供稿 陈立军执笔)

慈溪市

【概况】 2021年慈溪市(包括杭州湾新区和庵东镇)实现地区生产总值(GDP)2379.17亿元，按可比价计算，增长8.4%。其中第一、二、三产业增加值分别为60.95亿元、1455.33亿元、862.89亿元，分别增长2.9%、11.4%、4.5%，三次产业结构为2.5∶61.2∶36.3。按常住人口计算，全市人均地区生产总值128896元。全市*财政总收入387.68亿元，增长9.0%，其中市级(即慈溪市本级)财政总收入216.50亿元，增长15.3%；全市一般公共预算收入225.27亿元，增长12.3%，其中市级一般公共预算收入135.09亿元，增长13.9%；全市一般公共预算支出246.51亿元，增长13.4%，其中市级一般公共预算支出159.56亿元，增长11.9%，全市财政收支平衡。

【组织财政收入】 主动与税务部门通力合作，以联席会议为抓手，把握税源发展趋势，深度分析影响收入增减变化的主要因

*全市指慈溪市，包括杭州湾新区和庵东镇；市级，指慈溪本级，不包括杭州湾新区和庵东镇。

素，有针对性地采取措施，按月做好组织收入的预测、分析，挖掘收入潜力，财政收入实现恢复性增长。全市一般公共预算收入占GDP的9.5%；一般公共预算收入占财政总收入的58.1%；税收收入190.30亿元，增长10.8%，占一般公共预算收入的84.5%。加强非税收入征管，全市组织非税收入总额241.69亿元（含政府性基金），增长31.9%，其中纳入一般公共预算管理的非税收入34.96亿元，增长21.5%。

【促进经济发展】 落实落细各项减税降费政策，全面落实政府性基金、行政事业性收费减免等优惠政策，继续清理各类涉企收费，阶段性实施涉企不动产登记"零收费"政策，降低企业生产经营成本，激发市场主体活力，全年减免税费22.00亿元。加强产业政策扶持及资金保障，提升产业政策兑现效率，支持建设现代产业体系，强化农业农村优先发展投入保障，助力乡村振兴，市级全年累计兑现本级扶持资金7.90亿元，释放积极财政政策红利，提振企业经营信心。深化"三服务"和"三为"专题实践活动，主动为企业送政策上门和开展现场答疑活动，分批分期深入重点企业开展调研走访，全年上门走访服务企业212家，解决问题82家次。完善常态化财政资金直达机制，市级全年收到中央直达资金5.50亿元，支出5.44亿元，支出进度98.9%，推进惠企政策落地见效。

【保障民生支出】 做好"六稳""六保"工作，统筹财力兜牢民生底线，连续六年获评中国最具幸福感城市。市级一般公共预算用于民生支出130.70亿元，占比81.9%，保障完成市十项民生实事项目。加大对教育、卫生支出力度，完成教育支出37.60亿元，增长0.5%，明月书院、文锦书院、温医大研究生培育基地（宁波）建成投用，落地实施"双减"政策，义务教育学校课后服务全覆盖。完成卫生健康支出18.39亿元，增长27.6%，加强常态化疫情防控资金保障，全年一般公共预算投入疫情防控资金1.28亿元，支持全民做好新冠病毒疫苗接种工作，全年通过医保基金上划居民免费疫苗和接种经费2.08亿元。完成农林水支出7.83亿元，增长24.8%，强化农业农村优先发展投入保障，土地出让金用于农业农村支出13.03亿元，占比7.3%。

【防范财政风险】 加强债务预算管理，强化债务风险源头管控，规范举债融资行为，按规定方式和计划稳妥化解存量隐性债务。遏制隐性债务增量，防范新增隐性债务风险，持续开展债务管理"回头看"，守住不新增隐性债务的底线。在落实债务限额的前提下，加强债券项目的梳理，实行常年筛选、滚动储备。2021年市级累计申请项目16个，新增专项债券资金28.00亿元。防范社保基金运行风险，加大社保基金统筹力度，确保基金收支平衡，全面执行企业职工养老保险省级统收统支工作规定。提升社保资金保值增值能力，完成省级社保风险金委托存放资金18.15亿元、市本级社保资金14.98亿元的竞争性选择定期存放工作。

【推进财政改革】 推进数字财政建设。深化财政电子票据管理改革，实现市级行政事业单位电子票据上线工作，上线用户265家，开展社会组织财政电子票据推广应用，上线89家；完成新版非税征缴系统全面上线，上线单位358家；推进"智慧财政"系统建设，市本级67个部门依托预算管理一体化系统编制2022年预算。硬化预算刚性约束。出台《慈溪市本级财政预算追加管理办法（试行）》，规范财政预算执行中追加支出事项的申报、审批程序，提高财政资源配置效率和使用效益。建立政府过紧日子长效机制。全年压减一般性支出9667万元，压减率10.1%。深化预算绩效管理。完善事前、事中、事后有机衔接的全过程绩效管理链条，形成相互配合支撑的多层次制度体系。推进基层财政改革。调整完善镇级财政体制，强化和规范镇级财政管理，理顺市镇两级财政分配关系，提升镇级财政财务管理水平。

【加强队伍建设】 聚焦党史学习教育，利用"周二夜学""三会一课"、主题党日、学习强国等学习平台，组织开展专题组织生活会、观看党史电影，邀请专家作专题讲座，强化政治学习。制定财政"三为"任务清单，组织"上门破难题　服务零距离"专项活动，走访贫困户24人次，认领微心愿38个，参加志愿服务120余人次，强化政治历练。聚焦精专型队伍建设，组织2021年全市行政事业单位财政财务培训、财政大讲堂等，强化专业研学；选派干部到财政部宁波监管局锻炼，内部轮岗交流，强化多岗历练；精准化引入专业干部7人，优化队伍年龄结构。聚焦严管厚爱文化，全年开展纪律检查24次，对7名新进干部开展集中谈话，弘扬清廉之风；丰富党组织活动，强化青年读书、"清风伴我家"等品牌建设，增强队伍凝聚力。

（慈溪市财政局供稿　徐维杰执笔）

宁海县

【概况】 2021年，宁海县实现地区生产总值840.10亿元，按可比价格计算，增长8.8%。其中：第一产业增加值50.67亿元，增长3.6%；第二产业增加值429.40亿元，增长10.3%；第三产业增加值360.03亿元，增长7.9%。三次产业结构比为6.0∶51.1∶42.9。固定资产投资增长1.1%。按户籍人口计算，人均生产总值132853元。城镇居民人均可支配收入69995元，增长9.0%；农村居民人均可支配收入39836元，增长10.1%，城乡居民收入比为1.76∶1。全县财政总收入107.81亿元，增长3.7%；一般公共预算收入68.66亿元，增长1.1%，占财政总收入的63.7%，占地区生产总值的8.2%；一般公共预算收入中税收收入50.67亿元，占比73.8%。非税收入72.66亿元，其中纳入一般公共预算管理的非税收入18.00亿元，下降3.8%。一般公共预算支出93.48亿元，增长7.8%。全年财政收支平衡。

【优化支出结构】 严格控制和压减一般性支出，清理结转结余资金,盘活财政存量资金,统筹保障疫情防控、“三保”等重点领域支出。累计盘活收回资金4.20亿元,非急需、非刚性支出压减10%,“三公”经费压减10.2%。以共同富裕为导向,注重民生支出普惠性、基础性、兜底性,全年民生支出70.70亿元,同比增长6%,占一般公共预算支出的75.6%。紧紧围绕“两手都要硬,两战都要赢”要求,及时足额做好常态化疫情防控经费保障,全年投入疫情防控资金1.30亿元。

【服务经济发展】 发挥产业政策导向作用,全年兑现产业扶持资金4.60亿元,配合实施“365”*工业产业升级计划、“215”*工业企业培育、“333”*服务业提升工程和跨境电商行动等系列产业革新工程,推动新零售、直播电商、文旅行业等加快发展,推动数字经济与新制造业“双引擎”动能加快释放。加大科技投入,科学技术支出2.60亿元,培育壮大战略性新兴产业,支持高层次创业创新人才引进工程;全年完成直达资金支出7.60亿元,纾解企业困难;贯彻执行各项减税降费政策;提高市场主体抗风险能力,安排中小企业融资担保公司风险补偿金500万元,兑现城乡小额贷款保证保险补助290万元。

【增进民生福祉】 以共同富裕为导向,注重民生支出普惠性、基础性、兜底性,优先保障“扩中”“提低”专项行为,民生支出持续保持在超七成水平。教育支出19.98亿元。推进义务教育阶段城镇与乡村学校建设新时代教育共同体,缩小教育资源配置的城乡、校际差距,促进学前教育、普通教育、职业教育的均衡发展。卫生健康支出11.38亿元。加强重点人群核酸检测、负压病房、急救车、疫苗采购及接种等各项疫情防控资金保障,推进公立医院“双下沉、两提升”及县域医共体建设。社会保障和就业支出13.17亿元。保障落实城乡居民基础养老金、最低生活保障、特困、孤儿和困境儿童、困难残疾人生活补贴等社会救助政策全大市统一标准。落实居家养老服务补贴,推进居家养老服务站建设。实施惠民殡葬及免费殡葬政策,支持残疾人精准康复、就业创业。

【深化财政改革】 推动绩效管理升级,实现绩效自评预算单位全覆盖,涉及预算资金27.80亿元。探索建立“全生命周期”预算绩效管理机制,全生命周期绩效管理方案被选为全省优秀试点方案。加快推进“数字财政”建设,“智慧财政”系统建设进度及数据质量位于全市前列;全面推进财政电子票据改革,实现全县行政事业单位全覆盖。推进政府采购制度改革,全年完成采购金额6.50亿元,节约资金6713万元,节约率9.4%。提高涉农资金使用效益,全年整合涉农资金4.30亿元。

【防范化解财政风险】 加强项目立项管理,坚持未经财政部门评估的项目不得立项、资金来源未落实、未制定资金平衡方案的项目不得立项的“三不”立项原则,强化债务风险源头管控。做实政府隐性债务化债计划,对化债主体自身经营能力较强或自身有闲置资产的,利用经营收入或处置闲置资产进行化债;对自身经营能力不足的,则统筹各类财政资金安排化债。落实政府带头过“紧日子”政策,全年统筹一般公共预算资金2529万元用于化债。完成2021年化债任务109.5%。健全地方政府债务常态化监测机制,对照《宁海县债务变动统计操作流程》实现全县债务动态监管。积极争取专项债券资金,建立项目滚动储备机制,新增专项债券资金8.10亿元。

【加强队伍建设】 开展党史学习教育,通过中心组专题研讨、领导干部和党支部书记上党课、“周二夜学”和参观红色教育基地等方式丰富学习内容和形式。组织两期“寒窗计划”助学活动,捐赠10名宁海中学学生19000元助学金。结对桑洲镇10个村、123户贫困村民,开展月度走访和春节慰问。党员干部参与党群同心圆活动累计414次,人均7.2次。持续助力文明创城、疫情防控志愿服务,通过WE志愿服务平台组织有效活动85场、1185人次。宁海县财政局获2020年度满意机关排行榜经济服务管理部门第1名,2020年度“两直”资金管理工作先进单位。

(宁海县财政局供稿　李朝露执笔)

注:

***“365”**:“3”是指文体办公、电子信息、汽车制造及模具3大五百亿级产业,“6”是指节能环保、关键器件、智能家电、高端装备、生物医药、新材料6大百亿级产业,“5”是指聚焦软件和信息服务、智能制造服务、智能物流、“5G+”产业、通用航空5个领域为重点的新兴产业。

***“215”**:“2”是指2家500亿以上级企业,“1”是指10家50亿以上级企业,“5”是指50家5亿以上级企业。

***“333”**:壮大文化旅游、现代商贸、电子商务3大主导产业,培育科技服务、数字服务、文化创意3大新兴产业,提升现代物流、金融服务、房地产3大基础产业。

象山县

【概况】 2021年,象山县实现地区生产总值669.76亿元,按可比价格计算,增长8.3%。其中:第一产业增加值85.39亿元,增长3.2%;第二产业增加值281.32亿元,增长7.0%;第三产业增加值303.04亿元,增长11.0%。三次产业结构比为12.7:42:45.2。社会消费品零售总额232.67亿元,增长11.4%。完成货物进出口总额195.44亿元,增长15.8%,其中,进口18.36亿元,增长17.8%;出口177.08亿元,增长15.6%。按常住人口计算,人均生产总值117193元,增长7.7%;全体居民人均可支配收入56312元,增长9.5%,其中,城镇居民人均可支配收入66425元,农村居民人均可支配收入39077元,分别增长9.3%和9.9%。2021年象山县财政总收入90.70亿元,增长11.0%,占GDP的13.5%;一般公共预算收入57.89亿元,增长11.7%,占财政总收入的63.8%,

占GDP的8.6%；一般公共预算支出89.14亿元，增长6.2%。全县财政收支基本平衡。

【组织财政收入】 加强与各执收部门沟通对接，坚持依法征收，保持财政收入稳定增长。全年组织税收收入75.72亿元，增长14.4%，其中纳入一般公共预算收入中的税收收入42.91亿元，占一般公共预算收入的74.1%；组织非税收入74.87亿元，其中纳入一般公共预算管理的非税收入14.98亿元。在资金筹措上统筹存量资金调度、主动向上争取，争取到政府专项债券资金13.40亿元、上级转移支付和各类补助资金27.58亿元。

【支持经济发展】 落实国家减税降费和各项惠企政策，加大财政资金扶持力度，简化惠企政策申报材料和兑现流程，2021年减免各项费用0.93亿元，新增减免税收8.95亿元。聚焦制造业高质量发展、"凤凰行动"象山计划等重点工作，兑现县级财政奖励资金3.09亿元，惠及企业5200户次。深入企业，开展政策宣讲、兑现奖励政策、融资协调和资质申报等方面服务，助推企业克难攻坚。

【增进民生福祉】 全年民生支出69.10亿元，增长5.2%，占一般公共预算支出的77.5%。深入镇乡（街道）开展企业职工基本养老保险参保扩面政策宣传和业务指导，新增参保人数12517人，金额6000万元。强化疫情防控保障，拨付经费2852万元，用于支持健全疾病预防控制、重大疫情救治、应急物资保障等机制；落实重点人群核酸检测、疫苗接种等措施，推进疫情常态化防控。促进教育事业发展，全年教育发展投入15.25亿元，完善城乡义务教育经费保障机制，提高教育硬件设施水平。全年农林水支出12.79亿元，增长0.2%，支持乡村振兴战略，保障美丽乡村项目建设，开展薄弱村和低收入农户帮扶；开展扶贫攻坚，筹措相关扶贫资金4000万元，用于对口支援和东西部扶贫协作。立足发展大局，统筹资金安排，为"精特亮"*创建、耕地非粮化非农化治理、减船转产、修造拆船行业整治等重点工作和专项行动提供资金保障。

【推进财政改革】 *支持国企市场化转型。*拓展国有企业经营性业务，做活做大国企现金流，通过县城投集团、商贸集团等国企结算支付资金2.20亿元。*盘活资产资源。*落实2021年度资源资产盘活利用计划，优化资产注入结构，全年盘活利用资源资产219.12亿元，推动资产效益最大化。*规范公款竞争性存放。*做好各预算单位银行账户开立、变更管理，指导完成15个镇乡（街道）公款竞争性存放公开招标工作。*推动财政整体智治。*推进财政电子票据改革，205家行政事业单位上线使用电子票据系统。加速"智慧财政"系统上线，完善预算编制、预算执行、采购计划审批等多个功能模块，2021年通过线上办理预算执行业务2030笔，涉及金额8344万元。*加强预算绩效管理。*全面实施预算绩效管理，出台项目支出绩效评价管理办法等制度，对8个项目开展重点绩效评价，组织41家预算单位开展绩效自评。*强化财政监管。*加强政府采购、基建财务等方面的监管，全年政府采购节约财政资金1.90亿元，节约率10.2%；完成工程结算审查185个，核减投资1.58亿元。

【加强债务管理】 筹措化债资金，持续推进隐性债务市场化降本化解风险措施，完成2021年度隐性债务化解任务。支持推动国企开展降本增效专项行动，融资综合成本率下降0.5个百分点。完成镇乡（街道）资源资产尽调，出台加强镇乡（街道）债务管理的实施方案，全面实施"乡财县管""乡债县管"，开展镇乡（街道）国企债务县级接管。完善镇乡（街道）、园区财政体制，加大县级财力下沉力度，保障镇乡（街道）平稳运行。

【强化队伍建设】 坚持全面从严治党，推动党建工作与财政业务深度融合。开展党史学习教育，全年组织党史专题学习67次、参学人员6627人次。加强作风建设，深入部门、基层、企业开展"三为"活动，主动上门听取意见、对接需求、帮助解决实际问题，累计为群众办实事200件、为企业解难题101件、为基层减负担10件。发挥党员干部先锋模范作用，组织社区结对、文明城市创建等相关工作；支持志愿服务，组织志愿活动42次，参与人次486人次。

（象山县财政局供稿　洪笑然执笔）

注：

***"精特亮"**：即"精品线路""特色街区""亮点工程"创建。

温州市财政工作

温州市

【概况】 2021年，温州市实现生产总值7585.02亿元，增长7.7%。其中：第一产业增加值164.31亿元，增长3.7%；第二产业增加值3191.32亿元，增长9.2%；第三产业增加值4229.39亿元，增长6.8%。三次产业结构为2.2∶42.1∶55.8。按常住人口计算，人均地区生产总值78879元，增长7.2%。城镇居民人均可支配收入69678元，农村居民人均纯收入35844元，分别增长9.8%和10.5%。全年社会固定资产投资增长11.4%，社会消费品零售总额3807.68亿元，增长8.9%。全年货物进出口总额2411.20亿元，增长10.1%，其中进口总额375.40亿元，增长20.3%；出口2035.80亿元，增长8.4%。全市财政总收入1079.69亿元，增长12.3%，其中一般公共预算收入657.55亿元，增长9.2%，占GDP比重为8.7%、占财政总收入比重为60.9%；市本级财政总收入239.53亿元，增长13.3%，其中一般公共预算收入141.97亿元，增长7.7%。全市一般公共预算支出1066.82亿元，增长3.9%；市本级一般公共预算支出145.47亿元，增长7.4%。全年财政运行状况良好，全市及市本级财政收支平衡。

【组织财政收入】 创新财政收入分析模式。建立财税运行“四维”分析模式*。创新分析模板，实现自动取数，自动生成分析快报。建立财政税收协同工作机制，调控财政收入入库节奏。全市一般公共预算收入中税收收入549.47亿元，增长7.7%，占一般公共预算收入的83.6%。争取政府债券。全市地方政府债券额度664.99亿元，其中新增专项债券425.39亿元。加强非税收入征管。建立信息共享机制，无缝对接征缴流程，平稳划转四项非税收入征管。全市非税收入1604.52亿元，增长11.1%，其中纳入一般公共预算管理的非税收入108.08亿元，增长17.6%。

【支持经济发展】 落实惠企助企政策。创新重大产业项目财政特别扶持政策，制定议事规则，支持全市重大项目招引。推动惠企政策“直通车”3.0版落地见效，加快形成“直达—快兑—监管”全链条闭环，全年兑现惠企政策资金52.52亿元，惠及企业5.22万余户次。深化会计税务专家服务团，出台《温州市会计税务专家服务团管理办法》，成功辅助8家企业上市、3家企业上市前报会。落实减税降费政策。落实中央和省各项减税政策，全年新增减税降费88.68亿元。创新财政科技投入稳定增长机制。集中整合市级财政资金48.90亿元，保障瓯江实验室、国科大温州研究院等高能级平台建设。迭代扩容市科创基金至50.00亿元，以基金撬动产业链、创新链、价值链加速融合，持续激发市场主体活力。

【保障民生支出】 全年民生支出799.40亿元，增长4.7%，占一般公共预算支出74.9%。助推教育发展。全市教育支出232.27亿元，增长5.3%。建立多级共担机制支持“活力温台”发展，督导落实职教经费投入。全市投入2.07亿元，启动“温馨教室”工程，完成5000个以上公办中小学教室空调和新风系统安装。支持公共卫生事业发展。全年医疗卫生支出112.89亿元，增长7.0%。全市统筹10.06亿元，保障完成疫苗接种1768万剂次。投入2660万元，资助困难群众参保商业补充医疗保险“益康保”，完善多层次医疗保障体系。深化社会保障。全年社会保障和就业支出118.81亿元，增长8.8%。自2021年7月1日起，统一全市城乡居民最低生活保障标准，提高至886元/人·年，全年支出低保救助资金8.50亿元，保障全市困难群众14.73万人基本生活；安排3.99亿元，加强残疾人基本生活保障，提升残疾人康复服务水平；安排3.56亿元，支持养老服务多样化发展、养老机构提质扩容、推进医养康养结合发展，加强养老服务体系建设。助力乡村振兴。整合乡村振兴大专项资金4.35亿元，扩大跨领域资金整合范围。创新打造“未来乡村”共建共享平台，转变支农方式，引导村集体抱团承接农业项目，探索强村带弱村实现共同富裕新路径。推进住房保障。投入资金8.23亿元，推进民生住房保障和城市老旧小区改造，其中公共租赁住房支出2.60亿元，城镇老旧小区改造支出5.63亿元。

【保障重点项目建设】 累计投入15.00亿元，推进浙南公共卫生紧急医疗救援基地、市中心医院双屿院区改扩建、市第六人民医院二期、温州生命健康医学研究创新中心等建设。统筹项目资金20.00亿元，推进文景高速、瑞苍高速、金丽温高速东延线、瓯江北口大桥等建设。安排预算资金5.00亿元，用于新建温州职业中专一期、温州第二职专迁建、温州理工学院提升改造、温州技师学院二期等建设。投资18.00亿元，用于温州奥体中心主体育场二期、城市公共安全综合感知、瓯海大道高压线上改下等建设，促进亚运环境提质提标。

【深化财政改革】 持续推进金改试点。连续第3年获批财政支持深化民营和小微企业金融服务综合改革国家级试点，推动全市普惠型小微企业贷款余额扩大至4180.30亿元。发行全国首单银行间市场技术产权资产支持票据项目，帮助温州18家科技型中小企业凭借142项技术产权获得2.00亿元融资。创设自然资源（土地）储备开发基金。创新设立200.00亿元规模的自然资源（土地）储备开发基金，激活财政资金逆周期调节作用和错峰保供功能，缓解各做地主体资金紧缺矛盾，实现土地资源可持续性利用。创新“结构生财”制度。聚焦财源培育过程中的突出问题和体制机制障碍，出台《结构生财制度改革方案》，通过实施优化产业结构、加大企业引育、提升平台能级、优化税收环境、提升政策效益等五大方面举措，在推动经济高质量发展中实现财政收入稳定可持续增长。政府采购放管服改革。制定《政府采购负面清单》《政府采购常用业务手册》，创新履约保证电子化服务，明确采购项目中小企业预留份额，全市中小企业中标金额占比提升至86.4%。

【财政数字化改革】 推动数字化改革。制定数字化改革制度框架，争取2个财政部试点项目和6个省级试点项目，打造利民补助"一键达"系统，打通264个业务系统的数据孤岛，归集18.80亿条大数据。深化预算管理一体化改革。上线"预算管理一体化系统"，梳理完善预算管理业务规范，编制流程指南，规范系统运行。优化资产管理体系。推出"公物仓"资产共享共用平台，实现业务流程"网上运行"、资产信息"一键查询"、仓储状态"实时公布"。全面上线资产云2.0版本，迭代优化资产管理流程体系，监管效能进一步提升。

【强化财政监管】 打造财政监督体系。出台《温州市县财政监督一体化发展实施方案》，聘请第三方机构参与内控检查，开展惠企政策"直通车"线上抽查，发现并追回多补资金1500万元。试点社会审计报告"一库一码全链条"监管系统，建立审计报告信息共享库、真伪识辨码、监管闭环链三大多跨数字功能场景，构建现代财会监督体系。推进预算绩效管理。全面开展事前绩效评估、绩效目标评审、绩效监控、绩效评价等全过程绩效管理，核减预算资金9.39亿元。加强资金存放管理。制定局属国企公款竞争性存放管理规定。修订完善市本级单位公款竞争性存放制度，全年开展竞争性存放招标5期，资金规模385.00亿元。

【加强队伍建设】 加强机关党建。围绕党史学习教育，构建学习宣讲机制和"七个一百"*服务实践载体。建成财政陈列馆，同步推出"档案话百年"系列报道。创新打造"5G全景党建平台"，实现集云研学、云宣誓、云发布等九大功能的党建多跨场景应用，获得全国第四届"绽放杯"*5G应用征集大赛一等奖和红色党建特色奖。持续深化"五好服务"*。创建全市首家机关党群服务中心，通过组建"一支志愿队伍"、公布"一张服务清单"，制定"一套积分办法"，为"五好服务"注入新活力新动能，全年共开展"五好服务"3249次，解决困难问题3306个。加强党风廉政建设。落实全面从严治党主体责任，修订内部管理制度，聚焦财政廉政风险重点领域和关键环节，建立温州财政系统15项清廉建设重点清单和落实清单。创新开展警示教育月活动，常态化开展正风肃纪月督察，获评全市"模范机关"和"引领型清廉机关"，全面从严治党主体责任落实情况考核优秀单位。

（温州市财政局供稿　李　侠执笔）

注：

*"四维"分析模式：即在全国30强、长三角27个主要城市、全省第三极、历史最好成绩"四大坐标体系"中进行分析。

*"七个一百"：即"百位党员入社区""百个支部联镇街""百场服务助企业""百场宣讲进机关""百名干部当志愿""百项案例提绩效""百句箴言强自律"实践活动。

*"绽放杯"：由工信部主办的，旨在挖掘一批5G典型应用，探索一些成熟商业模式的大赛。

*"五好服务"：在全局开展的"把大局服务好、把企业服务好，把群众服务好，把基层服务好，把部门服务好"的活动。

鹿城区

【概况】 2021年，温州市鹿城区实现地区生产总值1262.03亿元，按可比价格计算，增长6.2%。其中：第一产业增加值2.21亿元，增长4.9%；第二产业增加值309.26亿元，增长7.2%；第三产业增加值950.56亿元，增长5.8%。三次产业结构比为0.2∶24.5∶75.3。按户籍人口计算，人均地区生产总值106635元，增长5.8%。城镇居民人均可支配收入78048元，农村居民人均可支配收入42860元，分别增长9.8%和10.5%。全社会固定资产投资增长21.7%。社会消费品零售总额799.53亿元，增长7.3%。外贸进出口总额474.38亿元，下降0.4%，其中出口454.60亿元，下降1.8%；进口19.78亿元，增长48.9%。全区财政总收入65.74亿元，增长16.0%，其中一般公共预算收入41.44亿元，增长17.4%，占GDP的3.3%、占财政总收入的63.0%。一般公共预算支出78.69亿元，增长5.5%。全年财政收支平衡。

【组织财政收入】 加强财政收入分析。建立财税协同、街镇联动的税收征收长效机制，创建楼宇税收监测分析平台，提高税源信息利用效率。全区税收收入33.05亿元，增长11.2%，占一般公共预算收入的79.7%。争取政府债券。建立项目滚动储备库制度，提前谋划政府发债项目，全年获批地方政府债券资金37.65亿元。加强非税收入征管。推广"浙里缴费"在各大场景应用，充分了解群众需求，扩大统一公共支付电子缴款范围，非税收入电子缴款8.98亿元。全区非税收入208.16亿元，下降1.38%，其中纳入一般公共预算管理的非税收入8.40亿元，增长50.7%。

【支持经济发展】 落实惠企政策。依托惠企政策"直通车"系统，实现奖补全流程闭环监管，实时反馈支付情况，在线风险自动预警，为财政资金快速直达企业保驾护航，刚性兑现惠企奖补资金5.62亿元。落实减税降费政策。加强对市场主体支持，落实大力度减税降费政策，开展税收优惠政策宣传，确保纳税人应享尽享，将降费政策信息及时传达至执收单位，全年为市场主体减税降费27.03亿元。支持科创融合。全区科学技术支出2.70亿元，重点保障高能级平台建设、新型研发机构建设和人才团队引育以及承办世界青年科学家峰会。支持招才引智。筹措整合区级财政资金1.00亿元，支持实施"高层次人才引进""510计划"攻坚行动，助力全域搭建人才发展平台。

【保障民生支出】 全区民生支出61.10亿元,增长5.3%,占一般公共预算支出的77.6%。助推教育事业发展。全区教育支出21.31亿元,增长15.2%。健全中小学教师工资长效联动机制,提高教师待遇水平。投入2.48亿元,新(扩)建幼儿园9所,其中,投入2.28亿元,建成公办幼儿园8所。支持公共卫生事业。全年卫生健康支出6.78亿元,增长3.5%。统筹资金1.52亿元支持医疗防疫补短板项目,加大疫情防控科研技改补助,建设公共及重大疫情防控救治体系,建设应急物资保障体系等。支持社会保障体系建设。全年社会保障支出5.39亿元,增长5.8%。投入1.23亿元,支持困难群众、孤儿及困境儿童、残疾人、高龄老人等特殊群体救助补助,促进低收入人群增收。支持文体事业繁荣发展。全年文化旅游体育与传媒支出1.27亿元,增长10.6%。投入307万元,新建百姓健身房6家,补助百姓健身房25家。助力乡村振兴。投入3.24亿元,开展山福镇驿头驿阳村、七都街道樟里村未来乡村建设试点工作,构建未来乡村十大场景,驿头驿阳村入选全省第一批未来乡村建设试点村。投入6100万元,建设藤桥镇“先瓯原乡·戍浦新韵”“古埠人家·雅韵藤南”和山福镇“文韵山水·养心福地”3条乡村振兴示范带。投入524万元,建设农村文化礼堂。投入35.52亿元,支持城乡交通基础设施建设、污水零直排区创建、老旧小区改造、未来社区配套建设、历史文化街区改造等项目,推动区域发展蝶变升级。

【深化财政改革】 推进预算管理改革。获批预算管理一体化系统建设省级试点,实施定额公用经费分类分档管理,健全预算项目库全生命周期管理,建立规范透明、标准科学、约束有力的预算管理体系。贯通利民补助“一键达”应用。迭代升级惠企利民资金直达智控系统,上线试点利民补助“一键达”建设项目,7—12月上线100个惠民项目,直接惠及群众18.76万人次,兑现资金1.13亿元。上线安置房房款收缴系统。实现房款直缴财政专户,全年收缴2479笔,归集资金20.00亿元,依托房票核发结算系统,确保房票发行工作顺利进行。成立街镇财政工作组。打通基层财政管理体系“最后一公里”,对街镇财政工作组岗位设置、不相容岗位分离、财务人员招录、岗位交流轮换、人员变动备案、财政资金就地监管提出具体要求,夯实街镇财政管理基础。

【强化财政监管】 强化日常监督检查。加强财政监督制度体系建设,开展基层财政资金检查、区级行政事业单位公款存放管理检查,提出整改意见并督促整改落实。推进乡镇内部控制指引建设省级试点工作,强化和规范乡镇财政管理。深化预算绩效管理。开展事前绩效评估、事中跟踪监控及事后绩效评价,完成绩效自评项目1447个,绩效监控项目986个,并选取203个项目实施自评复核评价及重点评价,评价项目涉及财政资金4.03亿元,评价结果优良以上占比85.2%。创建政府投资项目事前绩效评估体系,完成74个新增政府投资项目事前绩效评估,核减资金2904万元。完善政府采购工作。加强政府采购行为监管,维护政府采购市场秩序,受理政府采购投诉件12件,处理行政处罚2件。审批政府集中采购项目4787个,采购总金额2.09亿元。

【加强队伍建设】 深化“五好服务”。创建鹿城财政特色“专管员服务”“CFO服务团”,实现上门服务预算单位全覆盖。建立学习机制。构建分层次、有重点、全覆盖的全维度党史学习教育模式,搭建财政大讲堂、年轻干部论坛、“鹿财书记沙龙”等学习平台。建设“清廉财政”。实施廉政风险防控工作,持续开展正风肃纪专项检查,创成区级清廉机关。加强党建引领。打造“改造思想、改变习惯、改进作风”党建品牌,加快建设变革型财政组织,创成省级文明单位、区级模范机关。

(温州市鹿城区财政局供稿　赵　训执笔)

瓯海区

【概况】 2021年,温州市瓯海区实现生产总值770.38亿元,按可比价计算(下同),增长8.1%。其中,第一、二、三产业增加值分别为6.94亿元、324.16亿元、439.27亿元,分别增长2.5%、8.9%、7.5%。三次产业结构比为0.9:42.1:57.0。按常住人口计算,人均生产总值79360元,增长7.2%。城镇居民人均可支配收入72079元,农村居民人均可支配收入43466元,分别增长9.9%、10.7%。社会消费品零售总额356.41亿元,增长11.6%。外贸进出口总额320.16亿元,增长27.8%,其中进口总额83.25亿元,增长39.1%;出口总额236.91亿元,增长24.2%。全年实现财政总收入78.51亿元,增长12.2%,其中一般公共预算收入50.01亿元,增长16.0%,占GDP的6.5%,占财政总收入的63.7%;一般公共预算支出66.60亿元,下降3.3%。全年财政收支平衡。

【组织财政收入】 强化财政收入分析。关注经济形势和疫情态势,强化多部门联动,加强财税分析预测,确保收入平稳增长。全年完成税收收入39.04亿元,增长8.8%,占一般公共预算收入的78.1%。加强非税收入征管。加强非税收入目录清单管理,深化电子票据应用,加大对执收单位重点收入项目的日常跟踪,督促依法征收、应收尽收。全年征收非税收入11.49亿元,增长16.9%,其中纳入一般公共预算管理的非税收入8.48亿元,增长11.6%。向上争取政府债券。出台《瓯海区地方政府专项债券全生命周期管理办法(试行)》,建立“基础库、筛选库、执行库”三级项目库,围绕地方政府专项债券重点支持领域加强项目谋划储备。全年获批新增地方政府专项债券额度45.28亿元、再融资债券额度16.80亿元。

【支持经济发展】 落实惠企产业政策。建立惠企资金需求沟通机制,每月汇总资金需求,根据国库支付进度兑现产业政策资金5.04亿元,惠及企业2440户次。落实直达资金。规范直达资金专班运作和资金管理，落地直达资金8263万元，提前1个月完成资金支出任务。支持科技创新。全年落实青科孵化器运营经费、自创区环大罗山科创走廊专项工作经费、世界青年科学家峰会保障经费等7054万元，投入浙江大学温州研究院、上海大学温州研究院、华中科技大学温州先进制造技术研究院等科研院所工作经费8800万元，强化基础应用与研究。推进城市建设。全年安排建设资金75.87亿元，落实城中村改造资金46.13亿元，发行城投企业债券20.00亿元，用于亚运重点配套项目、综合交通、城中村改造安置、环境综合整治等，提升城市能级。

【保障民生支出】 全年民生支出52.30亿元，下降3.0%，占一般公共预算支出的78.5%。支持教育事业发展。全年教育支出14.91亿元，增长8.1%，小学、初中生均公用经费标准分别由1000元、1200元提升至1030元、1250元，教育质量奖额度由2700万元提升至3088万元；落实温馨教室建设经费3000万元，安装空调教室686个，采购可调节课桌椅6818套，改造教室灯光550个。支持社会保障事业发展。全年社会保障和就业支出4.40亿元，增长1.7%。加大重点人群帮扶力度，最低生活保障标准由804元/人·月提升至886元/人·月，特困人员基本生活标准由1447元/人·月提升至1573元/人·月。支持卫生健康事业发展。全年卫生健康支出6.56亿元，支持接种新冠疫苗230.52万剂次，城乡基本公共卫生服务标准由65元/人·年提升至70元/人·年，建成茶山卫生服务中心新院、泽雅卫生院康复大楼，投用婴幼儿照护服务机构6家。支持文化体育事业发展。全年文化旅游体育与传媒支出1.20亿元，支持承办第十四届全运会龙舟赛事等惠民体育活动，建成中国寓言文学馆、龙溪艺术馆等标志性公共文化设施。助力乡村振兴。全年下达一事一议财政奖补资金2780万元、土地整理资金6500万元、五水共治专项资金8000万元，深化农村综合改革、土地整治和美丽乡村建设，推动乡村振兴提速增效，城乡协调发展。

【深化财政改革】 推进财政数字化改革。打造智慧房款收缴平台，将全区14个镇街保障性安居房、城中村改造安置房购房资金纳入平台管理，实现购房款每日清缴。全年在线录入缴款信息6247条，归集资金18.24亿元。打造利民补助"一键达"平台，上线27个部门单位计104个利民补助项目，全年发放利民补助资金2.18亿元，惠及群众10.05万人次。升级涉公国有资产信息监管系统，督促全区行政事业单位和国有企业登记自有房产和租入房产信息1368宗。推进绩效管理改革。将事前评估延伸至专项债券领域，对12个专项债项目开展事前绩效评价，从源头上防控财政资源错配等问题。分别选取113个、7个、2个项目开展绩效自评复评、重点绩效评价和单位支出整体绩效评价，涉及资金4.39亿元。

【强化财政监管】 优化支出结构。印发《进一步做好厉行节约坚持过紧日子任务清单(2021年)》，通过控制行政运行成本、加强资产管理等举措，压减一般性支出和非刚性非必要支出1.12亿元。细化监督检查。开展规范地方公务员工资津贴补贴专项工作、预决算公开检查、财政扶贫资金专项检查、地方金融行业会计信息质量检查、购房资金专项检查等，严肃财经纪律。严格基层财政管理。设立基层财政管理科，监督指导基层财政站所，开展财政所业务知识测验、基层财政综合检查、财务联审互查，防范基层财政风险。加强工程评审。推动工程评审向事前审核转型，全年审核工程预算项目43个，总造价18.39亿元，核减6900万元；审核工程结算项目40个，送审造价3229万元，净核减278万元，净核减率8.6%。强化债务管控。对接金融机构，展期棚改政府购买服务到期融资30.20亿元，债务成本利率从8.0%降至5.6%。

【加强队伍建设】 优化干部队伍。全年局内轮岗32人次，招录高层次人才2人，提拔中层干部9人，输出区管干部3人，派往财政部挂职1人。开展党史学习教育。举办财政讲堂11期、机关学习会8次、党史宣讲12次，开展学习《习近平在浙江》采访实录心得交流讨论、集体政治生日会、红色经典围读分享会、"迎国庆 颂党恩"朗诵比赛等活动，推动党史学习教育入心入脑。深化作风建设。成立志愿者服务队，开展"三服务""我为群众办实事、我为企业解难题、我为基层减负担"等活动，举办登台亮绩检验实践成果，全年上报化解"三服务"问题1171个，解决"我为群众办实事、我为企业解难题、我为基层减负担"活动问题222个。强化廉政建设。召开党组理论中心组学习13次、党风廉政专题例会4次、民主生活会2次、组织生活会2次，建立健全管理制度14项，组织廉政教育谈话263人次，运用监督执纪"第一形态"批评教育7人次。

(温州市瓯海区财政局供稿　陈海碧执笔)

龙湾区

【概况】 2021年，温州市龙湾区(不含温州市经济技术开发区)实现地区生产总值518.48亿元，增长8.2%，其中：第一产业增加值2.67亿元，增长6.8%；第二产业增加值241.44亿元，增长10.8%；第三产业增加值274.37亿元，增长6.1%。三次产业结构比为0.5∶46.6∶52.9。按年平均户籍人口计算，人均生产总值21.78万元，增长7.8%。社会消费品零售总额338.54亿元，增长8.3%；限额以上固定资产投资增长9.8％。城镇常住居民人均可支配收入69984元，增长9.5%，农村常住居民人均可支配收入44430元，增长10.3%。全年财政总收入66.46亿元，增长20.8%；一般公共预算收入38.33亿元，增长16.1%；一般公共预算支出45.09亿元，下降3.6%，剔除不可比因素同比增长6.5%(剔除上年新增债券3.00亿元、省补水利建设与发展专项资金1.41亿元)。全年财政收支平衡。

【组织财政收入】 优化收入结构。建立财税收入专班联席制度,强化多部门联动协作,关注经济形势和疫情态势,加强财税分析预测。一般公共预算收入占财政总收入57.7%、占地区生产总值7.4%;全年税收收入33.33亿元,占一般公共预算收入的87.0%,高于全市平均水平。做好非税收入征管。全年非税收入115.61亿元,增长18.8%;其中纳入一般公共预算管理的非税收入5.43亿元,增长44.0%,与市财政结算区级土地出让金分成收入106.10亿元,增长24.3%。做好向上争取资金工作。2021年向上争取资金87.09亿元,其中直达资金6274万元,转移支付资金9.70亿元,做地基金6.00亿元,债券资金70.76亿元,获批新增债券资金位列全市前三。

【支持经济发展】 落实惠企惠民政策。加大对企业补助力度,全年兑现财政奖补资金8.79亿元,减轻企业负担,帮助企业渡过难关。拨付专项资金1.27亿元,支持中国眼谷等平台建设,助推产业转型升级。提升金融扶持能力。国有独资政策性融资担保公司挂牌运营,为全区中小微企业、科技型企业、"三农"提供融资担保服务。2021年在保企业101家,在保金额2.21亿元,完成年度任务185.0%。推动产业基金发展。温州泰越健康科技投资合伙企业(有限合伙)和温州眼谷壹号创业投资合伙企业(有限合伙)两支子基金相继签约落地龙湾,总规模分别为2.00亿元和5.00亿元,撬动其他资本5.62亿元,实现龙湾政府科创产业子基金零的突破。支持重点项目建设。筹措资金保障重点项目支出,全年投入43.46亿元,保障区域基本建设项目。落实减税降费政策。推动减税降费政策落实落细落地,全年减税降费20.82亿元,增强龙湾经济发展后劲和可持续性。

【保障民生支出】 全年全区民生支出34.10亿元,占一般公共预算支出75.6%。支持乡村振兴。开展村级公益事业建设一事一议财政奖补,夯实共同富裕基础,全年立项13个,总投资2272万元,增长650.0%。健全粮食生产政策扶持体系,落实粮食生产发展资金596万元,较上年提高67.0%。支持教育事业发展。全年教育支出10.58亿元,投用中小学及幼儿园12所,引进国科第一幼儿园等2所学校,完成8所公办学校338间教室空调及新风系统安装,逐步推动义务教育优质均衡发展。支持卫生健康事业发展。全年卫生健康支出4.21亿元,其中落实防疫资金8525万元,全区完成疫苗接种100.86余万剂次。支持文旅体事业发展。全年投入文旅体资金9782万元,统筹推进永昌古镇、寺前街历史文化商业街区等文旅项目建设。投用龙湾高新文化广场、龙江路亚运主题公园等一批运动休闲设施。支持社会保障事业发展。全年社会保障和就业支出2.85亿元,重点保障城乡居民和被征地人员养老保险补助、退休人员临时补贴,保障高校毕业生、失业人员、退役士兵及残障人士就业补助等。

【推进财政改革】 推动财政管理制度迭代更新。迭代升级集中财力办大事财政政策体系,将集中财力办大事财政政策体系年度计划列入2021年度预算,涉及资金129.61亿元。出台《龙湾区财政资金重点指标考核办法(试行)》,并将其纳入区级考核。修订公款竞争性存放管理办法,以公开、公平、公正方式开展财政专户资金竞标,平均中标利率2.1%,实现财政资金保值增值。推动财政数字化改革。全面上线预算管理一体化系统,覆盖全区135个区直部门和6个街道,全区财政预算信息管理进入新阶段。统建"一卡通"便民服务平台及"一键达"数字平台,梳理整合83项惠民惠农财政补贴事项,发放补贴5198万元,受益群众6万人次。深化非税收入统一公共支付平台扩面工作,实现统一办案系统与公共支付平台深度融合。全年通过统一公共支付平台支付笔数13万笔,涉及资金18.20亿元。加快财政票据电子化改革,落实便民利民服务,全区2家医院全面实施电子票据,支付平台开通占比率全省排名并列第一。

【强化财政监管】 强化资金管理。落实"过紧日子"思想,通过"优存量、控一般、调结构",强化预算和支出管理,全年一般行政支出在2020年压减的基础上再压减10.8%,节约资金6776万元。盘活财政沉淀资金3.76亿元,用于疫情防控、基本民生、重大基础设施建设等重点领域和薄弱环节。强化动态监控。依托直达资金监控系统建立常态化监督和预警机制,拒付、退回涉嫌违规支付业务,确保资金按预算规定用途使用,全年办理集中支付资金163.56亿元,发现并纠正违规资金3184万元。强化绩效监控结果运用,对偏离绩效目标和预算执行进度较差的项目开展指标核减(调剂)及整改,全年核减项目42个,核减(调剂)资金1.85亿元。强化政府投资项目管理。借助"项目评审信息管理系统",及时掌握工程结算进度,提高工程结算评审效率。全年审结项目509个,送审金额14.77亿元,审定金额13.77亿元,核减率6.8%。强化政府采购监管。打通政府采购审批系统与政采云系统数据壁垒,实现数据自动交换,提升政府采购信息化水平及服务水平。全年审批政府采购建议书1738件,涉及金额5.41亿元,审批国企采购计划156件,涉及金额2.88亿元。

【加强队伍建设】 打造"财暖龙湾 上门服务"党建品牌,梳理财政上门服务清单,推动党建与业务相融相促,开展"百个支部联镇街"党建结对共建活动,全员身沉一线,解决企业和群众"急难愁盼"问题,全年累计服务部门2892次,服务企业197次,服务人次5662人,收集问题建议513个,解决问题508个。开展中层干部比选竞岗活动,选拔任用中层干部11名,提高全体干部职工工作积极性和主动性。落实"三会一课"、支部主题党日、民主生活会等制度,党员领导干部以普通党员身份参加党支部组织生活,带头讲政治、严修身、守规矩。2021年获得温州市高水平创新型城市建设先进集体等荣誉。

(温州市龙湾区财政局供稿 项丽丽执笔)

洞头区

【概况】 2021年，温州市洞头区实现国内生产总值102.59亿元，增长7.7%。其中：第一产业增加值6.51亿元，增长5.8%；第二产业增加值40.3亿元，增长6.1%；第三产业增加值55.78亿元，增长9.0%。三次产业结构比为6.3∶39.3∶54.4。社会消费品零售总额30.86亿元，增长6.1%。按户籍人口计算，人均生产总值78401.33元，增长8.1%。城镇居民人均可支配收入56775元，增长8.6%；农村居民人均可支配收入36009元，增长11.5%。全区财政总收入15.69亿元，同口径*(下同)增长30.6%，其中一般公共预算收入10.28亿元，增长31.3%；一般公共预算支出33.35亿元，增长5.4%。全年财政收支平衡。

【组织财政收入】 强化税收收入征管。分析研判经济形势，强化重点税源监控，涵养税源基础，强化总部经济，新招引企业102家，新增地方税收收入1.29亿元。全年一般公共预算收入占GDP的10.0%，占财政总收入的65.5%；税收收入4.88亿元，增长20.0%，占一般公共预算收入的47.5%。强化非税收入征管。做好教育费附加及残保金等专项收入、公检法及市场监管罚没款征收调控工作。全年组织非税收入11.77亿元，其中纳入一般公共预算管理的非税收入5.40亿元。争取上级资金。全年获中央、省、市各类资金7.93亿元，体制结算后补助资金17.61亿元；争取地方政府债券8.95亿元。

【支持经济发展】 落实惠企政策。迭代升级惠企政策"直通车"，优化资金审批速度，全年累计兑现各类涉企优惠政策资金1.55亿元。优化营商环境。结合"亲清润商""万名干部进万企""三服务"等专项行动，调研企业需求，宣传政策导向，指导企业开展政策申报，全年走访企业105次。支持科技创新。全年安排科学技术支出9683万元，增长15.8%，推进高能级科创平台建设，兑现科技项目政策补助。落实减税降费政策。继续执行暂停向企事业单位和个体经营者征收地方水利建设基金；落实差别化城镇土地使用税减免政策；落实工业经济平稳增长和服务业领域困难行业恢复发展等减税降费政策；阶段性降低失业保险和工伤保险政策，对文化事业建设费按50%减征，对残保金实行分档征收。全年减免税费4.85亿元。

【保障重点支出】 全年民生支出24.05亿元，占一般公共预算支出的72.1%。促进教育事业发展。全年教育支出4.67亿元，增长4.9%。强化教育资源共建共享，确保全区教育高质量均衡发展。落实教师工资增资政策，实现全区教师平均工资超过公务员1925元/年。保障卫生健康事业。全年卫生健康支出3.22亿元，增长4.7%。落实基本医疗保险基金的补助责任支出1.06亿元；下达防疫资金2445万元，保障常态化疫情防控、疫苗接种等领域资金需求。完善社会保障体系。全年社会保障和就业支出2.94亿元，落实基本养老保险及机关事业养老保险补助支出1.09亿元，落实被征地农民生活保障金和社保风险金3728万元，夯实各项社会保障资金中长期支付能力。推进城乡统筹发展。整合资金6.27亿元用于城乡社区基础设施建设，推进美岙隧道、半屏山沿海海岸慢道、新城二期市政道路、美丽城镇建设。启动黄鱼岛深远海牧渔产业示范基地建设等项目，推进全区渔业产业数字化发展示范建设。

【深化财政改革】 推进预算管理改革。开展预算管理一体化改革，完善预算项目库全生命周期管理，入选省级预算管理一体化试点。加强财政结转结余资金管理，全年盘活存量资金4.47亿元。推进财政数字化改革。推进"乡镇公共财政服务平台+一卡通"建设，上线"利民补助一键达"平台，全年累计发放惠民惠农补贴资金8416万元，受益人数24350人。上线医疗票据电子化服务，实现全区电子票据改革全覆盖，全年累计生成电子票据57万份，开票金额36.41亿元。深化国有企业改革。探索建立政府产业基金、国有资源运营管理，挖掘资产潜能，全年处置资产56宗，盘活资金2457万元。聚焦国企重点突出问题，开展专项整治行动，完成3大类10个方面的问题整改提升。提供财政优质服务。开展进部门、进企业、进村居"三进"活动，累计开展"办实事、解难题、减负担"专题实践活动187场次，落实解决问题清单150件，惠及群众2000余人次。

【强化财政监管】 强化债务风险防范。实施化解地方政府隐性风险专项行动，落实隐债化解"两个清零"工作要求，探索停车位TOT经营权等多方式化债，完成年度化债任务数的113.3%。强化绩效管理。推进全过程预算绩效管理，开展事前绩效目标评审、事中跟踪监控及事后绩效评价，全年完成财政抽评项目111个，重点评价项目3个，整体评价单位1家，涉及资金1.28亿元。强化财政建设项目审价。完成"三算"(预算、结算、决算)审核项目274个，审核金额17.48亿元，节约资金1.05亿元，净核减率6.1%。强化政府采购管理。建立网上超市价格巡检机制，全年巡检12次，处理违规网超供应商26家。强化支出监管。完善国库集中支付动态监控，累计核实违规单位70家，纠正违规资金195笔922万元，纠正率100.0%。出台《洞头区行政事业单位公款竞争性存放管理办法》，完善公款存放管理制度。

【加强队伍建设】 开展党史学习教育。实行"月主题周清单"机制，开展红色学堂、红色研学等活动57场，开展征文活动，党史学习教育工作获省、市督查组好评，并在全区作典型经验交流。加强选人用人。开展岗位建功活动，建立项目指导师，实施年轻

*同口径：2021年起洞头区执行市区财政体制，增长率按新体制调整测算。

干部孵化培育计划，激发年轻干部干事创业活力。加强作风建设。设立机关纪委，完成问题整改13件25个，办理来信来访5件。洞头区局连续第3年获评全区全面从严治党主体责任落实考核优秀单位，连续第9年获区级绩效考核优秀单位，连续第13年获省级文明单位称号，监督局（绩效管理科）连续第2年获评全区行风政风双评议满意中层科室。

（温州市洞头区财政局供稿　林颖颖执笔）

瑞安市

【概况】 2021年，瑞安市实现地区生产总值1148.98亿元，增长7.6%，其中，第一、二、三产业增加值分别为27.23亿元、533.34亿元、588.41亿元，分别增长2.5%、9.7%、6.1%。三次产业结构比为2.4∶46.4∶51.2。按常住人口计算，人均生产总值75442元，增长7.1%。社会消费品零售总额568.44亿元，增长9.4%。外贸进出口总额369.87亿元，增长12.5%。城镇常住居民人均可支配收入73762元，农村常住居民人均可支配收入39424元，分别增长9.6%和9.9%。全市财政总收入134.12亿元，增长5.1%，其中一般公共预算收入84.25亿元，增长2.9%。全市一般公共预算支出120.98亿元，增长16.7%。全年财政收支平衡。

【组织财政收入】 抓收入提质量。完善财政税务部门定期研判会商机制和争先进位目标下达机制，联合相关部门分解收入任务至乡镇街道，形成组织收入齐抓共管局面。一般公共预算收入继续保持增长，占财政总收入的62.8%、占地区生产总值的7.3%；税收收入实现71.51亿元，增长9.0%，占一般公共预算收入的84.9%。抢机遇争红利。紧盯专项债最新政策谋划项目，开辟绿色审批通道，引入金融机构和中介机构专业力量，争取到新增专项债券116.74亿元；制定向上争取资金专项攻坚行动实施方案，推动全市各部门争取到上级转移支付资金24.27亿元。强征管抓非税。调研国有资源有偿收入征管情况，完成相关非税收入征管职责划转税务部门，开展非税收入清理工作，督促部门加强土地出让金执收。全市非税收入191.01亿元，下降10.5%，其中纳入一般公共预算管理的非税收入12.74亿元，下降21.9%。

【支持实体经济】 深化财政金改试点。迭代升级财政金改12条政策，通过“专场竞存”形式以7.22亿财政存款引导金融机构新增小微企业贷款102.58亿元；推进政府性融资担保业务提质扩面，市兴企融资担保公司累计为小微企业低费率担保融资186笔、资金4.71亿元。强化政策刚性兑现。落实涉企财政奖补预算准备金制度，完善产业政策清单调整机制，开展当年到期产业政策绩效评价，根据评价结果清理绩效差的政策，实行涉企财政奖补资金总量控制，及时兑现产业政策奖补资金5.94亿元。创新产业基金运作。开展“基金招商”，出台产业基金发展引导政策13条，举办瑞安市政府产业基金高质量发展论坛，投运“云江基金港”服务综合体，全年招引落户基金31家、新增基金规模43.47亿元，设立“三位一体”共同富裕投资基金。落实减税降费政策。加强税费优惠政策宣传辅导，确保应知尽知，通过减、降、免、缓、延、退等形式将政策红利及时送达市场主体，确保应享尽享，全年累计降本减负超24.70亿元。

【保障民生支出】 全年民生支出90.73亿元，增长19.2%，占一般公共预算支出的75.0%。支持发展优质均衡教育。全年教育支出30.70亿元。支持改善就学环境，新改造中小学教室灯光设备400个、空调及新风系统675个，配置可调节课桌椅1.95万套；支持优化学前教育服务，奖补公益园21所、普惠园50所、民办幼儿园14所，公办园和公益园在园幼儿覆盖面提升至45.7%；支持提高教师待遇水平，兑现市长教育教学质量奖2.30亿元。支持提升医疗卫生水平。全年卫生健康支出12.86亿元。投入新冠疫情防控经费2.93亿元，支持巩固拓展防疫成果；投入城乡居民基本医疗保险基金补助6.21亿元，资助贫困参保人员1.36万人，实现医疗救助一站式结算12.37万人次，符合条件的困难群众资助参保率及医疗救助政策落实率均达100%，完成老年人流感疫苗免费接种2.98万例、重点人群结直肠癌筛查3.62万例、免费结肠镜检查2601例。支持完善社会保障体系。全年社会保障和就业支出14.74亿元。投入城乡居民最低生活保障、义务兵优待金、优抚对象补助等经费2.98亿元，保障困难群众基本生活，促进“双拥”工作健康发展；投入重度残疾人护理补贴、托养康复中心建设等资金1.13亿元，改善提升“残疾人之家”8家、残疾儿童康复机构3家，完成无障碍改造和辅助器具适配困难残疾人家庭160户。支持优化公共文体服务。全年文化旅游体育与传媒支出2.40亿元。支持完善公共文体设施，完成文化礼堂新建验收120家、提升建设13家，建成百姓健身房21个、登山健身步道7条，新建或提升多类型运动场17个，实现全市行政村、社区文化活动中心和体育健身点全覆盖；支持丰富群众文化生活，举办文艺活动1098场、展览活动404场、经典电影放映活动316场、文化走亲46场。

【深化财政改革】 深化预算管理改革。制定瑞安市财政“十四五”规划；落实《预算法》中由财政部门办理转移支付预算下达和资金拨付的规定；制定全市直达资金管理实施办法，落地直达资金4.86亿元；清理回收盘活存量资金，全年收回统筹未执行完毕的上级补助结转资金1.12亿元。深化预算绩效管理改革。政府26个部门全部开展部门整体绩效预算编制试点，构建并投用政策类和政府投资类项目绩效指标库，出台瑞安市第三方机构参与预算绩效管理操作规程和考评办法，重点绩效评价报告单独明细化公开。深化投融资机制改革。加快重大政府投资项目市场化融资步伐，成立市投融资工作领导小组，采取“一个项目一个专班”的模式，逐个推进重大政府投资项目投融资工作，全年推动国有企业实现新增授信165.18亿元、实际融资68.71亿元。深化财政数字化改革。上线预算管理一体化系统四个模块，实现预算编制、预算批复等功能预算单位全覆盖；发放温州市利民补助“一键达”系统首笔补助金；上线试运行基层财政“一网控”系统；成为“浙里报”首批试点县市。深化国资国企改革。全年完成4家国有融资平台市场化转型工作，全部15家国有融资平台市场化转型到位；完成2家全民所有制企业公司制改制；建立市管国有企业“比拼晾晒”机制；制定以三大集团为框架的新一轮国企改革实施方案。

【加强财政监管】 防范财政运行风险。审慎防范债务等级风险，通过实时跟踪、提前预警，确保政府债务风险保持绿色评级；落实多渠道筹集和充实社保风险准备金措施，防范化解社保基金支付风险；编制部门镇街内控建设指引，开展乡镇内控建设试点，实现街道国库集中支付全覆盖，防范基层财政风险。推进财政大监督体系建设。采用“检查内容清单化、检查对象样本化、整改范围系统化”的新型检查方式，整合科室力量开展“全科体检”，协调审计、教育、卫健等部门对全市行政事业单位及国有企业开展财务管理专项检查。加强政府投资项目管理。围绕政府投资项目全生命周期建立谋划、储备、建设、竣工四个库，迭代升级政府投资项目库系统，打通项目审批信息壁垒；加强政府投资项目审核，全年完成各类审核426个，送审金额241.16亿元，核减金额13.08亿元。加强政府采购监管。开展政府采购合同签订公告备案情况专项整治；专职律师全程参与举报投诉处理和行政处罚；开展政府采购代理机构质疑台账建档工作及负面清单自查表报送工作；首次进行代理机构从业人员水平测试。加强国资国企监管。出台行政事业性国有资产处置管理办法和出租管理办法；根据市政府要求，统一管理全市公开出让地块中竞配政策性住房；推进国有企业管理平台建设，启动资产租赁、资产处置等业务线上审批；升级“资产云”系统至2.0版。

【加强队伍建设】 加强机关党建工作。推进党史学习教育，开展“人人都来讲党史”活动；完成机关党委、机关纪委换届工作，选优配强党务干部；深化“财红桥”党建品牌建设，开展“财红桥·惠民共富”五大攻坚行动，获评全省“建设清廉机关、创建模范机关”工作先进集体。深化“清廉财政”建设。完成市委第四巡察组反馈的3大类27个具体问题的整改落实工作；全年开展各类谈心谈话365人次，正风肃纪检查5次；在全市国有企业中延伸推进“清廉国企”建设。增强干部队伍活力。举办财政中青年研学班，组建“财青政茂”宣讲团，举办现场写作比赛、学术沙龙、微课分享等活动，组织年轻干部参加党团知识竞赛、微型党课大赛、党史知识竞赛等比赛。关心关爱干部成长，注重年轻干部提拔任用及干部正常职级晋升。

（瑞安市财政局供稿　黄其庆执笔）

乐清市

【概况】 2021年，乐清市实现地区生产总值1433.48亿元，增长10.8%。其中第一产业增加值22.20亿元，增长3.4%；第二产业增加值672.23亿元，增长9.8%；第三产业增加值739.06亿元，增长11.9%。三次产业结构为1.5∶46.9∶51.6。按常住人口计算，人均地区生产总值98244元，增长10.6%。社会消费品零售总额580.91亿元，增长11.7%。实现货物进出口总额280.62亿元，增长40.6%，其中出口总额275.15亿元，增长40.5%。城镇常住居民人均可支配收入73287元，增长9.3%，农村居民人均可支配收入41991元，增长10.3%。全市财政总收入166.86亿元，增长6.4%；一般公共预算收入97.01亿元，增长2.8%。全市一般公共预算支出129.48亿元，增长2.4%。全市财政收支平衡。

【组织财政收入】 完善财税收入联动机制。与税务部门建立长效沟通机制，掌握第一手信息资料，定期分析财政收入形势及走势。加大对企业的服务力度，全面排查和梳理税源，防止税源流失，全年一般公共预算中税收收入83.78亿元，增长10.9%，占一般公共预算收入的86.4%。一般公共预算收入占地区生产总值的6.8%，占财政总收入的58.1%。财政预算执行、财政存量资金盘活等工作获省政府督查激励。规范非税收入管理。优化土地出让金收支管理，加强与执收单位沟通对接，规范政府性收费执收行为，全年非税收入156.00亿元，增长41.5%，其中纳入一般公共预算管理的非税收入13.22亿元，下降29.8%。争取上级资金。累计获得政府债券额度73.28亿元，超过前两年总和。全年争取到中央、省、市各类资金23.37亿元。

【支持实体经济发展】 落实扶企惠企政策。全年落实产业扶持资金9.00亿元，加快产业转型升级。落实上市奖补资金2.83亿元，全年新增2家上市企业、6家企业报会。推动科技支撑经济发展方式转变，落实高新技术企业研发后补助资金4480万元。第一时间落实“两直”资金，确保惠企利民资金精准高效落地。落实减税降费政策。全年累计减税39.20亿元。加强金融财政互动。实施“人才科技贷”政策，撬动金融机构向353家科技企业发放贷款12.28亿元。推动政府产业基金运作，乐泰浙民投物联网产业基金累计出资3.27亿元。

【保障民生支出】 全年实现民生支出100.90亿元，占一般公共预算支出的77.9%。助推教育发展。全年教育支出33.15亿元，增长7.5%。累计投入各类资金7.20亿元支持学校建设，建成中小学、公办幼儿园项目26个，17家新办公立幼儿园开园投入使用。巩固义务教育经费保障机制，2021年度一般公共预算安排小学、初中生均公用经费1480元/生·年和1970元/生·年。投入2300多万元实施中小学生健康午休工程。推进文化及科技事业发展。科普活动专项经费达到人均2元以上标准，助力加大科技宣传力度。统筹财政资金保障清和书苑和其他八大城市书苑开放运营。全年统筹安排各级预算资金1270万元促进文化礼堂建设和正常运维。提升医疗社保服务水平。全年社会保障支出14.22亿元。筑牢疫情防控保障线，分别落实疫情防控、疫苗免费接种资金8.00亿元、1.80亿元。投入3.70亿多元资金支持市中医院等公立医院及乡镇卫生院、街道社区服务中心提升改造。全年卫生健康支出15.91亿元，增长8.2%。调整全市特困人员基本生活标准至1802元/人·月。基本公共卫生服务经费人均补助标准提高到92元/人·月，城乡医疗人均财政补助提高至870元以上。

【助力城乡协同发展】 完善交通网络。筹措资本金9.30亿元，推进温州市域铁路S2线、瓯江北口大桥等项目建设。安排市本级交通重点项目建设资金3.61亿元，用于支持104国道乐成至虹桥段、疏港公路乐成至南塘段等城市内部和城乡道路网工程项目建设。改善城乡人居环境。安排资金7.04亿元用于西塔公园、南门文化公园等城市基础设施建设。投入4.90亿元资金用于全市各乡镇污水零直排工程。支持城镇老旧小区改造。支持乡村振兴。筹措资金2.85亿元，加快推进柳市·瓯潮柳风等三条乡村振兴示范带及7个乡镇美丽城镇建设。一事一议财政奖补工作入选全省成绩突出县，下山头村、梅溪村入选成效显著村。

【深化财政改革】 提高财政资金使用效益。出台预算追加办法，强化预算刚性约束，严控预算追加。压缩部门预算，全年压缩“非刚性、非重点”项目经费1.21亿元、收回上年结转指标1.88亿元等。开展129个财政项目支出绩效抽评及农产品供应链专项补助、校舍维修专项经费等12个项目重点绩效评价，检查发现并移送公安部门立案调查1件。推进财政数字化改革。争取并落地“浙里垫付”“浙里报”“浙里担”和预算管理一体化执行模块四个试点项目。全面推行电子化支付改革，启动预算管理一体化执行模块单轨运行试点。升级优化惠企政策“直通车”资金支付辅助系统，部署利民补助“一键达”系统支付接口。加快国有企业改革。通过经营性资产注入、完善规章制度、新设公司等方式，推进国企市场化转型。

【强化财政监管】 加强风险防控。计提社保风险准备金8.67亿，确保被征地农民待遇保障资金筹措落实。加强公款竞争性存放管理，修订完善市行政事业单位公款竞争性存放管理办法，全年市本级财政可竞争性存放的资金全部实施公开招投标。推进乡镇（街道）内控建设，实现浙政钉乡镇街道内控平台上线运行。做好财政资金监管。实现政府采购网上交易、监管和服务一体化运作，入驻供应商1219家、交易金额18.34亿元。财政电子票据全覆盖。完善统一公共支付平台建设，全年通过平台办理业务175万笔，涉及金额18.50亿元。

【加强队伍】 建设开展党史学习教育。组织庆祝建党100周年系列活动，学习习近平总书记一系列重要讲话精神和党的十九届六中全会精神。加强党风廉政建设。打造“清风雅韵，廉脉相承”廉政文化走廊，通过5个板块宣传廉政文化，营造崇尚廉洁氛围。发挥工青妇桥梁纽带作用，通过工会疗休养、春秋游等活动，丰富干部职工业余文化陶冶情操生活。优化提升服务能力。建立局领导及业务骨干分包企业帮扶制度，定期走访企业，帮助解决实际困难和问题。助力全国县级文明城市创建，鼓励干部参与志愿者活动，每天安排人员在上下班高峰区到包干路口开展交通劝导。

（乐清市财政局供稿　王子平执笔）

永嘉县

【概况】 2021年，永嘉县实现国内生产总值486.34亿元，按可比价格计算，增长4.0%。其中：第一产业增加值18.42亿元，增长4.5%；第二产业增加值217.54亿元，增长6.7%；第三产业增加值250.38亿元，增长1.8%。三次产业结构比为3.8∶44.7∶51.5。按户籍人口计算，全县人均生产总值49207元，增长9.1%。城镇居民人均可支配收入56991元，增长10.0%；农村居民人均纯收入29185元，增长9.5%。社会消费品零售总额252.40亿元，增长1.8%。全县财政总收入66.45亿元，增长9.5%，其中一般公共预算收入41.34亿元，增长1.3%；政府性基金收入34.43亿元。一般公共预算支出89.96亿元，下降19.0%。全县财政收支平衡。

【组织财政收入】 财政收入执行良好。一般公共预算收入占GDP的8.5%、占财政总收入的62.2%。其中税收收入36.04亿元，增长10.0%，占一般公共预算收入的87.2%。全年非税收入39.78亿元，下降42.7%，其中纳入一般公共预算管理的非税收入5.30亿元，下降34.1%。全年“两金”（农田水利建设资金与教育资金）实现零计提，地方可用财力增加6903万元。强化收入政策激励。强化财政政策的前瞻性储备、逆周期调节和精准化激励，健全完善乡镇财政体制和财政收入考核激励机制，全县17个乡镇税收逆势增长，实现税收收入36.04亿元，增长10.0%。争取上级资金。全年争取各类上级资金33.03亿元。构建直达资金和政府债券常态化争取机制，落地中央直达资金8.76亿元，新增地方政府专项债券18.00亿元、一般债券额度1.50亿元，再融资债券1.10亿元。

【助力经济发展】 落实减税降费政策，迭代升级惠企政策“直通车”，全年减税13.00亿元，降费1.51亿元；推进工贸企业转型升级创新发展，兑现企业奖补资金1.03亿元；防范和化解企业资金链风险，为企业提供政府性融资担保贷款6110万元。推进科技创新。构建首位战略首位保障的财政政策体系，实现全年科技投入2.95亿元,增长15.1%。发挥财政资金杠杆效益,吸引社会资本参与教育、水利、交通等领域重大项目建设,社会投资规模143.00亿元,同时回收农房集聚资金2.08亿元,组织国有企业实现大企业发债7.00亿元。

【保障民生福祉】 全年民生投入69.62亿元,占一般公共预算支出的77.4%。保障老有所养。全年社会保障和就业支出13.10亿元,增长12.0%。完善养老服务补贴制度,人均基本养老金增长15.6%,城乡居民基础养老金从225元/人·月提高至260元/人·月。老年健康服务体系不断健全,每千名老人医疗机构老年康复护理床位4.37张,医养结合服务覆盖所有建制乡镇(街道)卫生院。保障劳有所得。加大就业扶持力度,落实失业补助金和以工代训补贴等帮扶政策,发放就业补贴958万元、技能提升补贴4983万元。保障病有所医。全年卫生健康投入11.79亿元,下降9.8%,完善大病医疗保险制度,协同推进医保支付方式改革,全年投入财政资金6.00亿元用于城乡居民基本医疗,城乡居民基本医疗保险财政补助标准从800元/人·年提高至900元/人·年。推进公共卫生体系建设,助力疫情防控,投入疫情防控资金4951万元,其中疫苗费用2673万元。保障学有所教。全年教育投入21.09亿元,下降13.0%,保障城乡义务教育各项经费,支持学前教育,全年新增公办幼儿园11所,推进"一乡镇一公办中心园"进程。

【推动乡村振兴】 夯实共同富裕基础。加强低收入农户兜底保障,低保标准由814元/人·月提高至886元/人·月,实现低收入农户益康保和医疗补充再保险全覆盖,动态消除家庭年人均收入9000元以下现象。谋划农村小型公益项目57个,覆盖14个乡镇(街道),投入本级财政资金991万元,获得省级奖补资金1654万元,带动社会资本663万元。"一卡通"发放惠农补助6.12亿元,16万人受益。2021年度,全县低收入农户收入同比增长14.7%。推进未来乡村建设。完成全县未来乡村建设和试点规划一张图编制。争取省级重点帮扶村乡村振兴项目财政资金1000万元;争取红枫古韵乡村振兴示范区中央专项资金5000万元;瓯窑茶乡新时代美丽乡村示范带项目争取到省级资金1350万元。投入资金9556万元,支持7个培育壮大村级经济项目。全县村集体经济收入10.31亿元,增长18.0%。

【推进财政管理改革】 完善预算管理一体化。预算单位国库集中支付环节全面并入预算管理一体化系统,获全省县级预算指标账试点单位。加强基层财政管理。完善内控体系,实行常态化管理,完成272家行政事业单位内控编报。规范公款存放,将代管专项资金纳入竞争性存放范围,累计竞争性存放57.15亿元,利息收入2.60亿元;做好全县直达资金落实督导监控等工作,分配支出进度达100.0%。优化财务管理,完成32家代理记账机构报备。推进"清廉永嘉·平安财政"专项行动,对20家行政事业单位开展专项检查,发现并整改违规资金11万元上缴国库。完善项目审价集成化。自主研发项目预算审核系统,实现项目申报、初终稿审核、审核成果出具等全流程的在线办理。全年在线办理项目审核1200件,送审金额27.23亿元,其中结算审核672件,送审总金额5.43亿元,审定金额4.73亿元,核减率12.7%。完善政府采购云端化。实现政府采购系统从预算端到支付端整体贯通,全县政府采购成交总金额19.89亿元,其中政采云上实现采购总金额7.73亿元,节约企业采购成本120余万元,同时推出取消保证金、降低履约保证金等惠企措施,少占用企业资金1.12亿元。

【防控化解财政风险】 防范政府债务风险。深入实施化债专项行动,政府债务风险等级保持绿色,遏制新增隐性债务,推进隐性债务化解工作。防范社保基金风险。专班推进被征地农民转保工作,摸清参保底数,分类开展资金测算,提出政策意见,加强督查指导,落实筹资责任,强化资金保障,建立风险防范处置预警机制。防范县级"三保"风险。建立健全"定期报告+重点关注"的县级"三保"预算执行动态监控机制,压缩非刚性、非重点项目支出、从严控制新增项目追加,保障重点工程项目建设资金16.8亿元,推进全县库款安全运转。全年"三公"经费支出2684万元,下降17.7%,累计压减一般性经费6507万元,压减率15.1%。

【加强国有资产管理】 出台加强县属国有企业内部控制体系建设与监督工作的实施意见,及国资监管提示通报工作规则等制度,推动规范化运作。打造"清廉国资""清廉国企"等特色品牌,开展国企领域突出问题专项治理。抓好日常监管,迭代升级"数字化监管平台"系统,开展国有资产清查登记,梳理7家县属国有企业资产398.27亿元,盘活闲置资产16处2700万元。

【加强队伍建设】 开展党史学习教育。专题研究党史学习教育工作,制定学习计划和落实方案。召开理论学习中心组学习(讨论)会12次,党委书记为全体党员上专题党课3次,引导全体党员学党史、悟思想、办实事、开新局。推进全面从严治党。将清廉机关创建任务分解到各科室(中心)。开展各级谈心提醒教育198人次,掌握干部思想动态。完成个人廉政档案建设。规范干部日常管理。做好干部选拔、转岗工作。落实职级晋升制度,按期完成全局事业干部工资调整,组织干部参加各类培训学习,组织乡科级领导干部和公务员法律知识考试、公务员网络学堂培训。

(永嘉县财政局供稿　葛明阳执笔)

平阳县

【概况】 2021年,平阳县实现生产总值600.51亿元,按可比价计算,增长9.8%。其中:第一产业增加值22.47亿元,增长5.0%;

第二产业增加值289.80亿元,增长8.2%;第三产业增加值288.24亿元,增长11.8%。按常住人口计算,人均生产总值为69463元,增长9.2%。三次产业结构比为3.7∶48.3∶48.0。固定资产投资248.33亿元,增长11.2%。社会消费品零售总额266.11亿元,增长14.1%。外贸进出口总额116.20亿元,增长20.2%。城镇常住居民人均可支配收入58224元,农村常住居民人均可支配收入29703元,分别增长10.4%和11.1%。全县财政总收入65.63亿元,增长14.0%,其中一般公共预算收入42.00亿元,增长15.1%;一般公共预算支出93.98亿元,增长2.4%。全年财政收支平衡。

【组织财政收入】 全县一般公共预算收入占财政总收入的64.0%,占GDP的7.0%,其中税收收入33.69亿元,占一般公共预算收入的80.2%。全年实现政府非税收入110.89亿元,增长93.6%,其中纳入一般公共预算管理的非税收入8.31亿元,增长18.0%。向上争取各类债券资金34.43亿元,增长59.5%。

【支持经济发展】 落实减税降费政策。全面落实个人所得税起征点、扩大中低档税率覆盖面、专项附加扣除、小微企业普惠性税收减免等政策,累计减税降费超20.00亿元。支持创新首位战略。建立财政科技投入稳定增长机制,系统提升创新平台能级,科技投入1.53亿元,增长15.2%。保障人才引进工作,安排经费4077万元用于“百名英才引育计划”、引进海外高层次人才,吸引各类高校毕业生落户平阳。支持工业强县战略。全面梳理整合惠企系列政策,引导企业做大做强,提升工业龙头企业核心竞争力和区域经济带动力,兑现各项涉企财政优惠政策6.34亿元,惠及企业3169家。支持重点项目建设。综合运用财政、融资、债券等多种手段,统筹各类资金71.89亿元,保障全年73个政府投资项目及582个国企投资项目建设。开展省级基层政策性农业信贷担保服务创新试点,为涉农主体开展担保业务。开展政府采购支持融资畅通工程,推广政采贷、履约保函等业务。2021年政府采购项目授予中小微企业总合同数371个,金额6.02亿元。

【保障重点支出】 助力疫情防控。安排疫情防控经费1.50亿元,用于基建、设备和防控物资采购。拨付疫苗费用及接种费用1.12亿元,实现全民新冠肺炎疫苗免费接种。向51家企业下达稳岗补助资金510万元,鼓励企业留员工稳岗位。保障民生支出。全年民生支出70.60亿元,占一般公共预算支出的75.1%,增长2.4%。其中教育支出17.75亿元,增长8.5%。落实教育优先发展战略,助力创建全国义务教育优质均衡发展县。社会保障和就业支出13.50亿元。合理调整社会保障标准,城乡低保标准调整至每人每月886元,实现与市区齐平,城乡居保基础养老金标准从每人每月225元提高到260元,城乡医保财政补贴标准从每人每月890元提高到990元,财政支出持续向弱势群体、薄弱领域倾斜。助推乡村振兴。争取省级乡村振兴集成创新示范县建设,获省级奖补资金4000万元,助推鸣山塘河“一线五村”一体化发展。争取一事一议上级补助资金1568万元,落实美丽乡镇试点项目。安排2050万元用于发展村级集体经济及“飞地抱团”项目,惠及村社88个。统筹整合涉农资金8105万元,支持农业产业项目100余个,带动农民增收、村集体致富。

【推进财政数字化改革】 推进预算管理一体化改革。上线预算管理一体化系统,整合基础信息、预算编制、预算执行等预算管理业务流程,横向串联全县231家预算单位,提高预算管理各环节的标准化、自动化水平。首次在一体化系统中对2097条绩效目标开展实质性监审,整改意见通过系统推送至预算单位,实现与预算编制工作的无缝融合。推进国有企业数字化转型。升级财务云系统,对县属国有企业重点财务事项由事前审核转为事后数据监测,通过大数据分析预警财务异常指标,防范国有企业财务风险。依托政采云平台,实现国有企业采购全流程电子化。拓展财政电子票据应用场景。将财政电子票据覆盖范围扩大到全县所有涉及用票的行政事业单位和社会团体。推动平阳县人民医院、县第二人民医院及县中医院完成“医疗机构直连”模式改革,实现电子票据信息与省平台的实时交互。

【强化财政监督管理】 优化绩效管理。将预算绩效管理工作纳入财政内部考评体系,预算绩效管理改革项目入选全省绩效管理改革优秀案例。绩效监控结果有效运用,调减预算资金5589万元;绩效评价结果综合运用,调减预算资金1.38亿元。加强项目审核。完成各类建设项目投资估算审核177个,核减金额3.68亿元;完成各类建设项目结算备案审查244个,核减金额2.48亿元;针对审查发现的40个问题项目,督促相关单位整改落实。规范政府采购。高效应用政采云平台,执行采购金额17.24亿元,节约资金1.94亿元。全面运用项目采购电子交易系统,完成项目433个,交易额7.36亿元。

【加强干部队伍建设】 开展党史学习教育。第一时间开展动员部署,组织党史学习教育各项工作,内容丰富形式多样,有理论中心组学习,有集中研讨5次,有中心发言,有上党课。开展“学党史、感党恩、当先锋”系列主题党日活动,让党员干部从百年党史中汲取奋进力量。夯实“两新”党建基础。调整会计协会党员组织关系,实现全县会计行业协会党组织全覆盖。落实从严治党。推进清廉示范建设,成立全面从严治党工作领导小组,派发“一岗双责”清单,开展廉政专题教育,完成县委巡察组对财政局巡察反馈意见整改落实任务,获平阳县“建设清廉机关、创建模范机关”工作先进集体。

(平阳县财政局供稿　林　川执笔)

苍南县

【概况】 2021年，苍南县实现地区生产总值399.62亿元，增长8.3%。其中：第一产业增加值29.35亿元，增长4.0%；第二产业增加值150.81亿元，增长10.9%；第三产业增加值219.47亿元，增长7.2%。三次产业结构比为7.3∶37.8∶54.9。社会消费品零售总额254.02亿元，增长4.0%。进出口总额24.64亿元，增长1.9%。城镇居民人均可支配收入54498元，农村居民人均可支配收入28321元，分别增长9.6%、10.5%。全县财政总收入47.98亿元，增长18.8%，其中一般公共预算收入30.18亿元，增长14.6%。全县一般公共预算支出85.38亿元，增长9.0%。全年财政收支平衡。

【组织财政收入】 强化收入预测分析。通过应收尽收、政策性减免和收入统筹等途径，科学把握组织收入的节奏和力度。一般公共预算收入占地区生产总值7.6%、占财政总收入62.9%。实现税收收入24.23亿元，增长10.6%，占一般公共预算收入的80.3%。拓宽财力保障渠道。综合运用各级财政补助资金、政府债券、国有资产盘活等多种方式，保障全县中心工作贯彻实施。提请县政府出台县直单位向上级争取项目资金激励办法，建立健全向上争取资金工作机制。累计争取上级资金40.67亿元，获得地方政府债券资金20.72亿元，盘活闲置国有资产8.54亿元。完善非税收入管理。出台县重大资金保障考核方案，将土地出让等非税收入列入考核重点，完成土地出让金收入62.50亿元，增强财政资金保障能力。全年非税收入80.68亿元，增长68.2%，其中纳入一般公共预算管理的非税收入5.96亿元，增长34.2%。

【支持经济发展】 扶持实体经济发展。落实抗疫惠企、春节留工留岗等政策，通过财政资金杠杆效应，促进工业投资持续回升。全年兑现工业、扶持技改、“小升规”等财政补助类资金6800万元；兑现突出贡献企业等奖励资金155万元。迭代升级惠企政策。推广政策奖励兑现资金支付辅助、在线兑现监管等系统，实现多贡献多奖补绩效目标，提升政策奖补财政监管力度，护航惠企资金直达快兑，全县刚性兑现产业政策企业奖补8593万元。落实推进助企减负。鼓励企业运用“政采云”平台线上签订政府采购合同并据此线上融资，搭建金融机构向供应商提供融资服务平台，发放“政采贷”贷款4374万元，授信金额6293万元。落实上级出台的各项清费减负政策，清理涉企收费，全年减免费367万元。

【保障改善民生】 全年民生支出63.38亿元，增长0.9%，占一般公共预算支出的74.2%。保障“健康苍南”建设。强化公共卫生服务供给，提高基层疫情防控能力。全年落实城乡居民基本医疗资金7.18亿元、公共卫生资金1.08亿元、疫情防控资金7007万元、疫苗接种费用1.11亿元，统筹落实“医共体”建设资金2.75亿元。助力“乡村振兴”实施。引导金融、社会资本投入“三农”领域，建立健全乡村振兴战略实施财政保障机制，推进苍南现代农业产业园入选国家级创建名单，申报入围省级“农综改”项目。支持“学在苍南”创建。继续推进基础教育“十百千”工程、公办园建设，助推全县教育优质均衡发展。全年预算安排教育支出19.6亿元，增长4.5%，占一般公共预算支出22.9%。落实全县公办幼儿园建设资金1500万元，义务教育提升资金3366万元。完善社会保障体系。全年社会保障和就业支出13.78亿元，增长27.1%。落实困难群众最低生活保障资金1.75亿元、城乡居民基本医保险资金7.18亿元、城乡居民养老保险基础养老金4.30亿元、被征地农民养老保险财政补助资金5.58亿元。

【深化财政改革】 推进财政数字化改革。列入省财政“浙里报”“浙里垫付”数字化改革试点。推进预算管理一体化系统建设，并通过系统完成全县228家预算单位2022年预算编制。完成非税电子凭证库测试工作。落实省级试点改革。入围省级农业综合改革试点、省级支持深化民营和小微企业金融服务综合改革试点，获省级财政奖补9000万元。强化国资管理改革。指导推动国有企业资产优化整合，做大做强国企资产规模，指导推动县水务集团取得AA信用评级资质。推进部分国有企业下属公司国有股权退出、国有资产转让等工作，优化国资国企结构布局。

【强化财政监管】 加强资金执行进度。全县累计支出直达资金19.22亿元，执行率高于全省平均进度2.87个百分点。强化资金使用效益。完成全县县级预算单位85.77亿元监控，核实不合理支付1.54亿元，全部督促纠正到位。加强政府采购监管，核减政府采购项目预算资金8265万元，节约率9.4%。加大财政检查力度。完成148家预算单位2021年预算信息公开复核，落实2021年全面实施绩效评价三年行动计划任务。开发上线“财政项目评审管理系统3.0”，建立健全财政项目审核机制。受理审核政府性投资建设工程530个，核减金额2.98亿元，核减率9.3%。强化国资国企监管。开展国有企业投资合规审查或备案18起，涉及资金61.70亿元，督导国有企业开展采购项目131宗3.52亿元，清理撤销国有企业银行账户69个，落实国资国企监督管理。开展全县国企领域突出问题专项治理工作，有序推进整改落实。

【加强队伍建设】 推进党史学习教育。成立党史学习教育领导小组，制定实施方案，举办“时刻听党话”青年理论宣讲大赛、“跟着总书记学思维”微宣讲视频宣传等活动。推进清廉财政建设。开展全面从严治党主体责任情况和机关作风建设监督检查、“党性党纪教育一刻钟”、清廉机关示范点创建等活动，推进全局正风肃纪工作常态化、制度化和规范化。建立健全制度机制。完善重大决策、重要批示及重要会议督办反馈工作机制，推进党委政府重点工作全面落实。对标对表省市考核目标,拟订县局科室考绩、人员考评办法,营造争先创优工作氛围。提升干部队伍形象。以"财润玉苍"党建品牌为引领,践行"财为政服务"理念,全年,干部志愿参与疫情防控907人次,开展"三服务"活动63次,完成建议提案44件,受理并办结信访70件,撰写党委政务、财政及舆情等信息590篇。

(苍南县财政局供稿　游福友执笔)

文成县

【概况】 2021年,文成县实现地区生产总值116.52亿元,增长5.7%。其中:第一产业增加值9.78亿元,增长1.5%;第二产业增加值30.67亿元,增长6.8%;第三产业增加值76.06亿元,增长5.8%;三次产业结构比为8.4:26.3:65.3。全社会固定资产投资62.04亿元,增长13.1%。全社会消费品零售总额50.71亿元,增长4.2%。全县贸易进出口总额6.14亿元,增长13.9%;其中出口额4.42亿元,增长1.0%,进口额1.72亿元,增长69.5%。全县城镇居民人均可支配收入47507元,农村居民人均可支配收入22580元,分别增长8.7%和10.0%。全县完成财政总收入17.98亿元,增长14.5%。其中,一般公共预算收入11.75亿元,增长15.0%,占财政总收入的65.4%,占地区生产总值的10.1%;一般公共预算支出53.80亿元,增长5.4%。全县财政收支平衡。

【组织财政收入】 强化税收征管。完善征管措施,增强收入形势预判和科学决断能力,加强重点行业、重点税源的管理,全年税收收入7.87亿元,增长18.5%,占一般公共预算收入的67.0%。争取项目资金。全年争取到上级转移支付资金28.88亿元、地方政府债券10.58亿元,各类补助资金计39.46亿元。规范非税管理。坚持依法行政,强化监督检查,全年完成非税收入3.88亿元,增长8.6%。政府性基金收入10.49亿元,增长285.7%。其中,国有土地使用权出让收入6.91亿元,增长381.0%。

【支持经济发展】 保障项目建设。统筹安排1.41亿元保障西坑畲族镇文化博物馆、文成县人民医院新建工程、农村"四好"公路、景文高速西坑连接线工程、G322文成樟台至龙川段改建工程等重点项目资金需求。兑现惠企政策。支持生态工业、现代服务业、全域旅游等产业发展,全年累计兑现扶持企业优惠政策2.87亿元,其中惠企"直通车"补助资金3955万元。发展总部经济。落实各项优惠政策,支持电子商务、建筑业、批发零售业及房地产等产业发展,新引入总部经济企业33家。全县226家总部经济企业入库税收7.12亿元,完成年初目标的118.6%。助力乡村振兴。统筹安排涉农资金8.02亿元,重点支持"三农"发展。入围省级乡村振兴产业发展项目示范县建设名单,获得省财政补助资金6000万元。完成一事一议财政奖补项目33个,申报2022年度一事一议助推美丽乡村建设项目,获得省补助资金2000万元。

【兜底民生事业】 全年民生支出42.63亿元,增长4.5%,占一般公共预算支出的79.2%。支持教育事业发展。全年教育支出8.59亿元,保障全县中小学和幼儿园建设,助力创成省级教育基本现代化县。支持社会保障事业发展。社会保障和就业支出7.40亿元,落实养老保险省级统筹、医疗保险市级统筹,统一城乡最低生活保障标准,城乡最低生活保障提高至886元/人·月。支持卫生健康事业发展。卫生健康支出6.34亿元,保障县人民医院发热门诊和17家乡镇卫生院发热诊室等项目建设资金,投用移动式核酸检测实验室专车。支持交通运输事业发展。全年交通运输支出2.89亿元,保障文瑞高速、文泰高速、青文高速玉壶互通至文成枢纽段、文成南互通等重大交通项目资金需求,温州西部交通枢纽初见雏形。保障疫情防控。全年筹集并下达疫情防控资金8741万元,从职工医保基金中划转上缴新冠疫苗采购预算专项资金4345万元,县级财政配套145万元,保障新冠疫苗接种工作,累计接种新冠疫苗46万剂次。

【深化财政改革】 深化国库集中支付动态监控系统改革。在原有157个县机关事业单位实行动态监控的基础上,进一步扩大监控范围,将全县17个乡镇视同县级预算单位纳入财政国库集中支付动态监控。制定《文成县县级国库集中支付动态监控管理办法》,采取"系统自动预警+人工筛查"管理模式,对预算执行业务进行事后跟踪监控,动态监控覆盖率为100.0%。全年县级预算单位授权支付67106笔,支付金额16.31亿元。构建乡镇财政管理新格局。印发《关于进一步完善乡镇财政管理体制的通知》等文件,将全县17个乡镇划分为三类,对不同类别乡镇实行不同分成财政体制,建立"固定奖励、超收分成、自求平衡"的基层财政管理体制。推进国资国企改革。搭建"财政局(国资办)—国控公司—国有营运公司—下属企业"的国有企业发展新体系,优化全县64家企业主体或产权股权。修改完善文成县县属国有企业机构设置与员工总额管理办法等15项制度。

【强化财政监管】 加大财政检查力度。采取基层单位自查、县级专项检查的方式,对全县17个乡镇、159个部门单位及下属单位(包括四场一圃)的财政资金管理情况开展专项检查,重点检查内控制度建设、财政性资金存放情况、往来款清理等,提高财政资金安全性。严格政府采购监管。推行"互联网+采购"模式,政采云平台交易总金额4.55亿元,电子卖场交易订单10082个,完成金额1.10亿元。加强政府债务管理。全年新增地方政府债券额度10.58亿元,申请发行一般债券资金2.80亿元,申请发行专项债券资金7.78亿元。政府债务率在100.0%以内,债务风险总体可控。

【优化队伍建设】 开展党史学习教育。全年组织开展理论学习中心组学习12次,专题研究探讨5次,支部学习75次、主题党日活动82次。提升党组织活力。常态化开展内部"微检查",贯彻执行廉政谈话制度,全年开展提醒谈心127人次,实现全覆盖。坚持党建带群建,开展各类文体活动,浓厚局机关文化氛围,激发财政干部干事创业热情。

(文成县财政局供稿　项宇轩执笔)

泰顺县

【概况】 2021年,泰顺县实现地区生产总值132.41亿元,按可比价格计算,增长6.2%。其中:第一产业增加值10.74亿元,增长4.2%;第二产业增加值46.10亿元,增长2.4%;第三产业增加值75.57亿元,增长8.9%。三次产业结构比为8.1∶34.8∶57.1。按户籍人口计算,人均生产总值35708元,增长6.7%。城镇常住居民人均可支配收入46769元,增长10.1%;农村常住居民人均可支配收入22789元,增长12.0%。全县财政总收入27.97亿元,增长16.8%。一般公共预算收入15.88亿元,增长15.0%。一般公共预算支出56.65亿元,增长15.9%。全县财政收支平衡。

【组织财政收入】 围绕年度收入任务,完善收入征管协调机制,把握组织收入的力度和节奏,掌握收入主动权。全县一般公共预算收入占财政总收入的56.8%、占地区生产总值的12.0%。实现税收收入12.79亿元,增长6.5%,占一般公共预算收入的80.5%。加强非税收入征管,全年征收政府非税收入22.74亿元,增长18.9%,其中纳入一般公共预算管理的非税收入3.09亿元,增长71.7%。全年争取各类上级资金31.80亿元,新增地方政府一般债券7.70亿元,专项债券3.40亿元。

【支持经济发展】 保障重点项目建设。发挥财政支撑、保障职能,统筹安排财政资金15.53亿元,保障县城新城区配套工程、235国道改建工程、县中小学及幼儿园建设工程、县生态大搬迁工程等政府投资重点项目建设。支持企业发展。兑现各类扶工兴贸奖励资金3.52亿元,支持实体经济发展;发挥政策性融资担保公司作用,为小微企业、"三农"企业提供担保,在保笔数1986户,担保金额3.11亿元。完善中央直达资金管理机制,全年发放直达资金7.29亿元,分配率和支付率均达100.0%,确保各项纾困措施直达基层、直接惠及市场主体。落实减税降费政策。落实系列降税减费政策,全年减免各项税费5.23亿元。

【保障民生事务】 全年民生事务支出40.38亿元,增长9.8%,占一般公共预算支出的71.3%。优先保障教育投入。全年一般公共预算安排教育支出7.91亿元,增长1.5%,推进教育现代化县创建。落实学前教育运行经费补助资金1861万元,实现"一乡镇一公办园"既定目标,推进学前教育普惠发展。提升医疗保障能力。全年一般公共预算安排卫生健康经费6.11亿元,增长11.5%,深化县级公立医院改革,城乡居民基本医疗保险人均财政补助标准从760元提高至915元,提升公共卫生服务均等化水平。开通资金拨付绿色通道,安排疫情防控相关经费6800万元,用于防疫物资采购等,筑牢疫情防控安全防线。提高社会保障水平。全年一般公共预算安排社会保障和就业资金6.21亿元,城乡居民最低生活保障标准每人每月从814元调高至886元。助力乡村振兴发展。全年一般公共预算安排农林水资金7.29亿元,加强涉农资金统筹整合,支持乡村振兴发展。推进一事一议财政奖补项目建设,争取省级奖补资金2000万元,组织实施项目106个;被列入省级一事一议助推美丽乡村建设试点县,获得省级资金补助2000万元,并获评省级一事一议财政奖补工作成绩突出县。

【推进财政改革】 完善全口径政府预算体系,细化预算编制,提高年初预算到位率。推进预算管理一体化改革,完成"一体化"基础资料模块全省集中版本切换工作。加强财政库款管理,开展三期财政专户资金竞争存放工作,涉及资金7.50亿元,提高财政资金保值增值能力。推进"一键达"数字系统应用项目建设,上线75项利民补助项目,累计向62370人次兑现利民补助资金3980万元。

【强化财政监管】 建立健全政府厉行节约长效机制,控制和压减一般性支出,非刚性、非重点项目支出压减4260万元,压减率10.4%。制定乡镇财政管理实施意见,组织对全县19个乡镇财政管理工作开展监督检查,实时跟进问题整改,提升基层财政资金使用安全和使用效益。推进绩效与预算一体化闭环管理,对部门所有预算项目支出绩效目标进行监控,全年完成520个项目预算支出绩效自评、52个项目自评复评、10个项目重点评价。规范政府采购行为,节约政府采购经费3055万元;严格政府投资项目审核,节省政府投资项目资金7550万元。加强政府性债务管理,全县限额内地方政府债务余额53.53亿元,债务率保持在绿色安全范围内,完成年度隐性债务化债任务。

【加强队伍建设】 开展党史学习教育,立足财政本职,创新党史学习教育内容形式,推进党史学习教育走深走实。强化政治机关意识,打造一厅一廊党建主阵地,推动党建工作提档升级。制定年度干部业务培训计划,组织业务骨干赴高校学习最新财政知识。落实从严治党主体责任制,开展警示约谈提醒活动,累计进行一对一谈心谈话136人次,督促干部坚守廉洁从政底线。组织党员干部成立先锋队,由局班子成员轮流带队参与联系村(社)疫情防控服务工作。2021年,泰顺县财政局连续第16年获县级年度考核优秀单位。

(泰顺县财政局供稿　项婉骥执笔)

龙港市

【概况】 2021年,龙港市国内生产总值340.34亿元,增长4.8%。其中:第一产业增加值9.60亿元,增长3.6%;第二产业增加值158.80亿元,增长7.6%;第三产业值171.94亿元,增长2.5%。三次产业结构比为2.8∶46.7∶50.5。社会消费品零售总额145.68亿元,增长5.4%。城镇居民人均可支配收入60662元,增长9.7%;农村居民人均可支配收入32770元,同比增长10.5%。全市财政总收入30.37亿元,增长19.9%。一般公共预算收入20.03亿元,增长17.5%,占财政总收入的66.0%;其中税收收入16.38亿元,增长6.8%,占一般公共预算收入的81.8%。全市非税收入47.75亿元,增长57.2%;其中纳入一般公共预算管理的非税收入3.65亿元。政府性基金收入44.10亿元。一般公共预算支出32.28亿元,增长25.3%。全年财政收支平衡。

【争取上级支持】 跟进研究上级财政支持政策和资金投向,2021年争取到上级转移支付资金13.10亿元(其中直达资金4.94亿元)。牵头抓好财政资金分配数据核对,建立每月通报机制,落实好省级补助资金。抢抓政策机遇,有针对性地挖掘和储备政府投资项目,尤其是和疫情防控相关的医疗健康、生态环保等领域,争取更多专项债券额度支持,全年到位地方政府债券资金12.05亿元,其中一般债券资金1.00亿元,地方政府专项债券资金11.05亿元。全市向上争取资金要素计25.05亿元,为龙港经济社会的高质量发展提供财力保障。

【支持经济发展】 推进惠企利民。落实减税降费政策,全年新增各类减税降费6.27亿元。成立直达资金常态化管理工作专班,制定直达资金管理实施办法(试行),实现直达资金管理制度化、常态化、规范化。出台产业政策奖补资金兑现管理办法,梳理产业政策奖补项目正面清单108条,兑现惠企奖补资金1.87亿元。精准纾困解难。成立龙港市会计学会,组织会计税务专家服务团队,为企业发展提供政策服务和智力支持。出台十条举措,鼓励支持企业留员工稳岗位促生产。

【保障民生事业】 全市民生支出27.11亿元,占一般公共预算支出的84.0%。提高社会保障水平。全年社会保障和就业支出5.21亿元,增长120.0%。城乡居民最低生活保障标准从每人每月814元提高至886元,城乡居民医保中财政补助从人均800元提高至890元。出台《龙港市就业补助资金管理办法(暂行)》,支持高校毕业生、农民工、退役军人等重点群体就业创业,全年发放补助资金3167万元。助推教育事业发展。全年教育支出8.27亿元,增长14.8%。投入334万元,购置课桌椅,改善学校办学条件。投入500万元,加大中小学教师专业发展培训力度,提升师资队伍教学水平。健全中小学教师工资长效联动机制,提高教师待遇水平。推进医疗卫生事业发展。全年医疗卫生健康支出4.40亿元,增长52.8%。投入129万元用于全民商业补充医疗保险(温州益康保)相关经费。落实资金6872万元,保障常态化疫情防控工作。支持美丽乡村建设。落实资金3.50亿元,支持美丽城镇建设工程、新时代美丽乡村创建、城市精细化管理等工作。推进重点项目建设。落实资金6.20亿元用于民生重点项目建设。保障龙港市十大民生实事项目建设和江南垟项目、"四好"农村路建设、世纪大道拓宽改造、土地开发收储等工作开展。

【推进财政改革】 打造数字财政。成立财政数字化改革专班,推进预算管理一体化试点改革工作,开展利民补助"一键达"工作,推进财政电子票据改革,全市95家单位实现电子票据全覆盖。探索政府购买服务新路径。紧抓龙港市被财政部确定为政府购买服务改革工作联系点契机,开展政府购买服务专项督查,推进政府购买服务规范运行,《中国财经报》对龙港市政府购买服务经验做专题报道。深化投融资体制改革。推进"以财政资金为支撑,国有企业市场化运作为主体,社会资本参与"的多层次、多元化、多渠道投融资体制改革,发行规模20亿元的全国首只县城新型城镇化建设专项企业债,创同类同期债券利率最低,节省资金成本1.65亿元。获批15.00亿元公司债券,为龙港市在证监会系统获批的"首单"公司债券。

【强化财政监督】 出台预算绩效管理成果应用办法和贯彻落实全面实施预算绩效管理的实施意见,建立预算绩效管理体系。加强政府投资项目监督,强化建设工程预结算审核,全年送审项目32.30亿元,核减资金1.79亿元,核减率5.5%。加强国有资产监督管理,制定出台《龙港市行政事业国有资产管理暂行办法》,探索资产管理数字化新模式,分阶段推进"资产云"平台上线。推广应用"政采云"平台,促进政府采购交易、服务和监管电子化、一体化、透明化。全年政府采购项目179笔,涉及资金5.54亿元,节省资金4627万元,节约率8.4%。

【加强队伍建设】 制定年度理论中心组学习计划,全年组织理论中心组学习14次,局机关常态化学习25次,局党组成员送党课15场次。开展党史学习教育,组织学习党的十九届六中全会精神,开展财政大讲堂、专题研讨、观看警示教育片、评选学习强国之星等活动。通过线上线下培训、科室间交流座谈等多种形式,提高干部队伍政治理论及专业化水平。注重廉洁从政教育,将廉政风险防控体系融入到日常工作的各个环节,排查出廉政风险69条,制定针对性整改措施,从源头上防范廉政风险。

(龙港市财政局供稿　陈晓慧执笔)

湖州市财政工作

湖州市

【概况】 2021年，湖州市实现地区生产总值(GDP)3644.9亿元，按可比价计算，增长9.5%，增速居全省第2，分别快于全国、全省增速1.4和1.0个百分点。其中：第一产业增加值148.6亿元，增长2.9%；第二产业增加值1865.0亿元，增长10.6%；第三产业增加值1631.3亿元，增长9.0%。三次产业结构比为4.1∶51.2∶44.7。按户籍人口计算，人均GDP 13.59万元，增长13.7%。全年外贸进出口总额1490.90亿元，增长31.8%，其中出口额1356.20亿元，增长32.3%。城镇居民人均可支配收入67983元，农村居民人均可支配收入41303元，未扣除价格因素，分别增长10.1%和10.9%。全市财政总收入683.78亿元，增长17.5%，一般公共预算收入413.52亿元，增长22.9%；全市一般公共预算支出524.49亿元，增长8.3%。市本级财政总收入291.46亿元，增长19.4%，一般公共预算收入181.69亿元，增长27.8%；市本级一般公共预算支出254.05亿元，增长10.6%。全市各级预算执行良好，财政收支平衡。

【组织财政收入】 科学预测分析财政收支形势，抓好组织收入工作，在收入目标多元化的大背景下，统筹实现各区县收入组织的协调发展。抓好收入的质量和可持续性，全市一般公共预算收入占生产总值的11.3%，占财政总收入的60.5%；税收收入379.59亿元，增长21.3%，占一般公共预算收入的91.8%。加强政府非税收入管理，健全完善征收和监管机制。全市非税收入完成690.48亿元，增长22.6%，其中纳入一般公共预算管理的非税收入33.93亿元，增长43.6%。

【助推经济发展】 加快落实中央、省、市各项惠企扶企、降本减负政策，实施减税降费直达快享，全年为企业减负180.00亿元。精准助力"六稳六保"，连续2年出台稳企业活市场政策，设立扶持资金援企稳岗扩就业。发挥消费券撬动作用，全市发放"暖心券""消费券"2745万元，推动餐饮、商贸、文化、旅游等行业发展。支持长三角一体化推进，落实创新驱动首位战略，保障支持"五谷丰登"计划*实施。加大政府产业基金对实体经济的支持力度，2021年政府产业基金规模547.76亿元，成立子基金83个，投资项目239个。

【加强民生保障】 2021年，全市民生支出382.50亿元，增长8.2%，占一般公共预算支出的72.9%，保障教育、医疗、社会保障等领域民生工程。全年社会保障与就业支出56.92亿元，增长24.0%。坚持就业优先，全年就业支出1.49亿元，解决大学生、就业困难人员就业和创业。安排职工基本养老保险基金以及落实被征地农民养老保险政策资金26.00亿元，保障企业基本养老金人均增长4.5%。安排3.70亿元，将城乡居民养老基础金从每人每月250元提高到290元。全年教育支出48.7亿元，增长26.9%，生均教育支出2.21万元，增长20.53%。安排1.26亿元保障湖州师范学院创建大学；落实资金6700万元，保障求真学院转设。全年卫生健康支出44.45亿元，增长6.6%。支持打造医改"湖州样本"，全市投入25.85亿元用于中医院、中心医院二期、市一医院等基础设施完善。

【探索共同富裕】 对照湖州市共同富裕试点三年行动计划(2021—2023年)(缩小城乡差距领域)明确的22项重点任务，细化分解134项财政子任务。厘清市级和区县责任，归并交叉近似内容，测算资金需求。投入2.85亿元，保障2批次11趟"共富班车"*发出。专项安排500万元用于支持产业合作示范园区建设，通过消费帮扶助力对口地区全面推进乡村振兴，打造湖州市对口工作升级版。做大乡村振兴财政投入体量，2021年安排乡村振兴专项资金2.12亿元。优化美丽乡村创建政策，市本级建成4个新时代美丽乡村样板片区、新立项安排5个新时代美丽乡村样板片区建设。截至2021年底，全市全面消除年经营性收入50万元以下欠发达村。全年全市上缴援助资金2.66亿元，其中东西部扶贫协作帮扶资金1.17亿元；筹措援疆援藏和省内有关扶持资金1.49亿元。

【支持绿色低碳发展】 安排资金40.62亿元，持续改善生态环境质量。财政补贴22.0万元，加快港口岸电*推广运用，减少船舶因使用燃油发电对大气的污染。补贴后湖州市岸电价格全国最低，自2021年6月1日起办法试行实施后，岸电总用量提升至51.9万千瓦时，减少二氧化碳排放500吨。出台《湖州市生态环境网格化监管及违法行为举报奖励办法》，提升公众参与生态环境保护监督管理的积极性。开展绿色建材试点*，全国政府采购支持绿色建材促进建筑品质提升试点现场会在湖州召开，上线政府采购支持绿色发展服务平台，实现试点项目有关新信息发布、展示、批量集采、绿色认证、绿色金融"一站式"服务。目前，已确定22个项目探索开展绿色建材的批量采购，总投资120.00亿元。

【推进绩效管理】 发布全周期预算绩效监督管理工作规范市级地方标准。形成"两办"、监察、组织、财政、发改、审计等多部门协同模式，构建乡镇财政整体评价指标和运行监控序时进度指标。推动市政府出台政府投资项目事前绩效评估实施细则，建立4大类、17小类政府投资项目费用指标体系，对政府投资项目实施事前绩效评估，明确评估流程，对投资额5000万元以上的项目，建立绩效评审机制。

【推动财政数字化转型】 建立财政、大数据、发改和专家团四方项目联审机制，各区县按照“一地创新、全市共享”原则全面铺开财政数字化改革。上线“一键兑”平台，形成涉企财政奖补政策的发布、申报、审批、验收、资金拨付等环节的“闭环式”管理。“资产云2.0”系统的上线时间和区县覆盖面位居全省前列。出台软件资产管理办法，明确政府部门采购的软件资产产权属于国有资产。推进财政电子票据改革试点，开展形成“掌上执法+公共支付+电子票据”新模式，开通电子票据单位1883家。

【强化风险防控】 根据政府投资项目管理要求，对区县500万以上的政府投资项目进行市级联审，核减项目373个，核减总投资619.50亿元。提请市政府出台强化和规范乡镇财政管理的意见，合理划分区县与乡镇政府财政事权和支出责任，强化乡镇财政预算刚性；完善乡镇国有、集体资产管理制度，在实行“乡财乡管”财政体制的乡镇设置独立的财政管理机构，为推动乡村治理体系和治理能力现代化提供保障。

【加强队伍建设】 开展党史学习教育。组织实施5大“财味”特色专题活动，举办省市县乡四级党建联动暨党史学习教育主题党日、“庆祝建党100周年”主题报告会、党史知识竞赛和征文等多元化教育活动，创新设立“红彩党建工作室”。开展“一对一”业务指导，累计上门服务部门、服务基层、服务企业5000余次。实施“青蓝工程”三年计划，建立健全导师传帮带、团队课题调研等年轻干部成长机制，组织3名干部上挂财政部学习锻炼，推进干部分层分类培训和平时考核，开展全员业务脱产培训，全年组织各类业务培训16个班次、专题讲座2次，提升干部能力素质。全面落实党风廉政建设责任制，健全廉政风险防控机制，丰富廉政教育内容，增强抵御风险和拒腐防变能力。

（湖州市财政局供稿　宋钰辰执笔）

注：

*“五谷丰登”计划：湖州市深入实施人才强市、创新强市首位战略，规划建设五座“创谷”：即科学谷、论剑谷、画溪谷、时尚谷、云起谷，全面推进湖州市高水平科技自立自强，加快高质量赶超发展。

*“共富班车”：湖州参照公交运行模式，实施“共富班车”工作机制，政府推出的系列富民项目、惠民政策和便民服务举措即“班车”，享受服务的群众为“乘客”。

*港口岸电：船舶停靠码头期间，停用自备燃油发电系统，改用陆地电源的一种电力系统。

*绿色建材试点：财政部、住房和城乡建设部联合推进政府采购支持绿色建材促进建筑品质提升试点工作，明确将在南京、杭州、佛山、绍兴、湖州、青岛6个城市开展政府采购支持绿色建材促进建筑品质提升试点工作，推广绿色建筑和绿色建材应用。

吴兴区

【概况】 2021年，湖州市吴兴区完成地区生产总值853.18亿元，比上年增长13.3%。其中：第一产业增加值22.23亿元，减少2.5%；第二产业增加值400.31亿元，增长17.2%；第三产业增加值430.64亿元，增长10.9%。三产结构比为2.6∶46.9∶50.5。全年实现财政总收入96.22亿元，增长16.2%，一般公共预算收入63.44亿元，增长23.9%，其中税收收入60.06亿元，增长24.1%；一般公共预算支出58.40亿元，增长26.0%，全年财政收支平衡。

【组织财政收入】 夯实财力基础。协调各级各部门形成收入征管合力，完善收入统筹机制，在保持财政收入平稳增长的同时，继续稳步优化收入结构，实现经济与财政良性循环。关注重点税源建设。全面加强乡镇级财源建设，因地制宜科学布局特色优势产业，持续培育壮大财源。全年一般公共预算收入占财政总收入的65.9%、占GDP的7.4%，税收收入占一般公共预算收入的94.7%。持续规范非税收入。全年实现非税收入6.25亿元，增长24.5%，其中纳入一般公共预算管理的非税收入3.38亿元，增长19.4%。

【支持企业共渡难关】 优化政策兑现流程。加快完善惠企政策兑现长效机制，简化审核流程，打通“政策兑现最后一公里”，全年兑现各类惠企政策资金3.01亿元。完善中央资金直达机制，建立“资金拨付绿色通道”，使中央直达资金更快更好地惠企利民，2021年收到并分配中央直达资金1.70亿元。落实减税降费政策，全年为企业减税降费17.63亿元。创新政策惠农方式。争取到省财政厅基层政策性农业信贷担保创新试点，完成48笔涉农贷款放款，涉及资金6089万元。开展村集体经济欠发达村“造血”能力提升项目，促使欠发达村创收1445万元。持续开展对口支援。拨付对口支援专项资金2857万元，助力对口帮扶地区经济社会发展。通过政采云平台鼓励全区行政事业单位开展消费帮扶，累计下单383万元。

【保障民生发展】 统筹资金支持办好“十大民生实事”和民生事业发展，全区新增财力的82.4%用于农业、教育、社保、医疗、环保等民生事业。2021年全区民生支出45.05亿元，占一般公共预算支出的77.1%，增长28.8%。推进乡村振兴。安排农业农村高质量发展资金1.34亿元，加大农村特色产业培育。统筹运用美丽乡村建设、美丽河湖整治、各类村级荣誉创建、一事一议助推美丽乡村等多类政策资金7890万元，补齐农村基础设施短板，提升农村人居环境水平。支持教育事业发展。投入2.50亿元用于支持新城中学、诸葛小学、吴兴一中、湖师附小西山漾校区建设工程，推动教育事业高质量发展。提升社会保障水平。

投入1.70亿元用于最低生活保障、残疾人两项补贴、医疗救助和优抚对象补助等，加大困难群众救助力度。助力生态环境改善。投入1.00亿元用于城乡生活垃圾分类、农村环境长效治理、治水治气治土等，推进生态文明建设。

【深化财政改革】 加快预算管理改革。强化预算一体化建设，深化集中财力办大事体系，全面实现零基预算管理。强化绩效评价结果应用，2021年预算调减、取消项目114个，涉及金额7664万元。推进数字赋能改革。上线政府专项债券全生命周期管理系统，以数字赋能推进财政数字化改革。运用公款竞争性存放网上招标平台和项目采购全流程电子化招标，维护政府公权力行使公开公平公正。推进基财数管。争取到省财政厅乡镇内部控制指引建设试点，织里镇先行示范，构建智能化乡镇内控系统，加强内部权力制约，防控廉政风险和行政风险，提高机关运行效能，相关经验做法被《中国财经报》《中国会计报》《浙江之声》等多家媒体报道，并在2021年全省基层财政工作会议上作乡镇财政监督管理经验交流发言。

【防范化解风险】 切实化解存量债务。围绕全区隐性债务化解目标，开展吴兴区存量隐性债务化解攻坚行动，通过财政资金化债和市场转型化债等方式，累计完成总化债任务的70.1%，风险等级由橙色降至黄色。加强债务源头管控。落实《浙江省财政投资项目管理办法》要求，实行政府投资项目联审制度，从源头上遏制债务增量，2021年审核政府投资项目概算12个，核减金额1.14亿元，节约率8.9%。加强乡镇债务管理。推进乡镇债务“关闸门”工作，厘清乡镇与国有公司职责边界，以镇属国有公司“上划规范一批、继续保留一批、整合关停注销一批”为抓手平稳推进。争取各类债券资金。争取到财政部建制县区隐性债务风险化解试点，并获债券置换资金30.00亿元。2021年新增专项债券限额16.50亿元、一般债券限额2.50亿元，助力吴兴区教育、水利、医疗等民生事业发展。

【加强队伍建设】 开展党史学习教育。组织多种形式的学习，邀请局党组书记、党校教师、本系统30年党龄老党员为党员干部进行党史教育专题讲座。深化从严治党。把党风廉政建设目标任务融入到业务工作中，推进党务公开信息化，创建成区级党务公开标准化示范点。注重干部培养锻炼。制定年轻干部培养方案，规范化开展年轻干部培养工作。与乡镇财政所开展两轮干部交流学习，为乡镇财政补充中坚力量。开设南太湖财政讲堂，鼓励年轻干部走到台前，展现财政铁军风采。开展“三服务”活动。班子成员带队赴联系企业调研走访66次。组织干部职工赴联系社区参与为社区特殊儿童送温暖、文明典范城市创建、抗击台风、防控疫情等各项志愿活动。获评湖州市先进基层党组织和吴兴区“建设清廉机关、创建模范机关”工作先进集体。

（湖州市吴兴区财政局供稿　高创建执笔）

南浔区

【概况】 2021年，湖州市南浔区地区生产总值（GDP）528.95亿元，增长8.5%。其中：第一产业增加值28.29亿元，增长2.6%；第二产业增加值309.69亿元，增长9.4%；第三产业增加值190.98亿元，增长8.2%。三次产业结构比为5.4∶58.5∶36.1。全区财政总收入73.38亿元，增长9.2%，其中：一般公共预算收入43.05亿元，增长6.4%，占财政总收入的58.7%，占地区生产总值的8.1%；全区一般公共预算支出66.18亿元，增长19.8%。全区财政收支平衡。

【强化财政收支管理】 “强化”收入管理。加强财政收入监控，完善数据共享和会商制度，形成收入齐抓共管的良好局面，实现财政收入的均衡、稳定。全年实现税收收入38.98亿元，增长4.2%，占一般公共预算收入90.5%；非税收入81.42亿元，增长8.6%，其中纳入一般公共预算管理的非税收入4.07亿元，增长32.7%。“调整”支出结构。建立健全“过紧日子”长效机制，优化财政支出结构，压减一般性支出，压缩非急需、非刚性支出，保障重点领域支出。预算压减3065万元，压减14.1%。争取上级资金。对接省市财政部门，全年争取转移支付、债券等各类资金44.48亿元。2020—2021年全区累计发行政府专项债券35.43亿元，金额居全市第一，占全市发行额度的14.6%。争创省级2021年度一事一议财政奖补助推美丽乡村建设“单打冠军”项目，获省补资金2000万元。被列入2022年度省级农村综合改革集成建设项目范围，获省级补助资金6000万元。

【支持经济转型发展】 助力实施“科创融合”。全年财政科技支出1.77亿元，增长15.1%，重点支持企业关键技术研发和培育高新技术企业、省级科技型企业、领军型创新团队、科技创业创新人才等，推动科技创新大发展大提升。落实惠企政策。加强财政政策供给、服务配套与资金支持，精准帮扶企业，执行中央、省各项减税降费政策，全年减税降费16.78亿元，安排涉企奖扶资金2.87亿元，惠及企业2343万户次。落实粮油生产、农机购置等惠农政策，全年兑现各项农业补贴资金8068万元，惠及农户4.99万户次。依托农民合作基金、农业“三项补贴”政策综合改革试点资金和省级基层政策性农业信贷担保服务创新试点资金，解决农民创业贷款难、贷款贵问题。全年新增农民生产、经营类贷款184笔，累计放贷518笔，资金3.56亿元，助推全区粮食生产和跑道鱼、“红美人”柑橘等特色优势产业发展。保障“城市能级提升”。全年投入4.10亿元支持公路养护和大中修工程、老旧小区改造和湖浔大道污水干管工程等建设项目，助力提升中心城区首位度。助推“交通建设”。推进总投资17.80亿元的东宗线湖州段四改三航道整治工程建设；推进总投资19.86亿元的杭嘉湖北排通道后续工程（南浔段)建设;安排6000万元推进沪苏湖铁路南浔站交通枢纽工程及配套工程建设。

【改善社会民生事业】 全年民生支出52.16亿元,增长20.0%,占一般公共预算总支出78.8%,支持民生事业高质量发展,助力共同富裕。助力生态文明建设。全年统筹安排资金1.36亿元,打好污染防治攻坚战。助力教育事业发展。全年投入11.19亿元,保障教育资源无差别行动、公办幼儿园托幼一体化全覆盖,优质幼儿园全覆盖、名校名校长名师、教育共同体全覆盖和优质均衡全提升等项目建设,推进教育优质、均衡现代化。助力"健康南浔"建设。全年投入7.46亿元,用于卫生健康服务体系建设。对符合条件的困难群众100%纳入基本医疗保障范围,对参加城乡居民基本医疗保险个人缴费部分给予全额补助,全区城乡居民最低生活保障标准提高到每人每月917元,城乡居民基础养老金提高到每人每月290元。在全市率先设立"南浔区城乡居民低收入人员专项医疗救助"专项资金,支持"六无六有"*综合救助帮扶体系建设,实现困难群众医疗救助政策落实率100%。助力乡村振兴。全年建设一事一议财政奖补项目34个,投资2973万元,补齐公益事业建设短板,受益村民4.06万人。助力民生实事。构建"1+1+1"*财政资金直达工作机制,全年直达资金5.68亿元,重点用于群众关切的民生实事。

【深化财政体制改革】 完善财政体制。推行预算管理一体化系统建设,厘清各预算部门主体责任,细化预算编制,规范预算执行,提高预算统筹能力。优化区镇(街道)两级财政管理体制,出台《关于调整区对开发区、镇(街道)财政管理体制的意见》,财力向镇(街道)倾斜,保障镇(街道)人员基本支出、各类民生保障刚性配套支出,2021年新增体制基数4.46亿元。推进预算绩效改革。各部门(单位)首次将编制的项目支出预算绩效目标全部提交人大会审议,实现部门整体绩效评价全覆盖,全年完成自评项目450个,涉及资金18.10亿元,完成重点评价项目51个,涉及资金262亿元,绩效监控项目418个,涉及资金24.44亿;创新构建"135"*PPP项目绩效管理新模式,提升资金使用绩效。推进财政数字化改革。构建"南浔财政预算执行决策系统",实现财政数据全流程实时共享。该项目入选2021年省级标准化试点。推进医疗领域票据电子化改革,逐步实现医疗机构电子票据全覆盖。推进国有企业改革。研究制定《南浔区做大做强国有企业三年(2021—2023年)行动方案》等4项制度文件,为国有企业的高效运营提供制度保障。创新构建南浔国资监管平台,提升国企资产管理精细化水平。

【完善财政监督机制】 严格政府债务管理。全面落实化债责任,完成当年化解政府隐性债务任务,政府债务率控制在绿色安全区内。严控国库支付监管。全年完成直接支付审核5433笔,审核退回业务77笔,动态监控纠错支付业务116条,纠错资金2977万元。严把政府投资项目评审关。全年完成政府投资概算审核项目106个,净核减金额8.56亿元,核减率7.3%;完成控制价及施工图预算审核项目26个,净核减2.04亿元,核减率7.1%。严实财政监督检查。构建完善"1+9+X"*内控制度体系,增强风险防控能力。全年对6个单位开展会计信息质量重点抽查;对4个项目开展专项资金监督检查,涉及资金0.60亿元。

【加强干部队伍建设】 通过构建"学习、锻炼、考核"三大平台,建立"五个一"*学习、"帮、挂、育"锻炼、挂派锻炼三大机制,统筹推进财政队伍建设,全年提拔中层干部7名。打造"财惠浔溪"党建品牌,开展建党百年文艺汇演、红色诗歌朗诵等学党史、庆百年系列活动。针对省委巡视、区委巡察发现的问题,制定整改方案、任务清单、责任清单,明确整改举措和完成时限,责任到科室、人,在规定时限全部整改到位。

(湖州市南浔区财政局供稿 许高峰执笔)

注:

***"六无六有"**:学无忧、业无忧、居无忧、行无忧、(水)电无忧、用无忧;险有免、产有扶、病有助、梦有圆、教有伴、残有助。

***"1+1+1"**:1个工作专班+1套分配方案+1项实时监控。

***"135"**:打造一个闭环、实现三种融合、构建五套模板。

***"1+9+X"**:1个内部控制基本制度、9个专项风险管理办法、每个科室内部控制操作规程三层制度体系。

***"五个一"**:一日一学、一周一读、一月一讲、一季一本、一年一篇。

德清县

【概况】 2021年,德清县实现地区生产总值615.54亿元,按可比价格计算,增长8.7%。其中:第一产业增加值26.45亿元,增长2.7%;第二产业增加值355.56亿元,增长10.0%;第三产业增加值233.54亿元,增长7.6%。三次产业结构比为4.3:57.8:37.9。外贸进出口总额279.41亿元,增长30.1%。按户籍人口计算,人均生产总值138903元。城镇居民人均可支配收入68619元,增长10.3%;农村居民人均可支配收入42548元,增长10.9%。全县完成财政总收入134.63亿元,增长15.9%,其中地方一般公共预算收入83.25亿元,增长24.1%。全县一般公共预算支出79.98亿元,增长2.2%。全年一般公共预算收支平衡。

【组织财政收入】 优化收入结构。2021年,一般公共预算收入占地区生产总值的13.5%,比上年提升1.2个百分点;一般公共预算收入占财政总收入的61.8%,比上年提升4.1个百分点。实现税收收入74.14亿元,占一般公共预算收入的89.1%,比上年提升0.9个百分点。统筹收入分析预测。强化与税务部门沟通协调,定期召开财政收入专题分析会议;加强信息共享,细化收入预测分析，完善组织收入预案；动态监测库款保障水平和税占比等指标，研判经济形势，发挥财政部门组织收入的统筹作用。完善非税收入管理。深化非税收入电子化改革，上线非税收入资金电子凭证库管理业务，开启非税资金拨付全程线上办理模式；夯实非税收入征管基础，促进非税收入精细化管理；全年实现非税收入121.07亿元，增长23.3%，其中纳入一般公共预算管理的非税收入9.10亿元，较上年同期增长15.0%。争取发展资金。全年争取省级以上补助资金25.60亿元，其中新增地方政府债券11.32亿元。

【支持经济发展】 支持重点项目建设。保障重大项目和基础设施建设，统筹安排交通发展专项资金9.07亿元，保障杭德市域铁路、练杭高速、雷甸互通等重点项目推进；累计安排亚运会场馆改造经费5742万元，为亚运会筹办工作提供财力保障。服务实体经济发展。引导支持企业发展，全年拨付扶持企业发展政策资金3.34亿元，兑现商贸业发展专项资金5610万元，其中外经外贸政策资金3341万元；支持传统产业改造提升，全年兑现制造业高质量发展专项资金2.67亿元。落实降本减负政策。落实新一轮减税降费政策，取消或降低部分行政事业性收费标准，全年降本减负50.00亿元，激发经济内生动力。支持科技创新。加大财政科技投入，一般公共预算科学技术支出4.50亿元，增长16.1%。安排各类人才经费1.14亿元，出台政策支持杭州城西科创大走廊德清片区人才管理改革试验区建设，强化人才发展财政保障。促推农业发展。支持水利等农业基础设施建设和农业"两区"建设，全年农林水支出8.47亿元。完善直达资金机制。优化直达资金分配方案，加快资金兑现速度，2021年分配上级直达资金4.76亿元。

【保障改善民生】 2021年民生支出55.42亿元，增长5.6%，占一般公共预算支出的69.3%。力促教育事业发展。公共财政教育支出14.44亿元，比上年增长4.9%。强化学位扩容共建，新增义务段学位3770个，学前段学位1170个；注重师资培养，保障教师工资待遇及时足额发放；落实学科研究与建设经费1100万元，深化义务教育课程改革和提质强校。助力生态环境改善。落实森林生态效益补偿机制，安排生态补偿、绿化造林、地质灾害治理及生态修复等专项资金8831万元，推动生态环境质量持续改善；安排城乡生活垃圾分类收运处置和城乡环卫一体化资金1.33亿元，推进农村生活垃圾资源化利用。强化就业体系建设。完善务工人员、大学毕业生、残疾人等重点群体就业支持体系，安排就业补助资金5400万元，增加各类人群劳动收入所得。完善社保救助。全年审核拨付各类保障和救助对象政策待遇1.83亿元，落实低保救助资金和特困人员供养经费4680万元。保障疫情防控。全年用于新冠疫苗及接种补助、核酸检测补助、方舱接种点建设、疫情防控设备及物资采购、发热门诊改造及运行等疫情防控经费8270万元，另外医保基金支付新冠疫苗及接种费用6596万元。

【深化财政改革】 深化财政预算管理改革。推进预算管理一体化系统建设，强化预算支出标准化建设，建立日常公用经费29个项目的分类分档预算支出标准和规范列支指引。全面深化预算绩效管理，实现预算项目评价和镇(街道)、部门整体评价全覆盖，其中绩效评价预算项目1289个，涉及财政资金77.34亿元。开展公款竞争性存放电子招标，完成两期公款组团竞争性存放18.38亿元。加快推进财政数字化改革。开展镇(街道)内部控制数字化建设试点，以内部管理制度重塑和数字化平台落地为核心，将试点镇下属各单位及业务条线纳入统一管理，实现经济业务活动的全流程线上管理和风险管控。深化国资国企改革。完成德清县建设发展集团有限公司和德清经开投资集团有限公司的合并，优化国有资本布局；加快优质资产注入，新增1家AA+信用等级国有企业；推进国有企业混合所有制改革，完成6家县属二级及以下国有企业混合所有制改革；完善国有企业法人治理结构，优化业绩和薪酬考核激励机制。

【强化财政监督】 严机制强体系。内控体系从"1+9+X"升级为"1+10+X"*，出台《德清县财政局财政监督风险内部控制办法(试行)》等制度。梳理整合历年财政扶持政策，构建财政扶持政策全周期预算绩效管理机制，强化绩效评价结果运用，对低效无效政策提出调整或取消建议。加大财政涉农资金整合使用力度，全县统筹整合涉农资金9.18亿元，占涉农资金总量的70.4%。控成本优绩效。推进节约型政府建设，落实过紧日子要求，全年压减非刚性、非重点等一般性支出5362万元。加强政府投资项目监管，全年审核政府投资项目246项，审核项目总投资53.86亿元，净核减金额2.89亿元，核减率5.4%。重监督防风险。加大财政监督检查和支出绩效评价力度，全年完成财政监督检查和重点绩效评价项目55项，并对34个项目开展绩效运行重点监控；防范化解债务风险，控制债务增量，消化存量隐性债务，政府债务率继续保持绿色安全等级。

【加强队伍建设】 推进党史学习教育。举办"党史接力诵读""沿着红色足迹学党史"活动，组织参观洛舍砂村红色礼堂，开展"庆祝建党100周年"系列活动，举办党史知识讲座及党史知识专题测试。强化选人用人机制。开展中层干部聘任调整工作，新提任中层正职9人，中层副职7人，平调中层正职和副职10人，中层干部调整率65.0%，85后中层干部占比达到40.0%。加强财政文化建设。开展"财政大讲堂""财政青年说"等学习活动；组织书法、登山摄影、美食文艺等兴趣活动；开展干部能力提升培训；推进网络课堂学习。优化党建工作质效。建立"财智先锋"党建联盟，以开展"七联"*活动为主要内容，抓牢抓实会计师事务所行业党建；建设"清廉财政"展厅，打造"清廉财政"示范点，营造风清气正政治生态。

(德清县财政局供稿　欧阳红英执笔)

注：

***"1+10+X"**：即1个德清县财政局内部控制基本制度，财政

专项资金管理、预算编制、预算执行、政策制定、法律、岗位利益冲突、信息系统管理、公共关系、机关运转、财政监督等10个内部控制风险管理办法,各科室(下属单位)内控操作规程。

*“七联”:即理论联学、资源联享、活动联办、队伍联建、工作联促、品牌联创、作风联抓。

长兴县

【概况】 2021年,长兴县实现地区生产总值801.39亿元,按可比价格计算,增长9.5%。其中:第一产业增加值41.26亿元,增长3.2%;第二产业增加值402.49亿元,增长9.6%;第三产业增加值357.64亿元,增长10.4%。三次产业结构比5.2:50.2:44.6。按常住人口计算,人均生产总值为118460元,增长9.2%。全社会固定资产投资下降14.3%。社会消费品零售总额增长8.3%。外贸进出口总额291.60亿元,增长21.2%。全县城镇居民人均可支配收入68444元,增长9.6%;农村居民人均可支配收入42110元,增长11.4%。全县财政总收入146.89亿元,居全市第一,增长20.6%;一般公共预算收入82.75亿元,增长22.5%,其中税收收入137.71亿元,增长17.1%。一般公共预算支出101.80亿元,增长12.9%。全县财政收支平衡。

【组织财政收入】 2021年,财政总收入占地区生产总值的18.3%,一般公共预算收入占财政总收入的56.3%,税收收入占一般公共预算收入的88.9%。强化分析预测。发挥财政、税务工作合力,深化财税协同机制,开展收入科学预测分析,把握好组织收入的力度和节奏,确保全年收入均衡入库。加强非税管理。完善非税收入征管机制,加快票据电子化进程,深化财政票据“业务场景融合”,通过探索区块链扩展票据上下游应用,实现各类票据业务办理从提交、报销到入账的全流程链上操控。2021年全县非税收入108.49亿元,增长3.0%,其中纳入一般公共预算管理的非税收入9.18亿元。

【助推经济发展】 支持产业创强。梳理整合产业政策,支持一、二、三产业发展,加快资金拨付,全年专项政策支出6.70亿元。加大科技人才投入,鼓励科技创新,安排科技专项经费6570万元,安排人才专项经费1.16亿元,安排大学生就业资金4000万元,推动经济创新发展。落实“两直”政策。助推惠民利企“两直”政策落地,推动各类资金直达机制常态化,依托监控系统即时跟踪“两直”资金分配、拨付、使用情况。全年直达资金4.20亿元,分配率100%,支付率99.7%,惠及企业351家次,惠及群众55830人次。落实减税降费政策。落实中央、省多项减负政策,规范行政事业单位收费和政府性基金征收,开展取消、停征、降低标准等减负工作,重点减轻中小微企业、个体工商户和受疫情冲击较大企业的税费负担,全年累计减免各类税费47.63亿元。发挥产业基金作用。全县产业基金管理总规模42.70亿元,总计已投资项目60个,完成投资金额10.56亿元,其中落地或投资于长兴本地项目30个。缓解融资难。发挥政采云平台优势,为中小微企业提供“政采贷”融资桥梁,全年银行为本地供应商提供贷款2882万元。开展“三服务”。落实“沉一线优服务求实效”活动,走访服务重点企业,全年累计服务企业350余户次,宣传财税政策,收集、解决各类问题困难47项。

【保障改善民生】 坚持新增财力三分之二用于民生改善。2021年全县一般公共预算民生支出73.30亿元,占一般公共预算支出的72.0%,增长11.9%。推动教育事业发展。安排教育支出17.97亿元,增长5.9%,财政教育支出和生均支出只增不减,统筹优化教育资源布局,推进基础教育高水平发展。健全医疗保障。助力打造“健康长兴”,落实卫生健康支出7.24亿元,增长9.4%,保障常态化疫情防控工作,落实全民免费接种新冠疫苗经费,完善财政对公共医疗卫生领域的应急保障机制。推进公立医院改革,探索完善医共体建设,建立合理的医疗补偿和激励机制。完善社会保障体系。全年社保和就业支出9.17亿元,增长18.2%。实施就业优先政策,加强困难群体就业援助,推动零就业家庭动态清零。持续完善社会保障、社会福利和社会救助体系,落实城乡低保、临时救助、特困帮扶、抚恤优待等托底政策,保障困难群众基本生活。支持生态文明建设。全年节能环保支出3.50亿元,增长6.2%,用于污水零直排、治水治气治尘、循环经济、节能降耗、矿山生态复绿、地质灾害防治、饮用水源保护等,从生态环境保护重点领域入手,推动绿色发展,守护“绿水青山”。

【助力共同富裕】 发挥财政“扩中提低”调节作用,完善财政保障机制,推动共同富裕。完善新一轮财政体制。推动城乡均衡发展,赋予乡镇(街道、园区)履行事权相匹配的财力。加大对农村地区的转移支付,按常住人口60元/人·年设立社会事业发展资金,推动农村公共事业发展。支持乡村振兴。全年完成农林水支出11.73亿元,增长26.5%。支持农业产业发展、农田水利建设、美丽乡村建设、集体经济发展、“十百千万”*助农增收等。完善一事一议财政奖补政策,优化精品村竞争性遴选新机制,引导社会资本投入农业农村领域,动员和完善第三次分配促进共同富裕。

【推进财政数字化改革】 推动预算管理一体化系统建设,开展预算管理一体化试点工作,保障试点单位新系统预算执行模块顺利切换。依托“浙政钉”“财政综合办公平台”等软件,推进数字化办公系统建设。全面推行电子支付,以“电子凭证+电子签章”方式使每笔支出都具身份识别,实现数字化电子支付全覆盖。

【加强财政监管】 实现全口径财政资金的竞争性存放,将国库存款、长兴县财政专户资金存款和县级政府各部门管理的沉淀3个月以上的资金存款，全部纳入竞争性存放管理范围，活期资金给予按月存放的利息，提高资金存放收益。2021年完成政府管理资金竞争性存放招投标10.70亿元。强化社保基金监管，加强信息化建设，实现数据共享，每月定期检测分析，设立风险预警机制，确保基金按时足额发放。加强政府采购监管，创新建设开评标现场在线监控和可视化远程评标系统，评标实现在线监管，促进采购行为规范、高效、便捷。全年完成政府采购交易额10.22亿元，增长9.2%，节约财政资金1.10亿元。

【完善绩效管理】 推动预算绩效目标100%前置预算编制，开展重大政策(村集体经济政策、人才政策)全生命周期绩效评估试点。全年开展重点评价项目12个，涉及资金5.49亿元，乡镇整体绩效评价试点3个，部门整体绩效评价试点3个，启动53个部门和18个乡镇、街道(园区)整体绩效自评。探索绩效管理数字化改革，完善一体化系统"绩效管理"模块业务，添加"长兴绩效"自定义模块，探索在"浙政钉"工作平台中增加"长兴绩效"微应用，构建富有长兴特色的预算绩效管理体系。

【深化国资监管】 健全国有资产监管体系，制定《长兴县国企改革三年行动实施方案》，推动国资国企改革，做好国有资产向人大报告准备工作。完善考核体系。将国有企业降本增效攻坚行动纳入"双提十攻坚"*行动，完善"一企一策"考核体系。提升信用评级。2021年新增、提升AA信用评级3家，运行成本持续下降。现有主体信用评级AA以上的公司13家，其中AA+评级3家，AA评级10家。推进混合所有制改革。引入民营资本，探索混合所有制企业监管模式，构建科学的企业股权结构，全年成立混改公司5家。推动市场化转型。支持企业聚焦主业推动市场化项目发展，形成一批有效产业支撑，增强国有企业市场竞争力。

【加强队伍建设】 加强党史学习教育。坚持"周一夜校"学习，开展党史学习教育和十九届六中全会精神宣讲，采取专家辅导、现场学习、集中研讨、专题学习等多种形式。组织开展红色足迹研学、诗歌朗诵、主题征文、党建宣传片、文艺晚会、职工气排球比赛等系列财政特色活动。打造变革型组织。重塑"六大体系"推进财政业务变革，实施"六大工程"提升财政变革能力，结合长兴实际制定方案，全方位、全链条将变革意识融入各项财政工作，从实际工作中提升干部队伍塑造变革能力，连续6年获得全县机关部门综合考核一等奖。加强党风廉政建设。持续开展党风廉政建设"八个一"*行动，加大对重点领域和关键岗位的监督力度。开展谈心谈话活动，达到提醒和诫勉作用。层层签订全面从严治党责任书，开展干部职工全员述职述廉，提升干部队伍廉洁从政自觉性。

注：

*"十百千万"：依托十大特色产业，发动百家以上农合联会员单位(农业龙头企业、专业合作社及家庭农场等)，结对帮扶千户以上低收入农户，实现户人均年收入持续增收万元以上的目标。

*"双提十攻坚"：长兴县委、县政府确定的以"聚焦效益品质、聚力改革创新，突出重点、突破难点，大力开展十方面重点领域攻坚行动，全力推进效益提升、品质提档"为核心的月晒季考行动。

*"八个一"：常念一个"紧箍咒"、签好一份责任状、查找一批风险点、开展一系列廉政教育、规范一批内控制度、开展一次清理整治、做好一系列廉政谈话、记好一本纪实本。

(长兴县财政局供稿　沈　颖执笔)

安吉县

【概况】 2021年，安吉县实现地区生产总值566.33亿元，按可比价格计算，增长10.8%。其中：第一产业增加值27.87亿元，增长2.9%；第二产业增加值274.24亿元；增长13.5%；第三产业增加值264.22亿元，增长9.1%，三次产业结构比为4.9∶48.4∶46.7。按户籍人口算，人均生产总值119533元，城乡居民人均可支配收入分别为65750元和39495元。全年财政总收入110.79亿元，增长10.7%，其中一般公共预算收入65.83亿元，增长10.2%；一般公共预算支出88.67亿元，增长2.8%。全年财政收支平衡，财政运行情况良好。

【组织财政收入】 注重与税务部门联动协调，分析涉税信息，加大税源摸排力度，落实减税降费政策，增强经济发展内生动力，构建财政大预算管理体制。2021年，一般公共预算收入占GDP的11.6%，占财政总收入的59.4%；税收收入60.60亿元，占一般公共预算收入的92.1%。全县完成非税收入74.31亿元，下降8.9%，其中纳入一般公共预算管理的非税收入5.23亿元。

【服务经济发展】 向上争取资金，2021年成功申报专项债券项目30个，涉及项目总投资118.06亿元，专项债总需求83.90亿元。落实直达快享机制，2021年中央、省下达安吉县直达资金4.09亿元，按照"规范有效、加快执行"的管理要求，全年直达资金分配率100%，执行进度100%。扶持重点产业，加快资金兑现，2021年拨付各类涉企财政奖励资金5.45亿元；围绕安吉县重点产业，新增产业基金6个，截至2021年底，产业基金母基金累计出资设立子基金12个，基金规模43.73亿元，基金到位金额23.72亿元，母基金直投项目3个，投资金额7240万元。支持科技创新发展，2021年科技总投入5.09亿元，增长15.2%。支持人才优先发展战略，2021年安排人才专项资金6640万元，县级财政专项用于就业补助资金1460万元，专项用于职业技能提升行动资金1011万元，安排创业担保贷款贴息

1600万元，支持重点群体创业就业。贯彻国家减税降费政策，全年为市场主体减税降费23.58亿元，其中，鼓励高新技术发展5.78亿元，支持企业研发3.73亿元，促进小微企业发展4.76亿元。

【深化财政改革】 深化预算制度改革。修订财政专项资金管理办法，出台《安吉县事前绩效评估暂行办法》，建立大事、政策和财力三张清单，构建集中财力办大事财政政策体系。深化乡镇财政体制改革。实行乡镇财政分类保障，对全县两区、15个乡镇街道实行分类管理，一类乡镇“乡财乡管”，二类乡镇“县保基本”，三类乡镇“乡财县管”，增强乡镇财政“保基本”能力；每年新增乡镇支出5.00亿元，确保乡镇财政平稳运行。深化国有企业改革。按照“归总平台、整合资源，做大资产、统筹调配”的思路，推动《安吉县国有企业深化改革方案》落地，分类处置全县29家部门的国有企业，实现水利资产的整体改制注入。深化投融资改革。建立“县级国有企业—集团公司—县财政局（国资办）—县防范化解政府性债务风险工作领导小组”的四级投融资管理体系，将乡镇国有企业纳入县属集团联动运营，实现乡镇债务“关闸门”，把控隐性债务潜在风险。推行项目投资“一条边”改革。成立安吉县国有投资项目审核中心，实施项目入库、概预算审核、变更审核、结算、决算审计项目全生命周期管理模式，建立债务审查前置机制。深化财政数字化改革。全面推进预算管理一体化建设，2022年部门预算编制单位覆盖率、基础信息覆盖率、项目储备覆盖率均达到100%要求；推进乡镇财政管理数字化改革，以孝丰镇为试点，搭建乡镇内控平台，覆盖经济活动全过程；打造“国有资产智慧监管系统”，逐步推进产权事宜网上办理，简化审批、备案流程，优化国有资产监管服务。

【保障改善民生】 2021年，民生支出72.78亿元，占财政支出的82.1%，确保财政支出增量的三分之二以上用于民生。争取到“美丽余村”国家级田园综合体试点项目，以及财政部全国财政工作基层调研联系点。支持教育事业发展，2021年教育投入15.51亿元，增长2.3%，支持申办安吉技师学院，实现本土高校“零突破”，持续擦亮“安吉游戏”学前教育品牌，研制《安吉游戏课程装备建设规范标准》已被省级正式立项。支持乡村振兴战略，设立乡村振兴专项资金2.00亿元，统筹用于美丽乡村建设、农业高质量发展、农村文化体育建设等乡村振兴重点项目。建立涉农资金统筹整合长效机制，全面落实“大专项+任务清单”管理模式，统筹资金1.50亿元，构建财政金融协同支农模式，争取到浙江财政金融协同支农数字化改革试点。持续推进“美丽家园”建设，投入老旧小区改造资金2602万元，追加创建文明城市资金543万元。健全社会救助和社会福利体系，安排城乡医疗救助资金3145万元，增长800%，安排最低生活保障资金6286万元，安排养老服务体系建设资金1535万元。

【加强财政管理】 强化预算编制管理。落实“政府过紧日子”要求，按照“三保两控强执行，统筹整合强重点”的总体原则，精细化开展预算编制工作。梳理整合安吉县预算单位，由100家压减至88家；非刚性、非重点支出压减21%；实施预算执行进度、绩效评价结果、巡察审计结果以及预决算信息公开结果与下年度预算安排相挂钩，倒逼预算单位提高资金使用绩效。强化预算执行管理。盘活存量资金，累计收回预算结余资金3.80亿元、清理收回部门账户沉淀资金1.50亿元。梳理非税专户历年往来款和其他收入，成立清理专班，制定整改方案，核查范围涵盖全县104家涉及财政往来款的单位，收回资金0.30亿元。2021年预算支出执行率93.7%。强化预算绩效管理。安吉县88家预算单位的项目绩效目标全部上人代会审查，做到审查全覆盖；首次将抽评结果应用于预算调整；发布《预算绩效管理监督工作规范》，为人大系统监督预算绩效管理工作设立地方标准；编制完成《“绿水青山就是金山银山”转化绩效评价指南》，建立具有可推广、可复制价值的“绿水青山就是金山银山”转化绩效评价指标，可量化评价区域内（省、市、县、乡）生态效益转化为经济效益和社会效益的总体成果。

【防范化解风险】 防范化解债务风险。完成隐性债务化债任务。兜牢兜实“三保”支出底线。加强财政库款资金运行监测，优先保障“三保”支出。强化“零基预算”管理，建立支出“项目库”，实行规模总控、切块安排。防范化解社保基金风险。截至2021年底，社保风险准备金余额22.00亿元，优于全市平均水平，总体处于安全区域。防范乡镇财政运行风险。以数字化改革系统重构乡镇财政管理体系，实现闭环管理，组织乡镇财政检查及交叉检查，规范乡镇财政管理。

【强化队伍建设】 加强党建引领。建立“553”工作法*，强化机关党的建设，创造性开展“支部请缨”活动，破解党建和业务“两张皮”矛盾；将党史学习教育作为贯穿全年的政治任务，通过举办党史知识竞赛、“亲子诵党史”、老中青三代党员宣讲革命故事、“重走红色路，重温红色心”等活动，让党史教育入脑入心。优化机构设置。构建大预算、大国资监管体系，撤销综合科，单设采购监管科，将综合科其他职能拆分到预算局和预算执行局等科室；将财政条线的行政事业资产管理科和国资条线的国有企业产权管理科合并成立国有资产管理科。

（安吉县财政局供稿　姚嘉怡执笔）

注：

*“553”工作法：安吉县财政局党建工作法，即“学习提升、阵地建设、人才培养、奖惩激励、关心关爱”等5大工程，创设“党员论坛、最靓支部、携手筑梦、沙场建功、心心相印”等5大载体，建立督导点评、达标评比、借鉴交流等3大工作机制。

嘉兴市财政工作

嘉兴市

【概况】 2021年，嘉兴市实现地区生产总值6355.28亿元，增长8.5%，其中：第一产业增加值131.97亿元，增长1.7%；第二产业增加值3453.75亿元，增长10.7%；第三产业增加值2769.56亿元，增长6.3%。三次产业结构比为2.1:54.3:43.6。按常住人口计算，人均生产总值116323元。社会消费品零售总额2275.04亿元，增长8.7%；外贸进出口总额3783.80亿元，增长24.0%。固定资产投资总额增长6.2%。全市城镇居民人均可支配收入69839元，增长8.9%；农村居民人均可支配收入43598元，增长9.5%。全市财政总收入1122.77亿元，增长11.9%；一般公共预算收入674.80亿元，增长12.7%，其中税收收入610.26亿元，增长9.9%。全市一般公共预算支出793.72亿元，增长11.4%。市级财政总收入355.10亿元，增长13.5%。市级一般公共预算收入207.78亿元，增长13.0%。市级一般公共预算支出269.91亿元，增长20.4%。全市及市级财政收支平衡。

【组织财政收入】 全市一般公共预算收入占地区生产总值的10.6%，占财政总收入的60.1%，税收收入占一般公共预算收入的90.4%。强化收入分析预测。建立协同机制，健全与税务、金融监管等部门协调联动，夯实收入征管基础，提高收入预测准确性。加强非税收入征管。扩展非税收入一体化收缴运行模式，实现全流程数据化管理。全市非税收入1093.81亿元，增长27.2%，其中纳入一般公共预算管理的非税收入64.54亿元，增长48.0%。

【服务经济发展】 落实减税降费政策。落实"减负降本"政策，全市全年减税208.56亿元。继续实施阶段性降低工伤保险费率和失业保险单位缴费比例，落实社保降费10.74亿元。实施非税收入"减、免、缓"等优惠政策，由此减少非税收入10.13亿元。落实扶企惠企政策。完善涉企专项资金管理，市级安排政府专项资金28.70亿元，支持出台加快制造业、生物医药产业、氢能产业发展等一系列政策措施。落实资金直达机制，全市争取直达资金预算13.69亿元，发挥直达资金稳就业、保主体、惠民生作用。放大金融服务效应。落实再贷款财政贴息政策，给予贷款主体最高40.0%的贴息，全市再贷款支持发放贷款404.00亿元。推动嘉兴长三角创新投资集团有限公司实质运作，规范基金设立，加强基金管理，全市各级政府产业基金规模131.81亿元，子基金累计投资实体企业964家，总投资1625.49亿元，撬动社会资本投资1757.57亿元。实施创新驱动战略。全市科学技术支出32.23亿元，增长12.9%，支持浙江清华长三角研究院、南湖研究院等重大创新载体做大做强。设立人才基金，总规模2.65亿元，提升引才实效。争取地方政府债券。健全跨周期调节机制，全市争取新增债券额度151.60亿元，重点支持国家重大战略及民生领域项目121个。争取再融资债券额度177.20亿元，缓解债券到期偿还压力。

【支持长三角一体化发展】 支持嘉善片区建设。全年市本级财政安排专项补助10.00亿元，向上争取50.00亿元专项债，支持嘉善片区交通、能源等基础设施建设。支持交通基础设施建设。市级投入41.75亿元，支持全市域交通一体化专项行动，助力嘉兴军民合用机场获省发改委立项批复，推进市区快速路环线工程、有轨电车一期示范段、湖嘉申线航道嘉兴段二期等重大交通工程建设。

【保障民生事业发展】 全市民生支出631.12亿元，增长13.4%，占一般公共预算支出的79.5%。巩固疫情防控成果。全市统筹资金11.29亿元，支持提升应急突发能力建设、保障新冠病毒疫苗接种和重点人群核酸检测经费。市本级统筹资金5000万元支持实施"名医到嘉"*工程，柔性引进100名国内一流医疗专家。支持教育事业发展。全市教育支出148.46亿元，增长5.8%。市本级财政累计安排专项资金9.00亿元，支持高等教育发展，保障嘉兴学院申请硕士学位授予权，创建嘉兴大学和嘉兴南湖学院转设。完善社会保障体系。全市社会保障和就业支出79.48亿元，增长30.4%。实施普惠性失业保险稳岗返还政策，支持中小微企业吸纳重点群体就业，做好高校毕业生、农民工等重点群体就业工作。全市落实2.34亿元用于养老服务体系建设。推进康养服务改革，新增康养服务试点单位14个。企业职工养老保险待遇实现17年连涨。全市最低生活保障金标准从860元/人·月提高至920元/人·月，提前2年完成低收入人群扶持规划。

【支持城乡融合发展】 实施强村富民工程。统筹全市资金9.65亿元用于美丽乡村示范创建项目。嘉兴城乡居民收入比1.6:1，农村居民人均可支配收入连续18年居全省第一。支持城市品质提升。市级财政统筹安排21.82亿元，改造老旧小区、背街小巷等，统筹23.00亿元支持大运河文化公园建设和南湖革命纪念馆重新布展。支持绿色生态发展。市级财政统筹安排15.43亿元，保障污水处理、饮用水源地生态补偿等建设。2021年，嘉兴市成功创建国家生态文明建设示范市。

【推进财政数字化改革】 以建设预算管理一体化系统为契机，梳理上报财政应用场景10项，列入全省重大应用"一本账S0"目录应用场景2项；打造市党政机关整体智治财政专题门户，加速预算管理一体化建设。上线"嘉兴惠企政策直通车"数字化改革应用场景，市级兑付资金6.63亿元。推进财政电子票据改革，推广“浙江票据”微信公众号和支付宝生活号,拓宽手机号查验财政电子票据渠道,升级财政电子票据线下换开服务等多项智能化应用。依托资产云平台探索全环节动态资产管理。构建全覆盖的制度框架,确保“一卡一物”、不重不漏。推进房产集中统一管理工作,房产权属登记率95.0%。

【强化财政监督管理】 防范财政风险。加强地方政府债务管理制度建设,落实防范化解政府隐性债务风险专项行动。防范社保领域风险,完善社保基金预决算部门联动管理机制。启动社保基金风险预警机制,加强社保基金调控,开展历年社保基金清欠工作。深化预算绩效管理改革。以政府专项资金为切入口,探索建立集中财力办大事财政政策期中评估机制。建立绩效管理与人大监督相结合的管理机制,首次将预算绩效管理纳入对下级政府目标责任制考核。加强财政监管。研究制定监督工作计划4大类25个项目,其中纪检联动项目6个、财审联动项目2个、市区联动项目5个,涉及资金221.21亿元。强化会计监督,组织全市财政部门实施代理记账行政审批告知承诺制改革。统一开展全市政府采购代理机构监督评价,规范采购行为。推进清廉财政建设。优化支出结构,落实党政机关过紧日子措施,全年非刚性、非重点项目支出执行数下降10.8%。推动往来款清理常态化、规范化、制度化,完善市级行政事业单位公款竞争性存放制度,推进精细化测算,试行网上招标。

【加强干部队伍建设】 开展党史学习教育。党委中心组理论学习外,开展多种形式的学习教育,重温入党誓词,举办党史知识竞赛,宣讲嘉兴党史故事等等。开展百名党员进百企,推进“三服务”长效机制,相关做法入选全市党史学习教育优秀案例。推进全面从严治党。组织现场教学,观看专题警示片,以案说纪、以案促改,领导干部带头开展廉政承诺,层层签订党风廉政责任书,严格履行“一岗双责”。提升干部队伍素质。深化“处长论坛”品牌,举办新入职干部培训,帮助青年干部成长。制定年度财政业务培训计划,全年举办各类培训21个班次,培训3019人次。完善选人用人机制。按规定选拔任用干部,推进干部轮岗交流,采取上挂、外挂、下派等多种形式,选派18名干部开展多向挂职锻炼、专班工作、驻村服务等。2021年,市财政局连续19年被市委、市政府评为目标责任制考核一等奖。

(嘉兴市财政局供稿　吴媛媛执笔)

注:

*“**名医到嘉**”:是由嘉兴市卫健委、市财政局共同推出的医疗民生项目,旨在吸引全国一流名院名医与嘉兴市医疗机构开展高质量合作,通过建立院士工作站、医学(诊疗)中心、专家工作室(站)、专科联盟和双聘制等柔性引才方式,加快形成一批区域性优势学科、重点专科和专病中心,进一步提高本地急危重症、疑难复杂疾病病种的诊治水平和服务能力。

南湖区

【概况】 2021年,嘉兴市南湖区实现地区生产总值729.91亿元,按可比价计算,增长8.8%。其中:第一产业增加值13.59亿元;第二产业增加值341.62亿元,增长12.9%;第三产业增加值374.70亿元,增长6.0%。三次产业结构比为1.9∶46.8∶51.3。按户籍人口计算,人均生产总值为156216元,增长7.8%。全区财政总收入95.85亿元,增长13.2%,一般公共预算收入39.53亿元,增长13.8%,税收收入34.19亿元,增长12.0%。全区一般公共预算支出49.66亿元,增长11.3%。当年财政收支平衡。

【组织财政收入】 加强收入分析预测。强化政策研究和数据分析,实行月度、季度收入动态分析,提高收入预测准确性。全区财政总收入占地区生产总值的13.1%,一般公共预算收入占财政总收入的41.2%,占地区生产总值的5.4%,税收收入占一般公共预算收入的86.5%。强化非税收入管理。依法依规组织非税收入,实行收费和基金目录清单常态化公开,把握收入均衡入库,全年实现政府非税收入55.86亿元,其中纳入一般公共预算管理的非税收入5.34亿元,增长26.8%。

【支持经济转型发展】 落实减税降费政策。全年累计实现减税降费32.83亿元,其中:小微企业普惠性税收优惠9.40亿元、研发费用加计扣除(不包括前三季度预扣除部分)6.28亿元、其他优惠政策17.15亿元。强化政策资金引导。落实各级惠企政策文件,安排区级产业发展资金1.43亿元,加大支持企业科技创新力度,助力实体经济发展、稳外贸稳投资、推进数字经济高质量发展。用足用好省级制造业高质量发展财政专项激励资金,拨付高质量激励资金1.00亿元,涉及重点标杆项目21个。推进政府产业基金规范运作。出台《南湖区政府产业基金管理办法(试行)》,红船母基金下设非定向子基金7支,定向子基金3支,子基金投资金额46.60亿元,撬动社会资本投资169.85亿元。强化科技支撑。科学技术支出3.30亿元,增长18.9%。加快民营经济动能转换,继续推进新两院建设,支持浙江清华柔电院等科创平台升级,助力浙江中科院应用技术研究院获评省双创示范基地。

【保障民生事业发展】 全区民生支出38.67亿元,增长12.0%,占一般公共预算支出的77.9%。保障疫情防控工作。拨付疫情防控资金4700万元,做好新冠病毒疫苗重点人群和居民免费接种场地准备、移动接种新冠疫苗等工作,助力完成新冠疫苗接种计划,构筑免疫屏障。支持教育事业发展。全区教育支出9.81亿元,增长17.6%,持续支持嘉兴市省身学校、亚欧学校建设,重点保障教师工资待遇、中小学校公用经费、校舍维修改造等政策落实。投入1.90亿元解除嘉兴南湖国际实验学校办学特许经营权及收购南湖国际实验中学。支持医疗卫生事业发展。卫生健康支出1.75亿元，增长37.8%，安排基本药物制度医疗机构补助经费5213万元，深化国家慢性病综合防控示范区建设，继续推进紧密型医联体建设，支持区人民医院建设。完善社会保障体系。社会保障和就业支出4.23亿元，增长13.4%，安排城乡居民社会养老保险补贴4600万元，修订《南湖区扶助残疾人若干规定》，提高部分残疾人补贴标准，扩大补贴受益面，城乡最低生活保障标准从860元/人·月提高至920元/人·月。支持乡村振兴。农林水支出3.92亿元，增长10.7%，制定《嘉兴市南湖区财政涉农资金管理办法》，保障中国农民丰收节主场活动相关经费，支持美丽乡村建设、农村生活垃圾分类处理、农村水利设施建设、土地整治项目等重点项目，争取农村综合改革补助资金2000万元，助力大桥镇推进一事一议财政奖补工作。助力生态文明建设。节能环保支出0.73亿元，增长17.7%，推进胥山遗址公园山浜水生态修复工程、南柴家桥港河道水生态提升工程等水质提升工程，支持建筑垃圾处置中心、区工业污水处理厂建设，助力全域生活垃圾分类和源头减量。

【推进财政改革】 推进财政数字化改革。推进预算管理一体化系统建设，深化政采云平台、统一公共支付平台运用，推进“乡镇公共财政服务平台+一卡通”建设，在全区范围内推广高效的会议办公系统财政经验。完善直达资金机制。创新将直达资金指标相关数据接入区人大财经联网监督系统，区人大可监控掌握直达资金分配、使用情况。全年收到中央下达直达资金4520万元，分配进度100%。深化政府采购改革。推进项目电子交易系统迭代升级，完善电子签章、远程演示、线上询标等功能。优化中小微企业金融服务，拓展“政采贷”、履约保函、预付款保函等金融产品在线供给。加大消费扶贫力度，全年组织21家预算单位完成农副产品采购104万元，政采云平台完成实际采购数7767笔，执行金额6.60亿元。提升会计信息质量。公开招标会计代理记账机构，推进全区40家预算单位开展政府购买会计代理记账服务，扩大委托代理记账部门范围，发挥会计代理记账机构专业优势。深化财政电子票据改革。非税收入、罚没财物、资金往来等14类财政电子票据开展试点应用，全年开具电子票据15.99万份，金额85.10亿元。深化国有企业改革。推进资本市场建设，全年国有企业新增融资放款额突破240.00亿元，南投、嘉科、嘉湘三大集团均达到信用市场AA+评级，建立国企财务集中核算中心。区属国企全年完成新增经营性项目投资25.56亿元，非经营性项目投资11.85亿元。

【强化财政监督】 推进预算绩效评价工作。加强绩效目标实质性审核，推进预算管理和绩效管理深度融合。委托中介机构全程参与重点绩效评价项目5个，完成绩效自评项目560个，涉及资金15.40亿元。强化专项监督检查。开展政府采购代理机构检查、会计代理记账机构业务开展情况检查、地方金融组织会计信息质量检查等10个专项监督检查。加强行政执法监督。推进“互联网+监管”，动态调整检查对象库、执法人员库，下达整改通知书8份、行政处罚决定1份，收回违规资金443万元，行政处罚资金2万元。加强财政支出管理。落实政府过“紧日子”思想，通过项目延后、取消和部门预算结转、结余资金收回，压减非重点非刚性等一般性支出，累计盘活资金1.70亿元。健全国库动态监控机制，全年监控资金73.10亿元，纠正违规资金1.17亿元。加强政府债务管理。规范举债融资行为，新增债券资金7.40亿元，再融资债券资金17.80亿元，对地方政府债务化解实施动态管理和月报制度，完成年度化解任务，累计化债率74.1%。严把竣工财务决算审批关。全年审核竣工财务决算37项，概算总投资3.19亿元，送审总投资2.42亿元，审定总投资2.34亿元，核减3.1%。完善国有资产管理。出台《嘉兴市南湖区国有房产出租管理实施细则》，规范行政事业单位、区国有企业国有房产出租行为。推动区级行政事业单位房产分类处置工作，将168处房产列入第一批房产分类处置清单。

【加强队伍建设】 推动党史学习教育走深走实，全年开展党组中心组理论学习15次、财政干部大讲堂10次、各类财政业务培训班16次，参加人员800人次。深化机关服务品牌创建，“阳光财政”服务品牌成功获创市级机关服务品牌。加强选人用人，全年新招录参公人员1名，公开选调参公人员2名，提拔中层干部3名，新调入班子领导3名。组织参加“百年潮涌我心向党”浙江省财政系统朗诵大赛，与嘉兴市财政联合选送的节目《听，南湖的声音》获大赛一等奖、最佳组织奖。2021年，南湖区财政局被评为区级机关部门、单位工作目标责任制考核先进集体。

（嘉兴市南湖区财政局供稿　江　敏执笔）

秀洲区

【概况】 2021年，嘉兴市秀洲区实现地区生产总值572.95亿元，按可比价格计算，增长8.5%。其中：第一产业增加值15.01亿元，增长2.8%；第二产业增加值305.11亿元，增长13.1%；第三产业增加值252.83亿元，增长4.1%。三次产业结构比为2.6:53.3:44.1。按常住人口计算，人均生产总值101550元，增长6.4%。全区财政总收入64.35亿元，增长7.1%；一般公共预算收入29.05亿元，增长5.5%，其中税收收入24.90亿元，增长4.8%。全区一般公共预算支出42.42亿元，增长7.4%。全年财政收支平衡。

【组织财政收入】 强化收入分析预测。密切关注经济发展形势，应对宏观政策变化，做深做细收入监测、分析、预案工作，定期开展财政形势分析会、护税协税专题会议等，与税务部门和乡镇合力抓好收入组织。全区一般公共预算收入占地区生产总值的5.1%，占财政总收入的45.1%。税收收入占一般公共预算收入的85.7%。加强非税收入管理。强化非税收入依法依规征收管理,按季报送非税收入征收情况,常态化公开收费目录清单。全年实现非税收入73.07亿元,增长64.0%,其中纳入一般公共预算管理的非税收入4.15亿元,增长10.3%。

【服务经济发展】 促进产业转型升级。发挥财政资金撬动作用,全年安排区级产业扶持资金1.83亿元,助推数字经济、先进装备制造业、高新技术产业等高质量发展。争取政府专项债资金1.60亿元,用于保障高新区光伏产业园基础设施建设。强化创新平台建设。落实创新平台启动资金1.65亿元,支持北京理工大学长三角研究院(嘉兴)开工建设,推进浙江大学嘉兴研究院、南方科技大学嘉兴研究院、江南大学未来食品科创中心等校地合作平台签约落地。优化涉企补助兑现。协助优化企业服务综合平台项目申报、审核、资金拨付等流程设置,提升涉企专项补助兑现效率,全年兑现省市区各类涉企奖扶资金2.52亿元。加快直达资金支出进度。制定《秀洲区财政局直达资金工作规程》,建立常态化直达资金执行协调、监管机制,全年直达资金2.08亿元,分配进度、支出进度均实现100.0%。强化政府产业基金运作。推动区政府修订出台《秀洲区秀湖创业创新投资基金管理办法》。秀湖创业创新股权投资基金总规模10.00亿元,设立子基金3只,投资项目25个,精准投向数字经济、环保、健康、高端装备制造等产业。落实减税降费政策。全年落实"减负降本"政策减税25.67亿元,为制造业中小微企业办理税费缓缴1.64亿元。

【支持共同富裕】 全年民生发展类支出32.56亿元,增长7.6%,占一般公共预算支出的76.8%。促进教育优质均衡发展。全年教育支出8.87亿元,增长6.5%。支持秀洲现代实验学校、高照实验学校(一期)等三校两园建设并投入使用,保障7所农村中学校园环境整体改造提升,安排1500万元支持落实"双减"政策。保障医疗卫生事业发展。全年卫生健康支出2.45亿元,增长8.3%。推动医疗服务体系建设,落实5000万元用于区人民医院和康安医院建设项目。配合区政府出台《秀洲区卫生人才队伍建设三年行动计划(2021—2023年)》,每年安排补助资金1000万元用于公立医院人才引进和激励。落实常态化疫情防控资金5880万元。完善社会保障体系建设。全年社会保障和就业支出3.03亿元,增长23.1%。提高义务教育困难家庭学生营养餐资助标准,从每生每餐补助5元提高至每生每餐8～12元不等。投入487万元用于困难老年人家庭适老化改造和暖巢行动2.0版提升帮扶项目,帮助困难群众332户。投入中央专项福彩金590万元,助推家庭养老床位试点工作。推动公共文化事业发展。投入2.65亿元推进嘉兴市文化艺术中心项目,支持推进大运河诗路文化带建设。推进生态文明建设。全年安排"四位一体"长效保洁和生活垃圾分类建设(运维)资金5574万元,保障新建省级高标准生活垃圾分类示范小区20个、示范片区2个,支持创建省级生态文明建设示范区。助力"三农"工作。统筹安排乡村振兴和美丽乡村建设资金4.95亿元,生态修复和耕地保护资金2.48亿元,村级一事一议补助资金1807万元,助力油车港麟湖画乡非遗精品线路和运河湿地—荷美王江泾精品线路入选省级休闲农业与乡村旅游精品线路,支持创建秀洲区省级现代农业园区。

【推进财政改革】 推进财政数字化改革。成立财政一体化工作专班,建立工作例会、沟通协调、问题销号三大工作机制,加快推进预算管理一体化工作走深走细。开展全区预算单位国库集中支付电子化改革。实现全区财政电子票据改革覆盖率100.0%,全年开具电子票据379万份,金额226.82亿元。加强基层财政管理。实施基层财政管理中长期计划,出台《秀洲区基层财政三年工作规划》。优化基层财政考核,完善区对街道财政收支挂钩办法,推动基层财政强基固本。深化国资国企改革。出台《秀洲区国企改革三年行动实施方案(2021—2023年)》,突出管资本、强监督的职能,加强国有企业投资项目计划管理,实行项目储备制度,加强全过程监管。深化政府采购改革。强化和拓宽政府采购政策功能,全面推开政府采购意向公开试点和中小企业预留份额工作,组织开展政府采购代理机构专项检查和整改落实。

【强化财政监督】 深化预算绩效管理。出台《秀洲区事前绩效评估管理办法(试行)》等6个制度,建立《绩效管理意见书》反馈报告机制,全年下达意见书32份,核销项目4个,核减项目101个,核减预算资金2.18亿元。对民生项目、重大政策等8个项目实施财政重点绩效评价,涉及资金2.76亿元,强化绩效结果应用和整改约束力。防范化解政府债务风险。成立化解政府债务风险工作组,制定隐性债务化解工作方案,定期开展化解政府隐性债务专项检查。加强政府项目源头管控,严格政府投资项目的审核。加快预算执行。建立部门预算执行定期通报制度,修订《秀洲区预算执行进度通报办法》。加强专项监督检查。开展"两直"资金、财政专项资金、扶贫资金问题整改"回头看"、预决算公开、"小金库"检查等专项监督检查12次,发出整改通知书5份。

【加强队伍建设】 开展党史学习教育。成立党史学习教育领导小组,制定《秀洲区财政局党史学习教育实施方案》,细化6大专题活动和15项重要举措,组织开展党史知识竞赛、主题朗诵、专题党课等各类学习活动28次。落实"守根脉、保平安、办实事"网格大走访,走访群众家庭3664户,收集各类问题71个。推进全面从严治党。制定全面从严治党工作要点及责任清单,层层签订全面从严治党责任书。落实"三会一课"、组织生活会等制度,按月、按季开展全面从严治党工作检查。局第二党支部获评区直机关先进基层党组织和首批先锋支部。打造清廉财政。加强警示教育,组织观看警示教育片、参观廉政教育基地。建设清廉文化。推进清廉国企建设,制定并推动落实《秀洲区国有企业廉政风险“防火墙”活动实施方案》。加强干部教育培养。开展“善学善思、以学促长”系列活动,组建“青年财俊”8090后理论学习小组,建立年轻干部成长导师机制,促进干部提升综合素质。优化干部考核,制定实施干部评优评先“积分制”管理办法。2021年,秀洲区财政局连续第九年获评秀洲区工作目标责任制考核一等奖。

(嘉兴市秀洲区财政局供稿　章娟宏执笔)

海宁市

【概况】 2021年,海宁市实现地区生产总值1196.30亿元,按可比价计算,增长7.0%。按户籍人口计算,全市人均生产总值168243元,增长6.2%。第一产业增加值19.42亿元,增长0.8%;第二产业增加值692.03亿元,增长8.1%;第三产业增加值484.85亿元,增长6.0%。三次产业结构比为1.6∶57.8∶40.5。全市财政总收入188.08亿元,增长11.3%,其中一般公共预算收入114.40亿元,增长13.3%;一般公共预算支出111.40亿元,增长5.9%。全年财政收支平衡。

【组织财政收入】 加强收入分析预测。加强与税务、资源规划、住建等部门的沟通协调,做好收入预测与执行分析。财政总收入占全市生产总值的15.7%,一般公共预算收入占全市生产总值的9.6%,占财政总收入的60.8%;税收收入107.34亿元,占一般公共预算收入的93.8%。规范非税收入管理。发布2021版政府非税收入项目目录清单,深化统一公共支付平台应用,提高非税征缴效率,全年收缴资金182.19亿元。实施电子票据改革,参与单位717家,其中20家医疗机构实现医疗电子票据改革全覆盖,开票金额14.90亿元。实施国有土地出让收支管理一体化信息平台升级项目,完善土地出让市镇结算体制,提高土地出让收入计提社保风险准备金比例至15.0%,增强市级统筹能力。全市实现非税收入201.04亿元,增长11.4%,其中,纳入一般公共预算管理的非税收入7.06亿元,增长10.6%。

【服务经济发展】 落实减税降费政策。加强与执收部门对接,关注减负执行情况,减免税收45.54亿元,减收行政事业性收费(基金)2.14亿元,制造业中小微企业累计缓缴五税两费*4.59亿元,激发市场主体活力。优化升级产业发展政策。坚持绩效目标导向,围绕先进制造业集群及现代服务业产业体系,建立“1+2+2”*产业政策体系,实现产业政策“一本通”*。加快政策兑现速度。“亲清潮乡”涉企专项资金管理云平台实现财政奖补项目全口径管理,平台上线14个部门,发布政策323条,2600余家企业完成超7800次政策申报。拨付产业、人才、科技等各类奖补资金10.14亿元,支持经济高质量发展。发挥政府产业基金引领撬动作用。修订产业基金管理办法,新设总规模15.00亿元的产业基金,各子基金对外投资5.94亿元,拉动社会资本投资87.90亿元,支持晶科能源、安芯半导体等产业项目落地。

【推动共同富裕】 全市民生保障支出84.97亿元,增长9.7%,占一般公共预算支出的76.3%。优化教育经费安排方式,投入教育资金26.69亿元,提高各校公用经费预算生均标准,推动民办教育和职业教育发展,保障放学后校内托管服务,支持落实“双减”政策。优先保障防疫支出。下达1200万元疫情防控周转资金用于入境返浙人员转运和隔离管控。安排1.41亿元疫苗采购和接种费用,新冠疫苗接种214万人次。推进“健康海宁”建设。全年卫生健康支出6.83亿元,增长17.0%,推动公共卫生应急体系和医共体建设,基本公共卫生服务补助标准提高至92元/人·年。提升社会保障水平。安排社会保障和就业支出15.56亿元,增长42.7%,助推智慧养老、助学助困等民生保障政策体系建设。投入资金5396万元用于援疆援藏、东西部扶贫协助、对口支援合作等。支持文化事业发展。拨付文旅体资金2.53亿元,助力省体育现代化市、省4A级景区城创建。推进基础设施建设。拨付资金26.54亿元,支持杭海城际铁路通车、沪杭高速许村段抬升等重大战略项目和基础设施建设。

【支持城乡协调发展】 支持乡村振兴战略。坚持一般公共预算资金向涉农领域倾斜,农业支出10.71亿元。建设村级公益事业一事一议项目50个,获评全省一事一议财政奖补工作成绩突出县。改善城乡环境。统筹2.00亿元用于老旧小区改造、未来社

海宁市许村科同村湿地公园

区和美丽城镇建设等项目,全市新增绿道12.3公里、各类绿地32公顷。安排6.37亿元支持"五气共治""五水共治""五废共治",麻泾港市区片获评省级美丽河湖,全市空气质量稳定在国家二级标准。

【深化财政改革】 推进数字化改革。保障省级数字化改革试点项目经费9425万元,作为全省第一批"浙里报"试点单位,率先通过"浙里报"系统报销差旅费。受理全省首笔"浙里垫付"个人抢救费用垫付申请业务,全年垫付医疗机构抢救费用26笔。推进"政采云"平台应用,全年完成交易金额9.86亿元。累计87个涉农惠民补助项目纳入"乡镇公共财政服务平台+一卡通"平台发放,涉及资金2.95亿元,惠及群众31万余人次。深化预算管理改革。推进预算管理一体化建设,预算单位覆盖率100.0%,获批全省系统预算编制模块第五批试点。加快国库集中支付改革。提前测算、谋划大额收支,动态监测库款流量,防范控制支付风险。提高财政科学管理水平。加强政府投资项目审核,净核减金额2.72亿元。完善行政事业性国有资产管理制度,提高配建房和人防工程资产利用效率。建立政府采购专管员制度,在线实时监管,政府采购工作在营商环境评价中列全省前五。推进投融资体制改革。深化区域性国有公司整合,创新建立市镇联动开发机制。推动金融机构与市政府签订1600.00亿元战略合作协议,市镇两级国有企业融资413.70亿元。完善国企负责人经营业绩考核相关办法,推进企业市场化转型,国有资产保值增值率112.9%。

【强化财政监管】 强化预算绩效管理。"加强绩效审查,推动集中财力办大事财政政策体系实现迭代升级"工作列入全省首批试点。组织"支持服务业产业发展政策"等5个重点项目开展绩效评价,涉及财政资金7.52亿元。实施部门整体绩效评价,实现镇街级政府财政运行综合绩效评价全覆盖。完善公款存放机制。上线公款竞争性存放网上招标平台,监督资金规范安全存放,全年组织公款竞争性存放121.11亿元。加强支出管理。严控政府开支,全市核减和收缴非刚性非急需项目资金3.37亿元,"三公"经费零增长。防范化解社保支付风险。落实多渠道资金筹措机制,全年筹集社保风险准备金22.59亿元,社保风险准备金余额83.64亿元。强化地方政府债务管理。发行地方政府债券19.00亿元,再融资债券需求26.10亿元。完成2018—2021年度隐性债务化解任务的120.9%。建立国有企业债务风险预警机制,筹集国有企业偿债风险应急资金31.43亿元。推进内控建设。全市所有镇(街道)运行内控信息化平台。选取部分村级组织主导引入代理记账中介机构,创新实践村级会计委托代理制。

【加强队伍建设】 加强党建引领。推进党史学习教育,开展宣讲交流163场次,以"访民情、办实事、建机制"专题实践活动为抓手,开展基层走访342户次,办理实事54件。聚焦人才培养。开展"七问七查"大讨论,建设变革型组织,培养干部塑造变革能力。搭建干部成长平台,组织财政干部论坛、专题讲座等活动25次。提拔中层干部3名,选派10名优秀干部挂职锻炼。推进清廉财政建设。组织廉政风险防控"回头看",明确风险点责任人和整改期限,开展作风效能检查24次,整改问题97个。2021年,海宁市财政局获评浙江省及嘉兴市财政系统管理绩效考评"优秀单位",海宁市目标责任制考核优秀部门,海宁市"党风廉政建设先进单位",海宁市直机关优秀基层党组织。

(海宁市财政局供稿　黄能能执笔)

注:

***"五税两费"**:企业所得税、个人所得税、国内增值税、国内消费税及附征的城市维护建设税、教育费附加和地方教育附加。

***"1+2+2"**:"1"是指一个产业发展专项资金管理办法;"2"是指《支持制造业高质量发展的若干政策意见》《加快重点服务业高质量发展的若干政策意见》两大政策;"2"是指两大政策配套的政策实施细则。

***"一本通"**:将原先分散在各个主管部门的若干单列政策,以所属产业为区分,进行合并、梳理、整合,形成一个整体产业政策。

平湖市

【概况】 2021年,平湖市实现地区生产总值907.50亿元,按可比价计算,增长9.2%。按常住人口计算,人均生产总值133849元,增长8.2%。第一产业增加值15.08亿元,增长2.4%;第二产业增加值548.28亿元,增长10.7%,其中工业增加值513.70亿元,增长11.2%;第三产业增加值344.14亿元,增长7.2%。三次产业结构比为1.7:60.4:37.9。全市财政总收入158.30亿元,增长5.0%;一般公共预算收入96.58亿元,增长7.3%,其中税收收入88.63亿元,增长7.0%。全市一般公共预算支出104.97亿元,增长5.5%。全市财政收支平衡。

【组织财政收入】 强化收入分析,提升收入质量。加强财政经济形势研判,做好财政收入监控、预测、分析,开展财政收入可持续增长研究。一般公共预算收入占GDP的10.6%,占财政总收入的61.0%;税收收入占一般公共预算收入的91.8%。完善非税收入征管。完成10项政府非税收入划转税务部门征收,深化统一公共支付平台应用,实现电子票据改革全覆盖。全年组织非税收入103.34亿元,增长28.2%,其中纳入一般公共预算管理的非税收入7.95亿元,增长10.2%。

【服务经济高质量发展】 落实减税降费政策。全年为市场主体减税降费40.62亿元,为制造业中小微企业办理税费缓缴2.34亿元。强化政策资金引导。参与修订《平湖市促进工业经济高质量发展的若干政策意见》等7个涉及财政专项资金的政策文件。完善财政专项资金扶持产业发展政策，全年拨付各类产业政策扶持资金8.09亿元。投入2.70亿元专项资金支持"数字""凤凰"和"筑巢"三大行动。推进产业基金2.0版运作。组建华睿嘉银等子基金4支，基金规模新增18.10亿元，总规模21.70亿元。全年子基金完成项目投资50个，投资额11.38亿元，撬动社会资本投资43.30亿元。支持消费扩容提质。全年安排财政资金2108万元发放汽车等各类消费券6个批次，拉动消费2.80亿元。

【保障民生事业】 全年民生支出84.61亿元，增长6.2%，占一般公共预算支出的80.6%。安排资金1.84亿元保障11项市政府重点民生实事项目建设。推进教育事业均衡发展。全年教育支出20.11亿元，增长0.8%。做好学校冬暖夏凉工程、中小学生视力保护工程和"双减"工作保障。提升学前教育和职业教育水平，落实普惠制民办幼儿园奖补政策资金2169万元，落实中等职业教育免学费政策资金600万元。投入校园文化、教育信息化建设经费9000万元。支持文旅事业发展。全年文化旅游体育与传媒支出1.83亿元，增长6.6%。完善公共文化服务体系，落实公共文化设施、爱国主义教育示范基地免费开放经费保障1247万元，投入1.21亿元推进市历史文化展示中心建设。加强文化遗产保护传承利用，全年安排非遗保护传承经费265万元。保障卫生健康支出。全年卫生健康支出7.71亿元，增长6.8%。保障新冠疫情防控直接支出1.49亿元。深化医共体建设、医保支付方式等改革，加快智慧医疗建设和应用。推进全民参保及省际毗邻区医保异地就医同城待遇。完善社会保障体系。全年社会保障和就业支出10.66亿元，增长23.7%。推动市政府出台《平湖市进一步加大企业用工保障的八条措施》。与民政局联合修订《平湖市城乡社区居家养老服务照料中心(站)建设运营管理办法》，完成285家困难老年人家庭的适老化改造。

【支持城乡协调发展】 支持乡村振兴战略。全年农林水支出8.38亿元，增长2.5%。助力农业"双强"(科技强农、机械强农)行动，调整农机购置补贴市级配套资金支持政策。推进2021年省级乡村振兴集成创新示范项目，争取省补资金7000万元。深化涉农资金统筹整合改革，建立美丽乡村与党建深度融合项目库。提升城市品质底蕴。全年城乡社区支出17.86亿元，增长10.6%。支持实施"品质平湖"建设和城市有机更新三年计划，全年安排1.60亿元保障交通基础设施建设，投入1731万元推进环城绿道等城市设施建设。

【深化财政改革】 推进财政数字化改革。按照"一个门户、四大平台、多跨场景"的建设目标，全面推广预算一体化系统，推进统一财政优惠补贴奖励平台等应用建设，联合建立"浙农补"补贴申领应用系统。深化预算绩效管理。实现全市镇街道政府财政运行综合绩效评价全覆盖，试点部门预算整体绩效评价，全面实行预算编制与上一年预算绩效指标相挂钩机制。推进政府购买服务改革。成为财政部"十四五"时期政府购买服务全国联系点，推进政府购买服务绩效评价省级试点工作，实施政府购买服务项目预算绩效管理，将"餐厨废弃物管理(2018—2020年度)"项目作为年度第三方绩效重点评价项目，涉及金额1059万元。推进国资国企改革。健全完善配建房资产管理，建立国有资产管理线上"公物仓"，加强对乡镇国有资产管理指导。实施国有企业改革三年行动计划，监管企业发行公司境外债，建立国企高层次人才和紧缺人才引进激励机制，深化"清廉国企"建设。

【强化财政监督】 强化财政支出管理。全年压减非刚性、非急需支出2.20亿元，盘活存量资金1901万元。完善直达资金工作机制，上级直达资金分配下达率100%。建立支出进度通报制度，提升资金使用时效，全年支出总进度92.1%。强化财政监督检查。落实年度财政监督检查任务，确定行政事业单位公款竞争性存放等年度财政监督检查项目20个。开展公务支出、预决算公开、通信费用清理等多项检查，针对检查发现问题落实整改。强化政府债务管理。全年争取地方政府债券38.40亿元，保障S302省道、妇幼保健院、历史文化展示中心等重点民生项目建设。成立隐性债务化债专班，编制化债总体方案，建立化债情况月报制度。7个镇街道和水务集团隐债提前清零，完成5年化债任务的69.4%，综合债务风险转为绿色。强化基层财政管理。实施"乡镇财政管理强基固本落实年"行动，出台全面强化和规范乡镇财政管理59项措施。实现乡镇内控信息化建设全覆盖，开展乡镇财政内控指引建设试点。强化政府投资项目监管。全年结算审核项目91个，审定金额23.21亿元，净核减3.56亿元，核减率13.3%。

【加强队伍建设】 开展党史学习教育，组织习近平总书记"七一"重要讲话和党的十九届六中全会精神等专题学习研讨，开展庆祝建党百年系列活动。落实"三为"专题实践活动，开展网格大走访，走访联系村和社区群众2051户、企业30家，收集并转办问题55个。落实党建高地创建行动工作要求，通过项目清单节点化推进15项综合性任务、34项分区域任务。建设变革型财政组织，开展铁军团队"十个新"建设，实施新苗培育计划，落实青年干部成长导师制，支持"生才有道"青年干部成长沙龙活动。深化财政文化阵地建设。2021年，平湖市财政局被市委、市政府评为工作目标责任制考核优秀部门。

(平湖市财政局供稿 马思源执笔)

桐乡市

【概况】 2021年，桐乡市实现地区生产总值1141.69亿元，按可比价格计算,增长8.5%。其中:第一产业增加值25.96亿元,增长2.9%;第二产业增加值564.33亿元,增长11.1%;第三产业增加值551.41亿元,增长6.4%。三次产业结构比为2.3:49.4:48.3。按户籍人口计算,人均生产总值160887元,增长5.8%。全市财政总收入178.14亿元,增长16.2%;一般公共预算收入109.31亿元,增长16.3%,其中税收收入96.69亿元,增长5.7%。一般公共预算支出115.54亿元,增长11.2%。全年财政收支平衡。

【组织财政收入】 全市一般公共预算收入占地区生产总值的9.6%,占财政总收入的61.4%,税收收入占一般公共预算收入的88.5%。强化收入调控。依托财税协同机制,定期召开联席会议,完成收入分析和收入预测的旬报、月报、季报等基础工作,掌握收入进度和增长态势,确保全年财政收入按月均衡入库。加强非税收入管理。整体谋划,落实非税征管职能划转税务部门,确保土地出让金等项目划转平稳有序。推进电子票据改革,实现非税管理提档升级。全市组织非税收入150.66亿元,下降2.8%;其中纳入一般公共预算管理的非税收入12.62亿元,增长410.9%。

【服务经济发展】 优化政策体系。调整完善涉企扶持政策具体条款,规范政策执行程序,及时兑现财政奖补政策资金,拨付涉企财政资金14.12亿元。助企融资增信。实施"梧桐树"中小微企业担保服务计划,缓解企业融资困难,服务中小微企业183户,政策性融资担保在保金额7.12亿元,减免企业担保费916万元。争取上级资金支持。积极向上争取补助资金,下达数字化领域、传统产业改造提升等中央及省级重大项目补助资金1.98亿元;加快落实"两直"资金,强化资金监管使用,实际支付6.85亿元,用于重点民生项目和经济社会领域。扩大产业基金规模。强化与头部基金合作,新设立总规模95.00亿元的子基金3支。至2021年产业基金累计17支,总规模126.00亿元,投资项目79个,投资金额24.49亿元,带动项目股权投资金额64.30亿元。落实减税降费政策。落实水土保持补偿费、水资源费、城市基础设施配套费等优惠政策,减免非税收费6482万元。加强与税务部门的对接协同,减免税收36.46亿元。走访服务企业。结合"守根脉、保平安、办实事"网格大走访和企业服务直通车活动,加强政策宣传、解读和辅导,帮助企业利用好国家政策谋划自身发展。收集企业诉求32个,诉求解决率95%。

【推进共同富裕】 全年保障民生支出97.32亿元,增长13.2%,占财政一般公共预算支出的84.2%。办好民生实事。为民生实事工程提供财力保障,重点保障未来广场、全民健身中心、农村公路大中修等政府性投资项目118项,项目支出27.80亿元;出台完善公共文化服务、城乡供排水、农村道路养护、垃圾分类等专项资金管理办法16项,加大对民生重点领域的支持。提升教育文化水平。落实教育支出24.17亿元,助力"学在桐乡"教育品牌建设,提高教师队伍工资福利待遇;落实文化旅游体育与传媒支出2.33亿元,新建图书馆、城市档案中心等城市地标,打造城市文化品牌。完善社会保障。落实卫生健康支出9.80亿元,深化医共体建设,提升养老服务水平。落实防疫资金9241万元,加强常态化疫情防控资金保障。落实社会保障和就业支出15.71亿元,加大人才就业支持力度。助力乡村振兴。全市"三农"支出58.25亿元,增长17.7%,其中农林水支出8.74亿元,增长15.6%。优化财政支农方式,推进农业融资担保发展,2021年桐乡市被浙江省财政厅列为基层政策性农业信贷担保服务创新试点单位,获奖补资金200万元,并作为代表县获国家农业信贷担保联盟有限责任公司表扬。

【深化财政改革】 集中财力强统筹。落实政府过"紧日子"举措,压减一般性支出4.71亿元,"三公"经费再压减6.8%。设立"履职及能力提升"专项,实行总量控制,从源头上严控部门运行经费。开展部门实存资金账户资金清理,盘活存量资金1.49亿元。强化管理抓绩效。启动部门整体绩效预算改革工作,实现预算部门全覆盖。组织预算部门开展项目绩效自评工作,完成部门自评58家,完成自评项目344个。强化评价结果应用,通过否决低绩效项目,核减财政资金8900万元,申报项目资金准确性提高21.4%。打造财政数字化。加快公款竞争性存放数字化改革,实现公款存放阳光化,2021年网上招标7期,招标资金规模99.37亿元,预计实现增值1.09亿元;推进预算管理一体化系统上线,完成245家预算单位的基础信息、项目库和预算编制的录入和初审。

【强化财政监管】 强化执行动态管理。加强预算执行监控和库款资金管理,实时监控库款水平,确保"三保"等支出需要;开展财政数据仓库建设,强化数据分析应用,完成财政、税务数据归集。强化部门内控建设。完成2020年度全市行政事业单位内控报告编报,对67个主管部门和272个行政事业单位进行内控报表系统初始化建设;加快推进乡镇内控信息化建设,并在石门、大麻、崇福等乡镇上线运行。强化财政监督检查。开展公款竞争性存放、预算信息公开、内部审计等专项检查,完善财政监督制度体系。实施采购文件线上监控,采购计划金额超过50万元的项目均纳入监控范围,全年监控检查采购项目340个,规范采购行为。强化风险防控。执行好各项社保基金征缴政策,多渠道筹措社保风险金16.43亿元,确保社保基金平稳可持续运行;防范政府债务风险,存量隐性债务化债实施全过程清单式管理,新增隐性债务实施常态化监管。

【加强队伍建设】 开展党史学习教育。用足用好红色财政资源,开展"学党史、祭英烈""共忆党史共话初心"等教育活动,通过打造党建文化展厅、开展党员话初心活动以及桐乡党史主题征文等形式,营造党史学习教育氛围。提高干部变革能力。加快建设变革型财政组织,修订《桐乡市财政局青年干部培养管理办法》。开展“两优一先”和各条线先进推荐工作。规范改进考核程序，上线运行平时考核软件。推进从严治党。核查个人重大事项申报内容，常态化开展正风肃纪检查，全年开展检查52次，改进工作作风；出台《纵深推进清廉财政建设的实施方案》，防范廉政风险。2021年，桐乡市财政局获评桐乡市目标责任制考核先进部门。

（桐乡市财政局供稿　朱叶儿执笔）

嘉善县

【概况】 2021年，嘉善县实现地区生产总值789.26亿元，按可比价计算，增长10.3%。按户籍人口计算，人均生产总值190828元，增长18.6%。第一产业增加值24.31亿元，增长3.0%；第二产业增加值441.38亿元，增长13.2%；第三产业增加值323.57亿元，增长7.5%。三次产业结构比为3.1∶55.9∶41.0。全县财政总收入136.55亿元，增长16.7%。一般公共预算收入82.83亿元，增长15.4%，其中税收收入74.71亿元，增长11.6%。全县一般公共预算支出111.26亿元，增长10.0%。全年财政收支平衡。

【组织财政收入】 加强税收收入管理。加强形势研判，联合税务、自然资源规划等部门开展收入分析，实现财税信息共享，定期走访机关部门，上门服务企业，提高收入预测的准确性和及时性。财政总收入占地区生产总值的17.3%，一般公共预算收入占地区生产总值的10.5%，占财政总收入的60.7%，税收收入占一般公共预算收入的90.2%。收入结构保持较优。强化非税收入管理。加强非税收入征管，推进收缴电子化改革，发挥政府非税收入政策调控功能。全年实现非税收入177.29亿元，增长32.0%，其中，纳入一般公共预算管理的非税收入8.13亿元，增长67.4%。

【支持示范区建设】 争取上级政策支持。加大专项债券申报力度，全年争取到省、市两级一般公共预算统筹安排资金24.00亿元，新增债券资金55.00亿元，争取省、市示范区建设奖补5.90亿元，用于先行启动区项目建设。保障示范区建设项目。开工项目75个，落实资金保障9.46亿元，统筹资金支持恒天地块收储、祥符荡科创中心生态圩岸示范等5个项目建设。联合制定跨区域财税分享实施方案等一体化制度和先行启动区财政专项资金管理办法。与省市国企、财政合资成立浙江省长三角投资有限公司，负责示范区开发建设和投资发展。

【服务经济发展】 优化财政支持经济发展政策体系。出台支持制造业高质量发展、再生资源利用、新服务业财政扶持政策，在生命健康、数字经济等领域推行财政资金竞争性分配，拨付扶持企业发展专项资金1.15亿元；落实减税降费政策，为市场主体减免税收48.28亿元。完成“两直”资金分配1.92亿元，支出进度100.0%。开展政府采购备选库、名录库、资格库专项清理，优化营商环境。支持科技创新发展。全年科学技术支出6.33亿元，增长15.1%。安排行业公共平台建设资金3423万元，用于创新载体运行、加速器补贴、孵化器专项建设。安排科技创新券1000万元，推动科技创新券在示范区通用通兑。安排科技三项经费1116万元，支持科技企业“微成长、小升高、高壮大”梯次培育。

【保障民生事业】 全县民生发展类支出88.42亿元，增长10.3%，占一般公共预算支出79.5%。支持教育高质量发展。全年教育支出19.14亿元，增长0.5%。安排合作交流和品牌学校建设资金1340万元，推进基础教育校地合作办学，安排资金1145万元落实义务教育阶段“双减”政策。支持文化旅游事业发展。全年文化旅游体育与传媒支出2.42亿元，增长4.2%。推动长三角地区公共文化服务体系一体化发展，支持文明城市创建及新时代文明实践中心建设，拨付农村文化礼堂、社区文化家园、企业文化俱乐奖补资金440万元。保障卫生健康支出。全年卫生健康支出9.03亿元，增长30.9%，支持县域医共体建设，高标准一体化院前医疗急救体系建设，投入资金2.27亿元保障疫情防控工作。支持社会保障和就业工作。全年社会保障和就业支出7.44亿元，增长6.6%。保障人才新政，制定人才专项资金管理

云澜湾春色

暂行办法。落实困难老年人家庭适老化改造260户，推进困难家庭精准帮扶，改善困难群众居住条件205户，城乡最低生活保障标准从860元/人·月提高到920元/人·月，建立临时救助备用金机制。支持农业农村发展。全年农林水支出9.37亿元，增长6.8%。深化涉农资金统筹整合长效机制，拨付乡村振兴专项资金9765万元，支持农业经济开发区、乡村振兴示范镇、美丽乡村风景线、省级特色农业强镇建设等。发放粮食生产和耕地保护补贴资金8000万元，下达美丽乡村建设项目资金7847万元。2021年，嘉善县入围省级乡村振兴集成创新示范建设县。

【推进财政改革】 推进财政“4+4”数字化改革*。拟订嘉善财政数字化改革方案，明确乡镇财政、财政绩效、财政监管智治、国企国资现代化4个方向，涉及子系统、子应用11个，聘请专业团队对数字化改革情况进行需求调研。上线预算管理一体化预算编制系统，县级单位、乡镇全部启用；乡镇公共财政服务平台补助资金实现一卡通发放；上线土地出让金浙政钉应用；研发机关事业单位个人收入发放管理系统；上线银行账户管理系统，实现银行信息共享和动态监控，对大额资金流动进行风险监控。探索“线上公物仓”应用。依托资产云2.0平台，制定《嘉善县行政事业单位“线上公物仓”实施暂行办法》，实现资产“指标线上管理、实物线下调配”，入库资产459件，调剂使用439件，探索国资智管在线应用，实现资产云端管理和移动端操作。推动绩效管理提档。升级集中财力办大事财政政策体系，对纳入的大事项目确定绩效目标。推动预算绩效管理纳入领导经济责任审计内容全省试点，建立财政审计协调联动机制。健全全面预算绩效管理体系，完善重大政策、项目事前绩效评估、财政政策中期评估、财政专项资金到期评估机制。完成乡镇财政整体绩效评价6个。深化政府采购改革。推进采购意向公开，首批试点单位8家，提高政府采购透明度。推进国有企业改革。制定全面深化国有企业改革方案和国资国企改革发展“十四五”规划，创新融资模式，加快企业债、公司债和协会产品申报，全年新增债券批文110.00亿元，新增银行授信储备100.00亿元。建立县属国企重大投资项目库，启动投资项目70个，投资110.00亿元。注册资本5.00亿元组建县铁投集团，推进铁路与轨道交通建设。

【强化财政监管】 防范财政运行风险。推动出台《嘉善县国有企业融资管理暂行办法》，实行部门联审备案机制，国有企业资产负债率控制在56.0%以下。守牢社保基金安全底线，应对社保体制改革和基本养老保险基金等归集压力，清欠乡镇城乡居民基本养老保险基金1.26亿元。筹集社会保障风险准备金，补充社保基金3.64亿元。修订公款竞争性存放管理办法，完成竞争性存放网上招标73.00亿。落实党政机关过“紧日子”举措。健全库款管理机制，国库动态监控范围涵盖国库集中支付全部资金，通过大额资金拨付审批、专项资金分配审核机制，全年压减支出1.47亿元。调整行政事业单位通用办公设备家具配置标准，清理部门结转结余资金、往来款项，收回存量资金5.13亿元。加大财政监督检查力度。完成监督检查项目18个。完善内控制度建设，开展内控制度执行情况检查。推动预算绩效管理纳入领导经济责任审计内容试点，建立“财政+审计”联动机制。

【加强队伍建设】 开展党史学习教育。坚持周五学习日制度。组织退休老党员和青年干部开展“银青携手，共学党史”活动，举办“我心向党”建党100周年党史知识竞赛。推进清廉财政建设。完善内控制度体系，梳理重点岗位重点业务廉政风险点，制定防控措施。加强意识形态教育，组织专题辅导2场。组织志愿活动。党员干部联系居民2119户，走访联挂街道规上企业28户。重新组建青年志愿者队伍，全年参加志愿服务活动100人次。激活干部队伍动力。选调优秀年轻干部进入支委班子，选派优秀干部3名至财政部、四川九寨沟挂职历练，建立财政国企人才联合培养机制，首期交流5人。2021年，嘉善县财政局被县委、县政府评为工作目标责任制考核优秀单位。

（嘉善县财政局供稿　徐　晓执笔）

注：

*财政“4+4”数字化改革：即数字财政综合应用门户，以及集中财力办大事、预算管理一体化、核心业务事件反馈和服务社会应用4个系统；梳理4个重点方向：乡镇财政管理应用系统、财政绩效管理应用系统、财政监管智治应用系统以及国企国资现代化管理应用系统。

海盐县

【概况】 2021年，海盐县实现地区生产总值621.56亿元，按可比价格计算，增长8.3%。按户籍人口计算，人均生产总值162255元，增长8.3%。第一产业增加值18.74亿元，增长2.7%；第二产业增加值365.17亿元，增长7.4%；第三产业增加值237.65亿元，增长10.3%。三次产业结构比3.0∶58.8∶38.2。社会消费品零售总额174.55亿元，增长10.1%；城镇居民人均可支配收入72239元，增长9.4%；农村居民人均可支配收入44486元，增长10.3%。全县财政总收入106.59亿元，增长6.5%，一般公共预算收入63.90亿元，增长9.8%；其中税收收入55.18亿元，下降1.6%；一般公共预算支出80.64亿元，增长3.1%。全县财政收支平衡。

【组织财政收入】 强化分析预测。关注经济社会发展动向，完善财税沟通协调机制，加强部门间联动，把握好组织收入的力度和节奏，财政收入保持平稳增长。财政总收入占地区生产总值的17.1%。一般公共预算收入占财政总收入的59.9%，占地区生产总值的10.3%。税收收入占一般公共预算收入的

86.3%。收入结构保持较优。规范非税征管。完成四项政府非税收入划转税务部门征收工作。非税收入全面接入统一公共支付平台，实行线上线下一体化收缴。全县组织非税收入87.27亿元，增长12.1%。其中，纳入一般公共预算管理的非税收入8.73亿元。

【服务经济发展】 减轻企业负担。落实系列减税降费优惠政策，暂停征收地方水利建设基金，全年新增税费减免8.52亿元。扶持产业发展。完善财政产业扶持政策，推动产业链提升及产业集群发展，全年兑现工业、科技、人才和服务业发展专项资金3.19亿元。支持科技创新。推进创业创新平台建设和创新主体培育，助力培育细分领域领军企业和专精特新"小巨人"企业，全年科学技术支出3.75亿元，增长15.0%。规范政府产业基金运作。成立县国有资本投资有限公司，负责全县产业基金投资运行管理，修订产业基金管理办法。截至2021年底，政府产业基金总计9支，基金规模53.27亿元。推进政策性融资担保。推动政策性融资担保扩面增量，支持小微企业和"三农"主体融资增信，县内政策性融资担保机构实现在保户数749户，在保余额16.70亿元。

【保障民生事业】 全县民生支出65.36亿元，占一般公共预算支出的81.1%。推进教育优质均衡发展。全年教育支出16.88亿元，增长0.8%，补齐学前教育师资短板，保障义务教育"双减"工作。推进文化体育事业发展。全年文化旅游体育与传媒支出1.50亿元，增长5.4%，深入实施文体惠民工程，保障文化艺术中心建设，支持建党百年系列活动。落实卫生医疗保障。推动医保基金支付制度改革，保障疫苗接种等疫情防控经费，将基本公共卫生服务财政补助标准从87元/人·年提升至92元/人·年。全年卫生健康支出6.05亿元，增长14.9%。完善社会保障和就业。落实就业优先政策，促进职业技能提升。继续上调退休人员基本养老金和城乡居民基本养老保险基础养老金，落实职工养老保险省级责任分担机制。全年社会保障和就业支出7.34亿元，增长21.8%。

【提升城乡品质】 争取债券支持。做好项目筛选和前期谋划，年内争取地方政府再融资债券16.90亿元、地方政府专项债券16.60亿元、一般债券3.70亿元，支持重点项目建设。支持交通建设。坚持重大交通建设先行，加快交通重点工程建设，保障交通建设资金6.79亿元。支持城市功能完善。安排道路有机更新、照明亮化、城镇棚户区和老旧小区改造等9.59亿元。支持生态环境治理。打好生态治理跃升战，支持全域环境治理，保障生态建设资金1.53亿元。支持乡村振兴战略。建立涉农资金统筹整合长效机制，兑现农业扶持资金2.59亿元，保障农业基础设施建设4.41亿元，推进农业农村现代化。

【深化财政改革】 推进预算管理改革。深化零基预算改革，完善预算支出标准体系建设，优化项目支出管理，推动实现预算管理精细化。强化预算绩效管理。完善集中财力办大事财政政策体系，完善全过程预算绩效政策及管理体系，开展重大政策和重大项目事前绩效评估。推进项目支出绩效自评，实现预算绩效运行监控部门(单位)全覆盖。推进财政数字化改革。落实预算管理一体化系统建设，实施"政采云""资产云"等系统迭代升级。深化财政电子票据改革，全年开出财政电子票据534万笔，金额171.36亿元。加强国资管理。依托"资产云"平台，对全县行政事业单位国有资产实行全生命周期动态闭环管理。落实国有资产报告制度，开展国资国企整合重组。

【强化财政监管】 加大监督检查力度。开展现代农业产业发展扶持资金等专项监督检查，开展全县行政事业单位"小金库"、县内出行公务交通费使用管理等自查自纠，严肃财经纪律。年内完成监督检查项目9个，追缴违规资金59万元。严格财政支出管理。落实政府过"紧日子"要求，健全厉行节约长效机制，持续压减非刚性、非重点支出，严格执行经费开支标准，日常公用经费预算压减5.0%。加强政府投资项目管理。规范政府投资项目建设控制标准，控制项目估算概算，年内概算结算送审金额91.99亿元，核减金额3.92亿元。落实直达资金。完善全流程监管，建立台账，全年争取中央直达资金1.16亿元，分配及支付进度均为100.0%。

【防范化解财政运行风险】 防范化解隐性债务风险。强化政府投资项目债务风险管控，年内审签政府投资项目资金来源审查表163份，涉及总投资86.70亿元。对隐性债务逐笔制定化解计划，探索运用项目转化方式化债。防范社保基金风险。持续做大社保基金"蓄水池"，健全社保风险准备金管理和监督机制，统筹安排各类社保基金补助7.41亿元，确保社保待遇按时足额发放。防范基层财政风险。通过规范村干部基本报酬、组织资金安全运行检查、规范乡镇公共服务平台"一卡通"运用等方式，强化基层财政资金监管。防范资金存放安全风险。完善公款竞争性存放制度，全年竞争性存放资金50.65亿元。

【加强队伍建设】 开展党史学习教育。学党史，悟思想，办实事，为群众解难题，走访农户2438户，收集问题228个。推进全面从严治党。完善内控机制建设，加强重点领域廉政风险防控，防控财政专项资金分配使用、政府采购、财政政策兑现等财政重点领域的廉政风险。强化干部队伍建设。加快建设变革型财政组织，推进自我革新强基工程，通过轮岗交流、基层锻炼、培训学习等方式，提升干部综合素质。2021年，海盐县财政局被县委、县政府评为工作目标责任制考核优秀单位。

（海盐县财政局供稿　陆梦婷执笔）

绍兴市财政工作

绍兴市

【概况】 2021年,绍兴市实现地区生产总值6795.26亿元,按可比价格计算,增长8.7%,其中:第一产业增加值227.15亿元,增长2.5%;第二产业增加值3227.77亿元,增长10.7%;第三产业增加值3340.34亿元,增长7.4%。三次产业结构比为3.3∶47.5∶49.2。按常住居民计算,全市居民人均可支配收入62509元,增长10.4%,其中:城镇居民人均可支配收入73101元,增长9.6%;农村居民人均可支配收入42636元,增长10.2%。全市财政总收入954.71亿元,增长11.9%。全市一般公共预算收入603.80亿元,增长11.1%,占财政总收入的63.2%;其中税收收入490.86亿元,增长10.6%,占一般公共预算收入的81.3%。全市一般公共预算支出714.49亿元,增长7.1%。市本级财政总收入96.94亿元,增长13.8%;市本级一般公共预算收入66.21亿元,增长10.3%;其中税收收入46.96亿元,增长1.1%。市本级一般公共预算支出96.11亿元(剔除新增地方政府一般债券及调入预算稳定调节基金等一次性因素),同比增长8.2%。全市及市本级财政收支平衡。

【组织财政收入】 健全财税协同机制。加强财政、税务组织收入工作的沟通协调机制,制定出台《绍兴市财政税务部门协同机制办法》,建立联席会议机制、日常协调沟通机制等长效工作机制。完善收入分析机制。抓好收入预测分析,把控收入进度。落实财政收入执行情况分析,每月研判全市财政收入现状和发展趋势。开展行业税收专项分析,包括对制造业、房地产业、上市公司等税源现状和发展趋势进行专项分析。建立健全地方财源培育长效机制。围绕财源建设抓税源、抓增收,出台《关于进一步建立健全地方财源培育机制的指导意见》,从亩均税收水平、电税比水平和上市公司本地税收贡献率等指标入手,推进地方财源建设。全市实现非税收入1296.45亿元,其中纳入一般公共预算管理的非税收入112.95亿元,增长13.4%。

【服务经济发展】 贯彻落实减税降费政策。全年累计减免税费302.37亿元,同比增长27.2%。落实增值税留抵退税60.10亿元,惠及企业2009户次。加速兑现政策资金。全年累计兑现政策资金48.30亿元,兑付时效提升80%。实现财政支付系统与绍兴"越快兑"政策申兑平台互联互通,确保资金高效直兑。争取债券资金。全市争取地方政府债券335.24亿元,其中新增债券196.74亿元,带动有效投资865.70亿元,保障绍兴综合保税区工程、亚运会攀岩及配套项目、滨海新区集成电路产业园等重大项目建设。发挥产业基金撬动作用。全市设立总规模387.60亿元的产业基金,合作子基金65支,投资项目402个,引导1410.12亿元社会资本投向数字经济、医药健康产业、高端装备制造等重点产业发展领域。

【增进民生福祉】 全年民生支出527.92亿元,增长6.1%,占一般公共预算的73.9%。稳步提升社会保障水平。全年社会保障和就业支出108.72亿元,配合省级财政完成基本养老保险全省统筹和失土农民社会保险改革工作,统筹全市基本养老保险资金45.20亿元,保障被征地农民养老保障地方待遇2.60亿元,提高居民基础养老金、居民医保财政补助标准和最低生活保障标准。促进教育优质发展。全市教育支出146.20亿元,重点用于义务教育经费保障、夯实基础设施建设,保障全市77所中小学和幼儿园新改扩建工程,提升农村二级以上幼儿园比例,落实教育"双减"政策,明确课后服务费用财政承担20%,保障"空调进教室""明眸亮睛""智安校园"等民生实事工程。加大医疗卫生事业支持力度。全年医疗卫生和健康支出73.99亿元,健全公立医院和基层医疗卫生机构基本建设、设备购置、人才培养、信息化建设等财政投入政策,助推市妇保院、市中医院等11家综合性医院建设。加强公立医院财务指导,制定支持公立医院高质量发展扶持细则,稳步推进公立医院综合预算管理。落实公共卫生机构防疫设施设备、医疗机构疫情防控纾困政策资金保障。助力文化体育事业发展。全年文化体育支出16.57亿元,支持绍兴美术馆、绍兴博物馆、运河博物馆等重大文化设施建设,推动城乡一体"15分钟品质文化生活圈"建设,提高公共文化服务均等化水平。创新"近邻书屋"模式,打造以家庭为基点、以社区为半径,近距离服务邻里的全新阅读服务形式。

【加快数字赋能】 构建财政内部治理权责机制。建立数字化改革任务体系,以上级重大任务和财政基本职能为牵引,梳理职能交叉、急难险重、"卡脖子"任务,开展揭榜挂帅。做小信息化职权颗粒度,强化资源、职权交叉配置授予,实现流程管理扁平化。构建预算一体化管理机制。全市域推进预算管理一体化系统省级试点,完成全市域数据归集、上线运行并成功运用于2022年预算编制。加强预算编制与预算执行、资产管理、绩效管理、会计核算有机衔接,实现资金从预算安排源头到使用末端全过程顺向可查、逆向可溯。多跨场景应用取得突破性进展。推动以"浙里办票"为载体的电子票据改革,全市基层医疗机构实现医疗电子票据100%全覆盖,覆盖数量列全省第二。柯桥区高质量完成"浙里基财智控"场景建设,入选全省数字化改革重大应用"一本账S1"目录。上虞区创新探索"区块链+医疗理赔"应用。

【深化财政改革】 推进全口径预算改革。全面清查部门和单位实有资金,依法依规将部门单位事业收入、经营收入等非财政拨款收入全面纳入预算管理。建立沉淀资金定期清缴机制,全年清缴沉淀资金1.30亿元。建立政府性资产资源库，盘活存量资金54.00亿元、房产土地等资源38.70亿元。深化绩效管理改革。依托“互联网+”技术，对全市16个民生项目开展事前评估，调整优化绩效目标86个。开展财政政策绩效评价，对649个子政策逐条分析，提出撤销建议64条、调整建议62条。实施“数字化自评+问题化报告”部门综合绩效报告试点，评价成果全面应用于2022年预算编制。重塑政府性投资项目管理机制。全市346个历史遗留项目的结决算工作提前一年全部完成，为政府新增固定资产289.00亿元。建立EPC（工程总承包）规范管理长效机制，审定总投资260.97亿元的22个在建EPC项目预算，节约资金3.50亿元。推进政府采购支持绿色建材全国试点。建立绿色建筑和绿色建材政府采购标准，探索绿色建材带量集中采购模式。制定《绿色建筑和绿色建材政府采购基本要求》，发布全国第一版绿色建材应用率计算技术细则。全市总投资260.00亿元的62个试点项目全部按照绿色建筑标准实施。

【强化财政监管】 加强政府债务风险管控。抓实隐性债务化解，市县联动推进“降色降率”工作。全市隐债化解进度66.2%，高于全省平均10个百分点，位居全省第四，市本级和新昌县实现隐性债务“清零”。全市政府债务率持续保持低于风险警戒线的安全区间。完善市属国有金融企业监管。按照市属国有金融企业监督管理办法，规范做好重大事项审批、核准、备案。依托金融企业财务快报系统，将全市国有金融企业纳入统计监测范围，全面及时掌握企业财务状况及资产质量情况。将市属国有金融企业风险管理开展情况作为企业年度经营业绩考核的重要内容，健全风险防范和应急处置机制。加大财政监督检查力度。拓展财政监督联动，推进财会监督与党内监督、监察监督、审计监督协同发力。落实“1+X”专项监督职能，采取线上全面排查和线下重点核查相结合的方式，全年开展各类监督检查13项，涉及收缴、整改金额939万元。

【加强队伍建设】 推进清廉财政建设。健全完善“四责协同”机制，建立覆盖全局的三级内控组织管理体系，构建上下联动、分工明确、齐抓共管的内控管理组织架构。开展廉洁从政警示教育活动，持之以恒加强正风肃纪监督检查提醒。2021年绍兴市财政局被评选为全省“建设清廉机关、创建模范机关”工作先进集体。开展党史学习教育。用好党委会、理论中心组学习会、支部“三会一课”、主题党日等载体，谋划实施专题学习、专题宣讲、专题组织生活会等。全市财政系统联动开展“三为”专题实践活动，每月评选公布“三为”标志性案例。财政金融协同开展“三跑三降解三难”活动，组建“财、银、担”服务团队，推动企业融资需求快速发现、精准解决。提升干部能力素养。建立常态化发现储备培养机制，选送优秀年轻干部到财政部、省财政厅、市级重大平台和乡镇街道实践锻炼。创新“岗位练兵+业务比武”模式，搭建“晒比拼”平台，开设“处长课堂”“青年论坛”等学习交流专栏。实行数字化考核机制，建立健全全方位、多维度、立体式的考评体系。

（绍兴市财政局供稿　张　莹执笔）

越城区

【概况】 2021年，绍兴市越城区（滨海新区）实现地区生产总值1185.26亿元，按可比价格计算，增长8.8%。其中：第一产业增加值16.58亿元，增长2.5%；第二产业增加值495.51亿元，增长12.3%；第三产业增加值673.17亿元，增长6.6%。三次产业结构比为1.4∶41.8∶56.8。全区城镇居民人均可支配收入67772元，农村居民人均可支配收入42508元，分别增长9.6%和10.0%。按户籍人口计算，人均生产总值142974元，增长8.6%。全年实现财政总收入154.56亿元，同口径（含2021年划入的原上虞区沥海街道，下同）增长18.7%，其中：一般公共预算收入93.17亿元，同口径增长19.8%，占财政总收入的60.3%，占GDP的7.9%。全区一般公共预算支出86.69亿元，同口径增长10.2%。全区财政收支平衡。

【组织财政收入】 加强分析研判。建立财税收入联席会议制度，共享收入预期、重点税源变化等涉税信息。聚焦收入目标，建立税收网格化管理长效机制，制定税源网格化方案。全年完成税收收入83.44亿元，同口径增长18.5%，占一般公共预算收入的89.6%，税收收入占一般公共预算收入比重居全市第一。强化非税收入管理。优化非税收入收缴电子化管理，全区17家基层卫生服务中心和1家公立医院全部接入省级统一公共支付平台，实现全区医疗票据电子化全覆盖。全年非税收入233.23亿元，其中纳入一般公共预算管理的非税收入9.73亿元，同口径增长31.9%。

【保障疫情防控】 助力防控一线。财政局组建防控志愿服务队，参与一线防疫服务，协助社区开展“守小门”、集中隔离点隔离管控、陶堰街道封控区卡口管控、24小时抗疫服务热线值守等服务，志愿时长超1000小时。保障防疫资金。投入疫情防控资金1.64亿元。保障核酸检测、卫生服务中心采购防疫物资、一线封控区（陶堰街道、皋埠街道）生活物资保障等防疫需求。

【服务经济发展】 加快资金兑现，为企业纾困解难。全年兑现惠企政策资金10.21亿元，以“真金白银”缓解企业流动资金压力。落实国家减税降费政策，2021年减免税费新增14.32亿元。落实市普惠性金融贴息政策，为4500家小微企业和个体工商户兑现贴息资金3056万元。破解融资难题。成立越城区首个国有政策性融资担保公司，持续更新融资担保产品，第一时间推出抗疫贷产品，助力金融战“疫”，为70家小微企业提供担保服务，在保余额1.80亿元。支持创业创新和人才发展。下达高层次科技创业创新人才补助资金7749万元，出资1.00亿元设立越城区人才创业投资引导基金，激发高层次人才创业创新活力。

【保障改善民生】 全年民生支出62.35亿元，增长10.9%，占一般公共预算支出的71.9%。支持教育事业发展。全区教育支出18.87亿元，增长11.9%。新建成中学1所、小学1所、幼儿园1所，优化教育资源布局。支持智安校园建设行动，实现全区中小学生校园卡全覆盖，完成75家中小学（幼儿园）智能阳光厨房建设。支持社会保障事业发展。社会保障和就业支出12.65亿元，增长4.7%。支持就业稳定行动，新增城镇就业5.29万人、失业再就业4.25万人、就业困难再就业4448人，完成职业技能培训5.72万人次，实现零就业家庭动态清零。城乡居民基本养老保险基础养老金从215元/人·月提高到245元/人·月，城乡最低生活保障标准从850元/人·月提高到890元/人·月。支持卫生事业发展。卫生健康支出10.45亿元，增长9.3%。支持基层卫生医疗提升行动，启动区公共卫生服务中心、马山街道、东湖街道社区卫生服务中心建设，建成区疾控中心、区人民医院核酸检测实验室，核酸日检测能力提升至7200份。提升基础设施建设。推进老旧小区改造提升和既有住宅加装电梯工作，完成61个老旧小区改造项目，加装电梯80台。安排垃圾分类工作经费1.56亿元，实现全区493个小区开展“定时定点”分类投放工作，创建省级高标准生活垃圾分类示范小区15个，省级高标准农村生活垃圾分类示范村3个，助力越城区连续第四年获评浙江省生活垃圾分类工作优秀单位。

【推进财政改革】 推进预算一体化管理。启用“预算管理一体化系统”编制2022年预算，将预算管理规则应用到项目库管理、预算编制、预算批复、预算执行等方面，构建项目“全生命周期”管理机制，实现预算支出编制绩效目标同步化，形成反馈、整改、提升的良性循环。完善镇街财政管理。开发上线“越城区数智基财管理平台”，将镇街收支执行情况、直达资金、“一卡通”补贴发放等项目纳入平台，构建镇街资金数据库。深化政府采购改革。全面推广运用政采云电子交易系统，开展电子投标、开标、评标等工作，实现项目采购全流程电子化，全年政府采购合同金额8.82亿元，节约资金5374万元。加强行政事业性国有资产信息化管理。建设运行“虚拟公物仓”，运用信息化手段建立“建库、使用、处置”规范管理处置体系，云上实现“建仓—申请—借用—调拨—归还”全流程闭环管理。深化国资国企改革。编制完成全区国资国企“十四五”整体规划，明确发展目标、思路及路径。指导区国投公司、区城发集团、区文旅集团完成整体整合组建，形成科学组织管理架构，实现全区经营性国有资产集中统一监管。

【提高财政监管水平】 防范化解债务风险。实施防范化解地方政府性债务风险专项行动，动态跟踪债券资金使用和项目实施情况，按月统计债券资金使用进度，加强风险监管。加强政府投资项目预算管理。出台《越城区政府投资项目限额控制标准》，强化项目限额控制。加强政府投资项目预算、结算审核，完成各类审核32个，总送审金额16.15亿元，核减金额3699万元。加强预算绩效管理。开展事前绩效评估，建立新增重大项目（政策）事前绩效评估机制。组织开展绩效自评项目1146个，评价资金41.67亿元。规范财政资金竞争性存放。首次开展公款竞争性存放网上招标，实现招标流程“一平台”集成，营造“透明化”公款存放环境，累计存放定期229笔，金额47.14亿元。落实党政机关过“紧日子”要求，全年实际压减一般性支出9017万元，压减率14.4%。

【加强干部队伍建设】 开展党史学习教育。按照三个阶段15项活动载体，开展党史学习教育，以“我为群众办实事”主题实践活动为抓手，成立财政志愿服务队，选派7名干部常态化驻村联企，办结事项145件。全年组织学习61次，党组中心组专题学习研讨4次，专题党课16次。打造党建品牌。开展“契约化”共建，局机关党支部先后与孙端街道前双盆村、稽山街道天池社区共建结对，落实社区阅览室、党群服务中心建设项目，联合开展“讲党课+送服务”主题党日活动。全年认领完成“微心愿”88个。展现干部风采。以“展青年风貌，树公仆形象，立财政担当”为目标，成功创建区级“青年文明号”。成立青年理论学习小组，开展“我爱越城”“习近平在浙江”讨论座谈、“财政讲堂”分享交流工作感悟等活动。2021年，越城区局机关党支部获绍兴市先进基层党组织称号，越城区财政局获越城区岗位目标责任制考核先进部门。

（绍兴市越城区财政局供稿　吴超群执笔）

柯桥区

【概况】 2021年，绍兴市柯桥区实现地区生产总值1747.98亿元，按可比价计算，增长9.6%，其中：第一产业增加值39.83亿元，增长2.5%；第二产业增加值874.71亿元，增长11.9%，其中工业增加值752.76亿元，增长14.3%；第三产业增加值833.44亿元，增长7.8%。三次产业结构比为2.3∶50.0∶47.7。社会消费品零售总额383.62亿元，增长8.3%。自营出口1088亿元，增长25.9%。城镇常住居民人均可支配收入79172元，农村常住居民人均可支配收入48029元，分别增长9.9%和10.5%。按户籍人口计算，人均生产总值251382元，增长8.8%。全区完成财政总收入223.46亿元，增长10.6%；一般公共预算收入147.14亿元，增长7.2%，其中税收收入120.24亿元，增长7.6%。全区一般公共预算支出132.92亿元，增长2.5%。当年财政收支平衡。

【组织财政收入】 强化收入分析预测。关注宏观经济形势变化，加大政策研究和数据分析力度，提高收入预测准确性，把控好组织收入的力度、进度和节奏。建立财政收入执收单位联席会商机制，实行专班化运行，压实各镇街、部门主体责任。提升收入质量。坚持质量和总量并举，优化财政收入结构，全区一般公共预算收入占GDP的8.4%，占财政总收入的65.8%；税收收入占一般公共预算收入的81.7%。强化非税收入征管。推进落实国有土地出让收入、防空地下易地建设费、排污权出让收入等5项政府非税收入征收职能划转工作，加快财政电子票据和非税收缴一体化改革。全区实现非税收入161.61亿元，增长8.2%，其中纳入一般公共预算管理的非税收入26.90亿元，增长5.5%。

【服务经济发展】 落实扶企惠企政策。开展"集中兑现攻坚月"活动，简化兑现流程，通报兑现进度，运用"即时兑、提前兑、比例兑、网上兑"等方式，兑现"1+9"惠企扶持政策*资金10.00亿元，为企业蓄能助力。实施常态化财政资金直达机制，落实中央直达资金1.00亿元，兑付率100%。推进国家和省级减税降费政策落地，减免各类税费56.55亿元，帮助企业特别是中小微企业、个体工商户缓解困难、更好发展。落实产业扶持政策。坚持以供给侧结构性改革为主线，筹措经济高质量发展资金7.37亿元，加快推进传统产业改造提升、新兴产业培育集聚，重点支持工业项目建设、市场主体纾困以及跨境电商和市场采购贸易国家级试点等。实施人才强区、创新强区首位战略，落实资金8.12亿元支持科技进步，发挥科创生态和人才集聚效应。发挥"基金招商"作用。围绕整体产业布局，紧盯新兴产业、科技创新、重大项目等关键领域，加快产业基金的设立和运作，推动基金与产业、资本的深度融合。全年新设基金3只，引进总部经济1家、新兴产业企业4家，直接投资项目2个。优化财政服务。制定"三服务一心连心"工程实施方案，组建16个"心连心"财政服务团队，深入部门、镇街和企业，通过上门走访、组织座谈、实地调研、现场办公等形式，宣传政策、摸排需求、解决难题。

【保障民生事业发展】 全年民生支出105.14亿元，增长3.0%，占一般公共预算支出的79.1%。支持医疗卫生事业。全区卫生健康支出12.18亿元，下降2.5%。建立常态化新冠疫情防控经费保障机制，筹集资金1.14亿元重点保障集中隔离点和新冠疫苗接种等。提高城乡居民基本医疗保险财政补助标准，从1030元/人·年提高至1100元/人·年，基本公共卫生服务人均补助标准从87元/人·年提高至92元/人·年。推动教育事业发展。全区教育支出31.30亿元，增长3.7%。聚焦"学在柯桥"，保障教师待遇和学校运转，推进鲁迅外国语学校华齐路校区、华舍中学扩建改建等57个校舍项目建设，提升教育硬软件水平。保障杭州亚运场馆筹建。重点保障第19届杭州亚运会赛事场馆建设资金需求，其中拨付资金1.13亿元用于羊山攀岩中心项目建设，安排资金1600万元推进安保设施建设。守住基本民生底线。全区社会保障和就业支出15.82亿元，增长3.7%。保障困难群众基本生活，城乡最低生活保障标准由850元/人·月提高到890元/人·月，首次向6674名低保对象、孤儿和低保边缘等困难群众发放春节临时生活补助。支持乡村振兴发展。全区农林水支出8.68亿元，增长2.5%。深化农业农村改革创新，安排资金3.60亿元支持"三农"高质量发展、"五星达标、3A争创"等项目。安排"五水共治"专项资金4.30亿元，支持山塘水库除险加固、"污水零直排区"建设等。

【推进数字赋能】 规范基层财政运行。聚焦基层资金、资产、资源管控，"浙里基财智控应用"推进建设，通过线上全域覆盖、实时监测、闭环管理、预警处置等功能，构筑乡镇财政运行管控网，以数字化改革提升基层财政现代化治理水平。该应用作为"浙里财税智治"的子应用，被纳入全省数字化改革重大应用"一本账S1"。推进预算管理一体化。运用"制度+技术"手段，推进预算管理一体化系统省级试点建设任务，2022年度部门预算编制基础信息覆盖率101.7%。加快电子票据改革。按照试点先行、由点及面、分步实施的原则，全区16家基层卫生院完成财政电子票据改革，实现所有执收单位、票据种类全覆盖，开启财政票据无纸化时代。全年开具财政电子票据654.08万份，开票金额328.30亿元。

【深化财政改革】 深化绩效管理改革。首次开展十大民生实事项目全过程预算绩效管理，制定实施方案，设定绩效目标，并对项目实施进度、预算执行进度和绩效目标实现程度进行跟踪监控。强化绩效目标管理，全年审核项目962个、绩效指标5841条，涉及资金104.44亿元。推进预算管理改革。拓宽预算管理范围，将部门及所属单位取得的各项收入、政府债务、政府投资项目、国有平台等纳入全口径预算管理。坚持"先有预算、后有支出"，强化预算约束刚性，重新构建部门支出标准化框架体系。重构基层财政运行机制。组织开展"乡镇财政管理强基固本落实年"行动，研究出台《柯桥区全面强化和规范基层财政管理实施办法》，系统重构基层财政运行管理体系。

【强化财政监管】 防范债务风险。以"一企一策"形式，研究制定政府隐性债务化解工作方案，综合运用项目转型、财政资金拨付、优质资产注入等化债举措，完成年度化债任务。筹划和储备政府专项债券项目，争取到地方政府债券额度40.60亿元。压减一般支出。落实党政机关"过紧日子"要求，非刚性、非重点支出压减12.8%，"三公"经费和会议费、培训费压减10%。提高预算执行质量，建立通报、评估、定期收回机制，压减收回经常性、一次性项目支出2.40亿元，统筹用于经济社会发展的重点领域。严肃财经纪律。组织开展预决算公开情况、信息化项目、会计信息质量等财政监督检查，落实"七张问题清单"和审计长效整改工作机制，提升财政监督的广度和深度。严控政府项目标底预算和变更审核，全年审核项目98个，核减资金2.37亿元。

【提升国企效能】 推动国企提质增效。成立工作专班，实施国有企业"提质增效"专项行动，通过优质资产注入、公司股权划转、特许经营权注入等举措，为国有企业增加资产和现金流，助推国有企业做大做强做优。压减管理层级。按照“突出主业、集聚发展”的要求，对同质经营、长期无经营业务、经营效益不高或处于停业半停业状态的国有企业，实行“合并一批、注销一批、处置一批”，全年注销整合企业10家。提升信用评级。以“增资产、降负债”为抓手，制定国有企业主体信用评级提升“一企一策”方案，研究解决各类难题126个，3家国有企业获得AA主体信用评级。优化考核机制。以市场化转型为导向，健全完善绩效考核指标体系，将资产负债率，经营业务范围、盈利性业务、经营活动现金等经营性指标纳入考核范围，激发国有企业活力。

上虞人民医院扩建项目

【加强队伍建设】 突出党建引领。开展党史学习教育，先后组织“百年潮涌·我心向党”主题演讲比赛、红歌大合唱、“沿着红色足迹学党史”主题党日活动、党史知识竞赛以及红色趣味运动会等一系列活动，确保党史学习教育抓出实效。提升干部素养。开展“青蓝结对　互帮互学”活动，发挥业务骨干和资深干部的传帮带作用。加大轮岗交流力度，选拔7名业务骨干到重点工作专班和外单位挂职锻炼，推荐3名年轻干部成为重点培养对象。组建党员服务队，参与抗台抢险、防疫抗疫、文明城市创建等活动，引领财政干部履行社会责任。

（绍兴市柯桥区财政局供稿　王森剑执笔）

注：

*“1+9”惠企扶持政策：即绍兴市“1+9”惠企扶持政策体系，包括1个总政策和农业、工业、服务业、建筑业、科技、文化、人才、金融和开放型经济等9个专项政策。

上虞区

【概况】 2021年，绍兴市上虞区实现地区生产总值1135.68亿元，按可比价计算增长7.2%。其中：第一产业增加值52.02亿元，增长2.4%；第二产业增加值571.03亿元，增长7.5%，其中工业增加值481.06亿元，增长9.1%；第三产业增加值512.63亿元，增长7.3%。三次产业结构比为4.6∶50.3∶45.1，对GDP的贡献率分别为1.7%、50.7%和47.6%。按户籍人口计算，人均生产总值158022元，增长7.6%。全年实现财政总收入170.53亿元，同口径*（下同）增长14.9%。一般公共预算收入100.10亿元，增长13.0%，首次突破百亿元大关。一般公共预算支出129.68亿元，增长7.1%。一般公共预算收入占地区生产总值的8.8%、占财政总收入的58.7%。当年财政收支平衡。

【保障疫情防控】 落实疫情防控经费，做好资金保障和调度，累计拨付4.94亿元抗疫经费，用于隔离酒店征用、居民生活物资配送、防疫物资采购。以“急事急办、特事特办”为原则，开通政府采购绿色通道，确保应急物资采购及时到位。开通资金支付绿色通道，确保防疫资金及时下达抗疫一线。完善涉企优惠政策快速申报兑现机制，通过预兑现、分类分批兑现等方式加快资金拨付速度，保障复工复产稳经济系列政策及时落地。

【组织财政收入】 紧盯组织收入既定目标，压实工作责任，立足收入实际科学分析、精准研判，加强对重点税源企业的跟踪走访，提高上市企业和重点企业的本地税收入库率。全年实现税收收入85.69亿元，占一般公共预算收入的85.6%，较全市平均高4.3个百分点。强化非税征收管理，全年征收非税收入222.32亿元，其中纳入一般公共预算管理的非税收入14.42亿元，增长3.9%。

【促进经济发展】 争取政府债券资金。全年争取地方政府债券资金40.79亿元，较上年增长45.7%。其中专项债券38.79亿元，较上年增长38.5%，重点支持卫生健康、乡村振兴、老旧小区改造、教育发展等领域，拉动有效投资。持续落实积极财政政策。完善“1+9”惠企扶持政策快速兑现机制，全年兑现各类政策资金16.27亿元。发挥好财政引导金融政策作用，向上争取到全省支持民营和小微企业金融服务综合试点奖补1000万元，并通过财政贴息2900万元，引导全区金融机构向民营和小微企业提供金融支持。落实减税降费政策。全年累计减免税费67.39亿元，减免社保费2.51亿元。支持工业经济高质量发展。以数字化改

*同口径：2021年3月滨海新区划归越城区，增长率均按同口径计算。

革为引领，加快工业产业化发展，投入2.84亿元支持工业数字化转型，重点支持产业集群政策、企业梯队培育、区级智能化改造重点项目奖励等。支持人才培育和科技创新。投入人才经费3.13亿元，用于重点人才工程和创业平台建设。完善科技创新政策，投入1.64亿元用于支持创新联合体、科创大走廊建设等项目。

【推进城乡和谐发展建设】 支持城市改造建设。全年投入7.13亿元用于支持棚户区改造、公租房建设及老旧小区改造。投入4.74亿元，推进杭绍台铁路上虞段、新东线公路上虞段等重点交通工程建设。推进乡村振兴。投入2.21亿元用于“四季仙果”数字化产业发展、高标准农田提升建设等项目，投入1.69亿元推进“四好农村路”建设，投入3.62亿元用于农村环境综合提升专项整治和夯实美丽乡村整体基础。实施强村富民行动。加大对虞南山区、小城市培育试点、千年古城复兴试点等的财政扶持力度，通过财政体制调整、经营性土地规费收入分配政策调整等途径，提高乡镇可用财力，带动村级集体增收。支持改善生态环境。投入2.89亿元用于环卫保洁、垃圾分类、生活垃圾集中处置及焚烧发电、城市资源再生利用绿色综合体建设等项目，投入1.49亿元用于生态减排、环境保护专项以及市政园林养护。

【保障民生事业】 持续优化支出结构，优先保障基本民生和公共服务等领域的支出，全年民生支出95.73亿元，占一般公共预算支出73.8%。支持教育事业发展。投入21.85亿元用于推动全区教育事业高水平发展，加大对普惠性学前教育的支持力度，落实“双减”政策下义务教育生均公用经费保障，促进民办教育健康发展。支持稳就业和社会保障。全年社会保障和就业支出18.71亿元，增长19.8%。投入1.18亿元支持就业相关扶持政策落地。居民医保、基本公共卫生服务经费人均财政补助标准分别提高到每人每年1030元和92元，全年财政补助5.08亿元。按照5%左右的幅度调整退休人员基本养老金水平，城乡居民基础养老金标准提高到245元/人·月，全年支付资金43.25亿元。支持社会救助养老体系建设。全年落实资金1.11亿元，支持救助特困、低保、孤儿、残疾等困难群众。投入资金4539万元，支持养老服务提升工程。加大公共卫生体系建设。全年卫生健康支出14.98亿元，增长7.0%。投入13.00亿元，用于支持医共体基础建设项目，加快推进公立医院综合改革。

【加强财政治理】 推进数字化改革。有序推进预算管理一体化，实行专班运作模式，做好基础配置、系统测试、后台数据报送等工作，实现预算管理全过程覆盖，部门（单位）预算编制数、财政总预算执行数以及部门（单位）会计核算全覆盖。继续实施财政电子票据改革，“区块链+商保理赔”应用被列入全省财政电子票据深化应用改革试点。推进预算管理改革。编制《绍兴市上虞区财政“十四五”规划》，推进部门整体绩效预算改革省级试点，制定完善全区预算支出标准体系和政府投资（国有建设）项目单位投资强度标准。加强财政监督。对68项部门重点预算和政府投资项目开展财政再评估，核减资金7.13亿元，核减率16.4%。加强风险管控。制定债务化解计划，落实化债举措，债务风险等级由橙色降为黄色。持续关注社保基金运行，确保各项社保待遇及时足额发放。开展乡镇街道内部控制指引省级试点建设，加强基层财政资金管理，防范基层运行风险。

【深化国企改革】 优化整体规划布局。完成全区国资国企“十四五”规划编制，指导完成杭州湾经开区控股集团组建，形成全区国资国企“1+3+N”的组织管理框架。加大资产注入力度。加大对乡镇街道国有林地、水资源等资产资源摸排力度，开展新一轮资产转性注入工作，增加国有企业资产价值326.00亿元。加强国企党建引领。启动红领项目党建联盟，推动国企“党建+项目”深度融合，“红领项目”助推重大工程项目获全区“十佳基层党建创新案例”。

【提升队伍素质】 开展党史学习教育。通过专题学习、集中研讨、专题讲座等各种方式，推动党史学习教育走深走实。推进全面从严治党。健全党风廉政建设责任网络体系，持续加强行风效能建设，开展经常性作风纪律教育与督查。深化党建品牌建设。机关党建品牌“理财先锋”，以第一名的成绩获全区“十佳党建品牌”称号以及全市财政系统“优秀党建项目奖”。

（绍兴市上虞区财政局供稿　赵　霞执笔）

诸暨市

【概况】 2021年，诸暨市实现地区生产总值1546.62亿元，按可比价计算，增长9.8%。其中：第一产业增加值53.59亿元，增长2.5%；第二产业增加值734.51亿元，增长12.2%；第三产业增加值758.53亿元，增长8.2%，三次产业结构比为3.5∶47.5∶49.0。按户籍人口计算，人均生产总值143038元，增长13.8%。全市实现社会消费品零售总额500.54亿元，增长8.2%。完成进出口总额616.43亿元，增长16.9%。全体居民人均可支配收入64766元，增长10.2%。城镇和农村常住居民人均可支配收入77473元、46535元，分别增长9.5%、10.0%。全市实现财政总收入154.83亿元，增长6.4%，其中：一般公共财政预算收入100.20亿元，增长11.0%；税收收入80.19亿元，增长8.9%。全年一般公共财政预算支出119.11亿元，增长1.2%。全年财政收支平衡。

【加强收支管理】 强化收入分析预测。健全完善财税部门协同机制，完成收入分析预测的月报、季报等基础工作，掌握收入进度和增长态势，确保全年财政收入按月均衡入库。全市财政总收入占地区生产总值的10.0%，一般公共预算收入占财政总收入的64.7%、占地区生产总值的6.5%，税收收入占一般公共预算收入的80.0%。规范非税收入管理。推广统一公共支付平台运用,全年通过统一公共支付平台收缴非税收入149万笔、金额10.00亿元。实现非税收入电子票据用票单位、票据种类、执收项目全覆盖,累计开具电子票据160.56万份,开票金额74.10亿元。全年实现非税收入184.91亿元,增长61.2%,其中纳入一般公共预算管理的非税收入20.02亿元,增长19.9%。全年政府性基金收入160.84亿元,增长64.1%。加强支出管理。牢固树立过"紧日子"的思想,从严控制行政经费和一般性支出,全年"三公"经费同比下降3.2%。

【助推经济发展】 落实扶企惠企政策。执行减税降费政策,累计减免行政事业性收费和政府性基金1.99亿元,同比增长77.6%。简化财政奖补资金审核流程,提高政策兑现效率,累计兑现"1+9政策"资金8.16亿元,其中兑现工业政策资金3.54亿元,较上年同期增长19.2%。加快应急转贷资金运作,助力企业纾困解难,累计服务企业238家,提供应急转贷资金90.28亿元。加快直达资金落地,累计获得上级"两直"资金4.03亿元,本级配套资金8.95亿元,支出进度99.6%。实施创新驱动发展战略。加强创新强市、人才强市首位战略首位保障,建立健全人才资金投入机制,强化企业研发创新、重大技术攻关、科技成果转化等资金保障,累计兑现人才专项资金1.69亿元,同比增长16.6%;科技专项资金9865万元,同比增长2.3%。撬动社会有效投资。以政府产业基金政策市场化让利,为新兴产业集聚发展打开空间。全市政府产业基金认缴出资19.22亿元,社会资本出资112.78亿元。政府产业基金直投项目5个,子基金投向数字经济、环保、高端装备制造、大健康等八大万亿产业项目192个,带动社会资本218.00亿元。

【保障民生事业发展】 全年民生支出88.48亿元,同比减少0.2%,占一般公共预算支出的74.3%。完善社会保障体系。全年社会保障和就业支出23.14亿元,同比增长8.7%,用于基本养老保险补助、就业创业财政扶持、完善社会救助制度、退役安置及抚恤和残疾人生活和护理补贴等。支持医疗卫生事业发展。全年卫生健康支出11.20亿元。全力保障疫情防控工作,第一时间启动资金拨付应急机制,拨付防疫资金1.26亿元,其中:全民核酸检测费用4613万元。支持教育事业发展。全年教育支出27.99亿元,同比增长13.4%。投入资金1.52亿元加大公办学校建设,完成改善办学条件工程25个,义务教育校舍维修改造项目43个。支持文化事业发展。全年文化支出1.66亿元,同比增长21.2%。投入资金1837万元,支持397所农村文化礼堂运行。助推乡村振兴。做好乡村振兴资金保障工作,落实强农惠农政策,累计拨付一事一议省级奖补资金1373万元,村集体经济发展专项资金1937万元,规模种粮补贴资金2192万元,高粱特色产业发展专项补贴资金584万元,一产奖励政策资金418万元,农业政策性保险经费403万元。加快省级乡村振兴产业发展示范县建设,成功申报同山烧集成创新示范建设项目,争取到省级财政补助资金7000万元;入围水系连通及水美乡村建设试点县,争取到上级补助资金1.60亿元。

【深化财政改革】 深化预算绩效管理改革。全面实施预算绩效管理,首创"1+6+1"新型预算绩效管理模式,即打造一条全过程预算绩效管理"动力轴",搭建"评估—目标—监控—评价—应用—公开"六个关键管理模块,每个模块均配套出台一系列实施细则制度和管理要求,全年累计组织绩效评价项目150个,涉及财政资金9.63亿元。深化政府采购制度改革。规范政府采购权限和流程,推动建立集采购意向、评审分数、验收结果于一体的政府采购"三公开"诚信体系,依托"政采云"监管平台实现全流程在线监管,全年累计公开采购意向320次,公开专家评分65次。深化国有企业改革。构建以国资公司为母公司、下设五大集团公司的"1+5"国有企业新格局,建立"以合同管理为核心、以岗位管理为基础"的市场化用工制度,增强国企造血功能,实现国有企业资产质量和收益能力"双提升"。全市国有企业资产总量2411.84亿元,实现营收同比增长30.9%,资产总额同比增长16.7%,资产负债率68.7%。开展"三服务"活动2.0版。建立绍兴市县范围内首个建设单位、审核中心"一对一"联系制度,定期开展联系单位预结算工作精准服务,全年开展精准化系列服务活动4次,服务建设单位44家。

【强化财政监管】 防范化解债务风险。强化债务日常管理,规范全市国有企业融资行为,严禁违规举债,严控隐性债务增量。全年以"真金白银"方式化解隐性债务,债务风险等级保持在合理区间。规范公款竞争性存放。开展财政性资金竞争性存放全面自查整改工作,涉及财政本级账户15个、财政资金155.18亿元。全年开展定期存款竞争性存放4次,存放财政资金91.69亿

枫江村文化礼堂

元。规范行政事业单位资产管理。理清资产的产权归属、管理与使用情况，掌握资产经营和收益收账情况，建立健全国有资产台账和数据库，调整和处置国有资产3.21亿元。

【加强队伍建设】 开展党史学习教育。开展党史专题讲座3场，对指定书目组织干部开展多种形式的学习、交流及研讨；与多部门联合开展党史知识竞赛活动；组织全体干部参加“清明祭英烈”、宣侠父故居等实地打卡实践活动。推进全面从严治党。召开全面从严治党暨党风廉政建设专题部署会议，分层分级签订全面从严治党责任书，逐级传导压力，推动责任落实。开展岗位廉政风险排查，更新完善岗位廉洁风险防控清单，累计梳理摸排廉政风险点104条，制定廉政风险防范措施，筑牢反腐倡廉防线。强化制度建设。规范工作程序，完善监督机制，修订完善《诸暨市财政局“三重一大”事项集体讨论决策制度》《诸暨市财政局内部财务管理若干规定》《诸暨市财政专户资金竞争性存放管理操作规程》等14项规章制度。突出干部能力培养。利用周一夜学时间，邀请专家学者开展专题讲座培训6次，组织集中学习、交流研讨7次，提升干部能力素养。

（诸暨市财政局供稿　骆泠霏执笔）

嵊州市

【概况】 2021年，嵊州市实现生产总值658.39亿元，增长7.2%。其中，第一产业增加值41.81亿元，增长2.5%；第二产业增加值294.64亿元，增长8.5%；第三产业增加值321.95亿元，增长6.8%，三次产业结构比为6.3∶44.8∶48.9。按户籍人口计算，人均生产总值91832元，增长7.9%；城镇和农村居民人均可支配收入分别为69692元和37876元，分别增长9.3%和10.2%。全市完成财政总收入80.06亿元，增长12.0%。其中，一般公共预算收入52.03亿元，增长13.5%，占GDP的7.9%，占财政总收入的64.9%；税收收入39.64亿元，占一般公共预算收入的76.2%。全市一般公共预算支出80.21亿元，增长11.1%。全年财政收支平衡。

【组织财政收入】 加强分析研判。加强与税务部门沟通联系，密切关注收入进度。分析经济税源形势，研判收入趋势，做实做细组织收入预案。在落实减税降费政策的前提下，加强税收收入的征收管理。加强非税管理。依法依规组织非税收入，推进财政电子票据改革，提高非税征管效率。全年完成非税收入87.47亿元，下降29.8%，其中纳入一般公共预算管理的非税收入12.38亿元，增长7.9%。

【支持经济发展】 加速资金兑现。完成工业、服务业、建筑业、金融、科技和开放型经济的政策兑现工作，兑现率104.4%。开展即时兑现项目、限售股解禁政策、一事一议项目的审核兑现工作。细化政策兑现事项、优化兑现流程、简化兑现资料，精准实现线上资金兑现。规范基金运作。按照“聚焦战略取向、突出政策引导、坚持市场运作、合理防范风险”的原则，发挥政府产业基金引导和杠杆作用，2021年设立子基金5只、1个直投项目（土地整理），母基金出资9.60亿元。发挥产业发展转贷基金作用，缓解企业“融资难、融资贵”问题，全年转贷全额76.96亿元，帮助2151户市场主体降低融资成本。加强投资项目建设。加大统筹协调力度，落实民生教育、公共安全项目建设政府资金1.47亿元，支持推进高铁新城、杭绍台高铁、甬金铁路、三界码头、污水零直排等建设项目。落实减税降费政策。全年为市场主体减负16.31亿元，其中：为促进民生发展减负8.06亿元；为促进小微企业发展减负5.97亿元。

【保障民生事业】 全年民生领域支出55.99亿元，增长6.8%，占一般公共预算支出的69.8%。支持社会保障事业发展。全年社会保障和就业支出10.88亿元，城乡居民基本医疗保险财政补助标准由每人每年965元提高到1030元，城乡居民最低生活保障由每人每月850元提高到890元。支持卫生健康事业发展。全年卫生健康支出8.12亿元，支持基层医疗卫生机构补偿机制改革、妇幼保健及疾控中心新建项目等。其中用于基本公共卫生及重大公共卫生服务9237万元，用于乡镇卫生院8175万元，用于疫情防控4869万元。支持教育事业发展。全年教育支出15.22亿元，助推教育现代化进程，加快文化传媒中心、西港初中小学建设等。其中用于义务教育（含幼儿园）学校发展奖励资金4203万元，普职高教育发展资金1848万元，中小学校舍维修改造资金824万元。安排人才发展专

通往山村的四好农村公路

项资金5766万元,推进“人才强市”。安排公共安全资金4.75亿元,保障“平安嵊州”建设。支持乡村振兴。全年农林水支出5.88亿元,其中安排一事一议项目资金2766亿元,兑现农业政策资金1674万元。成功申报2021年度省级乡村振兴集成创新示范建设县项目,助力粮食生产安全和稳产保供。成功申报2022年省级一事一议助推美丽乡村建设项目,获得省补资金2000万元,用于乡村振兴先行村、乡村集体经济发展等项目。完善优化基层政策性农业信贷担保服务创新试点工作,获浙江省2021年度基层农信担保服务先进单位,累计为443户新型农业经营主体提供担保124万元,涉及粮食、果蔬、苗木种植等多个领域。

【深化财政改革】 深化预算管理改革。推进预算公开工作,健全预算公开机制。推进预算管理一体化系统上线,实现对预算管理全流程的动态反映和有效控制,确保预算管理规范高效。加强财政中长期管理,编制财政“十四五”规划,与中期财政规划有机衔接。加强预算执行管理。制定《关于进一步加强财政项目资金监管工作的通知》,明确项目资金管理主体责任,组织全市财政项目资金专项检查,提高项目资金使用绩效。深化预算绩效改革。健全预算绩效管理制度,完善分行业、分领域、多层次绩效指标体系。组织开展绩效自评、抽评、重点绩效评价。推进数字化改革。推进政府非税收入电子化收缴改革,继续推进财政电子票据改革应用推广工作,全市311家行政事业单位、乡镇街道、社会团体开通财政电子票据。继续推广“政采云”平台应用,实现政府采购“零上门”。落实“全省一张网”方案,构建全省统一的政府采购网上市场。深化国资国企改革。做强做优做大国有企业,优化整合重组产业相关或相近企业,完成8家直接监管企业和32家委托监管企业股权划转工作。完成国资交易数字化平台整合工作,实现企业国有资产交易“一个平台、一网通办、一体监管”。

【强化财政监管】 强化财政监督检查。开展各类专项监督检查,对14个乡镇街道部门下属单位2015至2020年度费用支出情况进行重点抽查。做好领导干部离任监交,对三个批次39个岗位领导离任经济事项交接进行初审和监交。强化政府采购监管。通过“政采云”“全省一张网”监督采购人主体责任落实情况,压实采购人主体责任,加强采购人内控管理。强化财政风险管控。持续做好财政性资金竞争性存放工作,加强财政运行状况动态监测,提高资金效益,全年财政性资金竞争性存放46.51亿元。强化政府债务管控。争取地方政府新债券12.24亿元。做好隐性债务化解工作,全面核查公益性项目债务,清理甄别存在新增隐性债务风险的债务并督促项目主体完成整改。

【加强队伍建设】 开展党史学习教育。深入学习贯彻习近平总书记“七一”重要讲话精神,组织参观革命烈士纪念馆、“红色专线忆初心”云颂会、“我为群众办实事”等机关党建活动,全方位、多层次开展党史学习教育。深化财政服务。发动党员干部深入基层一线访民情、访企情、访政情,以大调研服务企业,以大宣讲服务群众,以大走访服务基层,主动做好政府部门、乡镇(街道)、企业会计面对面、一对一的财政政策辅导,深入企业,指导防疫期间企业复工复产,写好“企情日记”,帮助企业解决难题。组织党支部到3A示范村开展多形式主题党日活动,促进乡村发展。建设清廉财政。按照“一年打基础,二年抓提高,三年上台阶”的实施步骤,全面推进“建设清廉机关、创建模范机关”建设,推动广大党员干部在对党忠诚、为民服务、担当有为、求真务实、清正廉洁上争优创先。

(嵊州市财政局供稿 陈 津执笔)

新昌县

【概况】 2021年,新昌县实现地区生产总值517.40亿元,按可比价计算增长8.2%。其中:第一产业增加值23.58亿元,增长2.4%;第二产业增加值260.99亿元,增长9.3%;第三产业增加值232.83亿元,增长7.7%,三次产业结构比为4.6:50.4:45.0。按常住人口计算,人均生产总值为127754元。全县财政总收入74.34亿元,增长5.8%;一般公共预算收入44.95亿元,增长2.8%,其中税收收入34.70亿元,增长6.5%;一般公共预算支出69.79亿元,增长8.1%。全年财政收支平衡。

【加强收支管理】 加强收入分析研判。构建财税协同机制,建立财政、税务、人社、医保、社保基金数据共享机制,定期召集县级相关部门和乡镇(街道)座谈分析财税形势,预测收入趋势,对组织收入实现精准监控,确保收入质量和规模。2021年度一般公共预算收入占地区生产总值的8.7%、占财政总收入60.5%,税收收入占一般公共预算收入的77.2%。加强非税征收管理。完善非税收入政策体系,规范政府非税收入征收行为,全县实现非税收入(含政府性基金)87.10亿元,其中纳入一般公共预算管理的非税收入10.25亿元。落实政府过“紧日子”政策。分别出台新昌县县级部门以及乡镇(街道、园区)结转结余资金管理办法,对部门结转结余资金管理情况进行监督检查,从源头上减少存量资金,盘活存量资金3.08亿元。落实党政机关带头过“紧日子”,2021年压减非重点、非刚性项目支出2.31亿元。

【服务经济发展】 推动创新驱动升级。支持企业科技创新,兑现重点行业、企业奖补资金,累计兑付兑现政策性资金6.33亿元,惠及10465家市场主体;兑现人才资金1.09亿元,助力5家企业入围全省高新技术企业创新能力百强,捧得全省“科技创新鼎”。发挥产业基金效用。出台《新昌县产业基金管理办法》,设立5只基金,总规模33.00亿元,对4个科技类项目进行投资,根据项目发展情况分期出资，已投资2.83亿元。争取债券资金。申报专项债券项目25个，新增债券额33.65亿元。连续4届获省级一事一议财政奖补资金，成功入选全省支持民营和小微企业金融服务综合改革试点。落实减税降费政策。深化增值税改革，落实小微普惠性税收优惠、研发费加计扣除、疫情防控延续税收等政策。期末增量留抵退税、软件企业即征即退政策退税3.03亿元，减免小微企业普惠性政策税额4.21亿元、研发费加计扣除政策税额1.66亿元、疫情防控延续的税收政策税额1.07亿元。持续推进"两直"拨付。落细落实资金使用方案，精准发放补助资金，加大监督检查力度，确保"两直"政策落地见效，收到直达资金5.17亿元，支出进度98.6%。推动政府采购绿色低碳化。围绕"碳达峰、碳中和"目标，实现政府采购绿色低碳转型，全县节能、节水产品和环保产品等绿色采购资金9507万元，占政府采购比例93.0%。

【保障民生事业发展】 全年民生支出41.60亿元，占一般公共预算支出80.7%。推进美丽乡村建设。出台《新昌县农业农村高质量发展专项资金和项目管理办法》提高资金使用绩效，持续加大对农村民生领域的保障力度。获评省级中央财政水利发展资金绩效评价优秀单位、一事一议财政奖补工作成绩突出县。促进社会保障事业发展。全年社会保障和就业支出14.20亿元，增长76.8%。夯实社会保障管理。完成社保统筹制度改革，落实民生政策保障资金，重点推进"智慧养老""智慧救助"建设。加大社保风险准备金筹措力度，社区综合补贴以上年末企业退休人数按每人1800元标准筹集，同期增加补助资金1.03亿元。加大卫生健康投入。全年卫生健康支出2.26亿元，增长20.9%，助力健康新昌、婴幼儿全息健康档案、医共体等智慧健康管理建设，完善基本公共卫生服务、基层医疗卫生机构、基层公共卫生经费保障机制。全力保障常态化疫情防控，开通资金拨付"绿色"通道，拨付防疫资金8586万元。促进教育事业发展。全年教育支出13.17亿元，增长5.3%，支持城北幼儿园、天姥幼儿园、南岩小学等项目建设，重点保障学前教育、民办教育发展，保障义务教育"双减"政策落实。推进生态文明建设。全年县域生态治理支出8.02亿元，增长5.4%。重点支持土地综合整治、农村人居环境、美丽河道、生活垃圾分类、污水治理、土壤污染修复等项目，获评省美丽城镇样板镇、达标镇5个，助力新昌县获全省农村人居环境提升工作优胜县、全国村庄清洁行动先进县。

【深化财政改革】 完善财政政策体系。梳理绿色低碳发展的财政政策，建立健全引领推进、全程监督、资金保障、分类激励等机制，健全全面预算绩效"全方位全过程全覆盖"制度，迭代升级集中财力办大事财政政策体系2.0版。探索共富创新路径。聚焦"扩中""提低""消薄"三大重点领域，探索"两山公司+共富公司+共创公司+强村公司"发展新模式，推进低效林改造，助力建设全省缩小收入差距领域共同富裕示范区建设首批试点。推进乡镇绩效管理改革。通过创新指标体系、重构协同模型、强化动态管理，实现乡镇财政绩效自动化赋分、智能化应用，成功创建省级绩效管理改革试点区，实现乡镇绩效评价覆盖率100.0%，清理整合资金1.15亿元，获省领导批示表扬。

【推进数字化转型】 深化电子票据改革。通过非税收入收缴电子化改革单位224家，其中行政单位195家，社会团体、基金会15家，开具电子票据60.01万张。实施财政医疗电子票据改革扩面，医疗机构2家，基层卫生院12家，使用医疗电子票据251.68万张。加快"乡镇公共服务平台+一卡通"建设。将涉农补助和民生补贴资金纳入乡镇公共服务平台管理，实现"一张卡"发放，纳入平台发放项目128项，发放惠民惠农资金3.12亿元，惠及群众133400余人次。推进国有资产数字化平台建设。建立国有资产信息化监管平台软件系统，实现国有资产系统数据信息畅通、资源共享及数字化监管。新昌县大市聚联建物业厂房出租项目在全省国有资产交易数字化系统"浙江交汇"挂牌，成为浙江省首个县级国有企业国有资产交易数字化平台。

【强化财政监管】 防范化解政府债务风险。全面实现政府隐性债务清零，化债进度100.0%，综合债务率（政府债务加隐性债务）118.0%，处于绿色区间。加大财政监督检查力度。常态化开展"双随机"跨部门检查，落实专项清风督查、扶贫资金使用监督和会计信息质量检查，推动内控从"立规矩"向"见成效"转变。加强国资国企监管。规范县属企业资金信用行为，出台《新昌县属企业资金信用监督管理暂行办法》，防范国企金融活动廉政风险，成功发行新昌国企首支美元债，发行额3.00亿美元，发行利率3.9%，创全国县级城投单次发债规模之最、绍兴地区美元债票面利率新低，获港交所125万港币奖励。

【加强队伍建设】 开展党史学习教育，坚持每月"集中学习＋个人自学"学习模式，全面落实党风廉政建设责任制，逐级签订党风廉政建设责任状，推动全面从严治党向纵深发展。打造"方圆红"党建品牌，建立新昌县党员教育培训基地，成为新昌财政"党性教育课堂""组织生活园地""品牌展示窗口"。推出"三跑三降解三难"行动，建立财政金融联席座谈机制，落实财政党员干部82名，组建"三跑"专项服务团队，累计服务企业120户次，100.0%落实企业信贷需求。深入拟上市公司，现场解读股改、上市等相关优惠政策，现场梳理上市成功后的优惠政策，为企业上市"蓄能"。2021年新昌县财政局连续第2年获全省财政管理绩效考评"优秀"单位、绍兴市财政管理绩效考评优秀单位，连续第10年获新昌县目标责任制绩效考核A类部门。

（新昌县财政局供稿　梁丹丹执笔）

金华市财政工作

金华市

【概况】 2021年,金华市实现生产总值5355.44亿元,按可比价计算,增长9.8%。其中:第一产业增加值150.31亿元,增长1.9%;第二产业增加值2208.71亿元,增长12.3%;第三产业增加值2996.42亿元,增长8.5%。三次产业结构比为2.8:41.2:56.0。按户籍人口计算,人均生产总值108269元。全社会固定资产投资增长16.0%。全社会消费品零售总额2881.92亿元,增长10.3%。外贸进出口总额5880.06亿元,增长20.8%。全市城镇常住居民人均可支配收入67374元,增长9.5%;农村常住居民人均可支配收入33709元,增长11.0%。全市财政总收入800.06亿元,增长17.5%,其中一般公共预算收入492.32亿元,增长16.3%;市区财政总收入190.60亿元,增长19.8%,其中一般公共预算收入109.14亿元,增长14.0%。全市税收收入446.59亿元,增长17.4%;市区税收收入101.82亿元,增长18.1%。全市一般公共预算支出792.44亿元,增长12.7%;市区一般公共预算支出197.51亿元,增长12.2%。全市财政收支平衡。

【组织财政收入】 全市一般公共预算收入占GDP的9.2%,占财政总收入的61.5%,税收收入占一般公共预算收入的90.7%。市区一般公共预算收入占GDP的10.8%,占财政总收入的53.4%,税收收入占一般公共预算收入的93.3%。强化收入分析调控。多维度开展监测分析,研究土地出让金等非税收入划转税务部门后影响,研判收入走势变化。加强统筹协调,优化财税银联动工作机制,财税收入核心数据信息共享共用,夯实收入增长基础,提高收入预测准确性。加强非税收入管理。加强收缴情况分析,开展非税收入电子凭证库管理试点和法院诉讼费收缴试点改革。全市非税收入1637.64亿元,其中纳入一般公共预算管理非税收入45.73亿元。

【支持经济发展】 落实各级政府纾困减负的减税降负政策。落实增值税留抵退税、小微企业地方"六税两费"减半征收、延缓缴纳税费等减税降费政策,全市全年为市场主体减负降本237.69亿元。完善直达资金工作机制,梳理惠企利民政策,强化直达资金流程监管,及时分配留抵退税等转移支付专项资金,全年分配中央和省级直达资金52.36亿元,分配进度100%。推动优势产业转型升级。全市兑现财政扶持资金94.85亿元,完善现代物流业发展等产业扶持政策,落实《关于加快推动制造业高质量发展的若干政策意见》《关于推进企业上市和高质量发展"尖峰行动"的意见》等相关政策,支持企业高质量发展,助力龙芯智慧产业园等园区建设。实施创新驱动发展战略。全市财政科技投入23.99亿元,落实财政科技投入年均增长15%以上的要求,重点围绕增加研发投入、开展产业关键技术攻关、培育企业创新主体、打造高能级科创平台等方面,加大科技创新政策扶持力度。推进政府产业基金发展。组建政府产业子基金撬动社会资本,重点投入高端装备制造、信息技术等产业,完善产业基金退出机制。全市组建子基金23支,总规模116.20亿元,投资项目105个。落实应急周转金政策。规范资金困难企业应急周转金的申请及使用管理,缓解企业资金周转困难,加快资金周转率,全年办理13家企业的周转申请,使用应急周转金28笔,转贷资金3.85亿元。

【保障民生事业】 全市民生支出573.61亿元,增长12.5%,占一般公共预算支出72.4%。市区民生支出133.61亿元,增长14.9%,占市区一般公共预算支出67.6%。推进卫生事业发展。全市卫生健康支出73.69亿元。实施医保基金全市统筹,统一全市基本医保筹集办法,规范医保基金支出清单目录,实行全市医保基金统收统支。设立公立医院发展专项资金2300万元,提升公立医院的设备配置、人才培养及学科建设水平。优化医疗卫生体系,市本级财政安排疫情防控支出7905万元,补齐核酸检测、突发公共卫生应急保障中心建设等疫情防控短板。提升社会保障水平。全市社会保障和就业支出97.86亿元。全市(除义乌市)城乡最低保障标准统一提高至900元/人·月。市区机构孤儿基本生活费标准提高至1877元/人·月,社会散居孤儿、困境儿童生活费提高至1502元/人·月。支持教育事业发展。全市教育支出150.58亿元。推进中小学"双减"政策落地,保障课后托管新增学校运行及设施设备改造经费,落实市直中小学教师工资待遇,支持金华理工学院筹建项目建设和金华职业技术学院"双高"建设。助力文体事业发展。全市文体支出18.10亿元。重点支持数字文化建设、农村文化礼堂发展和婺剧传承发展,重点保障亚运、省运筹备工作及其他各项体育项目和设施建设。推动乡村产业发展。全市农业农村支出25.60亿元。配合制定《金华市乡村产业高质量发展专项资金管理办法》,完善财政金融协同支农政策,开展粮食、蔬菜、化肥补贴,助力打造"金农好好"农产品区域公用品牌。提升市区村级集体经济发展水平,全年市区村集体经济增加经营性收入4800万元。

【强化财政管理】 强化预算项目库建设。提请市政府出台《金华市级预算项目库管理暂行办法》,明确项目分类、项目要素及项目入库流程,建立预算项目财政评审机制,规范预算项目库管理。强化市区财力统筹。落实金华市政府有关《市区重大建设项目统筹管理实施办法》,推动建立重大建设项目库、资金池管理机制和风险共担机制,加强市级重大项目财力统筹协调。深化财政监督管理。将14个重点项目纳入事中监管计划,涉及资金16.32亿元,加强以三级预警为核心的财政资金动态闭环监管，全年实施分级预警228次，纠正违规支付资金2020万元。优化财政绩效评价。制定共性评价指标体系，首次对项目分四类开展评价，全年共选取58个项目实施重点绩效评价，涉及资金13.90亿元。选取市商务局、市农科院2家部门单位实施部门整体绩效评价。

【推进财政数字化改革】 推进预算管理一体化系统建设。完成预算管理一体化系统测试、初始化、数据归集和系统对接改造，金华本级400余家预算单位上线预算管理一体化系统。推进金阳光惠企惠农平台建设。迭代升级金阳光惠企惠农平台，开展平台操作培训和推广应用，实现平台与城市大脑、市公共数据平台、科技大脑等外部系统的数据对接。推进财政电子票据改革。将财政电子票据覆盖到所有用票单位和全部票据种类。深化医疗电子票据改革，完成全部公立医院的电子票据改革，实现医疗电子票据直连浙江省财政厅平台。开发政府投资项目审价管理系统。实现政府投资项目流程审批、进度跟踪、概算、结算和复审、多方数据实时共享等信息化管理。

【防范财政运行风险】 防范“三保”风险。压减非刚性、非重点支出，及时收回项目延后或无法实施项目资金及部门预算结转资金，足额优先安排“三保”预算，全市全年“三保”支出368.19亿元。防范政府债务风险。重新制订债务还款计划，逐笔明确偿还时限及还款资金来源。推进开发重大项目和土地资产可视化对应的软件系统，直观显示市区政府债券项目、重大投资项目和土地资产的专项对应关系。防范社保基金风险。规范被征地农民参保管理，建立电子数据档案库，实现被征地农民参保全流程管理。结合养老保险省级统筹，做好资金测算。出台医保基金预算管理办法和责任分担办法，夯实基本医保市级统筹基础。建立社保风险准备金和风险统筹金动态调整机制。

【加强队伍建设】 开展党史学习教育。学习教育形式多样，有专题辅导讲座，有现场教学活动，有全市财政系统“百年潮涌　我心向党”主题朗诵会。联合市税务局开展“庆党百年华诞　共展财税风采”趣味运动会及书画摄影作品展等。加强党风廉政建设。开展案例警示教育，组织市管干部以下在职在编人员的个人有关事项报告的填报工作，开展廉政风险排查专项活动，扎紧廉政篱笆。提升干部业务水平。分2期举办2021年预算和绩效管理培训班，149人次参加培训。强化干部日常管理。出台干部平时考核实施细则，制定下属6家事业单位的管理章程，制定劳务用工人员教育管理规定。

（金华市财政局供稿　曾东平执笔）

婺城区

【概况】 2021年，金华市婺城区实现生产总值350.19亿元，增长7.2%。其中：第一产业增加值12.88亿元，下降2.2%；第二产业增加值83.91亿元，增长5.8%；第三产业增加值253.40亿元，增长8.2%。三次产业结构比为3.7∶24.0∶72.3。按户籍人口计算，全区人均生产总值90291元，增长9.7%。城镇常住居民人均可支配收入64214元，增长9.3%；农村常住居民人均可支配收入29521元，增长11.1%。全区财政总收入57.35亿元，增长29.6%，一般公共预算收入24.59亿元，增长16.9%，其中，区级一般公共预算收入12.63亿元，增长13.7%。一般公共预算支出37.75亿元，增长13.1%，其中，区级一般公共预算支出27.77亿元，增长27.0%。当年财政收支平衡。

【组织财政收入】 加强收入分析。加强重点税源、重大项目税收监控，强化部门联动，定期分析研判收入形势，掌握收入进度，巩固收入结构。一般公共预算收入分别占地区生产总值和财政总收入的7.0%、42.9%。税收收入22.69亿元，占地方一般公共预算收入的92.3%；区级税收收入11.35亿元，占区级一般公共预算收入中89.9%。加强非税收入管理。强化非税收入征缴情况分析，清理单位滞留资金。全区实现非税收入58.49亿元，增长46.9%，其中纳入一般公共预算管理的非税收入1.28亿元。向上争取资金。把握政府债券发行政策窗口期，全年新增债券资金8.77亿元，争取中央“三农”新基建试点，首批到位资金1100万元。

【服务经济发展】 强化惠企政策落实。落实减税降费政策，全年减税降费3.53亿元，兑付各类惠企政策资金2.21亿元，全年拨付惠企利民直达资金2.77亿元。支持金融机构发放支小再贷款2.00亿元。加快应急转贷资金运作，全年使用企业应急转贷资金3125万元。助企稳岗，激活市场。发放春节留婺企业员工房租补助，发放汽车消费券，拉动市场消费2.40亿元。加大招才引智力度。投入390万元实施引才计划，落实生活补助及人才奖励844万元、“智选金华”购房租房补助2059万元。投资1500万元参股组建市级“双龙人才基金”，支持人才创新创业。强化产业转型升级投入。扶持企业转型发展，全年发放科技创新奖励4168万元、技改补贴3518万元。帮助50家企业审核申报2020年度市区开放型发展资金1009万元。

【保障重点支出】 全年民生支出30.81亿元，增长17.5%，占一般公共预算支出的81.6%。支持社会保障事业发展。全年社会保障和就业支出6.50亿元，同口径增长25.4%。低保标准从850元/人·月提高至900元/人·月；农村“三老”人员补助标准从660元/人·月提高至710元/人·月，发放各类救助金3526万元。推动教育事业提升。全年教育支出10.18亿元，同口径增长10.8%，落实“双减”政策，支持多项教育设施建设，金华五中成美校区、婺城小学白沙校区等建成投用。发展医疗卫生事业。全年卫生健康支出4.60亿元，同口径增长53.6%，支持“医聚婺城”等医疗公共服务，重点人群家庭医生签约率

80%以上。支持应对新冠疫情，保障新冠疫苗免费接种。促进城乡协调发展。落实强农惠农政策，整合涉农资金9.14亿元推进乡村振兴。全年城乡社区支出27.62亿元，同口径增长3.4%，完成62个老旧小区改造、42个小区“污水零直排”建设。

【强化财政监督】 加强预算绩效管理。继续扩大绩效评价规模和范围，选取14个项目开展重点评价，涉及资金3.70亿元；选取6个单位开展整体支出评价，涉及资金4.46亿元。加强财政资金监管。组织2021年度会计监督检查，涉及金额1203万元，相继开展2019—2021年多头申报中央转移支付补助资金情况检查和2017—2020年扶贫资金专项检查问题整改“回头看”检查，涉及金额3.48亿元。落实政府过“紧日子”。全年清理存量资金2.81亿元。压减非重点、非刚性支出2056万元，压减比例10.3%。严控政府采购，全年政府采购金额5.65亿元，节约率6.6%。加大投资评审力度。全年完成工程预算项目审核234个，审定预算造价39.20亿元，核减率9.9%；完成工程结算审核项目60个，审定金额19.15亿元，核减率14.1%。

【深化财政改革】 助力数字化改革。全区投入3156万元推动数字化改革。采用“实物+虚拟”公务仓管理模式，实现国有资产有序流动。全区198个预算单位，统一使用预算管理一体化系统编制2022年度部门预算。优化乡镇财政体制。出台《关于完善乡镇财政体制的意见》。在原有超收分成的基础上，增加土地整治奖励、土地出让金分成办法以及房地产税收奖励，提高乡镇(街道)统筹发展能力。推进国有企业改革。加强资产整合力度，城投、交投两大国企资产总额由组建初的138.70亿元增至334.73亿元，增长141.3%。出台33项国企监管制度，督促企业健全内部相关管理制度，健全权力运行机制。

【强化队伍建设】 开展党史学习教育。通过明确重点、开展活动、查摆问题等举措提高党史学习教育实效，全年办理实事72件。加强政治理论学习，落实意识形态工作责任制，执行“第一议题”制度，用好党组会、专题党课、主题党日、专题培训班等学习交流方式。创新党建活动形式。评选“学习强国”十佳“学习之星”。选拔组建8090“小财团”宣讲团。建立党员突击队、志愿者服务队6支，开展疫情防控、文明城市创建等志愿服务800余人次，走访慰问困难群众32人。加强干部培养。打造“婺城财苑”青年理论学习平台，成立青年理论学习小组。实施“青蓝工程”，聘任成长导师7名。全年参加各级各类业务培训105人次。2021年被金华市委授予优秀基层党组织称号。婺城区财政局连续第10年获得区级岗位目标责任制考核先进单位称号。

(金华市婺城区财政局供稿　杨秀清执笔)

金东区

【概况】 2021年，金华市金东区实现地区生产总值295.25亿元，按可比价格计算，增长10.5%。其中：第一产业增加值13.65亿元，下降2.8%；第二产业增加值133.63亿元，增长12.1%；第三产业增加值147.97亿元，增长10.6%。三次产业结构比为4.6∶45.3∶50.1。城镇常住居民人均可支配收入55514元，增长8.5%；农村常住居民人均可支配收入32035元，增长9.4%。全年财政总收入46.60亿元，增长23.7%；一般公共预算收入27.55亿元，增长15.9%，占GDP的9.3%，占财政总收入的59.1%；一般公共预算收入中税收收入25.68亿元，增长15.8%，占一般公共预算收入的93.2%。一般公共预算支出43.28亿元，增长32.2%。当年财政收支平衡。

【组织财政收入】 强化财政收入运行监控。定期召开财政税务联席会议，加强对疫情影响下财政收入运行的监控和研判，合理把握收入入库力度和节奏，促进财政收入企稳回升。强化税源监控力度。主动加强与税务部门的沟通协调，及时掌握重点企业、重大税源的发展变化，不断强化税源排查和监控，全面掌握重点税源企业生产经营和纳税情况，在抓好重点税源的同时，不放松对小税源、零散税源的管理，做到依法征收、应收尽收。抓好非税收入征管工作。2021年实现非税收入114.46亿元，其中纳入一般公共预算管理的非税收入1.87亿元。

【推动民生事业发展】 2021年民生领域支出26.67亿元，剔除新增债券资金不可比因素增长7.4%。支持医疗卫生事业发展。全年安排卫生健康支出3.06亿元，同比下降19.0%，支持村级卫生室改造、公立医院综合改革等。安排卫生项目资金3.42亿元，重点支持金义新区中心医院、金东区中医院、金东区福利中心等民生项目建设。助推美丽城镇建设。拨付美丽城镇建设项目资金6719万元、污水零直排项目5518万元、灯明工程2425万元，持续改善居民生活条件。支持教育事业发展。全年教育支出7.62亿元，增长32.8%，支持打造“学在金东”品牌。安排教育基建项目建设资金2.01亿元，增长72.3%，重点支持仙桥小学新建工程、双尖小学新建工程、岭下小学扩建工程等项目建设，持续改善教育硬件设施。服务社会保障事业发展。社会保障和就业支出4.55亿元，增长26.1%，支持居家养老服务照料中心运行、退役军人安置、残疾人事业发展等。

【支持实体经济振兴】 扶持企业发展。贯彻落实中央、省一系列减税降费政策，全年为企业减负11.43亿元。财政科技支出1.18亿元，增长23.5%，鼓励企业科技创新。全年落实产业扶持资金6.28亿元，支持金东特色产业发展。做好企业应急周转金工作，为8家企业转贷34笔、周转资金1.54亿元。支持自贸区建设。出台金融机构、总部经济以及股权投资等系列扶持政策，设立财政专项资金1400万元，专项用于企业融资担保、贷款贴息、风险补偿机制建立。培育壮大进出口市场主体，兑现金义综保区政策扶持资金1.57亿元。支持7家自贸区专营支行授牌成立，跨境人民币结算任务提前完成，结算量21.13亿元，超过目标任务111.3%。创新“外贸贷”等金融产品，发放贷款8642万元，惠及企业79家。缓解企业“融资难”“融资贵”。引导区外担保公司为金东区企业担保，担保企业181户，担保金额3.66亿元，户数较上年同期增加110户，增幅154.93%，担保金额较上年同期增加1.92亿元，增幅110.04%。

【推进财政数字化改革】 推进“预算一体化”改革。启用“预算一体化”系统，将政府预算支出纳入项目库管理，实现预算信息集中管理，提高预算项目编制精准度。搭建惠民服务平台。上线“E网办”惠企服务平台，全年有5020家企业通过平台申报奖补项目5353个，奖补资金5071亿元，实现企业办理财政资金兑现“零次跑”。推进“乡镇公共财政服务平台+一卡通”建设，完善业务操作流程，扩大纳入平台管理的资金项目。构建政府投资项目智控平台。推进政府投资项目网上全生命周期管理，实现造价审核“零次跑”和全网上办理，项目资金审核拨付缩短3个工作日，试行结算复审制度，节约工程造价1个百分点以上。深化非税征管电子化改革。2021年，金东区通过统一公共支付平台缴费102316笔，计2.27亿元，统一公共支付平台收缴率95.3%。推进财政电子票据改革。金东区3家公立医院、12家基层卫生院、3家非营利性民办医院完成医疗电子票据改革，全年开出198万份电子票号，累计金额2.84亿元。

【强化监管力度】 加强债务风险防控。全面梳理分析债务底数和风险等级，加大隐性债务化解力度，降低政府债务风险。加强项目资金清理。组织开展乡镇存量项目资金清理，明确清理盘活原则，全年清理盘活乡镇存量项目资金0.65亿元。落实过“紧日子”思想，控制一般性项目支出增长，“三公”经费支出下降4.7%。强化直达资金管理。制定金东区直达资金管理实施办法和操作规程，健全直达资金管理常态化工作机制，推动直达资金政策落地见效，及时分配上级直达资金1.65亿元，全年支出1.62亿元，支出进度98.2%。加强绩效管理评价。建立健全全过程预算绩效管理运行机制，实现重点项目绩效评价三年全覆盖，2019—2021年对41家单位62个重点项目开展重点绩效评价，涉及资金11.35亿元，其中，2021年对13家单位15个重点项目开展重点绩效评价，涉及资金3.82亿元。强化国有企业监管。制定区属国有企业重大事项决策及报告制度等7项管理制度，指导5家区属国企健全内部管理制度。完成国企“三定”方案再规范，构建“5家集团母公司+子公司”的国企运行模式，完善国资监管制度体系。

【强化干部培养】 以党史学习教育为抓手，健全学习机制，利用党组会、局务会等场合，开展习近平总书记系列重要讲话精神、党章党规、上级财政部门时事政策学习，确保全局干部职工在思想上行动上同党中央保持高度一致。利用周一夜学，组织开展“重温习近平在浙江”活动，学习习近平同志关于财政工作的重要论述。以“全员接力读党史”活动为抓手，在“财政讲堂”增设“读党史”模块，激发党员干部学习热情，营造浓厚学习氛围。发挥老党员“传帮带”作用，邀请局党组成员和退休老党员为年轻干部授课，传承先锋模范作用和优良工作作风。

（金华市金东区财政局供稿　曹姗姗执笔）

兰溪市

【概况】 2021年，兰溪市实现生产总值448.02亿元，按可比价格计算，增长8.2%。其中：第一产业增加值26.07亿元，增长1.2%；第二产业增加值230.70亿元，增长9.1%；第三产业增加值191.26亿元，增长8.3%。三次产业结构比为5.8∶51.5∶42.7。按常住人口计算，人均生产总值77667元，增长7.8%。财政总收入54.48亿元，增长11.1%；一般公共预算收入34.67亿元，增长17.1%；税收收入26.91亿元，增长7.6%。一般公共预算支出77.77亿元，增长2.2%。全年财政收支平衡。

【加强收支管理】 统筹开源节流。健全财政收入形势分析联席会议制度，会同税务部门关注疫情下重点税源变化，把握税收入库进度。会同自然资源和规划部门提前谋划，推进土地出让、矿业权出让、土地复垦指标调剂等工作，细化时间节点，把握收支节奏，为收支平衡储备必要财力。一般公共预算收入占GDP的7.7%，占财政总收入的63.6%；税收收入占一般公共预算收入的77.6%。落实厉行节约，政府过“紧日子”，一般性支出和“三公”经费各压减10%以上。争取上级资金。根据政策导向，分批召开部门座谈会，全年争取专项补助、政府债券、直达资金等各类上级资金31.52亿元。加强非税收入征收。全市非税收入68.99亿元，增长19.1%，纳入一般公共预算管理的非税收入7.75亿元，增长68.3%。

【支持经济发展】 推动实体经济创新驱动。安排财政科技支出5435万元，增长16.5%，支持企业科技研发和应用，引导企业研发投入大幅增长。调研重点企业成本构成情况，应兑尽兑涉企奖补资金4.49亿元，降低企业税费等各类成本14.34亿元，协调加大金融支持实体经济。助推重大民生工程。投入债券资金7000万元，支持上华至琅琊公路和防疫应急医院建设项目。拓宽筹资渠道，加快推进351国道、330国道二期等项目。落实减税降费政策。落实即征即退、增值税留抵退税、研发费用加计扣除等税费优惠政策，健全政策红利直达快享机制，全年为企业减负降本19.37亿元。

【保障民生事业】 全年安排民生支出56.95亿元,增长3.4%,占一般公共预算支出的73.2%。支持教育优先发展。全年安排财政教育支出13.50亿元,增长5.7%,统筹提升中小学生均公用经费,支持学校设备购置、校舍维修、人才激励等。支持乡村振兴。争取省低收入农户同步基本实现现代化项目资金3000万元、省一事一议助推美丽乡村项目资金2000万元。全年投入农林水利支出8.77亿元,增长43.8%,支持耕地保护、病虫害防治、特色农业发展、基础水利设施建设等。保障卫生健康事业发展。全年卫生健康支出9.07亿元,下降4.7%。支持常态化疫情防控,拨付1.63亿元支持全民接种疫苗、大规模核酸检测和院前急救体系、基层发热门诊、防疫基础设施建设。安排2.75亿元推动提升公立医院和基层医疗卫生机构保障水平,健全公共卫生服务体系,助推兰溪中医药发展。完善社会保障投入机制。全年社会保障和就业支出16.22亿元,下降6.5%。衔接实施企业职工基本养老保险省级统筹政策。安排1.67亿元支持抚恤、退役安置、社会福利和残疾人事业。拨付1.04亿元加大农村最低生活保障,加强临时救助和特困人员救助供养。

【深化财政管理改革】 推进数字化改革。被列入全省预算管理一体化第四批试点县,提高数据质量,推动系统上线,300余家行政事业单位上线编制2022年度部门预算。持续优化“政采云”、统一公共支付平台、财政电子票据、“乡镇公共服务平台+一卡通”等系统建设,提升用户体验。优化和运用资产云2.0系统,即时监控国有资产运行动态,提升监管效能,实现资产保值增值。深化财政绩效管理改革。加大绩效评价力度,全年组织项目自评1079个、抽评108个、重点评价17个,分别是2020年的2.6倍、2.5倍、2.1倍。注重结果导向,将评价结果运用于预算编制,全市削减、整合预算资金3054万元。强化预算执行管理。完善直达资金管理机制,及时分配和使用资金,直达资金执行率100%。完善国库集中支付运行机制,健全预算执行动态监控制度,夯实预算单位主体责任,提升资金支付安全性规范性。多渠道保障资金安全。举办2期公款竞争性存放招投标,涉及资金29.14亿元。组织上级补助和债券资金专项检查,开展扶贫资金和基层财政资金整改“回头看”,建立整改落实情况定期通报机制,整改完成率100%。

【防范财政运行风险】 防范政府债务风险。实施政府投资项目立项前财政承受能力和债务风险评估,杜绝新增隐性债务。稳妥有序化解存量隐性债务,超额完成年度目标。置换再融资债券7.50亿元,持续减轻政府债务压力。防范社保基金运行风险。及时足额缴纳企业职工基本养老保险省级统筹地方负担9.05亿元,从土地出让金中提取社会保障风险金比例从10%提高至15%。定期开展社保基金运行分析和风险预测,保障基金平稳运行。筑牢“三保”风险防线。深化库款余额管理,提升重点收支节点精细化管理效能,争取省级调度款19.37亿元,保障“三保”支出。防范乡镇财政管理风险。出台《关于全面加强和规范乡镇财政管理的实施意见》,强化乡镇财政全方位管理。开展基层财政资金安全检查,针对财务管理、银行账户等7类问题,分门别类促整改,对账销号保落实。延伸检查乡镇街道国有资产使用情况,避免国有资产闲置浪费。

【加强干部队伍建设】 开展党史学习教育。贯彻落实习近平总书记“七一”重要讲话精神,组织党组书记讲党课、党史知识竞赛、财税主题书画摄影展等系列活动,提高财政干部政治判断力、政治领悟力、政治执行力。牢抓意识形态工作。履行全面从严治党主体责任,落实中央八项规定精神及有关要求,加强党员干部政治“三力”建设,不定期组织力量服务部门、企业、基层和群众。推进巡视审计问题整改。坚持问题导向,强化部门协同,制定问题清单、责任清单、时间清单,保障整改工作及时精准。强化干部业务学习。举办全市财政、国资、国企系统业务培训,内容覆盖预算管理、绩效监督、乡镇财政管理等业务,提升市直属部门、乡镇街道财务负责人和财政干部业务水平。创新开设“财政业务大讲堂”,组织开展常态化学习,提升干部整体业务素养。规范选人用人机制。注重干部队伍梯队建设,充实领导班子和中层骨干力量,打造“团结、廉洁、专业、高效”的干部队伍。

(兰溪市财政局供稿　胡　凯执笔)

东阳市

【概况】 2021年,东阳市实现地区生产总值730.84亿元,按可比价格计算,增长10.5%。其中:第一产业增加值18.75亿元,增长1.8%;第二产业增加值328.73亿元,增长11.1%;第三产业增加值383.35亿元,增长10.5%。三次产业结构比为2.5:45.0:52.5。按户籍人口计算,人均生产总值为9万元。全社会固定资产投资增长19.7%。全社会消费品零售总额325.50亿元,增长14.8%。外贸进出口总额317.58亿元,增长14.9%。全市城镇常住居民人均可支配收入6万元,增长10.6%;农村常住居民人均可支配收入4万元,增长12.0%。全市财政总收入142.41亿元,增长15.1%,其中一般公共预算收入83.38亿元,增长14.8%;一般公共预算支出110.77亿元,增长11.1%。全年财政收支平衡。

【组织财政收入】 财政收入结构继续优化。2021年一般公共预算收入占GDP的11.4%、占财政总收入的58.5%,其中税收收入76.41亿元,占一般公共预算收入的91.6%,收入结构保持良好。加强非税收入管理。全年非税收入总额112.84亿元,其中土地使用权出让收入101.02亿元。纳入一般公共预算管理的非税收入6.97亿元。争取地方债务资金。全年争取新增地方政府性债券36.00亿元,其中一般债券9.00亿元,专项债券27.00亿元。

【服务经济发展】 支持科技创新。全年科学技术支出3.03亿元,增长17.3%,支持科技型企业发展及人才引进。审核企业技改项目82个，兑现工业企业技术改造和技术创新项目奖励资金1.41亿元。配合经济和信息化局、科学技术局制定完善制造业高质发展20条、科技新政42条等政策，促进企业创新力和竞争力提升。扶持重点产业发展。全年兑现企业奖补资金18.66亿元，其中下达建筑业发展专项资金8.88亿元，加大对建筑业扶持力度；下达奖励资金1.74亿元，推动影视文化产业高质量发展。围绕东阳市“中国药谷”计划，在生物医药产业方面加大招商引资力度，全年招引超亿元医药项目2个。保障重点项目建设。构建高效便捷的交通体系，支持“三铁一机一高”*、G315国道、G351省道提升改造等交通大会战项目推进，全年投入交通建设资金20.55亿元。助力城市品质提升大会战，拨付小城镇环境综合整治资金7398万元。支持生态环境改善大会战，拨付绿色转化财政专项激励政策项目资金1.00亿元，实施项目25个。支持金投集团发展。支持金投集团平台做大做强，做深做细让利性股权投资、直接投资等。助力企业纾困解难。落实国家出台的减负降本政策，减轻企业负担，为企业减负降本26.16亿元。加大政策性融资担保力度，缓解企业融资难题，全年为企业提供政策性融资担保贷款10.20亿元，提供转贷资金3.50亿元。

【保障民生支出】 全市民生支出83.95亿元，增长11.7%，占一般公共预算支出的75.8%。保障医疗卫生事业发展。全年卫生健康支出11.59亿元，增长12.1%。织牢织密公共卫生防护网，安排疫情防控经费1.90亿元，用于核酸检测、储备采样物资、检测能力提升、新冠疫苗接种等，保障常态化疫情防控。支持教育事业发展。全年教育支出24.58亿元，增长13.9%。拨付教育项目建设资金2.92亿元，支持教育建设项目36个，总投资13.85亿元，建成投入使用中小学、幼儿园8所，新增小学学位1000个、幼儿园学位2000个以上。提高社会保障水平。全年社会保障和就业支出15.89亿元，增长5.5%。完善落实稳就业政策措施，统筹用好就业补助资金、职业技能提升行动资金、失业保险基金等，全年支出1.24亿元。推进精准救助，兜住困难群众基本民生保障底线，发放城乡医疗救助、残疾人两项补贴、低保补助、孤儿保障等救助资金1.20亿元。加强退役军人优抚保障，支持做好优待抚恤工作，稳步提高部分优抚对象抚恤和生活补助标准。落实“弱有所扶”，最低生活保障标准提高至900元/人·月；落实“幼有所育”，机构托养孤儿基本生活费标准调整至2357元/月，社会散居孤儿生活费标准调整至1886元/月；落实“老有所养”，完善“1+X+N”*居家养老服务体系，全年新建示范型居家养老服务中心5家，居家养老等养老服务体系建设支出3088万元。

【支持乡村振兴】 构建有序推进乡村振兴战略实施的财政保障机制，全年安排8.04亿元助力美丽乡村、高标准农田、共享田园等建设，推进污水治理、道路改造等村居环境改善项目，建设宜居宜业的美丽村居。完成2021年一事一议财政奖补项目的立项工作，17个镇乡（街道）的62个村作为2021年度项目实施村，项目总投资7579万元。持续开展基层政策性农业信贷担保试点工作，截至2021年底，在担保余额8132万元。

【推进数字财政建设】 获浙江省级数字财政综合应用门户试点，以数字化形式映射财政部门年度重点工作和整体运行情况。牵头开发东阳市惠企利民政策兑现平台，全年上线奖补政策525条。推进财政E网通系统应用，实现全市财政数据集中展示。指导建设行政事业单位内部控制信息管理系统，通过对预算、支出、资产管理等6大类涉财事项实行线上动态监控、闭环管理，提高风险防控能力。开发政府投资项目全生命周期智控平台，打造县级市全数字化政府投资项目管理系统，系统注册单位1452个，入库投资项目1043个，月平均审核办件130件。

【加强财政监管】 加强预算基础管理。落实过“紧日子”思想，压减一般性支出10.5%，盘活存量资金9.59亿元。加强政府采购监管，审批政府采购业务6599笔，实现政府采购资金13.82亿元，节约资金3.43亿元，资金节约率19.8%。实施预算绩效管理。全年对10个部门、5个镇乡街道开展整体支出绩效评价，15个专项开展重点绩效评价，入选浙江省财政厅预算绩效管理改革试点。落实市政府出台的加强镇乡（街道）财政管理意见，实现预算、执行、监督、绩效闭环管理，提升乡镇财政管理能力。加强债务风险管理。按照五年化债计划有序化解隐性债务，严控新增债务。防范社保基金风险。完善社保基金内控监督管理制度，保障基金安全运行。做好社保基金保值增值工作，开展四期公开定期存放业务，涉及资金32.70亿元，增加收益5705万元。

【加强队伍建设】 开展党史学习教育。推出“革命前辈讲党史”“经典图片忆党史”“为民办事用党史”等六大专题活动，教育引导干部学党史、悟思想，办实事、开新局。结合党史学习教育和财政工作，通过专题党课、座谈交流、走访企业、结对培训等多种方式进行宣讲。全年开展理论中心组集中学习14次，党组书记讲授党课3次。推进清廉财政建设。深化“七色廉环”廉政文化品牌建设，通过打造“红卫士”财政工作室、设立警示曝光栏、排摸岗位廉政风险点、共建“清风田园”、定期约谈提醒、推送每日廉语、开辟廉政书屋七大举措，对党风廉政建设实行闭环管理。全年推送“每日廉语”177期，梳理廉政风险点3级77个。

（东阳市财政局供稿　吴　妍执笔）

注：

***“三铁一机一高”：**“三铁”即杭温高铁、金甬铁路、金义东城际轨道，“一机”即横店通用机场，“一高”即东义高速。

***“1+X+N”：**每个乡镇（街道）建成1家示范型居家养老服务中心，X家星级居家养老服务照料中心，N家普通居家养老照料中心（服务站点）。

义乌市

【概况】 2021年，义乌市实现地区生产总值1730.16亿元，按可比价格计算，增长11.6%。其中：第一产业增加值24.58亿元，增长7.2%；第二产业增加值554.17亿元，增长21.4%；第三产业增加值1151.41亿元，增长7.8%。三次产业结构比为1.4∶32.0∶66.6。按户籍人口计算，人均生产总值200594元，增长9.3%。城镇常住居民人均可支配收入86628元，增长8.1%；农村常住居民人均可支配收入46121元，增长9.4%。全年实现社会消费品零售额1033.74亿元，增长9.2%；实现进出口总额3903.05亿元，增长24.7%。全市财政总收入193.71亿元，增长19.4%，其中一般公共预算收入127.49亿元，增长20.3%；一般公共预算支出154.30亿元，增长12.4%。全年财政收支平衡。

【组织财政收入】 加强收入统筹。成立组织收入工作专班，定期召开税收专题分析会、财政运行形势分析会、收入联席会议，以定期分析研究的形式，及时预判财政收支走势和潜在风险，提前谋划部署调节举措。优化财政收入结构。精准把握组织收入的力度和节奏，涵养优质税源，全年一般公共预算收入占GDP的7.4%，占财政总收入的65.8%。其中税收收入124.27亿元，占一般公共预算收入的97.5%。强化非税收入征管。全年征收非税收入741.19亿元，增长53.1%，其中纳入一般公共预算管理的非税收入3.22亿元，下降9.4%。

【谋划共同富裕】 支持区域均衡发展。完善财政分成体制，财力分配向乡镇倾斜，增强基层发展动力；加大村级资金奖补力度，全年落实47个一事一议项目补助资金2518万元，新增规划建设村级公益设施50个。加快城乡融合发展。完善财政支农政策体系，加大财政支农力度，“三农”支出总额63.44亿元；支持全域美丽乡村创建，安排星级美丽乡村精品线并串联资金7930万元。支持农村农民增收。落实壮大村集体经济扶持资金2000万元，实施“一村两楼宇”“多村联建”等项目，盘活农村闲置资源，实现村集体增收。

【支持经济发展】 助推企业发展。支持小微企业纾困发展，拨付各类扶持企业资金25.12亿元，落实减税降费政策，为市场主体减负87.85亿元。支持国资发展。拨付各类扶持国资资金418.92亿元，稳定国企融资盘。支持城市基础设施建设。拨付区块征收及土地收储各类资金243.12亿元；落实保障新建交通项目资金1.25亿元；制定《义乌市农村公路建设补助方案（试行）》，明确农村公路建设市镇支出责任，实施农村公路新建工程11个，总投资1.30亿元。打造物流交通高地。兑现义乌、金东、浦江15个高速口免通补助资金1.19亿元，降低企业陆运成本；累计拨付铁路高架站房项目建设资金2.50亿元、金义东市域轨道交通项目资本金32.00亿元，不断完善铁路运输网络。

【保障民生支出】 全市民生支出110.59亿元，增长14.6%，占一般公共预算支出的71.7%。支持教育事业发展。全年一般公共预算教育支出34.21亿元，增加全市义务教育阶段学生生均公用经费每生每年100元，落实“双减”政策，健全课后服务保障机制。支持社会保障事业发展。全年社会保障和就业支出14.27亿元，其中：落实各类养老保险基金财政补助及统筹外退休待遇支出7.50亿元，落实困难人员救助及残疾人三项补贴1.13亿元，落实抚恤优待支出1.22亿元，支持就业创业及人才招引培育支出0.24亿元。支持医疗卫生事业发展。全年卫生健康支出10.36亿元。累计拨付各类补助2.77亿元，推进浙大四院国保楼、中心医院三期、浙大儿院义乌院区、口腔医院迁建工程等项目建设；保障疫情防控资金，拨付核酸检测、综合隔离点建设、疫苗接种等各类资金3.37亿元。保障粮食生产。累计支付粮食生产补助资金2368万元，安排猪场贴息470万元，生猪引种补贴196万元、生猪增产保供综合奖励1533万元，新建猪场项目建安奖励经费2000万元。支持文化事业发展。全年文化事业支出3.35亿元，推进桥头遗址公园项目建设，保障《义乌高华》剧目创作新增经费。

【推进数字化改革】 争取改革试点。争取到省公款竞争性存放网上招投标平台试点、浙里报扩面试点、全省镇街内部控制指引建设试点、省部门整体绩效预算改革试点、预算管理一体化系统建设试点、政府采购数字化共建共享改革试点等项目，为全省数字化改革大局贡献义乌经验。探索政府采购资金“一键”支付改革。在全省统一的政采云平台搭建采购资金“一键”支付模块，打造政府采购资金支付“合同网签—在线审核—资金即付”涉企服务智能化场景，全市27个采购项目3512万元采购金额通过“一键”付模式完成支付。深化财政医疗电子票据改革。完成公立医院电子票据系统改造6家，开票量居金华地区首位，推广应用医疗收费票据全流程电子化，承办全省财政电子票据改革现场会。

【深化财政监管】 推进财政政策清理工作。依托绩效评价结果，通过保留、优化、退坡、退出一批政策，清理优化财政扶持政策127条，构建导向明确、重点突出的财政政策扶持体系，推动集中财力办大事财政政策体系迭代升级。落实党政机关过紧日子要求。严控各类支出，持续压减非刚性、非重点、非急需的一般性支出及“三公”经费，全年“三公”经费执行数同比下降5.1%。严格政府投资项目稽核。累计审核项目704个，核减造价10.5亿元。加强财政监督检查和绩效评价。开展企业用工保障专项经费检查，追缴多补资金99万元，处罚相关企业31万元；组织对1679个项目和87个单位开展绩效自评，并选取130个项目开展抽查复评，对自然资源和规划局等10个单位及10个政策（项目）开展重点评价。化解政府债务。通过统筹可用财力、盘活存量资产资源等多种方式化解存量隐性债务。防范社保基金运行风险。提高土地出让收入中风险准备金提取比例，加大多渠道筹措资金力度，增强基金抗风险能力。

【加强队伍建设】 开展"一支部一品牌"建设。结合支部业务特点，提炼"党建+""心向党，服务为民""红管家、理大财""争当红小二，创服务先锋"等党建品牌，深化党建和业务融合。开展党群突击队项目攻坚。以项目攻坚、揭榜挂帅的形式，由各单位主动提出具体措施和攻坚目标，完成任务部署与分配，提高干部干事创业积极性。全面从严治党。推进清廉财政建设，开展领导干部个人事项报告、干部兼职清理、出国(境)审批、"一家两制"风险管理、"三清理一规范"等专项行动，营造清朗健康的工作氛围。开展"三服务""上门服务至少一次"。为镇街、金融机构及非税收入执收单位送服务解难题，推动财政政策有效落地，全年累计服务预算单位及企业、个人2355余次，收集问题421个，解决419个。

（义乌市财政局供稿　陈堂堂执笔）

永康市

【概况】 2021年，永康市实现生产总值722.23亿元，按可比价计算，增长8.0%。其中：第一产业增加值9.21亿元，增长2.7%；第二产业增加值393.83亿元，增长8.4%；第三产业增加值319.19亿元，增长7.7%。三次产业结构比为1.3∶54.5∶44.2。按户籍人口计算，人均生产总值116181元，增长7.7%。全市社会固定资产投资额146.12亿元，增长18.5%。社会消费品零售总额335.44亿元，增长8.8%。外贸进出口总额425.10亿元，增长31.6%。城镇常住居民人均可支配收入65869元，增长7.5%；农村常住居民人均可支配收入35869元，增长9.3%。全市财政总收入112.16亿元，增长19.23%；其中，一般公共预算收入71.04亿元，增长17.1%，一般公共预算收入中税收收入62.00亿元，增长18.5%。一般公共预算支出86.29亿元，增长10.3%。全市财政收支平衡。

【强化收支管理】 加强收支监测。建立预算联席会议、执行率考核、直达资金管理等机制，严格预算审核，加强部门协同，落实积极财政政策。全市一般公共预算收入分别占地区生产总值和财政总收入的9.8%、63.3%，税收收入占一般公共预算收入的87.3%。强化非税征管。完善非税收入征收和监管机制，全市实现非税收入160.25亿元，其中纳入一般公共预算管理的非税收入9.04亿元。争取上级各类资金。全市争取政府债券资金16.25亿元，直达资金2.79亿元，清理借款3.44亿元。深化政府过"紧日子"政策。出台执行支出进度管理办法，挂钩预算安排与执行进度，全市累计压减一般性支出1.19亿元。

【服务经济发展】 优化营商环境。贯彻落实市政府出台的"工业发展十条意见"以及"千帆计划"*，推进"强链永康"*工程，支持复工复产。全市落实减税降费27.80亿元，兑现各类扶持政策资金5.13亿元。支持科技创新。全年科技投入3.00亿元，增长17.2%，支持创办世界五金发展大会，建成省五金科技创新综合体，新增国家、省级高新技术企业940家，支持"三强一制造"*建设。支持引才工程，拨付人才发展专项资金3775万元。统筹土地开发。筹集土地整治资金1.50亿元，用于全市土地开发整理、表土剥离等项目补助，增强用地保障能力。开展"三服务"组团活动。组建"三师助企""乡村帮帮"团队，重点服务规上企业，辐射带动小微企业，辅导企业规范财务管理，宣传减税降费政策。累计开展专题培训18场2000多人次，上门辅导120家次，会计学会服务民企工作获评省典型案例。

【保障改善民生】 全年民生支出65.29亿元，增长7.4%，占一般公共预算支出的75.7%。完善社会保障体系。全年安排社会保障和就业支出8.94亿元，增长15.9%。困难群众最低生活保障标准提高至900元/人·月，城乡居民基本养老保险提高至260元/人·月，惠及居民76963人。支持创业带动就业，修订创业担保贷款实施办法，发放就业补助资金657万元，创业担保贷款贴息162万元。支持教育强市。全年安排教育支出19.15亿元。建设"智慧教育"协同应用，实施镇级公办幼儿园全覆盖，安排教育基础设施提速扩容资金2.90亿元，支持创建省教育基本现代化市。保障疫情防控。全市安排疫情防控资金5398万元，建立疫情防控资金拨付和物资采购"绿色通道"，保障疫情防控"七大机制"*有序运行，累计接种新冠疫苗210万剂次。支持卫生事业发展。全年安排卫生健康支出8.71亿元。落实医疗卫生财政补助，住院医师规范化培训、基本公共卫生财政补助标准分别提高至4万元/人·年、92元/人·年，保障12项国家基本公共卫生服务，推进公共卫生临床中心建设，支持组建两大医共体，获评国家健康促进市、国家慢性病综合防控示范区。支持文旅事业发展。全年安排文化旅游与传媒支出2.07亿元。提高人均文化事业费至215元/人，增长25.9%。建成新时代文明实践中心，创建省A级以上景区村225个，新增文化礼堂249家，保障"全民阅读+全民健身""胡公文化""陈亮文化"建设，推进体育设施、体校建设等。助推乡村振兴。安排6.45亿元推进田川未来社区及老旧小区改造，统筹4.85亿元推进道路交通、特色文化街、总部中心等项目建设。投入美丽城镇建设1.20亿元，安排农林水支出5.56亿元。落实粮油生猪等扶持政策，整合财政涉农资金6.25亿元。

【深化财政改革】 推行预算管理改革。编制2021—2025年集中财力推进共同富裕财政政策体系，重塑预算管理体系，梳理支出标准5500条，形成预算编制标准6套，推进预算绩效管理资金全覆盖、项目全梳理、结果全运用、来源全统筹，集中财力办大事资金占全市项目支出85.0%以上。"零基预算"改革试点入选省财政改革优秀案例。推进数字化改革。支持政府数字化转型，安排8800万元推进城市大脑建设。深化政采云、资产云、云财务等云平台应用，“政采云”平台完成采购6.80亿元，“资产云”调剂配置资产2.50亿元，资产处置提速70%以上；通过公共支付平台缴款270.53亿元，电子化缴款率、单位开通率均为100%。重塑基层财政。搭建基层财政资金监管E屏智控平台，构建财政、农业农村、纪委监委、人大财经工委、金融机构协同一体的监管模式。单设16个镇街区财政集中支付中心机构设置，强化财政补助资金直达发放，“一卡通”纳入率、发放率均为100%。基层财政管理获省财政一事一议财政奖补工作成绩突出县。

【加强财政监管】 加强绩效管理。建立绩效评价、监督检查、预算分配相挂钩机制，完善绩效指标库设置，实施重点项目监控纠偏，开展重点绩效评价16个，专项监督16个，涉及财政资金3.99亿元。强化公款存放管理。列入公款竞争性存放网上招标试点，完善公款存放管理办法，累计开展财政资金公款竞争性存放7期计73.06亿元。提升审核效能。强化政府投资项目评审，全市完成政府投资项目评审604个，增长50.6%，送审金额77.93亿元，核减资金2.65亿元，北三环项目审核获评省优秀案例。推进预算公开。实现全市政府、部门预决算法定时间内100%公开。

【加强队伍建设】 强化党建引领。开展建党100周年系列活动，开设“党史测试”“党史课堂”专栏，开展“百年辉煌，永康记忆”“追忆长征足迹，弘扬革命精神”“老财政人话财政”“党员认领微心愿”等专题活动。落实党风廉政建设。定期“述责”，实行月公开、季点评、年考核机制，累计召开专题研讨5次，应知应会测试3次，学习140场次，发布党建动态信息150余篇。提升干部素养。开展干部综合素质提升系列活动，组织“我为单位亮形象”整治立规行动、“我为群众办实事”结对帮扶、“我为财政干好事”PPT晒比拼、“我为系统出点子”大调研活动，完成调研报告68篇，结对帮扶服务120余次，组织1570余人次开展社区共建、文明劝导等各项志愿服务活动。永康市财政局财政管理工作获2020年度省政府督查激励。

（永康市财政局供稿　陈祎莉执笔）

注：

*“千帆计划”：通过集中优势力量、优质资源培育一批具有引领性、成长性、带动性的优秀企业计划。

*“强链永康”：建立产业链“链长制”，推进落实“一链一方案”，做精做强智能门锁、保温杯壶、电动工具等10条标志性产业链。

*“三强一制造”：质量强市、标准强市、品牌强市和“浙江制造”品牌建设。

*疫情防控“七大机制”：即精密智控指挥决策机制、预防早发现、“三责”联动快响激活机制、“三区”最小单位管控机制、“五快”循环落实机制、分阶段清零机制、“三情”联动机制。

浦江县

【概况】 2021年，浦江县实现地区生产总值262.30亿元，按可比价计算，增长8.1%。第一产业增加值10.89亿元，增长2.1%；第二产业增加值116.93亿元，增长11.7%；第三产业增加值134.48亿元，增长5.8%。三次产业结构比为4.2∶44.6∶51.2。全县实现财政总收入35.98亿元，增长21.5%；一般公共预算收入24.09亿元，增长20.3%，占财政总收入的67.0%。全县一般公共预算支出62.25亿元，增长56.6%。全年财政收支平衡。

【组织财政收入】 加强税收收入管理。通过财税联席会议机制，强化部门涉税信息互联互通，形成联动长效机制，提高税收征管效率。全年实现税收收入19.57亿元，增长22.1%，占一般公共预算收入的81.2%。加强非税收入管理。全年非税收入68.43亿元，增长68.9%。其中纳入一般公共预算管理的非税收入4.52亿元，增长13.0%。

【支持实体经济】 落实减税降费政策，全年减免税费6.23亿元，支持稳企稳增长，兑现工业、科技、建筑等扶持政策资金4.67亿元，受益企业750余家、个人190余人。支持推进“科教兴县”。全年一般公共预算科技支出1.15亿元，同比增长21.5%，用于奖补企业研发投入、创新平台、科创园补助等。做好“财政+金融”服务。对疫情防控重点企业贷款给予财政贴息717万元。发挥通济转贷基金作用，惠及全县592家中小微企业，转贷金额44.97亿元。开展会计人员培训工作。邀请省会计领军人才，按照企业需求，制订专项服务方案，智慧助力企业转型升级。

【助力乡村振兴】 开展美丽乡村建设。拨付1.31亿元用于扶持现代农业发展、高标准农田建设、星级村创建、农村住房改造等。加快农业数字化建设。拨付2696万元省级试点项目资金用于悠然南山田园综合体项目、虞宅乡创新强省试点项目和葡萄产业数字化发展示范建设项目。完善农田水利基础设施。投入4519万元用于农村饮用水工程、水利设施维养等，保障农村饮用水安全。筑牢粮食安全屏障。全年拨付粮食风险资金1237万元，用于储备粮油轮换差价补贴、粮油利费补贴、订单补贴等。推进乡镇公共财政服务平台建设。发放涉农惠民补贴资金2.00亿元，惠及29万余人次，涉及惠民惠农财政补贴项目104个。规范一事一议项目分配及监管。确定项目49个，总投资3532万元，财政补助资金2824万元。用足用好“惠农转”资金。全年累计转贷4257次，转贷金额15.51亿元。

【保障改善民生】 全年民生支出49.10亿元，增长58.9%，占一般公共预算支出的78.9%。支持社会保障事业发展。全年社会保障支出9.14亿元，增长37.7%。城乡居民最低生活保障标准提高至900元/人·月，城乡居民养老保险基础养老金标准230元/人·月。将退役士兵自主就业经济补助提高为24500元，落实优抚对象抚恤和生活补助、义务兵家庭优待金、全日制大学生入伍奖励金等上级提标政策。坚持优先发展教育事业。全年完成一般公共预算教育支出10.22亿元，增长7.4%。制定《浦江县学生资助资金管理办法》，完善学生资助政策。支持提升文化建设质效。全年文化旅游体育与传媒支出1.26亿元，增长46.7%。用于百幢历史建筑保护与利用、上山遗址、公共文化服务体系建设等。推进生态文明建设。完成2020—2022年绿色发展财政奖补项目中期绩效评价工作，累计支付项目资金7360万元，用于生态环保、乡村旅游、林业保护等项目。完善城乡基础设施。全年拨付1.18亿元用于市政道路、污水零直排建设、老旧小区改造、美丽社区建设。拨付山塘水库治理经费2451万元，城区保洁经费4522万元。保障疫情防控常态化。建立应急物资储备机制，全年累计拨付疫情防控专项资金1.47亿元，用于新冠疫苗接种、核酸检测、医疗救治设备及防控物资等，惠及百姓41万人。支持医疗卫生事业发展。全年一般公共预算卫生健康支出7.53亿元，同比增长6.0%，用于疫情防控、公共卫生、财政对城乡医保基金补助等。全年拨付城乡居民医疗保险基金财政补助2.31亿元、城乡医疗救助资金1213万元、城乡居民健康体检经费451万元；拨付人民医院医共体、中医院医共体专项经费1.43亿元。

【财政数字化转型】 推进预算管理一体化系统上线。建立预算项目库、人员信息库、资产数据库、绩效指标库，引领部门优化预算管理流程和机制，构建日常运行保障长效机制。入选全省"浙里报"系统扩面试点县，促进无纸化财务报销全流程管理。上线固定资产资金管理系统，规范全县基建工程和相关采购资金申请工作，涉及项目120余个，金额5.36亿元。上线奖补资金信息管理系统，实现企业申报、部门审核线上操作，提高资金兑现效率。延伸开发财政项目审核管理系统，探索掌上业务办理功能，全年累计受理项目1273个，受理金额31.57亿元。深化统一公共支付平台运用。全年通过统一公共支付平台实现缴费63万人次，缴费金额49.50亿元。

【深化财政改革】 建立零基预算管理机制。研究制定零基预算改革工作"金点子"奖励办法、财政绩效考核和奖励办法、争取资金资源考核办法等，根据绩效结果优化财政资源配置，鼓励各单位向上向外争取资金资源，核减2022年一般性预算支出5.17亿元。盘活处置闲置资产和经营性资产。总值6.50亿元资产，经评估作价后协议转让给县属国有企业或向社会公开出让，加强财政资金竞争性存放管理。修订财政资金竞争性存放相关条款，全年组织社保资金竞争性存放4期，总金额16.00亿元，实现社保资金保值增值。深化政府采购制度改革。实施政府采购意向公开、专家评分公开，在政采云平台开设在线询问质疑系统，全年累计审核政府采购计划3774项、进口产品6项，备案监督采购项目235项，交易金额6.03亿元。

【加强财政监管】 防范化解地方债务风险。按照严控增量原则，推进地方政府隐性债务存量化解，完成2021年度地方政府隐性债务化解任务。加强专项债券资金使用管理，确保债券资金尽早形成实物工作量。强化预算绩效管理。成立工业扶持政策绩效评价组，对2016—2020年工业扶持政策资金兑现及招商引资企业税收奖补情况进行评价，针对发现的问题对后续政策修订提出建议。探索预算监控新方法和新途径开展绩效运行监控，全年重点监控项目62个，涉及金额9.33亿元。推进乡镇财政管理规范化。组织乡镇财政管理培训，开展乡镇财政资金专项检查，出台《浦江县人民政府关于进一步加强乡镇(街道)财政管理的实施意见》等文件。加强工程项目资金审核监督。修订出台《浦江县政府(国有资本)投资项目委托工程造价咨询企业审核管理办法》等文件，在项目预算安排阶段参与资金审核，全年完成工程项目投资估算、概算、预算及结算审核1073个项目，总审核金额28.42亿元，核减金额2.64亿元。

【强化队伍建设】 丰富主题党日活动。组织党员干部认领微心愿46份、参观红色教育基地3次、班子成员上党课5次，开展"光荣在党50年"老党员慰问、党史知识竞赛、主题朗诵会、红色趣味运动会、疫情防控、文明创建等形式多样主题鲜明的党日活动。紧抓学习教育。开设青年干部素质提升大讲堂等学习平台，采取"请名师授课"和"自己上台讲"相结合方式，全年组织青年干部集中学习129次，开展理论学习中心组集中学习12次。加大纪律监督力度。出台《2021年度工作目标责任制考核办法》《干部队伍建设管理制度》等规章制度，将干部队伍建设与建章立制有机结合，全年开展作风建设检查活动12次，检查情况全局通报。

（浦江县财政局供稿　周　萌执笔）

武义县

【概况】 2021年，武义县实现生产总值313.25亿元，比上年增长10.6%，其中：第一产业增加值16.12亿元，增长4.1%；第二产业增加值157.96亿元，增长11.8%；第三产业增加值139.17亿元，增长10.2%。三次产业结构比为5.2∶50.4∶44.4。按户籍人口计算，全县人均生产总值90884元，增长10.8%。城镇常住居民人均可支配收入49702元，增长11.0%；农村常住居民人均可支配收入23778元，增长12.8%。财政总收入49.27亿元，增长10.2%，其中一般公共预算收入29.56亿元，增长7.7%。一般公共预算支出62.99亿元，增长11.6%。全年财政收支平衡。

【组织财政收入】 加强收入监测分析。建立财政、税务联动机制，分析经济财政形势，提高收入执行的计划性、均衡性和稳定性，优化收入结构，确保财政收入可持续增长。2021年一般公共预算收入占GDP的9.4%，占财政总收入的60.0%；一般公共预算收入中税收收入24.97亿元，增长6.9%，占一般公共预算收入的84.5%。加强非税征收管理。加强土地出让收入征收管理,依法依规组织非税收入。推进财政电子票据、非税征管信息共享平台建设等数字化应用改革,提高非税征管效能。全年非税收入44.98亿元,其中纳入一般公共预算管理的非税收入4.59亿元,增长12.4%。

【服务经济发展】 加大财政扶持力度。2021年审核拨付涉企补助4.12亿元,惠及企业4315户(次),落实积极财政政策,引导企业高质量发展。落实减税降费政策。加强减税降费政策宣传解读,建立健全财政、税务、发改等多部门协调机制,确保应减尽减、应免尽免、应退尽退、应还尽还,为市场主体纾困减负,全年减负降本12.80亿元。发挥政府产业基金引导作用。成立武义农升产业投资合伙企业(有限合伙),组建规模10.00亿元的"武义县乡村振兴投资基金",并设立规模2.00亿元"武义凤凰上市助力基金"。畅通融资渠道。推动政策性融资担保业务有序运转,与8家银行签订银担合作协议,全年为"三农"、中小微企业担保192户,担保金额5.48亿元。推进转贷资金运转。全年累计办理转贷业务244笔,转贷金额30.35亿元,惠及企业152家。

【支持"三农"发展】 通过支农专项资金立项审核、网上办理拨付,实现部门间"一次不用跑",结合项目建设进度安排预算资金,整合2021年度财政支农资金6.28亿元,助力乡村振兴。实施村级集体经济巩固提升三年行动计划,2021年整合一事一议财政奖补资金、乡村振兴衔接资金等财政补助资金2636万元,支持村集体经济巩固提升,鼓励村集体进行收益再投资。

【强化民生保障】 全年民生支出45.77亿元,增长2.0%,占一般公共预算支出的72.7%。加强基础设施建设。全年审核拨付政府投资项目建设资金16.19亿元,重点支持公路、学校、医院和城市有机更新等基础设施建设,提升城市品位和能级。促进教育事业发展。投入教育事业经费9.55亿元,增长7.1%。落实各项教育资助政策,拨付助学金988万元,资助贫困幼儿学前教育1889人次、低收入家庭子女入学教育1172人次,享受营养餐学生人数4659人次,发放国家高中助学金435人次。推进医疗卫生体制改革。全年卫生健康支出4.80亿元,城乡居民医疗保险二档筹资标准提高至2360元/人·年,其中财政补助提高至600元/人·年,城乡居民基本公共卫生服务财政补助标准提高至92元/人·年。加强社会保障力度。社会保障和就业支出5.76亿元。提高养老保险待遇,城乡居民基本养老保险基础养老金标准提高到230元/人·月。落实各类就业创业政策,全年拨付就业补助资金1403万元,支持推动就业创业。强化困难群众兜底保障,低保补助标准从800元/人·月提高至900元/人·月,全年拨付低保资金3672万元,惠及全县4532户6086人。

【深化财政改革】 推进预算绩效管理改革。完善预算绩效管理制度,推进核心绩效指标和标准体系建设,实现部门预算绩效自评全覆盖,强化应用反馈及结果应用。根据监控和评价结果,取消和调整低效无效项目135个,取消调减资金1.15亿元。推进预算一体化改革。整合预算管理全流程,梳理完善县级预算管理规范。充实预算单位基础信息,按规范统一系统参数,确保预算数据采集。加强系统间衔接,确保人员信息动态管理,为预算精细化编制提供基础保障。完善项目库建设,部门所有项目支出实行全生命周期管理。优化资金审核拨付流程。完善"金财工程",推进国库集中支付业务电子化;推行授权支付,实现部门申请用款、报账审核、小额拨付、数据清算"一次不用跑"。全年直接支付49301笔,金额77.82亿元,增长13.6%;授权支付20537笔,金额6.32亿元,增长277.7%。深化"三服务"活动。围绕惠企利民主题,以品牌为板块,制订活动项目清单,协同推进服务企业、服务群众、服务基层工作。2021年累计到基层、企业、村(农户)开展"三服务"420次,服务860人次,收集问题201个,现场解决199个。

【加强财政监管】 推进隐性债务化解。针对隐性债务形成原因及用途量身定制隐性债务化解工作方案,细化工作措施,采取核销化解、预算安排资金、项目转型等多种方式推进存量隐性债务化解。截至2021年底累计完成化债任务85.4%,超时序进度39个百分点。防范社保基金风险。加强资金筹集,加大财政资金对社保基金的保障力度,2021年安排社保基金6.79亿元。从一般公共预算资金、国有土地使用权出让收入、社保风险准备金保值增值收益中充实社保风险金3.06亿元,防范社保基金风险。规范"两直"资金使用。加强制度约束和管控,建立"日清日结"工作机制,紧盯"两直"资金分配、拨付、使用等关键环节,常态化开展财政资金使用风险大排查,确保廉政风险零发生。2021年分配"两直"资金6.42亿元,分配率100%,处理41个风险。加强政府性投资项目审查。控制建设成本,提高政府投资效益,全年完成项目审核备案590余个,送审金额22.40亿元,审定金额21.74亿元,核减6627万元,核减率3.0%。

【加强队伍建设】 深化党史学习教育。完善以理论学习中心组为龙头、中层干部为重点、党支部为基础的理论学习长效机制,开设"财政夜校",探索建立"一月一学法""一月一考"法治知识学习机制,2021年组织理论中心组学习11次,周一夜学47次,开展专家授课、闭卷测试、知识竞赛等学习教育20余场。深化"清廉财政"建设。落实党建"四责协同"工作机制,加强"清廉财政"制度建设,2021年聚焦打造风清气正的政治生态、落实清廉武义的服务保障等9个方面,制定深化清廉财政建设工作方案。

(武义县财政局供稿 李 锐执笔)

磐安县

【概况】 2021年,磐安县实现生产总值133.86亿元,按可比价计算，增长8.1%。其中：第一产业实现增加值12.51亿元，增长2.2%；第二产业增加值54.90亿元，增长10.3%；第三产业增加值66.45亿元，增长7.7%。三次产业结构比为9.3∶41.0∶49.7。按户籍人口计算，全县人均生产总值63525元。全县常住居民人均可支配收入34621元，增长10.4%。城镇常住居民人均可支配收入47358元，增长8.6%；农村常住居民人均可支配收入22992元，增长7.7%。全县实现社会消费品零售总额40.38亿元，增长10.3%。全县完成财政总收入21.46亿元，同口径增长17.4%。一般公共预算收入12.96亿元，同口径增长17.1%。一般公共预算支出40.56亿元，同口径增长1.7%。全年财政收支平衡。

【组织财政收入】 加强收入征管。定期会同税务部门集中研判收入形势，加强对重点税源企业及行业分析和预判，按照收入计划组织收入，确保掌握收入节奏。2021年，全县一般公共预算收入占GDP的9.7%、占财政总收入的60.4%；一般公共预算收入中税收收入10.64亿元，占比82.1%。全县政府性基金收入完成20.51亿元，增长78.4%。全年实现政府非税收入22.99亿元，其中纳入一般公共预算管理的非税收入2.32亿元。向上争取资金项目。累计向上争取各类补助资金20.27亿元，其中一般债券资金3.50亿元。争取到省级乡村振兴集成创新示范建设县、农村综合改革和一事一议财政奖补助推美丽乡村建设三个竞争性试点项目，累计获得竞争性奖补资金2.50亿元。拓宽增收渠道。全面规范全县砂石资源管理，全年累计处置砂石资源收入1.77亿元。

【助推经济发展】 开展财政纾困专项行动。提请磐安县委县政府牵头开展财政纾困专项行动，提出专项行动建议方案，保障全县财政收支平稳运行。支持实体经济。多次会同相关部门修改完善财政奖补政策，兑现县级涉企奖补资金3856万元。落实减税降负政策。全年累计减免各项税费6.77亿元，其中促进小微企业发展减免2.57亿元，改善民生减免1.46亿元，鼓励高新技术发展减免1.13亿元。创新开展政策性担保。完成政策性担保319笔，担保金额3.16亿元，在保余额3.09亿元。开展乡村振兴“政银担”集成创新试点，联合县内金融机构及3家省级担保公司，为全县农业经营主体、小微企业等提供联保贷款服务，完成293笔担保金额2.37亿元，减免担保费136万元。“政银担”集成创新试点，获评磐安县“学史力行勇担当十佳创新服务”案例。

【强化民生保障】 全县民生支出28.35亿元，占一般公共预算支出70.0%。支持教育事业发展。安排教育支出5.83亿元，其中基本建设支出1.20亿元，磐安县安文小学、第二实验幼儿园和磐安县职业教育中心完成建设投入使用。支持“明眸摘镜”项目，安排476万元用于更换小学课桌凳4800套、中学课桌椅2320套，安排26所学校安装普通护眼LED灯1570盏、智慧护眼LED灯1620盏。投入800万元资金支持“空调进教室”项目，全县22所学校521个教室安装空调799台。支持社会保障事业发展。全年社会保障和就业支出5.05亿元，增长24.3%；最低生活保障标准从800元/人·月提高至900元/人·月，困难残疾人生活补贴从240元/人·月提高至270元/人·月。城乡居民基本养老基础养老金从每月190元提高至230元。支持医疗卫生事业发展。全年卫生健康支出3.93亿元，增长11.2%。为8433名困难群众全额资助基本医保二档和3份大病保险选缴保费1628万元。投入8000万元债券资金启动磐安县妇幼保健院迁建工程，投入1135万元用于磐安县中医院附属配套工程建设。投入329万元用于打造“医共体+数字120”县域急救体系建设和能力提升工程，并入选浙江省数字社会第二轮“揭榜挂帅”中榜名单。保障食品安全。保障食品药品安全建设工作资金216万元，建成药品24小时“网订店送”点6家，建成农村家宴“阳光厨房”10家，实现学校“阳光厨房”全覆盖。

【优化体制机制】 完善乡镇(街道)财政管理体制。制定出台新一轮磐安县乡镇(街道)财政管理体制，进一步加强乡镇(街道)财政管理，理顺和规范县乡财政分配关系。推广乡镇财政公共服务平台。全面完成乡镇财政公共服务平台“一卡通”推广应用，全县54个项目纳入公共服务平台“一卡通”发放，受惠人次22万人，发放金额1.22亿元。落实过“紧日子”政策。切实压减一般性支出，全县行政事业单位公用经费预算压减5%、“三公”经费预算压减6%，累计压减一般性支出5700万元。统筹部门结余结转资金1.12亿元。

【强化财政监督】 全年组织实施三期财政性资金竞争性存放招投标，存放规模总额22.40亿元。会同县纪委采用“自查+抽查”的方式对各部门2021年资金安全情况进行检查，单位自查发现问题47个，县级抽查发现问题41个，并对检查发现问题即时整改。全年完成预算审核项目220个，送审金额16.84亿元，核减1.52亿元，核减率9.0%；结算审核项目308个，送审金额7.45亿元，核减0.46亿元，核减率6.2%。加强固定资产管理。推行“一物一码”制度，给每件实物固定资产赋码，做到“一物一码、账实相符”，实现国有资产数字化管理。将废旧资产、闲置公房和制砂经营权面向社会公开拍卖，累计拍租闲置房产收入83万元、拍卖废旧物资收入173万元、拍卖闲置房产收入3220万元。

【深化队伍建设】 开展党史学习教育。组织党员干部走近纪念碑、走向党史馆、重走习近平总书记考察磐安足迹。开展红色故事宣讲活动，组织青年干部开展“潮涌百年　我心向党”朗诵比赛。坚持民主集中制原则。突出班子的集体决策作用。全年组织召开党组会议22次，共同商议重大事项60项。拓展“党建+服务”活动。班子成员、科室负责人常态化走基层，帮助50家次单位、企业、乡镇(街道)，解决问题98项。开展“财政大讲堂”。提升财政干部特别是年轻干部的专业能力、写作能力、表达能力。累计开展“财政大讲堂”20次。

（磐安县财政局供稿　马　超执笔）

衢州市财政工作

衢州市

【概况】 2021年，衢州市实现地区生产总值1875.61亿元，按可比价格计算，增长8.7%。其中：第一产业增加值87.11亿元，增长2.8%；第二产业增加值811.05亿元，增长10.7%；第三产业增加值977.45亿元，增长7.8%。三次产业结构比为4.7∶43.2∶52.1。全社会固定资产投资总额增长16.2%。社会消费品零售总额839.17亿元，增长11.6%；进出口总额491.44亿元，增长36.4%。按常住人口计算，2021年全市人均生产总值82174元，增长8.1%。城镇居民人均可支配收入54577元，增长10.7%；农村居民人均可支配收入29266元，增长11.3%。全市财政总收入272.13亿元，增长19.0%。一般公共预算收入163.93亿元，增长16.3%，其中税收收入139.80亿元，增长18.5%；一般公共预算支出518.87亿元，增长12.9%。市本级（含两区）财政总收入150.10亿元，增长19.1%。一般公共预算收入89.23亿元，增长15.0%，其中税收收入74.41亿元，增长19.1%；市本级一般公共预算支出236.73亿元，增长12.4%。全市及市本级财政收支平衡。

【强化收支管理】 开展税源专项行动。开展“做大产业扩大税源”行动，落实“链主”企业激励政策，建立部门协同联动护税机制，分析研判政策因素对地方收入的影响，规范建筑类企业税收征管，保障财政收入进度节奏。规范非税收入管理。推进非税收入划转税务部门征收工作，对接资规、税务等部门，保障非税收入均衡入库。全市实现非税收入516.51亿元，增长28.5%，其中纳入一般公共预算管理的非税收入24.13亿元，增长5.2%。规范部门预算行为。出台市级部门预算调剂管理办法和预算追加管理办法，压减一般性支出，市级全口径“三公”经费支出较2019年、2020年两年平均数下降16.9%。

【服务经济发展】 落实减税降费政策。落实增值税小规模纳税人起征点提高、制造业研发费用加计扣除比例提高等税收优惠政策，延续实施增值税留抵退税、阶段性降低事业保险费率、地方水利建设基金停征等纾困助企政策，全年新增减税降费22.30亿元。保障“工业强市”政策落地。调整大科创、大商贸、大三农、大文旅专项政策，资金总盘子11.71亿元。组建工业产业基金，支持新材料、新能源、集成电路等六大产业发展，首期到位资金10.00亿元。实现市信保基金市域一体化运作，年末在保余额21.98亿元。加大人才资金投入。将市级人才专项资金由5000万元调整到1.00亿元，推动人才平台建设，投入1950万元支持东南数字经济发展研究院发展。助力国企发展。出台市属国企投建管运一体化项目运营成本规制办法，推动市大花园集团股权结构调整，全年向市属国企注入资金资产174.51亿元。支持项目建设。争取浙时代锂电产业园项目安友基金出资6.00亿元。全年新增地方政府债券资金113.75亿元。

【保障改善民生】 全市民生支出361.37亿元，增长8.9%，占一般公共预算支出的69.6%。推动教育事业发展。全市安排教育支出62.67亿元。支持学前教育事业发展，全市学前教育财政投入3.19亿元。落实义务教育经费保障机制，市属公办中学和小学生均公用经费分别提高至1200元/人·年、1000元/人·年。落实生均财政预算定额机制，确保中职学生公用经费预算安排不少于2800元/人·年。安排专项经费4000万元，支持衢州学院高水平应用型大学建设。完善社会保障体系。全市安排社会保障和就业支出66.55亿元。推进企业职工基本养老保险省级统筹、基本医疗保险基金市级统筹。对65周岁及以上原发性高血压、2型糖尿病患者实行门诊免费用药。城乡居民基本医疗保险财政补助标准提高至1000元/人·年，基本公共卫生财政补助标准提高至92元/人·年。安排疫情防控预算资金1.37亿元，保障疫苗接种和核酸检测等工作。支持文旅发展。全市安排文化体育旅游与传媒支出11.95亿元。落实电子科技大学长三角研究院和浙大两院经费，支持科技人才集聚和创新发展。推进浙皖闽赣“联盟花园”等文旅品牌打造，保障“信安湖水上运动”“烂柯杯·围棋”等体育赛事开展。推进乡村振兴。安排专项资金3.10亿元，支持美丽乡村建设、农民增收共富，实施“衢州有礼”诗画风光带项目246个，累计吸引各类投资312.78亿元。统筹整合财政涉农资金，支持壮大村集体经济，全市1482个行政村集体经济年经营性收入均超过15万元。

【深化财政改革】 推进预算管理改革。深化财政“大统筹”改革，编制政府“大预算”总表，实现市域财力统观统揽。推进预算一体化改革，实现预算编制、预算执行、会计核算全环节上线运行。推进财政数字化改革。搭建完成数字财政综合应用门户，完善集中财力办大事系统，点亮道路交通事故社会救助基金垫付“一件事”、非税执收业务等数字化场景，形成一个数据仓、一个驾驶舱和若干应用的“1+1+N”财政数字化改革框架。推进“放管服”改革。落实国库集中支付扩面改革，将采购、工资福利等支出由直接支付调整为授权支付，财政支付审核实现一网通办。财政执法事项“双随机”覆盖率和掌上执法率均为100.0%。优化政府采购营商环境，全市通过“政采云”平台完成采购金额82.11亿元，为供应商节约成本（投标文件工本费）8250万元。推进及争取项目改革试点。指导各县（市、区）参与重大项目立项竞争，全市争取财政金融协同支农数字化改革、“三农”新基建、美丽乡村示范等试点项目50个。

【强化风险防控】 防控债务风险。建立债务风险应急处置预案机制，评估政府投资项目财政承受能力、资金来源落实情况及债务风险状况，确保不发生隐性债务增量，努力化解存量。防控社保基金风险。建立社保基金收支运行分析机制，对基金运行风险进行预警预测。将国有土地使用权出让收入计提社保风险准备金比例由8.0%提至10.0%。防控财政资金运行风险。建立财政监督市域巡查机制，开展公务用车运行维护经费、科研基地运行管理资金使用情况等专项检查。出台市级政府投资项目建设控制标准，规范概算、预算、结算、决算全过程管理体系。全市评审政府投资项目4825个，送审资金564.45亿元，审减资金63.45亿元，审减率11.2%。防控基层财政风险。推进乡镇公共服务平台建设，在衢江区全境、常山县芳村镇等地开展内部控制信息化试点，打通财经政策法规落地"最后一公里"。

【加强队伍建设】 开展党史学习教育，依托"三会一课"、支部联建等载体，推动学习成果转化，形成"礼财之窗"党建阵地品牌。推进"四个我为"*专题实践。实施"青年财俊政担当"素质提升工程，搭建青年成长计划、处长论财道、每月一课、柔性挂职等平台，推进学习团、宣讲团、导师团、墩苗赛马团建设，锻造"两勤两专"*干部队伍。衢州市财政局在市级机关部门综合考核中获优秀等次，在政府部门序列排名第一。

（衢州市财政局供稿 黄 蕊执笔）

注：

*"四个我为"：即"我为群众办实事、我为基层减负担、我为企业解难题、我为衢州先行献一策"。

*"两勤两专"："两勤"即脑勤、腿勤；"两专"即专业技术能力、专业科学精神。

柯城区

【概况】 2021年，衢州市柯城区实现地区生产总值595.54亿元，按可比价格计算，增长8.1%。其中：第一产业增加值8.49亿元，增长1.3%；第二产业增加值240.99亿元，增长12.4%，其中工业增加值205.34亿元，增长12.3%；第三产业增加值346.06亿元，增长5.6%。三次产业结构比为1.4∶40.5∶58.1。按户籍人口计算，人均生产总值134762元，增长8.0%。城镇居民人均可支配收入58442元，增长10.6%；农村居民人均可支配收入31153元，增长10.7%。全年固定资产投资增长27.0%。全区财政总收入22.27亿元，增长16.2%；一般公共预算收入12.87亿元，同口径*（下同）增长10.0%，其中税收收入10.23亿元，增长8.1%；全区一般公共预算支出57.52亿元，增长1.2%。全区财政收支平衡。

*同口径：因实施新一轮市区财政体制，柯城区预算收入范围变更，2020年基数变动，数据按新体制测算增长率。

【强化收支管理】 增强财源培育，加强与乡镇（街道）及税务等部门协调配合，保障财政收入平稳可持续增长。全区一般公共预算收入占GDP的2.2%，占财政总收入的57.8%，税收收入占一般公共预算收入的79.5%。加强非税收入组织工作，坚持依法依规征管，财政结算账户收缴政府非税收入全面纳入统一公共支付平台，电子收缴率100.0%。全区非税收入42.45亿元，增长30.9%，其中纳入一般公共预算管理的非税收入2.64亿元，增长18.1%。全年向上争取各类资金31.69亿元，其中债券资金23.85亿元；竞争性分配政策资金7.84亿元。落实过"紧日子"要求，实施清单化管理，压减"三公"经费和非刚性、非急需性支出，全年压减一般性支出2.79亿元。

【服务企业发展】 设立"大商贸、大三农、大文旅、大科创、大城管"五大专项资金，规模10.68亿元，重点支持商贸类产业、农业农村产业、文化旅游产业、产业转型升级和科技创新、城市面貌提升及文明城市创建等。坚持首位战略，财政科技支出1.31亿元，增长34.0%，支持企业科技创新。"政企通"平台上线惠企政策304条，累计兑现资金8.12亿元，受惠市场主体10507个。落实减税降费政策，全年为企业减免税费4.74亿元。安排专项资金1000万元，支持企业股改上市，当年完成1家A股上市公司，实现柯城区上市公司零的突破。加大金融支持实体经济力度，实施融资畅通工程，参股衢州市信保担保基金5000万元，向柯城区中小企业融资担保公司注资5000万元。

【保障民生事业】 柯城区全年民生支出44.53亿元，增长5.6%，占一般公共预算支出的77.4%。教育支出7.39亿元，下降3.8%，落实"双减"政策，安排专项经费552万元用于课后服务保障。推进公办幼儿园扩容，全年开园13所。截至2021年秋季开学，公办幼儿园在园幼儿占比50.0%。卫生健康支出5.28亿元，增长24.2%。强化常态化疫情防控资金保障，落实全面免费接种新冠肺炎疫苗经费，投入资金1.17亿元。贯彻落实"三医联动""六医统筹"医改政策，推动全区整合型医疗卫生服务体系和公共卫生体系建设，形成区、乡、村三级公共卫生工作网络和应急、医疗救治服务体系。社会保障和就业支出7.80亿元，增长48.4%。落实企业职工基本养老保险省级统筹责任分担，预上解资金3.00亿元。推进医疗保险改革，巩固社会保险参保扩面成果，实现全区城乡居民应保尽保。深化养老服务体系建设，投入1.89亿元用于公办养老机构护理能力改造提升、示范型居家养老服务、适老化改造等项目建设。完善落实稳就业政策措施，实施援企稳岗，支持重点人群就业创业。安排特殊困难群体救助救济资金500万元。

【助推乡村振兴】 推进美丽乡村建设，以诗画风光带为主线，引领绿色发展，助力打造未来乡村。加大资金投入，推动灵鹫山旅游度假区建设,加速推进奥陶纪、灵鹫圣境、寺桥水库等重点项目建成。实施强村富农行动,落实土地出让收入用于农业农村政策措施,拓宽乡村振兴资金来源。健全涉农资金统筹整合机制,统筹整合涉农资金3.50亿元。开展一事一议财政奖补工作,获评"全省一事一议财政奖补工作成绩突出县"。开展"消薄"攻坚提升行动,助力村集体经济壮大。全区213个行政村均实现经营性收入20万元以上目标。健全村干部基本报酬稳定增长机制,落实村级组织保障经费4542万元,保障基层政权正常运转。

【深化财政改革】 落实财政体制调整后续工作,完成东港、智慧新城划离清产核资和交接工作;完成黄家街道、新新街道、白云街道管理体制调整,完成公安分局、执法分局、环保分局、资规分局下划承接工作。制定并完善区与街道、专业市场财政体制,明确各乡镇(街道)财政收入、支出责任及基数等内容,调动乡镇(街道)发展经济、培植税源、增收节支积极性。加强财政国资融合,贯彻落实国企改革三年行动方案,注入区属国有企业注册资本金9050万元。推进财政电子票据改革,全区纳入统一公共支付平台的执收单位所有执收项目已开通电子票据。全面上线实名制系统工资发放业务,解决传统工资管理模式漏洞。

【强化财政监督】 推进全面预算绩效管理,建立健全"三全"预算绩效管理体系和"五有"全过程预算绩效管理运行机制,提高财政资金使用效益。开展"四好"农村公路、粮食安全资金等5大重点项目评价,探索政府投资项目和乡镇政府绩效评价。强化直达资金监管监控,推动5.49亿元直达资金落地。加强政府投资项目管理,建立"三审"复核体系,制定并实施《衢州市柯城区政府投资项目预算管理办法》和《柯城区重大项目投融资方案研究审议要点和规则》,依托大财政金融办健全政府投资决策机制。完成项目评审1070个,送审金额约109.51亿元,核减率9.4%。

【防控财政风险】 坚持"三保"支出在财政支出中的优先顺序,逐项足额编制"三保"预算。执行"三保"动态监测机制。全区"三保"财力保障率180.0%。印发《柯城区关于全面强化和规范乡镇街道财政管理的实施意见》,通过"人员、岗位、考核"强化基层财政管理队伍建设。完成上级转移支付自查自纠工作,对2018年度以来中央和省级分配下达的财政转移支付资金开展全面自查2次,涉及主管部门56家、项目1412个、资金64.30亿元。

【加强队伍建设】 开展党史学习教育,通过财政大讲堂、干部素质能力提升班、智慧有声党建图书馆等形式,学习贯彻习近平新时代中国特色社会主义思想,加强全局干部职工政治素质提升和业务能力培育。开展"8090"新时代理论宣讲工作,全年开展宣讲活动30余次。推进"五个我为"*专题实践活动。开展"组团联社",落实责任包干制,下沉社区300余人次,助推全国文明城市复评。开展结对帮扶,44名干部深入1个乡5个村,对接帮扶低收入农户91人。开展区重点工业企业点对点服务。推进全面从严治党,组织开展廉政谈心谈话,做好通报案件警示作用后半篇文章,严肃政治纪律,推进清廉财政建设。

(衢州市柯城区财政局供稿　郭　映执笔)

注:

***"五个我为":**我为群众办实事、我为企业解难题、我为基层减负担、我为项目攻坚出份力、我为"四个区"建设谋一策。

衢江区

【概况】 2021年,衢州市衢江区实现地区生产总值269.73亿元,按可比价格计算,增长8.8%。其中:第一产业增加值21.23亿元,第二产业增加值123.63亿元,第三产业增加值124.87亿元,分别增长6.9%、8.4%和9.2%。三次产业结构比为7.9:45.8:46.3。按户籍人口计算,全区人均生产总值65586元,增长8.9%,城镇居民人均可支配收入45632元,增长9.3%;农村居民人均可支配收入26127元,增长11.0%。全年财政总收入19.23亿元,同口径*(下同)增长1.9%,其中一般公共预算收入13.34亿元,增长8.0%。全区一般公共预算支出69.08亿元,增长12.2%。全区财政收支平衡。

【组织财政收入】 加强收入形势研判和分析,建立部门、乡镇协同的组织收入推进机制,加大税源培育力度,细化行业、税种管理和培育,完善分类施策管理。全区一般公共预算收入分别占GDP和财政总收入的4.9%、69.4%。税收收入10.51亿元,占全区一般公共预算收入的78.8%。加强非税收入征缴,全年收缴政府非税收入61.41亿元,下降0.7%,其中纳入一般公共预算管理的非税收入2.83亿元,增长4.9%。争取上级资金,加强政策研究,参与上级资金竞争性分配,争取新增债券资金17.05亿元,获农村综合改革集成建设项目、绿色种养循环农业试点县等各类资金2.19亿元。

【服务经济发展】 惠企纾困促发展。加快直达资金落地,财政直达资金7.57亿元拨付率100.0%,助力市场主体、基层群众纾困解难;落实减税降费政策,新增减税降费3.10亿元。加快惠企政策兑现,精简"政企通"平台资金兑付流程,全年兑现涉企

*同口径:因实施新一轮市区财政体制,衢江区预算收入范围变更,2020年基数变动,数据按新体制测算增长率。

政策资金2.64亿元，惠及企业532家。聚焦聚力项目建设。投入樟潭古埠未来社区、衢江港区大路章作业区二期、杭金衢高速互通及衢江连接线、S305省道衢江区松园至上田铺段改建等工程11.45亿元，美丽经济交通走廊、“强基增效双提标”项目分获乡村振兴、农污治理领域国开行贷款，合计授信18.00亿元；城东片区有机更新项目获农行授信54.00亿元。助推农业绿色发展。落实惠农强农政策，投入促进农业产业资金2.90亿元，推进农业农村高质量发展和共同富裕现代化基本单元领域建设。投入财政衔接推进乡村振兴补助资金3976万元，提高内生发展能力，促进农民增产增收。推动数字赋农、技术强农，打造浙江衢江盒马村·阿里数字农业示范区，带动近千农户累计增收约7000万元，入选第三批省级农村产业融合发展示范园创建名单。

【保障民生支出】 全区民生支出49.19亿元，增长19.4%，占一般公共预算支出的71.2%。支持文教事业发展。投入教育支出10.29亿元，引进名校、名校长等资源，建成省基础教育重点区，创成省教育基本现代化区。完善教育经费保障机制，小学生均公用经费标准提高至每年1050元，初中生均公用经费标准提高至每年1250元。全年安排文旅专项资金2.39亿元，创成省级全域旅游示范区。支持医疗卫生事业建设。投入卫生健康支出10.26亿元，推进衢江区医共体建设，优质医疗资源下沉，国家标准化心血管诊疗中心、国家智能骨科疾病诊疗示范中心落户衢江，促进区内医疗资源均等化，基层和区域内就诊率分别提升至67.7%和91.6%。安排疫情防控专项资金1.20亿元，筹集资金5196万元支付新冠疫苗免费接种。守住社会民生底线。安排城乡居民养老保险财政补助2.46亿元，基础养老金发放标准提高至225元/人·月。提高社会救助服务水平，低保标准提升至910元/人·月，全年发放低保、特困人员补助资金1.28亿元，惠及困难群众12967人。

【深化财政改革】 加快数字化改革。探索搭建数字财政“一个门户、四个系统”，上线预算管理一体化应用系统，构建“制度+技术”预算管理机制。承接“浙里报”“浙里基财智控”先行试点，实现精准承接与自创特色相结合。打造智慧评审中心，制定评审受理项目正负面清单，优化衢江区政府投资项目监督管理平台，解决多任务管理需求。推进国资国企改革。壮大国有经济体量，累计为国有企业增资124.34亿元，国资总规模达293.97亿元。创新国企融资模式，发行公司债20.00亿元，国企融资总规模突破50.00亿元。创新财政投入保障机制。构建“大三农、大商贸、大科创、大文旅、大治理”五大财政专项政策，统筹资金17.11亿元，其中区级配套资金9.86亿元，用于支持乡村振兴、基层治理体系建设、文化旅游产业发展等。

【加强财政监管】 严防债务风险。落实地方政府债务预算管理和限额管控，严格政府投资项目源头管控，加强全口径债务管理风险预警。重构乡镇财政管理体系。上线乡镇内控驾驶舱智能监管平台，覆盖全区22个乡镇，从职能、制度、人员、信息化建设等方面系统重构乡镇财政管理体系，建立区乡财政一体互联机制，成为省财政厅“乡镇财政管理强基固本落实年”活动共建单位。防范社保基金运行风险。建立衢江区财政局、人力社保局、医疗保障局三部门社会保险基金每月对账机制，强化社会保险基金预算与一般公共预算衔接。定期分析基金执行情况，做实企业职工基本养老保险基金省级统筹，足额计提风险准备金。构建“大监督”格局。发挥财政监督局和业务科室的监管优势，严查重点领域，全年安排监督检查项目12个，配合上级财政、审计、纪检监察部门开展专项检查项目11个。

【加强队伍建设】 强化政治理论知识学习。发挥主题党日活动、8090新时代理论宣讲、“学习强国”平台等载体作用，印发《学习资料汇编》4册。强化业务能力培养，全年组织“两专”业务研学班、青年干部座谈会、急难任务“集结号”等活动12次，交流、轮训160余人次。加强党建品牌建设。改造提升党建阵地，打造“有你财精彩”机关党建品牌，全年举办知识竞赛、诗歌朗诵、“乐献百年”等主题活动6次，组织疫情防控、反电信诈骗、法治宣传等志愿活动8次，获评2021年度区先进基层党组织和区机关党建十佳示范品牌。加强干部作风建设。实施区乡财政一体化互联机制，开展基层财政管理难点突破、制度完善，构建“业务全指导、服务全流程、监管全方位”的互联互通体系，全年走访乡镇、企业、基层百余次。把好选人用人关。压实选人用人责任，规范提拔使用干部，落实任前廉政审查制度。

（衢州市衢江区财政局供稿　朱元楠执笔）

江山市

【概况】 2021年，江山市实现地区生产总值365.75亿元，按可比价格计算，增长8.5%，其中：第一、二、三产业增加值分别为22.45亿元、167.83亿元、175.47亿元，分别增长1.3%、9.8%、8.4%。三次产业结构比为6.1∶45.9∶48.0。按常住人口计算，人均生产总值73836元，增长7.9%。城镇居民人均可支配收入57279元，增长10.2%；农村居民人均可支配收入31730元，增长11.7%。全年固定资产投资123.99亿元，增长10.7%。全市财政总收入42.60亿元，增长21.9%。一般公共预算收入25.63亿元，增长20.3%，其中税收收入22.77亿元，增长18.5%。一般公共预算支出82.76亿元，增长14.7%。全市财政收支平衡。

【组织财政收入】 加强与税务、资规等部门联系协商，强化收入预测分析，把握收入总量、结构和进度。一般公共预算收入占GDP的7.0%、占财政总收入的60.2%；税收收入占一般公共预算收入的88.8%。深化政府非税收入收缴电子化改革，全年通过统一公共支付平台办理收缴业务56万笔,执收金额61.43亿元。加强矿产资源专项收入、排污权出让收入等国有资源(资产)有偿使用收入的征收管理,实行交通水利等基础设施建设用地有偿使用。加强非税收入目录清单管理,常态化更新行政事业性收费清单、政府性基金收费清单和涉企收费清单,接受社会监督。全年减免非税收入7809万元。2021年实现政府非税收入77.96亿元,增长55.1%,其中,纳入一般公共预算管理的非税收入2.87亿元,增长36.8%。

【服务经济发展】 落实减税降费政策。落实阶段性降低失业保险费率政策,减免失业保险费3413万元。实施小微企业普惠性税收优惠等减税政策,减免税收5.10亿元。优化各项惠企政策。加快政策兑现速度,全年兑现涉企财政奖补资金3.13亿元。制订《江山市调整城镇土地使用税差别化减免政策促进土地集约节约利用工作实施方案》,推动经济发展方式转变和产业结构调整升级,促进土地集约利用。安排"人才强市"战略专项资金2500万元,支持实施新时代人才强市战略。完善金融服务体系。推进搭桥资金使用,全年办理搭桥资金206笔,帮助企业转贷17.05亿元,为企业节省成本约478万元。出资1.00亿元成立江山市政策性融资担保有限公司,实现实体化运作,在保余额4.57亿元。做好省财政支持民营和小微企业金融服务综合改革试点工作,兑现补助909万元。保障重点项目建设。争取新增政府债券资金22.90亿元,用于路网及雨污管网建设、公路道路、工业园区基础设施建设和老旧小区综合改造提升等。安排重大项目前期经费4216万元,安排未来社区建设经费3800万元。

【保障改善民生】 全市民生领域投入资金64.26亿元,增长15.0%,占一般公共预算支出的77.7%。健全社会保障体系。全年社会保障和就业支出14.55亿元,增长38.8%。拨付低保、特困、医疗救助等社会救助资金2.39亿元;落实企业养老保险省级统筹责任分担机制,拨付资金4.86亿元;提高土地出让金收入计提社保风险金比例,筹措社保风险金7.05亿元;拨付被征地农民养老保障资金6000万元;拨付养老服务体系建设专项资金3755万元;实现企业退休人员养老金待遇17连涨,惠及退休人员50861人。推进健康江山建设。全年卫生健康支出8.88亿元,增长15.4%。保障疫情防控工作,全年投入新冠肺炎疫情防控经费1.26亿元,专项用于疫情防控医疗救治、物资采购、卫生防疫等支出;投入县域医共体建设专项资金1.69亿元;拨付峡口卫生院迁建工程专项资金3350万元;落实市人民医院"三乙"创建资金4600万元;投入村级医疗机构提升改造工程资金650万元。支持教育事业发展。全年教育支出12.87亿元,安排公办学校及义务教育保障工作资金1.20亿元,改善全市整体办学条件;支持民办教育扩大教育资源供给,投入普惠性幼儿园建设和奖补资金6910万元;安排民办小学至高中公用经费及教育券补助资金1075万元;新增投入2020学年教师教育教学质量奖和班主任补贴标准3484万元。支持文化旅游事业发展。全年文化旅游体育与传媒支出1.89亿元,健全大文旅政策体系建设,构建以绩效为目标导向的财政"大文旅"资金投入政策新机制。支持县级文化馆图书馆总分馆建设,推进文旅数字化改革试点,保障浙江省群众(乡村)合唱大赛举办等。助力乡村振兴发展。实施幸福乡村建设提升工程,安排美丽乡村建设资金1.50亿元。统筹财政资金1.28亿元,支持华欣湖羊、食用菌产业园等农旅融合项目。深化农村综合集成改革试点,下达一事一议财政奖补资金4260万元,扶持项目61个。拨付壮大集体经济村和红色美丽村庄建设资金1450万元。调整村干部基本报酬、养老补助和社区经费政策,拨付基层保障经费3665万元。支持平安江山建设。全年投入平安经费1.10亿元,安排"智慧警务"工程建设资金1600万元;安排"雪亮工程"资金1401万元;安排产品安全检测专项资金255万元,推进公共检验检测能力建设。

【推进财政改革】 推进财政数字化改革。被列入全省第三批预算一体化改革试点县,补充建设财政大脑数字化改革个性应用。依托浙政钉2.0宜搭开发应用平台,打造事务管理模块22类。实现预算单位国库集中支付电子化改革全覆盖。推进"乡镇公共财政服务平台+一卡通"建设,发放补助金额4.61亿元,惠及73万人次。推进预算绩效管理。制定《江山市预算绩效目标管理办法》,实现2021年绩效目标管理、绩效监控、绩效自评部门和项目资金全覆盖。规范第三方机构参与预算绩效管理,将预算绩效管理纳入政府年度综合考核体系,绩效理念和绩效要求融入预算编制、执行、监督全过程。

【强化财政监管】 规范国有资产管理。对2020年度国有资产管理情况开展综合分析,审定并督促41家国有独资企业上缴2020年度应交利润538万元。强化国有资产统筹管理,推进国企注资,梳理行政事业单位资产注资清单343宗,评估价值计31.87亿元。加强财政监督检查。实现68个主管部门(单位)、19个乡镇街道财政监督检查全覆盖。开展中央及省级财政转移支付资金使用管理情况自查自纠,排查历年上级转移支付资金83.86亿元。加强政府性投资项目审核,建立政府投资项目评审限时办结、结算备案抽查、协审自审相结合等工作机制,完成项目评审318个,核减资金11.02亿元。扩大国库集中支付和授权支付范围,全年经国库集中支付资金73.97亿元,授权支付资金27.63亿元。推进公款竞争性存放,完成财政资金公款竞争性存放40.20亿元,开展预算单位公款存放管理督查检查。推进财政"互联网+监管"工作,落实重大合同备案制度和审查协作机制。强化涉农资金管理。开展乡镇财政管理"强基固本年"活动,对乡镇预决算公开、财政资金监管、内控建设等方面开展监督检查。

【加强队伍建设】 开展党史学习教育,制定学习方案,学习党的基本理论知识、习近平总书记系列讲话精神，学唱革命歌曲等活动；组织“8090”新时代理论宣讲团参与市内外各项专题宣讲活动，宣传展示财政党建风采，先进典型人物事迹，讲好党史财政发展史。组织88名党员干部与169名低收入农户结对帮扶，收集低收入农户诉求建议，巩固脱贫攻坚成果。组织实施“正风肃纪”监督检查，制定公务员平时考核办法，对公务员德、能、勤、绩、廉等日常表现进行全面考核。

（江山市财政局供稿　陈琲如执笔）

龙游县

【概况】 2021年，龙游县实现地区生产总值288.02亿元，按可比价格计算，增长9.5%。其中第一、二、三产业增加值分别为13.07亿元、130.41亿元、144.54亿元，分别增长1.1%、10.4%、9.7%。三次产业结构比为4.5∶45.3∶50.2。按户籍人口计算，人均生产总值72284元，增长10.2%。城镇常住居民人均可支配收入56738元，增长11.2%；农村常住居民人均可支配收入30045元，增长12.4%。全县财政总收入37.27亿元，增长17.6%；一般公共预算收入23.00亿元，增长17.2%，其中税收收入19.85亿元，增长14.8%。全县一般公共预算支出67.30亿元，增长2.0%。全年财政收支平衡。

【组织财政收入】 强化与税务部门协作，培植优质税源企业，加强税收分析预测，合理把握收入节奏和力度。全县一般公共预算收入占财政总收入的61.7%，占GDP的7.9%；税收收入占一般公共预算收入86.3%。规范非税收入征缴，推进非税收入电子化收缴，做实非税收入资金盘，全县实现非税收入63.99亿元，增长42.9%，其中，纳入一般公共预算管理的非税收入3.14亿元，增长34.4%。全年争取地方政府债券收入11.75亿元。

【服务经济发展】 落实国家减税降费政策，确保应减尽减，全年新增税费减免6.78亿元，助力企业共克时艰。兑现“衢州送大礼，留您过大年”暖心红包、“四好衢州免费游”、企业“赛马”奖励等政策资金2214万元，鼓励支持企业生产经营、扩大投资，拉动消费促经济发展。建立“资金+服务”工作模式，通过优化升级企业上市“黄金十一条”扶持政策，助力龙游县完成第一家上市企业工作。做好各类财政资金补贴审核工作，全年拨付省市县各级财政补贴资金479笔累计6.47亿元，帮助企业特别是中小微企业纾困解难。

【保障改善民生】 落实各项普惠性、基础性、兜底性民生保障政策，全年一般公共预算用于民生支出46.25亿元，民生投入占比68.7%。全年安排社会保障与就业支出10.32亿元，落实城乡居民基本养老保险待遇提标政策，将基础养老金最低标准从每人每月155元提高到185元。加大困难群众社会救助兜底帮扶，全年拨付各类困难群众救助、补助类资金1.72亿元。卫生健康支出6.88亿元，推进基本公共卫生服务均等化，优化全县城乡居民基本医疗保险的筹资结构，2021年财政补助标准由每人每年840元提高至1000元，个人缴费标准由每人每年420元提高至500元。安排教育支出10.84亿元，学前教育公办幼儿园覆盖面由上年的38.9%提高到50.1%，优质园覆盖面由上年的60.0%提高到74.1%。

龙游道明光学二期项目

【深化财政改革】 推进预算管理一体化，一体化全覆盖工作列全市前茅。迭代升级“数字财政”管理平台，推动资产云2.0上线，规范资产采购、登记和处置流程，全年交易金额8.80亿元，资产处置额0.89亿元。推进非税收入电子票据改革，累计开票37万张，涉及金额61.22亿元。规范财政公款存放管理，开展财政专户资金政采云招标试点工作，全年网上招标金额35.00亿元，逐步推进行政事业单位公款竞争性存放网上办理。

【强化财政监管】 落实过紧日子措施，厉行勤俭节约，集中财力办大事，将铁心“过紧日子”要求贯彻到财政运行全过程，做好“压”“减”“管”“控”四篇文章，累计压减“三公”经费预算

532.8万元和非刚性、非重点项目支出1.06亿元,节省出的资金优先安排县委、县政府重点工作及民生实事支出。收回长期借款本金1.33亿元,利息2008万元,收回统筹使用闲置资金4300万元。加强政府性投资项目审核,全年完成"三算"审核988个,送审金额96.19亿元,审定金额90.03亿元,核减率6.4%。实行政府债券"借、用、还"全过程监管,开展新增地方政府债券资金使用情况专项检查,加快债券资金支出进度,提高资金使用绩效。严控隐性债务风险,遏制隐性债务增量。开展涉农资金、扶贫资金、公务用车等专项检查11个,涉及金额4049.7万元。加强全过程预算绩效管理,强化评价结果应用。

【加强队伍建设】 落实全面从严治党要求,建立"一月一查"制度。打造"财心向党"党建品牌,创建"12346"党建工作体系*,推进清廉财政建设。开展党史学习教育,组织各类主题活动,获得财政部主题征文比赛一等奖。实施薪火相传计划,建立"6090"导师结对帮扶机制,举办"8090"新时代理论宣讲活动,提升财政干部政治理论水平及业务技能。

(龙游县财政局供稿 徐晨晖执笔)

注:

***"12346"党建工作体系:**"1",即财为政服务的总体目标;"2",即弘扬"三牛"精神和财政职业精神;"3",即"党建+思想教育""党建+清廉财政""党建+攻坚克难"三项工作载体;"4",即建强党员先锋队、骨干攻坚队、政策服务队、青年突击队4支队伍;"6",即开展政治忠诚度、信仰纯净度、党建与业务融合度、铁军坚硬度、群众满意度、财政清廉度6项专项提升行动。

常山县

【概况】 2021年,常山县实现地区生产总值187.58亿元,增长9.8%。其中:第一产业增加值8.30亿元,增长2.9%;第二产业增加值85.41亿元,增长11.9%;第三产业增加值93.87亿元,增长8.8%。三次产业结构比为4.4∶45.5∶50.1。按常住人口计算,全县人均生产总值71998元,增长9.2%;城镇居民人均可支配收入46653元,增长11.4%;农村居民人均可支配收入26901元,增长11.9%。全县财政总收入24.78亿元,增长24.5%;一般公共预算收入15.00亿元,增长23.1%;一般公共预算支出61.55亿元,增长12.4%。全年财政收支平衡。

【组织财政收入】 强化分析研判。深化财税协作及部门联动,健全涉税信息共享机制,加强收入分析和财源管理,对财政收入中苗头性、趋势性问题做好预判,完善重点税源监控,提高收入预测的准确性,合理安排组织收入的力度和节奏。全县一般公共预算收入占财政总收入的60.5%、占GDP的8.0%;其中税收收入13.27亿元,增长25.2%,占一般公共预算收入的88.5%。规范非税收入管理。有序将国有土地使用权出让收入和矿产资源专项收入两项非税收入划转税务部门征收。全年非税收入46.25亿元,增长22.6%,其中纳入一般公共预算管理的非税收入1.73亿元,增长8.8%。

【服务经济发展】 加速财政政策兑现。落实减税降费、支持企业复工复产、产业扶持等政策,规范涉企收费行为,简化审核流程,持续优化"政企通"平台功能,全年兑现县级涉企资金3.22亿元,为市场主体减免税费4.05亿元。完善涉企政策体系。出台招商、人才、科技以及数字经济等领域专项激励政策,针对疫情影响、企业股改上市和轴承产业发展,制定扶持政策,帮助企业渡过难关、扩大生产。清理整合已有涉企政策,加大对重点产业的扶持,构建以工业、农业和服务业三大产业为主线的高质量发展财政政策体系。争取项目资金。加大向上对接力度,争取债券资金10.20亿元,其中一般债券资金9.00亿元。成功申报2021年度省级乡村振兴集成创新示范建设县项目,获省级补助4000万元;入围农村综合改革集成建设项目试点县,获省级补助1563万元;获美丽乡村示范县省级补助1000万元。

【支持乡村振兴】 推进"两山"转化。加大财政投入,支持绿色发展,探索多元化生态产品价值实现路径,出台专项财政政策,支持"两山银行"建设,累计转化资源总量17.66亿元,发放生态贷2.24亿元,推进"绿水青山"转化为"金山银山"。统筹整合涉农资金。加强财政支农资金统筹,整合乡村振兴专项资金3.05亿元,支持新时代美丽乡村建设,农村人居环境整治提升,推进"两柚一茶"(胡柚、香柚和油茶)产业高质量发展。推进政银担协同支农。优化县域政银担合作关系和模式,完成"浙里担·新农贷"业务207笔、资金1.79亿元,缓解农业领域融资难、融资贵问题。

【保障民生支出】 全县财政民生支出41.77亿元,占一般公共预算支出的67.9%,增长8.1%。发展教育事业。全年教育支出6.93亿元,支持"优学常山"品牌打造,保障学前教育、义务教育和职业教育发展。投入1.20亿元,支持常山县城南小学、常山县职业中专和常山县文昌小学新建及续建工程建设,改善办学条件。支持社会事业发展。全年社会保障和就业支出7.67亿元,落实养老服务机构优惠扶持政策,深化养老服务体系建设。全年卫生健康支出6.18亿元,支持公共卫生及传染病防治中心、基层医疗机构标准化及防疫体系建设。投入疫情防控经费4683万元,支持做好疫情防控常态化工作。保障民生项目建设。全年住房保障支出2.78亿元,增长203.8%,支持保障性安居工程等建设。全年城乡社区支出3.42亿元,增长73.4%,保障危旧房改造工程等建设。

【深化财政改革】 实施预算管理一体化建设。响应财政数字化改革要求，建立预算一体化工作专班，推进预算一体化模块建设全覆盖，完成财政数字化管理从“碎片化”到“一体化”转变。完善资产管理机制。建立和完善县级单位资产调剂机制，构建“线下”实体公物仓和“线上”虚拟公物仓双载体，将部门闲置、超标、低效运转、可重复使用资产，统一纳入公物仓集中管理、集中调拨，实现资产的高效循环使用。强化乡镇内控建设。成立乡镇内部控制建设领导小组，建立工作机制，在白石镇和芳村镇开展内部控制指引建设试点工作，完成《常山县乡镇内部控制指引》编写，建立全范围、全过程的内部控制体系。开展公款竞争性存放。利用政采云公款竞争性存放网上招标平台，优化流程设置，实现公款竞争性存放的阳光化、数字化。招标资金规模16.70亿元，综合收益2816万元，增加财政存量资金收益867万元。

【强化财政监管】 加强政府债务管理。依托财政部债务监测平台、地方政府债务管理系统、专项债项目信息系统等，动态监测全县预算单位、国有企业债务数据，披露专项债项目信息，为政府决策提供支持。严格支出管理。坚持统筹兼顾、突出重点，精打细算、严控开支，落实党政机关过紧日子要求，硬化预算约束，全年压减机关事业单位一般性支出712万元。深化评审管理。实施评审管理线上平台，提高评审质量及效率，实现评审过程透明化。完成项目评审279个，送审金额33.79亿元，审定金额31.74亿元，核减率9.4%。加强财政监督检查。开展财政扶贫资金、公务用车运行维护经费、行政事业单位财务岗位等方面的财政专项检查30次，完善监督成果利用机制、第三方参与财政监督及预算绩效管理机制，确保财政资金安全运行和规范使用。

【加强队伍建设】 开展党史学习教育。参与省市县乡财政党建“四级联动”暨党史学习教育交流活动，促进“活动联抓”“实事联办”“难题联解”“队伍联建”。举办“学党史悟初心 勇担当强使命”青年干部座谈会、“学党史、知党情、跟党走”党史知识竞赛、“8090说党史”等活动，组织参加“永远跟党走”庆祝建党100周年大合唱比赛。践行“四个我为”专题实践活动，深入乡村解决村民群众难题。推进机关“双建”工作。提升“金算子”*党建品牌，完善“12355”*党建工作体系，推进机关“双建”工作走在前、作表率，局党委获县先进基层党组织、争先创优先进集体称号。推进支部建设，机关党总支被评为“最强堡垒”，机关三个支部和国库支付中心支部被评为标准化规范化党支部。提升干部能力水平。打造“两勤”“两专”兼备的干部队伍，选派骨干力量参加一线锻炼，助力渡口未来社区房屋征收、西门片区征迁、经济开发区企业提质转型等重点工作完成进度。常山县财政局在2021年度全县机关部门综合考核中连续第8年获一等奖，获评全省财政绩效考评优秀单位。

（常山县财政局供稿 潘金金执笔）

注：

*“金算子”：常山县财政局党建品牌。“金”寓意阳光理财，坚持金色党建引领，践行使命与担当；“算”寓意科学理财，树立过紧日子思想，集中财力办大事；“子”寓意为民理财，永保追梦赤子之心，扎实为民履职责。

*“12355”：“1个目标”即党建引领财政高质量发展；“2个能力”即党组织领导能力、财为政服务能力；“3大工程”即先锋建设工程、党群连心工程、清廉财政工程；“5大重点”即大预算、大执行、大监督、大国资、大服务；“5项机制”即教育培训、考核评价、责任落实、改革创新、督查推进机制。

开化县

【概况】 2021年，开化县实现地区生产总值169.44亿元，增长8.5%，其中第一、二、三产业增加值分别为13.59亿元、62.88亿元、92.97亿元，分别增长1.4%、10.2%、8.6%。三次产业结构比为8.0∶37.1∶54.9。按常住人口计算，人均生产总值65169元，增长13.3%。社会消费品零售总额101.06亿元，增长14.1%。城镇常住居民人均可支配收入43746元，增长10.8%；农村常住居民人均可支配收入23165元，增长12.2%。城镇新增就业人数6104人，城镇登记失业率1.7%。全县财政总收入17.37亿元，增长7.5%，其中一般公共预算收入11.07亿元，增长8.5%。全县一般公共预算支出70.53亿元，增长25.7%。全年财政收支平衡。

【加强财政收支管理】 加强税费协同管理，研判税收收入形势，持续优化财政收入结构，2021年一般公共预算收入占财政总收入的63.7%、占GDP的6.5%；税收收入9.48亿元，占一般公共预算收入的85.7%。完善非税收入线上线下一体化收缴体系建设，实施非税收入收缴动态监控，提前谋划土地出让收入计划，全年完成土地出让收入25.15亿元，完成率102.2%。实现非税收入43.14亿元，增长76.7%。其中，纳入一般公共预算管理的非税收入1.59亿元，下降12.3%。严控“三公”经费支出，压减一般性支出3.82亿元。盘活沉淀资金29.73亿元，增加地方可用财力。

【服务经济发展】 开展“深调研、深改革、深服务”三行动，为企业送政策送服务，纾解企业发展难题。落实减税降费政策，规范涉企收费行为，助力企业减负增效，全年累计减税降费3.98亿元。聚焦新材料、新能源、大健康、数字经济等“3+1”主导产业，协同部门开展产业扶持政策制定和修订工作。给予科技创新首位战略政策支持，全年兑现财政政策资金2.12亿元。细化一事一议财政奖补项目管理，全年投入资金3935万元，助力实现乡村“村美民富宜居宜业”。搭建银企对接桥梁，企业通过“政采贷”平台获贷款支持1205万元。启动基层政策性农业信贷担保服务创新试点工作，提供政策性农业信贷担保5567万元。帮扶企业缓解融资压力，全年为183家企业应急周转15.61亿元。开展国有资产资源整合工作，发行公司债券10.00亿元，全年县属国有企业新增融资授信63.10亿元，提取贷款46.31亿元。

美丽乡村金星村

【保障民生支出】 全年民生支出53.06亿元，增长23.2%，占一般公共预算支出的75.2%。安排教育经费6.50亿元，推动“互联网+义务教育”建设，提升一线教师工作待遇，实施幼儿园提质行动，落实普惠性幼儿园建设和奖补资金。安排卫生健康支出5.67亿元，落实医疗救治、卫生防疫、医疗物资等疫情防控支出，连续三年实施65岁及以上老人高血压、2型糖尿病患者门诊免费用药政策，减轻群众看病配药负担1200万元。安排社会保障和就业支出9.23亿元，将城乡居民最低生活保障标准提高至910元/月、城乡居民养老保险基础养老金提高至225元/月，拨付低保、特困、残疾人两补等困难群众基本生活保障补助资金1.26亿元。支持实施乡村振兴战略，发放耕地地力保护补贴、实际种粮农民一次性补贴、规模种粮补贴等惠农资金1600万元，将扶贫重点村的所有农业产业扶持补助标准上浮50%，完善一事一议财政奖补制度，推动全域村级公益事业片区化建设。

【推进财政改革】 加快财政预算管理“数字化转型”，推进预算管理一体化系统建设，实现省、市、县、乡四级财政管理网络互联共享。建立国资国企数智监管体系，上线国有企业人事监管系统，构建国有资产数字管家*，完善国有企业财务快报系统建设。健全预算支出执行进度考核机制，加大预算执行进度与下年度预算安排挂钩力度。实行新一轮乡镇财政体制，建立乡镇财力增长与乡镇经济发展和贡献关联机制。修订完善行政事业单位公款竞争性存放管理办法，完善评分指标，细化中标规则。试行专项资金统筹整合，累计整合项目111个，涉及资金5.32亿元。规范政府采购，完善政府采购信息公开体系，公开发布政府采购代理机构监督评价报告和排名表。对分散采购限额标准以下采购项目实行政府采购计划备案制，采购资金节约率17.0%。推进国企改革，制定深化国企改革实施方案，实施国有企业改革三年行动计划，做强做优做大国有企业和国有资本。

【强化财政监督】 落实化解政府隐性债务专项行动方案，加强政府性债务“借用管还”全方位管理。完善农村困难家庭危房改造、征地补偿和移民安置等财政资金管理办法，保障财政资金安全运行。设置国库集中支付动态监控预警，完善财政资金支付全过程监控，累计拦截疑点授权支付116笔，涉及金额526万元。组织开展供销系统财务专项检查，对10家行政事业单位开展会计信息质量及财务制度执行情况监督检查。建立绩效目标实现程度和预算执行进度“双监控”及“三级预警”机制，完成项目重点监控64个，涉及金额2.21亿元。

【加强队伍建设】 开展党史学习教育，组织“百年峥嵘、同心筑梦”主题朗诵比赛、青年悦读沙龙、“8090”新时代理论宣讲等活动。打造“清风财苑”清廉机关品牌，开展数字赋能风险防控、服务效能优化提升等八大专项行动，获评“开化县清廉机关建设优秀单位”。打造“清廉国企”示范点，强化国有企业党风廉政建设和党员教育管理。加强党建宣传阵地建设，丰富党建文化内涵，获“衢州市先进基层党组织”。定期开设“周一夜学”青年干部讲堂，提升干部能力素质。开展“财为你服务、财为你奉献、财与你同行、财与你共建”专题实践活动，锻造“两勤”“两专”干部队伍。开化县财政局连续两年获县政府记集体三等功，连续三年获评“全国政府采购百强县”。

(开化县财政局供稿　余嘉依执笔)

注：

***国有资产数字管家：** 即将分散、独立的国有房地产信息整合为一个互联互通、业务协同、信息共享的云平台，通过分析和利用汇集的国有房地产大数据，提高政府资产使用效益。

舟山市财政工作

舟山市

【概况】 2021年，舟山市实现生产总值1703.62亿元，按可比价格计算，增长8.4%。其中：第一、二、三产业增加值分别为158.73亿元、754.18亿元、790.71亿元，分别增长2.2%、15.9%、3.6%，三次产业结构比为9.3∶44.3∶46.4。按常住人口计算，人均生产总值146611元。全社会固定资产投资增长5.1%。社会消费品零售总额增长8.0%。外贸进出口总额2354.87亿元，增长41.8%。全年规模以上工业实现总产值2327.55亿元，增长46.7%。港口货物吞吐量6.01亿吨，增长5.1%。全市城镇、渔农村居民人均可支配收入分别为69103元和42945元，增长8.5%和9.8%。全市实现财政总收入349.71亿元，增长37.4%；一般公共预算收入180.70亿元，增长13.5%；税收收入130.82亿元，增长15.9%。全市一般公共预算支出336.11亿元，增长7.5%。市本级财政总收入197.55亿元，增长67.9%；一般公共预算收入84.25亿元，增长19.9%。市本级一般公共预算支出148.98亿元，增长21.0%。全市和市本级财政收支平衡。

【组织财政收入】 优化收入结构。2021年，全市一般公共预算收入占GDP的10.6%、占财政总收入的51.7%，税收收入占一般公共预算收入的72.4%。抓好税收收入组织工作。强化收入预测和执行情况统计分析联动，建立对重点骨干企业税源监控工作专班，健全税收收入征管月度通报、年度考核等工作机制，全市35个重点项目入库税收118.10亿元，完成年度目标192.8%。加强非税收入征管。健全非税收入征管机制，全市实现政府非税收入198.14亿元，其中纳入一般公共预算管理的非税收入49.88亿元；实现土地出让收入139.01亿元，增长45.9%。

【服务经济发展】 保障重大战略实施。支持共同富裕示范区建设，建立统筹协调、职责明确、高效顺畅的工作机制，完成财政、国资“十四五”规划编制，将高质量发展建设共同富裕示范区先行市等重大战略部署纳入规划。支持碳达峰碳中和专项行动，推动建立政府引导、企业自主、社会投入、基金放大的多维投入机制。向上争取资金。当年新增地方政府债券额度64.70亿元，其中一般债券17.20亿元、专项债券47.50亿元；争取到省海洋（湾区）经济发展资金11.76亿元；争取到中央及省级直达资金26.22亿元，分配进度100.0%。保障项目建设。全年市本级政府投资项目完成投资91.98亿元。组织完成甬舟铁路和甬舟高速复线金塘至大沙段项目PPP财政承受能力论证等工作，推进项目纳入财政部PPP综合信息平台。推动产业发展。建立健全财政科技投入稳定增长机制，市本级科技投入4.78亿元，增长48.3%；安排1.00亿元用于支持东海实验室建设。支持自贸试验区油品全产业链发展，制定出台保税油供应扶持政策，下达保税船用燃料油奖励经费补助1250万元。发挥政府产业基金引导作用，设立子基金7支，在投实体项目44个，投资总额160.23亿元。落实减税降费政策。全市减免税收31.82亿元、非税收入11.08亿元。打造政府采购最优营商环境，全年减少占用企业资金4.42亿元。

【保障民生事业】 全市一般公共预算民生支出229.90亿元，增长7.5%，占一般公共预算支出的68.4%，实现三分之二以上财力用于民生。支持乡村振兴战略。健全涉农资金统筹整合长效机制，设立市级乡村振兴专项资金，将市级远洋渔业专项纳入整合范围，专项资金规模2.26亿元，增长20.8%。强化医疗卫生保障。全市卫生健康支出20.84亿元，深化公立医院综合改革，完善基层医疗卫生机构补偿机制。做好新冠肺炎疫情常态化防控经费保障，下达核酸检测设施设备、发热门诊建设等疫情防控资金1.12亿元；实际结算疫苗接种费用1.36亿元，完成疫苗接种223万人次。完善社会保障体系。全市社会保障和就业支出44.36亿元，兜牢基础保障底线，城乡居民低保标准提高至910元/人·月，低保边缘对象基本生活救助标准提高至182元/人·月。落实稳就业政策，全市促进就业支出1.40亿元。支持教育事业发展。全市教育支出36.46亿元，支持“海岛教育三年行动计划”，推动“双减”政策落地。支持文化旅游事业发展。投入4.75亿元加快构建高质量文旅体融合的现代公共服务体系，制定基本公共文化服务财政保障标准。加强城镇保障性安居工程建设。全市争取到中央和省级补助资金2.96亿元，增长59.5%，专项用于老旧小区改造、城镇棚户区改造和公租房租赁补贴。

【深化财政改革】 完善区域财政体制。建立新一轮市区财政管理体制，完善功能区财政管理体制、市区土地出让金分配体制。优化转移支付体系，健全专项资金分配办法、市区财政激励奖补政策、转移支付绩效评价机制，支持区域均衡发展。完善资源收益管理，建立矿业权出让收益市区分配机制。深化预算管理改革。在市级预算单位全面推行授权支付，提升财政国库集中支付管理科学化、规范化水平。全面落实预算绩效管理，完善以绩效为核心的集中财力办大事财政政策体系，扩面开展部门整体绩效评价。推进数字化改革。制定舟山市财政国资数字化改革方案，搭建数字化智治系统。推进预算管理一体化，完成230家预算单位预算编制系统上线、213家核算云和2家试点单位预算执行模块上线。加强创新应用场景开发建设，上线运行市本级惠企政策平台。推广应用财政电子票据，实现市本级行业类型、票据种类双覆盖。深化国有企业改革。制定《舟山市国企改革三年行动实施方案（2021—2023年）》，推动国企改革走深走实。推进市属国有企业三项制度改革、国有企业负责人薪酬制度改革、混合所有制改革，促进国有企业提质增效。强化财政监管。

提升公款竞争性存放质效，全年组织市级公款竞争性存放9期，招标公款235.36亿元。加大财政监管力度，创新财政监督结果应用模式。开展津补贴专项治理。优化市本级政府投资项目预算的分配、下达、调整方式，加强政府投资项目全过程审价管理，审定金额155.96亿元，调整金额19.28亿元，调整率12.4%。

【防范财政风险】 防范化解政府债务风险。稳步推进防范化解政府隐性债务风险专项行动，有序化解存量隐性债务，截至12月底，全市完成2018—2021四年计划化债数的109.7%。筑牢社保基金安全防线。做好企业职工养老保险省级统筹后社保基金预算编制、风险预测等工作。推进基本医疗保险市级统筹试点工作，建立完善事权与财力相匹配、激励与约束相结合的市与县（区）财政责任分担机制，实现政策、服务、数据“三统一”。防范基层财政运行风险。筑牢“三保”安全底线，全年各县（区）均未发生“三保”支出风险。建立市县乡整体协同的乡镇财政管理体系，推进乡镇内控指引建设，防范基层财政风险。

【加强队伍建设】 加强党的政治建设。制定实施党史学习教育方案，深化专题实践活动，指导国有企业各级党组织和党员开展主题学习活动。组织开展庆祝建党100周年系列活动，学习贯彻党的十九届六中全会精神，开展“六讲六做”大宣讲活动，推动理论学习全覆盖。推进全面从严治党。制定年度全面从严治党工作要点、主体责任清单、党风廉政建设和反腐败工作责任分工，定期开展政治生态评估，建立常态化廉情分析机制，强化监督执纪。出台《关于纵深推进清廉国企建设的实施方案》，全方位、全领域推进“清廉国企”建设，抓好市属国有企业巡察审计问题专项整改行动和国企领域突出问题专项整治工作。强化基层党建工作。加强基层党组织标准化建设，融合“双促双进”*，落实“五型五强”*模范机关创建目标。深化“红色引航”工程，推进党建与财政业务融合发展。提升干部队伍素质。优化干部队伍结构，健全年轻干部发现储备、培养锻炼、选拔任用和管理监督全链条机制。加强财政文化建设，形成全市财政国资信息宣传“一张网”，提升意识形态工作水平。开展歌咏比赛、健步行、征文、青年主题交流等活动，增强干部队伍凝聚力。

（舟山市财政局供稿　郑舒悠执笔）

注：

*“双促双进”：促进党的领导融入公司治理，促进党建工作与生产经营深度融合。

*“五型五强”：即着力创建政治型、学习型、服务型、担当型、清廉型“五型”机关；打造政治强、能力强、素质强、作风强、纪委律强“五强”干部队伍。

定海区

【概况】 2021年，舟山市定海区实现地区生产总值605.32亿元，按可比价格计算，增长6.0%。分产业看，第一、二、三产业增加值分别为13.84亿元、216.77亿元、374.72亿元，分别增长9.6%、10.1%、3.7%。三次产业结构比为2.3∶35.8∶61.9。按户籍人口计算，人均地区生产总值150740元，增长5.6%。全区财政总收入56.35亿元，增长7.1%；一般公共预算收入33.82亿元，增长5.6%，其中税收收入26.71亿元，增长9.3%。一般公共预算支出43.83亿元，增长0.7%。全年财政收支平衡。

【组织财政收入】 2021年，一般公共预算收入占GDP的5.6%、占财政总收入的60.0%，税收收入占一般公共预算收入的79.0%。加强收入预测分析。完善财税收入协调机制，定期召开财税收入分析会议，加强收入形势研判，抓好收入目标管理，增强收入预测准确性。加快地方财源建设。通过深入挖掘税源、精细税收监管、强化财税扶持，破解税收落地堵点，全区8个重点项目税收超额落地。争取上级资金。根据上级政府政策导向，争取到新增专项债券6.70亿元和再融资债券12.60亿元，补充全区财力。强化非税收入管理。健全非税收入征管机制，依法依规组织非税收入，提升非税收入质量和收缴效率，全年完成非税收入7.37亿元，其中纳入一般公共预算管理的非税收入7.11亿元。

【服务经济发展】 加强重点产业扶持。加强政策前瞻性研究和储备，落实《关于促进航运业健康稳定发展的若干意见》等扶持政策；发挥财政政策引导产业发展的导向作用，全年兑现各类产业扶持政策资金1.82亿元。坚持创新驱动发展。根据《关于加快科技创新发展的若干意见》，聚焦社会研发投入、产业技术攻关、成果转移转化等领域，加大科技创新投入，加快补齐科技创新短板，全区财政科技支出1.34亿元，增长15.2%。落实减税降费政策。推动中央和省各项减税降费政策落地生效，全区累计减税降费15.60亿元。提升直达资金质效。完善常态化直达资金监管机制，按月通报支出进度，加快直达资金直达基层、惠企利民，全年争取直达资金4.73亿元，保障渔业、义务教育、保障性安居工程等民生领域支出需求。落实金融纾困政策。发挥区级转贷资金作用，开展融资担保、应急转贷工作，全年为36家企业融资担保1.25亿元，为361家企业应急转贷26.55亿元，缓解企业资金压力。

【保障民生支出】 全年民生支出30.61亿元，增长1.1%，占一般公共预算支出的69.8%。支持教育事业加快发展。全区教育支出6.42亿元，增长1.4%，完成农村小规模初中学校整合提升，博伊双语幼儿园、城关第二幼儿园等4所幼儿园建成投用，保障义务教育“双减”和放学后托管服务政策落实，组建城乡义务教育共同体20对。完善社会保障体系。社会保障和就业支出4.07亿元，增长19.9%，启动“扩中”“提低”五年行动，城乡居民最低生活保障金标准由810元/人·月提高至910元/人·月，发放各类民生救助类资金7200万元，惠及1万余人，投入2.98亿元保障基本养老保险待遇，建成示范型居家养老服务中心12家。提升医疗保障水平。卫生健康支出2.87亿元，增长6.3%，借力“山海”提升工程，提升定海区中心医院综合发展能力；投入6880万元保障城乡居民基本医疗保险，惠及20余万人；投入1200万元用于困难群体医疗救助，惠及6万余人次；投入4000万元用于疫情常态化防控和疫苗接种工作。支持乡村振兴战略实施。农林水支出8.79亿元，增长0.4%，推进农业高质量发展，入选省级乡村振兴集成创新试点县区，获奖补资金7000万元；支持美丽乡村建设，完成一事一议财政奖补项目33个，获评一事一议财政奖补工作成绩突出县；深化涉农资金统筹，建立涉农资金统筹整合联席会议制度，创新绿色转化竞争性立项机制，集中财力办大事。优化文旅服务供给。文化旅游体育与传媒支出6298万元，支持举办“神行定海山”全国徒步大会、第三届“三毛散文奖”、首届定海城市定向赛，创建首批全省农村文化礼堂示范县区。

【深化财政改革】 推进预算一体化改革。重塑预算管理机制，构建以预算项目作为基本单元的预算管理模式，提升预算管理整体效能，135家单位依托预算一体化系统编制2022年预算，覆盖率100.0%。开展乡镇内控指引试点。梳理现有管理制度和业务流程，上线投用小沙街道内部控制信息系统，实现网上审批、无纸化办公。增加村级小微工程项目指引，形成“6+1”管理模块，编制完成《舟山市定海区镇(街道)内部控制指引(2021年版)》。深化工程造价改革试点。建立工程造价数据库和指数指标动态机制，完成康乐新村改造工程等3个试点项目的造价编审工作，推动传统计价模式转变为“取消最高投标限价按定额计价”。加快财政数字化改革。推进政府投资项目审价管理平台建设，提升编审质量和效率，全年审定项目825个，核减率6.5%。完成电子票据改革，定海区中心医院启用全国统一医疗电子票据，电子票据从“竖版”向“横版”转变。深化国企混合所有制改革。探索向多元化产业集团转型发展，推动国企产权结构向不同资本融合出资的混合所有制转变，2021年成立混合所有制企业4家。

【强化财政监管】 优化财政支出管理。落实政府过“紧日子”思想，压减一般性支出3549万元。盘活财政存量资金4.59亿元，提高资金使用效益。深化财政绩效评价。推进部门整体绩效预算改革试点，完成定海城区2020年度环卫作业市场化服务等4个重点项目绩效评价、113家预算单位财政支出项目绩效自评和13家预算单位绩效抽评工作。强化财政监督检查。强化部门理财主体责任，加强资金检查力度，重点做好乡镇财政资金检查、“双随机”财政票据检查、国有企业资金存放专项检查等。完善国有资产管理。落实国有资产报告制度，首次向人大提交全区国有资产综合管理报告，依法加强人大国资监督职能，确保国有资产保值增值。加强政府债务管理。优化债券项目库储备，加大政府债券争取力度，当年争取到再融资债券12.60亿元，新增专项债券6.70亿元。科学评估财政承受能力及债务风险，规范举债融资行为。做好债务月度监测，超额完成隐性债务年度化债计划。

【加强队伍建设】 开展党史学习教育。成立党史学习教育领导小组，制定“百年潮涌初心赤、财华政茂奋进时”主题活动方案，通过专题党课、教育讲座、现场教学、歌咏朗诵、知识竞赛等多种活动形式，丰富党史学习教育内容，加快学习教育成果转化。加强党风廉政建设。制订年度党风廉政建设、反腐败工作职责分工安排，落实全面从严治党“三张责任清单”，打造清廉财政、清廉国资。推进干部教育培训。制订年度干部能力提升培训计划，组织开展综合素质能力提升班，举办“财政干部大讲堂”3期，加强财政干部队伍建设。组建财政青年学习小组，集中学习习近平总书记重要讲话精神和财政史，加强青年干部思想政治教育。

(舟山市定海区财政局供稿　王哲烨执笔)

普陀区

【概况】 2021年，舟山市普陀区实现地区生产总值444.83亿元，按可比价格计算，增长2.5%。第一产业增加值72.53亿元，增长3.1%；第二产业增加值118.94亿元，增长1.2%；第三产业增加值253.35亿元，增长2.8%；三次产业结构比为16.3∶26.7∶57.0。按户籍人口计算，全区人均生产总值142360元，增长3.2%。全区财政总收入52.08亿元，增长16.0%。全区一般公共预算收入33.51亿元，增长10.0%，其中税收收入26.84亿元，增长11.1%。一般公共预算支出(含上级转移支付支出)61.71亿元，增长1.1%。全年财政收支平衡。

【组织财政收入】 强化财政税务协同，加强分析预测和财源培植，提高组织收入主动性。加大对镇、街道、管委会及八大产业平台的考核力度，压实收入责任。加大招商引资力度，支持税源型企业发展，促进收入结构优化。全年一般公共预算收入占GDP的8.1%、占财政总收入的56.7%；税收收入占一般公共预算收入的80.1%。加强非税收入征管，全年实现非税收入7.65亿元，增长13.7%，其中纳入一般公共预算管理的非税收入6.67亿元，增长3.7%。

【助推普陀发展】 争取资金支持，建立向上争取项目资金责任机制，当年除机制性转移支付外，争取到上级资金7.61亿元；中央直达资金7.21亿元，分配率100%、支出进度85.3%；落实减税降费政策，新增减税降费3.30亿元；兑现政策性产业扶持资金1.72亿元，促进工业转型、融资畅通、航运平稳、商贸升级。助力创新驱动，发放人才专项经费1760万元，支持柔性引才引智。加强重点项目保障，拨付10.15亿元，用于老旧小区改造、东港新建初中、茶湾地块新建学校、防洪排涝建设、文明城市长效机制、绿色转化财政专项激励等项目。安排专项资金4240万元，用于健康医疗、教育升级、环境治理、东极“未来海岛”等领域数字政府建设。

【提升民生福祉】 全年民生支出49.58亿元，增长1.2%，占一般公共预算支出80.3%。教育支出8.11亿元，扶持民办教育发展，提高义务教育和幼儿园非编教师待遇，设立生育代课金。卫生健康支出4.59亿元，完善基层医疗卫生机构财政补偿机制，保障防疫、疫苗接种等经费。社会保障和就业支出7.45亿元，推进老年人宜居环境建设，提标扩面弱势儿童保障。农林水支出13.51亿元，推进省级农村综合改革集成建设，支持发展现代渔农业。

【深化财政改革】 完善镇街财政管理体制，开展新一轮区与镇街财政管理体制调整。加强政府预算体系建设，推进三年滚动财政规划编制及主管部门汇总预算编制工作。推进部门整体绩效预算扩面，以区商务局、区农业农村局、区医保中心为试点，制定整体绩效指标并应用于2022年预算编制。深化国库集中支付改革，扩面审核改革试点，返还单位会计记账职责7家。加快财政数字化改革，试点普陀人民医院医疗电子票据省级集中模式改革并上线新版全国统一医疗收费电子票据；应用预算管理一体化系统编制2022年度预算；完成“浙里缴费”对接单位系统13个。深化国有企业改革，启动国有企业改革三年行动计划。开展国企领域突出问题专项治理和国企制度执行年专项行动，完善国企薪酬管理及考核评价体系。整合国企3家，注销国企3家，向国企注入资产5.47亿元。

【强化监督管理】 推动全面预算绩效管理，出台全面预算绩效管理办法和事前绩效评估机制，强化绩效目标管理，实施绩效运行与绩效执行双监控等制度，提请区政府将部门预算绩效管理纳入区政府综合考核。完成年度预算绩效目标管理项目中期监控64个，实施财政支出绩效评价重点项目6个。加强基层财政管理，出台进一步强化和规范镇（街道）财政管理的实施办法，严肃财经纪律和财务行为。规范“乡镇公共财政服务平台＋一卡通”机制，通过系统发放59个惠民惠农财政补贴项目，涉及资金1.59亿元，惠及20万余人次。加强公款竞争性存放，出台《国有企业资金存放管理暂行办法》，对行政、国有企事业单位资金公款竞争性存放实现全覆盖。规范财政专户管理，实施新一轮代管资金专户竞争性存放。推进内控建设，建立“1+8+X”财政内控制度体系，构建“内外”双循环内控信息闭环。加强政府投资项目管理，完成造价审核610个，净核减5.79亿元，净核减率6.9%。

【防范运行风险】 严格政府债务管理，规范各类举债行为，通过统筹落实偿债资金、加快存量土地出让进度等手段，完成当年度地方隐性债务化解任务。申请到再融资债券10.10亿元，缓解政府债券到期还款压力。兜牢“三保”底线，关注库款规模和保障水平，做好“三保”风险实时监测，落实“三保”监控月报告制度，科学合理调度国库资金，全年“三保”支出20.60亿元，增长4.6%。落实政府过紧日子要求，压减项目预算资金2090万元、一般性支出758万元，全年压缩“三公”经费预算10.5%。

【深化党建引领】 抓好党史学习教育，围绕变革型组织建设，开展主题党日、征文、诗朗诵、知识竞赛、年轻干部大讲堂等活动，增强党员干部党性意识。深化全面从严治党，落实“三会一课”、民主生活会、“三重一大”等政治生活制度和要求，修订出台平时考核实施办法，做好区委巡察整改问题“回头看”。服务基层群企，配合常态化防疫、创城等工作，组织参加文明劝导、社区结对等志愿服务818人次，开展“三服务”178次。强化国企党建工作，举办国企党员发展培训班2期，指导区属国企党委开展党支部书记角色意识大体检。

（舟山市普陀区财政局供稿　唐　伟执笔）

岱山县

【概况】 2021年，岱山县实现地区生产总值530.78亿元，增长18.3%，其中：第一产业增加值35.62亿元，下降2.9%；第二产业增加值393.29亿元，增长24.5%；第三产业增加值101.87亿元，增长7.0%。三次产业结构比例为6.7∶74.1∶19.2。按常住人口计算，人均生产总值253842元，增长18.0%。全县财政总收入31.23亿元，增长14.6%；一般公共预算收入20.31亿元，增长12.0%。一般公共预算支出50.84亿元，下降6.4%，同口径*增长7.2%。全年财政收支平衡。

【组织财政收入】 抓收入稳运行。强化税源管理，做好收入执行监控，联合协税力量压实组织收入责任，加强欠税企业税收征管。挖掘重点项目和企业的税源潜力，实现市对县重点项目考核和政府投资项目税收落地3.93亿元。全年实现税收收入15.11亿元，增长10.0%。其中：主体税种完成9.14亿元，增长17.4%，对地方税收和地方财政贡献率为60.5%和45.0%；资源税等其他税种完成5.97亿元，增长0.3%，对地方税收和地方财政贡献率为39.5%和29.4%。全年一般公共预算收入占GDP的3.8%、占财政总收入的65.0%，税收收入占一般公共预算收入的74.4%。加强非税征管。推进六项非税收入征管职责划转税务部门，开展县级非税收入管理专项检查。强化非税收入预算编制管理，完善非税收入收缴执行情况分析制度。全县非税收入30.38亿元，增长20.8%，其中，纳入一般公共预算管理的非税收

---

*同口径：剔除新增一般债务因素的同口径增长率。

入5.20亿元，增长18.5%。向上争取到省、市各项补助、债券资金计36.18亿元，加大国有资产盘活力度，拓展可用财力增收空间。

【服务保障重大战略实施】 加强首位战略首位保障。科学技术支出1.34亿元，增长17.4%。健全创新激励和保障机制，出台科技企业双倍增奖励、科技悬赏奖等创新扶持办法，优化人才制度体系和发展环境，“引育留用”等各方面的人才资金投入增长149.9%。促城乡一体齐发展共富裕。投入15.92亿元用于燕窝山客运中心工程、526国道岱山段改建工程、美丽渔港活力港湾工程等建设。保障全国县级文明城市创建，支持城乡环境综合整治、智慧城管等工作。助力乡村振兴，争取到省财政厅一事一议财政奖补助推美丽乡村建设项目资金2000万元，实行区域协调和绿色转化财政专项激励政策，支持国内捕捞渔船“减船转产”。惠企纾困优化营商环境。落实落细财税、金融等各类支持政策，实行“即享即兑”模式，提高惠企政策兑现效率，全年兑现惠企政策资金9564万元。落实国家减税降费政策，全年为市场主体减免税费5.02亿元。引导金融机构服务实体经济，通过与公款存放有机结合等举措加强激励引导，助力企业纾困发展。

【保障民生事业发展】 全年民生支出38.56亿元，同口径*增长9.0%，占一般公共预算支出75.9%。提升公共服务质量。教育支出5.56亿元，完善学前教育、学生资助等财政支持政策，加大教师考核激励力度，一般公共预算教育经费比上年增长6.1%。促进文体事业繁荣发展，支持海岛系列特色文旅品牌建设，文化旅游体育与传媒支出1.18亿元。卫生健康支出3.07亿元，支持“健康岱山”建设，加强公共卫生防控救治能力建设，保障各类防疫需求，支持全民免费接种新冠病毒疫苗。健全社会保障体系。社会保障与就业支出6.53亿元，延续实施失业保险稳岗返还等政策，向失业人员、高校毕业生、灵活就业人员等人群发放各类补助3041万元。出台残疾儿童康复服务制度工作细则，支持养老服务供给侧改革，保障养老服务业建设及高龄老人补助等支出，落实惠民殡葬等政策。

【深化财政国资改革】 推进财政数字化改革。推进预算管理一体化系统建设，启用基础信息、项目库、预算编制三个模块，117家预算单位全部上线运行。政府采购项目全部实现电子化，降低企业招投标成本441万元。打造便民利民票据支付体系，全县财政电子票据改革单位覆盖率100.0%。涉农惠民补助资金全部通过乡镇公共财政服务平台“一卡通”发放，涉及金额2.95亿元。升级应用资产云信息管理系统平台2.0版，构筑全链条动态监管体系。深化国有企业改革。指导各集团公司完善企业内控制度，从权责清单、业绩考核、资产处置等方面制定专项制度10项；开展国企领域“八个方面专项治理”，落实县属国有企业公款竞争性存放管理；加强重点国有企业负责人年薪制管理和经营业绩考核，开展年度重点国企考核。

【强化监管防范风险】 强化支出管理。严控一般性支出，压减非刚性非重点项目10.6%。发挥集中支付管控作用，拒付不合规支付业务810笔，拒付金额1136万元，堵塞不合理开支关口；加强“三公”经费和会议费支出等各项经费监管。提高资金使用效益。加强全过程预算绩效管理，实现资金监控全覆盖。对美丽乡村建设专项资金等5个政策及项目进行重点绩效评价，对104个财政支出项目进行绩效自评、抽评。跟踪监控直达资金分配、拨付、使用等情况，统筹落实各项惠企利民举措。推进“政府公物仓”新模式，相关通用耗材批量采购同比节省资金67.3%。防范化解财政风险。完成隐性债务化解全年目标，遏制新增隐性债务。兜牢“三保”底线，防范社保基金风险，加强支出监控分析及基金保障风险评估研判。

【党建统领财为政服务】 落实意识形态工作责任制，推进党史学习教育走深走实，讲好党史学习教育财政故事，选派年轻党员参加浙江省青年理论宣讲，获二等奖。将“七张问题清单”作为抓工作的重要牵引，推动财政工作提质增效、除险保安。加强国企党建，将党建工作总体要求纳入公司章程，建立国企党建考核制度。强化“两新党建结对共建”，与金融机构、企业党组织联动开展“蓝海红帆　八百行动”等相关活动9次。党员干部带头投身疫情防控一线，融入全国县级文明城市创建工作。每季度召开专题会议研究部署党风廉政建设工作，定期开展政治生态评估，保持良好政治生态，引领财政改革走深走实。

（岱山县财政局供稿　徐　华执笔）

嵊泗县

【概况】 2021年，嵊泗县实现地区生产总值122.65亿元，按可比价计算，增长5.0%。其中：第一产业增加值36.74亿元，增长2.9%；第二产业增加值25.15亿元，增长20.2%；第三产业增加值60.76亿元，增长0.9%。三次产业结构比为30.0∶20.5∶49.5。按户籍人口算，全县人均生产总值167797元，增长6.4%。全县实现财政总收入12.51亿元，增长3.5%。全县一般公共预算收入8.81亿元，增长6.0%，其中税收收入5.10亿元，增长4.8%。全县一般公共预算支出30.74亿元，增长0.5%。全年财政收支平衡。

【组织财政收入】 加强财税联动，加大招商引资，培植增收潜力，优化收入结构。全年一般公共预算收入占GDP的7.2%、占财政总收入的70.4%，税收收入占一般公共预算收入的57.9%。规范非税收入征管，提升收缴效率，全年实现非税收入5.60亿元，

*同口径：剔除一般债券涉及民生支出科目因素影响。

其中纳入一般公共预算管理的非税收入3.71亿元,增长7.8%。

【支持经济发展】 立足嵊泗县情,助力海洋经济转型升级,全年全县海洋经济增加值占地区生产总值的78.0%。投入渔业转型升级资金2594万元,推进省级渔业转型发展先行区、省级健康养殖示范县培育创建。将一事一议财政奖补与扶持集体经济薄弱村建设相结合,投入1930万元,支持项目建设26个。推动省级乡村振兴示范项目开展,试点数字经济与乡村产业发展有机结合示范项目建设,投入5975万元支持“舟山大脑”嵊泗节点二期工程、乡村振兴产业提升云平台等项目建设,完成2个大洋山“渔光互补”生态高效养殖示范基地等智慧渔业示范点建设。安排现代渔业发展专项资金1200万元、渔农村综合发展专项资金924万元,助推渔农业增效、渔农民增收和渔农村增美。安排旅游发展专项资金2500万元,用于海岛民宿扶植、旅游配套设施建设等,推动全域旅游提质发展。落实惠企纾困政策,新增减税降费1.51亿元。

【助力城乡绿色发展】 推进美丽县城建设,助力城乡风貌整治提升行动,投入资金5800万元支持全国县级文明城市创建;投入专项资金2500万元支持“创园”园林绿化改造提升项目、海岛公园绿化美化等,打造共同富裕海岛新样板。打好“蓝天碧水清废净土”保卫战,投入资金3887万元支持垃圾分类、垃圾处理、环卫设施、污水零直排区建设等;投入海洋海岛生态保护资金1790万元支持海岸线整治、海漂垃圾打捞、渔业资源增殖放流等;投入山水林田湖草生态保护修复资金2000万元,“两山”发展指数跃升至全国第六。投入3000万元用于海岛渔村环境整治、基础设施建设、公共服务提升等重点项目,助推美丽乡村建设。

【保障民生福祉】 全县民生支出23.16亿元,增长0.6%,占一般公共预算支出的75.3%。全年卫生健康支出2.39亿元,支持卫生健康事业发展,做好疫情防控和医疗服务基础设施提升,健全重大疫情响应机制,优化医疗资源布局,县域医共体改革落地见效。全年教育支出3.23亿元,推进“双减”政策落地,提升教育基础设施和智慧校园建设,推动基础教育优质均衡发展。全年社会保障和就业支出2.31亿元,完善社会保障救助体系,加快养老服务机构等社保资源均衡布局。全年公共安全支出1.90亿元,推进“夜不闭户”等治安品牌建设,“一中心四平台一网格”*治理体系基本形成。全年文化旅游体育与传媒支出0.93亿元,支持文化惠民,推进体育场馆和休闲公园建设,助力公共文化体育服务均等化、优质化。

【深化财政改革】 推进财政数字化改革,上线预算管理一体化系统,推行国库授权支付改革,启用公款竞争性存放网上招标。完善政府投资项目管理系统,开通工程结算线上申请,同时接入县纪委工程项目全周期云监督平台。拓宽政府采购云平台,实现服务项目采购全过程电子化。完善乡镇财政管理,以五龙乡为试点建立以资金、实物、工程管控为核心的乡镇内部控制规范化信息平台。围绕收支绩效、管理规范化、财政可持续性等方面试点乡镇财政运行综合绩效评价。2021年嵊泗县乡镇财政管理工作作为先进典型在全省基层财政工作会议上作经验交流。

【做强国资国企】 整合国有企业资源,完成全民所有制改制工作。确定县交投公司为集团化运作试点企业,选取县旅投公司、县国投公司推行混合所有制改革,做强、做优县属国企,推动区域特色产业高质量发展。加大企业自我融资力度,完成浙江洋山港建设开发有限公司债券发行。强化国资国企监管,完善县属国企绩效考核方案,制定《嵊泗县国资监管事项办事流程(2021版)》,规范国有企业运营。推进国有企业监管信息和平台二期工程建设,加强全县县属国企债务风险分析与管控。

【防范化解风险】 加强政府债务管理,建立健全政府债务风险管控机制,统筹债务资金使用,加强政府债券资金“借、用、管、还”全生命周期闭环管理。全年全县政府债务余额32.71亿元,债务风险在可控范围之内,无隐性债务。强化政府投资项目管理,落实《浙江省政府投资项目管理办法》要求,科学合理安排政府投资预算。防范社保基金风险,摸清参保底数,分类开展资金测算,根据责任分担机制,落实企业职工养老保险基金全省统筹工作。加强基层财政管理,创新预算监督方式,规范乡镇财政预(决)算编制,联合人大财经工委开展监督,使审查制度化、监督全程化、批准法定化。

【加强党建引领】 全面落实从严治党主体责任,注重局党委理论中心组学习,重点学习党的十九届六中全会精神。结合党史学习教育,开展“六讲六学”宣讲活动、“庆七一·学党史”主题活动、“六个一”主题教育活动等,提升党员意识,筑牢意识形态防线。开展“文明创建、党员先行”等志愿服务活动,引导党员干部自觉践行党员义务,做文明创建的示范者。加强国企党建工作,将党建考核与企业年终绩效有机结合。推进党风廉政建设,落实“一岗双责”,制定党风廉政建设责任清单,创建清廉国企示范点。推进党建和业务深度融合,运用“财说课堂”“青蓝帮带”等载体,营造共同学习、互助学习的氛围,助力青年干部成长。

(嵊泗县财政局供稿　施伟伦　朱宸漫执笔)

注:

***“一中心四平台一网格”**:“一中心”,即指县社会矛盾纠纷调处化解中心;“四平台”,即指乡镇基层治理四平台;“一网格”,即指网格工作。

台州市财政工作

台州市

【概况】 2021年,台州市实现地区生产总值5786.19亿元,按可比价格计算,增长8.3%。其中:第一产业增加值303.94亿元,增长2.0%;第二产业增加值2543.01亿元,增长9.3%;第三产业增加值2939.24亿元,增长8.1%。三次产业结构比为5.3:43.9:50.8。按常住人口计算,人均生产总值87089元,增长7.4%。全市固定资产投资增长7.1%。社会消费品零售总额2605.62亿元,增长8.7%。货物进出口总额2399.36亿元,增长26.4%。全市城镇常住居民人均可支配收入68053元,增长8.7%;农村常住居民人均可支配收入35419元,增长10.0%。全市财政总收入770.06亿元,增长12.8%;一般公共预算收入455.43亿元,增长13.5%,其中税收收入383.73亿元,增长14.2%;一般公共预算支出734.78亿元,增长5.0%。市本级财政总收入83.94亿元,增长12.6%;一般公共预算收入44.27亿元,增长6.5%,其中税收收入32.34亿元,增长17.2%;一般公共预算支出104.30亿元,增长0.8%。全年全市及市本级财政收支平衡。

【组织财政收入】 强化收入预测分析。加强财政与各收入部门沟通联系,实时监控收入情况,加强数据分析研判,做好收支执行情况分析。全市一般公共预算收入占地区生产总值的7.9%,占财政总收入的59.1%,税收收入占一般公共预算收入的84.3%。强化非税收入征收管理。全市非税收入756.06亿元,增长14.3%,其中纳入一般公共预算管理的非税收入71.70亿元,增长10.2%。积极向上争资金。争取上级转移支付资金481.78亿元,其中新增债券额度195.63亿元,争取中央、省各项政策性、激励性、补助性等资金286.15亿元。

【服务经济发展】 落实减税降费政策。全市累计减免税费(不含社保)267.01亿元;落实社保费阶段性减免等优惠政策,减轻企业负担13.71亿元;办理增值税留抵退税57.83亿元。减免政府采购投标保证金和履约保证金,为全市供应商减少资金占用18.22亿元;取消采购文件工本费,为企业减负1.37亿元。落实直达机制。加快支出进度,全年兑付"两直"资金71.87亿元,支付进度96.3%。支持产业升级。全市落实制造业高质量发展专项资金(含数字经济产业专项资金)7.21亿元,促进数字经济和实体经济深度融合。落实政府数字化转型专项资金3.92亿元,支持"城市大脑"建设。落实现代服务业发展引导资金9700万元,支持现代物流园区、总部经济、新型专业市场等项目。支持科技创新发展。全市科技支出22.15亿元,增长26.3%。全力支持打造"台州湾科创走廊",出台孵化机构扶持、科技成果转化、科创基金管理等一系列政策。支持商贸发展。联合商务部门针对性出台外贸物流破难政策,全市外贸行业企稳回升,自营出口额2197.09亿元,增长24.8%。联合商务部门出台推动商贸业提质扩容和促进消费等若干意见;连续2年出台汽车销售奖补政策,累计补贴购车3万余笔。规范产业基金运行。制定实施《台州市政府产业基金绩效评价管理暂行办法》,提高基金使用效益。截至2021年年底,全市设立母基金8支,总规模78.25亿元。深化金融服务。连续3年获批中央财政支持深化民营和小微企业金融服务综合改革试点城市,累计获得财政部奖补资金9000万元。在台州市内发行总规模1.00亿元的"抵息券",用于受困小微企业抵扣贷款利息,惠及企业3万家。

【增进民生福祉】 全市民生支出551.96亿元,增长5.7%,占一般公共预算支出的75.1%。支持教育发展。全市教育支出158.15亿元,增长6.0%。保障国家职业教育高地试点建设,助推台州学院获批硕士授予单位和3个硕士专业学位授权点,探索建立财政补贴与服务性收费相结合的课后服务成本分担机制。支持医疗卫生发展。全市卫生健康支出70.91亿元,增长4.6%。支持综合医疗改革、医共体医联体建设等;保障疫情常态化防控以及定点救治医院和方舱医院建设、发热门诊规范化改造、重点人群核酸检测等,基本公共卫生服务人均补助标准提高到92元。完善社保体系。全市社会保障和就业支出85.39亿元,增长12.3%。城乡居民基础养老金标准由190元/人·月提高至235元/人·月。全市落实就业补助资金1.07亿元,增长35.7%;发放创业担保贷款3.72亿,增长4.8%,支持重点群体就业,鼓励创业和灵活就业。上线"台州利民保"*,财政承担近10万名贫困人员保费,最大程度减少"因病返贫"。支持乡村振兴。争取中央和省级涉农资金34.42亿元,增长21.7%。台州6个县(市、区)入围2021年省级乡村振兴集成创新示范县,奖补资金首期到位1.79亿元。全年落实2021年度一事一议财政奖补项目资金2.24亿元,增长0.6%,助力乡村村级公益项目建设。支持文旅发展。全市文化旅游体育与传媒支出16.90亿元,下降2.8%。支持国家公共文化服务体系示范区创新发展,加快建设文化发展高地、长三角最佳旅游目的地。

【深化财政改革】 编制《台州财政"十四五"规划》,加强财政对支持重大战略的前瞻性研究。推进电子票据改革。2021年5月,全省财政电子票据改革现场会在台州召开。11月,台州实现财政票据100%电子化,惠及医疗、教育、交通、不动产登记等全部用票领域。推进"政企通"*平台建设。迭代升级"政企通"财政资金兑付奖补平台,实现全市域、全专项、全流程上线,涵盖161项政策,完成项目申报487个,累计兑现政策资金10.96亿元,惠及企业31266户,兑付时间由原先平均90天提速至20天。深化政府采购改革。上线政府采购评审专家管理平台,对专家进行信用分级和数字化管理,提高政府采购质效。开展政府采购“春雷”专项整治行动，累计完成供应商建档9511家，开展差异化守信激励与失信惩戒，提高监管精准性。

【加强财政监管】 强化财会监督。强化行政事业单位内控建设，优良率提升52.9%。依托“资产云2.0”，优化国有资产配置和处置管理，完成处置资产248批次，处置资产原值3.19亿元。完成会计评估监督检查，开展扶贫资金专项检查问题整改“回头看”。根据中央及省委相关要求，开展全市违规发放津补贴奖金问题专项治理工作。防范化解债务风险。推进朱溪水库项目和沿海高速项目转型化债，得到财政部浙江监管局和省财政厅认可。防范社保基金风险。对全市被征地农民参加养老保险进行清理和完善，从2021年1季度起，市区土地出让金收入按10%提取风险金并及时返还3区，确保养老金安全运行。

【强化队伍建设】 强化机关党建。构建“党组领学、支部深学、全体共学”学习机制，全年累计组织各类学习100余次。深化“三服务”活动。联合台州市税务局开展“财税联万企”活动，走访企业5625家次，解读政策69735次。打造“一站式”财税服务平台，精准推送财税政策575万条次，累计破解企业发展难题603个。重视干部培养，全年开展23期菁年说、5期青年研学堂。调整交流干部13人，提拔中层干部12人。推进清廉财政建设。打造清廉“四财”*板块，设立“清风书吧”，获批台州市第四批“清廉文化进机关示范点”。

（台州市财政局供稿　杜依霖执笔）

注：

***“台州利民保”**：即台州唯一一款由政府引导支持、专门为台州市参保人员量身定制的商业补充医疗保险。

***“政企通”**：即政企通财政专项资金监管平台。通过将各类财政奖补政策整合到“一张网”办理，实现财政奖补项目兑付全流程“零次跑”、财会监督“提绩效”，打通政府政策落地的“最后一公里”。

***清廉“四财”**：即清廉聚财、清廉管财、清廉用财、清廉创财。

椒江区

【概况】 2021年，台州市椒江区实现地区生产总值752.14亿元，增长6.2%。其中：第一产业增加值18.98亿元，下降15.3%；第二产业增加值280.74亿元，增长6.4%；第三产业增加值452.43亿元，增长7.4%。三次产业结构比为2.5∶37.3∶60.2。按户籍人口计算，人均生产总值89915元，增长3.7%。全区固定资产投资增长4.5%；社会消费品零售总额318.71亿元，增长9.7%；外贸进出口总额359.77亿元，增长37.1%。全体居民人均可支配收入63483元，增长10.6%，其中城镇常住居民人均可支配收入75477元，农村常住居民人均可支配收入37093元，分别增长9.3%、9.5%。全年实现财政总收入84.20亿元，增长12.0%；一般公共预算收入50.87亿元，增长11.5%，其中税收收入48.24亿元，增长15.0%；一般公共预算支出58.28亿元，增长5.0%。全年财政收支平衡。

【依法组织收入】 联合各有关部门做好常规化收入分析预测，调研重点行业重点企业，梳理排摸税源费源变化情况，全程跟踪收入征缴入库进度，实现应收尽收。全区一般公共预算收入占地区生产总值的6.8%、占财政总收入的60.4%，税收收入占一般公共预算收入的94.8%。规范非税征管。全区实现非税收入51.64亿元，下降34.2%，其中纳入一般公共预算管理的非税收入2.63亿元，下降29.0%。盘活国有资产资源，把握土地出让进度，国有土地使用权出让收入45.23亿元。最大力度争取上级资金和政策支持，全年争取各类资金、债券资金41.40亿元。

【支持经济发展】 多方筹措资金，保障“经济高质量发展年”“环境高品质提升年”等活动，审核拨付财政扶持专项资金3.87亿元。完善惠企利民直达资金常态化工作机制，强化对直达资金发放情况的全覆盖、全链条监控，全年落实直达资金4.87亿元，支付进度93.7%。保障招商引资政策资金兑付。落实“人才强区”战略要求，兑现人才政策资金1.11亿元，增长285.0%。落实各项科技补助政策，科技资金投入1.84亿元，增长16.4%。规范政府产业基金运作，制定《椒江区产业基金管理暂行办法》《椒江区产业子基金管理暂行办法》，产业基金首期规模30.00亿元；出台《台州创谷基金港扶持政策10条》，打造全市首个百亿级基金港。落实减税降费政策，全年为市场主体减免税费38.26亿元。

【服务民生事业】 2021年，全区民生支出43.26亿元，增长5.4%，占一般公共预算支出的74.2%。教育支出12.20亿元，促进城乡教育均衡发展，提高农村义务教育水平。医疗卫生健康等支出6.13亿元，高质量推进“健康椒江”建设，强化常态化疫情防控资金保障，落实全民免费接种新冠肺炎疫苗所需经费。完善救助政策，制定社会救助“一事一议”实施办法，将因核对异常但实际困难对象纳入救助范围；低保标准由810元/人·月提高至880元/人·月。支持创新社会治理工作，落实全区专职社区工作者待遇保障经费2929万元，推进未来社区创建。保障“环卫一体化”经费3.68亿元，推进“全域保洁+垃圾分类”有效落实；保障社区老年食堂、九子山康养小镇、全市首个国有专业托育中心、公办幼儿园补短板等民生项目落地，提升“一老一小”公共服务水平。

【深化财政改革】 推进实施零基预算，完善能增能减、有保有压的预算分配机制。落实政府过“紧日子”要求，大力压减一般性和非急需非刚性支出2994万元。深化预算绩效管理，对年初预算安排20万元以上的项目进行绩效目标跟踪监控管理，覆盖项目532个，涉及资金8.27亿元；对全区所有部门914个项目开展绩效自评，覆盖资金63.87亿元；选取9个重点项目开展财政重点绩效评价，涉及资金7.27亿元。专题向区人大汇报重点民生工程项目绩效评价情况，自觉接受人大监督。推进财政数字化改革，开展“智慧绩效平台”改革试点。保障政府数字化改革，提升政府治理能力和服务水平，投资0.92亿元推进32个项目开发，上线“渔省心”“拆省心”“药省心”“付省心”“卫你办”等本地特色应用。实施非税电子化收缴和电子票据试点改革。防范化解政府性债务风险，建立政府融资举债实时监控及风险预警机制，政府债券发行控制在限额之内。加强基层财政财务管理，开展镇（街道）财政资金安全自查巡察、基层财政资金管理专项检查“回头看”，完成扶贫资金专项检查问题整改“回头看”。规范政府投资项目和国有企业平台项目实施全过程财政监管，对全区政府和国有企业投资项目开展工程建设、财务、项目招投标等督察。

【强化国资管理】 编制《椒江区国资国企改革发展“十四五”规划》，构建国有资本和区属国有企业做强做优做大的顶层设计。实施“国资国企高定位改革”行动，即“精英人才提升工程”，完成国有企业定员人员和管培生招聘及初步培养；“精彩项目强企工程”承接重点项目推进；“融资磁场打造工程”实现三家区属国有企业取得主体信用评级，提升国有企业直接融资能力，降低融资成本；“数字赋能信息化工程”完成县区级国有企业信息化平台架构搭建。深入推进清廉国企建设，把清廉国企建设纳入国有企业改革发展工作通盘考虑、一体推进。

【干部队伍建设】 以党史学习教育为载体，开展形式多样的主题党日活动，举办党史沙盘《长征·血战湘江》主题体验活动；联合椒江区税务局、椒江农商行、椒江区属国企打造“财税银企党建共同体”，构建党建联动大格局；以“大陈岛垦荒”为主题，创作编排情景剧《垦荒纪事》，获椒江区朗诵比赛一等奖，在“学习强国”等媒体平台展示。加强干部队伍管理，完善“能上能下、容错免责、正向激励”三位一体干部管理制度，规范领导干部个人有关事项报告、干部兼职、出国（境）、干部人事档案管理等工作。推进清廉财政建设，实施重点任务清单管理，构建“四责协同”机制。对照巡察整改，聚焦巡察组巡察反馈的40项问题，落实109条整改举措，做好巡察整改“后半篇”文章。局机关获市级“机关党建示范点”称号。

（台州市椒江财政局供稿　章佳琦执笔）

黄岩区

【概况】 2021年，台州市黄岩区实现生产总值587.47亿元，按可比价格计算，增长6.5%。其中：第一、二、三产业增加值分别为20.79亿元、274.40亿元、292.28亿元，分别增长1.8%、7.1%、6.2%。三次产业结构比为3.5:46.7:49.8。全区固定资产投资增速下降10.9%；社会消费品零售总额262.91亿元，增长6.1%；外贸进出口总额244.04亿元，增长20.1%。居民人均可支配收入56182元，增长9.7%，其中城镇常住居民人均可支配收入68313元，增长8.3%，农村常住居民人均可支配收入36184元，增长9.3%。全区财政总收入74.17亿元，增长10.1%；一般公共预算收入43.96亿元，增长10.5%，其中税收收入39.43亿元，增长10.9%；一般公共预算支出60.38亿元，增长2.5%。全区财政收支平衡。

【依法组织收入】 协调各部门的力量，加强收入调节力度，完成省市下达的收支目标任务数。2021年，全区一般公共预算收入占地区生产总值的7.5%、占财政总收入的59.3%，税收收入占一般公共预算收入的89.7%。全区非税收入45.98亿元，下降16.9%，其中纳入一般公共预算管理的非税收入4.53亿元，增长7.2%。向上争取资金，做好专项债券申报工作，2021年发行专项债券29.06亿元，其中，棚改专项债券14.30亿元，其他项目收益专项债券14.76亿元。

【培育优质财源】 支持实体经济发展。兑付涉企补助资金3.02亿元，为实体经济创业创新、转型升级、科学发展注入动力。落实各项减税降费政策，帮助市场主体纾困减负，全年减免各类税费24.54亿元。支持留工稳产。累计兑现规上工业企业电费奖励和达产奖励、限上批零住餐企业达产奖励、2021年新春红包和特产年货969万元。加大产业转型扶持力度。落实技改、信息化、节能、工业设计、亩均税收、科技等项目资金，累计兑现推进民营经济高质量发展政策资金1.32亿元。成立黄岩区政府产业基金，设立首期规模3.00亿元的母基金。推动直达资金精准落地。全年全区完成直达资金支出6.58亿元，支出率99.8%。

【保障民生支出】 全区民生支出49.21亿元，增长4.7%，占一般公共预算支出的81.5%。保障教育优先发展。全区教育支出13.84亿元，增长0.2%。支持教育基础设施建设，全面落实义务教育经费保障机制，加强对“双减”后义务教育学校托管服务的经费保障。提高社会保障水平。全区社会保障和就业支出10.46亿元，增长9.2%。主要用于城乡居民最低生活保障、城乡居民社会养老保险、孤儿基本生活保障、促进残疾人事业发展、促进就业创业等。促进“健康黄岩”建设。全区卫生健康支出6.02亿元，增长3.4%。主要用于基本公共卫生服务、县级公立医院改革、基层医疗卫生机构、加强常态化疫情防控、落实全民免费接种新冠肺炎疫苗等卫生健康领域。促进文化体育旅游事业发展。全区文化旅游体育与传媒支出1.47亿元，下降18.8%。保障区图书馆、文化馆新馆建设经费，落实公共文化设施、场所免费开放补助资金，逐步扩大博物馆、纪念馆免费开放财政补助范围。

【推进数字化改革】 推进财政票据电子化改革。2021年，全区上线财政票据领用单位299家,开具电子票据31万张。加快推进医疗收费电子票据2.0系统应用,区级公立医院、乡镇卫生院全部上线运行,开具医疗电子票据554万张。推进财政预算管理一体化进程。成立预算一体化建设工作专班,规范基础信息管理,对标业务规范和技术标准,优化预算管理流程,探索本地建设路径,全面上线预算管理一体化系统,实现对预算管理全流程的动态反映和有效监控。推进国有资产管理信息化建设。联合搭建黄岩区国有房(地)产智慧监督平台,解决国有房(地)产点多面广、管理不规范、统筹利用率低等问题,该项目被纳入浙江省公权力大数据监督应用场景"一本账S1",至2021年年底完成一期建设内容。推进政府采购数字化共建共享改革试点。全年有22家企业入驻"政采云""精品馆"。推动区政府采购预警监控管理项目建设,运用"数据分析、数据监管",提前发现政府采购领域违法违规苗头问题。该项目被列入省财政厅第一批政府采购数字化共建共享改革试点项目清单,入选数字经济系统第一批优秀省级重大应用。

【加强财政监管】 开展绩效考核。以单位自评为主、财政抽评为辅,对62个主管部门开展绩效考核。报送绩效目标1678个,涉及财政资金44.00亿元。加强政府采购监管。全年累计完成政府采购项目303个,采购预算金额7.06亿元,实际采购金额6.53亿元,节约资金5300万元,节约率7.5%。加强重点项目监管。全年审结备案政府投资项目1454个,送审金额122.92亿元,审定金额119.21亿元,净核减金额3.71亿元。推进财政资金竞争性存放。全年组织财政资金竞争性存放招投标2期,累计存放金额11.45亿元,增加收益951万元,帮助24家行政事业单位完成公款招投标。防范化解政府性债务风险。压实压紧化债职责,推动国有企业融资平台加快市场化转型,累计筹集20.90亿元财政资金用于化债。

【干部队伍建设】 履行全面从严治党主体责任,将政治建设摆在首位,从严从紧、落细落小抓好党的建设各项工作。通过日常提醒、集体警示教育、集体谈话、个别谈话等方式,推进全局党员干部作风建设。加强日常监督管理,实施"考勤+工作日志"方式,不定期监督检查干部的工作情况,提升干部的自律意识和工作自觉性。注重清廉机关建设,打造"五廉五财"*工作品牌,在办公楼区域布展廉政文化,增设"翠屏守望者"党建书吧和"甘泉亭"文化水吧。创建入选第三批"台州市清廉文化进机关示范点"。成立财政青年宣讲团,利用微信平台推出"青橘读史"栏目,全年开展青年上党课2次,推出青橘读史活动10期,推出"清明祭英烈"烈士家书诵读会3期,举办"庆祝建党100周年主题晚会",联合黄岩区纪委拍摄微电影《网》。做好财政网络信息安全建设,推进信息化项目实施,支持"数字黄岩"建设。加强规范性文件管理,完善财政管理责任制度体系建设,推广浙政钉掌上执法系统应用。

(台州市黄岩区财政局供稿 杨 卫 刘慧珺执笔)

注:

*"五廉五财":即清廉生财、清廉聚财、清廉理财、清廉用财、清廉铸财。

路桥区

【概况】 2021年,台州市路桥区实现地区生产总值716.66亿元,按可比价格计算,增长8.3%。其中:第一产业增加值14.19亿元,下降1.9%;第二产业增加值278.82亿元,增长9.1%;第三产业增加值423.65亿元,增长8.0%。三次产业结构比为2.0:38.9:59.1。按户籍人口计算,人均生产总值155249元,增长8.2%。全区固定资产投资增长13.5%。社会消费品零售总额407.27亿元,增长7.1%。外贸进出口总额382.60亿元,增长66.9%。城镇常住居民人均可支配收入82681元,增长8.7%;农村常住居民人均可支配收入40621元,增长10.1%。全区财政总收入76.24亿元,增长7.8%;一般公共预算收入42.61亿元,增长11.0%,其中税收收入38.19亿元,增长13.9%;一般公共预算支出47.62亿元,增长17.9%。全年财政收支平衡。

【强化收入管理】 强化收入征管。建立财政收入管理工作专班,深挖增收潜力,加强重点税源和重点税种监控,提高收入质量。全区一般公共预算收入占地区生产总值的5.9%、占财政总收入的55.9%,税收收入占一般公共预算收入的89.6%。全年实现非税收入80.44亿元,增长38.4%,其中纳入一般公共预算管理的非税收入4.42亿元。政府性基金收入75.69亿元,增长42.2%。向上争取资金。加大力度争取上级资金支持,推动区域经济发展。全年争取新增专项债券30.47亿元,增长32.5%。在"五水共治"、环保、城市建设、产业发展等领域做好资金申报工作,获得上级竞争性补助资金4.09亿元。

【服务经济发展】 落实减税降费政策。顶格落实中央及省委省政府出台的对市场主体纾困帮扶政策,全区税收减免31.94亿元,增长2.3%。优化营商环境。配合区经信部门贯彻落实《创建台州市工业4.0先行示范区实施方案》《加快推进制造业高质量发展的若干政策》《台州市路桥区初创期科技企业贷款贴息实施办法》等多项政策,加大对民营企业科技创新、数字化转型、产业创新平台、拓展国际市场、人才引进等方面的支持,落实各项涉企扶持资金2.55亿元。整治提升政府采购营商环境,对违规设置备选库、名录库、资格库,违规收取费用等情况开展自查清理。落实直达机制。加快支出进度,全年兑付"两直"资金3.50亿元,支付进度99.9%。保障重大项目建设。新增债券重点用于保障性安居住房建设、环境综合整治等急需项目,支持棚户区改造、交通道路建设、生态环境保护和水污染防治等一批重大项目实施。

【保障民生事业发展】 全区民生支出35.02亿元,增长12.3%,

占一般公共预算支出的73.5%。支持公共卫生体系建设。投入6011万元重点保障疫情防控、医疗卫生体系改造和设备采购等支出。支持教育事业发展。投入7836万元用于校舍建设及教学设施改善,缩小城乡、区域、校际教学软硬件差距。其中,投入1586万元发展"互联网+教育",建设新型教学空间18个。完善社会保障体系。实现区内个人自付医疗费用大于5万元困难群众全部清零,城乡居民养老保险基础养老金由190元/人·月提高至235元/人·月,全年投入资金1736万元用于养老服务体系等建设,建成困难老年人家庭适老化改造238户、镇(街道)居家养老服务中心3家。支持乡村振兴。全年安排"三农"资金14.44亿元,统筹用于美丽乡村建设、清洁家园、粮食生产等方面。落实一事一议财政奖补项目24个、资金1546万元,用于村庄道路、小型农田水利设施、村民公共活动场所建设。

【防范财政运行风险】 防范化解债务风险。加大土地出让力度,全面清理盘活国有土地,加大储备土地力度;推进国有企业转型升级,完成6家子公司转型平衡方案编制。防范化解运行风险。把"三保"放在财政支出的优先位置,保障基本民生、人员支出和机构运转;认真应对职工养老保险省级统筹,及时跟进被征地农民政策,守住不发生区域性、系统性风险的底线。防范化解基层财政运行风险。完成乡镇内控制度系统重构和优化调整,组织开展乡镇财政资金管理专项检查"回头看",开展乡镇公共服务平台建设,将70个涉农补助和民生补贴项目纳入平台发放,补贴资金1.90亿元,惠及群众71898人。

【深化管理改革】 推进财政数字化改革。路桥区入选"2021年省级乡村振兴集成创新示范建设区""政府采购金融服务管理试点"和省级"增值税发票电子化报销、入账、归档试点",被省财政厅列为"公款竞争性存放网上招标试点地区",提升财政管理数字化、智能化水平。加强财政绩效管理。加快形成全方位、全过程、全覆盖的预算绩效管理体系,提高财政资金使用效益,全年重点项目绩效评价涉及资金5338万元,核减199万元。推动国有企业改革发展。编制路桥区国资国企"十四五"规划,完善国企产业布局及产业链延伸,推进混合所有制改革、市场化招商改革、市场化招聘试点等工作,助力企业市场化转型。

【强化干部队伍建设】 强化党建引领。通过周一夜学、主题党日、实地参观、"清廉财政·百年潮涌·我心向党"朗诵会、"唱支山歌给党听"主题快闪等系列活动,推动党史学习教育走深走实。把党史学习教育同解决实际工作问题相结合,开展"我为群众办实事、我为企业解难题、我为基层减负担""财税联万企"等实践活动,打造"三服务"2.0版,为群众、企业、基层破解难题。制定《关于推进建设清廉财政的实施方案》,打造廉政文化阵地,设立廉政书架,发布廉政箴言,设置清廉屏保,丰富清廉财政内涵。加强干部队伍建设。开展财政干部队伍作风整顿专项行动,提振干部精气神。开展"认导师·促成长—红色好师徒"结对活动,为6名新入职及转岗不满一年的干部选派"老同志"结对互学,传承良好工作作风和过硬业务技能。

(台州市路桥区财政局供稿 程陈婷执笔)

临海市

【概况】 2021年,临海市实现地区生产总值819.87亿元,按可比价格计算,增长8.3%,其中:第一产业增加值54.16亿元,增长5.7%;第二产业增加363.18亿元,增长9.1%;第三产业增加值402.53亿元,增长7.9%。三次产业结构比为6.8:43.9:49.3。按户籍人口计算,人均生产总值为68258元,增长10.7%。社会消费品零售总额269.53亿元,增长5.0%,外贸进出口总额358.39亿元,增长28.3%;全市城镇常住居民人均可支配收入62993元,增长8.0%;农村常住居民人均可支配收入为35367元,增长10.0%。全市财政总收入111.63亿元,增长9.6%;一般公共预算收入66.02亿元,增长11.0%,其中税收收入56.82亿元,增长14.1%;一般公共预算支出105.97亿元,增长0.6%。全市财政收支平衡。

【强化收支管理】 成立财政收入管理工作专班,做好财政收入运行的分析研判。全市一般公共预算收入占地区生产总值的8.05%、占财政总收入的59.1%,税收收入占一般公共预算收入的86.1%。全市实现非税收入110.92亿元,增长35.2%,其中纳入一般公共预算管理的非税收入9.20亿元,下降4.9%。落实常态化直达机制,全年落实直达资金10.06亿元,出台直达资金实施细则和工作规范,为保就业、保民生、保市场主体提供支撑。全市新增债券资金10.75亿元,支持重大基础设施项目建设。落实党政机关过紧日子要求,压减一般性支出,全年非刚性、非重点项目支出预算压减13.3%,压减的资金统筹用于保障疫情防控和民生支出。

【助力经济发展】 落实减税降费政策。2021年,全市减免各类税费48.66亿元,兑现各类惠企资金14.84亿元,重点支持创新发展和产业升级,助力培育细分领域领军企业和专精特新"小巨人"企业。2021年,全市实现规上工业增加值248.03亿元,同比增长13.1%。完善产业基金管理。修订《临海市产业基金管理办法》,产业基金总规模100.00亿元,首期30.00亿元,带动产业转型升级和布局完善。连续3年获得全省振兴实体经济试点示范市考核优秀,2021年度获全省高质量发展示范市考核优秀。

【保障民生支出】 全市民生支出83.28亿元,增长1.93%,占一般公共预算支出的78.6%。卫生健康支出9.82亿元,支持卫生医疗事业发展,组建三大县域医共体,支持市一医院病房大楼扩建启用、浙大二院临海分院挂牌成立、台州医院东院区建成投用等。临海市获评省公立医院综合改革评价优秀市。安排专项资金1.41亿元,保障新冠肺炎疫苗接种工作。教育支出25.01亿元,支持教育事业发展,完成永丰镇中学、涌泉镇中心学校、上盘镇城山小学等26个项目建设,支持幼儿园扩容提升项目20个,新改扩建二级以上标准幼儿园8所,新增学位2520个。社会保障和就业支出10.19亿元,完善社会保障制度,城乡居民基础养老标准由190元/人·月提高至235元/人·月,城乡居民医疗保障财政补助标准由860元/人·月提高至905元/人·月。应对疫情导致物价上涨问题,拨付最低生活保障金7831万元,拨付特困人员集中供养经费557万元。深化落实一事一议财政奖补政策,助推美丽乡村建设提档升级,全年安排财政资金4163万元,建设项目61个。

【深化财政改革】 推进预算管理一体化系统建设,形成预算全过程闭环管理的财政整体智治。推进财政电子票据改革,全市用票单位全部执收项目启用财政电子票据,104家用票单位完成电子票据改革,开具各类电子票据116万份。深化国资国企改革,理顺理清国有资产现状,提升国有资本运营效率和投融资能力。开展乡镇内控指引试点,相关工作在全省乡镇内控现场会上做经验介绍。探索部门整体绩效、专项资金、事前绩效评价等改革,在台州市预算绩效管理优秀案例评选活动中成绩名列前茅。

【防范财政风险】 健全事前绩效评估机制,对新增政府投资项目5000万元以上、其他新增项目或政策在1000万元以上的均开展事前绩效评估。依法依规化解隐性债务。加强风险研判,全方位做好财政收支运行的分析研判,坚持"三保"支出在财政支出中的优先顺序,兜牢兜实"三保"底线。

【加强队伍建设】 学深学透百年党史。组织开展"沿着红色足迹学党史"现场教学活动,举办专题党课2场次。组织开展快闪、大合唱等一系列庆祝建党100周年活动,唱响财政好声音。组织国有企业参加台州市国资系统微型党课展示活动。推进"我为群众办实事、我为企业解难题、我为基层减负担"专题实践活动,解决医疗费、食品安全、农村困难群众危旧房改造等16方面民生实事问题。全面落实党风廉政建设"两个责任",履行"一岗双责"。

(临海市财政局供稿 潘心韵执笔)

温岭市

【概况】 2021年,温岭市实现地区生产总值1256.96亿元,按可比价格计算,增长9.3%,其中:第一产业增加值85.71亿元,增长3.9%;第二产业增加值559.22亿元,增长11.5%;第三产业增加值612.04亿元,增长8.2%。三次产业结构比为6.8∶44.5∶48.7。按户籍人口计算,人均生产总值103158元,增长9.6%。全市固定资产投资增长17.4%。社会消费品零售总额735.41元,增长9.9%。城镇常住居民人均可支配收入71025元,增长8.8%;农村常住居民人均可支配收入39667元,增长9.4%。全市财政总收入131.85亿元,增长10.8%;一般公共预算收入80.38亿元,增长11.5%,其中税收收入70.20亿元,增长16.1%;一般公共预算支出104.60亿元,下降2.6%。全年财政收支平衡。

【组织财政收入】 强化收入分析管理。深化财税协作及部门联动,健全涉税信息共享机制,加强组织收入统筹协调,实时监测收入入库情况,把握组织收入节奏。全市一般公共预算收入占地区生产总值的6.4%、占财政总收入的61.0%,税收收入占一般公共预算收入的87.3%。加强非税收入征管。深化政府统一公共支付平台应用,推进非税收入征缴改革,全年实现非税收入171.19亿元,增长36.1%,其中纳入一般公共预算管理的非税收入10.18亿元。

【促进经济发展】 落实减税降费政策。全年减免税费13.79亿元,办理增值税留抵退税9.97亿元。加快政策兑现速度。深化财政专项资金管理云平台应用,提高涉企奖补资金兑现效率,全年兑现涉企奖补资金4.25亿元。落实常态化直达机制,全年争取直达资金6.91亿元,支付进度100%。加大服务企业力度。举办财务总监能力提升培训班、"智慧财税大讲堂"、数字经济与智能财务培训班等会计服务活动13期,助力民营经济降本增效、转型升级。开展"三服务"活动和"财税联万企"专项行动,帮助企业解决实际困难。推进民营和小微企业金融服务综合改革省级试点,缓解企业融资困难。

【服务重大战略】 推进基础设施建设。加大交通重点建设项目支持力度,全年投入"两高"(即甬台温高速至沿海高速温岭联络线项目)联络线、81省道温岭段改建工程、228国道温岭城东至温峤段工程等交通网建设26.59亿元,投入台州机场改扩建工程资金2.00亿元。支持科技创新首位战略。落实市政府出台的《温岭市加快科技创新推动高质量发展的若干意见》等政策资金,加大财政奖补,激发各类市场主体积极性、创新性,全年科技支出2.69亿元,增长30.0%。支持乡村振兴战略。建立涉农资金统筹整合长效机制,全年整合涉农资金2.51亿元,集中用于乡村振兴。温岭市被列入2021年省级乡村振兴集成创新示范建设项目县,助力创建南部省级现代农业园区、坞根渔果特色农业强镇。争取基层政策性农业信贷担保试点,缓解新型农业经营主体融资难问题。全年实施村级公益事业建设一事一议财政奖补项目53个,总投资5470万元,温岭市被评为全省一事一议财政奖补工作成绩突出县。

【保障民生支出】 全年财政民生支出78.77亿元,下降1.6%,占一般公共预算支出的75.3%。提高社会保障水平。全年社会保障和就业支出11.90亿元,退休人员基本养老金实现17连涨,城乡居民基础养老金标准由190元/人·月提高至235元/人·月，城乡居民最低生活保障标准由810元/人·月提高至880元/人·月。拨付低保对象补助资金9483万元，残疾人“两项补贴”6181万元。支持医疗惠民事业。投入疫情防控经费1.58亿元，用于疫苗接种、核酸检测能力提升和区域核酸检测物资储备等，提高应急响应能力。全年卫生健康支出8.82亿元，支持推进县域医共体建设、公立医院综合改革、医保支付方式改革。支持教育事业发展。全年教育支出25.53亿元，用于实施“双高”建设，推进职业教育融合发展，落实义务教育“双减”政策，推动建立成本分担机制。支持文旅事业发展。全年文化旅游体育与传媒支出3.53亿元，支持全域旅游高质量发展、公共文化服务品质提升，助推省体育现代化标杆市打造。

【深化财政改革】 推进数字财政建设。推动预算管理一体化系统全面上线，单位覆盖面居全省前列。深化医疗电子票据改革，开展民办非营利医院全流程电子化票据改革试点。“浙里报”应用实现县乡两级贯通，实现县乡业务一体化推进的县市。争取到“浙里垫付”——掌上办公、“浙里垫付2.0”改革省级试点。深化国资国企改革。推动国有企业三年改革行动，2020—2021年完成实施方案任务的82.1%。调整完善市国有企业目标责任制考核办法，健全国有企业规范管理长效制度体系。完成温岭市水务集团AA主体信用评级。加快资产整合和闲置国有资产盘活利用。

【强化财政监管】 加强财政绩效管理。搭建全流程绩效管理链条，将事前绩效评估作为5000万(含)以上新增政府性投资项目申请预算的必备要件，实现绩效评价结果和预算安排相挂钩。绩效管理工作在省财政厅绩效“西湖论剑”上作典型经验交流。同步推进预算绩效审核改革省级试点。加大预结算审核力度。完成预算审核项目222个，核减项目资金3784万元，核减率1.4%；完成结算审核项目356个，核减项目资金1.79亿元，核减率12.4%。深化公款竞争性存放。开展公款竞争性存放网上招标省级试点，实施6期财政性资金存放招投标工作，涉及资金48.26亿元，逐步将存放范围扩展至各行政事业单位及镇(街道)。制定完善支出标准。出台机关干部异地学习锻炼住宿费用开支管理、镇(街道)人民调解案件奖励补助办法、物业管理费支出、规范档案管理费预算项目支出、教育系统劳务费支出管理等制度，完善支出标准体系。健全镇(街道)内控建设。争取到乡镇内部控制指引建设省级试点名额，选取坞根镇先行试点，出台《温岭市镇(街道)内部控制指引》，指导各镇(街道)建立健全内控体系，加强内控管理建设。

【加强队伍建设】 开展党史学习教育。组建局机关、国企、“两新”组织“三方学习联盟”，开展红色读书会、新老党员信仰对话、情景党课、红色直播间、百年党史知识挑战赛、“红帆引航·畅响财音”线上宣讲等各类活动。推进“双建”工作。先后获评台州市机关党建示范点、台州市清廉文化进机关示范点、温岭市级机关党建示范点、温岭市第一批模范机关创建工作先进单位。强化党风廉政建设。压紧压实主体责任和“一岗双责”，组织开展党风廉政警示教育动员会和中层干部集体廉政谈话会，以案为诫强化廉政教育。加强干部培养。组织开展“四个如何”*大讨论，全年征集到“金点子”73个，转化为上级试点工作10个，获得各级领导批示肯定17个。深化年轻干部三年培养计划，开展“师徒结对”“菁才说党史”“辞辩扬正气 博论树清风”主题辩论赛等活动，为年轻干部搭建展示交流学习平台。

(温岭市财政局供稿 金娴希执笔)

注：

“四个如何”：即如何进一步解放思想、开拓创新，如何抓好“七张问题清单”落实，如何推进高质量发展，如何谋划好明年工作。

玉环市

【概况】 2021年，玉环市实现生产总值711.39亿元，按可比价格计算，增长10.9%。其中：第一产业增加值40.92亿元，增长2.4%；第二产业增加值380.14亿元，增长11.7%；第三产业增加值290.33亿元，增长11.0%。三次产业结构比为5.8∶53.4∶40.8。按户籍人口计算，人均生产总值162676元，增长12.4%。全市固定资产投资增长10.6%。社会消费品零售总额239.88亿元，增长13.2%。进出口总额376.70亿元，增长39.2%。城镇常住居民人均可支配收入81806元，增长9.8%；农村常住居民人均可支配收入41871元，增长11.2%。全市财政总收入89.69亿元，增长11.6%；一般公共预算收入52.63亿元，增长10.0%，其中税收收入45.94亿元，增长14.6%；一般公共预算支出76.77亿元，增长12.1%。全市财政收支平衡。

【强化财政收支管理】 强化收入分析预测。成立财政收入管理工作专班，明确职责分工，细化工作要求，严密流程环节，加强收入预测分析，把握组织收入力度、进度和节奏。2021年，一般公共预算收入占地区生产总值的7.4%、占财政总收入的58.7%，其中税收收入占一般公共预算收入的87.3%。强化非税征收管理。全市实现非税收入63.35亿元，增长50.6%，其中纳入一般公共预算管理的非税收入6.69亿元，下降13.8%。加强财力统筹整合。盘活财政存量资金3.26亿元，统筹政府性基金18.10亿元纳入一般公共预算；全年压减支出2.02亿元，日常公用经费支出压减10.0%，保障重点项目支出，保障三分之二以上财力用于民生支出。非刚性、非重点项目支出压减10.0%以上。争取上级资金支持。全年省对市一般性转移支付11.53亿元，专项转移支付3.89亿元；争取新增债券16.20亿元、再融资债券13.30亿元、中央和省级“两直”资金5.03亿元、省厅调度款13.60亿元。

【服务经济发展】 助推乡村振兴。争取到一事一议财政奖补助推美丽乡村建设、乡村振兴文旦产业接二连三集成创新示范建设项目和农产品产地冷藏保鲜整县推进试点,入选省级乡村振兴集成创新示范建设县,集中财力支持重点产业,加速美丽乡村振兴发展。发挥基金集聚效应。建立产业基金项目储备库,出资3000万元设立永禧人才创业投资合伙企业子基金;出资1200万元完成青茂环保科技专项定向产业基金第二期投资;成立中鹿岛海洋牧场专项定向基金,并出资1500万元完成第一期投资;引进市场化管理基金公司,推进蓝湾资本港项目落地。落实减税降费政策。加大减税降费落实情况的跟踪和检查力度,累计减免税费27.19亿元、减免社会保险费7153万元。全年兑现各类财政奖补资金4.27亿元。

【保障改善民生】 全年民生支出55.88亿元,增长13.5%,占一般公共预算支出的72.8%。安排教育支出14.05亿元,增长5.3%,加大对学前教育、职业教育、成人教育等专项投入,支持教育基础设施建设。安排社会保障和就业支出10.12亿元,增长24.9%,完善困难群众救助体系,支持养老服务体系建设,落实社会保障风险准备金计提,防范基金支付风险。安排卫生健康支出6.96亿元,增长19.4%,支持公立医院购置大型设备、人才政策兑现、重点学科发展等健共体专项发展;优先保障疫情防控经费支出,下达疫情防控资金5660万元,用于门诊改造、设备购置、疫苗接种等项目,助推建设3个疫苗接种点和11个乡镇卫生院疫苗接种单元。安排文化支出1.60亿元,下降0.7%,支持博物馆、图书馆新馆、档案馆新馆工程建设,支持历史文化遗产保护及农村文化礼堂、广播传媒网络等建设。

【深化财政改革】 推进财政数字化转型。推进财政专项资金云平台场景创新应用,实现惠企政策资金"一站式"线上服务;推进预算管理一体化建设,全市行政事业单位实现财务核算云系统全覆盖;推进政府非税收入电子凭证库工作,开启非税资金拨付"无纸化"时代;推进电子医疗票据2.0上线,实现玉环市4所公立医院和11所乡镇卫生院全覆盖。深化国企国资改革。以市政府关于进一步加强市属国有企业发展的若干意见为国有资产监管的顶层设计,梳理31条深化国有企业改革行动任务清单,上线"财资大管家",完成国有企业债务风险大排查;将行政事业单位、打黑涉黑收缴资产等经营性资产划入国有企业,壮大企业资产,提高企业造血功能。全面推进预算绩效管理。将绩效管理纳入市对部门和乡镇年度考核范畴;建立6个实质性业务闭环制度体系,完善16大类1000多项共性绩效指标体系;建立健全财政监管内外协作联动机制。

【强化财政监督】 加强财政资金管理。开展行政事业单位往来款全面清理,收回财政暂付款等各项财政资金7.47亿元;建立社保资金和单位公款存放信息台账,完成行政事业单位资金竞争性存放统一公开招标6.73亿元、社保资金竞争性存放公开招标41.32亿元。加强国资国企资产管理。开展国资国企低效无效资产处置专项行动,完成107宗低效资产处置,涉及资金2.42亿元;推动国企领域突出问题专项整治,建设完善国有企业监管信息化体系,发行企业债券8.50亿元、公司债券18.00亿元。加强政府采购管理。开展政府采购领域妨碍公平竞争、供应商库违规设置情况清理,清理项目3个、到期失效项目13个。

【加强队伍建设】 开展党史学习教育。组建"红财五讲"*宣讲团、8090新时代理论宣讲团,开展集中专题学习25次;借助"红财大学堂",建成红财初心展馆,发布"学党史·铸财魂"专栏系列76期;打造"红企聚力"国企党建品牌,开展财政国企支部联建。获台州市机关党建优秀示范点。深化全面从严治党。开设廉政云课堂,制发廉政"口袋书",打造"莲声廉语"廉政档案文化墙,发布"廉镜苑"系列32期;实施正风肃纪行动24次,编发检查情况通报5期;廉政工作提示约谈1393人次,实施不文明行为抄告约谈4人;发送节前廉政"微"提醒。在全省财政系统全面从严治党工作会议上就"建设清廉机关、创建模范机关"作典型交流发言,获台州市清廉文化进机关示范点。提升队伍素质。组织开展2021年财政干部综合素质提升培训2期;建立优秀年轻干部信息库,完善年轻干部"成长档案",激励干部职工思想境界和业务能力"双提升"。

(玉环市财政局供稿 陈雅淑执笔)

注:

*"红财五讲":即"主要负责人带头讲、领导班子联动讲、支部书记专题讲、中层干部入户讲、青年干部创新讲"。

天台县

【概况】 2021年,天台县实现地区生产总值339.55亿元,增长9.8%,其中:第一产业增加值16.12亿元,增长5.7%;第二产业增加值137.52亿元,增长11.0%;第三产业增加值185.91亿元,增长9.3%。三次产业结构比调整为4.7:40.5:54.8。按常住人口计算,人均生产总值71862元,增长9.3%。全县固定资产投资增长0.3%。社会消费品零售总额63.19亿元,增长3.2%。进出口总额76.13亿元,增长30.4%。城镇常住居民人均可支配收入54800元,增长8.0%;农村常住居民人均可支配收入28909元,增长9.6%。全县财政总收入39.93亿元,增长16.5%;一般公共预算收入22.74亿元,增长11.5%,其中税收收入19.88亿元,增长13.5%;一般公共预算支出66.13亿元,增长24.2%。全年财政收支平衡。

【做大政府可用财力】 优化财政收入结构。全县一般公共预算收入占地方生产总值的6.7%、占财政总收入的56.9%;税收收入占一般公共预算收入的87.4%。加强非税收入管理。执行"收支两条线"和"以票控费、票款同步"规定,全年实现政府非税收入17.78亿元，下降3.9%，其中纳入一般公共预算管理的非税收入3.62亿元，增长30.7%。推进土地出让工作，全年实现土地出让金收入12.09亿元。向上争取资金。累计争取到专项资金13.89亿元，其中水系连通及水美乡村项目获国家级试点，得补助资金1.60亿元；争取新增债券9.90亿元。

【支持经济发展】 落实直达机制，加快支出进度，全年兑付“两直”资金7.87亿元，支付进度99.6%。保障和合小镇安置区、高铁广场等重大项目建设资金需求。加速兑现各类涉企政策扶持资金，助力企业转型升级，全年兑现惠企资金1.35亿元。落实人才新政2.0，全年兑现人才奖励资金2483万元。开展“三服务”活动，落实纾困减负政策，累计走访企业近150家，发放《财政扶持政策汇编》近800册，减免税费14.00亿元；开通“政企通”奖补项目申报平台，实施网络在线申报，在线即时反馈，实现“零次跑”服务。

【服务民生事业】 全县民生支出51.33亿元，增长23.5%，占一般公共预算支出的77.6%。支持教育事业发展。全年投入教育资金14.74亿元，增长12.3%，教育“两直”资金支付率100%，提高各学段生均支出标准，推进“双减”政策落地，保障实验小学始丰校区、特教中心主体工程建设。天台县通过全国义务教育优质均衡发展县省级初评。支持社会保障事业发展。全年投入社会保障和就业资金9.45亿元，增长108.8%。基础养老金标准由120元/人·月提高至190/人·月，城乡低保标准由660元/人·月提高至880元/人·月；推行残疾儿童抢救性康复制度，建立困难残疾人生活补贴和重度残疾人护理补贴制度。支持卫生事业发展。全年投入卫生健康支出6.26亿元，增长6.3%。城乡居民基本医疗保险财政补助标准由490元/人·年提高至905元/人·年，公共卫生经费标准由45元/人·年提高至70元/人·年；完成基层医疗卫生机构补偿机制改革、医共体改革等；支持医共体防控中心建设和中医院搬迁改造，打造健康天台品牌。保障疫情防控工作。全年落实疫情防控经费3997万元，确保疫苗接种、免费核酸检测和添置新冠检测设备等费用支出。支持乡村振兴。全年投入农林水资金8.45亿元，增长27.5%。重点支持农业农村领域推进共同富裕实践，健全村干部基本报酬稳定增长机制，落实村级组织正常运转经费。支持文化旅游事业。全年投入文化旅游体育与传媒资金1.46亿元，增长12.6%。支持诗路文化带建设、农村文化礼堂、历史传统村落保护等建设；落实旅游业发展专项资金3000万元，重点支持全域旅游发展。

【深化财政改革】 推进预算管理一体化系统上线。全县所有部门、乡镇街道依托预算管理一体化系统编制2022年预算，提高预算编制科学化、精细化水平。上线政府采购管理系统。实现采购预算编制、执行全过程线上贯通，提升政府采购管理水平。逐步完善“政采云”信息化系统。推进财政电子票据管理改革。全县所有公立医院(包括乡镇基层卫生院)实现医疗票据全流程电子化，累计开票110余万张。推进“乡镇公共财政服务平台+一卡通”建设。协调县社保中心、县银行系统等机关部门，打通社保卡跨省域、跨银行发放堵点，所有分配到人(户)的涉农补助和民生补贴财政资金直接发放到社保卡，实现“一卡通”。推进公款竞争性存放网上招标试点。建立完善公款竞争性存放专家库，开展网上招投标培训，完成县17家行政事业单位公款竞争性存放，涉及资金4.08亿元，其他财政资金1000万元。加快国有企业改革。推动全县国有企业资金统筹调剂使用，节约资金成本；探索多渠道筹集资金，发行公司债10.00亿元，企业债9.50亿元，提高国有资本运营能力。

【推进世行贷款项目建设】 通过创新管理模式、健全运维体系、优化审批流程等方式，推进世界银行贷款农村生活污水处理系统及饮水工程项目建设，新建和改善81个行政村167个自然村的给排水设施，受益人口31万，该做法在全省财政金融工作视频会议上作经验交流。

【加强队伍建设】 开展党史学习教育。通过搭建“红色平台”“学习平台”“宣讲平台”“联盟平台”等四大平台，推动党史学习教育走深、走心、走实。坚持领导干部示范学、专题研讨交流学、党课辅导引领学、青年论坛常态学、主题党日活动实践学，全年开展党员大会、支部主题党日等集中学习65场次、机关学习会31场。突出党建引领。以“深化三服务、对标勇争先”实践为载体，打造“党建共建3合1财政惠民0距离”党组书记领办基层党建项目。强化作风建设。开展警示教育活动，履行全面从严治党主体责任，开展全面从严治党暨县委巡察整改推进会，日常教育约谈187人次。组织开展全县财政系统干部队伍作风整顿专项行动。

(天台县财政局供稿　张玲珍执笔)

仙居县

【概况】 2021年，仙居县实现地区生产总值282.84亿元，按可比价格计算，增长5.1%。其中：第一产业增加值16.86亿元，增长2.9%；第二产业增加值114.36亿元，增长2.2%；第三产业增加值151.62亿元，增长7.6%。三次产业结构比为6.0∶40.4∶53.6。全年固定资产投资下降7.4%。社会消费品零售总额116.16亿元，增长9.6%。城镇常住居民人均可支配收入49620元，增长8.5%；农村常住居民人均可支配收入26956元，增长10.2%。全县财政总收入37.12亿元，增长12.6%；一般公共预算收入21.81亿元，增长10.0%，其中税收收入17.99亿元，增长9.8%；一般公共预算支出55.90亿元，增长4.5%。全县财政收支平衡。

【组织财政收入】 加强与税务、国土等部门协作，挖掘增收潜

绿色能源点亮乡村

力,培植优质税源,做好组织收入工作,完成收入目标。全县一般公共预算收入占地区生产总值的7.7%、占财政总收入的58.8%,税收收入占一般公共预算收入的82.5%。规范非税收入管理,全县实现非税收入26.94亿元,下降4.5%,其中纳入一般公共预算管理的非税收入3.82亿元,增长11.0%。全年新增地方政府债券10.20亿元,其中一般债券3.20亿元,专项债券7.00亿元。

【支持经济发展】 配合相关部门修订支持制造业、建筑业、股权投资、外经贸等重点行业转型发展的一揽子扶持政策,精准施策帮扶重点行业发展。打好政策组合拳,落实好减税降费政策,全年为企业减免税费10.83亿元。安排涉企补助资金9240万元,支持企业技术改造、创业创新、扶持制造业高质量发展。安排科技支出4824万元,增长17.8%,推进产业创新综合体、科创平台建设;兑现研发补助、知识产权奖励、创新券等政策资金,激发企业加大研发投入。运用"政采贷"平台服务中小企业,提供融资1390万元,缓解中小企业融资难题。打通直达资金兑付快车道,完善直达资金管理机制,7.07亿元惠企利民资金快速直达,分配率和资金支出进度均达100%。

【助推乡村共同富裕】 通过"乡镇公共财政服务平台+一卡通",累计发放涉农惠民补助资金3.67亿元,惠及14万人。运用政府采购政策激发乡村振兴内生动力,推进政采云"乡村振兴馆"建设,交易额168万元。下达一事一议财政奖补项目28个,项目总投资4129万元,惠及16个乡镇(街道)、28个行政村,受益农村人口4万人。溪港乡金竹溪村和淡竹乡下叶村入选省一事一议财政奖补建设成效显著村。

【改善民生事业】 全县民生支出42.47亿元,增长7.3%,占一般公共预算支出的76.0%。全县为民办实事项目支出7273万元,支持城镇老旧小区改造、"微公交"绿色出行、城区公交老年人免费乘坐等惠民项目。全县教育支出10.69亿元,增长5.7%,支持创建全国义务教育优质均衡发展县,完善教育基础设施。支持打好疫情防控阻击战,支出3744万元保障全民免费接种新冠疫苗、大规模核酸检测和应急突发抢救设施配置。全县卫生健康一般性支出6.85亿元,推进福应街道社区卫生服务中心迁建主体工程完工和人民医院、下各中心医院、第五人民医院迁建。全县交通支出3.93亿元,推进G351国道界岭头至桐桥段改建工程、东岭下至黄粱陈公路改建工程、椒江至武义公路仙居朱溪至白塔段工程等重点交通项目。全县社会保障与就业支出7.38亿元,加大财政就业专项资金、失业保险促进就业资金统筹力度,支持实施积极的就业创业政策;加大困难群众兜底保障力度,提高最低生活保障、特困人员护理补贴标准,残疾人护理补贴"三项标准";完善社会福利体系建设,支持加快儿童之家、残疾人之家、居家养老服务中心等建设,仙居县财政局被评为台州市残疾人工作突出贡献集体。

【深化财政改革】 推进公款竞争性存放网上招标试点工作,实现线上线下双线运行招投标。运行仙居县政府性项目资金管家平台,促进政府性项目投资监管提速增效。推进行政处罚和罚款收缴一体化、数字化、在线化运行,实现100%覆盖。实施非税征管电子拨款凭证,非税资金拨付迈入"无纸化"时代。推广使用政府采购"网上服务市场",287家供应商入驻网上服务市场,交易额1904万元。推广乡镇街道国库集中支付电子化改革,提高乡镇国库集中支付的安全性和支付效率。推进预算单位财务核算云上线,全年新上云试点单位162个,实现预算单位全覆盖。

【加强财政监管】 强化绩效管理。健全预算绩效管理制度,出台项目支出、财政支出绩效评价管理办法和预算绩效运行监控管理办法。预算编制所有项目实施绩效目标审核,采用"红黄蓝"预警及时纠偏;选取5个项目资金开展重点绩效评价,对绩效差的项目相应核减下年预算资金。仙居县科技局部门整体支出绩效评价等3个案例获评台州市预算绩效管理优秀案例。强化风险防范。健全内控制度,完善财政专项资金管理风险内部控制办法、机关运转风险防控管理办法等9个专项内控办法及15个操作规程,防控内部风险。开展财会监督,清理编外财务人员,规范单位委托代理记账行为。

【干部队伍建设】 开展党史学习教育。创新学习模式，开展系列有财政特色的学习教育活动。梳理"三为"实践活动问题清单、项目清单，全年实现问题整改100%、实践项目推进进度100%，将党史学习教育成果转化为业务工作实绩。推进全面从严治党。强化政治理论学习，推进清廉财政五大体系构建，常态化开展日常监督、组织效能督查、"四风"专项检查等，开展"清风财韵"系列活动。提升队伍素质。开设财政讲堂、创新"异岗体验"，提升财政队伍干事能力。开展各类服务活动，全年组织500余人次赴社区、街道开展志愿服务。局机关党委获评县级先进基层党组织；团支部获评台州市五四红旗团支部、县先进团组织等荣誉。

（仙居县财政局供稿　朱梦娇执笔）

三门县

【概况】 2021年，三门县实现地区生产总值319.50亿元，增长8.6%。其中：第一产业增加值36.62亿元，增长3.2%；第二产业增加值154.45亿元，增长10.9%；第三产业增加值128.42亿元，增长7.6%。三次产业结构比为11.5∶48.3∶40.2，按户籍人口计算，人均生产总值71721元，增长8.9%。固定资产投资总额增长25.8%。社会消费品零售总额111.16亿元，增长7.0%。外贸进出口总额86.03亿元，增长23.6%。全县城镇常住居民人均可支配收入55072元，增长9.0%；农村常住居民人均可支配收入30944元，增长9.3%。全县财政总收入41.29亿元，增长55.2%；一般公共预算收入30.14亿元，增长86.5%，其中税收收入14.70亿元，增长10.4%；一般公共预算支出54.82亿元，增长2.0%。全县财政收支平衡。

【组织财政收入】 加强统筹协调。发挥县地方财税收入协调领导小组办公室的作用，加强财税协作，把握好收入节奏，优化财政收入结构。全县一般公共预算收入占地区生产总值的9.4%、占财政总收入的73.0%；税收收入占一般公共预算的48.8%。加强非税收入征管。推进非税收入线上线下一体化收缴，全年实现非税收入28.22亿元，其中纳入一般公共预算管理的非税收入15.44亿元。

【支持经济发展】 落实直达机制，全年落实直达资金6.11亿元，支出进度100.0%。落实减负降本减税政策，全年为市场主体减免税费6.81亿元。集中其头山矿业权出让收益40.92亿元，专项用于甬台温高速公路至沿海高速公路三门联络线项目。梳理完善助企惠民政策，加快财政性资金审核兑现速度，全年兑现政策资金1.49亿元，引导企业技术改造、传统块状经济转型升级，扶持新兴产业、高新技术产业、智能制造发展和新业态培育。支持乡村振兴，谋划土地出让收入用于农业农村发展政策，拓宽乡村振兴资金来源。健全涉农资金统筹整合机制，整合涉农资金1.65亿元用于三门县青蟹产业深度融合集成创新示范项目建设，7450万元用于三门县大宗农产品交易中心建设。开展一事一议财政奖补工作，安排奖补资金2267万元。支持村级公益事业项目24个，总投资4681万元。

【增进民生福祉】 全县民生支出39.30亿元，下降1.1%，占一般公共预算支出的71.7%。支持教育振兴战略。全年安排教育支出10.28亿元，增长2.0%。持续推进教育现代化建设进程，支持打造教育金名片。完善社会保障体系。全年安排社会保障和就业支出6.14亿元，下降15.9%。用于健全医疗保险和社会救助体系，保障困难群众基本生活。做好防疫资金保障。在预算安排、资金拨付、政府采购等环节启动绿色通道，支持疫情防控，相关经费累计支出1063万元。支持"健康三门"建设。全年安排卫生健康支出5.38亿元，增长7.4%。支持卫生基础设施建设，补齐医疗卫生短板，投资建设三门县人民医院妇女儿童住院大楼、医技综合楼等一批项目。支持文化体育事业发展。全年安排文化体育支出9838万元，增长3.3%。统筹规划全县文化和体育产业发展，完善公共文化体育服务体系。

【防范化解财政运行风险】 防范化解政府债务风险，安排资金2.31亿元化解存量债务。防范化解社保基金风险，强化社会保障风险准备金管理，推进企业职工基本养老保险省级统筹，为省级统筹分担责任额1.95亿元。防范化解基层财政风险，加大乡镇财政机构队伍建设，组织开展综合素质提升培训、内部控制报告编报培训、财务核算云应用业务培训等；配合省财政厅开展对乡镇财政机构设置及人员编制情况调研，加大对乡镇财政资金监管。

【强化财政管理】 完善预算管理制度。实行全口径预算编制，加强预算编制精细化管理，强化"三公"经费预算管理，厉行节约，落实政府过紧日子相关要求。推进财政数字化改革。推动财政预算一体化建设；加快推进财政电子票据改革，覆盖学校、医院、法院、检察院、公安等所有执收单位，服务240余万人次。深化预算绩效管理改革。开展全生命周期绩效管理，提升绩效管理水平。推进绩效目标全覆盖，完成绩效目标编制预算项目695个，涉及预算资金39.26亿元，增长91.7%；对预算执行进度和绩效目标实现程度实施"双监控"。

【干部队伍建设】 开展党史学习教育，学习习近平总书记"七一"重要讲话精神等，注重党的政治建设，发挥党员干部先锋模范作用，做好疫情防控、扶贫帮困、文明创建、平安建设等服务保障工作。提升财政干部服务大局的能力和水平。全面落实党风廉政建设主体责任和班子成员"一岗双责"，开设廉政党课，提升廉洁意识，推动政治生态和理财环境清正清明。

（三门县财政局供稿　黎家辉执笔）

丽水市财政工作

丽水市

【概况】 2021年,丽水市实现地区生产总值(GDP)1710.03亿元,按可比价格计算,增长8.3%。其中,第一产业增加值107.84亿元,第二产业增加值637.27亿元,第三产业增加值964.92亿元,分别增长2.1%、9.2%、8.4%,三次产业结构比为6.3:37.3:56.4。按常住人口计算,人均生产总值68101元。社会消费品零售总额822.87亿元,增长13.1%。进出口总额329.30亿元,下降4.1%。其中,出口287.40亿元,下降4.3%。城镇常住居民人均可支配收入53259元,增长9.7%,农村常住居民人均可支配收入26386元,增长11.6%。全市财政总收入270.91亿元,增长12.8%;一般公共预算收入163.97亿元,增长14.0%,其中税收收入137.85亿元,增长17.2%。全市一般公共预算支出545.69亿元,增长3.5%。市本级财政总收入71.21亿元,增长12.1%,一般公共预算收入44.17亿元,增长14.8%,其中税收收入38.77亿元,增长20.3%。一般公共预算支出84.30亿元,增长2.2%。当年全市和市本级财政收支平衡。

【组织财政收入】 2021年,全市一般公共预算收入占GDP的比重为9.3%,其中市级为14.0%,一般公共预算收入占财政总收入的比重为60.5%,其中市本级为62.0%;税收收入占一般公共预算收入的比重84.1%,其中市本级为87.8%。加强税收收入管理。落实地方税收收入协调机制议事规则,坚持收入总量和质量并举。规范非税收入管理。2021年全市非税收入400.96亿元(含国有土地使用权出让收入331.11亿元),其中纳入一般公共预算管理的非税收入26.11亿元;市本级非税收入188.22亿元(含国有土地使用权出让收入177.23亿元),其中纳入一般公共预算管理的非税收入5.40亿元。向上争取资金。争取地方政府新增债券162.01亿元,其中市本级60.20亿元。成功申报瓯江源头区域山水林田湖草沙一体化保护和修复工程项目,获中央财政20.00亿元补助支持。推进百山祖国家公园创建工作,获省财政百山祖国家公园专项资金2.00亿元。

【支持经济发展】 落实减税降费政策。2021年,全市减负降本减税56.15亿元,兑付涉企类财政扶持资金41.83亿元,在产业扶持、小微培育、复工复产等方面发挥积极作用。完善直达资金管理。推进"两直"资金支付工作,2021年全市直达资金总量67.18亿元,支付进度99.6%,直达资金综合评价工作位列全省各地市前列。推进融担一体化进程。政府性融资担保一体化覆盖市区、龙泉、缙云、松阳、景宁等地,2021年末在保余额10.20亿元,在保户数604户。加快产业基金运作。组建数字经济、乡村振兴、人才科技等主题基金,宁波—丽水山海协作产业基金协议投资3.20亿元,嘉兴—丽水山海协作产业基金协议投资1.20亿元。发挥基金招商作用,高质量产业基金投资4.00亿元,引入中欣晶圆项目落地丽水开发区。助力人才科技工作。全市人才科技支出16.22亿元,增长22.1%。其中市本级支出3.63亿元,增长21.7%。助推"招才引智"重大决策实施,兑付高层次人才、高校毕业生津补贴、安家补助、"绿谷精英"等项目奖励资金。

【保障民生重点】 全市民生支出403.90亿元,增长1.4%,占财政支出的74.0%,其中市本级支出56.47亿元,占财政支出67.0%。支持教育事业发展。全年教育支出87.01亿元,增长3.6%,其中市本级支出14.58亿元,增长7.6%。落实义务教育阶段学生"双减"政策经费保障,幼儿园保育费资助标准提高到每年每人7500元,高校生均基准定额提高到1.25万元,助推丽水学院成功建设硕士学位点。加大社会保障力度。全年社会保障和就业支出67.00亿元,增长6.4%,其中市本级支出5.65亿元,增长19.1%。稳步提高民生保障水平,最低生活保障从850元提到910元,城乡居民基础养老金标准从180元提到225元。统筹各类资金,助力打造具有丽水特色的"居家和社区养老"模式。支持卫生健康事业。全年卫生健康支出54.85亿元,增长4.0%,其中市本级支出5.41亿元,增长13.3%。保障疫情防控应急能力建设,全力支持疫情防控工作。2021年全市投入疫情防控资金6.34亿元。支持文旅体事业发展。2021年全市文化旅游体育与传媒支出14.94亿元,增长19.8%。市本级安排文旅融合专项资金3053万元,做好"文明城市创建""建党100周年系列活动"等重点工作预算资金管理。保障第五届丽水市运动会、百山祖国家公园环丽水全国自行车赛等大型本土特色赛事举办。助力乡村振兴。全市一般公共预算"农林水"支出65.55亿元,增长2.42%,其中市本级支出2.63亿元。稳步提高土地出让收入用于农业农村比例,2021年全市土地出让收入用于农业农村占比达到4%以上。出台《丽水市本级乡村振兴专项资金管理办法》,规范资金管理。

【深化财政改革】 推进数字化改革试点。落实数字化改革"1+5"*建设要求,形成"1+2+4"*丽水财政数字化改革总体框架。争取到预算管理一体化系统、数字财政综合应用门户、浙里报等3个省财政数字化改革试点项目并着力推进。上线运行丽水市财政局综合办公平台FOA 4.0。推进部门整体绩效预算改革试点。强化部门主体责任,选定丽水市水利局作为试点单位,开展绩效预算管理改革,将绩效管理贯穿于部门预算全过程。推进预算绩效管理改革。承担省"完善重大财政政策绩效评价机制"的改革试点任务并取得实质性成果。推进公益二类事业单位财政保障改革试点。推行公益二类事业单位基本支出按现有管理方式、项目支出按"公益职能保障+政府购买服务"方式的新财政保障模式,选择丽水市质检院开展改革试点。

【加强财政监管】 加强财政监督。重点围绕行政事业单位的内部控制建设、政府采购、培训费、劳务费等10方面内容，对15家行政事业单位开展专项监督检查，发现126个问题并全部完成整改。防范化解债务风险。2021年地方政府债务风险指标处于绿色区域，地方政府债务风险总体可控。出台《丽水市本级地方政府专项债券暂行管理办法》。持续开展防范化解地方政府隐性债务风险专项行动，完成存量隐性债务年度化解任务。强化投资项目审核。审核政府投资项目177项，节约财政性资金8.51亿元。加强支出监管力度。从严从紧编制部门预算，全市财政一般性项目支出压减11.2%，其中市本级压减10%。规范公款存放管理，实施市本级财政专户资金竞争性存放2期，涉及金额27.00亿元。

【加强队伍建设】 开展党史学习教育。针对党史学习教育各阶段要求，组织开展党史学习教育进家庭"五个一"*和党史故事大家讲、主题党日比拼、全市财政系统朗诵比赛等系列活动。局机关党委被省委授予"浙江省先进基层党组织"荣誉称号。加强党风廉政建设。压紧压实全面从严治党主体责任，完善党组主体责任、党组书记第一责任、班子成员"一岗双责"。每季度召开局党组专题例会，持续加强廉政风险防控，梳理廉政风险点51项，获全市"建设清廉机关、创建模范机关"工作先进集体。推进法治财政建设。开展"迎七一"宪法宣誓、新提任科级干部宪法宣誓。开展普法宣传，出台《丽水市财政局法治宣传教育第八个五年规划》。提升干部素质。组织"财政讲坛"11期，与浙江财经大学公共管理学院签订战略合作协议。2021年，市财政局连续第4年获全省财政管理绩效考评优秀，连续第8年获市委、市政府综合考核优秀。

（丽水市财政局供稿　应　佳执笔）

注：

*"1+5"：1是一体化智能化公共数据平台，5是5个综合应用，党政机关整体智治、数字政府、数字经济、数字平台、数字法治等5个综合应用。

*"1+2+4"：数字财政一个门户、两个平台和四个系统。

*"五个一"：宣讲一次入党誓词，讲一个革命故事，唱一首革命歌曲，看一部红色影视剧，读一本红色书籍。

莲都区

【概况】 2021年，丽水市莲都区实现地区生产总值453.53亿元，按可比价格计算，增长8.9%。其中：第一产业增加值21.18亿元，增长0.3%；第二产业增加值142.38亿元，增长11.6%；第三产业增加值289.97亿元，增长8.3%。三次产业结构比为4.7∶31.4∶63.9。按常住人口计算，人均生产总值80484元。全区实现财政总收入32.00亿元，增长5.4%，其中：一般公共预算收入19.50亿元，增长8.6%，税收收入16.51亿元，增长12.9%；一般公共预算支出54.48亿元，下降0.4%。全区地方财政收支平衡。

【组织财政收入】 贯彻"全区一盘棋"方略，深化财税协作和条块联动，加强收入形势分析研判，科学制定收入组织方案，开源挖潜、量质并举，推动财政收入运行与经济发展保持同步。一般公共预算收入占财政总收入的60.9%，占GDP的4.3%；税收收入占一般公共预算收入的84.7%。加强非税收入征管，全年组织非税收入10.98亿元，下降26.6%，其中纳入一般公共预算管理的非税收入2.99亿元，下降10.4%。加大结余结转资金清理及存量资金盘活力度，盘活存量资金9343万元。加大"开前门"力度，争取新增债券资金8.00亿元。

【支持经济发展】 服务"双招双引"（招商引资，招才引智），保障招引平台、队伍建设资金需求，加快人才集聚与产业转型融合发展。落实减税降费政策，加大普惠性税收优惠政策对小微企业、农村金融发展的支持力度，实现"放水养鱼"。健全财政与金融、产业政策协同联动机制，安排1.14亿元支持传统制造业转型升级，安排7024万元支持发展现代服务业。分配直达资金项目31个，支付资金累计5.89亿元。拨付各类企业疫情专项补助1069万元。全年政采贷融资规模1194万元，帮助企业缓解融资困难。落实财政保障资金21.2亿元，支持交通、高新技术产业、生态环保和农田水利设施建设，加快推进东西岩客运综合交通枢纽项目、莲都区青少年宫迁建等大批区级重点项目，启动莲都-义乌科技创新研究院等科创集聚平台建设。

【服务民生事业】 全年民生支出44.60亿元，增长1.0%，占一般公共预算支出的81.9%。安排教育支出7.81亿元，增长1.14%，支持教育教学装备更新、民办学校发展，助力创建全国学前教育普及普惠区、全国义务教育优质均衡区。安排社会保障和就业资金9.16亿元，增长2.6%，优化调整民生保障待遇政策，累计拨付最低生活保障、特困人员救助供养资金8808万元，补发城乡居民基本养老保险基础养老金等2106万元。全区城乡居民基本养老保险基础养老金标准提高至225元/人·月。安排卫生健康支出7.36亿元，增长2%，城乡居民基本公共卫生服务财政补助标准提高至70元/人·年。安排疫情防控资金7000万元，落实全民免费接种政策，保障新型冠状肺炎疫情防控。投入6.16亿元用于推进城镇老旧小区提升改造、城镇管网改造等新型城镇建设项目，落实5.45亿元重点推进碧湖田园新城建设，投入6.15亿元重点支持土地整治、涉林改造和小流域治理工程。

【推进乡村振兴】 统筹分配区域协调资金1.50亿元，支持农业主导产业发展、产业融合、美丽乡村建设。落实3609万元专项扶贫资金，守好"米袋子""菜篮子"。统筹安排1.65亿元加快建设"大搬快聚富民安居"等住房保障工程。全区农村常住居民和低收入农户年人均可支配收入同比分别增长11.8%、16.8%，农村常住居民收入绝对值排名全市第一。开展"三跑三降"活动，定期会商解决融资难题，加大惠农支农扶农力度。推广“乡镇公共财政服务平台+一卡通”，全年涉农惠农补助项目106个，发放补助资金3.27亿元，惠及50.68万人次。

【深化财政改革】 上线公款竞争性存放网上招标系统，入选全省第一批试点区。加快推进财政数字化改革，上线“资产云”2.0平台，“一站式”完成全区230余家行政事业单位国有资产的购入登记、使用、处置、核销等事项。完成国库集中支付制度授权支付改革，实现财务报销“最多跑一次”乃至“零次跑”。开展国有资产确权划转集中攻坚行动，牵头开展行政事业单位的国有资产确权发证、划转移交工作，摸清全区不动产1674处，已确权494处，划转移交191处；未办理竣工决算在建工程745个，清理409个；被违规占用24处，收回18处。落实集中财力办大事政策，保障碧湖新城西生活道路网、给排水提升改造等基础设施工程支出需求。

【强化财政监管】 压减一般性支出，严控“三公”经费支出，全年“三公”经费支出下降6.4%。构建债务预警机制，运用综合债务率动态监测债务风险，健全债务风险应急处置机制。修订《莲都区财政局内部控制基本制度》，开展财政内部控制制度执行情况自查自纠和重点核查工作，加强内控闭环管理。强化财政投资评审监管手段，全年累计办理政府投资项目概算、预算、结算、竣工财务决算相关业务239件，累计造价14.96亿元。其中直接评审97件，累计送审造价13.40亿元，审定造价12.80亿元；备案及登记业务142件，累计备案登记金额1.56亿元。开展结算备案抽查项目56件。

【加强队伍建设】 开展党史学习教育，举办“我心向党　不负‘财’华”主题朗诵活动、庆祝中国共产党成立100周年主题征文活动。报送的《红心向党映彩虹　财政初心哪曾移》获财政部庆祝中国共产党成立100周年主题征文活动一等奖。开展廉政党课和党员廉政知识测试，组织全体干部赴却金馆廉政爱国主义教育基地开展“党史固初心、行路永向前、意志更坚定”教育活动，赴浙西南革命根据地纪念馆开展“奋发作为，争当跨越式高质量发展尖兵”主题教育。加快变革型财政建设，通过定期轮岗、业务培训、研学交流，提升干部业务能力。组织全区行政事业单位300余名财务人员参加财务报销“一件事改革”业务培训。

（丽水市莲都区财政局供稿　吕　串执笔）

龙泉市

【概况】 2021年，龙泉市实现生产总值161.76亿元，按可比价格计算，增长6.9%。其中：第一产业增加值16.86亿元，增长2.8%；第二产业增加值57.24亿元，增长6.5%；第三产业增加值87.66亿元，增长8.0%。三次产业结构比10.4∶35.4∶54.2。按常住人口计算，人均生产总值为64900元，增长6.4%。2021年龙泉市财政总收入16.26亿元，增长11.1%；一般公共预算收入10.47亿元，增长14.2%，税收收入8.62亿元，增长15.4%；一般公共预算支出52.15亿元，增长3.1%。全年财政收支平衡。

【组织财政收入】 建立财政稳运行工作专班，统筹执收单位力量，打开齐抓共管、多点突破的组织收入新局面，形成地方财政收入高开稳走、稳中有进的态势。2021年，一般公共预算收入占GDP的6.5%、占财政总收入的64.4%，税收收入占一般公共预算收入的82.3%。深化统一公共支付平台应用，通过平台网上缴款24.72万笔，收缴金额68.44亿元。2021年，全市完成地方政府非税收入42.12亿元，增长31.1%，其中纳入一般公共预算管理的非税收入1.85亿元，增长8.2%。

【助力经济发展】 落实落细减税降费政策，全年新增减税降费3.37亿元，兑现生态工业、剑瓷业、金融业、建筑业、电子商务等产业扶持及惠企资金2.85亿元，降低实体经济运营成本。综合运用政府采购政策，促进中小微企业政府采购份额上升至80.4%。获取中央直达资金及省级惠企利民资金6.04亿元，建立直达资金督导和考核机制，支出进度居丽水各县(市、区)前列。加快推进国有企业市场化改革，全市五大国企核心公司挂牌成立，完成融资授信61.40亿元。优化产业基金运作，设立3个子基金，投资项目8个，完成投资9500万元，带动社会总投资5.89亿元，撬动社会资本6.2倍。成立丽水市政策性融资担保有限公司龙泉分公司，累计承保项目252个，融资担保金额2.84亿元，助力小微企业和“三农”高质量发展。

【支持重大战略】 聚焦乡村振兴战略，农林水支出8.10亿元，推动美丽城镇建设、农村环境整治等农村事业发展。健全涉农资金分配制度，累计统筹整合涉农资金4.50亿元，推进粮食、蔬菜、食用菌、茶叶、中蜂、山茶油、笋竹等农业特色产业数字化转型升级，落实“万人万元”扶贫车间等帮扶项目资金9254万元。深入开展一事一议财政奖补工作，龙泉市获评“浙江省一事一议财政奖补工作成绩突出县”。开展基层政策性农业信贷担保服务创新试点，完成政银担业务8892万元。整合财力14.80亿元保障战略性政府投资项目，支持打造未来社区·水南区块、百山祖国家公园主入口等核心区块；支持建设322国道安仁至西街段改建等重点交通工程；支持推进西街历史文化街区、土地整治生态修复等环境品质提升项目。安排科技开发与应用专项4200万元，支持重点科研项目建设、扶持科技创新平台等科技创新事业。安排人才发展专项资金1500万元，支持实施人才引领工程。

【保障民生重点】 2021年，全市民生支出38.88亿元，下降0.3%，占一般公共预算支出的74.6%。教育支出7.95亿元，支持智能“阳光厨房”全覆盖、公办学校委托管理等教育事项，保障二中扩建、五中新建等教育工程。文化传媒与体育支出1.55亿元，统筹安排5400万元设立文旅专项资金，支持诗路文化带、世界青瓷大会、“天下龙泉”大型实景演出等文旅事项，持续推进城乡公共文化服务一体化建设。社会保障和就业支出7.53亿元，加大稳岗补贴、技能提升补贴等政策力度。全面落实城乡居民最低生活保障、困难残疾人两项补贴等政策，保障21.2万人参加城乡医疗保险。卫生健康支出5.73亿元，落实全民免费接种新冠疫苗政策，保障疫情防控，推进公共卫生综合服务中心、公共卫生应急救治中心、健康龙泉建设等卫生项目。

【赋能财政改革】 出台新一轮乡镇（街道）、经济开发区财政体制，优化激励奖补机制，挖掘增收潜力。出台《龙泉市关于进一步强化和规范乡镇财政管理的实施意见》，构建“4+1”乡镇财政管理体系*，协同财源培植，规范资金监管。印发《关于进一步深化预算绩效管理改革的实施意见》，开展单位绩效自评项目663个，抽评部门预算项目67个，重点评价项目12个，削减或取消执行率低、绩效差项目52个，优化资源配置，提高资金使用绩效。以数字化改革为总抓手，全面推进预算管理一体化等系统建设。谋划建设“龙财通”多跨场景应用，列入全省财政金融协同支农数字化改革试点，纳入浙里基层公权力大数据监督应用跑道。强化动态监控与库款保障，确保“三保”支出优先顺序。实施防范化解地方政府隐性债务风险专项行动，有序化解隐性债务存量。建立基金预警机制，防范社保基金风险。

【开展效能革命】 组织梳理“2021年财政工作20项实事”，实施挂图作战，每季度亮晒工作成效。实行“局领导班子周例会”制度，建立清单化明责、台账化落实机制。编制《工作告知函》《工作对接单》，规范部门间、科室间沟通流程，加强痕迹化履责。建立“首问责任制”“政策兑现协办制”，全链条管理政策兑现工作。印发《关于进一步完善和加强督办工作的通知》，完善全过程、高效率、可核实的闭环落实机制。印制个人工作三单制手册*，弘扬“现场办、马上办”的务实作风。

【推进队伍建设】 打造“数字财政　红色管家”党建品牌，建立“一天一学习、一周一研讨、一季一测评、一会一议题”四项机制推进党史学习教育。被丽水市委评为“两优一先”先进基层党组织。结合“三跑三降”服务活动和一事一议办实事活动，与省直机关工委督查室、省财政厅直属机关党委、丽水市财政局、宝溪乡党支部联合开展“学党史　办实事”省市县乡四级财政党建系统联动。与丽水市财政局、住龙镇党支部联合开展主题党日活动并举行结对共建签约仪式。在丽水财政系统“百年潮涌　我心向党”主题朗诵活动中荣获一等奖。开展“大学习、大调研”活动，先后赴瑞安、上虞、东阳、遂昌等地学习财政管理改革典型经验做法，开设财政讲堂12期，提高干部队伍整体素质和业务水平。

（龙泉市财政局供稿　毛智东执笔）

注：

***“4+1”乡镇财政管理体系：**即强职能工程、强素质工程、强管理工程、强监管工程和一体化帮扶机制。

***个人工作三单制手册：**即行动清单、等待清单、未来清单。

缙云县

【概况】 2021年，缙云县实现地区生产总值273.93亿元，按可比价格计算，增长9.9%，其中：第一产业增加值12.56亿元，增长3.1%；第二产业增加值125.67亿元，增长12.5%；第三产业增加值135.69亿元，增长8.3%。三次产业结构为4.6∶45.9∶49.5。人均生产总值67553元，增长9.2%。城镇居民人均可支配收入52264元，增长9.4%，农村居民人均可支配收入26422元，增长12.6%。2021年缙云县财政总收入32.21亿元，增长16.7%。一般公共预算收入20.00亿元，增长15.9%，其中税收收入17.27亿元，增长22.8%。一般公共预算支出66.80亿元，增长1.7%。结合转移性收支情况，全年财政收支平衡。

【组织财政收入】 加强收入预测分析，合理把握收入节奏，优化收入结构，提升收入质量。2021年，一般公共预算收入占GDP的7.3%，占财政总收入的62.1%，税收收入占一般公共预算收入的86.3%。强化非税收入征管，做好非税收入执行情况分析，主动对接执收部门，加强土地出让收入管理。全年收缴各项非税收入42.89亿元，其中纳入一般公共预算管理的非税收入2.73亿元，下降14.4%；政府性基金预算收入38.33亿元，下降20.7%。盘活沉淀资金和国有资产，全年收回以前年度结转资金2.40亿元，转让城区收费停车位、共享电动自行车经营权增收1.20亿元，统筹财力用于重点领域支出。

【扶持企业发展】 坚持“工业强县”战略，落实扶工助企政策，全年累计兑现生态工业、招商引资、总部经济、金融发展等惠企政策资金6.66亿元，兑现科技创新政策奖励3408万元，创造良好的营商环境。主动服务企业，拓宽政企沟通渠道，走访企业计28家，收集企业诉求16条，精准施策，为企业排忧解难。成立全县首个产业发展基金，并出台《缙云县政府产业发展基金管理办法》，配套成立投资基金专业化运营管理平台，基金规模1.00亿元。主动对接申报企业，推动企业实现上市或转型发展，同时带动和引导社会资本投资。落实减税降费政策。全年累计为企业减轻成本和负担19.20亿元，其中降低企业各项税费负担10.20亿元、企业用工成本273万元、企业融资成本6834万元。持续开展新冠肺炎疫情防控期间国有房产房租减免工作，截至2021年底，全县累计减免租金619万元，惠及承租户365户。

【推进乡村振兴】 全年一般公共预算农林水支出7.04亿元，其中安排农村生活垃圾集中处理2100万元、花园乡村建设3000万元、缙云五彩农业600万元、特色林业产业发展专项600万元、农业综合开发项目500万元,统筹促进区域发展、集体经济巩固提升和农民增收。落实"缙云—富阳"飞地项目、"菜单式"低收入农户产业扶贫项目、异地搬迁项目、乡村振兴重点帮扶村等项目补助资金6562万元,脱贫攻坚成果得到巩固和拓展。整合县域特色名品资源优势,支持建立缙云县特色名品产业提升数字化平台,发展壮大乡村主导产业,推进乡村振兴。

【保障重点民生】 2021年,民生支出50.32亿元,占一般公共预算支出的75.3%。统筹财力保障重点项目建设,安排县城排水防涝综合治理工程2.20亿元、县城路网改造工程1.43亿元、四好农村路系列项目建设2000万元等,推进群众期盼和关注的重点民生项目。健全社会保障体系,全年社会保障和就业支出9.76亿元。城乡最低生活保障标准从人均850元提高到910元,优抚对象抚恤补助人均增加54元/月;安排城乡最低生活保障经费8370万元、城乡医疗救助2332万元、优抚对象抚恤补助及医疗补助3340万元;推进养老服务体系建设,安排养老机构建设、养老服务补贴及运行服务补助资金4113万元。安排全县首批52家村级"爱心浴室"建设资金260万元,惠及4000多名困难群众。全年安排医疗卫生支出7.48亿元。安排疫情防控经费2900万元(含核酸检测经费1097万元)和疫苗及接种专项资金5198万元,支持疫情防控工作。完善医疗保险基金制度,落实城乡居民基本医疗保险补贴3.54亿元,2021年城乡居民基本医疗保险筹资标准提高到1480元/人·年,其中政府筹资提高到1000元/人·年。加快教育事业发展,全年一般公共预算教育支出12.70亿元。安排改善基础教育办学条件资金1000万元、民办学校全年生均事业费资金1466万元、义务教育家庭经济困难学生营养餐资金541万元、2020年工资补差资金1521万元,促进教育事业提质增效。

【提升资金绩效】 建立重大项目和政策事前绩效评估机制,出台《缙云县事前绩效评估管理暂行办法》,对财政预算资金需求5000万及以上基建投资项目和300万元及以上的其他政策和项目进行事前绩效评估。将县级所有预算项目全部纳入单位自我评价范围,在部门绩效自评的基础上,开展绩效抽评工作。强化资金节流,全年净核减政府性投资项目资金1.20亿元,核减率14.2%;通过国库集中支付,审核退回2169笔业务的不合理、不合规资金1.66亿元。通过"政采云"平台完成采购交易4.89亿元,节约采购资金2709万元,预算节约率7.6%。预决算公开实现提质扩面,预算公开单位数量从64个增加至173个,部门预算公开率100%,提高预算公开透明度和资金使用绩效。

【规范财政管理】 落实党政机关过紧日子要求,统筹压减各项支出6.30亿元。加强"三公"经费动态监管,全年一般公共预算"三公"经费下降6.0%,一般性支出下降10.5%。完善直达资金分配落地机制,将学校及卫生院纳入国库集中支付系统。建立直达资金常态化监督机制,密切跟踪直达资金预算执行情况,加强对资金使用的分析研判。全年中央下达缙云县直达资金5.78亿元,分配率100%,支出进度100%。加强公款竞争性存放管理,全年通过公开招投标存放公款17.37亿元,切实防范资金管理风险。健全乡镇财政管理机制,出台《缙云县财政局关于全面强化和规范乡镇财政管理的实施意见》。开展一事一议财政奖补工作,2021年,缙云县荣获全省一事一议财政奖补工作成绩突出县。规范涉农惠民补贴发放,全年通过"乡镇公共财政服务平台+一卡通"发放到人到户的涉农补助和民生补贴资金3.16亿元,涉及涉农惠民项目104项,惠及群众158644人。

【深化财政改革】 实施政府采购备案制改革,优化采购审核审批程序。实行财政支付模式改革,除无法开通授权支付的临时机构和教育系统的学校外,国库集中支付单位全面实行授权支付。推进电子医疗票据改革,全县所有公立医院和卫生院实现医疗电子票据改革全覆盖。做好统一公共支付平台扩面工作,全县17家执法单位全部实现行政处罚和罚款收缴一体化、数字化,被征地农民养老保障资金纳入统一公共支付平台事项被列入全省试点。推动预算一体化数字平台建设,完成全市首批列入全省"预算云"编制2021年预算试点工作,推动2022年预算管理一体化系统全面上线。深化国有企业改革,构建"国资运营+城市建设、水务经济、交通运输、生态工业、文化旅游"的"1+5"国有资本运营集团。全年累计向国有企业注资2.00亿元,2021年,县属国有企业资产总额259.89亿元,增长18.7%。完善资金、投融资、薪酬管理、选人用人、收益收缴等国有企业管理制度,全年收缴国资收益1500万元;通过"资金池"管理系统实现对国有企业资金的整合归集、统筹调剂,全年池内利息收入2680万元,比单体存放利息收入提高2050万元。拓宽国有企业融资渠道,2021年,获批发行定向注册债务融资工具PPN 10.00亿元;非公开发行公司债5.00亿元,发行5.40亿元新型城镇化企业债,加快新型城镇化建设。

【加强队伍建设】 多形式开展党史学习教育。"请进来"聆听党史故事,邀请县宣讲团成员开展党史宣讲,为党员干部讲述缙云的红色历史,感悟红色力量;"走出去"重温党史革命情怀,组织参观中共缙云县第一次代表大会旧址,追溯红色记忆,感受革命情怀。组织参加丽水市财政系统"百年潮涌,我心向党"主题朗诵活动和"我心向党,缙情歌唱"庆祝中国共产党成立100周年拉歌活动。成立青年理论宣讲团,组织开展宣讲工作。激发干部干事创业活力。助力打造变革型财政组织。完善廉政工作机制,利用党风廉政专题会议、组织生活会、廉政培训等形式开展廉政教育,重新排查岗位廉政风险点并做好防控承诺,营造浓厚的廉政氛围。

(缙云县财政局供稿 朱 航执笔)

青田县

【概况】 2021年,青田县实现生产总值272.99亿元,按可比价格计算,增长6.9%;其中:第一产业增加值10.19亿元,增长2.6%;第二产业增加值106.55亿元,增长6.1%,;第三产业增加值156.24亿元,增长7.7%。三次产业结构比3.7:39.0:57.3。按常住人口计算,全县人均生产总值53580元,增长5.5%。全年全县财政总收入30.15亿元,增长0.1%,其中一般公共预算收入20.02亿元,增长5.2%,一般公共预算支出69.03亿元,增长1.7%,剔除省专项和上年结转后地方财政一般公共预算支出47.43亿元,增长2.6%。全年财政收支平衡。

【组织财政收入】 加强组织收入管理,建立季度经济运行分析联席会议制度,健全和完善地方财税收入协调机制,强化税源分析和税收预测工作组日常运作机制,提升财税收入调控能力,确保组织收入工作稳健运行。2021年一般公共预算收入占全县GDP比重7.3%,比2020年度下降0.3个百分点;占财政总收入的66.4%,比2020年度提升3.2个百分点。一般公共预算税收收入14.51亿元,增长4.4%,占一般公共预算收入的72.5%。加大非税收入征管力度,执行行政事业性收费取消和停征规定,推动统一公共支付平台线上线下一体化运行,深化非税收入收缴电子化改革,开展非税收入少缴、漏缴问题专项整顿,加强社会保险费和政府性基金收入征收管理,全年组织非税收入21.03亿元,其中,纳入一般公共预算管理的非税收入5.51亿元,占比26.2%。

【支持经济发展】 落实国务院减税降费政策,全年累计办理各类结构性减税和税收优惠8.03亿元;全年落实企业社会保险费和残保金减免及返还0.28亿元,助力中小微企业减负降本。强化扶工助企政策落地,出台《青田县小微企业园建设提升工作财政专项激励资金使用管理办法》等政策,全年累计兑付涉企扶持资金3.43亿元,惠及580家。通过政策性融资担保机制全年累计为53家企业实施政策性融资担保总额1.41亿元,减轻企业融资成本。加快政府产业基金在引导产业发展上的实质性运作,撬动社会资本投向重点产业;全年新设立人才基金、双招双引基金和中关村基金三支子基金,撬动社会资本投入1.10亿元。

【保障民生重点支出】 全年安排民生支出55.08亿元,增长3.2%,占一般公共预算支出的79.8%。教育支出12.76亿元,增长6.0%,完善家庭经济困难学生资助体系,推动学前教育、义务教育和高中教育均衡协调发展。科学技术支出2.63亿元,增长15.0%,推动实施创新驱动发展战略,助推企业转型升级发展。社会保障和就业支出9.74亿元,增长24.2%,全面落实最低生活保障制度,低保保障标准从850元/人·月提高至910元/人·月,全年累计发放低保金1.34亿元。支持养老服务体系建设,全年累计投入4836万元,重点推进9家乡镇级居家养老服务中心建设、185户适老化改造。全面落实各类残疾人扶助政策,推进儿童康复机构提升、困难残疾人家庭无障碍免费改造,全年累计发放残疾人“两项补贴”3289万元。医疗卫生支出8.37亿元,增长4.2%,包括城乡医疗保险基金补助支出4.12亿元,新冠疫苗采购及疫情防控经费支出8600万元,做好常态化疫情防控和疫苗接种资金保障。加大基本建设项目资金保障力度,累计筹集基本建设项目资金40.14亿元,支撑瓯江巷道整治、老旧小区品质提升改造、县疾控中心迁建等重点工程项目资金需求。

【深化财政改革】 开启新一轮国有企业深化改革,组建国有资产控股集团有限公司、城市发展投资有限公司、交通发展投资有限公司等七大县属一级企业,推动三家国有企业获得AA级主体信用评级。推进预算管理一体化改革,预算管理一体化系统正式上线运行,6家试点单位完成预算执行模块支付流程。国库集中支付电子化改革扩围,全县201家预算单位实现国库集中支付电子化全覆盖。“政采云”平台全面应用,2021年99.0%的新增采购项目在电子交易系统运行。非税收入收缴电子化改革深入推进,开通应用非税征管系统电子凭证,13家单位接入统一办案系统实现与统一公共支付平台融合,183家单位全部纳入财政票据电子化改革。

【强化财政监管】 强化预算管理,建立预算执行与预算编制相挂钩机制,规范、完善预算追加和资金拨付流程,建立、健全财政资金集约节约刚性约束机制,2021年度项目支出预算追加同比压减35.0%。加强地方政府债务管理,全年累计争取新增债券22.20亿元,其中,新增一般债券3.50亿元,新增专项债券18.50亿元,完成化解地方政府隐性债务年度任务。推进财政存量资金盘活,通过单位存量资金上缴、统筹省市县财政专项等举措,全年累计清理盘活各类财政结转结余资金3.92亿元,其中,调入预算稳定调节基金3.40亿元。全面实施预算绩效管理,推动2020年度预算项目支出绩效自评实现全覆盖,涉及单位重点自评项目52个资金2.93亿元,财政重点绩效评价项目8个资金1.99亿元。

【加强队伍建设】 开展党史学习教育,组织庆祝建党100周年系列活动,举办财政干部读懂弄通十九届六中全会精神大学习、大宣讲活动,揭牌亮现“新财政·心服务”党建示范阵地。推进全面从严治党,执行“七张问题清单”工作机制,开展内部廉政风险筛查,强化财政内控机制建设,严肃财经纪律,健全县委巡察反馈问题和财政同级审计反馈问题整改落实情况“回头看”机制。推进财政文化建设,开展“争做读书人、学悟齐共享”系列读书活动,组建“财金先锋”红色歌曲演唱队,举办“一月一主题”局工会活动,财政干部八小时外生活丰富多彩、积极向上。2021年荣获全市“建设清廉机关、创建模范机关”工作先进集体,获评

2021年度全县十佳机关党组织。

（青田县财政局供稿　王　瑞执笔）

云和县

【概况】 2021年，云和县实现地区生产总值98.06亿元，按可比价格计算，增长9.6%。其中：第一产业增加值5.19亿元，增长1.7%；第二产业增加值48.28亿元，增长9.1%；第三产业增加值44.60亿元，增长11.2%。三次产业结构比5.3∶49.2∶45.5。按常住人口计算，人均生产总值76017元。全县财政总收入14.17亿元，增长6.5%；一般公共预算收入8.79亿元，增长8.0%，其中：税收收入7.13亿元，下降4.3%；一般公共预算支出34.53亿元，增长4.7%。全年财政收支平衡。

【组织财政收入】 树立全县收入一盘棋理念，稳步推进组织收入工作，联合税务等部门按照收入目标，把握好组织收入的力度和节奏。2021年，一般公共预算收入占GDP的9.0%、占财政总收入的62.0%，税收收入占一般公共预算收入的81.1%。全县政府性基金收入12.53亿元，社保基金收入5.72亿元，国有资本经营预算收入4111万元。加强非税收入征管，全年实现非税收入14.2亿元，其中纳入一般公共预算管理的非税收入1.67亿元。

【落实积极财政政策】 落实财税扶持政策。落实国家、省、市降本减负政策，全年减税降费2.11亿元。加大财政对市场主体扶持力度，深化“亩均论英雄”改革。助力传统制造业改造提升、科技创新等重点工作，累计拨付扶持企业财政资金9446万元。规范直达资金监督管理。贯彻落实常态化财政资金直达机制，累计下达直达资金2.86亿元。成立政策落实专班，建立进度晾晒制度，开展直达资金执行进度情况常态化晾晒和落后约谈，通过“红黄绿”分区标示项目进度方式督促加快资金拨付使用进度。以直达资金监控系统为支撑，加强对资金分配下达、资金支付、惠企利民补贴补助发放情况的监控。财金融合缓解企业融资难题。开展对中小企业金融帮扶和小额担保，新增担保户数34笔、担保额度7227万元，为9户企业提供转贷业务4150万元，缓解中小企业融资难、融资贵问题；创新出台“民宿贷”，为农村创客提供担保支持，缓解民宿行业融资难题。发挥产业基金导向作用，为浙江兴昌钢球有限公司注资1200万元，缓解企业技改资金压力，助力企业坚持走“专精特新”发展道路。

【保障民生事业】 把保障民生作为财政工作的出发点和落脚点，财政支出的三分之二以上用于民生，全年累计民生支出25.53亿元，增长1.39%。支持教育事业发展，全年教育支出5.04亿元，推动教育深度接轨长三角，计划三年安排2400万元助力“引智办学”托管新机制，将云和县第二中学、江滨实验小学和城西小学委托长三角品牌教育团队管理，支持办好学校食堂、实施“师生同菜同质同价”。安排9000万元建设云和县实验小学分校，安排1600万元助力城南九年一贯制学校发展，安排2000万元建设大坪农民异地搬迁安置小区幼儿园，助力全县教育基础设施整体提升。加大公共卫生投入力度，全年医疗卫生支出3.40亿元。人均基本公共卫生服务标准从上年的87元提高至92元；足额拨付疫情防控常态化资金和疫苗接种费用，累计安排疫情防控常态化经费3784.59万元、疫苗采购款1188.95万元、接种费用236.95万元。安排9000万元用于中医医院迁建工程，助力改善医疗条件，提升整体医疗服务能力和水平。支持乡村振兴，全年农林水支出4.03亿元。深化村级公益事业一事一议财政奖补政策运用，投入814.5万元用于26个村级公益事业项目建设；整合财政支农资金1377万元，发展村级集体经济；运用省级乡村振兴集成创新示范试点，争取试点资金3000万元，推进“云和雪梨”一二三产业深度融合。社保事业支出3.85亿元，统筹安排困难群众救助资金4088.07万元、残疾人两项补贴资金1042.8万元、医疗救助资金921.22万元，兜牢民生底线。

【保障重点项目建设】 贯彻集中财力办大事理念，聚焦新型城镇化样板县域建设、交通基础设施建设、全域旅游等重点工作，统筹新增债券、上级补助等资金，多渠道筹集基本建设资金15.56亿元，保障重点基建项目的资金需求。助力生态环境改善，安排2200万元建设梯田5A创建管道工程，安排2000万元用于农村生活污水治理，安排1000万元实施农村饮用水提标达标工程，安排3400万元助力耕地垦造。推进美丽城乡建设，安排8500万元用于城市道路等基础设施建设，安排2000万元提升新华街历史文化街区，安排3000万元推进南山区块有机更新。补齐交通基础设施短板，安排4200万元改建云龙公路，安排5000万元推进235国道云和段改建工程。

【深化国资国企改革】 加快县国资公司市场化改革，将原有国企“小而散”局面转变为主要以母公司为掌舵人的“1+4”改革格局，初步形成由国资办监管、母公司负责投融资、子公司负责经营、职能部门负责业务协作的工作格局，构建功能完善、分类职能突出的国资运营体系。指导转型后的国有公司以市场化方式参与基础设施和公共服务项目建设，缓解政府投资压力。2021年，涉改企业承担建设项目119个（其中重点项目32个），完成项目投资14.53亿元，拓宽木玩童话小镇、小徐未来社区、城市心肺工程等重点项目融资渠道。探索通过发行债券等方式，梳理整合县域内有效资源、资产，形成以县国资公司为平台、相关县属国企为支撑和补充的投融资体系，实现滚动融资、良性发展。

【推进财政管理改革】 推进预算管理一体化改革。以预算管理一体化系统为主要载体，提高项目储备、预算编审、预算调整和调剂、资金支付、会计核算、决算和报告等工作的标准化、自动化水平，提高预算管理的规范性和高效性。强化财政监督管理。

强化部门主体考核，加快财政支出执行进度。定期清理、整合部门结余结转资金，累计盘活结余结转资金2.08亿元，统筹用于民生急需领域。优化财政支出结构，按照“应减尽减、应压必压、可延尽延、该禁必禁”的原则，控制和压减一般性支出，一般性项目支出、公用经费压减10%，全年累计压减1178万元。

【防范化解财政风险】 规范地方政府债务管理，制定《云和县地方政府专项债券资金管理(试行)办法》，控制债务增量，消化债务存量。开展隐性债务五年化解工作，完成当年化债任务。截至2021年底，云和县政府债务风险总体可控。防范社保基金风险，落实被征地农民参加养老保险政策和企业养老保险省级统筹，按照省级统筹责任分担办法要求，县级财政及时足额上解责任分担额1.65亿元。落实社保风险准备金多渠道筹资责任，多渠道累计筹措社会保障风险金1.05亿元。严控基层财政支出风险，出台《云和县关于全面强化和规范乡镇财政管理的实施办法》，强化和规范乡镇财政管理。

【凝聚队伍合力】 围绕党史学习教育，组建“阳光财政”党史学习教育宣讲团，开展“回顾非凡历程、感悟思想伟力、践行财政担当——百年党史我来讲”主题活动，形成班子成员、党支部书记、年轻党员、优秀团员和县党史学习教育专家宣讲团成员共同宣讲的浓厚学习氛围。结合财政工作，推进“三为”专题实践，开展党员干部进社区、环境大整洁、义务献血等志愿服务，先后组织4支志愿者服务队，专场服务新冠肺炎疫苗接种工作。开展服务结对村、走访结对留守老人、水投供水服务进企业等主题活动，全面深化“三服务”。

（云和县财政局供稿　蔡文婧执笔）

遂昌县

【概况】 2021年，遂昌县实现生产总值153.00亿元，按可比价格计算，增长12.0%。其中：第一产业增加值13.31亿元，增长4.4%；第二产业增加值58.79亿元，增长14.6%；第三产业增加值80.90亿元，增长11.6%。三次产业结构比为8.7∶38.4∶52.9。按常住人口计算，人均生产总值78663元，增长11.8%。全年财政总收入21.84亿元，增长17.5%；一般公共预算收入13.04亿元，增长14.1%，其中税收收入11.29亿元，增长21.7%；一般公共预算支出48.72亿元，增长14.2%。全年财政收支平衡。

【组织财政收入】 研判经济形势对税收收入的影响，把握收入节奏，在嘉兴南湖、上海、诸暨等地谋划飞地经济，培植优质税源。全年一般公共预算收入占GDP的8.5%、占财政总收入的59.7%，税收收入占一般公共预算收入的86.6%。壮大基金收入，加大大搬快聚富民安居、城市更新建设，有序安排土地出让，确保土地出让金收入稳定可持续，全年政府性基金收入36.83亿元，增长54.2%。全年组织非税收入38.65亿元，其中纳入一般公共预算管理的非税收入1.75亿元。抢抓政策机遇，争取到上级各类补助和债券资金37.87亿元，争取到省级乡村振兴集成创新示范建设县、中央专项彩票公益金支持欠发达革命老区乡村振兴项目和省级农村综合改革集成建设项目，获得财政补助资金1.80亿元。

【支持经济发展】 支持夯实农业产业“根基”，全年安排农业产业类扶持资金2.99亿元，涉农保险补贴274万元。推动保供产业稳定发展，特色产业多元发展，农旅产业和品质农业高效发展，助推企业提质增效，迭代升级“生态工业三十条”等一系列惠企政策，落实专精特新中小企业高质量发展等奖补政策，助力推进工业企业科技创新与转型升级，全年兑现惠企政策扶持资金2.22亿元。落实减负降本减税政策，涉及资金6.36亿元，持续减轻企业负担，激发市场主体活力。支持“双招双引”（招商引资，招才引智）工作，推进工业企业自动化智能化改造。

【保障民生重点支出】 健全基本公共服务保障，持续增加教育、医疗等民生领域财政投入，全年民生支出38.48亿元，增长18.5%，占一般公共预算支出的79.0%。筑牢社会保障屏障，社会保障和就业支出5.61亿元，保障基本保险、残疾人事业及就业补助足额发放。支持医疗卫生事业，卫生健康支出5.33亿元，保障城乡居民基本医疗及困难群众医疗救助支出，提升县域医疗卫生服务能力。拨付疫情防控经费4031万元。助力教育事业发展，教育支出7.68亿元，支持教育质量提升行动计划，推进学校基础设施和信息化建设，保障石练中心幼儿园、腾龙小学和幼儿园、遂昌中学运动场、王村口小学等项目建设。推动直达资金高效安全落地，细化资金分配方案，完善项目跟踪机制，强化资金动态监控，全年中央直达资金支出金额3.62亿元，分配进度100%，支出总体进度100%，直达资金综合评价在全省名列前茅，在全市排名第一。

【支持乡村振兴战略】 服务乡村振兴建设，整合各类资金保障重点项目推进，全年安排4.10亿元用于未来乡村建设、数字乡村建设、农村人居环境提升、农村饮用水达标提标工程、花园数字乡村建设等项目。强化“大搬快聚富民安居”工程资金保障，财政资金投入1.36亿元，银行融资贷款8.36亿元。全年安排财政衔接推进乡村振兴补助资金(含“消薄”资金)1.33亿元，高质量完成“消薄”任务。下达村集体经济发展补助资金7235万元，为屋顶光伏、南湖飞地、水电站股权收购等项目提供资金保障。强化惠民惠农补贴发放数字化监管，推进“一卡通”惠民惠农补助款发放工作，全年发放107个项目，涉及金额4.14亿元，受惠公众35.93万人次。

【深化财政改革】 推进财政数字化改革，成为“浙里垫付2.0”改革试点县，抓好“预算管理一体化建设”“浙里报”“国资智管在线(浙里资产)”等场景应用，提高县域治理体系和治理能力现代化水平。持续推进政府采购数字化改革,全年“政采云”平台预算金额4.05亿元,实际成交总额3.85亿元,政府采购节资率4.9%。推进国有企业改革,优化资源配置,国有资产总量持续增长,县属五大国有企业集团公司全年实现营业收入32.98亿元,同比增长94.4%,完成融资授信66.47亿元,放款43.33亿元,为县域重点项目注入资金“活水”。

【强化财政监管】 推进“预算与绩效”深度融合,构建全过程预算绩效管理体系。提升财政绩效评价质量,强化评价结果应用,实现项目全生命周期管理,全年完成财政绩效评价项目201个。开展财务管理规范情况专项检查,查处27大类问题,下发《行政处理决定书》112份,规范和加强财务管理,夯实财政基础工作。提高项目审价质量,规范行业执业行为,健全中介监督机制和考核细则,优化升级预结算管理系统,全年完成105个项目审核及复查,核减资金1.89亿元,核减率9.6%。

【增强风险防范】 防控地方政府债务风险,将一般债务与专项债务分类纳入预算管理,遏制隐性债务增量,地方政府债务率保持在合理范围内。防范“三保”风险,完善动态监测,做实“三保”预算审核、执行监控、应急处置和监督管理,全年“三保”支出保障率100%。防范国有企业资金流动性风险,拓展国有企业经营性项目,提升资产运营效益,增强资本积累能力,为经济社会平稳健康发展营造安全、稳定的财政环境。

【加强队伍建设】 组织开展党史学习教育,学在前、谋在前、干在前,组建财政宣讲团,推进党的十九届六中全会精神“六讲六做”大宣讲活动,开展“三为”“三服务”等活动,助力村集体经济持续壮大,向社会传递财政正能量。抓好常态化疫情防控,安排全体党员干部职工参与隔离点位值勤、微网格巡查等任务。主动融入建设变革型组织、提高塑造变革能力的全过程,以“一盘棋”意识推动“七张问题清单”整改,打造适应塑造变革要求的制度性成果。加强廉政宣传教育和警示教育,梳理廉政风险点,下发家庭助廉卡,筑牢廉洁自律思想防线。遂昌县财政局获2021年度全省财政管理绩效考评优秀单位,被评为全省财政系统先进集体。

(遂昌县财政局供稿　汪　越执笔)

松阳县

【概况】 2021年,松阳县实现地区生产总值129.08亿元,按可比价格计算,增长6.3%。其中第一产业、第二产业、第三产业增加值分别为13.94亿元、49.04亿元、66.11亿元,分别增长3.4%、2.5%、8.0%,三次产业结构为10.8∶38.0∶51.2。人均生产总值62967元,增长4.9%。城镇居民可支配收入47041元,增长8.5%,农村居民可支配收入23405元,增长10.0%。全县财政总收入14.06亿元,增长9.7%,其中:一般公共预算收入8.93亿元,增长8.8%;一般公共预算支出49.65亿元,增长5.2%。全县财政收支平衡。

【强化财政收支平衡】 优化收入结构。全县一般公共预算收入占财政总收入的63.5%、占GDP的6.9%;税收收入7.23亿元,增长8.5%,占一般公共预算收入的81.0%。加强非税收入征管,全年完成非税收入31.55亿元,增长52.8%,其中纳入一般公共预算管理的非税收入1.70亿元,增长11.3%,占一般公共预算收入19%。政府性基金预算收入29.46亿元,增长56.4%。向上争取新增债券。全年新增8.36亿元政府债券,其中一般债券3.00亿元,专项债券5.36亿元。盘活财政资金。通过对结余、结转资金的清理,收回结余结转资金3.10亿元,优化财政资源配置。兜牢“三保”支出。全年“三保”资金支出16.33亿元,其中“保工资”支出8.92亿元,“保运转”支出5668万元,“保基本民生”支出6.85亿元,“三保”资金足额保障到位。落实政府过紧日子。全年累计压减非重点非刚性支出、“三公”经费等费用1680万元,同比下降10.2%。

美丽乡村红星坪村

【支持经济发展】 保障“双招双引”工作。全年“双招双引”支出1.44亿元,其中招商引资政策兑现1.06亿元,招才引智政策兑现3843万元。支持科技创新。全年科技支出7051万元,增长20.6%。新增科技型中小企业29家,增长31.5%。联合浙江科技大市场共建松阳县科技大市场,试行松阳县“科创保”金融产品。助力市场主体纾困减负。全年兑现工业类涉企扶持资金1.51亿元,惠及企业805户次。抓好增值税降税率和留抵退税等减税降费政策的落实工作,重点为中小微企业、个体工商户和困难行业企业减轻税费负担，2021年新增减税降费1.39亿元，累计惠及市场主体5445户次。支持乡村振兴。全年财政支农资金支出7.61亿元，扶贫资金支出2.28亿元。

【保障民生重点】 2021年，全县民生支出36.65亿元，占财政支出73.8%。支农资金支出7.61亿元，聚力实施乡村振兴战略推进城乡融合发展，推动美丽城镇建设、美丽乡村建设等农村事业发展，推动粮食、蔬菜、食用菌、茶叶等农业特色产业数字化转型。扶贫资金支出2.28亿元，落实项目扶贫、消薄增收促进农民富裕富足。教育支出6.97亿元，支持"田园教育"县域德育品牌、全国义务教育优质均衡发展县创建工作，保障职业中等学校新校园、第三实验幼儿园、育英小学、全县中小学寝室安装空调等教育工程建设。社会保障和就业支出7.38亿元，加大稳岗补贴、技能提升补贴等政策力度。全面落实城乡居民最低生活保障、困难残疾人两项补贴等政策，保障17.76万人参加城乡医疗保险。卫生健康支出4.79亿元，落实全民免费接种政策，保障新型冠状肺炎疫情防控，推进县人民医院扩建、县中医院迁建，支持启动与浙二医院医疗合作工作，多个全省乃至全国顶尖专家工作室落户松阳。

【强化财政监管】 完善资金管理。开展单位公款竞争性存放招投标工作，招标存款10.50亿元，中标利率比银行基准利率平均上浮40.2%。严控债务风险。通过清理政府投资项目，遏制债务增量，做好隐性债务化解，超额完成2021年度化债任务。严肃财经纪律。通过"日常监督+专项检查+回头看"，全年累计检查20家单位，发现未整改到位问题21个、日常业务问题45个，涉及违规金额5万元。

【深化财政改革】 完成全县203家行政事业单位"资产云2.0系统"升级及上线运行工作，实现全县所有机关、事业单位资产全生命周期管理，初步建立"全面、准确、细化、动态"的全县行政事业单位资产基础数据库。成功申报财政部农村综合性改革试点，3年内将获得中央扶持资金1.50亿元，2021年到位扶持资金5000万元，助力67个子项目开工、40个子项目完工，累计完成投资额1.06亿元，撬动各类资金7950万元。完成省级乡镇内部控制指引建设试点，形成《松阳县乡镇内部控制指引》和《古市镇人民政府内部控制管理制度汇编》，从单位层面、业务层面、管理层面构建"1+6+X"的乡镇内部控制体系。推进重大项目绩效目标的实质性审核试点，按照"建机制、抓合力，强监管、强应用"思路，建立全方位、全过程、全覆盖的预算绩效管理体系。全年累计审核项目16个，核减资金6480万元，取消不合理项目2个，提出合理化建议30余条。启动松阳县二轮国企改革。完成《松阳县国有企业二轮改革实施方案》，通过整合重组各类经营性资源、资产，搭建"1+5+1"新型国企架构*，建立市场化的薪酬分配体系，激活国有企业造血动能。

【加强队伍建设】 依托"学习强国"和党史学习教育平台，加强干部政治理论学习，深入学习《习近平在浙江》、中国共产党党史、浙西南革命史等党史学习资料。全年组织党史教育、重点会议和文件精神为核心内容的集中学习、专题学习20余次，委托高校举办财政干部综合能力提升研修班。举办"百年建党砺初心，财政青年话担当"主题宣讲比赛。按照"一人一月一宣讲"原则，利用每月夜学，开展青年干部日常宣讲活动。健全干部管理机制，优化干部队伍结构，注重培养、选用年轻干部，将优秀年轻干部纳入后备干部库。

（松阳县财政局供稿　潘　雄执笔）

注：

***"1+5+1"新型国企架构：**1为县国有资本投资运营集团有限公司，5为国投下属5大集团公司，1为县经济发展投资集团有限公司。

庆元县

【概况】 2021年，庆元县实现地区生产总值（GDP）85.16亿元，按可比价格计算，增长4.6%。其中：第一产业增加值7.45亿元，下降1.4%；第二产业增加值29.79亿元，增长3.3%；第三产业增加值47.93亿元，增长6.5%；三次产业结构比为8.7∶35.0∶56.3。按常住人口计算，全县人均生产总值59555元，增长3.9%。城镇居民人均可支配收入47034元，增长10.3%；农村居民人均可支配收入22563元，增长10.8%。全县财政总收入8.00亿元，下降1.8%，其中一般公共预算收入5.36亿元，增长2.0%。全县一般公共预算支出38.52亿元，下降1.4%。

【组织财政收入】 加强分析研判。强化政策研究和数据分析，分析各项财政收入走势，提高收入预测准确性。全县一般公共预算收入占财政总收入的67%，占GDP的6.3%；其中税收收入3.77亿元，下降10.4%，占一般公共预算收入的70.3%。规范非税收入管理。完善收费清单制度，规范非税收入执收行为，确保应收尽收、应减尽减。2021年非税收入4.89亿元，下降57.0%，其中纳入一般公共预算管理的非税收入1.59亿元，增长51.76%。向上争取债券资金。2021年争取新增地方政府债券资金10.6亿元，其中一般债券5.60亿元，专项债券5.00亿元。

【支持企业发展】 做好扶企政策兑现工作，2021年拨付上级涉企财政补助资金2133万元、本级涉企财政补助资金8154万元，合计1.03亿元，助力企业转型发展。落实减税降费政策，全年减免企业税费2.31亿元。推进财政支持民营企业和小微企业金融服务综合改革试点工作，出台《庆元县"帮扶纾困贷"管理办法》，全年通过合作银行为全县5家企业累计发放贷款780万元，帮助企业渡过难关。

【保障民生事业】 全年民生支出27.28亿元,下降3.0%,占一般公共预算支出的70.8%。*发展教育事业*。全年教育支出6.40亿元,保障教育事业人员基本工资和待遇不低于当地公务员安排资金3.89亿元,免教科书资金投入814万元,保障"校园护眼"工程资金230万元,义务教育阶段营养改善提升资金243万元。*完善社会保障*。全年社会保障和就业支出3.33亿元*,增长3.7%。落实城乡居民基本养老保险财政补助资金6969万元,机关事业单位基本养老保险财政补助资金9000万元。2021年,最低生活保障标准从每月850元/人提高至910元/人,全年财政补助资金4618万元,特困救助财政补助资金400万元,保障低收入群体基本生活。*支持医疗卫生事业*。全年卫生健康支出3.46亿元,增长5.9%。保障医疗救助资金1278万元,完善医疗救助政策。保障疫情防控经费及免费接种新冠肺炎疫苗等支出4552万元。*保障群众文化需求*。全年文化旅游体育和传媒支出8927万元,增长1.2%。支持文旅融合发展,安排旅游发展专项资金2000万元,推进庆元旅游业发展;助力农村文化礼堂建设,全年安排文化礼堂相关资金180万元,丰富广大农民群众文化生活。

【助力乡村振兴】 2021年,一般公共预算农林水支出6.52亿元。加强财政一事一议项目库建设,全年安排一事一议财政奖补项目38个,涉及资金2303万元,其中省级资金1392万元,县级配套资金911万元,惠及全县40余个村。整合乡村振兴绩效提升奖补资金计1080万元,用于乡村振兴产业发展示范性建设项目,引导产业发展及壮大村集体经济。促成省财政厅将庆元县高山西红柿产业提升项目列入低收入农户同步基本实现现代化试点项目,申请省补助资金3000万元,项目建成后将联结带动500户近1000名低收入农民就业增收。争取省级基层政策性农业信贷担保服务创新试点工作,依托省级政策性农担平台的先进管理经验和农担资金统筹功能开展政银担业务,设立风险补偿金400万元,2021年完成政银担担保业务128笔,金额4188万元,累计降低经营主体融资成本约30万元。

【强化财政监管】 *加强政府投资项目评审*。全年累计评审项目733个,项目送审金额21.32亿元,核减金额1.11亿元,净核减率5.2%。*组织开展财政监督检查*。2021年对79家单位的财政票据管理、政府采购、内控制度建设及执行情况、会议费及培训费使用情况、农村饮用水县级统管经费使用情况、"三公经费"使用情况和会计信息质量等进行检查,发现存在问题的单位涉及35家,查出问题74条,其中内控问题45条。35家单位查出的问题均已整改到位。*强化资金绩效管理*。组织各单位对2020年所有预算项目支出(包括中央、省转移支付项目)开展绩效自评,自评项目928个;按照不少于10%覆盖面的要求,对11个部门146个项目开展绩效评价抽查。*深化廉政样本建设*。修订行政事业单位(国有企业)内部控制执行情况监督检查制度,明确重点单位"一年一覆盖",其他单位"三年一覆盖"的检查要求。制定加强行政事业单位财务管理办法,以清单的形式明确各单位的内控自查工作。制定财务人员轮岗交流办法(试行),要求财务人员连续在同一岗位工作满8年的必须实行岗位交流。

【深化财政改革】 *推进财政数字化改革*。加快我县预算管理一体化建设,成立局预算管理一体化系统建设工作专班,并下设业务组、技术组和综合协调组。完成2021年预算编制、预算执行和单位核算数据的归集以及报送工作;2022年的预算编制数据实现区域及过程全覆盖,预算管理一体化体系中的预算执行系统上线试点。根据数字化改革要求,完成财政核心业务的梳理工作。*推进国有企业改革*。完善国有企业市场化改革框架模式,国有资本布局结构基本成型,国投集团资本、资源集聚效应不断增强。坚持"用制度管资本、管权、管事、管人",出台国企改革、国企人员任用选拔、工资总额管理等9大类国企改革政策制度,完善监管体系。

【加强队伍建设】 以党史学习教育为契机,依托县市组织的党史学习教育活动、学习强国、理论中心组夜学等平台,组织干部职工深入学习领悟习近平新时代中国特色社会主义思想、党的十九届六中全会精神以及总书记一系列重要讲话精神。推进党风廉政建设,紧盯廉政风险防控,强化内部控制和督查落实,层层开展谈心谈话,利用党风廉政专题会议、组织生活会、廉政培训等形式开展廉政教育。推进财政红色文化建设,组织开展"一把手"上党课、庆百年主题朗读比赛、党员知识竞赛等各类文体活动,引导党员干部感悟和践行党的初心宗旨。

(庆元县财政局供稿　吴春燕执笔)

景宁畲族自治县

【概况】 2021年,景宁畲族自治县(以下简称景宁县)实现地区生产总值80.67亿元,按可比价格计算,增长5.5%。其中:第一产业增加值6.94亿元,增长1.9%;第二产业增加值18.25亿元,增长4.1%;第三产业增加值55.48亿元,增长6.5%。三次产业结构为8.6∶22.6∶68.8。全社会固定资产投资46.70亿元,下降5.9%。社会消费品零售总额38.32亿元,增长0.2%。进出口总额25.70亿元,下降37.9%,其中:出口总额7.63亿元,下降52.8%,进口总额18.06亿元,下降28%。按常住人口统计,全体居民人均可支配收入34512元,增长10.9%,其中:城镇居民人均可支配收入45574元,增长9.2%;农村居民人均可支配收入24069元,增长11.3%。全县财政总收入31.00亿元,增长53.4%,其中,一般公共预算收入13.69亿元,增长52.8%,占地区

*2021年以前的此数据是社会保险基金总支出,2021年为功能分类科208社会保障和就业支出。

生产总值的17.0%,占财政总收入的44.1%;税收收入12.76亿元,增长64.0%,占一般公共预算收入的93.2%,比上年提升6.3个百分点。全年非税收入1.81亿元,下降84.0%,其中纳入一般公共预算管理的非税收入9279万元,下降21.2%。一般公共预算支出47.52亿元,增长8.5%。全县财政收支平衡。

【落实积极财政政策】 落实减税降费政策,全年累计为企业减负3.06亿元。落实社保费减免政策,为2109户(人)次减免社保费1894万元。加大力度帮扶企业纾困发展,全年兑现涉企财政政策资金6.20亿元。建立健全直达资金管理实施细则和工作规范,落实中央和省级直达资金3.36亿元,支出进度100%。用足用好地方政府债券额度,全年争取地方政府债券9.75亿元,其中:一般地方政府债券4.50亿元、专项债券5.25亿元,用于城市基础设施、农村公路、农村水系综合整治、教育等重点领域。统筹财政资金20.00亿元,支持137个新建或续建政府性项目建设。落实首位战略首位保障,把科技作为财政支出重点领域,全年科学技术财政支出6123万元,增长15.6%。

【保障民生重点支出】 全县民生支出32.16亿元,增长9.3%,占财政支出的67.7%。其中教育支出5.12亿元,增长6%,增支支持景宁二中新建工程等"小县大教育"重点项目建设。农林水支出6.81亿元,增长6.3%,增支支持农村各项社会事业和美丽城镇基础设施建设。交通运输支出4.95元,增长79.0%,增支用于公路等基础设施建设。城乡社区支出6.11亿元,增长63.4%。加强公共卫生服务保障,落实基本公共卫生服务各项工作,落实资金1600万元;支持防控救治能力建设,从基本医疗保险基金中划出1520万元用于新冠疫苗接种,保障医疗救治和疫情防控工作。社会保障和就业支出5.06亿元,增长2.0%,为全县城乡低保2879户5058人提供最低生活保障3840万元,为低保边缘对象286户553人提供临时救助83万元,为特困供养对象359人支出559万元,安排困难群众春节一次性临时生活补助400万元。投入专项债7000万元推进项目总投资1.30亿元的老年医养综合服务中心建设,新建7家乡镇(街道)居家养老服务中心,实现全县21个乡镇、街道居家养老服务全覆盖,新增100户困难老年人家庭适老化改造。推进实施困难残疾人生活补贴和重度残疾人护理补贴制度、康复补助、辅助器具配套等政策,投资5000万元建设残疾人康养中心,2021年1827人享受困难残疾人生活补贴524万元,3079人享受重度残疾人护理补贴741万元。实施职业技能提升行动计划,从2020年失业保险基金中提取职业技能提升专项资金1500万元,重点支持企业在岗职工、高校毕业生、退役军人、农民工等就业群体职业技能提升,助力稳定就业。

【推进财政数字化改革】 推进预算管理一体化系统建设,完成全部预算单位上线预算项目库、预算编制模块,20家预算单位业务数据同步运行执行模块并同步测试2家代理银行。深化"政采云"平台应用,全年通过"政采云"完成采购项目89个,预算金额1.97亿元,中标金额1.86亿元,节约资金1148万元,资金节省率6.2%。统一公共支付平台线上线下第三方支付接入执收单位83家,执收项目222项,全年受理缴款业务8.2万笔,收缴资金1.47亿元(不含土地出让金和土地指标调剂收入)。加快推进财政电子票据改革,开通单位131家,票据种类覆盖非税收入、医疗、罚没、往来结算、捐赠等16种财政电子票据,全年开出电子票据10.30万份,涉及金额3.68亿元。全面推进"资产云"2.0信息平台,对全县独立核算的67家行政单位、112家事业单位的所有国有资产,从购入、登记、使用、处置审批、核销等全流程进行动态监管。

【强化财政监督管理】 加强政府性债务管理,经县人大常委会批准,2021年地方政府债务限额55.58亿元,其中:一般债务限额42.20亿元,专项债务限额18.38亿元。组织7.00亿元财政专户资金实行公款竞争性存放,其中社保资金5.50亿元,核算中心代管资金1.50亿元;加强对行政事业单位公款竞争性存放管理和业务指导,8家行政事业单位、4家国有企业开展公款竞争性存放工作,存放金额3.17亿元。深化预算绩效管理,选取县交通运输局、县自然资源和规划局、县移民管理中心、景宁经济开发区管委4个部门开展整体支出绩效评价工作,涉及评价部门预算资金3.05亿元;开展乡镇(街道)财政运行综合绩效评价试点,完成2个街道政府财政运行综合绩效评价报告,涉及评价资金1.18亿元。全面推行授权支付,全年实行国库集中支付33.06亿元,其中:授权支付68167笔18.38亿元;直接支付14954笔14.68亿元。盘活财政存量资金,全年清理盘活存量资金2.67亿元,其中:国库历年存量资金1.40亿元,财政专户资金0.68亿元,乡镇部门存量资金0.59亿元,上缴国库统筹使用。

【深化国有企业改革】 制定国有企业市场化改革总体方案,结合资产隶属关系和行业板块关联性,以原有资产隶属关系为基础,将现有国有企业归并为四大板块,设立国有资产投资经营有限公司、城市建设投资集团有限公司、文化旅游开发集团有限公司、交通发展集团有限公司4家行业性集团化运作公司和若干家子公司。制定国有企业退休人员社会化管理工作具体实施办法,按照"老人老办法、新人新办法"的原则,推进国有企业退休人员社会化管理。

【建设清廉财政】 创建示范型清廉机关,完善党员活动室、清廉展示厅、清风书吧、警示教育牌、公开公示栏等各类硬件设施;牵头推进清廉国企建设,按照"政治清明、事物清爽、企风清正、文化清廉"的"四清"标准创成1家示范型清廉国企,选树1家清廉国企标杆点。开展国企领域突出问题专项治理,排查出7大类47个突出问题,逐个落实整改措施,净化国企领域发展环境和政治生态。

(景宁畲族自治县财政局供稿 吴向东执笔)

市县（市、区）图片集锦

zhejiang caizheng nianjian

杭州市 2021 年入选全国首批海绵建设示范城市，成为浙江省内唯一入选城市，由此获得中央财政补助资金 9.00 亿元。过去 5 年，市本级累计投入财政性资金 61.47 亿元支持海绵城市建设，涉及 700 多个项目，提升了城市生态系统功能，提高了抵御洪涝灾害能力。

1 根据海绵城市标准要求打造的运河亚运公园
2 高品质海绵公园——丰收湖
3 上城区牛田单元五号港河道综合整治工程
4 海绵水生态公园——丁兰新城桃花湖公园
5 西湖区铜鉴湖防洪排涝调蓄工程

1

2

4

3

5

杭州市上城区财政注重发挥人文优势，支持挖掘流淌千年的文化脉络。2021年，投入2000万元支持宋韵文化传播，成功举办首届“宋韵最杭州”文化节，推出宋韵婚典、非遗（文创）大观园、宋韵主题灯光秀、宋韵晚会等宋韵文化主题系列活动，擦亮“南宋古都”文化品牌。

1 “宋韵最杭州”开幕式主题晚会
2 “宋风物语”非遗集市
3 非遗（文创）大观园

2021年，杭州市西湖区财政以数字化改革为抓手，借助新时代美丽乡村精品村创建契机，整合美丽乡村建设项目资金303万元，一事一议财政奖补政策资金200万元等涉农财政资金，通过“艺术+数智”的方式，打造数字乡村、未来乡村，使西湖区长埭村蝶变为三产融合发展的农村精品村。

4 绿水青山是长埭村的美丽底色
5 改造提升后的文化礼堂
6 使用无人机管理的智慧茶园

2021 年，杭州市拱墅区财政局建立健全为民办实事的长效机制，强有力地支持和推动老旧小区改造提升、高质量打造未来社区。拱墅区老旧小区改造工作在杭州市综合考评中获得优秀等次，区财政局荣获杭州市老旧小区改造工作优秀集体称号。

1 老旧小区改造后落地大关西苑的杭州首个“评话主题公园”——百姓书场
2 老旧小区综合整治工程——杭钢人家邻里中心
3 老旧小区改造项目——远大花园小区
4 改造后的党建阵地——“红盟荟”
5 改造后焕然一新的老旧小区——流水东苑

1

2

3

4

5

2021年，杭州高新技术产业开发区（滨江）按照“未来社区是打造共同富裕现代化基本单元”的要求，加大未来社区、美好生活共同体等重点民生领域财政投入，建成社区美好生活共同体18个，缤纷、冠山、东信等16个社区列入省、市未来社区创建单位。

1 滨纷未来社区
2 社区服务中心
3 卫生服务分中心
4 社团孵化基地
5 城市书房

1

2

3

4

5

2021年，杭州市钱塘区财政局围绕区政府“产业立区、创新强区、制造兴区”的目标定位，兑现产业资金52.00亿元，鼓励企业开展科技创新，助力全区产业转型升级。钱塘区汽车产业链被评为2021年浙江省开发区产业链“链长制”示范试点，目前已聚集福特、广汽、吉利3家整车企业以及130余家汽车零部件配套生产企业，成为全省重要的汽车产业基地。

6 经济开发区持续助力产业发展
7 吉利汽车钱塘制造基地

6

7

2021 年，杭州市萧山区财政大力推进公共服务优质共享，全年民生支出 228.20 亿元，增长 13.0%，占一般公共预算支出的 70.4%。重点向社会保障、优质教育、公共卫生体系建设、文化强区建设和美丽乡村建设等领域倾斜，民生福祉保障有力。

1 临浦镇横一村的未来乡村美景
2 宁围街道示范型居家养老服务中心
3 室内适老化改造后实景
4 萧山区体育中心改造提升工程
5 焕然一新的金泰幼儿园
6 萧山中学教学中心学生体验活动

1

2

3

4

5

6

2021年，杭州市余杭区财政持续加大科技创新投入，全年科技支出25.24亿元，重点保障重大科技项目政策兑现、企业研发投入补助、国家重点支持领域高新技术企业扶持等，助力科创高地建设。

1 落户在余杭区的浙江（杭州）知识产权创新产业园
2 人工智能小镇
3 余杭区荣获浙江省首度颁发的“科技创新鼎”
4 利尔达物联网科技园
5 杭州师范大学国家大学科技园

2

3

1

4

5

2021年，杭州市临平区围绕“南融、北创、东靓、西优、中兴”发展战略，强化财政支撑保障，着力支持地铁、运河二通道重点项目建设。

1 经济开发区持续助力产业发展
2 运河北片和丁山湖核心圈融合打造的美丽乡村项目
3 杭州地铁9号线一期北段开通加快融入杭州主城区步伐
4 临平新城全力打造杭州城东中央活动区
5 大运河临平段列入“中国大运河”世界文化遗产
6 扩建后的临平体育中心
7 临平大剧院

1

2

3

4

5

6

7

2021 年，淳安财政安排 5.91 亿元支持大下姜农村综合性改革试点试验，推进大下姜区域实现基层组织建设走在前、绿色发展能级大提升、机制模式创新有实效和综合性改革有成果的目标。

1 下姜村俯瞰图
2 下姜村民宿产业
3 又是一个丰收年

2021 年，杭州市富阳区财政统筹各类财政资金，加大污染整治、垃圾分类、美丽乡村建设等重点领域财政投入，高水平打造现代版富春山居图。富阳区连续三年被评为美丽浙江建设（生态文明示范创建行动计划）工作考核优秀县（市、区）。

4 渔山乡墅溪村珍贵彩色示范林
5 美丽乡村新登镇上山村
6 富春江绿道建设
7 改造后的老旧小区——清风阳光苑
8 拆除污染企业后的东洲新城

杭州市临安区财政积极发挥财政资金导向作用，围绕乡村振兴战略，不断完善农村基础设施，整治环境卫生，植绿修复生态，治理污水，乡村面貌焕然一新，可复制可推广的乡村振兴临安经验正逐步完善。

1 於潜镇绍鲁农场
2 五彩绍鲁村
3 龙门秘境村落景区
4 太阳镇高标准农田示范区
5 潜东村“共享稻田”
6 云雾缭绕指南村
7 天目山镇肇村的粮食功能区

2021 年，建德市财政局加大文旅、教育、卫生等民生领域投入，支持“建德 17℃新安江”马拉松、“建德豆腐包”等品牌建设、老旧小区改造等项目工程，助力打造宜居宜养幸福建德。

1 建德图书馆
2 改造后的建德市新安江街道新林路小区
3 “建德豆腐包”品牌发布
4 2021 年“建德 17℃新安江”马拉松比赛
5 建德市寿昌新城幼儿园

桐庐县注重实施“文化惠民”工程，完善现代公共文化服务体系，2021年财政投入文化旅游体育与传媒支出1.65亿元，增长5.4%。通过深化桐君中医药文化、诗路文化、畲族文化等挖掘工作，激活历史文脉，增强文化自信，带动人民群众精神生活共同富裕。

1 严子陵钓台隐逸文化
2 越剧传习进古村
3 浙江省非遗项目深澳高空狮子
4 荻浦乡村图书馆
5 桐君中医药文化非遗馆
6 民族服饰设计展演活动——畲族传统服饰
7 莪山畲族乡“三月三”畲族文化节

宁波市2021年加大财政投入力度，以农村综合改革为抓手，持续开展农村公益事业和美丽乡村建设，加快补齐农村公共服务短板，建成了一大批与村民群众关系最密切、需求最迫切、受益最直接的民生项目，全面助推乡村振兴战略。

1 云雾中的宁海黄坛逐步村
2 横溪上街村灯光改造工程
3 江北区灵山村文化礼堂
4 美丽乡村慈城镇南联村
5 象山青莱村村民说事廊
6 鄞江镇光溪村

2021 年，宁波市北仑区财政精准服务区域经济稳增促调和转型升级，聚焦重点项目引进、高能级战略平台打造、高端创业创新人才聚集和产智对接、自贸试验区先行先试等，持续加大财政政策和资金保障力度，全力助推现代化临港智创之城、国际化滨海秀美之城建设。

1 生态治理后的芦江河片区
2 省重点工程梅山红桥
3 美丽港湾梅山湾
4 北仑灵峰现代产业园

2021年，象山县财政局健全财力大统筹机制，深化各项改革，为加快建设社会主义现代化滨海花园城市提供坚实的财力保障。

1 象山城市夜景
2 开渔节后渔船出海
3 象山亚帆中心
4 接种“新冠”疫苗
5 新落成的象山县中医医院大楼
6 忙碌的象山临港装备工业园

温州市财政2021年全力支持数字化改革，助力温州数字化建设取得初步成效，政府服务管理能力显著提升，综合考评进入数字政府系统领跑榜。

1 环保数字化改革
2 温州城市大脑
3 政府数字化改革路演观摩会
4 线上破产法庭项目
5 温州96333大数据分析项目

1

2

3

4

5

2021年，温州市瓯海区抢抓亚运兴城新机遇，充分发挥财政资源要素杠杆效应和乘数效应，加快建设温州龙舟运动中心、奥体中心“一场两馆”等标志性工程，提高文体设施标准，提升文体公共服务水平，圆满承办第十四届全运会龙舟赛事等大型惠民体育活动，创成省级体育现代化区。

1 亚运绿道
2 瓯海区奥体中心“一场两馆”
3 亚运龙舟基地
4 亚运公园
5 全民健身大数据平台
6 第十四届全运会龙舟赛在瓯海区举办
7 浙江省第十届幼儿足球表演大赛

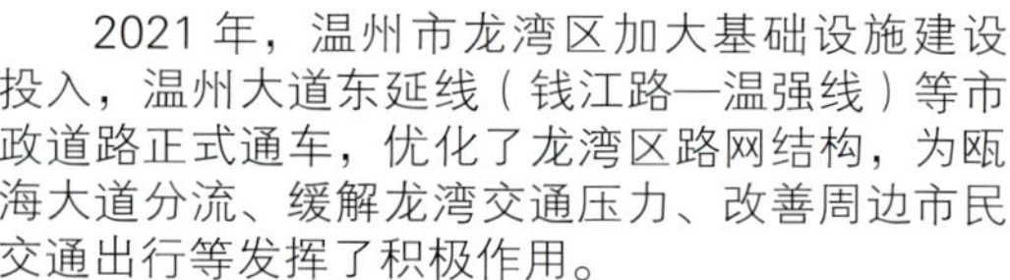

2021 年，温州市龙湾区加大基础设施建设投入，温州大道东延线（钱江路—温强线）等市政道路正式通车，优化了龙湾区路网结构，为瓯海大道分流、缓解龙湾交通压力、改善周边市民交通出行等发挥了积极作用。

1 交通压力得以缓解的龙湾区新路网
2 马鞍岭隧道通车
3 温州大道东延线（钱江路——温强线）市政道路完工

2021 年，围绕“海岛大花园”建设目标，温州市洞头区投入财政资金 6.27 亿元，做好生态环境综合整治、美丽城镇建设、乡村产业示范建设等重点城乡建设项目资金保障工作，助力打造高质量发展建设共同富裕示范区的“海岛样板”。

4 蓝色海湾整治工程
5 海峡云村金夼 101 项目
6 半屏山全景
7 七彩民居洞头村

2021 年，瑞安市财政投入资金 27.13 亿元推进医疗卫生事业高质量发展。支持疫苗接种和常态化疫情防控，支持基层医疗卫生机构迁建和改扩建，加强公共卫生服务体系建设，促进优质医疗资源扩容下沉和均衡布局，改善就医环境，提升人民群众获得感。

1 瑞安市人民医院特聘教授聘任仪式
2 村民在黄林村卫生室进行健康体检
3 高楼镇卫生院新院区建成投用
4 家庭医生团队入村开展签约服务
5 瑞安市第三人民医院住院综合楼启用
6 新冠病毒疫苗全民免费接种服务
7 医务人员在核酸采样仓中工作

1

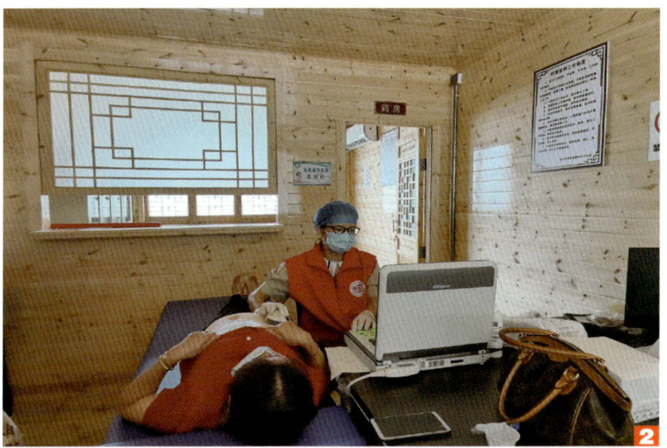
2

3

4

5

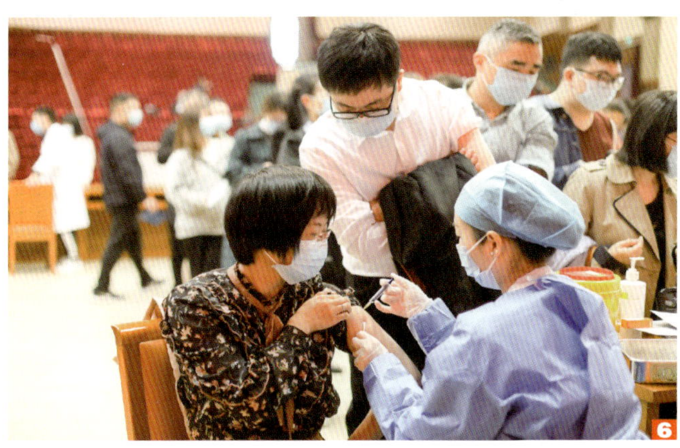
6

7

乐清市加快美丽城镇和乡村振兴示范带建设，改善农村人居环境。2021 年市财政筹措资金 2.85 亿元推进瓯潮柳风、鹭兴万象等 3 条乡村振兴示范带和 7 个美丽城镇建设，打造美丽宜居的乡村新风貌。

1 北塘村“花果飘香”乡村示范带鸟瞰图
2 乡村示范带成为孩子们的乐园
3 美丽的乡村景色吸引市民驻足留念

永嘉县财政加大投入，持续推进楠溪江乡村音乐慢都建设，构建“音乐 +”吃住行游购娱旅游全产业链，在产业融合助推共同富裕试点方面形成“永嘉样板”。2021 年“打造楠溪江乡村音乐慢都 助推山区共同富裕”案例入选省高质量发展建设共同富裕示范区典型案例清单、省文旅“金名片”培育名单。

4 音乐节签约仪式
5 楠溪江星巢音乐营
6 楠溪江音乐节营地

2021 年，平阳财政充分运用债券、融资等多种手段，统筹各类资金超 60 亿元支持道路交通、义务教育、医疗卫生、水患治理等一系列民生项目建设，城乡面貌焕然一新，生态基底加速夯实，公共事业普及普惠，迈出了高质量发展的坚实步伐。

1 平阳县市民公园
2 水头段防洪工程
3 新落成的平阳县第二人民医院
4 闹村乡第一幼儿园
5 南雁游客服务中心

1

2

3

4

5

2021 年，苍南县推出“浙南看一看 · 苍南第一站”全域旅游营销。全年财政投入 1100 万元进行系列宣传，深度推广，全面提升苍南旅游的知名度、美誉度和影响力。

1 网红打卡点的旅游营销
2 杭州东站人流密集区的苍南风景 LED 灯箱广告
3 印有苍南文旅元素的公交车穿梭在温州市区的大街小巷
4 在杭州、温州等地区中石化加油站投放立柱壁挂广告
5 苍南高速公路服务区投放巨幅广告

1

2

3

4

5

2021 年，文成县以项目建设攻坚年、主体引育突破年活动为抓手，加快打造高质量发展建设共同富裕示范山区样板。获批设立省级经济开发区，成功签约并开工建设娃哈哈智能化饮料生产基地，景文高速、文成南互通等重大项目稳步推进。同时，加快一事一议财政奖补助推美丽乡村建设，铜铃山镇创成全县首个 5A 级景区镇，武阳创成中国美丽休闲乡村、市级未来乡村，创成国家“绿水青山就是金山银山”实践创新基地。

1 娃哈哈文成智能化饮料项目签约仪式
2 建设中的景文高速
3 西坑毛泽东像章馆
4 武阳未来乡村示范区
5 铜铃山镇度假区

2021 年，泰顺县财政局强化财政职能，围绕县委县政府“大干交通、干大交通”战略部署，多渠道筹措资金约 5.5 亿元，保障 235 国道泰顺段改建工程、文福公路、红军路等一批交通项目建设，加快综合交通网络建设，助力破除地区交通瓶颈，初步形成“外通内畅”的交通网络格局。

1 235 国道泰顺段改建工程（1 期）
2 茶园致富路
3 绕村公路
4 四好农村路——后章岗村康庄路
5 文福公路矿坑大桥段
6 文泰高速洪溪特大桥段
7 文泰高速南浦溪大桥段

2021 年，龙港市财政统筹资金强化保障，全面推进龙港市美丽乡村建设，打造和谐宜居美好人居环境，建成乾头村、林家院村、水心村等一批精品田园综合体，“绿树村边合，青山郭外斜”的如画美景结合村居特有的人文景观，共同展现龙港市美丽乡村崭新风貌。

1 白沙社区十里长河
2 江山社区秋收图
3 林家院村特色民宿
4 朝阳社区美丽河道
5 阡陌纵横的中对口村

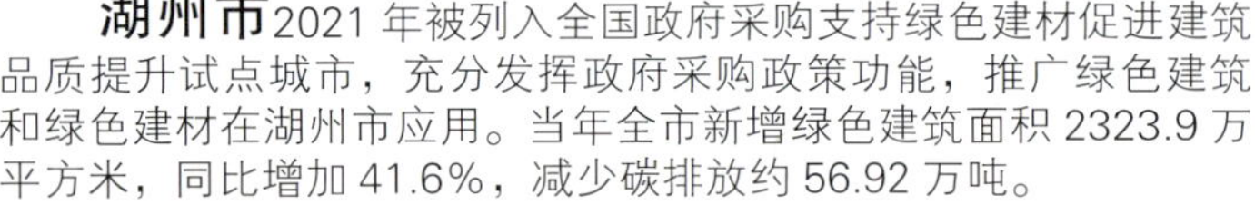

湖州市2021 年被列入全国政府采购支持绿色建材促进建筑品质提升试点城市，充分发挥政府采购政策功能，推广绿色建筑和绿色建材在湖州市应用。当年全市新增绿色建筑面积 2323.9 万平方米，同比增加 41.6%，减少碳排放约 56.92 万吨。

1 2021 年 5 月 21 日全国政府采购支持绿色建材促进建筑品质提升试点工作座谈会在湖州召开
2 绿色建材项目—湖州市第二中学食堂重建项目
3 绿色建材项目—南浔区医疗集团千金院区新建工程
4 绿色建材项目—地理信息小镇运动中心

2021 年，湖州市吴兴区持续加大财政资金补助力度，统筹资金 7890 万元用于美丽乡村建设、美丽河湖整治、农村基础设施建设等方面，促进绿水青山转化为金山银山，助推乡村振兴。

5 西山漾国家城市湿地公园
6 国家级乡村旅游度假示范区原乡小镇
7 梁溪森林氧吧
8 农趣节的采摘活动

2021 年，湖州市南浔区财政加大投入，推进城市有机更新，获评全省新时代美丽城镇建设优秀区。

1 财政专项债项目—沪苏湖铁路南浔站交通枢纽工程项目
2 南浔高级中学落成启用
3 南浔頔塘未来社区入选浙江省首批未来社区试点创建项目

德清县深入推进村级公益事业一事一议财政奖补项目建设，截至 2021 年底累计投入资金 12.84 亿元，建成村庄道路建设项目 238 个、村内小型农田水利设施项目 70 个、村容村貌改造提升项目 206 个等，乡村振兴取得初步成效。

4 东衡村的体育健身场所
5 金火村文化礼堂
6 整治后的三林村
7 美丽的四都村观光带生态

2021 年，长兴县财政安排大工业政策资金 4.30 亿元，加快政策兑现，开展助企服务，累计走访服务企业 350 余户次，全力支持制造业创新创强，助推经济高质量发展。

1 浙江中晶科技股份有限公司在深交所上市
2 长兴诺力智能装备公司数字化立体仓库
3 长兴县吉利整车项目投产下线

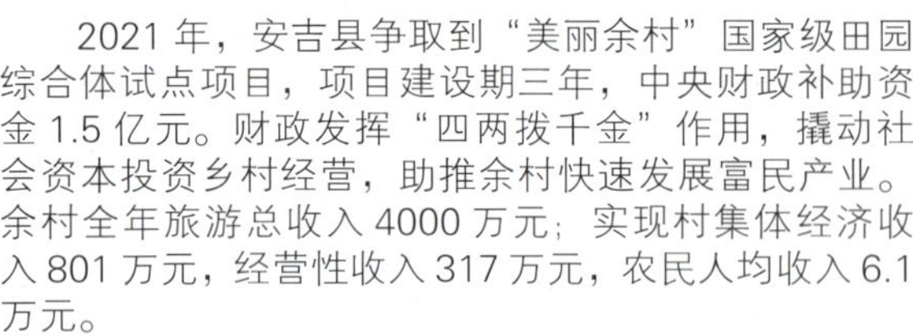

2021 年，安吉县争取到“美丽余村”国家级田园综合体试点项目，项目建设期三年，中央财政补助资金 1.5 亿元。财政发挥“四两拨千金”作用，撬动社会资本投资乡村经营，助推余村快速发展富民产业。余村全年旅游总收入 4000 万元；实现村集体经济收入 801 万元，经营性收入 317 万元，农民人均收入 6.1 万元。

4 余村两山绿道
5 田园综合体项目之马吉村竹印象故事馆
6 “5G 物联网 + 余村溪泉鱼”项目
7 余村万亩林下经济产业园

嘉兴市财政聚焦全面融入长三角一体化发展首位战略，2021年统筹财力支持“品质嘉兴”建设，全面提升嘉兴城市的人文魅力、宜居活力和国际影响力。

1 改造后的嘉兴火车站
2 嘉兴学院梁林校区
3 碧波荡漾的南湖
4 南湖革命纪念馆
5 内环快速路

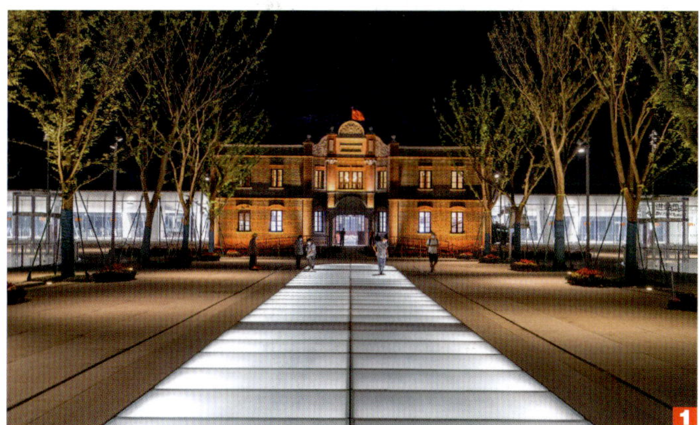
1

2

3

4

5

2021 年，嘉兴市秀洲区财政集中财力投入 2.65 亿元全力保障市文化艺术中心项目建设。工程完工后投入运营经费 1261.5 万元，支持其打造为设施先进、功能完善、造型优美、品位高雅的文化新地标。

1 秀洲农民画艺术馆
2 秀湖音乐厅
3 秀洲非遗馆
4 秀洲区图书馆
5 坐落在秀湖东畔的嘉兴文化艺术中心

1

2

3

4

5

2021 年，海宁市被省财政厅评为“一事一议财政奖补工作成绩突出县”。近年来，海宁市大力推进村级公益项目建设，建成了一大批惠及村民群众切身利益的公益事业项目，极大改善村民的生产生活条件。

1 兴城村新社区
2 一事一议成效显著村——上林村
3 云龙村蚕桑文化主题景区
4 海宁市五星级美丽乡村尖山村
5 如入画中的科同村老街

作为“十四五”时期政府购买服务改革工作全国联系点，2021 年，平湖市本级购买服务预算项目 516 项，金额 10.48 亿元。通过实施政府购买服务改革，进一步推动政府职能转变，促进公共服务、民生服务、公益服务高质高效健康发展。

1 政府购买视频监控服务
2 政府购买家庭医生签约服务
3 政府购买环卫服务
4 政府购买公共交通服务

1

2

3

4

2021年，桐乡市财政聚焦教育提质优化，投入资金24.2亿元，助力实现教育“硬保障”“软环境”“幸福感”三提升。支持学校扩容增量工程、创建劳动实践基地、研学旅行营地等，打造特色多元、融合育人的教育模式，促进城乡教育资源统筹均衡发展，奏响“学在桐乡”最强音。

1 学生综合实践活动
2 免费视力检测
3 新建的珑府幼儿园开园啦
4 心理健康服务站
5 上海尚阳外国语学校丰子恺校园

1

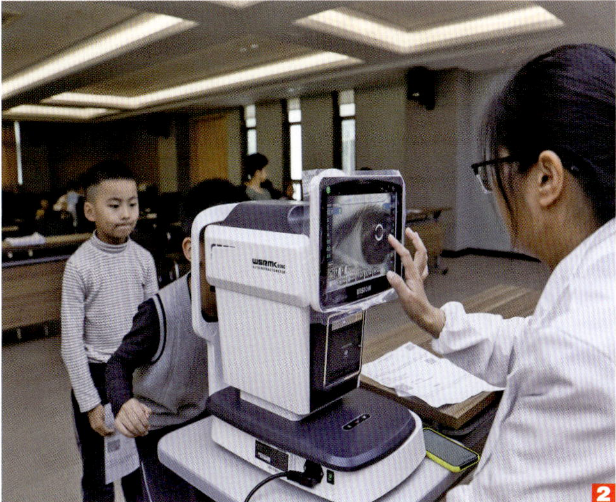
2

3

4

5

嘉善县国家级农村综合性改革试点试验工作于 2021 年收官。大云试点区高标准做实全域土地整治、农田流转、农房集聚“三全”集成改革，流转率 96%，集聚率 87%。全年村均经常性收入 435 万元，城乡收入比进一步缩小至 1.59:1，城乡社会事业全面推进，社会治理效能高度整合提升。

1 童话世界——歌斐颂巧克力工厂
2 碧云花园葡萄采摘
3 花市
4 文松氧吧农场
5 现代农业园区
6 农房集聚点曹家村

2021 年，海盐县加大财政政策扶持力度和精度，全力助推“专精特新”“隐形冠军”“单项冠军”等企业培育，引导中小企业成为掌握独门绝技的“单打冠军”或“配套专家”，形成良好的企业培育成长环境。

1 国家级专精特新“小巨人”企业
——宇星螺帽生产车间
2 国家第二批专精特新“小巨人”企业
——联翔家居的刺绣墙布生产线
3 制造业单项冠军省级培育企业
——浙江海利普电子科技有限公司
4 制造业单项冠军省级培育企业
——浙江金元亚麻有限公司的生产车间
5 国家级专精特新“小巨人”企业
——恒锋工具数字化生产设备

绍兴市2021 年深入实施“文化＋产业”“旅游＋产业”“体育＋产业”战略，财政部门加大资金投入力度，完善各类扶持政策，全力支持文旅体产业融合发展，助力绍兴成功创建国家级文化和旅游、体育消费试点城市，擦亮历史文化名城、东亚文化之都“金名片”。

1 小学生们在大禹陵开展研学游活动
2 畸人青藤徐渭书画作品展
3 2021 皮划艇邀请赛暨东方水城嘉年华系列赛
4 财政支持创作的绍剧《喀拉昆仑》
5 “东亚文化之都·中国绍兴活动年”

2021年，绍兴市越城区财政支持产业引领经济高质量发展，助力发挥“两区”双向赋能优势，精准开展产业链招商。长电科技、芳原馨生物、三花新能源等顺利投产，集成电路、高端生物医药“万亩千亿”新产业平台跻身全省前列，绍兴综合保税区通过国家验收，成为全省首个“当年开工、当年竣工、当年验收”的综保区。

1 长电集成电路（绍兴）有限公司300mm集成电路中道先进封装生产线项目一期主体工程结顶仪式
2 中国·绍兴集成电路产业联盟成立
3 绍兴滨海新区管委会与西安电子科技大学合作协议签约仪式
4 绍兴综合保税区通过国家八部委联合验收
5 杭州电子科技大学集成电路科学与工程学院（杭电绍兴校区）项目签约

1

2

3

4

5

2021 年，绍兴市柯桥区按照“产业兴旺、生态宜居、乡风文明、治理有效、生活富裕”的要求，统筹各级专项资金 8427 万元，推进王坛镇省级农村综合改革集成项目建设，通过流转村级土地、激活集体闲置房屋、打造绿色农业产业链、改造村容村貌等路径，实现经济、社会、生态三方面效益提升。

1 农村宅基地镇域跨村有偿选位竞拍会
2 铁皮石斛培植基地
3 新村容村貌
4 新农村公路
5 双江溪新面貌

2021年，绍兴市上虞区加大对医共体等重点卫生领域的财政投入力度，保障5个重大基建项目资金45.15亿元，助力卫生健康事业高品质发展。

1 省重点项目浙大邵逸夫医院绍兴院区建设现场
2 广东省中医院与绍兴市上虞中医医院签约揭牌仪式
3 上虞中医医院医共体上浦分院
4 城南医用综合中心工程（一期）
5 曹娥街道社区卫生服务中心
6 区人民医院扩建项目

诸暨市以村级民生公益事业建设为着力点，充分发挥一事一议财政资金的撬动作用，不断完善村基础设施，推进山下湖镇枫江村、东和乡十里坪村等村落景区和乡村特色旅游产业发展，将其真正打造成为百姓心中的“民心”“民意”“民生”“民富”“民智”工程。

1 新修建的乡村休闲健身步道
2 东和乡十里坪茶文化广场新貌
3 十里坪美丽乡村重点建设项目——连心桥
4 3A级景区村枫江村

新昌县财政统筹财力助力建设品质之城，聚焦聚力城市功能完善和承载能力提升，支持实施新昌江两岸及桥梁亮化改造提档升级，实现城乡融合发展更和谐，城市更精致，为绘就宜居宜业的“新昌画卷” 贡献财政力量。2021 年新昌县荣获大花园建设省政府督查激励。

1 东茗乡下岩贝村文化礼堂
2 县十九峰狐巴巴星球乐园
3 冷水村清风公园
4 唐诗之路天姥山露营基地
5 大花园建设典型——新昌县七星新城

1

2

3

4

5

金华市财政积极践行“以人民为中心”的财政发展理念，不断加大民生事业投入力度，保障教育、文体、交通、卫生、环境保护等领域重大项目建设，促进民生事业发展，提高人民的幸福指数，助力浙江共同富裕示范区建设。

1 金华市南苑中学新校区投入使用
2 金华市李渔小学正式启用
3 金义东市域轨道交通试运行
4 建设中的 G235 国道（金义中央大道）
5 新购负压救护车
6 新建垃圾焚烧厂
7 新建成的亚运场馆

1

2

3

4

5

6

7

2021年，金华市婺城区坚持把教育放在优先发展的战略位置，围绕区委区政府提出的“优学婺城”目标，加大投入，提升教育现代化水平。全年教育支出10.18亿元，同口径增长10.8%。

1 丰亭幼儿园投入使用
2 婺城小学白沙校区扩建项目
3 婺城协同共育模式登上全国论坛
4 “双减”后校外培训机构“学转非＋营转非”
5 丰富的校内活动
6 创新课后延时服务

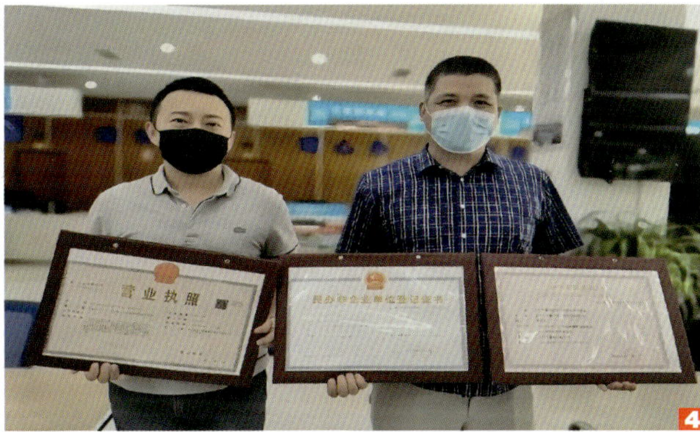

2021 年，金华市金东区全力推进浙江自贸试验区金义片区建设，金东区财政局设立财政专项资金 1400 万元，专项用于企业融资担保、贷款贴息、风险补偿机制建立，出台系列扶持政策，同时支持跨境人民币结算业务，全年结算量 21.13 亿元，超过目标任务 111.3%。

1 金义新区信息技术应用创新产业平台入选浙江省第三批“万亩千亿”新产业平台培育名单
2 2021 年 1 月 27 日自贸区金义新区拱门顺利合拢
3 “一带一路”金华至匈牙利班列成功首发
4 自贸区金义片区（金东）的新地标——金义自贸中心

1

2

3

4

5

6

2021 年，兰溪市以完善城乡交通网为龙头，加快融入都市区，主动对接长三角，助推高质量发展建设共同富裕示范区。全年争取国省道改建项目直达资金 1.5 亿元，争取公路一般债券 3000 万元，安排“四好农村公路”建设资金 1370 万元，通过健全资金多元化筹措机制，加快推进建设“对外快速化、对内便捷化、综合枢纽一体化”的立体综合交通体系。

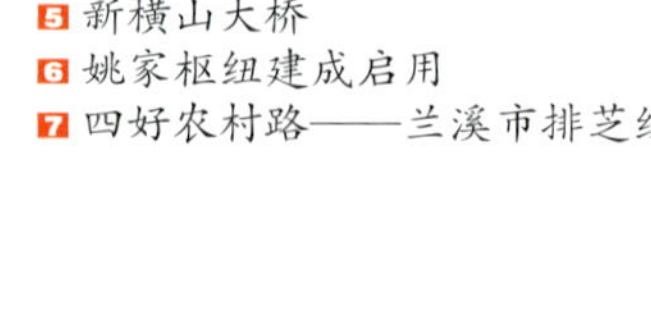
5 新横山大桥
6 姚家枢纽建成启用
7 四好农村路——兰溪市排芝线

7

东阳市财政加大一事一议财政奖补力度，促进农村公益事业发展。截至2021年年底，累计投入财政资金6.16亿元，撬动社会资本3.85亿元，涉及项目962个，覆盖96%的行政村，受益人口108万余人。东阳市获评浙江省财政厅一事一议财政奖补工作成绩突出县，横店镇官桥村获评建设成效显著村。

1 横店镇官桥村
2 歌山镇积塘湖文化礼堂
3 虎鹿镇溪口小长城
4 白云街道河山村休闲广场

武义县充分发挥一事一议财政奖补机制在完善村基础配套设施、提升村集体收益等方面的作用。2021年安排一事一议财政奖补资金1956万元，立项59个，涉及扶持集体经济、文化礼堂、老年活动中心、河道治理等民生领域，惠及全县11个镇、街道、联盟的5.29万村民。

5 红四村中国工农红军挺进师中共宣遂汤工委纪念馆
6 大溪口乡溪岭脚农特产品展陈馆
7 陶渊明后裔古文化村——桃溪镇陶村

2021年，义乌财政进一步助力深化国际贸易综合改革，畅通货运通道、简化贸易规则、降低贸易成本，迭代放大市场优势，全力打造亿万级小商品贸易枢纽，以市场持续繁荣，推进义乌共同富裕建设。

1 义乌机场口岸出境免税商店
2 货运路网
3 义乌港直通仓进出的大货集卡
4 综合保税区
5 义乌国际商贸城全景

1

2

3

4

5

2021年，永康市财政局聚焦“世界五金之都 品质活力永康”和共同富裕示范先行市建设，支持产业转型升级，大力实施“千帆计划”“强链永康”“智汇丽州”工程，召开首届世界五金发展大会，进一步打响“永康五金”区域品牌。

1 五金产业发展高峰论坛
2 首届世界五金发展大会
3 五金合声展示
4 五金发展项目现场签约仪式
5 五金总部中心夜景

1

2

3

4

5

2021年，浦江县充分发挥财政资金“四两拨千斤”作用，以产业富民、生态便民、文化润民、旅游惠民为目标，从群众要求迫切、反映强烈、社会关注度高的公益事业项目入手，不断提升基层公共服务水平，绘就一幅幅生态美、生活美、风尚美的乡村振兴大美画卷。

1 洪山村老年活动中心
2 檀溪大洑堰全景
3 整治后的清溪村村道
4 横山村葡萄园绿道长廊
5 东塘村村口景观

2021年，磐安县深入实施乡村振兴战略，在全省首创“政银担”集成创新试点，为全县农业经营主体、小微企业等提供联保贷款服务；成功争取到省级乡村振兴集成创新示范建设县、农村综合改革和一事一议财政奖补助推美丽乡村建设三个竞争性试点项目。各试点项目推进有力，特色产业、村容村貌和村级经济都得到显著提升。

1 尚湖镇下溪滩村非遗物质文化馆
2 政银担签约仪式
3 云水谣芍药基地
4 新渥祠下浙贝母基地
5 古朴的乌石村

衢州市2021年统筹安排财政资金11.95亿元，支持打造“衢州有礼”诗画风光带，推进文化和旅游融合发展。围绕提供优秀文化产品、优质旅游产品这一核心环节，深度挖掘衢州这座千年古城的文化底蕴，优化支出结构、落实资金保障，持续擦亮“南孔圣地”金名片，成功创建国家级文旅消费试点城市，全市A级景区村覆盖率达到86%，实现全域景区化、处处是花园。

1 衢州市庆祝中国共产党成立100周年文艺演出
2 詹家镇成功创建景区镇
3 “联盟花园”春季旅游采购大会
4 南孔圣地文化旅游区夜景
5 南孔圣地文化旅游区孔庙景点
6 龙游县成功创建景区城
7 齐溪村成功创建景区村

2021 年，衢州市柯城区财政局聚焦新时代美丽乡村建设，坚持小切口、微改造、重提升，谋划项目 43 个，投入 3680 万元，改善农村人居环境，改造提升基础设施建设，实现村集体经济增收和村民家门口就业，打造符合柯城特色的乡村振兴之路。

1 荆溪花海
2 余东画韵
3 双溪古桥
4 桃源七里
5 万田乡水稻
6 未来社区余西食堂

1

2

4

3

5

6

2021 年，衢州市衢江区财政安排债券资金 3.30 亿元，推进衢江港区大路章作业区建设，顺利建成钱塘江中上游腹地最深的内河综合码头，助力完善衢州水域交通枢纽。截止 2021 年底，累计完成吞吐量 295.71 万吨，集装箱 28869 标箱。

1 港区运输现场
2 钱塘江中上游腹地最深的内河综合码头
3 集装箱装运作业

2021 年，开化财政加大投入，全力支持“四好农村路”建设，助力构建沟通城乡的“外畅通、内贯通、村连通”现代化交通运输体系。全县 15 个乡镇（办事处）公路通达率 100%、硬化率 100%，成功创建省级美丽经济交通走廊达标县。

4 城底线路段
5 齐溪镇盘山公路
6 省级“精品示范道路”桃下线
7 篁忻线路段

2021 年，江山市财政加大投入，进一步强化农村基础设施建设，推进村级公共服务，发展特色优势产业，促进一二三产业融合，帮助农民创收致富壮大村集体经济。

1 大陈乡早田坂村油菜花观赏田
2 凤林镇南坞村祠堂广场
3 贺村镇山底村羽毛球产业
4 四都镇埠头村桔子主题墙绘
5 清湖街道清泉村村播室
6 清湖街道清泉村淘宝综合大楼

2021年，龙游县财政强化收支管理，积极向上争取资金，加大资金投入，全力推动龙游经济高质量发展。

1 创新服务综合体
2 龙游城东新城
3 龙游博物馆
4 建设中的李子园二期项目
5 中浙高铁轴承有限公司

常山县财政忠实践行绿色发展理念，出台专项财政政策，支持“两山银行”建设，探索多元化生态产品价值实现路径，促进光伏、胡柚、民宿等农文旅产业综合协调发展。“两山银行”成立以来，累计转化资源总量 17.66 亿元，带动行政村增收 1701 万元。

1 因石致富的青石镇“东方巨石阵”景区
2 从“空壳村”蝶变为“致富村”的达塘村
3 胡柚丰收季
4 球川镇馒头山村太阳能光伏
5 新昌乡黄塘村民宿
6 常山县两山银行

舟山市2021 年聚焦海上花园城市建设，推动城市功能品质持续提升。全市争取到新增地方政府债券额度 64.70 亿元、省海洋（湾区）经济发展资金 11.76 亿元，为重大项目建设提供资金保障。舟岱大桥建成通车，形成全国最长的连岛高速公路和规模最大的跨海桥梁群；加快城市有机更新，推动乡村振兴，实现省新时代美丽乡村示范县区全覆盖。

1 海上花园城市
2 港岛大桥
3 舟岱大桥

2021 年，岱山县落实省绿色转化财政专项激励资金 3000 万元，统筹县级财力，正确引导社会资本投资，推进环境保护、绿色发展和平台建设等 16 个重点项目实施，带动总投资约 53 亿元，着力拓宽绿色转化通道，促进经济绿色高质量发展。

4 渔业资源增值放流
5 中广核岱山 4# 海上风电（一期）项目
6 双合石头记文旅综合体项目

2021 年，舟山市定海区财政加快落实积极财政政策，支持企业纾困发展，累计减税降费 15.60 亿元，兑现实体经济扶持资金 1.82 亿元，推动产业升级和制造业高质量发展，实现税收收入 26.71 亿元，增长 9.3%。

1 远洋捕捞鱼货生产加工
2 舟山国家远洋渔业基地
3 宁波舟山港金塘大浦口集装箱码头灯火辉煌
4 40 万吨级货轮在定海维修后启航
5 发展势头迅猛的舟山良海粮油有限公司
6 定海工业园区全景

2021年，舟山市普陀区围绕促进经济双循环，加大产业扶持资金投入力度，推动实体经济高质量发展。规上工业企业研发机构全覆盖，“上云”企业2920家，全年规上工业增加值67.4亿元。建成全国最大绿色修船基地，外轮维修占全国25%。建成全省首个海上风电项目、首座海上加氢站，大健康产业形成全省领先的药物研发产业链。

1 舟山市鑫亚船舶修造有限公司修造基地
2 普陀海域海上风电场
3 普陀区大健康产业园阳光走廊
4 依托舟山国际水产城打造水产精深加工服务创新综合体
5 浙江东鹏船舶修造有限公司的一艘新货船启航
6 夜晚的东港商贸圈

2021年，嵊泗加大财政投入，探索“宿养·劳养·医养”模式，加大渔民养老保障，推进“幸福驿站”、老年公寓建设，推动劳养结合，新建医养结合卫生院，让海岛老人乐享幸福生活，打造幸福养老海岛样板。

1 忙碌在渔市码头的老渔民
2 与党同岁的海岛寿星
3 助兴开捕节的老人们
4 洋山岛为老人提供公益服务
5 海岛老人邻里和睦品茗的幸福生活
6 花鸟乡灯塔村“幸福驿家”集体乔迁庆典

台州市2021年以获批国家职业教育高地建设试点为契机，加大资金保障、强化政策激励、推动产教融合，助力职业教育服务于台州民营经济高质量发展。

1 台州市产教融合专家指导委员会暨长三角产教融合与职业教育发展研究院台州分院成立大会
2 台州职业技术学院牵头成立长三角汽车产教融合联盟
3 现代学徒制试点授课之一
4 现代学徒制试点授课之二
5 台州科技职业学院

1

2

3

4

5

2021年，台州市黄岩区财政大力扶持特色农业发展，助力打造“黄岩蜜橘”“东魁杨梅”等地方特色农业产业，推进“现代农业园区”建设，挖掘“橘灯节”等农业文化遗产，赋能乡村振兴。

1 2021年黄岩区东魁杨梅母树开摘仪式
2 澄江街道凤洋村中国柑橘博物馆
3 平田乡高山罗幔杨梅
4 现代农业园区——黄岩区绿沃川农场
5 “黄岩蜜橘”产业标准化车间

1

2

3

4

5

2021 年，台州市路桥区投入一事一议财政奖补资金 1.16 亿元，惠及项目 334 个，覆盖村居 70% 以上，“奖”出了农村新面貌、“补”出了致富新路径，推动了美丽乡村建设。

1 峰江街道蒋僧桥村党建广场
2 整治后的横街镇九龙村慈德寺山塘
3 桐屿街道坐应村游步道
4 螺洋街道老东风桥改造及沿河游步道建设
5 金清镇高升村绿色生态河道

2021 年，台州市椒江区财政多方筹措资金，保障推进城市有机更新。高标准建设市区重点区块，建成开放椒江南岸滨江公共空间先行段，完成葭沚老街南广场及一期改造等项目，杭台高铁贯通运营。

1 葭沚大转盘整体改造提升工程
2 椒江滨江公共空间
3 在建的杭台高铁台州站
4 葭沚老街蝶变换新颜

2021 年，临海市财政统筹支农资金 7.76 亿元，大力支持美丽乡村建设，紧紧围绕“产业兴旺、生态宜居、乡风文明、治理有效、生活富裕”的总要求，加强环境综合整治、保障基础设施建设、提升产业质量，弘扬乡村文明，致力推进强村富民、创造美好幸福新生活。

5 改造后的安基山顶农村道路
6 大田刘村新时代文明实践站
7 永丰镇绿荫社区的万亩荷花

2021年，温岭市财政统筹资金支持公园城市建设，拓展绿色开放空间，促进城市生态环境和城市绿化景观有机结合，利用城市的金角银边建设口袋公园，增设健身、运动等设施，打造贴近百姓生活的城市微空间。

1 旅游城雕北侧绿地口袋公园
2 温岭新城首个文化公园——神童门公园
3 东辉阁亮化提升工程
4 东环路与横湖东路西北角绿地口袋公园
5 锦屏公园新增的环湖彩色跑道
6 万昌路西侧绿地口袋公园

2021年，玉环市财政锚定“打造发展极、建设示范市、争当先行者”总定位，争取新增债券16.92亿元，重点用于交通基础设施、农林水利、生态环保等领域，加快基础设施建设，大力发展新型农业，推进美丽乡村建设，打造具有玉环特色的共富海岛样板区。

1 玉环城区晨景
2 漩门湾三桥
3 城北小微企业创业园
4 华能清港滩涂渔光互补光伏电站

2021年，天台县财政统筹涉农资金，推进龙溪乡省级乡村振兴集成创新示范试点建设，以全自然资源要素集成为依托，以农村人居环境提升为主轴，以文旅产业深度融合为转化，探索建立美丽乡村建设助推美丽经济发展、美丽经济反哺美丽乡村的良性循环机制。

5 龙溪乡岐石山景区
6 美丽村庄黄水村
7 如入画中的龙溪乡入口处

2021 年，仙居县发挥财政资金“四两拨千斤”作用，助力美丽乡村建设，积极探索山区县共同富裕新路径，促进乡村秀美、生态优美、生产富美、生活和美。

1 美丽乡村金村
2 神仙居如意桥
3 游客欢娱农家乐
4 下各镇新路村水上乐园
5 国家 5A 级风景名胜区——神仙居

2021 年，三门县财政围绕巩固拓展脱贫攻坚成果同乡村振兴有效衔接，持续强化精准帮扶，全面推进低收入农户增收。连续 2 年获评“浙江省打好低收入百姓增收攻坚战成效明显激励对象”。

1 一事一议成效显著村——涛头村
2 包家村文化礼堂
3 美丽乡村金板山村
4 卢家塘青蟹养殖基地
5 亭旁镇革命老区换新颜
6 畲乡新貌

丽水市建立“财政奖补引导、村级自筹投入、社会捐资支持”的村级公益事业建设多元投入机制，发挥财政资金“四两拨千斤”作用，建成一大批惠及村民群众切身利益的村内公益事业项目，助力实现村美、民富、宜居、宜业。

1 山村民宿小院
2 一事一议项目将四都乡陈家铺村打造成“网红村”
3 网红打卡点——云和县长汀村
4 古朴的莲都区下南山村
5 建设中的庆元西川村
6 一事一议项目实施后的龙泉市溪头村

1

2

3

4

5

6

丽水市莲都区围绕“大抓落实年”目标任务，全力以赴稳增长、促改革、惠民生，2021年农林水支出6.15亿元，有力推进乡村振兴和强村富民事业，为莲都勇当共同富裕丽水领头雁和山区县排头兵，实现跨越式高质量发展提供坚实支撑。

1 联城街道城郊农民新社区
2 郎奇村温室育苗基地
3 在北京举办“国际茶日·大使品茶“2021春茶活动
4 碧湖镇与袁隆平院士团队合作打造国家水稻分子育种中心丽水示范基地
5 老竹镇茶园
6 枇杷产业智能化建设
7 养猪业向集约化方向发展

2021年，龙泉市财政统筹财力，支持文旅融合发展，激发乡村振兴动能。支持推进历史文化街区、土地整治生态修复等一批城乡环境品质提升项目。支持诗路文化带、世界青瓷大会、“天下龙泉”大型实景演出等文旅事业，持续推进城乡公共文化服务体系建设。美丽城镇建设、农村环境综合整治一体化推进，农业特色产业数字化转型升级取得明显成效。

1 大汪村茶园春色
2 退伍回乡军人创办生态农场
3 “寻宋·西街”宋韵生活节
4 街头直播创意产品
5 墙甲村蔬菜丰收
6 岩后村（叶绍翁故里）晚秋

2021 年，缙云县财政围绕创新强美、产业壮美、环境秀美、数智增美、风尚淳美、生活甜美的“六美”缙云乡村振兴目标，加大财政投入，支持花园乡村精品村创建，高质量打造省级新时代美丽乡村标杆县以及富有缙云特色的“花园乡村”。

1 网红打卡点前路乡前路村
2 缙云县四好农村路
3 历史文化古村落河阳村
4 花园乡村联丰村荷花景观
5 花园乡村笕川村花海

2021年，青田财政聚焦地方特色小镇建设，集中财力保障石雕小镇建设的资金需求，设立石雕行业贷款帮扶基金1000万元，安排石雕产业发展专项资金500万元，投入2000万元用于镇区整体环境改造提升。小镇石雕产业年产值超10.00亿元，整体行业发展步入“快速道”。

1 石雕小镇
2 青田石文化公园：印园
3 石雕博物馆

2021年，景宁县财政局积极筹措资金支持县城基础设施建设。完成城区道路改造以及城南棚户区和14个老旧小区的提升改造，此外还建成民族体育公园、三月三广场、山哈大剧院、江滨景观带。基础设施的完善使城市面貌焕然一新。

4 绿水青山环抱中的畲乡古城
5 景宁首座剧院——山哈大剧院完工投用
6 景宁县城

2021年，云和县财政强化“三农”投入保障机制，争取省级乡村振兴集成创新示范试点资金，整合财政支农资金，深化村级公益事业一事一议财政奖补政策运用，持续加强乡村基础设施建设和城乡公共服务一体化发展，推动宜居宜业的美丽乡村建设，谱写新时代“童话云和”新篇章。

1 紧水滩镇船帮文化节
2 红色美丽村庄建设中央试点村——小顺村
3 仙宫湖有机鱼开捕
4 振兴乡村旅游业之石浦龙舟赛
5 山水田园多彩规溪

2021年，遂昌县围绕“全力打造山区县共同富裕先行样板”目标定位，全面实施乡村振兴战略。农旅融合加快发展，美丽乡村建设迭代升级，人居环境治理有力有效，数字赋能激发乡村活力，实现了农业发展优质高效、农村环境更优更美、农民生活富裕富足。

1 “一村一品、一村一韵”的典范——大田村
2 云峰街道光伏工程照亮“消薄增收路”
3 腾龙小区——大搬快聚富民安居工程绘就城乡幸福生活新画卷
4 新路湾镇打造种业强镇示范样板
5 用活5000万元彩票公益金助力革命老区王村口镇实现共同富裕
6 数字乡村物流中心建设
7 湖山乡网易联合创新中心——打造“天工之城·数字绿谷”科创平台

1

2

3

4

5

6

7

2021年，松阳财政聚焦富民强县，顺应群众期盼，民生投入36.65亿元，城乡建设呈现新气象、民生福祉得到新提升，有力推进现代化“田园松阳”建设。

1 大搬快聚安居工程——古市伐铺小区四期
2 南城区块城中村改造
3 大东坝正石仓契约博物馆
4 智慧候车亭
5 现代化田园松阳建设之高速入城口
6 松阳县职业中专学校迁建

2021 年，庆元县财政加大对农业的财政投入力度，助力全县农业增产、农民增收，农村社会事业全面发展，推进山区乡村农民在共富路上一个也不落下。

1 落岭村高山西红柿种植基地
2 大济村香菇产业基地
3 岭头乡茭白种植基地
4 黄坛村甜橘柚种植基地

财政统计资料

zhejiang caizheng nianjian

1978—2021年浙江省财政收支表

年份	财政总收入（亿元）	一般公共预算收入（亿元）	其中税收收入（亿元）	占比%	一般公共预算支出（亿元）	增长率(%) 总收入	一般公共预算收入	一般公共预算支出	全省GDP值（亿元）	总收入占GDP比重（%）
1978	27.45				17.43				124	21.8
1979	25.87				17.74	-5.8		1.8	158	16.4
1980	31.13				17.34	20.3		-2.3	180	17.3
1981	34.34				17.12	10.3		-1.3	205	16.8
1982	36.64				18.88	6.7		10.3	234	15.7
1983	41.79				21.94	14.1		16.2	257	16.3
1984	46.67				28.80	11.7		31.3	323	14.5
1985	58.25				37.40	24.8		29.9	429	13.6
1986	68.61				50.96	17.8		36.3	502	13.7
1987	76.36				51.24	11.3		0.5	607	12.7
1988	85.55				63.14	12.0		23.2	770	11.1
1989	98.21				74.77	14.8		18.4	849	11.6
1990	101.59				80.23	3.4		7.3	905	11.1
1991	108.94				88.43	7.2		10.2	1089	10.2
1992	118.36				95.31	8.6		7.8	1376	8.7
1993	166.64				125.04	40.8		31.2	1926	8.7
1994	209.39	94.63			153.03	25.7		22.4	2689	7.9
1995	248.50	116.82			180.29	18.7	23.4	17.8	3558	7.0
1996	291.75	139.63			213.71	17.4	19.5	18.5	4189	7.0
1997	340.52	157.33			240.16	16.7	12.7	12.4	4686	7.3
1998	401.80	198.10			286.81	18.0	25.9	19.4	5053	8.1
1999	477.40	245.47			344.04	18.8	23.9	20.0	5444	8.8
2000	658.42	342.77			431.30	37.4	39.6	25.4	6141	10.7
2001	856.00	500.69			597.30	30.5	46.1	38.5	6898	12.4
2002	1166.58	566.85			749.90	36.3	13.2	25.5	8004	14.6
2003	1468.89	706.56			896.77	25.9	24.6	19.6	9705	15.1
2004	1805.16	901.05			1062.94	22.9	27.5	18.5	11649	15.5
2005	2115.36	1066.60			1265.53	17.2	18.4	19.1	13418	15.7
2006	2567.66	1298.20	1184.24	91.60	1471.86	21.4	21.7	16.3	15718	16.3
2007	3239.89	1649.50	1535.35	93.00	1806.79	26.2	27.1	22.8	18754	17.3
2008	3730.06	1933.39	1792.09	92.70	2208.58	15.1	17.2	22.2	21463	17.4
2009	4122.04	2142.51	1983.81	92.60	2653.35	10.5	10.8	20.1	22990	17.9
2010	4895.41	2608.47	2464.96	94.50	3207.88	18.8	21.7	20.9	27722	17.7
2011	5925.00	3150.80	2952.01	93.70	3842.59	21.0	20.8	19.8	32000	18.5
2012	6408.49	3441.23	3227.77	93.80	4161.88	8.2	9.2	8.3	34606	18.5
2013	6908.41	3796.92	3545.66	93.40	4730.47	7.8	10.3	13.7	37568	18.0
2014	7522.55	4122.02	3853.96	93.50	5159.57	8.9	8.6	9.1	40154	18.7
2015	8549.47	4809.94	4168.22	86.70	6645.98	8.8	7.8	21.1	42886	19.9
2016	9225.07	5301.98	4540.08	85.60	6974.25	7.7	9.8	10.0	46485	19.8
2017	10301.16	5804.38	4940.74	85.10	7530.31	10.6	10.3	8.6	51768	19.9
2018	11705.95	6598.21	5586.63	84.70	8629.53	13.6	11.1	13.1	56197	20.8
2019	12268.24	7048.58	5898.75	83.70	10053.03	4.8	6.8	16.5	62352	19.7
2020	12421.49	7248.24	6261.75	86.39	10082.01	1.2	2.8	2.6	64613	19.2
2021	14517.03	8262.64	7171.97	86.80	11014.59	16.9	14.0	9.2	73516	19.7

2019—2021年浙江省一般公共预算收支决算表

单位:万元

收入				支出			
预算科目	2019年	2020年	2021年	预算科目	2019年	2020年	2021年
一、税收收入	58987479	62617457	71719727	一、一般公共服务支出	10099552	10515456	11053107
增值税	23745797	23171476	26879806	二、外交支出	0	0	0
企业所得税	11160931	11450170	14440341	三、国防支出	93700	93238	109221
个人所得税	4129403	4687899	5321071	四、公共安全支出	6627043	6919638	7295060
资源税	121024	128362	140104	五、教育支出	17646898	18810941	20395156
城市维护建设税	3632621	3567422	4137402	六、科学技术支出	5160608	4721292	5785958
房产税	2072531	2341213	2498212	七、文化旅游体育与传媒支出	2032599	2296218	2493533
印花税	934768	1027381	1217753	八、社会保障和就业支出	10739411	11300170	12861309
城镇土地使用税	924419	1105442	995239	九、卫生健康支出	7356114	8388459	9080433
土地增值税	4676891	5155934	6987763	十、节能环保支出	2695485	2205855	2035597
车船税	593766	602197	650657	十一、城乡社区支出	16276811	10216671	11598908
耕地占用税	1218508	933158	729312	十二、农林水支出	7442421	7648948	7952656
契税	5713368	8381648	7672755	十三、交通运输支出	4445895	4705033	5142976
烟叶税	102	89	73	十四、资源勘探工业信息等支出	1963152	3129063	3916836
环境保护税	35102	33487	31858	十五、商业服务业等支出	1043696	2007568	2320950
其他税收收入	28248	31579	17381	十六、金融支出	407013	525495	269138
二、非税收入	11498292	9864932	10906629	十七、援助其他地区支出	415852	394646	313444
专项收入	5288693	4809366	4815762	十八、自然资源海洋气象等支出	1058738	1118187	1313989
行政事业性收费收入	1448345	1414380	1668642	十九、住房保障支出	2003959	2373306	2680931
罚没收入	1994446	1529750	1561735	二十、粮油物资储备支出	228492	364896	297762
国有资本经营收入	-466945	-1003663	-864943	二十一、灾害防治及应急管理支出	540410	650587	694786
国有资源(资产)有偿使用收入	2773513	2756372	3252388	二十三、债务付息支出	2057354	2190472	2380979
其他收入	460240	358727	473045	二十四、债务发行费用支出	8575	12398	11729
				二十五、其他支出	186557	231543	141420
本年收入合计	70485771	72482389	82626356	本年支出合计	100530335	100820080	110145878

2017—2021年浙江省11市及市本级一般公共预算收入及排序表

单位:万元

地区	2017年		2018年		2019年		2020年		2021年	
	一般公共预算收入	排序	一般公共预算收入	排序	一般公共预算收入	排序	一般公共预算收入	排序	一般公共预算收入	排序
杭州市	15674169	1	18250616	1	19659731	1	20933893	1	23865936	1
杭州市本级	2172126	1	3602608	2	3769353	2	4025690	1	3415134	2
宁波市	12452880	2	13796865	2	14685072	2	15108432	2	17231388	2
宁波市本级	1428952	2	3852992	1	3931521	1	3884621	2	4494162	1
温州市	4653504	3	5475765	3	5789706	3	6019813	3	6575549	4
温州市本级	1020701	3	1287740	3	5789706	3	1595849	3	1750552	3
嘉兴市	4437941	4	5185536	4	5656945	4	5988000	4	6748000	3
嘉兴市本级	975699	4	1117750	4	1204332	4	1216508	4	1391982	4
湖州市	2374308	8	2870960	8	3160702	8	3365565	8	4135188	8
湖州市本级	396308	8	455403	8	475484	8	504965	8	752053	7
绍兴市	4313596	5	5013379	5	5283698	5	5435174	5	6038029	5
绍兴市本级	628090	6	518347	6	589534	7	600429	7	662079	8
金华市	3577073	7	3926214	7	4113010	7	4232520	6	4923237	6
金华市本级	866168	5	935846	5	950131	5	957716	5	772784	6
衢州市	1112838	11	1280960	11	1371245	11	1409050	11	1639311	11
衢州市本级	382776	9	425822	9	455600	9	461334	9	630211	9
舟山市	1257644	9	1460243	9	1548600	9	1591996	9	1807000	9
舟山市本级	414251	7	513787	7	670017	6	702757	6	842529	5
台州市	3822482	6	4311768	6	4384983	6	4012385	7	4554334	7
台州市本级	308136	10	331506	11	389700	10	428911	10	460326	10
丽水市	1129055	10	1300106	10	1398293	10	1438556	10	1639653	10
丽水市本级	299086	11	345820	10	373338	11	384707	11	441687	11

2017—2021年浙江省县(市、区)一般公共预算收入及排序表

单位:万元

地区		2017年		2018年		2019年		2020年		2021年	
		一般公共预算收入	排序	一般公共预算收入	排序	一般公共预算收入	排序	一般公共预算收入	排序	一般公共预算收入	排序
杭州市	富阳区	637020	26	727000	24	800008	22	901379	18	1050187	18
	桐庐县	278292	60	306679	55	337654	53	342245	54	383973	54
	临安区	433009	39	531682	37	611600	34	685550	30	903943	25
	建德市	244007	63	282707	58	311008	57	342266	53	384966	53
	淳安县	172688	71	194962	65	210871	64	227682	62	259442	63
	上城区	731869	18	806481	20	851296	20	794640	25	2013817	6
	下城区	820368	13	893996	14	965861	15	812344	24		
	江干区	880088	11	950901	12	1036818	11	1076575	11		
	拱墅区	781355	15	843980	17	911928	16	867308	20	1795357	7
	西湖区	1259835	5	1394075	6	1506362	6	1619799	6	1756701	8
	滨江区	1428138	4	1648585	5	1755863	5	1827504	5	2028851	5
	萧山区	2274820	2	2703161	2	2676630	2	3000273	2	3430286	2
	余杭区	2800053	1	3363799	1	3914479	1	4410638	1	3756877	1
	临平区									1513279	9
	钱塘区									1173123	15
宁波市	慈溪市	941199	8	1045673	9	1129316	8	1185836	8	1350928	11
	余姚市	906480	10	1006321	10	1072259	10	1141976	10	1297227	12
	奉化区	429354	40	494700	38	600046	35	645065	34	741827	33
	象山县	392698	47	409984	46	462599	42	518061	39	578878	40
	宁海县	554779	31	616311	30	660175	30	679138	31	686638	35
	鄞州区	1917837	3	1984294	3	2123958	3	2161967	3	2319227	4
	镇海区	704777	19	785824	21	842299	21	845042	21	899442	26
	北仑区	552210	32	1825612	4	1956401	4	2045540	4	2549816	3

续表(一)　　单位:万元

地区		2017年		2018年		2019年		2020年		2021年	
		一般公共预算收入	排序	一般公共预算收入	排序	一般公共预算收入	排序	一般公共预算收入	排序	一般公共预算收入	排序
	江北区	650166	25	728878	23	781709	26	842906	22	1016290	19
	海曙区	930238	9	1046276	8	1124789	9	1158280	9	1296953	13
温州市	平阳县	297951	56	395628	48	380260	50	364900	50	420003	49
	苍南县	337222	51	568631	34	424574	47	263490	61	301837	59
	瑞安市	634679	27	710898	26	796399	24	819053	23	842459	27
	永嘉县	315959	54	350711	51	395265	49	407969	46	413403	51
	乐清市	794030	14	943017	13	996893	13	943849	14	970089	22
	文成县	82539	88	82620	81	96302	82	102164	80	117502	83
	泰顺县	79105	89	87605	80	101018	78	138031	75	158786	75
	洞头区	71022	90	81758	82	97043	81	100163	82	102794	86
	鹿城区	293808	58	314625	54	343935	52	352878	51	414425	50
	瓯海区	335695	52	368449	49	420053	48	430976	45	500107	43
	龙湾区	258293	61	284083	57	321631	56	329996	55	383258	55
	龙港市							170495	73	200334	70
嘉兴市	海宁市	777242	16	889957	15	970200	14	1009270	13	1143973	16
	桐乡市	616900	29	724000	25	796500	23	939806	15	1093050	17
	平湖市	688688	21	818818	19	884488	19	900088	19	965800	23
	嘉善县	517178	35	615975	31	677939	29	717883	29	828340	30
	海盐县	406520	44	475231	40	522800	39	581837	38	639047	38
	南湖区	244500	62	294330	56	327968	55	347298	52	395286	52
	秀洲区	211214	67	249475	61	272718	60	275310	59	290522	62
湖州市	长兴县	494980	36	593675	32	658269	32	675539	32	827500	31
	德清县	486632	37	591450	33	656609	33	670820	33	832467	29
	安吉县	395208	46	469217	43	535632	38	597599	36	658286	37
	吴兴区	311462	55	409586	47	455456	44	512045	40	634425	39
	南浔区	289718	59	351629	50	379252	51	404597	47	430457	47

续表(二)　　单位:万元

地区		2017年		2018年		2019年		2020年		2021年	
		一般公共预算收入	排序	一般公共预算收入	排序	一般公共预算收入	排序	一般公共预算收入	排序	一般公共预算收入	排序
绍兴市	柯桥区	1140629	6	1263560	7	1314074	7	1372348	7	1471416	10
	上虞区	666369	23	826461	18	895152	18	936898	16	1001046	21
	嵊州市	380222	48	454858	44	457590	43	458205	42	520270	42
	新昌县	363600	50	418800	45	436635	45	437210	44	449491	45
	诸暨市	770087	17	873729	16	898144	17	903182	17	1002043	20
	越城区	364599	49	657624	27	692569	28	726902	26	931684	24
金华市	兰溪市	241800	65	266000	59	282838	59	296095	58	346666	56
	永康市	523569	34	563580	35	599255	36	606739	35	710379	34
	武义县	242808	64	259807	60	270277	61	274484	60	295554	61
	东阳市	585778	30	657548	28	699007	27	726456	27	833823	28
	磐安县	89072	84	100068	77	106402	77	110690	79	129598	80
	义乌市	849995	12	952005	11	1012240	12	1060054	12	1274908	14
	浦江县	177883	70	191360	67	192860	67	200286	65	240880	65
	金东区									192334	74
	婺城区									126311	82
衢州市	龙游县	148161	76	176315	70	189283	68	196327	67	230000	66
	常山县	98780	82	109781	75	117850	75	121905	77	150007	76
	江山市	166709	74	192060	66	205409	66	213083	63	256328	64
	开化县	84353	86	93887	78	99475	79	102030	81	110700	84
	柯城区	95285	83	119256	74	128394	74	133159	76	128709	81
	衢江区	136774	77	163839	71	175234	71	181212	70	133356	78
舟山市	岱山县	155195	75	241540	62	176002	70	181290	69	203051	69
	嵊泗县	66659	92	72008	85	78000	84	83094	85	88092	88
	定海区	326546	53	317751	52	330793	54	320252	56	338233	57
	普陀区	294993	57	315157	53	293788	58	304603	57	335095	58

续表(三) 单位:万元

地区		2017年		2018年		2019年		2020年		2021年	
		一般公共预算收入	排序	一般公共预算收入	排序	一般公共预算收入	排序	一般公共预算收入	排序	一般公共预算收入	排序
台州市	临海市	542928	33	640650	29	659900	31	594890	37	660200	36
	温岭市	680900	22	772850	22	782700	25	721157	28	803800	32
	玉环市	484919	38	533376	36	539248	37	478468	41	526318	41
	三门县	167830	73	186290	69	181700	69	161600	74	301384	60
	仙居县	185250	69	208400	64	210900	63	198237	66	218062	68
	天台县	192068	68	218960	63	223312	62	203992	64	227432	67
	椒江区	416047	43	472176	41	496123	40	443280	43	491100	44
	黄岩区	416795	42	477200	39	430800	46	397974	48	439647	46
	路桥区	427609	41	470360	42	470600	41	383876	49	426065	48
丽水市	缙云县	130521	80	153412	73	166468	73	172529	72	200012	72
	景宁县	70087	91	77418	83	69756	85	89586	84	136855	77
	莲都区	135304	78	158312	72	172940	72	179583	71	194990	73
	龙泉市	85032	85	91018	79	97922	80	91747	83	104677	85
	青田县	168400	72	191071	68	210229	65	190290	68	200240	71
	庆元县	42048	96	50500	87	54810	87	52531	88	53593	90
	松阳县	63070	93	72697	84	78910	83	81895	86	89279	87
	遂昌县	83707	87	100968	76	109590	76	114325	78	130420	79
	云和县	51800	95	58890	86	64330	86	81363	87	87900	89

备注:1.2021年因杭州市行政区划调整,取消下城区、江干区,增加临平区、钱塘区,调整拱墅区、余杭区,故拱墅区、余杭区数据均为区划调整后的数据。另,以上调整仅限当年数据,未对以前年度数据进行追溯调整。

2.金华市金东区、婺城区2021年以前两区未独立设金库,收入计入市本级。

2021年度浙江省一般公共预算收支决算分级表

单位:万元

预算科目	决算数合计	省级	地级	其中:地级直属乡镇	县级	乡级
一、税收收入	71719727	2008711	13095357	43859	36584420	20031239
增值税	26879806	910723	4457241	33364	11878775	9633067
企业所得税	14440341	975753	2492431	2593	7313466	3658691
个人所得税	5321071	57442	771905	1765	3348022	1143702
资源税	140104	0	10616	0	32863	96625
城市维护建设税	4137402	36497	1057459	2336	1860413	1183033
房产税	2498212	13899	369278	1213	1277421	837614
印花税	1217753	7774	226872	583	611657	371450
城镇土地使用税	995239	1482	149488	1140	368559	475710
土地增值税	6987763	0	816665	218	4509551	1661547
车船税	650657	0	109154	0	468387	73116
耕地占用税	729312	0	129895	0	487771	111646
契税	7672755	0	2497062	647	4400567	775126
烟叶税	73	0	0	0	73	0
环境保护税	31858	5377	3709	0	13300	9472
其他税收收入	17381	-236	3582	0	13595	440
二、非税收入	10906629	1460020	2518142	2534	6497260	431207
专项收入	4815762	477634	1329522	2534	2623760	384846
行政事业性收费收入	1668642	455806	275623	0	935224	1989
罚没收入	1561735	31053	398657	0	1131182	843
国有资本经营收入	-864943	-4745	-490109	0	-370089	0
国有资源(资产)有偿使用收入	3252388	424778	788288	0	1995835	43487
其他收入	473045	75494	216161	0	181348	42
本年收入合计	82626356	3468731	15613499	46393	43081680	20462446
一、一般公共服务支出	11053107	535042	2260628	17648	6095604	2161833
二、外交支出	0	0	0	0	0	0
三、国防支出	109221	10742	34870	87	55194	8415
四、公共安全支出	7295060	850339	1634058	3316	4632225	178438
五、教育支出	20395156	1702819	3127375	28765	14174509	1390453
六、科学技术支出	5785958	516204	1510272	714	3503371	256111
七、文化旅游体育与传媒支出	2493533	297125	628168	2121	1364491	203749
八、社会保障和就业支出	12861309	808111	2268407	16152	9082990	701801
九、卫生健康支出	9080433	485979	1491035	12283	6758768	344651
十、节能环保支出	2035597	26177	347328	808	1439302	222790
十一、城乡社区支出	11598908	11917	3542070	11171	6618106	1426815
十二、农林水支出	7952656	394693	677317	21766	4715732	2164914
十三、交通运输支出	5142976	79198	2024412	182	2931931	107435
十四、资源勘探工业信息等支出	3916836	111147	704737	1055	2587802	513150
十五、商业服务业等支出	2320950	28217	743632	10	1105955	443146
十六、金融支出	269138	22068	93140	0	142996	10934
十七、援助其他地区支出	313444	98098	63023	0	151686	637
十八、自然资源海洋气象等支出	1313989	74255	245762	67	821871	172101
十九、住房保障支出	2680931	237436	561392	8561	1657625	224478
二十、粮油物资储备支出	297762	91397	101604	0	103082	1679
二十一、灾害防治及应急管理支出	694786	47848	149204	1381	428643	69091
二十二、其他支出	141420	2290	38912	0	76189	24029
二十三、债务付息支出	2380979	94114	462666	0	1773218	50981
二十四、债务发行费用支出	11729	11	3208	0	8510	0
本年支出合计	110145878	6525227	22713220	126087	70229800	10677631

2021年度浙江省政府性基金收支决算分级表

单位:万元

收入项目	决算数合计	省级	地级	其中:地级直属乡镇	县级	乡级
国有土地使用权出让相关收入	103723068	0	36120374	0	64429842	3172852
国有土地收益基金相关收入	3053849	0	1520258	0	1531261	2330
农业土地开发资金相关收入	88795	13936	35539	0	39320	0
城市基础设施配套费相关收入	963189	0	182817	0	749692	30680
污水处理费相关收入	713098	0	259521	0	451569	2008
车辆通行费相关收入	607907	172715	393823	0	41369	0
彩票公益金收入	421592	175977	157661	0	86839	1115
其他各项政府性基金相关收入	6901308	78222	671059	0	6052794	99233
本年收入合计	116472806	440850	39341052	0	73382686	3308218
国有土地使用权出让相关支出	94601232	2151	24687512	57405	62168129	7743440
国有土地收益基金相关支出	1786243	0	1077662	0	591830	116751
农业土地开发资金相关支出	20364	0	2206	0	11075	7083
城市基础设施配套费相关支出	568202	0	48263	0	368869	151070
污水处理费相关支出	1113926	0	431885	0	675488	6553
车辆通行费相关支出	2037520	688496	1190783	0	158241	0
彩票公益金安排的支出	317279	10849	112998	292	161485	31947
抗疫特别国债安排的支出	10866	0	4282	0	6445	139
其他各项政府性基金相关支出	23500821	752388	5787796	181	15947743	1012894
本年支出合计	123956453	1453884	33343387	57878	80089305	9069877

2021年度浙江省国有资本经营收支决算总表

单位:万元

预算科目	决算数	预算科目	决算数
利润收入	944645	解决历史遗留问题及改革成本支出	22288
股利、股息收入	127539	国有企业资本金注入	530984
产权转让收入	133963	国有企业政策性补贴	26167
清算收入	12613	其他国有资本经营预算支出	152084
其他国有资本经营预算收入	31816		
本年收入合计	1250576	本年支出合计	731523
上级补助收入	3332	调出资金	486277
上年结余	148157	年终结余	184265
收入总计	1402065	支出总计	1402065

2017—2021年浙江省政府非税收入表

单位:亿元

项　　目	2017年	2018年	2019年	2020年	2021年
行政事业性收费	380.26	387.92	408.94	414.90	510.17
政府性基金	400.68	462.51	486.74	426.09	497.57
国有资源有偿使用收入	6336.54	8473.71	8916.81	11017.08	11315.76
国有资产有偿使用收入	87.19	90.67	114.3	94.04	84.06
按规定上缴财政的国有资本经营收入	27.55	33.94	42.48	14.06	37.70
行政(刑事)处罚的罚没收入	123.74	172.50	1402.28	159.44	158.21
彩票公益金	41.78	48.64	45.63	37.80	42.16
以政府名义接受捐赠的收入	1.90	0.57	0.74	0.77	0.69
应当纳入政府非税收入管理的其他资金	269.60	324.96	600.74	454.86	408.26
合计	7669.24	9995.42	12018.66	12619.05	13054.58

备注:1.本表所列政府非税收入项目分类标准依照《浙江省政府非税收入管理条例》相关规定,不同于预算科目分类标准;

2.按规定上缴财政的国有资本经营收入含国有企业计划亏损补贴。

3.行政事业性收费中含纳入财政专户管理的教育收费。

2021年浙江省市县级一般公共预算收支情况表

单位:万元

项目 \ 地区	杭州市	市本级	富阳区	桐庐县	临安区	建德市	淳安县	上城区
一、收入合计	23865936	3415134	1050187	383973	903943	384966	259442	2013817
(一)税收收入小计	22336029	3065607	985571	354509	858559	343977	229451	1906776
增值税	7830680	1151416	350063	139373	273736	132255	91163	672890
企业所得税	4919598	404497	186703	82848	166506	83692	57536	441932
个人所得税	2278722	91663	43222	18777	38172	14533	24355	272238
资源税	26779	0	9690	1449	3418	9146	568	0
城市维护建设税	1414537	337161	51791	15354	44600	17639	10307	108847
房产税	703768	38018	19223	12900	11414	5887	6557	121931
城镇土地使用税	113638	1715	11588	4894	9991	4823	1719	8068
土地增值税	2266371	41293	115532	22920	142661	26231	11453	238074
耕地占用税	98443	19113	8294	3832	4514	2563	1821	0
契税	2132040	945674	165436	40727	146353	29040	17605	0
其他各项税收收入	551453	35057	24029	11435	17194	18168	6367	42796
(二)非税收入小计	1529907	349527	64616	29464	45384	40989	29991	107041
专项收入	1060727	249719	42641	16515	38823	14905	10311	82555
行政事业性收费收入	204207	66617	15707	1761	3752	2361	4505	1049
罚没收入	335565	108368	22839	8221	11994	8725	4122	22829
国有资本经营收入	-477302	-319000	-79200	0	-34922	-4700	0	0
国有资源(资产)有偿使用收入	312040	168191	62629	963	10405	19698	10458	608
其他收入	94670	75632	0	2004	15332	0	595	0
二、支出合计	23920396	4408737	1179980	612469	1036850	636673	773715	1407796
一般公共服务支出	1989700	367736	115795	49203	98081	71466	74023	150214
外交支出	0	0	0	0	0	0	0	0
国防支出	14454	1802	0	395	467	492	231	63
公共安全支出	1353685	378849	65068	38643	50433	36373	31219	113433
教育支出	4662642	740483	239644	171807	187045	114442	102752	379330
科学技术支出	1796737	329487	65020	36297	42284	30705	12852	102240
文化旅游体育与传媒支出	450250	146504	23366	16495	23215	12052	13971	29490
社会保障和就业支出	2868994	736357	152213	50149	198801	71122	100340	189410
卫生健康支出	1715324	389089	140661	63001	115048	65992	70033	83709
节能环保支出	405613	72501	22595	16174	24437	11943	57806	10549
城乡社区支出	3676150	494775	53561	29203	57170	39564	46935	248781
农林水支出	987866	131867	89348	73044	93679	83061	98809	10271
交通运输支出	559640	114969	65434	16905	36354	25101	52200	0
资源勘探工业信息等支出	1454847	213907	32478	5006	21889	3420	19689	6584
商业服务业等支出	594158	55861	7614	2608	4728	3935	13825	11075
金融支出	16508	3720	547	619	287	32	222	4004
援助其他地区支出	75483	15205	2847	1055	1988	1206	0	3590
自然资源海洋气象等支出	214483	45977	12177	8780	10131	20640	24043	3925
住房保障支出	475180	35678	50660	17322	47269	15781	22015	29143
粮油物资储备支出	45709	32790	2004	2363	14	13	2112	0
灾害防治及应急管理支出	112766	26207	7984	2541	5368	4149	5030	4647
其他支出	31070	2220	0	0	0	800	110	13491
债务付息支出	417137	72535	30766	10796	18124	24162	25454	13803
债务发行费用支出	2000	218	198	63	38	222	44	44

续表(一)　　　　单位:万元

项目 \ 地区	拱墅区	西湖区	滨江区	萧山区	余杭区	临平区	钱塘区	宁波市
一、收入合计	1795357	1756701	2028851	3430286	3756877	1513279	1173123	17231388
(一)税收收入小计	1682650	1654728	1924921	3158215	3627959	1450960	1092146	14685224
增值税	663547	648909	657248	1105789	948969	473165	522157	5799921
企业所得税	341740	399942	457836	594244	1230397	243802	227923	3127400
个人所得税	148206	297660	463493	130972	598166	72451	64814	1203382
资源税	0	0	0	2296	45	167	0	16002
城市维护建设税	109129	100920	124434	159899	150187	77753	106516	974742
房产税	95936	78761	71007	82287	69936	45404	44507	467054
城镇土地使用税	7973	6728	4324	19703	9735	10590	11787	228643
土地增值税	199849	84162	112931	565054	308668	318100	79443	1151132
耕地占用税	0	0	0	17617	20619	20070	0	100297
契税	0	0	0	406998	218656	161551	0	1272136
其他各项税收收入	116270	37646	33648	73356	72581	27907	34999	344515
(二)非税收入小计	112707	101973	103930	272071	128918	62319	80977	2546164
专项收入	83071	68672	94907	118245	107171	55348	77844	1136211
行政事业性收费收入	12874	10849	192	79591	2013	1951	985	323763
罚没收入	16163	12587	8298	83427	18294	8184	1514	265980
国有资本经营收入	0	0	0	-30080	-3600	-5800	0	-104509
国有资源(资产)有偿使用收入	599	9865	533	19798	5030	2629	634	823015
其他收入	0	0	0	1090	10	7	0	101704
二、支出合计	1187906	1269801	1431686	3242273	3341096	1828865	1562549	19444158
一般公共服务支出	130878	83569	46826	282157	194093	180594	145065	1712918
外交支出	0	0	0	0	0	0	0	0
国防支出	397	2130	1810	4126	1355	955	231	23548
公共安全支出	131588	86612	46453	150199	74138	77786	72891	1041297
教育支出	308367	454240	270026	626322	419193	371383	277608	2844358
科学技术支出	70526	97742	344371	174928	252400	33863	204022	1312319
文化旅游体育与传媒支出	17580	12328	35930	41501	51931	23061	2826	390920
社会保障和就业支出	178715	151628	183178	296786	285224	196015	79056	1942261
卫生健康支出	72375	71778	38015	264539	134847	161770	44467	1391603
节能环保支出	6883	1187	6895	90495	60787	14590	8771	245370
城乡社区支出	172633	198392	262170	497265	920124	344258	311319	2840003
农林水支出	2477	18286	10820	96285	193366	50638	35915	956032
交通运输支出	0	15	80	102779	74791	65079	5933	1120047
资源勘探工业信息等支出	5841	40018	86900	308073	259407	182262	269373	956035
商业服务业等支出	22416	2197	14414	125137	293283	24651	12414	1036834
金融支出	946	0	495	3158	840	1254	384	73796
援助其他地区支出	1804	4574	9514	12933	11742	5994	3031	54544
自然资源海洋气象等支出	3923	4695	3110	41117	20546	9309	6110	179015
住房保障支出	50697	24427	42800	43681	28824	44486	22397	757678
粮油物资储备支出	100	0	0	194	3993	1865	261	23031
灾害防治及应急管理支出	3095	8541	3772	18694	9044	3227	10467	99483
其他支出	0	0	3334	1028	4143	5944	0	29670
债务付息支出	6621	7313	20772	60583	46871	29706	49631	411374
债务发行费用支出	44	129	1	293	154	175	377	2022

续表(二)　　单位:万元

项目＼地区	市本级	慈溪市	余姚市	奉化区	象山县	宁海县	鄞州区	镇海区
一、收入合计	4494162	1350928	1297227	741827	578878	686638	2319227	899442
(一)税收收入小计	3458623	1129856	1139635	642720	429076	506653	2142007	768060
增值税	1393717	541633	553731	243718	195904	234434	683772	323570
企业所得税	890337	131605	173219	119701	51087	75937	449511	155557
个人所得税	246106	57340	68048	23252	38527	32536	139130	37740
资源税	139	2700	2661	3960	1788	677	1833	126
城市维护建设税	368998	55279	70705	32821	19124	24006	107931	47829
房产税	85325	45738	34107	16585	16606	21695	91356	27510
城镇土地使用税	56365	31023	30789	11032	13660	8837	18680	15590
土地增值税	218851	109025	71727	66008	19284	50068	279973	73166
耕地占用税	1122	7932	7081	4455	19618	9927	29748	5624
契税	126020	118161	100502	106644	40761	35071	291672	59315
其他各项税收收入	71643	29420	27065	14544	12717	13465	48401	22033
(二)非税收入小计	1035539	221072	157592	99107	149802	179985	177220	131382
专项收入	570685	117003	73641	25402	21685	27800	77433	37049
行政事业性收费收入	73725	14910	21552	15739	40704	18403	44709	22687
罚没收入	75683	25677	26325	15141	19256	13927	23260	18085
国有资本经营收入	-49100	-15530	-35000	0	0	121	0	0
国有资源(资产)有偿使用收入	305694	74610	68066	42005	68157	116669	30931	49578
其他收入	58852	4402	3008	820	0	3065	887	3983
二、支出合计	6840927	1595571	1425209	943901	891421	934833	1833738	959517
一般公共服务支出	357007	166090	127885	139551	106208	96659	177177	90038
外交支出	0	0	0	0	0	0	0	0
国防支出	13514	1337	1192	250	1284	2337	1170	733
公共安全支出	320614	125625	94023	59703	51791	59415	90580	48650
教育支出	648044	376029	261427	159940	152463	199790	333566	150002
科学技术支出	710146	88608	72542	47201	49107	26400	80836	40404
文化旅游体育与传媒支出	169950	31495	22181	22031	24465	18503	37736	14465
社会保障和就业支出	415951	159105	260759	156158	135258	131721	238765	110786
卫生健康支出	284593	183885	136236	89292	88192	113768	191039	70184
节能环保支出	85953	13629	22017	8023	8936	8787	8735	25731
城乡社区支出	1694879	147900	79766	32485	31114	43445	254792	215053
农林水支出	132485	78282	149310	90255	127891	76999	87114	50000
交通运输支出	828665	29723	32533	28595	28531	45682	43752	14420
资源勘探工业信息等支出	189021	24242	50030	16869	16059	27225	98517	32715
商业服务业等支出	438999	5741	10498	7476	2375	5417	20926	5644
金融支出	13519	3071	1895	2107	947	807	20956	3947
援助其他地区支出	22124	4621	4434	1718	1893	2116	6211	2149
自然资源海洋气象等支出	67353	9347	20667	9569	12567	8931	12587	7578
住房保障支出	243288	102472	32910	40913	21762	28029	81062	48441
粮油物资储备支出	442	1317	1062	3544	918	2243	5353	700
灾害防治及应急管理支出	29845	9380	10349	7325	5167	6058	8652	4602
其他支出	13825	8249	2025	550	1834	1174	89	916
债务付息支出	158744	25418	31461	20342	22654	29322	34116	22356
债务发行费用支出	1966	5	7	4	5	5	7	3

续表(三)　　单位:万元

项目 \ 地区	北仑区	江北区	海曙区	温州市	市本级	平阳县	苍南县	瑞安市
一、收入合计	2549816	1016290	1296953	6575549	1750552	420003	301837	842459
(一)税收收入小计	2350531	918360	1199703	5494709	1528837	336937	242261	715052
增值税	921463	295744	412235	2245396	450207	156652	104286	303646
企业所得税	633632	195054	251760	860286	262226	32742	41236	95961
个人所得税	388155	69164	103384	281233	81639	20306	7554	33499
资源税	115	117	1886	6540	541	994	114	301
城市维护建设税	137030	47114	63905	327099	92967	16876	11707	44794
房产税	48208	29786	50138	195314	68298	11179	5058	23141
城镇土地使用税	20999	10253	11415	59279	13305	7212	2966	8598
土地增值税	37409	114999	110622	537135	121599	11314	13770	85790
耕地占用税	1819	2072	10899	78034	35537	9751	2583	3535
契税	117993	129387	146610	714831	356700	57796	43284	90446
其他各项税收收入	43708	24670	36849	189562	45818	12115	9703	25341
(二)非税收入小计	199285	97930	97250	1080840	221715	83066	59576	127407
专项收入	101824	35560	48129	293350	77101	17568	12751	34911
行政事业性收费收入	17133	40903	13298	127522	25321	20184	5677	9446
罚没收入	29366	12308	6952	231430	63981	18966	6909	28342
国有资本经营收入	0	-5000	0	-35000	-23000	0	-1200	-5240
国有资源(资产)有偿使用收入	25609	13282	28414	403102	45917	24040	33541	54810
其他收入	25353	877	457	60436	32395	2308	1898	5138
二、支出合计	2087145	792998	1138898	10668151	1805760	939778	853758	1209833
一般公共服务支出	145595	89645	217063	1311451	201600	125017	91493	168039
外交支出	0	0	0	0	0	0	0	0
国防支出	897	584	250	12414	2177	913	1166	1644
公共安全支出	71109	43264	76523	836389	168477	44035	59118	103673
教育支出	217489	126366	219242	2322735	337185	177503	196010	306997
科学技术支出	117514	42362	37199	326411	102981	15255	10634	40798
文化旅游体育与传媒支出	25349	10755	13990	220531	52778	11959	16621	24047
社会保障和就业支出	150375	59794	123589	1188085	151228	135048	137788	147438
卫生健康支出	104854	40377	89183	1128859	164377	114592	67948	128591
节能环保支出	51334	6096	6129	131500	28284	9788	6044	9790
城乡社区支出	133988	89846	116735	799035	110876	51057	32872	50968
农林水支出	39916	68562	55218	823450	48560	145093	102668	74307
交通运输支出	42765	7814	17567	558810	181423	54541	90289	26053
资源勘探工业信息等支出	416613	54603	30141	167356	49326	4105	3012	19779
商业服务业等支出	454067	78522	7169	130500	55651	3569	1681	22317
金融支出	4247	15889	6411	15618	4201	1690	335	3492
援助其他地区支出	4316	1973	2989	18310	7045	0	0	3099
自然资源海洋气象等支出	16171	5017	9228	152801	28341	13280	14484	18614
住房保障支出	45281	35777	77743	217029	73581	1672	4055	20710
粮油物资储备支出	2760	1155	3537	15705	2538	3566	340	2670
灾害防治及应急管理支出	5153	3971	8981	99428	16221	6972	8300	12634
其他支出	900	0	108	10869	0	4160	836	0
债务付息支出	36443	10623	19895	179603	18889	15907	8032	24000
债务发行费用支出	9	3	8	1262	21	56	32	173

续表(四)　　单位:万元

项目 \ 地区	永嘉县	乐清市	文成县	泰顺县	洞头区	鹿城区	瓯海区	龙湾区
一、收入合计	413403	970089	117502	158786	102794	414425	500107	383258
(一)税收收入小计	360365	837842	78726	127919	48807	330474	390408	333280
增值税	164001	385146	44227	72244	25961	129348	194604	152393
企业所得税	45375	139317	6493	28951	7955	58653	47202	70564
个人所得税	12397	69416	5509	3081	1233	15486	12644	14989
资源税	1245	514	9	632	1978	0	7	174
城市维护建设税	17572	49684	3645	6637	2973	19895	28800	23134
房产税	8762	25035	1281	1436	845	13317	18541	15025
城镇土地使用税	4855	9000	478	549	1033	2728	2862	2970
土地增值税	52069	46394	5093	3457	3281	71317	68297	40215
耕地占用税	3359	8331	1555	659	671	1331	5684	3170
契税	36981	78810	7695	7016	0	0	0	0
其他各项税收收入	13749	26195	2741	3257	2877	18399	11767	10646
(二)非税收入小计	53038	132247	38776	30867	53987	83951	109699	49978
专项收入	19482	48242	6599	11252	3689	15466	20961	17567
行政事业性收费收入	5007	11963	5261	6132	1617	11608	17227	4360
罚没收入	20389	32417	4213	4284	7323	19818	9844	9390
国有资本经营收入	-1350	-3500	0	-210	0	0	-500	0
国有资源(资产)有偿使用收入	7828	33852	21642	7802	40212	35543	62167	17169
其他收入	1682	9273	1061	1607	1146	1516	0	1492
二、支出合计	899635	1294763	537978	566525	333460	786882	666002	450929
一般公共服务支出	111752	120564	57090	65979	39758	114165	111864	73292
外交支出	0	0	0	0	0	0	0	0
国防支出	437	1683	229	214	533	990	1761	62
公共安全支出	48562	115263	26923	22591	18808	89201	68862	45175
教育支出	210938	331546	85924	79061	46748	213125	149141	105877
科学技术支出	29549	24187	6383	4147	9683	26995	17673	33592
文化旅游体育与传媒支出	15929	20055	18340	17257	7345	12734	11986	7950
社会保障和就业支出	131044	142236	73996	62119	29364	53939	44034	27765
卫生健康支出	117873	159079	63429	61113	32199	67778	65649	42269
节能环保支出	7195	11645	24652	6074	7772	4475	5934	8887
城乡社区支出	66489	107996	30219	57644	54946	95482	84950	32981
农林水支出	66547	92056	80167	72946	27761	20035	46709	24409
交通运输支出	29350	27776	28931	71240	14806	10601	4397	9042
资源勘探工业信息等支出	11174	49722	419	32	7359	7502	3459	8966
商业服务业等支出	1573	4694	801	917	459	29264	6057	2674
金融支出	0	3533	58	43	127	913	0	1226
援助其他地区支出	0	3628	0	0	0	1931	1437	1170
自然资源海洋气象等支出	16814	23638	6491	6930	15765	315	769	806
住房保障支出	2099	4888	16234	20825	5846	26884	28091	12096
粮油物资储备支出	8	3619	1165	186	600	0	1006	0
灾害防治及应急管理支出	10933	16394	3186	2725	2811	6222	4792	5723
其他支出	0	5007	337	1	0	0	0	528
债务付息支出	21354	25419	12980	14415	10740	4022	7419	6107
债务发行费用支出	15	135	24	66	30	309	12	332

续表(五)

单位:万元

项目 \ 地区	龙港市	湖州市	市本级	长兴县	德清县	安吉县	吴兴区	南浔区
一、收入合计	200334	4135188	752053	827500	832467	658286	634425	430457
(一)税收收入小计	163801	3795922	722312	735746	741448	606005	600627	389784
增值税	62681	1248969	181324	258100	256875	210498	164014	178158
企业所得税	23611	586985	93963	143191	117451	97751	78859	55770
个人所得税	3480	265987	31722	72996	52837	61208	28963	18261
资源税	31	27807	1563	10542	3711	1836	10154	1
城市维护建设税	8415	164359	36512	34302	27467	25006	21037	20035
房产税	3396	123407	22764	22722	26537	18993	20627	11764
城镇土地使用税	2723	84348	12755	20086	17376	13172	12945	8014
土地增值税	14539	487782	117748	50254	97621	81512	112638	28009
耕地占用税	1868	164957	41460	23131	26308	29571	30730	13757
契税	36103	550435	170756	77699	99452	53864	104648	44016
其他各项税收收入	6954	90886	11745	22723	15813	12594	16012	11999
(二)非税收入小计	36533	339266	29741	91754	91019	52281	33798	40673
专项收入	7761	173707	31414	39043	28964	32084	22555	19647
行政事业性收费收入	3719	59730	12015	8217	22587	7203	3798	5910
罚没收入	5554	56912	6826	692	17524	12127	5627	14116
国有资本经营收入	0	-37833	-35333	0	0	-2500	0	0
国有资源(资产)有偿使用收入	18579	70906	10065	43713	12987	1588	1818	735
其他收入	920	15844	4754	89	8957	1779	0	265
二、支出合计	322848	5244939	1294696	1018000	799753	886692	584001	661797
一般公共服务支出	30838	552386	143714	104121	102646	60413	62125	79367
外交支出	0	0	0	0	0	0	0	0
国防支出	605	5256	2594	1397	263	34	307	661
公共安全支出	25701	353678	96970	60262	53776	55576	45180	41914
教育支出	82680	966992	229861	179771	144354	155081	146048	111877
科学技术支出	4534	225487	46857	44277	44984	50862	20806	17701
文化旅游体育与传媒支出	3530	114978	32861	20274	19884	17839	7574	16546
社会保障和就业支出	52086	560327	121867	91704	83757	68308	89184	105507
卫生健康支出	43962	444473	77133	72396	61119	92985	66230	74610
节能环保支出	960	206570	22772	35000	12295	112350	10527	13626
城乡社区支出	22555	431966	114715	99808	49325	93456	28371	46291
农林水支出	22192	451030	58664	117268	84673	80466	36510	73449
交通运输支出	10361	226421	63322	49570	59347	23655	11998	18529
资源勘探工业信息等支出	2501	218510	112241	40268	25573	3188	29362	7878
商业服务业等支出	843	116096	76870	13031	3036	5350	7076	10733
金融支出	0	18844	11057	1112	2522	312	1115	2726
援助其他地区支出	0	9024	4528	1846	2650	0	0	0
自然资源海洋气象等支出	6554	56351	10539	20174	9311	11707	1469	3151
住房保障支出	48	32912	6217	6677	4011	851	82	15074
粮油物资储备支出	7	6043	261	2405	2912	105	284	76
灾害防治及应急管理支出	2515	36585	12594	5425	5633	3540	4367	5026
其他支出	0	13758	12090	0	0	0	10	1658
债务付息支出	10319	195919	36810	50830	27444	50318	15196	15321
债务发行费用支出	57	1333	159	384	238	296	180	76

续表(六)

单位:万元

项目 \ 地区	嘉兴市	市本级	海宁市	桐乡市	平湖市	嘉善县	海盐县	南湖区
一、收入合计	6748000	1391982	1143973	1093050	965800	828340	639047	395286
(一)税收收入小计	6102616	1286373	1073356	966881	886321	747052	551778	341874
增值税	2327645	408511	442592	333732	368305	314733	233694	130976
企业所得税	1083054	220586	146452	197410	185661	112038	107391	64787
个人所得税	320525	149649	48238	38753	31139	30754	21180	448
资源税	41	35	0	0	0	6	0	0
城市维护建设税	310289	64025	49031	48396	43753	40183	30984	20106
房产税	280040	52101	54145	43170	36837	30320	27466	16515
城镇土地使用税	105650	8361	13670	12427	24935	13118	10843	11724
土地增值税	717794	88818	150439	137605	83816	107864	29954	81259
耕地占用税	69070	2595	8733	10350	6040	5737	16871	3017
契税	736771	259394	135406	120311	86344	76330	58986	0
其他各项税收收入	151737	32298	24650	24727	19491	15969	14409	13042
(二)非税收入小计	645384	105609	70617	126169	79479	81288	87269	53412
专项收入	315508	63681	43373	41395	38178	41893	31817	37648
行政事业性收费收入	125105	6835	12625	48957	14188	15884	13249	4068
罚没收入	135854	18341	16785	26829	11513	19405	29475	4058
国有资本经营收入	-69551	-19500	-10505	-7000	-15000	-8960	-8586	0
国有资源(资产)有偿使用收入	107742	20093	6185	12130	28213	10605	17607	7638
其他收入	30726	16159	2154	3858	2387	2461	3707	0
二、支出合计	7937224	1778333	1113985	1155401	1049743	1112625	806403	496582
一般公共服务支出	735478	166762	120648	86722	89569	106898	78764	39159
外交支出	0	0	0	0	0	0	0	0
国防支出	7363	2723	1156	1030	711	741	930	40
公共安全支出	511775	95356	64320	87025	63706	81862	54580	30465
教育支出	1484607	225016	269703	241681	201146	191379	168829	98110
科学技术支出	389168	55160	57349	51678	64769	63313	37538	33017
文化旅游体育与传媒支出	166568	48816	25257	23324	18299	24209	15003	7051
社会保障和就业支出	794778	155111	155635	157119	106564	74425	73368	42280
卫生健康支出	523086	86967	68261	98018	77113	90274	60477	17460
节能环保支出	218738	31538	17359	54943	27348	55010	18868	5924
城乡社区支出	1547660	633433	64080	168437	178642	208385	134603	112071
农林水支出	589013	31198	107065	87420	83764	93687	86490	39258
交通运输支出	298364	115353	38979	24899	26714	44583	23261	8015
资源勘探工业信息等支出	183831	31893	33707	7550	29566	20267	13944	36106
商业服务业等支出	63564	11962	9516	10114	6618	12157	3425	5042
金融支出	8435	5242	572	399	136	330	305	853
援助其他地区支出	13127	2567	2600	2498	3015	0	1119	1328
自然资源海洋气象等支出	75890	3520	12891	12859	7974	13558	9466	3580
住房保障支出	85815	29529	20647	3599	24742	1663	3866	1025
粮油物资储备支出	6252	2586	1730	246	605	83	936	66
灾害防治及应急管理支出	40794	10248	6705	3645	7338	5131	2991	3189
其他支出	2367	704	0	15	306	659	0	683
债务付息支出	189376	32382	35623	32014	30900	23840	17533	11782
债务发行费用支出	1175	267	182	166	198	171	107	78

续表(七)

单位:万元

项目 \ 地区	秀洲区	绍兴市	市本级	柯桥区	上虞区	嵊州市	新昌县	诸暨市
一、收入合计	290522	6038029	662079	1471416	1001046	520270	449491	1002043
(一)税收收入小计	248981	4908561	469582	1202397	856868	396422	347029	801891
增值税	95102	1804823	61910	427300	391131	174492	141099	290514
企业所得税	48729	775469	53760	181686	166390	51158	61530	113056
个人所得税	364	260619	18688	39370	39759	19276	40083	56286
资源税	0	5458	2	119	552	1922	589	2225
城市维护建设税	13811	249374	26707	46446	43036	27136	14880	40159
房产税	19486	242581	20266	90809	35218	13675	13326	28047
城镇土地使用税	10572	110907	3467	38681	13855	12614	5873	20988
土地增值税	38039	614209	24409	227368	62557	16041	17994	90994
耕地占用税	15727	79123	10754	10953	14181	6579	3852	15441
契税	0	628777	223560	108219	71143	62865	39207	119778
其他各项税收收入	7151	137221	26059	31446	19046	10664	8596	24403
(二)非税收入小计	41541	1129468	192497	269019	144178	123848	102462	200152
专项收入	17523	570009	113640	178852	82545	54786	30697	74636
行政事业性收费收入	9299	116979	22832	21043	10855	19581	6086	23078
罚没收入	9448	176923	28131	33574	22423	20860	20800	34887
国有资本经营收入	0	-20658	-22000	1342	0	0	0	0
国有资源(资产)有偿使用收入	5271	262810	43355	29819	25113	26111	43363	64189
其他收入	0	23405	6539	4389	3242	2510	1516	3362
二、支出合计	424152	7144995	961085	1329160	1296759	802139	697870	1191055
一般公共服务支出	46956	812586	153247	135279	146992	74547	70685	113852
外交支出	0	0	0	0	0	0	0	0
国防支出	32	7884	2691	831	607	372	1119	1608
公共安全支出	34461	482766	126717	87125	78052	47502	42193	78310
教育支出	88743	1462258	178272	312959	218521	152171	131681	279941
科学技术支出	26344	355868	26239	81180	72734	64503	61314	12520
文化旅游体育与传媒支出	4609	165682	44382	28007	20868	23518	12783	16547
社会保障和就业支出	30276	1087178	133227	158221	187106	108752	141981	231408
卫生健康支出	24516	739866	107056	121790	149815	81225	63526	111972
节能环保支出	7748	137114	11617	63087	29970	8606	6240	7031
城乡社区支出	48009	367607	15817	112154	77282	14791	14160	73747
农林水支出	60131	480833	22219	86839	122962	58813	62861	73364
交通运输支出	16560	189532	51327	26888	29109	22645	22768	31989
资源勘探工业信息等支出	10798	280710	2124	24007	71569	85819	15890	33820
商业服务业等支出	4730	64263	2079	11759	12386	2813	4322	14018
金融支出	598	21682	340	0	14049	603	450	6240
援助其他地区支出	0	15308	4569	4671	3229	1150	1209	220
自然资源海洋气象等支出	12042	85088	11074	6576	20108	11635	7282	21925
住房保障支出	744	156647	36253	23575	10651	14995	15660	21683
粮油物资储备支出	0	21812	3904	4764	5780	2661	1118	3158
灾害防治及应急管理支出	1547	50883	9400	7438	10195	3848	4881	9703
其他支出	0	1504	1350	28	0	0	0	126
债务付息支出	5302	157099	17138	31877	14657	21143	15717	47443
债务发行费用支出	6	825	43	105	117	27	30	430

续表(八)

单位:万元

项目 \ 地区	越城区	金华市	市本级	兰溪市	永康市	武义县	东阳市	磐安县
一、收入合计	931684	4923237	772784	346666	710379	295554	833823	129598
(一)税收收入小计	834372	4465908	727795	269143	620012	249683	764079	106359
增值税	318377	1615778	218904	118068	269615	131968	306198	56595
企业所得税	147889	636285	93147	34361	76470	30675	132513	13796
个人所得税	47157	217225	44725	11824	17669	12744	56399	5116
资源税	49	8828	617	2925	223	1468	1078	788
城市维护建设税	51010	234179	35407	17655	37483	12446	40552	7456
房产税	41240	181737	26184	8288	22694	8897	18551	1948
城镇土地使用税	15429	93779	12178	7267	11025	7542	8998	1239
土地增值税	174846	544391	55076	20417	91972	6741	96566	6940
耕地占用税	17363	48909	5359	6949	0	1546	3127	3882
契税	4005	723456	205136	32661	72308	28889	76898	5888
其他各项税收收入	17007	161341	31062	8728	20553	6767	23199	2711
(二)非税收入小计	97312	457329	44989	77523	90367	45871	69744	23239
专项收入	34853	220097	33004	16241	33178	16224	37718	14233
行政事业性收费收入	13504	61990	5629	1766	13960	4408	17915	889
罚没收入	16248	58471	9958	470	13091	5218	10460	6076
国有资本经营收入	0	−58093	−17000	−15580	0	0	−2000	0
国有资源(资产)有偿使用收入	30860	159239	10713	73321	24201	17129	5451	514
其他收入	1847	15625	2685	1305	5937	2892	200	1527
二、支出合计	866927	7914107	1154495	777743	862862	629928	1107660	405649
一般公共服务支出	117984	856526	148791	70815	109317	53617	97174	49836
外交支出	0	0	0	0	0	0	0	0
国防支出	656	5647	2004	457	543	129	429	422
公共安全支出	22867	587697	118696	42218	75888	36585	69244	20807
教育支出	188713	1505793	177867	134996	191507	95457	245786	58254
科学技术支出	37378	239953	40977	5435	30016	27891	30335	4830
文化旅游体育与传媒支出	19577	181033	31952	12074	20723	16031	28330	13270
社会保障和就业支出	126483	978608	115365	162187	89439	57628	158936	50474
卫生健康支出	104482	736882	100295	90710	87113	48001	115881	39336
节能环保支出	10563	238457	15287	6366	14234	27883	34440	9063
城乡社区支出	59656	422048	61527	18930	87031	43883	46013	21741
农林水支出	53775	675908	61552	87712	55611	75332	81400	65096
交通运输支出	4806	566853	94582	37810	29961	78584	42888	37845
资源勘探工业信息等支出	47481	244173	56349	41244	8842	3615	49609	7243
商业服务业等支出	16886	87581	27683	6212	12105	3074	18351	484
金融支出	0	19825	5928	0	4430	1650	4910	0
援助其他地区支出	260	11226	2204	0	1928	0	1760	0
自然资源海洋气象等支出	6488	121111	16719	8646	11689	10276	12292	9622
住房保障支出	33830	169751	37795	8882	1341	28985	29164	583
粮油物资储备支出	427	4832	3359	457	36	127	185	338
灾害防治及应急管理支出	5418	59485	11493	4444	7832	5949	8472	3372
其他支出	0	33187	55	31667	0	390	0	587
债务付息支出	9124	166563	23941	6478	23147	14760	31957	12415
债务发行费用支出	73	968	74	3	129	81	104	31

续表(九)　　单位:万元

项目＼地区	义乌市	浦江县	金东区	婺城区	衢州市	市本级	龙游县	常山县
一、收入合计	1274908	240880	192334	126311	1639311	630211	230000	150007
(一)税收收入小计	1242688	195692	176988	113469	1397980	536737	198579	132730
增值税	316882	69030	83917	44601	541573	196378	91922	53450
企业所得税	185316	24177	29069	16761	267064	128420	29025	26151
个人所得税	43842	9036	6643	9227	54863	18117	4687	3415
资源税	248	1481	0	0	6432	40	1195	2198
城市维护建设税	54859	7963	10262	10096	73013	32591	8384	5947
房产税	71689	7821	10813	4852	38074	14917	5972	3760
城镇土地使用税	34310	3877	3922	3421	29586	10921	7006	2862
土地增值税	198249	28009	20110	20311	121908	40248	14273	11621
耕地占用税	15224	3176	8088	1558	21186	6539	5013	795
契税	267670	34006	0	0	202459	71524	26193	18768
其他各项税收收入	54399	7116	4164	2642	41822	17042	4909	3763
(二)非税收入小计	32220	45188	15346	12842	241331	93474	31421	17277
专项收入	45679	10298	7407	6115	70057	18261	10548	7971
行政事业性收费收入	2587	8608	1799	4429	37360	14441	2588	2508
罚没收入	416	7012	4170	1600	51542	36513	2160	2312
国有资本经营收入	-21513	-2000	0	0	-4073	-3990	0	0
国有资源(资产)有偿使用收入	5051	20684	1477	698	72147	21508	16121	3697
其他收入	0	586	493	0	14298	6741	4	789
二、支出合计	1542997	622495	432822	377456	5180615	1093164	673057	615529
一般公共服务支出	169125	56881	57858	43112	530388	127377	64427	52681
外交支出	0	0	0	0	0	0	0	0
国防支出	715	309	326	313	6210	3430	593	245
公共安全支出	134420	31722	29435	28682	244347	70358	33107	25394
教育支出	343485	102208	76227	80006	626764	103001	108401	69254
科学技术支出	71802	11458	11842	5367	173194	68232	19856	12781
文化旅游体育与传媒支出	33540	12643	6646	5824	119501	28803	12488	12237
社会保障和就业支出	142656	91352	45538	65033	665464	80197	103231	76689
卫生健康支出	103621	75328	30560	46037	448391	44379	68836	61763
节能环保支出	30921	94234	1823	4206	86397	15176	8733	19532
城乡社区支出	99865	15313	18916	8829	353066	119591	28819	34186
农林水支出	134054	40269	35696	39186	699543	56498	73338	78087
交通运输支出	136458	8326	86930	13469	568095	222600	64721	91477
资源勘探工业信息等支出	41392	32618	2391	870	72571	23427	13677	4128
商业服务业等支出	14835	1043	3178	616	117843	56827	33106	3582
金融支出	2652	205	0	50	14993	3017	150	786
援助其他地区支出	4553	781	0	0	313	13	0	0
自然资源海洋气象等支出	32191	13486	2177	4013	111094	8640	11576	26182
住房保障支出	11555	16490	10056	24900	194597	34259	5777	27818
粮油物资储备支出	17	15	240	58	10608	1425	2460	1809
灾害防治及应急管理支出	9267	3786	4023	847	34275	11117	3539	2854
其他支出	0	0	488	0	654	0	0	0
债务付息支出	25575	13966	8356	5968	101993	14779	16174	13966
债务发行费用支出	298	62	116	70	314	18	48	78

续表(十)

单位:万元

项目 \ 地区	江山市	开化县	柯城区	衢江区	舟山市	市本级	岱山县	嵊泗县
一、收入合计	256328	110700	128709	133356	1807000	842529	203051	88092
(一)税收收入小计	227735	94841	102266	105092	1308244	570692	151095	50982
增值税	94217	33156	36659	35791	470107	165959	55726	28088
企业所得税	41896	14792	13904	12876	316511	212333	29289	4164
个人所得税	8125	5073	12950	2496	77298	49539	6418	1699
资源税	1200	220	111	1468	16180	501	6599	104
城市维护建设税	11699	4293	5718	4381	53884	9352	5656	3050
房产税	6239	2206	3171	1809	45687	13725	5745	1411
城镇土地使用税	3845	1923	1668	1361	71004	18482	17486	3917
土地增值税	19286	9724	3367	23389	67572	18852	6959	4101
耕地占用税	2276	743	2156	3664	26249	5219	1622	2
契税	32515	19825	20595	13039	96783	32848	11520	1788
其他各项税收收入	6437	2886	1967	4818	66969	43882	4075	2658
(二)非税收入小计	28593	15859	26443	28264	498756	271837	51956	37110
专项收入	10052	4368	8615	10242	167371	126223	7449	3685
行政事业性收费收入	1097	2410	12038	2278	38332	16261	3246	1567
罚没收入	1567	853	4949	3188	53592	20718	15242	6900
国有资本经营收入	-83	0	0	0	0	0	0	0
国有资源(资产)有偿使用收入	15960	1464	841	12556	228378	104132	25301	24491
其他收入	0	6764	0	0	11083	4503	718	467
二、支出合计	827575	705223	575238	690829	3361101	1489804	508439	307429
一般公共服务支出	67240	53760	69846	95057	568628	364713	54695	43471
外交支出	0	0	0	0	0	0	0	0
国防支出	700	554	176	512	4155	1890	844	502
公共安全支出	35941	26047	28856	24644	180704	66351	26318	18965
教育支出	104317	65023	73886	102882	364623	131499	55626	32264
科学技术支出	30805	13910	13091	14519	94342	47839	13445	5064
文化旅游体育与传媒支出	18940	27429	7633	11971	68516	27646	11751	9276
社会保障和就业支出	145531	92349	78034	89433	443633	240033	65348	23083
卫生健康支出	88813	56666	52796	75138	208385	79223	30715	23900
节能环保支出	8583	11696	14007	8670	47176	10301	6372	6861
城乡社区支出	52766	18121	50623	48960	311631	144301	52900	29106
农林水支出	122554	175315	98402	95349	479786	57225	123163	76395
交通运输支出	54692	48225	29747	56633	219681	159071	24013	5764
资源勘探工业信息等支出	11631	1193	10340	8175	31543	3682	6587	7269
商业服务业等支出	9507	7635	636	6550	13838	3751	599	1788
金融支出	10660	335	45	0	1332	685	110	163
援助其他地区支出	0	0	100	200	2391	1324	0	0
自然资源海洋气象等支出	4467	38204	4542	17483	40573	21679	4241	3825
住房保障支出	34378	44020	27981	20364	100158	34366	10161	6704
粮油物资储备支出	1918	338	28	2630	55264	51314	1350	799
灾害防治及应急管理支出	5617	3054	4749	3345	19864	7195	3388	1848
其他支出	50	604	0	0	3284	556	0	101
债务付息支出	18408	20736	9660	8270	101165	34927	16790	10267
债务发行费用支出	57	9	60	44	429	233	23	14

续表(十一)　　　　单位:万元

项目＼地区	定海区	普陀区	台州市	市本级	临海市	温岭市	玉环市	三门县
一、收入合计	338233	335095	4554334	460326	660200	803800	526318	301384
(一)税收收入小计	267123	268352	3837289	341083	568174	702035	459446	146954
增值税	102261	118073	1521215	93340	221764	284365	242641	65232
企业所得税	34964	35761	695633	74382	108679	97135	59010	23683
个人所得税	10491	9151	224696	26724	31788	43104	26229	6969
资源税	6298	2678	7231	0	1204	1387	521	269
城市维护建设税	18619	17207	223102	30030	25355	38837	32676	8283
房产税	11949	12857	180258	19465	26510	32143	19733	11433
城镇土地使用税	21133	9986	79362	5014	17402	14857	11103	3575
土地增值税	27581	10079	314832	34585	45150	54438	21175	9185
耕地占用税	1263	18143	31455	64	3440	5216	1956	2527
契税	24605	26022	427868	38909	71149	105883	32431	10661
其他各项税收收入	7959	8395	131637	18570	15733	24670	11971	5137
(二)非税收入小计	71110	66743	717045	119243	92026	101765	66872	154430
专项收入	16126	13888	237174	27336	33641	42897	34704	10980
行政事业性收费收入	12451	4807	91871	29098	14935	9652	5480	6242
罚没收入	3005	7727	124601	23443	16507	8698	28356	6185
国有资本经营收入	0	0	-52333	-1186	0	-8000	-3893	-220
国有资源(资产)有偿使用收入	37419	37035	296118	35106	25376	42980	2225	130510
其他收入	2109	3286	19614	5446	1567	5538	0	733
二、支出合计	438326	617103	7348054	1043267	1059684	1046026	767704	548226
一般公共服务支出	44886	60863	871909	144103	111341	94417	109780	72068
外交支出	0	0	0	0	0	0	0	0
国防支出	204	715	4471	1560	858	125	717	454
公共安全支出	33785	35285	551351	123458	63703	80792	56275	31919
教育支出	64152	81082	1581500	210308	250141	255340	140511	102846
科学技术支出	13362	14632	221466	46039	34363	26921	38547	5798
文化旅游体育与传媒支出	6298	13545	169035	22516	16945	35309	16010	9839
社会保障和就业支出	40688	74481	853848	62565	101854	119009	101227	61390
卫生健康支出	28651	45896	709081	103844	98176	88247	69638	53751
节能环保支出	9111	14531	202827	28517	83833	10075	11681	10413
城乡社区支出	22115	63209	328349	25723	42315	35848	55591	39541
农林水支出	87898	135105	759018	50780	123544	168838	54752	67268
交通运输支出	13635	17198	295993	51961	31891	49988	37110	32498
资源勘探工业信息等支出	3980	10025	105294	16145	14842	10093	7313	6330
商业服务业等支出	4015	3685	52979	11919	3276	6768	2919	2694
金融支出	264	110	50802	42589	242	483	607	160
援助其他地区支出	350	717	15453	3444	1812	3182	2212	5
自然资源海洋气象等支出	6715	4113	121116	17565	22016	12406	21255	12061
住房保障支出	30922	18005	143133	26689	17930	1382	14543	10268
粮油物资储备支出	240	1561	7411	765	1216	781	90	3107
灾害防治及应急管理支出	3317	4116	57583	11130	7613	7123	5276	4707
其他支出	2080	547	10467	8112	475	102	120	0
债务付息支出	21575	17606	234041	33415	31288	38634	21370	21019
债务发行费用支出	83	76	927	120	10	163	160	90

续表(十二)

单位:万元

项目＼地区	仙居县	天台县	椒江区	黄岩区	路桥区	丽水市	市本级	缙云县
一、收入合计	218062	227432	491100	439647	426065	1639653	441687	200012
(一)税收收入小计	179868	198784	464758	394319	381868	1378534	387716	172710
增值税	82517	80724	155020	166734	128878	562976	135575	76918
企业所得税	40166	39855	93704	65895	93124	196303	58780	20257
个人所得税	6746	11991	25078	24091	21976	79079	13333	7497
资源税	682	1190	25	244	1709	18806	7178	375
城市维护建设税	8365	9132	27282	26223	16919	76327	23709	9017
房产税	5825	7762	16703	16346	24338	26393	8215	2866
城镇土地使用税	1758	2183	7468	6875	9127	17561	6925	1928
土地增值税	8665	11581	63931	38727	27395	164637	55186	22566
耕地占用税	2163	708	7517	3916	3948	11589	2133	2120
契税	17563	27189	53037	33901	37145	187199	66541	24185
其他各项税收收入	5418	6469	14993	11367	17309	37664	10141	4981
(二)非税收入小计	38194	28648	26342	45328	44197	261119	53971	27302
专项收入	12599	10098	20531	23570	20818	93917	18458	10957
行政事业性收费收入	4274	6225	5736	8264	1965	25977	2849	950
罚没收入	15153	3894	15072	5601	1692	39812	6695	7432
国有资本经营收入	-3865	-7443	-16500	-2726	-8500	-846	0	-550
国有资源(资产)有偿使用收入	7654	15473	1503	8728	26563	92113	23514	7331
其他收入	2379	401	0	1891	1659	10146	2455	1182
二、支出合计	559045	661308	582769	603803	476222	5456911	842952	668023
一般公共服务支出	55839	81084	79389	60374	63514	576095	85578	61996
外交支出	0	0	0	0	0	0	0	0
国防支出	-2233	732	863	1150	245	7077	485	199
公共安全支出	30450	36842	46602	36620	44690	301032	68212	33990
教育支出	106889	147412	122047	138432	107574	870065	145839	126955
科学技术支出	4824	10067	18081	26922	9904	134809	36315	16387
文化旅游体育与传媒支出	9307	14556	16616	14651	13286	149394	21960	28141
社会保障和就业支出	73796	94480	85332	104580	49615	670022	56506	96897
卫生健康支出	68539	62550	61342	60187	42807	548504	54079	74782
节能环保支出	14665	14522	6059	11145	11917	89658	25382	7886
城乡社区支出	29363	39579	16884	17595	25910	509476	126433	37219
农林水支出	74621	84493	37885	58531	38306	655484	26269	70420
交通运输支出	39294	24537	7139	12420	9155	460342	141139	42626
资源勘探工业信息等支出	3682	9659	18916	6310	12004	90819	6622	22946
商业服务业等支出	2253	2324	7701	1385	11740	15077	2030	3544
金融支出	13	2063	647	390	3608	5235	2842	225
援助其他地区支出	0	0	1795	1515	1488	167	0	0
自然资源海洋气象等支出	10846	7674	5426	6985	4882	82212	14355	12405
住房保障支出	12283	8770	21738	23402	6128	110595	3737	10539
粮油物资储备支出	1013	71	368	0	0	9698	2220	1569
灾害防治及应急管理支出	3196	5199	6392	4137	2810	35792	3754	3555
其他支出	0	191	82	875	510	2300	0	734
债务付息支出	20355	14455	21365	16103	16037	132595	19106	14949
债务发行费用支出	50	48	100	94	92	463	89	59

续表(十三)　　　　单位:万元

项目 \ 地区	景宁县	莲都区	龙泉市	青田县	庆元县	松阳县	遂昌县	云和县
一、收入合计	136855	194990	104677	200240	53593	89279	130420	87900
(一)税收收入小计	127576	165065	86183	145148	37670	72314	112894	71258
增值税	64072	50193	34833	62433	16392	33211	46033	43316
企业所得税	19012	31252	12125	19819	5041	8824	15921	5272
个人所得税	24335	6083	3252	6068	1656	3106	12025	1724
资源税	35	486	1259	5022	162	923	3246	120
城市维护建设税	6591	9387	5433	6737	1945	3117	4778	5613
房产税	952	2603	1338	4319	1053	1809	2008	1230
城镇土地使用税	612	2263	1072	986	420	1409	1023	923
土地增值税	3078	27504	11899	18089	4986	9629	7732	3968
耕地占用税	211	615	1224	1528	579	611	2198	370
契税	5817	29415	10931	16334	4332	7535	15076	7033
其他各项税收收入	2861	5264	2817	3813	1104	2140	2854	1689
(二)非税收入小计	9279	29925	18494	55092	15923	16965	17526	16642
专项收入	7205	18674	6628	11132	3362	5902	5651	5948
行政事业性收费收入	297	2499	2022	5247	3278	3275	1301	4259
罚没收入	0	6115	3671	6249	2747	3100	1486	2317
国有资本经营收入	0	0	-164	0	0	0	-132	0
国有资源(资产)有偿使用收入	949	2637	5606	31049	5525	3938	8318	3246
其他收入	828	0	731	1415	1011	750	902	872
二、支出合计	475193	544767	521471	690288	385238	496540	487156	345283
一般公共服务支出	50767	55620	51969	81612	49169	52938	47436	39010
外交支出	0	0	0	0	0	0	0	0
国防支出	859	806	797	730	224	1303	898	776
公共安全支出	17113	34187	23396	35731	25377	24279	21303	17444
教育支出	51220	78060	79521	127589	63999	69666	76783	50433
科学技术支出	6123	12800	12159	26347	5280	7051	7361	4986
文化旅游体育与传媒支出	13786	13325	15488	16350	8927	10387	10011	11019
社会保障和就业支出	50637	91609	75318	97390	33335	73752	56123	38455
卫生健康支出	35298	73618	57296	83660	34571	47918	53256	34026
节能环保支出	6781	2965	5656	6998	2352	9712	10710	11216
城乡社区支出	61097	61631	36812	56288	26400	31746	33424	38426
农林水支出	68123	61451	81002	77758	65252	81012	83869	40328
交通运输支出	49476	8931	43669	28751	39970	49152	36883	19745
资源勘探工业信息等支出	29697	15379	4309	1793	52	2142	4445	3434
商业服务业等支出	408	675	1962	819	687	2566	1648	738
金融支出	0	90	1047	589	28	0	314	100
援助其他地区支出	0	0	0	20	0	147	0	0
自然资源海洋气象等支出	4190	1834	7474	6747	6399	6198	9467	13143
住房保障支出	11437	16458	2180	22660	7296	10943	16426	8919
粮油物资储备支出	1209	814	1124	342	643	700	752	325
灾害防治及应急管理支出	2316	3748	3117	5958	3273	3124	3933	3014
其他支出	489	370	0	345	118	0	206	38
债务付息支出	14128	10340	17132	11779	11838	11777	11877	9669
债务发行费用支出	39	56	43	32	48	27	31	39

2021年浙江省各市县财政总收入

单位:万元

地区名称	财政总收入	地区名称	财政总收入	地区名称	财政总收入
杭州小计	**45617231**	桐乡市	1781413	龙游县	372775
杭州市	43797735	嘉善县	1365520	常山县	247827
桐庐县	675840	海盐县	1065896	开化县	173726
建德市	666065	**湖州小计**	**6837795**	**舟山小计**	**3497143**
淳安县	477591	湖州市	2914641	舟山市	3059712
宁波小计	**32643853**	德清县	1346331	岱山县	312348
宁波市	26230741	安吉县	1107933	嵊泗县	125083
慈溪市	2164962	长兴县	1468890	**台州小计**	**7700616**
余姚市	2263042	**绍兴小计**	**9547125**	台州市	3185487
宁海县	1078139	绍兴市	6454817	温岭市	1318542
象山县	906969	诸暨市	1548256	临海市	1116279
温州小计	**10814581**	嵊州市	800644	玉环市	896909
温州市	5240982	新昌县	743408	三门县	412884
乐清市	1668643	**金华小计**	**8000617**	天台县	399332
瑞安市	1341200	金华市	1906007	仙居县	371183
永嘉县	664513	兰溪市	544772	**丽水小计**	**2709077**
平阳县	656251	东阳市	1424123	丽水市	1032080
苍南县	479822	义乌市	1937060	龙泉市	162588
文成县	179826	永康市	1121597	青田县	301513
泰顺县	279668	浦江县	359755	云和县	141724
龙港市	303676	武义县	492714	庆元县	80039
嘉兴小计	**11227683**	磐安县	214589	缙云县	322077
嘉兴市	3551034	**衢州小计**	**2721326**	遂昌县	218444
海宁市	1880773	衢州市	1500984	松阳县	140580
平湖市	1583047	江山市	426014	景宁县	310032

2021年浙江省乡镇(含比照乡镇财政体制管理的街道)一般公共预算收入排序表

单位:万元

排序	所属地区	县(市、区)	乡镇(街道)	一般公共预算收入	排序	所属地区	县(市、区)	乡镇(街道)	一般公共预算收入
1	湖州市	安吉县	递铺街道	297617.00	32	湖州市	南浔区	南浔镇	100544.00
2	绍兴市	柯桥区	马鞍街道	262073.00	33	嘉兴市	南湖区	大桥镇	100450.00
3	金华市	东阳市	横店镇	215679.00	34	杭州市	临平区	乔司街道	98047.00
4	湖州市	吴兴区	八里店镇	195162.00	35	嘉兴市	海宁市	长安镇	96165.00
5	嘉兴市	平湖市	钟埭街道	187370.00	36	温州市	乐清市	北白象镇	94715.00
6	宁波市	江北区	慈城镇	185806.00	37	嘉兴市	平湖市	独山港镇	93698.00
7	嘉兴市	平湖市	乍浦镇	181437.00	38	台州市	临海市	杜桥镇	89318.00
8	金华市	义乌市	稠城街道	176206.00	39	绍兴市	诸暨市	陶朱街道	87732.00
9	金华市	义乌市	稠江街道	172482.00	40	金华市	永康市	东城街道	85361.00
10	温州市	乐清市	柳市镇	169062.00	41	宁波市	海曙区	古林镇	84327.00
11	嘉兴市	嘉善县	惠民街道	168551.00	42	嘉兴市	海宁市	海昌街道	83694.00
12	温州市	永嘉县	瓯北街道	162477.00	43	金华市	义乌市	福田街道	83662.00
13	金华市	义乌市	北苑街道	160599.00	44	嘉兴市	海盐县	西塘桥街道	82458.00
14	绍兴市	上虞区	曹娥街道	160099.00	45	温州市	永嘉县	三江街道	82105.00
15	台州市	玉环市	玉城街道	159178.00	46	绍兴市	诸暨市	店口镇	81630.00
16	绍兴市	诸暨市	暨阳街道	132485.00	47	宁波市	海曙区	高桥镇	81320.00
17	宁波市	鄞州区	姜山镇	131303.00	48	金华市	武义县	白洋街道	79047.00
18	绍兴市	嵊州市	浦口街道	128197.00	49	宁波市	慈溪市	龙山镇	78773.00
19	绍兴市	上虞区	百官街道	121554.00	50	舟山市	普陀区	东港街道	76028.00
20	宁波市	鄞州区	邱隘镇	121160.00	51	绍兴市	柯桥区	安昌街道	75714.00
21	湖州市	吴兴区	织里镇	119489.00	52	湖州市	长兴县	李家巷镇	73443.00
22	宁波市	慈溪市	观海卫镇	117937.00	53	宁波市	慈溪市	周巷镇	73356.00
23	湖州市	长兴县	太湖街道	116590.00	54	绍兴市	柯桥区	齐贤街道	72290.00
24	嘉兴市	桐乡市	高桥街道	113276.00	55	绍兴市	柯桥区	钱清街道	71236.00
25	杭州市	西湖区	三墩镇	110629.00	56	宁波市	慈溪市	横河镇	70993.00
26	嘉兴市	海盐县	武原街道	110423.00	57	温州市	平阳县	昆阳镇	70800.00
27	杭州市	临平区	崇贤街道	107492.00	58	嘉兴市	嘉善县	姚庄镇	70478.00
28	台州市	临海市	大洋街道	105106.00	59	杭州市	萧山区	衙前镇	70455.00
29	杭州市	萧山区	瓜沥镇	104764.00	60	台州市	临海市	古城街道	69570.00
30	温州市	瑞安市	塘下镇	103723.00	61	宁波市	余姚市	泗门镇	68465.00
31	温州市	苍南县	灵溪镇	103590.00	62	绍兴市	柯桥区	杨汛桥街道	68002.00

续表(一)

单位:万元

排序	所属地区	县(市、区)	乡镇(街道)	一般公共预算收入	排序	所属地区	县(市、区)	乡镇(街道)	一般公共预算收入
63	温州市	平阳县	鳌江镇	68000.00	94	杭州市	富阳区	富春街道	47237.00
64	金华市	义乌市	江东街道	66956.00	95	宁波市	慈溪市	庵东镇	46393.00
65	温州市	泰顺县	罗阳镇	63525.00	96	宁波市	鄞州区	云龙镇	46333.00
66	金华市	义乌市	佛堂镇	63229.00	97	金华市	义乌市	后宅街道	45530.00
67	台州市	玉环市	大麦屿街道	62366.00	98	湖州市	德清县	雷甸镇	45502.00
68	宁波市	鄞州区	五乡镇	62080.00	99	温州市	乐清市	虹桥镇	45460.00
69	湖州市	长兴县	煤山镇	61683.00	100	台州市	临海市	上盘镇	45405.00
70	嘉兴市	海宁市	马桥街道	61208.00	101	杭州市	西湖区	双浦镇	45016.00
71	嘉兴市	海宁市	黄湾镇	61015.00	102	台州市	天台县	赤城街道	44962.00
72	宁波市	海曙区	集士港镇	60870.00	103	台州市	仙居县	安洲街道	44221.00
73	湖州市	长兴县	画溪街道	60747.00	104	台州市	仙居县	南峰街道	44043.00
74	台州市	温岭市	大溪镇	60448.00	105	舟山市	普陀区	六横镇	44014.00
75	嘉兴市	平湖市	当湖街道	59800.00	106	温州市	乐清市	城东街道	43586.00
76	杭州市	萧山区	义桥镇	59167.00	107	杭州市	富阳区	东洲街道	43413.00
77	温州市	乐清市	城南街道	57120.00	108	台州市	玉环市	楚门镇	43263.00
78	杭州市	余杭区	瓶窑镇	56489.00	109	宁波市	余姚市	马渚镇	43097.00
79	宁波市	宁海县	西店镇	54288.00	110	台州市	路桥区	金清镇	42990.00
80	湖州市	德清县	新市镇	54004.00	111	台州市	玉环市	坎门街道	42919.00
81	金华市	永康市	西城街道	52126.00	112	嘉兴市	南湖区	七星街道	42871.00
82	台州市	温岭市	泽国镇	51942.00	113	丽水市	缙云县	五云街道	42798.00
83	绍兴市	诸暨市	大唐街道	50992.00	114	湖州市	德清县	钟管镇	42715.00
84	杭州市	临平区	塘栖镇	50341.00	115	金华市	武义县	熟溪街道	42410.00
85	嘉兴市	嘉善县	魏塘街道	49837.00	116	金华市	武义县	壶山街道	42365.00
86	杭州市	富阳区	银湖街道	49509.00	117	舟山市	岱山县	衢山镇	42365.00
87	绍兴市	诸暨市	浣东街道	49148.00	118	金华市	义乌市	廿三里街道	42358.00
88	嘉兴市	桐乡市	梧桐街道	49036.00	119	宁波市	慈溪市	逍林镇	42151.00
89	宁波市	慈溪市	掌起镇	48461.00	120	杭州市	萧山区	临浦镇	41415.00
90	金华市	义乌市	苏溪镇	48274.00	121	嘉兴市	嘉善县	罗星街道	41099.00
91	宁波市	奉化市	溪口镇	48049.00	122	杭州市	萧山区	党湾镇	40667.00
92	台州市	仙居县	福应街道	47745.00	123	台州市	天台县	平桥镇	40574.00
93	绍兴市	上虞区	道墟街道	47557.00	124	丽水市	青田县	温溪镇	39699.00

续表(二) 单位:万元

排序	所属地区	县(市、区)	乡镇(街道)	一般公共预算收入	排序	所属地区	县(市、区)	乡镇(街道)	一般公共预算收入
125	湖州市	安吉县	昌硕街道	39604.00	156	湖州市	吴兴区	湖东街道	33103.00
126	绍兴市	柯桥区	福全街道	39540.00	157	台州市	玉环市	沙门镇	33075.00
127	丽水市	缙云县	壶镇镇	39397.00	158	宁波市	鄞州区	东吴镇	32722.00
128	湖州市	长兴县	龙山街道	39364.00	159	金华市	义乌市	城西街道	31243.00
129	绍兴市	柯桥区	平水镇	39179.00	160	湖州市	南浔区	和孚镇	31207.00
130	嘉兴市	海宁市	许村镇	39001.00	161	台州市	临海市	大田街道	31150.00
131	宁波市	象山县	西周镇	38957.00	162	嘉兴市	桐乡市	崇福镇	31096.00
132	嘉兴市	海宁市	袁花镇	38784.00	163	宁波市	海曙区	横街镇	30593.00
133	湖州市	吴兴区	埭溪镇	38663.00	164	舟山市	定海区	小沙街道	30572.00
134	嘉兴市	嘉善县	陶庄镇	38450.00	165	绍兴市	嵊州市	三江街道	30030.00
135	嘉兴市	嘉善县	西塘镇	38388.00	166	温州市	平阳县	万全镇	30000.00
136	丽水市	青田县	鹤城街道	38097.00	167	宁波市	余姚市	丈亭镇	29861.00
137	湖州市	长兴县	和平镇	37816.00	168	杭州市	建德市	新安江街道	29753.00
138	杭州市	萧山区	所前镇	37562.00	169	金华市	东阳市	歌山镇	29596.00
139	湖州市	吴兴区	环渚街道	37461.00	170	台州市	玉环市	清港镇	29591.00
140	金华市	永康市	古山镇	37410.00	171	嘉兴市	平湖市	新仓镇	29581.00
141	金华市	兰溪市	灵洞乡	36424.00	172	台州市	临海市	江南街道	29504.00
142	湖州市	德清县	乾元镇	36410.00	173	台州市	临海市	汛桥镇	29379.00
143	绍兴市	上虞区	小越街道	36020.00	174	温州市	永嘉县	南城街道	28869.00
144	嘉兴市	桐乡市	洲泉镇	35934.00	175	金华市	东阳市	南马镇	28777.00
145	宁波市	宁海县	黄坛镇	35776.00	176	嘉兴市	平湖市	新埭镇	28567.00
146	绍兴市	嵊州市	剡湖街道	34822.00	177	嘉兴市	桐乡市	濮院镇	28492.00
147	湖州市	南浔区	双林镇	34532.00	178	舟山市	定海区	金塘镇	28475.00
148	嘉兴市	桐乡市	乌镇镇	34402.00	179	舟山市	定海区	岑港街道	28396.00
149	湖州市	德清县	武康街道	34380.00	180	金华市	东阳市	巍山镇	28283.00
150	嘉兴市	南湖区	余新镇	34218.00	181	宁波市	海曙区	洞桥镇	27960.00
151	温州市	乐清市	乐成街道	34191.00	182	杭州市	萧山区	益农镇	27923.00
152	湖州市	南浔区	练市镇	33642.00	183	嘉兴市	海盐县	百步镇	27751.00
153	嘉兴市	嘉善县	干窑镇	33512.00	184	湖州市	安吉县	天子湖镇	27611.00
154	台州市	天台县	始丰街道	33225.00	185	温州市	平阳县	水头镇	27500.00
155	宁波市	慈溪市	长河镇	33224.00	186	金华市	武义县	桐琴镇	27480.00

续表(三)

单位:万元

排序	所属地区	县(市、区)	乡镇(街道)	一般公共预算收入	排序	所属地区	县(市、区)	乡镇(街道)	一般公共预算收入
187	嘉兴市	嘉善县	天凝镇	27154.00	218	嘉兴市	南湖区	新丰镇	23264.00
188	嘉兴市	平湖市	曹桥街道	27093.00	219	舟山市	普陀区	展茅街道	23005.00
189	金华市	义乌市	上溪镇	27022.00	220	丽水市	青田县	瓯南街道	22992.00
190	嘉兴市	海宁市	斜桥镇	26976.00	221	绍兴市	上虞区	章镇镇	22717.00
191	嘉兴市	海宁市	盐官镇	26910.00	222	湖州市	德清县	洛舍镇	22486.00
192	宁波市	镇海区	九龙湖镇	26520.56	223	金华市	永康市	芝英镇	22426.00
193	台州市	玉环市	芦浦镇	26514.00	224	温州市	瓯海区	潘桥街道	22284.00
194	宁波市	鄞州区	东钱湖镇	26400.00	225	台州市	温岭市	新河镇	22253.00
195	嘉兴市	海盐县	望海街道	26376.00	226	宁波市	慈溪市	新浦镇	22119.00
196	宁波市	余姚市	临山镇	26037.00	227	宁波市	慈溪市	胜山镇	22045.00
197	衢州市	开化县	华埠镇	25942.00	228	台州市	温岭市	松门镇	21930.00
198	杭州市	富阳区	新登镇	25914.00	229	绍兴市	上虞区	梁湖街道	21924.00
199	舟山市	岱山县	岱西镇	25809.00	230	嘉兴市	嘉善县	大云镇	21911.00
200	宁波市	余姚市	小曹娥镇	25733.00	231	金华市	兰溪市	兰江街道	21844.00
201	湖州市	南浔区	菱湖镇	25661.00	232	金华市	武义县	泉溪镇	21835.00
202	绍兴市	诸暨市	次坞镇	25637.00	233	宁波市	余姚市	黄家埠镇	21820.00
203	温州市	瓯海区	梧田街道	25522.00	234	嘉兴市	秀洲区	王店镇	21796.00
204	台州市	温岭市	箬横镇	25373.00	235	嘉兴市	海宁市	丁桥镇	21712.00
205	湖州市	吴兴区	妙西镇	25290.00	236	台州市	路桥区	新桥镇	21495.00
206	杭州市	萧山区	戴村镇	25079.00	237	温州市	瓯海区	娄桥街道	21485.00
207	宁波市	余姚市	陆埠镇	24963.00	238	湖州市	长兴县	泗安镇	21450.00
208	宁波市	镇海区	澥浦镇	24553.26	239	台州市	三门县	海游街道	21178.00
209	金华市	永康市	江南街道	24246.00	240	绍兴市	柯桥区	兰亭街道	20841.00
210	舟山市	普陀区	沈家门街道	24223.00	241	宁波市	慈溪市	崇寿镇	20674.00
211	湖州市	长兴县	雉城街道	24163.00	242	金华市	义乌市	义亭镇	20539.00
212	台州市	路桥区	蓬街镇	23987.00	243	台州市	温岭市	滨海镇	20309.00
213	绍兴市	上虞区	崧厦街道	23865.00	244	丽水市	龙泉市	剑池街道	19917.00
214	嘉兴市	秀洲区	王江泾镇	23665.00	245	宁波市	慈溪市	匡堰镇	19880.00
215	宁波市	象山县	石浦镇	23517.00	246	台州市	路桥区	横街镇	19645.00
216	湖州市	安吉县	灵峰街道	23470.00	247	杭州市	萧山区	河上镇	19607.00
217	嘉兴市	海盐县	秦山街道	23423.00	248	温州市	永嘉县	北城街道	19507.00

续表(四)　　单位:万元

排序	所属地区	县(市、区)	乡镇(街道)	一般公共预算收入	排序	所属地区	县(市、区)	乡镇(街道)	一般公共预算收入
249	绍兴市	上虞区	东关街道	19459.00	280	杭州市	富阳区	鹿山街道	15972.00
250	衢州市	柯城区	航埠镇	19447.00	281	嘉兴市	桐乡市	石门镇	15803.00
251	宁波市	余姚市	河姆渡镇	18903.00	282	金华市	永康市	象珠镇	15793.00
252	宁波市	鄞州区	横溪镇	18761.00	283	金华市	永康市	龙山镇	15685.00
253	台州市	温岭市	温峤镇	18748.00	284	衢州市	常山县	辉埠镇	15664.00
254	杭州市	桐庐县	富春江镇	18631.00	285	温州市	瓯海区	郭溪街道	15655.00
255	丽水市	缙云县	新碧街道	18397.00	286	杭州市	萧山区	浦阳镇	15619.00
256	温州市	平阳县	萧江镇	18300.00	287	湖州市	长兴县	夹浦镇	15613.00
257	湖州市	安吉县	孝丰镇	18300.00	288	嘉兴市	南湖区	凤桥镇	15597.00
258	湖州市	德清县	新安镇	18191.00	289	舟山市	定海区	白泉镇	15565.00
259	杭州市	临平区	运河街道	18145.00	290	温州市	平阳县	南麂镇	15400.00
260	宁波市	慈溪市	桥头镇	17845.00	291	宁波市	余姚市	牟山镇	15362.00
261	温州市	永嘉县	桥下镇	17745.00	292	温州市	洞头区	北岙街道	15361.00
262	湖州市	德清县	禹越镇	17713.00	293	温州市	洞头区	东屏街道	15273.00
263	温州市	瓯海区	新桥街道	17598.00	294	杭州市	余杭区	径山镇	15211.00
264	杭州市	桐庐县	桐君街道	17406.00	295	台州市	黄岩区	院桥镇	15086.00
265	嘉兴市	海盐县	通元镇	17388.00	296	嘉兴市	海宁市	海洲街道	15081.00
266	台州市	临海市	东塍镇	17359.00	297	嘉兴市	桐乡市	屠甸镇	14987.00
267	宁波市	余姚市	三七市镇	17193.00	298	温州市	乐清市	翁垟街道	14928.00
268	湖州市	南浔区	旧馆街道	17159.00	299	台州市	玉环市	龙溪镇	14896.00
269	舟山市	定海区	盐仓街道	16922.00	300	台州市	临海市	沿江镇	14834.00
270	舟山市	定海区	环南街道	16791.00	301	温州市	泰顺县	司前畲族镇	14779.00
271	绍兴市	诸暨市	枫桥镇	16770.00	302	金华市	磐安县	尖山镇	14732.00
272	绍兴市	诸暨市	暨南街道	16763.00	303	金华市	磐安县	新渥街道	14707.00
273	金华市	义乌市	大陈镇	16513.00	304	衢州市	江山市	虎山街道	14698.00
274	衢州市	江山市	贺村镇	16362.00	305	金华市	磐安县	安文街道	14634.00
275	舟山市	岱山县	高亭镇	16305.00	306	杭州市	富阳区	场口镇	14596.00
276	舟山市	岱山县	秀山乡	16201.00	307	绍兴市	上虞区	丰惠镇	14496.00
277	湖州市	安吉县	梅溪镇	16124.00	308	台州市	温岭市	石塘镇	14485.00
278	嘉兴市	桐乡市	凤鸣街道	16073.00	309	宁波市	鄞州区	咸祥镇	14388.00
279	宁波市	奉化市	裘村镇	16004.00	310	衢州市	江山市	双塔街道	14325.00

续表(五) 单位:万元

排序	所属地区	县(市、区)	乡镇(街道)	一般公共预算收入	排序	所属地区	县(市、区)	乡镇(街道)	一般公共预算收入
311	嘉兴市	海宁市	周王庙镇	14212.00	342	绍兴市	诸暨市	安华镇	12168.00
312	嘉兴市	秀洲区	新塍镇	14167.00	343	杭州市	临安区	太湖源镇	12167.00
313	湖州市	长兴县	小浦镇	14077.00	344	温州市	瓯海区	景山街道	12151.00
314	杭州市	富阳区	春江街道	14039.00	345	湖州市	长兴县	林城镇	12112.00
315	宁波市	鄞州区	瞻岐镇	14036.00	346	温州市	永嘉县	桥头镇	12106.00
316	绍兴市	嵊州市	甘霖镇	14016.00	347	宁波市	慈溪市	附海镇	12020.00
317	湖州市	吴兴区	东林镇	13805.00	348	绍兴市	柯桥区	夏履镇	11889.00
318	台州市	天台县	福溪街道	13787.00	349	嘉兴市	平湖市	林埭镇	11375.00
319	绍兴市	上虞区	谢塘镇	13695.00	350	杭州市	临安区	板桥镇	11177.00
320	丽水市	松阳县	西屏街道	13692.00	351	温州市	永嘉县	乌牛街道	11164.00
321	湖州市	长兴县	洪桥镇	13532.00	352	温州市	瓯海区	仙岩街道	11130.00
322	温州市	鹿城区	藤桥镇	13504.00	353	嘉兴市	海盐县	于城镇	11114.00
323	宁波市	象山县	东陈乡	13414.00	354	湖州市	吴兴区	道场乡	10937.00
324	杭州市	富阳区	新桐乡	13377.00	355	温州市	苍南县	矾山镇	10875.00
325	台州市	天台县	白鹤镇	13268.00	356	绍兴市	诸暨市	姚江镇	10864.00
326	湖州市	安吉县	省际承接产业转移示范区安吉分区	13267.00	357	嘉兴市	平湖市	广陈镇	10842.00
327	嘉兴市	海盐县	澉浦镇	13168.00	358	丽水市	青田县	油竹街道	10833.00
328	嘉兴市	海盐县	沈荡镇	12939.00	359	嘉兴市	秀洲区	油车港镇	10814.00
329	绍兴市	诸暨市	牌头镇	12871.00	360	金华市	兰溪市	永昌街道	10736.00
330	金华市	东阳市	湖溪镇	12855.00	361	绍兴市	嵊州市	仙岩镇	10718.00
331	杭州市	淳安县	千岛湖镇	12554.00	362	绍兴市	嵊州市	三界镇	10708.00
332	绍兴市	上虞区	汤浦镇	12527.00	363	温州市	泰顺县	西旸镇	10699.00
333	衢州市	龙游县	湖镇镇	12480.00	364	宁波市	宁海县	长街镇	10697.00
334	台州市	玉环市	干江镇	12409.00	365	嘉兴市	秀洲区	洪合镇	10677.00
335	宁波市	鄞州区	塘溪镇	12336.00	366	温州市	瓯海区	瞿溪街道	10657.00
336	宁波市	海曙区	鄞江镇	12288.00	367	绍兴市	诸暨市	璜山镇	10521.00
337	杭州市	萧山区	进化镇	12258.00	368	杭州市	建德市	寿昌镇	10510.00
338	温州市	瓯海区	南白象街道	12255.00	369	温州市	永嘉县	黄田街道	10496.00
339	金华市	义乌市	赤岸镇	12250.00	370	杭州市	建德市	李家镇	10421.00
340	舟山市	岱山县	东沙镇	12226.00	371	金华市	永康市	石柱镇	10369.00
341	金华市	永康市	花街镇	12210.00	372	舟山市	定海区	干览镇	10346.00

续表(六)

单位:万元

排序	所属地区	县(市、区)	乡镇(街道)	一般公共预算收入	排序	所属地区	县(市、区)	乡镇(街道)	一般公共预算收入
373	杭州市	富阳区	大源镇	10220.00	404	金华市	兰溪市	上华街道	9033.00
374	舟山市	定海区	双桥街道	10190.00	405	衢州市	开化县	芹阳办事处	9022.00
375	温州市	泰顺县	雅阳镇	10180.00	406	衢州市	衢江区	廿里镇	8955.00
376	湖州市	德清县	舞阳街道	10128.00	407	宁波市	象山县	大徐镇	8862.00
377	绍兴市	柯桥区	漓渚镇	10110.00	408	绍兴市	诸暨市	山下湖镇	8842.00
378	金华市	东阳市	千祥镇	10100.00	409	杭州市	桐庐县	横村镇	8820.00
379	杭州市	建德市	下涯镇	10097.00	410	台州市	三门县	浦坝港镇	8815.00
380	丽水市	云和县	凤凰山街道	10050.00	411	丽水市	云和县	白龙山街道	8766.00
381	杭州市	建德市	大同镇	10015.00	412	台州市	三门县	健跳镇	8651.00
382	绍兴市	嵊州市	鹿山街道	9980.00	413	温州市	永嘉县	东城街道	8520.00
383	湖州市	德清县	下渚湖街道	9953.00	414	台州市	温岭市	城南镇	8515.00
384	丽水市	遂昌县	妙高街道	9943.00	415	绍兴市	诸暨市	应店街镇	8389.00
385	金华市	浦江县	黄宅镇	9926.00	416	湖州市	长兴县	吕山乡	8260.00
386	杭州市	建德市	梅城镇	9920.00	417	杭州市	富阳区	渌渚镇	8200.00
387	金华市	东阳市	画水镇	9897.00	418	绍兴市	嵊州市	长乐镇	8143.00
388	杭州市	富阳区	灵桥镇	9895.00	419	杭州市	临安区	於潜镇	8068.00
389	绍兴市	上虞区	盖北镇	9895.00	420	金华市	磐安县	尚湖镇	7964.00
390	湖州市	长兴县	虹星桥镇	9890.00	421	杭州市	桐庐县	江南镇	7949.00
391	舟山市	定海区	马岙街道	9870.00	422	丽水市	云和县	浮云街道	7861.00
392	嘉兴市	桐乡市	河山镇	9838.00	423	温州市	苍南县	南宋镇	7824.00
393	温州市	平阳县	海西镇	9800.00	424	杭州市	建德市	洋溪街道	7822.00
394	绍兴市	嵊州市	黄泽镇	9675.00	425	湖州市	安吉县	天荒坪镇	7811.00
395	杭州市	桐庐县	城南街道	9668.00	426	金华市	武义县	茭道镇	7737.00
396	湖州市	安吉县	杭垓镇	9506.00	427	温州市	苍南县	金乡镇	7731.00
397	宁波市	余姚市	梁弄镇	9494.00	428	宁波市	象山县	黄避岙乡	7715.00
398	杭州市	建德市	乾潭镇	9472.00	429	金华市	兰溪市	诸葛镇	7706.00
399	温州市	乐清市	淡溪镇	9454.00	430	温州市	乐清市	南岳镇	7625.00
400	台州市	仙居县	白塔镇	9423.00	431	杭州市	桐庐县	分水镇	7557.00
401	金华市	浦江县	浦阳街道	9275.00	432	宁波市	宁海县	强蛟镇	7535.00
402	湖州市	南浔区	善琏镇	9066.00	433	湖州市	长兴县	水口乡	7529.00
403	宁波市	象山县	贤痒镇	9039.00	434	金华市	兰溪市	女埠街道	7460.00

续表(七)　　单位:万元

排序	所属地区	县(市、区)	乡镇(街道)	一般公共预算收入	排序	所属地区	县(市、区)	乡镇(街道)	一般公共预算收入
435	绍兴市	嵊州市	崇仁镇	7403.00	466	温州市	乐清市	盐盆街道	5942.00
436	绍兴市	新昌县	儒岙镇	7401.00	467	衢州市	龙游县	小南海镇	5763.00
437	温州市	乐清市	石帆街道	7398.00	468	绍兴市	上虞区	上浦镇	5579.00
438	湖州市	安吉县	溪龙乡	7382.00	469	宁波市	象山县	涂茨镇	5562.00
439	丽水市	青田县	船寮镇	7268.00	470	衢州市	柯城区	万田乡	5561.00
440	台州市	临海市	涌泉镇	7252.00	471	温州市	瑞安市	马屿镇	5392.00
441	湖州市	德清县	莫干山镇	7206.00	472	丽水市	莲都区	碧湖镇	5345.00
442	金华市	兰溪市	云山街道	7199.00	473	舟山市	嵊泗县	洋山镇	5328.00
443	金华市	浦江县	仙华街道	7156.00	474	台州市	天台县	坦头镇	5297.00
444	宁波市	余姚市	大隐镇	7130.00	475	杭州市	临安区	昌化镇	5191.00
445	嘉兴市	桐乡市	大麻镇	7054.00	476	台州市	临海市	白水洋镇	5121.00
446	金华市	东阳市	马宅镇	6919.00	477	丽水市	遂昌县	云峰街道	5112.00
447	宁波市	宁海县	深甽镇	6916.00	478	舟山市	嵊泗县	菜园镇	5093.00
448	衢州市	龙游县	龙洲街道	6843.00	479	舟山市	定海区	城东街道	5075.00
449	温州市	乐清市	天成街道	6836.00	480	宁波市	奉化市	松岙镇	5054.00
450	金华市	东阳市	佐村镇	6834.00	481	金华市	永康市	唐先镇	5041.00
451	舟山市	定海区	昌国街道	6800.00	482	丽水市	龙泉市	龙渊街道	5034.00
452	台州市	三门县	珠岙镇	6593.00	483	金华市	兰溪市	游埠镇	4979.00
453	金华市	武义县	王宅镇	6580.00	484	温州市	苍南县	宜山镇	4933.00
454	杭州市	建德市	更楼街道	6548.00	485	湖州市	南浔区	石淙镇	4913.00
455	台州市	临海市	邵家渡街道	6520.00	486	金华市	东阳市	虎鹿镇	4873.00
456	温州市	乐清市	清江镇	6473.00	487	绍兴市	上虞区	驿亭镇	4810.00
457	丽水市	庆元县	松源街道	6410.00	488	杭州市	余杭区	黄湖镇	4807.00
458	舟山市	岱山县	长涂镇	6368.00	489	金华市	兰溪市	马涧镇	4803.00
459	衢州市	柯城区	石梁镇	6359.00	490	金华市	兰溪市	梅江镇	4790.00
460	温州市	乐清市	蒲岐镇	6304.00	491	绍兴市	柯桥区	稽东镇	4784.00
461	杭州市	临安区	高虹镇	6239.00	492	金华市	永康市	前仓镇	4773.00
462	宁波市	宁海县	力洋镇	6074.00	493	舟山市	嵊泗县	嵊山镇	4743.00
463	温州市	瑞安市	陶山镇	6073.00	494	杭州市	临安区	龙岗镇	4732.00
464	绍兴市	新昌县	沃洲镇	6013.00	495	嘉兴市	海宁市	硖石街道	4700.00
465	温州市	苍南县	钱库镇	5956.00	496	台州市	天台县	三合镇	4694.00

续表(八)　　单位:万元

排序	所属地区	县(市、区)	乡镇(街道)	一般公共预算收入	排序	所属地区	县(市、区)	乡镇(街道)	一般公共预算收入
497	绍兴市	柯桥区	王坛镇	4663.00	528	杭州市	建德市	杨村桥镇	3885.00
498	温州市	永嘉县	沙头镇	4631.00	529	金华市	浦江县	浦南街道	3885.00
499	绍兴市	诸暨市	同山镇	4630.00	530	杭州市	富阳区	胥口镇	3879.00
500	温州市	乐清市	磐石镇	4625.00	531	金华市	兰溪市	香溪镇	3823.00
501	杭州市	余杭区	百丈镇	4511.00	532	丽水市	缙云县	东渡镇	3794.00
502	台州市	临海市	尤溪镇	4505.00	533	衢州市	衢江区	上方镇	3790.00
503	宁波市	宁海县	大佳何镇	4478.00	534	衢州市	江山市	四都镇	3783.00
504	杭州市	萧山区	楼塔镇	4466.00	535	丽水市	缙云县	新建镇	3739.00
505	台州市	三门县	海润街道	4439.00	536	杭州市	临安区	潜川镇	3721.00
506	湖州市	南浔区	千金镇	4415.00	537	温州市	瓯海区	泽雅镇	3713.00
507	台州市	仙居县	下各镇	4403.00	538	宁波市	海曙区	章水镇	3707.00
508	台州市	天台县	洪畴镇	4337.00	539	温州市	泰顺县	泗溪镇	3700.00
509	台州市	临海市	永丰镇	4230.00	540	舟山市	普陀区	虾峙镇	3670.00
510	金华市	武义县	履坦镇	4225.00	541	湖州市	安吉县	章村镇	3615.00
511	金华市	永康市	方岩镇	4223.00	542	湖州市	安吉县	上墅乡	3608.00
512	宁波市	象山县	茅洋乡	4206.00	543	温州市	平阳县	凤卧镇	3600.00
513	温州市	瓯海区	丽岙街道	4205.00	544	金华市	兰溪市	赤溪街道	3539.00
514	绍兴市	上虞区	永和镇	4201.00	545	台州市	黄岩区	头陀镇	3512.00
515	湖州市	安吉县	报福镇	4163.00	546	金华市	东阳市	东阳江镇	3509.00
516	台州市	黄岩区	沙埠镇	4159.00	547	金华市	永康市	西溪镇	3500.00
517	温州市	洞头区	元觉街道	4113.00	548	宁波市	象山县	墙头镇	3480.00
518	宁波市	象山县	定塘镇	4112.00	549	温州市	平阳县	腾蛟镇	3470.00
519	台州市	黄岩区	北洋镇	4079.00	550	温州市	鹿城区	山福镇	3468.00
520	杭州市	富阳区	春建乡	4067.00	551	杭州市	富阳区	永昌镇	3459.00
521	丽水市	青田县	高湖镇	3985.00	552	杭州市	临安区	天目山镇	3403.00
522	丽水市	青田县	东源镇	3942.00	553	舟山市	普陀区	桃花镇	3393.00
523	宁波市	宁海县	岔路镇	3924.00	554	丽水市	龙泉市	石达石街道	3387.00
524	宁波市	象山县	鹤浦镇	3917.00	555	杭州市	建德市	航头镇	3368.00
525	金华市	兰溪市	横溪镇	3916.00	556	杭州市	建德市	大洋镇	3367.00
526	杭州市	富阳区	洞桥镇	3905.00	557	杭州市	临安区	太阳镇	3344.00
527	衢州市	柯城区	府山街道	3891.00	558	湖州市	安吉县	山川乡	3336.00

续表(九)　　单位:万元

排序	所属地区	县(市、区)	乡镇(街道)	一般公共预算收入	排序	所属地区	县(市、区)	乡镇(街道)	一般公共预算收入
559	金华市	浦江县	白马镇	3329.00	590	丽水市	莲都区	仙渡乡	2581.00
560	绍兴市	诸暨市	浬浦镇	3326.00	591	温州市	泰顺县	三魁镇	2565.00
561	丽水市	缙云县	东方镇	3291.00	592	丽水市	龙泉市	安仁镇	2498.00
562	金华市	浦江县	郑宅镇	3258.00	593	宁波市	宁海县	越溪乡	2485.00
563	温州市	乐清市	芙蓉镇	3251.00	594	台州市	椒江区	大陈镇	2485.00
564	温州市	泰顺县	彭溪镇	3237.00	595	温州市	泰顺县	龟湖镇	2477.00
565	温州市	平阳县	顺溪镇	3222.00	596	台州市	仙居县	大战乡	2457.00
566	衢州市	龙游县	东华街道	3209.00	597	绍兴市	新昌县	沙溪镇	2423.00
567	宁波市	宁海县	胡陈乡	3180.00	598	宁波市	象山县	晓塘乡	2392.00
568	金华市	磐安县	方前镇	3161.00	599	衢州市	衢江区	浮石街道	2391.00
569	杭州市	建德市	钦堂乡	3124.00	600	宁波市	宁海县	茶院乡	2387.00
570	杭州市	富阳区	环山乡	3091.00	601	杭州市	富阳区	渔山乡	2374.00
571	台州市	临海市	括苍镇	3063.00	602	杭州市	余杭区	鸬鸟镇	2371.00
572	台州市	临海市	桃渚镇	3057.00	603	台州市	温岭市	坞根镇	2363.00
573	舟山市	岱山县	岱东镇	2985.00	604	温州市	瓯海区	三垟街道	2338.00
574	金华市	浦江县	郑家坞镇	2963.00	605	绍兴市	越城区	富盛镇	2332.00
575	宁波市	宁海县	前童镇	2931.00	606	衢州市	江山市	峡口镇	2324.00
576	温州市	乐清市	南塘镇	2926.00	607	绍兴市	诸暨市	岭北镇	2319.00
577	宁波市	宁海县	一市镇	2909.00	608	温州市	泰顺县	仕阳镇	2316.00
578	丽水市	庆元县	屏都街道	2881.00	609	杭州市	建德市	大慈岩镇	2297.00
579	台州市	温岭市	石桥头镇	2830.00	610	温州市	瑞安市	湖岭镇	2283.00
580	杭州市	桐庐县	瑶琳镇	2804.00	611	绍兴市	新昌县	城南乡	2257.00
581	宁波市	海曙区	龙观乡	2800.00	612	丽水市	庆元县	竹口镇	2177.00
582	丽水市	庆元县	濛洲街道	2792.00	613	丽水市	缙云县	舒洪镇	2158.00
583	绍兴市	诸暨市	五泄镇	2789.00	614	衢州市	柯城区	荷花街道	2146.00
584	温州市	泰顺县	凤垟乡	2780.00	615	湖州市	安吉县	鄣吴镇	2115.00
585	舟山市	嵊泗县	枸杞乡	2676.00	616	温州市	平阳县	麻步镇	2100.00
586	宁波市	象山县	新桥镇	2674.00	617	丽水市	青田县	黄垟乡	2084.00
587	丽水市	莲都区	岩泉街道	2670.00	618	丽水市	青田县	腊口镇	2072.00
588	温州市	苍南县	桥墩镇	2663.00	619	杭州市	富阳区	里山镇	2027.00
589	衢州市	龙游县	横山镇	2638.00	620	台州市	仙居县	官路镇	2002.00

续表(十) 单位:万元

排序	所属地区	县(市、区)	乡镇(街道)	一般公共预算收入	排序	所属地区	县(市、区)	乡镇(街道)	一般公共预算收入
621	金华市	磐安县	盘峰乡	1992.00	652	绍兴市	诸暨市	东白湖镇	1625.00
622	衢州市	江山市	凤林镇	1970.00	653	温州市	永嘉县	岩头镇	1619.00
623	杭州市	富阳区	万市镇	1963.00	654	宁波市	奉化市	大堰镇	1592.00
624	杭州市	淳安县	姜家镇	1946.00	655	丽水市	云和县	元和街道	1583.00
625	温州市	瑞安市	桐浦镇	1932.00	656	温州市	平阳县	青街畲族乡	1580.00
626	台州市	仙居县	横溪镇	1930.00	657	台州市	临海市	汇溪镇	1566.00
627	杭州市	富阳区	常安镇	1901.00	658	金华市	兰溪市	柏社乡	1563.00
628	金华市	磐安县	仁川镇	1898.00	659	杭州市	淳安县	文昌镇	1543.00
629	丽水市	松阳县	水南街道	1885.00	660	台州市	临海市	小芝镇	1535.00
630	金华市	武义县	柳城镇	1879.00	661	衢州市	龙游县	溪口镇	1527.00
631	衢州市	常山县	天马街道	1857.00	662	杭州市	淳安县	里商乡	1506.00
632	丽水市	松阳县	望松街道	1851.00	663	宁波市	余姚市	鹿亭乡	1503.00
633	杭州市	桐庐县	凤川街道	1845.00	664	温州市	平阳县	闹村乡	1500.00
634	丽水市	莲都区	紫金街道	1841.00	665	金华市	东阳市	三单乡	1468.00
635	宁波市	余姚市	大岚镇	1824.00	666	衢州市	常山县	金川街道	1446.00
636	衢州市	江山市	石门镇	1812.00	667	金华市	磐安县	冷水镇	1441.00
637	绍兴市	嵊州市	石璜镇	1805.00	668	温州市	泰顺县	筱村镇	1439.00
638	舟山市	嵊泗县	花鸟乡	1794.00	669	温州市	苍南县	望里镇	1436.00
639	杭州市	临安区	清凉峰镇	1762.00	670	衢州市	江山市	大陈乡	1432.00
640	丽水市	龙泉市	兰巨乡	1750.00	671	宁波市	余姚市	四明山镇	1420.00
641	台州市	三门县	亭旁镇	1741.00	672	丽水市	龙泉市	八都镇	1401.00
642	丽水市	遂昌县	柘岱口乡	1728.00	673	绍兴市	诸暨市	陈宅镇	1386.00
643	衢州市	常山县	芳村镇	1721.00	674	衢州市	柯城区	花园街道	1380.00
644	衢州市	江山市	上余镇	1708.00	675	金华市	兰溪市	水亭畲族乡	1374.00
645	丽水市	莲都区	联城街道	1705.00	676	杭州市	临安区	河桥镇	1371.00
646	金华市	兰溪市	黄店镇	1688.00	677	绍兴市	嵊州市	金庭镇	1369.00
647	衢州市	衢江区	高家镇	1687.00	678	台州市	黄岩区	宁溪镇	1368.00
648	温州市	洞头区	鹿西乡	1682.00	679	衢州市	江山市	清湖街道	1351.00
649	温州市	瓯海区	茶山街道	1661.00	680	杭州市	桐庐县	旧县街道	1336.00
650	湖州市	德清县	阜溪街道	1650.00	681	衢州市	开化县	池淮镇	1334.00
651	绍兴市	新昌县	小将镇	1649.00	682	衢州市	常山县	球川镇	1305.00

续表(十一)　　　　单位:万元

排序	所属地区	县(市、区)	乡镇(街道)	一般公共预算收入	排序	所属地区	县(市、区)	乡镇(街道)	一般公共预算收入
683	温州市	泰顺县	百丈镇	1302.00	714	丽水市	龙泉市	小梅镇	1087.00
684	衢州市	衢江区	樟潭街道	1301.00	715	杭州市	淳安县	汾口镇	1073.00
685	温州市	平阳县	南雁镇	1300.00	716	金华市	浦江县	岩头镇	1065.00
686	衢州市	常山县	紫港街道	1293.00	717	衢州市	常山县	招贤镇	1061.00
687	绍兴市	诸暨市	赵家镇	1287.00	718	温州市	永嘉县	金溪镇	1050.00
688	丽水市	莲都区	太平乡	1265.00	719	衢州市	柯城区	石室乡	1039.00
689	丽水市	松阳县	叶村乡	1251.00	720	绍兴市	上虞区	长塘镇	1035.00
690	杭州市	桐庐县	钟山乡	1245.00	721	绍兴市	上虞区	岭南乡	1033.00
691	绍兴市	新昌县	镜岭镇	1242.00	722	温州市	平阳县	山门镇	1000.00
692	杭州市	淳安县	临岐镇	1241.00	723	衢州市	江山市	新塘边镇	989.00
693	衢州市	衢江区	莲花镇	1240.00	724	衢州市	柯城区	九华乡	981.00
694	金华市	磐安县	玉山镇	1239.00	725	衢州市	常山县	新昌乡	979.00
695	台州市	临海市	河头镇	1238.00	726	衢州市	常山县	青石镇	967.00
696	台州市	仙居县	田市镇	1237.00	727	温州市	永嘉县	大若岩镇	949.00
697	温州市	洞头区	霓屿街道	1235.00	728	台州市	仙居县	朱溪镇	939.00
698	丽水市	莲都区	白云街道	1231.00	729	衢州市	柯城区	姜家山乡	914.00
699	杭州市	淳安县	威坪镇	1230.00	730	温州市	泰顺县	竹里畲族乡	910.00
700	温州市	乐清市	大荆镇	1230.00	731	衢州市	柯城区	信安街道	909.00
701	丽水市	遂昌县	北界镇	1227.00	732	绍兴市	新昌县	东茗乡	905.00
702	杭州市	富阳区	上官乡	1208.00	733	温州市	苍南县	马站镇	900.00
703	丽水市	庆元县	黄田镇	1202.00	734	丽水市	龙泉市	查田镇	896.00
704	衢州市	衢江区	大洲镇	1171.00	735	金华市	磐安县	大盘镇	894.00
705	宁波市	宁海县	桑洲镇	1169.00	736	衢州市	龙游县	詹家镇	890.00
706	丽水市	松阳县	赤寿乡	1163.00	737	丽水市	青田县	海口镇	886.00
707	丽水市	青田县	三溪口街道	1147.00	738	宁波市	象山县	高塘岛乡	869.00
708	丽水市	遂昌县	三仁畲族乡	1132.00	739	台州市	仙居县	埠头镇	858.00
709	杭州市	建德市	三都镇	1129.00	740	湖州市	德清县	康乾街道	850.00
710	丽水市	遂昌县	湖山乡	1127.00	741	台州市	玉环市	鸡山乡	849.00
711	丽水市	云和县	紧水滩镇	1123.00	742	衢州市	开化县	杨林镇	842.00
712	温州市	泰顺县	大安乡	1116.00	743	衢州市	柯城区	新新街道	839.00
713	宁波市	象山县	泗洲头镇	1112.00	744	丽水市	青田县	山口镇	832.00

续表(十二)　　单位:万元

排序	所属地区	县(市、区)	乡镇(街道)	一般公共预算收入	排序	所属地区	县(市、区)	乡镇(街道)	一般公共预算收入
745	绍兴市	诸暨市	东和乡	824.00	776	衢州市	衢江区	云溪乡	617.00
746	绍兴市	上虞区	丁宅乡	808.00	777	衢州市	开化县	马金镇	616.00
747	绍兴市	诸暨市	马剑镇	801.00	778	丽水市	松阳县	大东坝镇	608.00
748	衢州市	江山市	碗窑乡	793.00	779	杭州市	淳安县	梓桐镇	604.00
749	丽水市	松阳县	古市镇	778.00	780	丽水市	龙泉市	上垟镇	604.00
750	衢州市	柯城区	华墅乡	773.00	781	衢州市	龙游县	模环乡	600.00
751	丽水市	莲都区	万象街道	763.00	782	金华市	磐安县	双溪乡	597.00
752	衢州市	龙游县	石佛乡	753.00	783	杭州市	淳安县	枫树岭镇	595.00
753	衢州市	衢江区	后溪镇	735.00	784	衢州市	衢江区	太真乡	590.00
754	台州市	天台县	街头镇	735.00	785	温州市	永嘉县	碧莲镇	575.00
755	温州市	永嘉县	枫林镇	734.00	786	丽水市	青田县	祯旺乡	559.00
756	衢州市	柯城区	衢化街道	722.00	787	杭州市	富阳区	常绿镇	554.00
757	丽水市	莲都区	丽新畲族乡	713.00	788	温州市	苍南县	沿浦镇	548.00
758	绍兴市	上虞区	下管镇	706.00	789	衢州市	衢江区	杜泽镇	548.00
759	舟山市	嵊泗县	五龙乡	706.00	790	衢州市	衢江区	峡川镇	546.00
760	杭州市	富阳区	湖源乡	693.00	791	温州市	文成县	大峃镇	544.00
761	绍兴市	新昌县	回山镇	689.00	792	温州市	苍南县	赤溪镇	535.00
762	温州市	乐清市	湖雾镇	676.00	793	绍兴市	嵊州市	谷来镇	535.00
763	温州市	永嘉县	岩坦镇	674.00	794	温州市	泰顺县	柳峰乡	528.00
764	温州市	泰顺县	南浦溪镇	674.00	795	杭州市	淳安县	大墅镇	524.00
765	温州市	苍南县	藻溪镇	663.00	796	衢州市	衢江区	湖南镇	516.00
766	杭州市	富阳区	龙门镇	644.00	797	台州市	三门县	沙柳街道	510.00
767	衢州市	衢江区	黄坛口乡	638.00	798	温州市	永嘉县	鹤盛镇	504.00
768	衢州市	龙游县	塔石镇	634.00	799	绍兴市	嵊州市	下王镇	501.00
769	衢州市	江山市	大桥镇	631.00	800	杭州市	桐庐县	莪山畲族乡	498.00
770	衢州市	柯城区	沟溪乡	630.00	801	衢州市	江山市	坛石镇	493.00
771	杭州市	临安区	岛石镇	627.00	802	台州市	黄岩区	上垟乡	491.00
772	杭州市	建德市	莲花镇	620.00	803	丽水市	遂昌县	黄沙腰镇	491.00
773	丽水市	莲都区	大港头镇	620.00	804	杭州市	桐庐县	百江镇	490.00
774	丽水市	云和县	石塘镇	618.00	805	衢州市	衢江区	横路办事处	490.00
775	衢州市	柯城区	双港街道	617.00	806	杭州市	淳安县	金峰乡	489.00

续表(十三)　　单位:万元

排序	所属地区	县(市、区)	乡镇(街道)	一般公共预算收入	排序	所属地区	县(市、区)	乡镇(街道)	一般公共预算收入
807	衢州市	衢江区	全旺镇	482.00	838	丽水市	庆元县	淤上乡	302.00
808	丽水市	龙泉市	西街街道	473.00	839	台州市	仙居县	双庙乡	298.00
809	温州市	乐清市	雁荡镇	456.00	840	丽水市	遂昌县	金竹镇	296.00
810	台州市	黄岩区	富山乡	454.00	841	温州市	平阳县	怀溪镇	290.00
811	丽水市	青田县	北山镇	451.00	842	台州市	仙居县	步路乡	288.00
812	台州市	天台县	石梁镇	422.00	843	杭州市	淳安县	宋村乡	285.00
813	温州市	永嘉县	云岭乡	420.00	844	温州市	瑞安市	曹村镇	279.00
814	温州市	泰顺县	雪溪乡	402.00	845	台州市	仙居县	溪港乡	270.00
815	丽水市	松阳县	象溪镇	402.00	846	衢州市	常山县	何家乡	268.00
816	丽水市	莲都区	雅溪镇	394.00	847	杭州市	淳安县	安阳乡	266.00
817	丽水市	龙泉市	屏南镇	393.00	848	温州市	泰顺县	包垟乡	266.00
818	衢州市	开化县	桐村镇	387.00	849	温州市	苍南县	霞关镇	265.00
819	丽水市	缙云县	七里乡	381.00	850	金华市	磐安县	窈川乡	265.00
820	丽水市	青田县	祯埠镇	380.00	851	金华市	浦江县	虞宅乡	263.00
821	金华市	武义县	俞源乡	379.00	852	丽水市	遂昌县	新路湾镇	261.00
822	杭州市	桐庐县	新合乡	377.00	853	丽水市	景宁畲族自治县	鹤溪街道	260.00
823	温州市	瑞安市	平阳坑镇	377.00	854	杭州市	淳安县	富文乡	255.00
824	台州市	黄岩区	上郑乡	376.00	855	舟山市	普陀区	东极镇	255.00
825	衢州市	常山县	白石镇	372.00	856	温州市	永嘉县	巽宅镇	252.00
826	杭州市	淳安县	屏门乡	366.00	857	台州市	玉环市	海山乡	248.00
827	衢州市	江山市	长台镇	359.00	858	杭州市	淳安县	浪川乡	245.00
828	丽水市	缙云县	方溪乡	357.00	859	舟山市	嵊泗县	黄龙乡	242.00
829	温州市	瑞安市	高楼镇	347.00	860	温州市	文成县	周壤镇	236.00
830	金华市	永康市	舟山镇	341.00	861	杭州市	淳安县	瑶山乡	232.00
831	衢州市	开化县	村头镇	340.00	862	丽水市	莲都区	黄村乡	232.00
832	杭州市	淳安县	左口乡	328.00	863	丽水市	青田县	高市乡	227.00
833	金华市	武义县	桃溪镇	327.00	864	温州市	泰顺县	东溪乡	225.00
834	温州市	瑞安市	林川镇	325.00	865	丽水市	青田县	万山乡	218.00
835	丽水市	莲都区	老竹畲族镇	309.00	866	丽水市	遂昌县	大柘镇	217.00
836	丽水市	景宁畲族自治县	红星街道	308.00	867	衢州市	常山县	同弓乡	213.00
837	台州市	黄岩区	茅畲乡	302.00	868	台州市	黄岩区	屿头乡	212.00

续表(十四) 单位:万元

排序	所属地区	县(市、区)	乡镇(街道)	一般公共预算收入	排序	所属地区	县(市、区)	乡镇(街道)	一般公共预算收入
869	丽水市	青田县	舒桥乡	203.00	900	丽水市	缙云县	大洋镇	143.00
870	杭州市	淳安县	石林镇	202.00	901	丽水市	景宁畲族自治县	沙湾镇	141.00
871	温州市	乐清市	岭底乡	194.00	902	金华市	武义县	大田乡	136.00
872	金华市	浦江县	中余乡	194.00	903	衢州市	衢江区	双桥乡	136.00
873	丽水市	景宁畲族自治县	东坑镇	193.00	904	台州市	三门县	花桥镇	132.00
874	绍兴市	上虞区	陈溪乡	192.00	905	衢州市	衢江区	举村乡	123.00
875	丽水市	青田县	阜山乡	191.00	906	金华市	武义县	坦洪乡	121.00
876	丽水市	景宁畲族自治县	英川镇	191.00	907	台州市	天台县	龙溪乡	121.00
877	温州市	乐清市	白石街道	187.00	908	杭州市	淳安县	王阜乡	120.00
878	衢州市	衢江区	周家乡	186.00	909	金华市	磐安县	双峰乡	120.00
879	衢州市	常山县	大桥头乡	185.00	910	温州市	文成县	南田镇	119.00
880	丽水市	遂昌县	高坪乡	185.00	911	温州市	文成县	黄坦镇	118.00
881	温州市	乐清市	智仁乡	184.00	912	衢州市	柯城区	七里乡	117.00
882	温州市	文成县	巨屿镇	183.00	913	温州市	文成县	百丈漈镇	112.00
883	衢州市	衢江区	岭洋乡	180.00	914	金华市	武义县	新宅镇	108.00
884	台州市	仙居县	湫山乡	179.00	915	丽水市	遂昌县	石练镇	108.00
885	丽水市	松阳县	板桥畲族乡	179.00	916	杭州市	桐庐县	合村乡	107.00
886	丽水市	松阳县	新兴镇	172.00	917	丽水市	龙泉市	住龙镇	106.00
887	丽水市	龙泉市	岩樟乡	170.00	918	温州市	文成县	珊溪镇	105.00
888	丽水市	遂昌县	应村乡	169.00	919	金华市	浦江县	檀溪镇	105.00
889	丽水市	青田县	巨浦乡	165.00	920	衢州市	衢江区	灰坪乡	102.00
890	台州市	仙居县	皤滩乡	164.00	921	衢州市	开化县	林山乡	102.00
891	金华市	磐安县	九和乡	161.00	922	温州市	苍南县	大渔镇	100.00
892	衢州市	衢江区	东港街道	157.00	923	杭州市	淳安县	中洲镇	99.00
893	衢州市	开化县	音坑乡	157.00	924	杭州市	淳安县	界首乡	99.00
894	温州市	文成县	玉壶镇	154.00	925	金华市	武义县	白姆乡	94.00
895	温州市	永嘉县	溪下乡	153.00	926	温州市	永嘉县	茗岙乡	93.00
896	衢州市	龙游县	庙下乡	148.00	927	台州市	仙居县	上张乡	91.00
897	温州市	苍南县	炎亭镇	144.00	928	丽水市	遂昌县	垵口乡	86.00
898	丽水市	庆元县	安南乡	144.00	929	丽水市	遂昌县	濂竹乡	84.00
899	衢州市	龙游县	沐尘乡	143.00	930	杭州市	淳安县	鸠坑乡	83.00

续表(十五) 单位:万元

排序	所属地区	县(市、区)	乡镇(街道)	一般公共预算收入	排序	所属地区	县(市、区)	乡镇(街道)	一般公共预算收入
931	丽水市	青田县	万阜乡	83.00	962	金华市	武义县	西联乡	41.00
932	衢州市	开化县	何田乡	81.00	963	金华市	浦江县	前吴乡	40.00
933	衢州市	江山市	塘源口乡	80.00	964	衢州市	开化县	苏庄镇	40.00
934	台州市	天台县	泳溪乡	77.00	965	丽水市	青田县	仁庄镇	40.00
935	丽水市	青田县	章村乡	74.00	966	丽水市	青田县	章旦乡	40.00
936	丽水市	景宁畲族自治县	梧桐乡	74.00	967	丽水市	景宁畲族自治县	景南乡	40.00
937	丽水市	龙泉市	道太乡	74.00	968	衢州市	龙游县	罗家乡	38.00
938	台州市	天台县	南屏乡	73.00	969	台州市	三门县	蛇蟠乡	38.00
939	丽水市	缙云县	仙都街道	73.00	970	丽水市	景宁畲族自治县	雁溪乡	38.00
940	台州市	天台县	雷峰乡	72.00	971	丽水市	景宁畲族自治县	九龙乡	38.00
941	丽水市	遂昌县	龙洋乡	71.00	972	温州市	文成县	周山畲族乡	36.00
942	绍兴市	嵊州市	贵门乡	69.00	973	温州市	文成县	西坑畲族镇	34.00
943	丽水市	松阳县	裕溪乡	69.00	974	丽水市	青田县	小舟山乡	33.00
944	温州市	永嘉县	界坑乡	65.00	975	丽水市	青田县	仁宫乡	32.00
945	台州市	黄岩区	平田乡	65.00	976	丽水市	遂昌县	蔡源乡	32.00
946	丽水市	缙云县	溶江乡	61.00	977	丽水市	松阳县	玉岩镇	32.00
947	衢州市	常山县	东案乡	60.00	978	丽水市	龙泉市	锦溪镇	32.00
948	丽水市	景宁畲族自治县	澄照乡	59.00	979	丽水市	景宁畲族自治县	大均乡	30.00
949	温州市	乐清市	龙西乡	57.00	980	丽水市	景宁畲族自治县	毛洋乡	30.00
950	衢州市	开化县	长虹乡	57.00	981	丽水市	景宁畲族自治县	秋炉乡	30.00
951	温州市	苍南县	莒溪镇	56.00	982	丽水市	龙泉市	宝溪乡	30.00
952	温州市	苍南县	凤阳畲族乡	55.00	983	丽水市	青田县	海溪乡	29.00
953	衢州市	开化县	大溪边乡	52.00	984	温州市	文成县	峃口镇	27.00
954	温州市	文成县	铜铃山镇	51.00	985	丽水市	青田县	方山乡	27.00
955	丽水市	莲都区	峰源乡	51.00	986	温州市	苍南县	岱岭畲族乡	26.00
956	金华市	浦江县	杭坪镇	48.00	987	衢州市	开化县	齐溪镇	26.00
957	丽水市	青田县	季宅乡	47.00	988	衢州市	龙游县	社阳乡	26.00
958	丽水市	缙云县	大源镇	46.00	989	衢州市	江山市	张村乡	25.00
959	温州市	乐清市	仙溪镇	45.00	990	台州市	天台县	三州乡	25.00
960	丽水市	松阳县	斋坛乡	44.00	991	丽水市	缙云县	前路乡	25.00
961	丽水市	云和县	安溪乡	42.00	992	丽水市	景宁畲族自治县	标溪乡	25.00

续表（十六）

单位：万元

排序	所属地区	县（市、区）	乡镇（街道）	一般公共预算收入	排序	所属地区	县（市、区）	乡镇（街道）	一般公共预算收入
993	丽水市	松阳县	四都乡	24.00	1024	丽水市	青田县	贵岙乡	10.00
994	衢州市	开化县	中村乡	22.00	1025	金华市	武义县	三港乡	9.00
995	衢州市	龙游县	大街乡	21.00	1026	台州市	仙居县	安岭乡	9.00
996	丽水市	青田县	吴坑乡	21.00	1027	丽水市	云和县	赤石乡	9.00
997	丽水市	缙云县	双溪口乡	21.00	1028	金华市	武义县	大溪口乡	8.00
998	台州市	三门县	横渡镇	20.00	1029	丽水市	遂昌县	焦滩乡	8.00
999	台州市	仙居县	广度乡	20.00	1030	温州市	文成县	双桂乡	7.00
1000	丽水市	景宁畲族自治县	渤海镇	20.00	1031	温州市	文成县	平和乡	6.00
1001	丽水市	景宁畲族自治县	梅歧乡	20.00	1032	金华市	浦江县	花桥乡	6.00
1002	丽水市	景宁畲族自治县	郑坑乡	20.00	1033	丽水市	缙云县	石笕乡	6.00
1003	丽水市	景宁畲族自治县	大际乡	20.00	1034	丽水市	庆元县	隆宫乡	6.00
1004	丽水市	景宁畲族自治县	鸬鹚乡	20.00	1035	丽水市	松阳县	竹源乡	5.00
1005	丽水市	景宁畲族自治县	大地乡	20.00	1036	温州市	文成县	桂山乡	4.00
1006	丽水市	景宁畲族自治县	家地乡	20.00	1037	温州市	文成县	公阳乡	4.00
1007	丽水市	龙泉市	竹垟畲族乡	20.00	1038	丽水市	青田县	汤垟乡	4.00
1008	丽水市	松阳县	枫坪乡	19.00	1039	丽水市	松阳县	安民乡	3.00
1009	丽水市	龙泉市	龙南乡	18.00	1040	金华市	婺城区	新狮街道	0.00
1010	温州市	瑞安市	芳庄乡	17.00	1041	金华市	婺城区	罗店镇	0.00
1011	衢州市	江山市	保安乡	16.00	1042	金华市	婺城区	雅畈镇	0.00
1012	丽水市	缙云县	胡源乡	15.00	1043	金华市	婺城区	安地镇	0.00
1013	丽水市	遂昌县	王村口镇	15.00	1044	金华市	婺城区	白龙桥镇	0.00
1014	丽水市	松阳县	三都乡	15.00	1045	金华市	婺城区	琅琊镇	0.00
1015	金华市	浦江县	大畈乡	14.00	1046	金华市	婺城区	蒋堂镇	0.00
1016	丽水市	龙泉市	城北乡	14.00	1047	金华市	婺城区	汤溪镇	0.00
1017	温州市	瑞安市	北麂乡	13.00	1048	金华市	婺城区	罗埠镇	0.00
1018	丽水市	遂昌县	西畈乡	13.00	1049	金华市	婺城区	洋埠镇	0.00
1019	丽水市	云和县	雾溪乡	13.00	1050	金华市	婺城区	乾西乡	0.00
1020	丽水市	缙云县	三溪乡	12.00	1051	金华市	婺城区	竹马乡	0.00
1021	衢州市	江山市	廿八都镇	11.00	1052	金华市	婺城区	长山乡	0.00
1022	丽水市	松阳县	樟溪乡	11.00	1053	金华市	婺城区	箬阳乡	0.00
1023	温州市	文成县	二源镇	10.00	1054	金华市	婺城区	沙畈乡	0.00

续表(十七) 单位:万元

排序	所属地区	县(市、区)	乡镇(街道)	一般公共预算收入	排序	所属地区	县(市、区)	乡镇(街道)	一般公共预算收入
1055	金华市	婺城区	塔石乡	0.00	1071	衢州市	柯城区	黄家街道	0.00
1056	金华市	婺城区	岭上乡	0.00	1072	丽水市	庆元县	荷地镇	0.00
1057	金华市	婺城区	莘畈乡	0.00	1073	丽水市	庆元县	左溪镇	0.00
1058	金华市	婺城区	苏孟乡	0.00	1074	丽水市	庆元县	贤良镇	0.00
1059	金华市	金东区	多湖街道	0.00	1075	丽水市	庆元县	百山祖镇	0.00
1060	金华市	金东区	东孝街道	0.00	1076	丽水市	庆元县	岭头乡	0.00
1061	金华市	金东区	孝顺镇	0.00	1077	丽水市	庆元县	五大堡乡	0.00
1062	金华市	金东区	傅村镇	0.00	1078	丽水市	庆元县	张村乡	0.00
1063	金华市	金东区	曹宅镇	0.00	1079	丽水市	庆元县	举水乡	0.00
1064	金华市	金东区	澧浦镇	0.00	1080	丽水市	庆元县	江根乡	0.00
1065	金华市	金东区	岭下镇	0.00	1081	丽水市	庆元县	龙溪乡	0.00
1066	金华市	金东区	江东镇	0.00	1082	丽水市	庆元县	官塘乡	0.00
1067	金华市	金东区	塘雅镇	0.00	1083	温州市	洞头区	大门镇	-12.00
1068	金华市	金东区	赤松镇	0.00	1084	台州市	仙居县	淡竹乡	-91.00
1069	金华市	金东区	源东乡	0.00	1085	丽水市	云和县	崇头镇	-261.00
1070	衢州市	柯城区	白云街道	0.00	1086	杭州市	临安区	湍口镇	-756.00

2021年浙江省社会保险基金收支表

单位:万元

险种	本年收入	中央调剂资金收入	本年支出	中央调剂资金支出	本年收支结余	滚存结余
一、企业职工基本养老保险	33571027	6375400	37729145	7502600	-4158118	19080805
二、城乡居民基本养老保险	3425978	0	2426619	0	999359	3544372
三、机关事业单位基本养老保险	7392009	0	6828230	0	563779	1507531
四、职工基本医疗保险	15492733	0	11738204	0	3754529	25991571
五、城乡居民基本医疗保险	4800088	0	4548039	0	252049	2583685
六、工伤保险	755013	0	816859	0	-61846	709479
七、失业保险	1087758	0	759766	0	327992	1996780
合计	66524606	6375400	64846862	7502600	1677744	55414223

注:本年收入和本年支出中均不含省内上下级调剂收支。

2021年浙江省一般公共服务支出

单位:万元

科　目	决算数	科　目	决算数
人大事务	258587	港澳台事务	19781
政协事务	175157	档案事务	77156
政府办公厅(室)及相关机构事务	4519580	民主党派及工商联事务	69447
发展与改革事务	480059	群众团体事务	204919
统计信息事务	178871	党委办公厅(室)及相关机构事务	382678
财政事务	477334	组织事务	409543
税收事务	578634	宣传事务	244837
审计事务	125039	统战事务	115792
海关事务	49163	对外联络事务	1333
纪检监察事务	456549	其他共产党事务支出	206918
商贸事务	504107	网信事务	25132
知识产权事务	15040	市场监督管理事务	1091135
民族事务	10930	其他一般公共服务支出	375386
一般公共服务支出合计		11053107	

2021年浙江省教育支出

单位:万元

科　目	决算数	科　目	决算数
教育管理事务	340856	留学教育	0
普通教育	15787045	特殊教育	122053
职业教育	1905254	进修及培训	256638
成人教育	85058	教育费附加安排的支出	1059434
广播电视教育	51000	其他教育支出	787818
教育支出合计		20395156	

2021年浙江省科学技术支出

单位:万元

科　目	决算数	科　目	决算数
科学技术管理事务	156491	社会科学	28189
基础研究	464414	科学技术普及	93492
应用研究	117950	科技交流与合作	35703
技术研究与开发	2485251	科技重大项目	170528
科技条件与服务	344203	其他科学技术支出	1889737
科学技术支出合计		5785958	

2021年浙江省社会保障和就业支出

单位:万元

科　目	决算数	科　目	决算数
人力资源和社会保障管理事务	1166740	最低生活保障	531987
民政管理事务	430296	临时救助	56874
行政事业单位养老支出	4258876	特困人员救助供养	49049
企业改革补助	4376	补充道路交通事故社会救助基金	89
就业补助	239788	其他生活救助	64972
抚恤	421962	财政对基本养老保险基金的补助	1862215
退役安置	262040	财政对其他社会保险基金的补助	317359
社会福利	439523	退役军人管理事务	123128
残疾人事业	573570	财政代缴社会保险费支出	2839
红十字事业	27485	其他社会保障和就业支出	2028141
社会保障和就业支出合计		12861309	

2021年浙江省卫生健康支出

单位:万元

科　目	决算数	科　目	决算数
卫生健康管理事务	313491	财政对基本医疗保险基金的补助	2713412
公立医院	1296522	医疗救助	174458
基层医疗卫生机构	907769	优抚对象医疗	13370
公共卫生	1775383	医疗保障管理事务	152983
中医药	42440	老龄卫生健康事务	14496
计划生育事务	279979	其他卫生健康支出	494290
行政事业单位医疗	901840		
卫生健康支出合计		9080433	

2021年浙江省文化旅游体育与传媒支出

单位:万元

科　目	决算数	科　目	决算数
文化和旅游	1390910	新闻出版电影	37546
文物	196590	广播电视	213328
体育	222822	其他文化旅游体育与传媒支出	432337
文化旅游体育与传媒支出合计		2493533	

2021年浙江省节能环保支出

单位:万元

科　目	决算数	科　目	决算数
环境保护管理事务	237476	已垦草原退耕还草	0
环境监测与监察	37917	能源节约利用	190190
污染防治	386711	污染减排	212711
自然生态保护	401581	可再生能源	7390
天然林保护	15636	循环经济	71632
退耕还林还草	0	能源管理事务	8735
风沙荒漠治理	0	其他节能环保支出	465618
退牧还草	0		
节能环保支出合计		2035597	

2021年浙江省城乡社区支出

单位:万元

科　目	决算数	科　目	决算数
城乡社区管理事务	2539235	城乡社区环境卫生	1137592
城乡社区规划与管理	241047	建设市场管理与监督	56114
城乡社区公共设施	3659220	其他城乡社区支出	3965700
城乡社区支出合计		11598908	

2021年浙江省农林水支出

单位:万元

科　目	决算数	科　目	决算数
农业农村	3386829	农村综合改革	871621
林业和草原	512081	普惠金融发展支出	139776
水利	2217264	目标价格补贴	0
扶贫	237683	其他农林水支出	587402
农林水支出合计		7952656	

2021年浙江省交通运输支出

单位:万元

科 目	决算数	科 目	决算数
公路水路运输	3108810	邮政业支出	13071
铁路运输	133876	车辆购置税支出	996650
民用航空运输	82068	其他交通运输支出	706384
成品油价格改革对交通运输的补贴	102117		
交通运输支出合计		5142976	

2021年浙江省资源勘探工业信息等支出

单位:万元

科 目	决算数	科 目	决算数
资源勘探开发	58218	国有资产监管	66111
制造业	281961	支持中小企业发展和管理支出	1692388
建筑业	37946	其他资源勘探工业信息等支出	1025844
工业和信息产业监管	754368		
资源勘探信息等支出合计		3916836	

2021年浙江省商业服务业等支出

单位:万元

科 目	决算数	科 目	决算数
商业流通事务	285657	其他商业服务业等支出	1688096
涉外发展服务支出	347197		
商业服务业等支出合计		2320950	

2021年浙江省金融支出

单位：万元

科　目	决算数	科　目	决算数
金融部门行政支出	19775	金融调控支出	0
金融部门监管支出	9299	其他金融支出	104826
金融发展支出	135238		
金融支出合计		269138	

2021年浙江省自然资源海洋气象等支出

单位：万元

科　目	决算数	科　目	决算数
自然资源事务	1166386	其他自然资源海洋气象等支出	79678
气象事务	67925		
自然资源海洋气象等支出合计		1313989	

2021年浙江省住房保障支出

单位：万元

科　目	决算数	科　目	决算数
保障性安居工程支出	887045	城乡社区住宅	106697
住房改革支出	1687189		
住房保障支出合计		2680931	

2021年浙江省粮油物资储备支出

单位：万元

科　目	决算数	科　目	决算数
粮油物资事务	168189	粮油储备	68886
能源储备	0	重要商品储备	60687
粮油物资储备支出合计		297762	

2021年浙江省灾害防治及应急管理支出

单位：万元

科　目	决算数	科　目	决算数
应急管理事务	300738	地震事务	2790
消防事务	306205	自然灾害防治	15355
森林消防事务	9650	自然灾害救灾及恢复重建支出	52772
煤矿安全	0	其他灾害防治及应急管理支出	7276
灾害防治及应急管理支出合计		694786	

2021年度浙江省乡镇财政基本情况表

单位:万元

项　目	决算数	项　目	决算数
一、一般公共预算收支决算		上级补助收入	6094370
收入总计	27498893	待偿债置换专项债券上年结余	
一般公共预算收入	20508839	上年结余	402175
上级补助收入	6171192	调入资金	25420
待偿债置换一般债券上年结余		债务(转贷)收入	
上年结余	314809	支出总计	9830183
调入资金	145355	政府性基金预算支出	9127755
债务(转贷)收入		上解上级支出	235483
动用预算稳定调节基金	358698	调出资金	125684
接受其他地区援助收入		债务还本支出	
支出总计	27498893	待偿债置换专项债券结余	
一般公共预算支出	10803718	年终结余	341261
上解上级支出	15823291	三、国有资本经营预算收支决算	
调出资金		收入总计	90
债务还本支出		国有资本经营预算收入	
补充预算周转金		上级补助收入	90
安排预算稳定调节基金	529231	上年结余	
援助其他地区支出		支出总计	90
待偿债置换一般债券结余		国有资本经营预算支出	90
年终结余	342653	上解上级支出	
二、政府性基金预算收支决算		调出资金	
收入总计	9830183	年终结余	
政府性基金预算收入	3308218		

2021年全国各省、市、自治区 财政收支占全国财政收支 税收收入占一般公共预算收入 比重及排序

地　区	一般公共预算收入（亿元）	约占地方一般公共预算收入的比重（%）	占比排序	税收收入（亿元）	约占一般公共预算收入的比重（%）	占比排序	一般公共预算支出（亿元）	约占地方一般公共预算支出的比重（%）	占比排序
北京市	5932	5.3	6	5165	87.1	1	7205	3.4	12
天津市	2141	1.9	21	1622	75.8	9	3153	1.5	27
河北省	4168	3.8	9	2736	65.6	28	8848	4.2	7
山西省	2834	2.6	14	2095	73.9	11	5047	2.4	23
内蒙古自治区	2350	2.1	18	1671	71.1	15	5240	2.5	20
辽宁省	2766	2.5	17	1971	71.3	14	5879	2.8	16
吉林省	1144	1.0	26	809	70.8	16	3697	1.8	26
黑龙江省	1301	1.2	25	870	66.9	23	5105	2.4	22
上海市	7772	7.0	4	6607	85.0	3	8431	4.0	8
江苏省	10015	9.0	2	8171	81.6	4	14585	6.9	2
浙江省	**8263**	**7.4**	**3**	**7172**	**86.8**	**2**	**11015**	**5.2**	**5**
安徽省	3498	3.1	10	2390	68.3	20	7591	3.6	11
福建省	3383	3.0	11	2493	73.7	12	5205	2.5	21
江西省	2812	2.5	15	1929	68.6	19	6779	3.2	13
山东省	7284	6.6	5	5476	75.2	10	11713	5.6	3
河南省	4354	3.9	8	2843	65.3	30	9784	4.6	6
湖北省	3283	3.0	12	2560	78.0	7	7934	3.8	10
湖南省	3251	2.9	13	2246	69.1	18	8326	4.0	9
广东省	14105	12.7	1	10785	76.5	8	18247	8.7	1
广西壮族自治区	1800	1.6	23	1191	66.2	26	5807	2.8	17
海南省	921	0.8	28	743	80.7	5	1971	0.9	29
重庆市	2285	2.1	19	1543	67.5	22	4835	2.3	24
四川省	4773	4.3	7	3335	69.9	17	11216	5.3	4
贵州省	1969	1.8	22	1177	59.8	31	5590	2.7	18
云南省	2278	2.1	20	1514	66.5	25	6634	3.1	14
西藏自治区	216	0.2	31	142	65.9	27	2027	1.0	28
陕西省	2775	2.5	16	2237	80.6	6	6069	2.9	15
甘肃省	1002	0.9	27	667	66.6	24	4033	1.9	25
青海省	329	0.3	30	235	71.4	13	1855	0.9	30
宁夏回族自治区	460	0.4	29	301	65.4	29	1428	0.7	31
新疆维吾尔自治区	1619	1.5	24	1093	67.5	21	5377	2.6	19
地方合计	111084			83789			210623		

注：因四舍五入因素，合计数与分项加总数或存有尾差。

财政法规选编

zhejiang caizheng nianjian

浙江省省级行政事业单位公款竞争性存放管理办法

浙财预执〔2021〕7号　2021年1月20日

第一条　为规范公款竞争性存放管理，确保资金效益，防止利益冲突和利益输送，根据有关法律法规规章和《中共浙江省委办公厅　浙江省人民政府办公厅印发〈关于防止领导干部在公款存放方面发生利益冲突和利益输送的办法〉的通知》《财政部关于进一步加强财政部门和预算单位资金存放管理的指导意见》(财库〔2017〕76号)、《财政部关于进一步加强地方财政部门和预算单位资金存放管理的通知》(财库〔2018〕80号)、《财政部关于切实加强地方预算执行和财政资金安全管理有关事宜的通知》(财库〔2019〕49号)等有关规定，制定本办法。

第二条　本办法适用于省级机关(含党委、人大、政府、政协、监委、法院、检察院、各民主党派和工商联机关、人民团体机关等)，省级党委政府直属事业单位或部门(单位)所属事业单位，政府授权代行政府职能的其他机构(以下简称省级行政事业单位)公款的竞争性存放。

第三条　省级行政事业单位公款竞争性存放适用于省级行政事业单位取得的上级补助资金、自有资金和代管资金，以及会费、基金、捐赠款等非财政补助收入资金。省财政厅直接管理的国库资金、财政专户资金和由财政部门代为管理的单位资金按照国库现金管理、财政专户资金存放有关管理办法执行。

省级预算单位采取竞争性方式选择开户银行开设账户的，按照省级预算单位银行账户管理相关规定执行。

第四条　省级预算单位(不包括列入预算管理的企业)不得采取购买理财产品的方式存放资金。

第五条　省级行政事业单位不得将按有关规定收取的各类行政性收费、罚没收入等应缴财政款转为定期存款。省级行政事业单位取得的财政补助资金应严格执行盘活财政存量资金有关规定，不得转存定期存款。

第六条　省级行政事业单位公款有以下情形之一的，可以不采取竞争性方式：

(一)单一账户闲置资金量小于500万元的；

(二)资金闲置时间少于3个月的；

(三)开户银行通过竞争性方式确定的，自开户银行确定之日起5年内，利率符合国家政策要求，且定期存放的存款利率不低于省级行政事业单位在“浙江政府采购网”上公布的同类银行最近同期限中标利率的；

(四)法律法规规章和国家有关文件另有明确规定的；

(五)经省政府批准可以不实行竞争性存放的其他情形。

闲置资金是指各省级行政事业单位在确保正常支付前提下暂时闲置、可用于定期存放的资金。

不采取竞争性方式存放的资金，应存放于原开户银行，不得跨行转存。

第七条　省级行政事业单位开展公款竞争性存放应遵循以下原则：

(一)公开、公平、公正原则。公款竞争性存放应公开、公平、公正进行，防范廉政风险。

(二)安全性、流动性、收益性相统一原则。科学测算现金流量，在确保单位资金安全和日常支付流动性需求的前提下，实现资金保值增值。

第八条　省级行政事业单位公款竞争性存放原则上由各省级主管部门自行或委托省政府采购中心、具有资质的社会中介机构(以下简称中介机构)统一开展招标，下属单位依据招标结果办理资金存放。下属单位具备招标能力的，经省级主管部门同意后也可自行组织实施本单位公款竞争性存放招标。

第九条　省级行政事业单位委托中介机构开展公款竞争性存放招标，应当与中介机构签订委托代理协议，明确委托内容、代理权限和范围、双方权利义务、档案保存、代理费用收取方式及标准、委托代理期限、协议变更和解除、违约责任等相关事项。

第十条　中介机构应当在招标文件中明示代理费用收取方式及标准，收费标准应当符合国家有关规定。本办法所称代理费用是指中介机构接受招标单位委托从事编制招标文件、审查投标人资格，组织开标、评标、定标、发布中标结果等业务所收取的费用。除代理费用外，不得以保证金、招标文件费用、中标服务费等名义额外收取费用，代理费用不得与公款竞争性存放招标规模挂钩。

第十一条　省级行政事业单位应建立现金流量预测机制，结合本单位现金收支特点，滚动测算未来一定期间的现金流量，并根据测算的现金流量制订本单位公款竞争性存放计划，报送省级主管部门。省级主管部门依据报送的计划，统筹规划，合理安排，拟定本部门公款竞争性存放计划，经领导班子集体研究决定后组织实施。

第十二条　省级行政事业单位自行组织或委托省政府采购中心、中介机构组织的公款竞争性存放应统一通过浙江政采云公款竞争性存放网上招标平台进行招投标，包括发布招标文件、投标报名、资格审查、投标开标、专家评审、发布中标结果等。

第十三条　省级行政事业单位开展公款竞争性存放工作，应在“浙江政府采购网”、主管部门或单位门户网站(以下简称指定网站)上发布招标公告。招标公告内容包括招标单位名称、招标项目、投标人资格要求、报名时间及方式、招标文件获取方式、投标时间及地点、开标时间及地点、联系方式等事项。招标文件相关利率及计结息要求应符合国家利率政策规定。

招标公告可参照本办法规定格式(详见附件1),公告内容应包括但不限于附件格式所列内容。

第十四条 省级行政事业单位公款竞争性存放定期存款期限一般不超过1年,相关法律法规规章规定需要进行保值增值的资金可适当延长存款期限,但不得超过5年。

第十五条 参与省级行政事业单位公款竞争性存放的银行是指在中华人民共和国境内依法设立的商业银行、农村信用合作联社等银行业金融机构。银行参与投标应符合以下条件:

(一)在省级行政事业单位所在同城设有分支机构;

(二)依法开展经营活动,近3年内在经营活动中无重大违法违规记录及重大违约事件;

(三)纳入人民银行综合评价的银行,人民银行上年度综合评价应达到B级及以上,不纳入人民银行综合评价范围的银行不受此限制。

第十六条 公款竞争性存放应按规定建立5人及以上单数人员组成的评选委员会,评选委员会应当由单位内部成员和外部专家共同组成。外部专家比例不低于60%,可从省级单位公款竞争性存放评审专家库中抽取。评选委员会成员应严格执行利益回避的相关规定,成员名单在中标结果确定前应当保密。

第十七条 公款竞争性存放统一采用综合评分法进行评分,根据评分结果择优确定中标银行。评分指标包括各竞标银行经营状况、服务水平、利率水平和经济贡献度等。人民银行综合评价作为银行准入条件,不纳入综合评分指标。经营状况方面的指标应能反映银行的资产质量、偿付能力、运营能力、内部控制水平等。服务水平方面的指标应能反映银行提供支付结算、对账、分账核算等服务的能力和水平。利率水平指定期存款利率等,应当符合国家利率政策规定。经济贡献度指标应能反映银行对经济发展、重点事业等的支持贡献情况。省级行政事业单位应按照公平公正原则科学合理设置具体指标及分值权重,其中:经营状况指标的分值权重不得低于综合评分的30%;经济贡献度指标的分值权重不得低于综合评分的30%;经营状况指标及经济贡献度指标数据由省财政厅向相关部门获取后统一提供。

第十八条 省级行政事业单位按综合评分从高到低确定中标银行,并合理控制单家银行存款金额。其中,单次招标金额1000万元及以下的,可选择1家中标银行;单次招标金额在1000万元—1亿元(含1亿元)之间的,中标银行数量原则上不少于2家且第一名中标银行分配金额不超过招标金额的60%;单次招标金额1亿元以上的,中标银行数量原则上不少于4家,且第一名中标银行分配金额不超过招标金额的50%。

省级行政事业单位需在招标文件中明确中标银行数量、中标银行具体资金分配方案、提前支取方案等事项,禁止在入围银行中进行二次选择。

第十九条 省级行政事业单位开展公款竞争性存放,应当要求银行出具廉政承诺书(详见附件2),承诺不得向单位领导以及相关业务部门负责人输送任何利益,不得将资金存放与上述人员在本行的配偶、子女及其配偶以及其他特定关系人的业绩、收入挂钩。凡发现并经核实资金存放银行未遵守廉政承诺或者在资金存放中存在其他利益输送行为的,省级行政事业单位应当及时收回资金,并由省财政厅进行通报,在一定期限内取消该银行参与行政事业单位公款竞争性存放的资格。

第二十条 开展公款竞争性存放招标工作,应确保参与银行编制投标文件所需要的合理时间,招标文件发布至投标截止之日不得少于5个工作日。

省级行政事业单位或省政府采购中心、中介机构可以对已发出的招标文件进行必要的澄清或者修改。澄清或者修改的内容可能影响投标文件编制的,省级行政事业单位或省政府采购中心、中介机构应当在指定网站发布更正公告或以书面形式通知所有已获取招标文件的潜在投标人,并且应当顺延投标截止时间,发布更正公告或书面变更通知之日至投标截止之日不得少于5个工作日。

更正公告可参照本办法规定格式(详见附件3),公告内容应包括但不限于附件格式所列内容。

第二十一条 公款竞争性存放招标结果经省级行政事业单位确认后生效。招标结果生效后,省级行政事业单位或省政府采购中心、中介机构应向中标银行发出中标通知书,同时将招标结果通知所有竞标银行,并在指定网站上对中标银行、存款期限、中标利率、综合得分排名情况、中标金额或中标资金分配方案等中标信息进行公告。

中标公告可参照本办法规定格式(详见附件4),公告内容应包括但不限于附件格式所列内容。

第二十二条 公款竞争性存放招标结果公告后,省级主管部门统一组织招标的,应当及时将具体中标结果书面通知下属单位,主管部门或下属单位应与中标银行签订规范的定期存款协议,全面、清晰界定双方权利义务关系。协议内容应包括中标银行提供的具体服务事项、违约责任的处理、双方在确保账户资金安全中的职责、协议变更和终止条件等。

第二十三条 省级行政事业单位应在协议签订后及时办理定期存款相关手续。中标银行应及时向省级行政事业单位提供定期存单。

第二十四条 省级预算单位公款竞争性存放招标有效期不超过2年,其他单位有效期不超过5年。有效期内,定期存款到期后可续存原中标银行,但需领导班子集体研究决定,利率符合国家政策要求,且续存利率不低于省级行政事业单位在"浙江政府采购网"上公布的同类银行最近同期限中标利率。原招标工作由省级主管部门组织实施的,续存需经主管部门领导班子集体研究决定;由下属单位自行组织实施的,可由该下属单位领导班子集体研究决定,并将决定结果报主管部门备案。

第二十五条 省级行政事业单位应统筹规划,尽量减少存款到期与实施竞争性存放招标的间歇期。确因特殊原因存在间歇期的，经本单位分管领导批准可在原存款银行进行七天通知存款，直至竞争性存放结果生效后按中标结果存放。

第二十六条 定期存款存放银行出现以下情形之一的，省级行政事业单位应及时收回定期存款，并有权拒绝其在以后2年内参与本单位公款竞争性存放：

（一）出现资金安全事故、重大违法违规情况或财务状况恶化的；

（二）人民银行综合评价等级降低后低于本办法**第十五条**规定标准，监管部门认为存在较大运营风险的；

（三）进行不正当投标的；

（四）没有按照中标协议承诺履行相应的责任和义务的；

（五）不能按规定将到期存款本息足额缴入单位账户的；

（六）存在其他妨害资金安全行为的。

第二十七条 竞争性存放定期存款存续期内，发现公款竞争性存放存在非主观原因引起的评分错误的，省级行政事业单位应于定期存款到期后及时收回并重新组织招标。

第二十八条 省级主管部门应切实履行本部门公款竞争性存放管理的主体责任，依据有关法律法规和本办法规定制定本部门公款竞争性存放管理实施办法，并组织实施。加强对下属单位公款存放的管理，定期对下属单位进行监督检查，发现不按规定存放的，应及时督促纠正；纠正无效的，应提请省级有关职能部门按规定进行处理。

第二十九条 存款银行应加强对公款竞争性存放定期存款资金的运用管理，防范资金风险，不得将公款竞争性存放定期存款资金投向国家有关政策限制的领域，不得以公款竞争性存放定期存款资金赚取高风险收益。

第三十条 省财政厅、省审计厅、人行杭州中心支行、浙江银保监局等部门在各自的职责范围内对省级行政事业单位公款存放实施业务指导和监督管理。

省财政厅应制定完善省级行政事业单位公款存放管理相关制度办法，加强对省级行政事业单位公款竞争性存放的业务指导，并对实施情况进行监督检查。省审计厅结合部门预算执行情况审计等各类审计和专项检查，对省级行政事业单位公款竞争性存放实施监督检查。人行杭州中心支行、浙江银保监局加强对银行业金融机构参与公款竞争性存放的业务指导和监督，加强对资金存放银行运营风险的监管，并协助提供公款竞争性存放涉及的指标口径、内容和数据等。

第三十一条 各监管部门在对省级行政事业单位实施监督检查时，受检查单位应如实提供公款存放情况，不得以任何理由拖延、拒绝、阻挠、隐瞒；在遵循有关法律法规情况下，有关银行应配合提供受检查省级行政事业单位资金存放及银行账户的资金收付等情况，不得隐瞒。

第三十二条 各监管部门在对省级行政事业单位公款存放实施监督检查中，发现下列情形之一的，应责令违规单位立即纠正违规行为，对应追究省级行政事业单位和银行有关人员责任的，移送省级相关部门处理；涉嫌犯罪的，移送司法机关处理：

（一）不按本办法规定进行公款竞争性存放的；

（二）违反本办法**第五条**规定的；

（三）违反《关于防止领导干部在公款存放方面发生利益冲突和利益输送的办法》规定的；

（四）其他违反公款存放管理规定的。

第三十三条 各省级主管部门应建立公款竞争性存放定期统计分析机制，并于每年3月底前向省财政厅报送本部门上年度公款存放管理情况。

第三十四条 党政机关和事业单位干部兼任负责人的社会组织的公款竞争性存放管理参照本办法执行。

执行企业会计制度的事业单位、省级主管部门下属企业的公款存放管理参照省属国资监管企业公款存放管理的有关规定执行。

第三十五条 各市、县（市、区）可参照本办法，并结合本地区实际情况，制定本级行政事业单位公款竞争性存放管理办法，根据上级财政部门要求定期汇总报送本地区单位公款竞争性存放情况。

第三十六条 本办法由浙江省财政厅负责解释。

第三十七条 本办法自2021年3月1日起施行，《浙江省财政厅关于进一步规范省级行政事业单位公款竞争性存放管理的通知》（浙财预执〔2018〕5号）同时废止，浙江省以往规定与本规定不一致的按本办法执行。

（附件略）

浙江省中央海洋生态保护修复资金管理办法实施细则

浙财资环〔2021〕2号　2021年1月28日

第一条 为加强中央海洋生态保护修复资金管理，提高资金使用的规范性、安全性和有效性，加强海洋生态保护修复，改善海洋生态环境质量，促进海洋生态文明建设，根据财政部《海洋生态保护修复资金管理办法》（财资环〔2020〕76号）精神和有关规定，结合我省实际，制定本实施细则。

第二条 本实施细则所称海洋生态保护修复资金（以下简称保护修复资金），是指由中央财政通过一般公共预算安排我省用于支持对生态安全具有重要保障作用、生态受益范围较广的重点区域海洋生态保护修复的共同财政事权转移支付资金。我省保护修复资金的申请、分配、使用、管理和监督适用本实施细则。

第三条 保护修复资金管理和使用遵循科学规范、公开透明;统筹兼顾、突出重点;绩效管理、强化监督的原则。

保护修复资金有关政策实施至2025年,到期是否继续实施和延续期限按照财政部的规定执行。

第四条 保护修复资金由省财政厅会同省自然资源厅管理。

省财政厅负责审核资金分配建议方案、下达资金预算、绩效管理总体工作,指导市县加强资金管理并实施监管等工作。

省自然资源厅负责组织全省保护修复资金支持的相关规划或实施方案的编制和审核,项目审查筛选储备,研究提出任务清单分解方案和资金分配建议方案,开展全过程预算绩效管理具体工作,指导市县加强项目管理并实施监管等工作。负责项目法支持项目的竣工验收工作。

市县财政部门主要负责审核资金使用方案并下达预算资金、资金使用监督检查以及本地区预算绩效管理总体工作等。

市县自然资源主管部门主要负责本地区保护修复资金相关规划或实施方案编制、项目审查筛选储备、项目组织实施和监管等,研究提出任务清单分解方案和资金使用建议方案,做好预算绩效管理具体工作。

第五条 保护修复资金支出范围包括:

(一)海洋生态保护和修复管理。对重点区域海域、海岛、海岸带等生态系统进行保护和修复治理,提升海岛海域岸线的生态功能和减灾功能。

(二)入海污染物治理。支持因提高入海污染物排放标准的直排海污染源治理以及海岛海域污水垃圾等污染物治理。

(三)能力建设。支持海域、海岛监视监管系统,海洋观测、生态预警监测建设,开展海洋防灾减灾、海洋调查等。

(四)海洋生态补偿。支持省市县开展海洋生态保护补偿。

(五)根据党中央、国务院决策部署需要统筹安排的其他支出。

第六条 下列项目不得申报和使用保护修复资金:

(一)属于市县财政事权或有明确责任主体的项目。

(二)不符合自然保护地、生态保护红线、用海、用岛、岸线等国家管控要求的项目。

(三)涉及围填海历史遗留问题或督查整改未到位的项目。

(四)已从中央基建投资等其他渠道获得中央财政资金支持的项目。

(五)海洋生态修复效果存在较大不确定性,工程措施对生态系统造成新的破坏可能性较大,工程技术不完善等条件不成熟的项目。

第七条 市县自然资源主管部门应会同同级财政部门根据当地海洋生态保护修复有关规划和保护修复资金支持范围,提前确定下一年度海洋生态保护修复和改革任务,并在规定时间内报省自然资源厅、省财政厅。省自然资源厅在各地申报的基础上,编制保护修复资金各支持方向的下一年度实施计划。

第八条 市县自然资源主管部门应当会同同级财政部门采取竞争立项、建立健全项目库等方式,择优筛选确定具体项目。未设置绩效指标或绩效指标设置不符合要求的项目,不得纳入项目库管理。同时,督促项目单位提前做好项目前期工作,加快项目实施和预算执行进度。

第九条 保护修复资金除中央按项目法分配外,采取因素法分配。

第十条 保护修复资金中央采取项目法分配的,由财政部会同有关部门通过竞争性评审方式公开择优确定具体项目。

市县自然资源主管部门会同财政部门根据中央有关部门发布的项目申报指南,负责编制项目实施方案,明确绩效目标、实施任务、保障机制以及分年度资金预算等,并按照项目申报要求提出申请。

采取项目法支持的项目,在实施过程中因实施环境和条件发生重大变化,确有必要调整实施方案的,应当坚持绩效目标不降低的原则,由市县财政部门会同同级自然资源主管部门提出申请,省财政厅会同省自然资源厅批准同意后,报财政部和自然资源部备案。

第十一条 保护修复资金采取因素法分配的,根据财政部按因素法分配下达的预算额度,结合各市县海洋生态保护修复形势、预算执行情况、项目准备和储备情况等,以海洋生态保护修复工作量、财力状况、绩效因素作为分配因素,具体分配权重90%、5%、5%。

第十二条 各级财政部门应当会同同级自然资源主管部门按照财政部、自然资源部和省有关规定,加强保护修复资金预算绩效管理,建立健全"预算编制有目标、预算执行有监控、预算完成有评价、评价结果有应用"的全过程预算绩效管理机制,提高财政资金使用效益。

第十三条 保护修复资金使用管理应当按照预算公开有关要求执行。

第十四条 保护修复资金的使用管理接受审计、纪检监察、财政等部门的监督检查,一旦发现截留、挤占、挪用或骗取专项资金等违法违纪行为,依照有关法律法规追究相应责任。各级财政部门和自然资源主管部门、单位及其工作人员在保护修复资金使用管理工作中,存在违反规定审批、分配、使用和管理资金,以及其他滥用职权、玩忽职守、徇私舞弊等违法违纪行为的,按照《中华人民共和国预算法》及其实施条例、《中华人民共和国监察法》《财政违法行为处罚处分条例》等有关规定追究相应责任。构成犯罪的,依法追究刑事责任。

第十五条 各级财政部门应加快预算执行,提高资金使用效益。切实加强结转结余资金管理,对存在大量结转结余资金的,要充分分析原因、调整分配机制。

第十六条 本实施细则未明确的其他事宜,包括预算下达、资金拨付、使用、结转结余资金处理等,按照预算管理有关规定执行。

第十七条 本实施细则自2021年2月1日起施行。

浙江省交通运输发展专项资金管理办法

浙财建〔2021〕8号　2021年2月9日

第一章　总则

第一条　为加强和规范浙江省交通运输发展专项资金(以下简称专项资金)管理,提高财政资金使用效益,推进高水平交通强省建设,根据《中华人民共和国预算法》《中共浙江省委　浙江省人民政府关于全面落实预算绩效管理的实施意见》《浙江省人民政府办公厅关于进一步加强省级财政专项资金管理工作的通知》(浙政办函〔2014〕66号)、《浙江省人民政府办公厅关于印发浙江省交通运输领域财政事权和支出责任划分改革实施方案的通知》(浙政办发〔2020〕65号)等规定,制订本办法。

第二条　专项资金是指由省级财政预算安排,用于支持全省公路、水运、通用机场等综合交通运输事业发展的专项转移支付资金。

第三条　专项资金实施期限原则上为3年。到期后,省交通运输厅对专项资金3年实施总体情况开展绩效自评,省财政厅开展重点绩效评价,根据评价结果,适时调整专项资金实施期限和分配政策。

第四条　专项资金按照"突出重点、分类管理、公开透明、绩效优先"的原则进行分配、使用和管理。专项资金分配和使用情况向社会公开,接受有关部门和社会的监督。

第五条　专项资金由财政部门和交通运输部门共同管理。省财政厅牵头制定资金管理办法,负责专项资金预算安排,审核资金分配建议方案,视情开展重点绩效评价,指导地方预算管理等。省交通运输厅根据年度交通运输重点任务,负责研究提出资金分配建议方案和绩效目标,对资金使用情况组织监督检查,做好专项资金绩效管理,并指导市县做好相关工作,提高财政资金使用效益。

市、县(市、区)(以下简称市县)财政、交通运输部门根据专项资金支持内容,负责项目储备、资金分配、项目管理、资金监管、监督检查、绩效管理等具体工作。

第二章　支持对象和支持方式

第六条　专项资金的支出重点在明晰财政事权和支出责任划分的基础上确定。属于中央与地方共同承担财政事权且中央政策明确分担比例的,省级分担部分根据中央文件严格执行;属于省级财政事权的,由省级承担相应支出责任;属于省级与市县共同承担财政事权,省级分担部分通过专项转移支付委托地方实施;属于市县财政事权的,由市县承担支出责任,省级可设立相应的激励机制给予适当支持。

第七条　专项资金重点保障省级履行相应财政事权和支出责任,重点支持内容如下:

(一)交通基础设施建设支出。主要包括列入建设投资计划管理的国省道公路、国防交通基础设施、国省骨干航道及重要支线航道、沿海港口公共基础设施及交通码头、通用机场的建设支出,国省道公路、国省骨干航道及重要支线航道的养护大中修工程项目,综合运输枢纽(含站场)建设等项目支出。

(二)交通基础设施养护支出。包括公路水路日常管理养护支出,管理、养护站房建设维护支出,公路应急保障基地、港航水上安全搜救中心建设维护等支出。

(三)交通运输行业管理支出。包括综合交通运输、安全质监与应急、绿色交通、数字交通、综合执法、交通科技等交通行业管理支出。

(四)其他交通运输发展支出。指根据省委省政府重大决策、行业发展需要,除上述项目以外的支出。

对市县履行财政事权、落实支出责任存在缺口的,省级可综合考虑不同时期发展目标和市县财力水平给予一定的资金支持。

第八条　专项资金按项目法和因素法实行分类管理。

(一)按项目法管理的专项资金。主要支持交通基础设施建设支出中的普通国道公路、国省骨干及重要支线航道的建设和养护大中修工程项目,国防交通基础设施、沿海港口公共基础设施及交通码头、通用机场建设项目,中央补助资金的配套项目。建设项目根据各地建设任务和地方财力水平,按照省级补助标准予以分配。通用机场建设的补助范围与标准详见附件,其他项目另行制订。

(二)按因素法管理的专项资金。主要支持除按项目法管理以外的交通运输发展事业。资金分配主要考虑公路与运输发展、港航发展、通用航空发展、综合交通统筹发展等四大因素,结合地方财力水平和绩效因素予以确定。计算方法如下:

市县补助资金总额=Ri+Wi+Ai+Oi

R:公路与运输发展因素,主要由普通国省道公路当量里程及桥隧里程、高速公路当量里程、省道建设当量里程、投资情况、道路运输营运车辆数、道路运输企业数、公路与运输行业管理发展任务等因素组成。

W:港航发展因素,主要由航道里程、货物吞吐量、货运量、水运行业管理发展任务等因素组成。

A:通用航空发展因素,主要由通用机场年度飞行架次、短途运输航线飞行小时、通用航空行业管理发展任务等因素组成。

O:综合交通统筹发展因素,主要根据省委省政府重点工作、综合交通运输发展过程中的专项任务确定。

i:地方财力水平和绩效因素。

地方财力水平因素按省财政转移支付分类分档有关规定确

定，绩效因素结合上年度绩效目标完成情况及绩效考评结果确定。

第三章　分配、下达和使用管理

第九条　省财政厅会同省交通运输厅确定项目法和因素法管理的资金规模，由省交通运输厅提出纳入省级补助范围的具体项目和各类因素的量化指标。

第十条　按项目法管理的专项资金支持的建设项目，必须符合交通行业发展规划，由省交通运输厅纳入省级交通建设项目库滚动管理，未纳入省级交通建设项目库的不予补助。

按因素法管理的专项资金支持的项目，由市县按照本办法规定的专项资金支持方向和年度绩效目标，结合本地区工作实际和预算管理要求，统筹用于交通运输发展事业。

第十一条　每年9月底前，省交通运输厅结合部门预算编报和审核情况，确定下一年度专项资金分配方案和绩效目标（含组织实施的项目及项目绩效目标）报省财政厅。

省财政厅对专项资金分配方案和绩效目标（含组织实施的项目及项目绩效目标）进行审核后，会同省交通运输厅在10月31日前，按不低于专项资金当年规模的70%提前下达下一年度专项资金；剩余资金待省人代会批准预算后60日内下达。绩效目标随同资金文件一并下达。

第十二条　市县财政、交通运输部门应当按照“谁用款、谁负责”的原则，建立健全专项资金管理制度，提前做好项目储备和前期工作，在收到资金文件后，将专项资金落实到具体项目和实施单位，并按照规定时间要求及时做好专项转移支付项目库项目储备和报备工作。

第十三条　专项资金不得用于人员经费及楼堂馆所等与交通项目建设、养护和管理工作无关的支出，不得用于平衡本级预算。专项资金拨付按照财政国库管理制度有关规定执行。资金使用中属于政府采购管理范围的，按照政府采购有关规定执行。专项结转结余资金管理按照有关规定执行，对结转结余资金规模较大的地方，控制安排新增资金。

第四章　监督检查和绩效管理

第十四条　省交通运输厅应建立健全专项资金预算绩效管理制度，完善绩效目标管理，建立健全绩效指标体系，每年开展专项资金绩效自评，省财政厅视情开展抽评，评价结果作为完善专项资金政策及预算资金分配的重要依据。

市县交通运输及财政部门具体实施专项资金全过程预算绩效管理，按照下达的绩效目标组织开展绩效运行监控，年度结束后开展绩效自评。

第十五条　专项资金使用管理接受审计、纪检监察、财政等部门的监督检查，一旦发现截留、挤占、挪用或骗取专项资金等违法违纪行为，依照有关法律法规的规定追究相应责任。各级财政、交通运输部门及其工作人员存在违反规定审批、分配、拨付、使用和管理资金，以及其他滥用职权、玩忽职守、徇私舞弊等违法违纪行为的，按照《中华人民共和国预算法》《中华人民共和国公务员法》《中华人民共和国监察法》《财政违法行为处罚处分条例》等国家有关规定追究相应责任；涉嫌犯罪的，移送司法机关处理。

第五章　附则

第十六条　本办法自2021年3月8日起施行。《浙江省财政厅　浙江省交通运输厅关于印发浙江省交通运输发展专项资金管理办法（试行）的通知》（浙财建〔2015〕158号）同时废止。

第十七条　市县财政、交通运输部门可参照本办法制定实施细则，报省财政厅和省交通运输厅备案。

（附件略）

关于延续实施应对疫情影响房产税、城镇土地使用税减免政策的通知

浙财税政〔2021〕3号　2021年2月18日

为进一步支持市场主体应对疫情渡过难关，助力市场主体纾困发展，经省政府同意，现将2021年我省应对疫情影响房产税、城镇土地使用税减免政策延续执行通知如下：

一、对我省2020年出台的《浙江省财政厅　国家税务总局浙江省税务局关于落实应对疫情影响房产税、城镇土地使用税减免政策的通知》（浙财税政〔2020〕6号）和《浙江省财政厅　国家税务总局浙江省税务局关于调整明确部分应对疫情影响房产税、城镇土地使用税减免政策的通知》（浙财税政〔2020〕13号）中明确的房产税、城镇土地使用税减免政策执行期延续至2021年6月30日，其中对住宿餐饮、文体娱乐、交通运输、旅游四大行业企业和符合条件的小微企业的自用房产、土地免征房产税、城镇土地使用税，2021年第一季度按100%减免，第二季度按50%减免。

二、符合条件的小微企业是指《财政部　税务总局关于实施小微企业普惠性税收减免政策的通知》（财税〔2019〕13号）中规定的小型微利企业，具体按2020年度数据判断。

三、其他政策口径继续按照《浙江省财政厅　国家税务总局浙江省税务局关于落实应对疫情影响房产税、城镇土地使用税减免政策的通知》（浙财税政〔2020〕6号）、《浙江省财政厅　国家税务总局浙江省税务局关于调整明确部分应对疫情影响房产税、城镇土地使用税减免政策的通知》（浙财税政〔2020〕13号）执行。

浙江省财政“十四五”规划

浙发改规划〔2021〕号　2021年4月26日

浙江省财政“十四五”规划根据《中共中央关于制定国民经济和社会发展第十四个五年规划和二〇三五年远景目标的建议》《中华人民共和国国民经济和社会发展第十四个五年规划和2035年远景目标纲要》《中共浙江省委关于制定国民经济和社会发展第十四个五年规划和二〇三五年远景目标的建议》《浙江省国民经济和社会发展第十四个五年规划和二〇三五年远景目标纲要》，结合浙江财政改革与发展实际编制，主要明确“十四五”时期财政改革发展的指导思想、总体目标、主要任务和重大举措，更好发挥现代财税体制在资源配置、财力保障和宏观调控等方面的基础作用，为浙江建设“重要窗口”和争创社会主义现代化先行省贡献财政力量，是未来五年浙江省财政改革与发展的指导性文件。

一、发展基础与发展环境

（一）“十三五”时期浙江财政改革与发展的主要成效

“十三五”是财政改革发展进程中极不平凡但成效显著的五年。全省各级财政部门在省委、省政府的坚强领导下，深入学习贯彻习近平新时代中国特色社会主义思想，认真贯彻党的十九大和十九届二中、三中、四中、五中全会精神，学深悟透习近平总书记关于财政工作的重要论述，坚持稳中求进工作总基调，深入践行新发展理念，以“八八战略”为总纲，以供给侧结构性改革为主线，以“保基本、守底线、促均衡、提质量”为理财观，聚焦聚力党中央、国务院和省委、省政府重大决策部署，充分发挥财政在推进政府治理体系和治理能力现代化中的基础性和支柱性作用，扎实做好生财、聚财、用财三篇文章，基本确立具有浙江特色的现代财政制度框架，为经济社会发展提供了坚实的财政保障，为高水平全面建成小康社会贡献了财政力量。

聚焦质量第一、效益优先，做大做实做优财政蛋糕，财政综合实力显著提升。2020年全省财政总收入、一般公共预算收入、一般公共预算支出分别为2015年的1.45倍、1.51倍、1.52倍，年均增幅分别为7.8%、8.5%和8.7%。一般公共预算收入从全国第五跃升至全国第三。2020年税收收入占一般公共预算收入的比重为86.4%，位居全国第一。财政收支规模进一步壮大、结构进一步优化、质量进一步提升，为经济社会发展提供了坚实的物质基础和财力保障。

聚焦围绕中心、服务大局，集中财力办大事，财为政服务能力显著提升。牢固树立政治机关意识，提高政治站位，系统构建集中财力办大事财政政策体系，聚焦长三角一体化发展、三大攻坚战、富民强省十大行动计划等党中央、国务院和省委、省政府重大决策部署，从更长周期、更广范围谋划政策和预算安排，使资金流与决策流、业务流、信息流更好融合，做到重大决策部署推进到哪里、财政服务保障就跟进到哪里。

聚焦协同高效、综合集成，精准实施积极的财政政策，财政调控能力显著提升。处理好政府和市场、宏观和微观的关系，综合运用财税政策工具，创新市场化、法治化手段，发挥逆周期调节作用，促进经济平稳健康发展。同时，注重财税政策与金融、投资、产业、区域发展等政策的协同，形成政策合力。积极财政政策的实施，稳定了市场预期，提振了市场信心，有力对冲了经济下行压力，为我省经济稳中有进、培育涵养更多优质税源创造了条件。

聚焦利民为本、民生优先，健全民生保障长效机制，民生保障水平显著提升。坚持加大投入与完善制度两条腿走路，建立健全与经济发展水平相匹配、可持续的民生保障机制，推动树立个人努力、各方合理承担责任的科学民生理念，连续17年全省财政支出增量用于民生的比例保持在三分之二以上，城乡居民的获得感、幸福感和安全感大大增强。教育、医疗、社保、三农、文化、住房等民生支出持续增长，基本养老、基本医疗、城乡低保等保障水平逐年提高，改革发展成果更多更公平惠及人民群众。

聚焦改革破题、创新制胜，持续深化财税体制改革，财政治理能力显著提升。以建立具有浙江特色的现代财政制度为目标，大力推进重点领域、关键环节改革，以改革先行带动发展先行。认真贯彻《预算法》《预算法实施条例》《浙江省预算审查监督条例》，预算管理更加科学规范，在全国率先实质性突破中期财政规划管理，支出标准体系建设走在前列。实施预算绩效管理三年行动，开展部门整体预算绩效改革，全面提升资金使用绩效。建立健全绿色发展财政奖补机制，稳步推进省以下财政事权和支出责任划分改革，深入实施财政资金竞争性存放，建立国有资产管理情况报告制度。我省财政管理工作连续四年获国务院办公厅督查激励。

（二）“十四五”时期浙江财政发展面临的机遇和挑战

世界百年未有之大变局进入加速演变期，新一轮科技革命和产业变革深入发展，国际经济、政治等格局发生深刻调整。中华民族伟大复兴进入加快实现期，社会大局稳定，制度和治理优势明显，但发展不平衡不充分问题仍然突出。“十四五”时期是我省建设“重要窗口”、书写“八八战略”新篇章的关键期，是着眼“两个大局”、为构建新发展格局展现新担当的关键期，是深化改革、取得共建共治共享共同富裕实效的关键期，财政工作既面临重大战略机遇，也面临诸多严峻挑战。

从机遇看，一是收入高质量夯实发展基础。我省经济发展长期向好的基本面没有变，以数字经济为引领的新经济快速发展注入新活力，构建新发展格局释放新需求，“一带一路”、长江经济带、长三角一体化发展等战略红利加快转化为新动能，财政收入平稳可持续增长的基础和趋势没有变。二是管理高水平助力改革更强。财政部门从战略和全局高度始终牢牢把握改革主动权，锚定支出高绩效目标，探索形成了集中财力办大事财政政策体系等重大改革成果，财政改革发展积累的优势将为贯彻新发展理念、构建新发展格局提供有力支撑。三是定位高能级赋能施策空间。财政是国家治理的基础和重要支柱，科学的财税体制是优化资源配置、维护市场统一、促进社会公平、实现国家长治久安的制度保障。“十四五”期间，财政将在资源配置、财力保障和宏观调控等方面发挥更好作用，为深化供给侧结构性改革，推动经济社会发展取得新成效、民生福祉达到新水平，争创社会主义现代化先行省奠定坚实基础。

从挑战看，一是财政紧平衡持续存在。世界经济低迷和全球化逆流加大了我省经济发展的风险，加上新冠疫情巨大变量和减税降费等政策性减收因素，财政收入持续较快增长面临较大不确定性。同时，开启新征程需要新保障，省委、省政府要干的大事要事很多，建设发展任务很重，对资金的需求刚性增长，财政紧平衡长期存在。二是财政改革任重道远。预算管理、财政事权和支出责任划分、构建地方税体系等重点领域的改革需要加快推进，完善省管县财政体制、零基预算、预算绩效管理、数字财政建设等关键环节的改革需要加快突破，形成新的标志性成果。三是财政风险不容小视。防范化解地方政府隐性债务风险进入攻坚期，在紧平衡的情况下更好地统筹防风险和促发展难度加大。人口老龄化叠加政策性、制度性、管理性因素，养老保险基金支付压力加大。个别市县财政收支矛盾加剧，“三保”支出压力进一步加大。

综合判断，我省财政发展处于危与机并存、危中有机、危可转机的重要战略机遇期，要胸怀“两个大局”，深刻认识错综复杂的国际环境带来的新矛盾新挑战，准确把握新发展阶段的新特征新要求，完整、准确、全面贯彻新发展理念，增强忧患意识，坚持底线思维，保持战略定力，把握发展规律，运用系统观念，切实肩负起新发展阶段“五大历史使命”，创新突破，奋发有为，以确定性的工作应对不确定性形势，在危机中育先机、于变局中开新局，以新气象新作为创造新业绩。

二、指导思想与发展目标

(一)指导思想

坚持以习近平新时代中国特色社会主义思想为指导，深入贯彻党的十九大和十九届二中、三中、四中、五中全会精神，坚决用党的创新理论指导新时代财政工作。统筹推进“五位一体”的总体布局、协调推进“四个全面”的战略布局，坚持稳中求进工作总基调，准确把握新发展阶段，坚持贯彻新发展理念，加快构建新发展格局，以推动高质量发展为主题，以深化供给侧结构性改革为主线，以改革创新为根本动力，以满足人民日益增长的美好生活需要为根本目的，坚持系统观念，统筹发展和安全，聚焦“忠实践行‘八八战略’，奋力打造‘重要窗口’”主题主线，扎实做好“六稳”工作、全面落实“六保”任务。动态优化积极财政政策，进一步提质增效；加强财政资源统筹，落实落细减税降费政策，大力优化支出结构；更加注重财政可持续性，防范化解重大风险隐患；加快建立现代财税体制，强化预算约束和绩效管理，深化预算管理制度改革，完善省对市县财政体制，健全地方税体系，健全政府债务管理制度，推进财政数字化改革，更好发挥财政在资源配置、财力保障和宏观调控方面的基础作用，为浙江建设“重要窗口”和共同富裕示范区、争创社会主义现代化先行省贡献财政力量。

(二)发展目标

财政综合实力显著提升，积极财政政策提质增效、更可持续，财政体制机制改革取得突破性进展，整体智治财政建设稳步推进，财政资源统筹能力进一步强化，基本建成具有浙江特色的现代地方财税体制，推进我省财政工作走在前列。更好发挥现代财税体制在资源配置、财力保障和宏观调控等方面的基础作用，把制度优势充分转化为治理效能，为基本建成国内大循环的战略支点、国内国际双循环的战略枢纽，共建共治共享共同富裕先行先试取得实效提供有效支撑。为力争2035年基本实现国家治理体系和治理能力现代化、基本实现社会主义现代化作出浙江财政贡献，争创新时代展示中国特色社会主义制度优越性“重要窗口”的浙江财政范本。

财政综合实力显著提升，服务全国大局能力进一步增强。在质量效益持续保持较高水平的基础上实现财政综合实力较快发展，财政收入“匹配性、均衡性、可持续性”增长，力争“十四五”期间全省一般公共预算收入年均增幅与GDP增幅基本同步。地方财源培育能力持续增强，经济发展基础更加稳定，财税收入结构更加优化，走在前列势头继续保持，努力为全国大局做出更大贡献。坚持“以收定支”原则，牢固树立过紧日子思想，运用零基预算理念和方法，财政支出结构进一步优化。

积极财政政策提质增效、更可持续，“重要窗口”建设财政保障体系进一步完善。财税政策与金融政策、产业政策、投资政策、区域政策等协同发力，逆周期调节的财税政策体系更加健全，资源配置更加优化，政策导向更加精准，服务经济发展的能力持续提升。坚持以人民为中心的发展思想，财政支出的三分之二以上用于民生，切实保障我省高质量建设共同富裕示范区。进一步增强民生政策措施有效性和可持续性，民生事业建设更加注重普惠性、基础性、兜底性，基本公共服务保障进一步健全。应对重大风险挑战能力进一步提升，政府偿债能力评估机制和政府债务风险评估指标体系科学合理。

财政体制机制改革取得突破性进展，浙江特色的现代地方财税体制基本建成。高水平建成具有浙江特色、符合高质量发展要求的现代地方财税体制，全面规范、公开透明的预算管理制度不断完善，支出标准体系不断健全，预算法定和预算刚性不断强化。省以下财政事权与支出责任划分改革全面推进，形成权责清晰、财力协调、区域均衡的省与市县财政关系。努力实现基本公共服务均等化，城乡统筹、协调发展。预算绩效管理改革不断深化，全面建成“预算编制有目标、预算执行有监控、预算完成有评价、评价结果有应用、结果应用有问责”的全过程闭环管理。

整体智治财政建设稳步推进，财政管理水平高效协同。聚焦新时代数字浙江建设，落实数字化改革总体要求，遵循“横向一体化、纵向集中化”改革原则，运用区块链、云计算、大数据、物联网、人工智能等数字技术，加快推进财政数字化改革，全面完成预算管理一体化建设，打造整体智治财政，实现数据共享、流程再造和业务协同。深度开发利用大数据，财税大数据对财政决策支持力度和财政资金配置效率显著提升，高水平推进省域治理现代化，决策更加科学、治理更加精准、服务更加高效。

“十四五”期间财政发展主要指标

序号	指标	2025年	年均	属性
1	一般公共预算收入增长(%)	—	与GDP基本同步	预期性
2	税收收入占一般公共预算收入的比重(%)	位于全国前列		预期性
3	民生支出占一般公共预算支出的比重(%)	三分之二以上		预期性
4	财政科技投入增长(%)	—	15	约束性
5	地方政府性债务风险等级	绿色		预期性
6	预算管理一体化系统覆盖率(%)	100		约束性
7	县级“三保”支出需求保障率(%)	100		约束性
8	部门整体绩效预算编制覆盖率(%)	100		约束性
9	公款竞争性存放网上招标平台全省设区市覆盖率(%)	100		约束性
10	预决算公开率(%)	100		约束性

三、“十四五”时期浙江财政发展的主要任务

(一)强化创新发展，催生经济发展新动能

保障“人才强省”战略实施。健全创新激励和保障机制，激发人才创新活力，落实人才强省战略。完善引才、育才、用才的财政支持政策，落实重点人才项目资金保障。加大“鲲鹏行动”计划支持力度，力争引进一批具有全球影响力的核心人才。持续推进“省海外引才计划”“万人计划”“绩效奖励计划”等重大人才工程的实施，推进领军型创新创业团队引进培育计划。大力支持新时代浙江工匠培育工程和“金蓝领”职业技能提升行动，加快培养符合产业发展需求的高技能人才。支持西湖大学创建新型研究型大学，打造高端人才集聚平台。进一步发挥重大产业平台、创新平台、开放平台对优秀人才的集聚效应。

加大对创新策源地建设的投入。建立财政科技投入稳定增长机制，全省科技投入年均增长15%，支持打造“互联网+”、生命健康、新材料三大科创高地。加强基础研究投入，推动关键核心技术、卡脖子技术攻关，支持科研院所加快高质量发展，提高自主创新能力。支持打造高能级创新平台，打通基础研究、应用基础研究和产业应用全链。支持之江实验室、西湖实验室打造国家实验室，支持省实验室建设，加快建设新型实验室体系。构建争创国家技术创新中心、省技术创新中心、省级企业研究院支持政策体系。支持杭州城西科创大走廊、宁波甬江科创大走廊等重大载体平台建设、重大创新项目实施和高层次人才团队引进培育。发挥省产业基金在引导社会力量加大科技创新投入、培育科技型中小企业等方面的积极作用，发挥科技保险的杠杆作用。落实好科技型企业税收优惠和财政支持政策。

全力推进数字化改革。聚焦聚力省委、省政府关于全面推进数字化改革的总体部署，强化省域治理体系和治理能力现代化的财政支撑。突出数字赋能，强化数字政府顶层设计，重点做好一体化智能化公共数据平台、数字化改革总门户和综合应用系统建设的财政保障。推进数字产业化、产业数字化，发挥财政资金引领带动作用，支持加快发展现代产业体系，促进产业基础高级化、产业链现代化，先进制造业和现代服务业“两业”融合，推进实体经济发展和经济体系优化升级，推进实体经济发展和经济体系优化升级。聚焦我省国家数字经济创新发展试验区建设和数字经济“一号工程2.0版”等重点工作，支持深入实施数字经济五年倍增计划，助力打造数字赋能县域示范窗口。

助推制造业高质量发展。落实落细各项减税降费政策，从服务中央和全省战略需要出发并结合政策实施效果，不断完善政策举措。支持推进实施传统制造业改造提升2.0版，创建国家传统制造业改造升级示范区，积极培育先进制造业集群，推动制造业高质量发展，建设全球先进制造业基地，加快培育“八大万亿产业”和“万亩千亿”新产业平台及未来产业先导区。完善推进制造业高质量发展政策体系，实施制造业高质量发展专项激励，打造制造业高质量发展“县域窗口”。加大对制造业创新前沿领域支持力度，培育支撑制造业高质量发展优质企业。积极支持“雏鹰行动”“雄鹰行动”“放水养鱼”“凤凰行动”，增强企业核心竞争力。

(二)助力畅通“双循环”，支持构建新发展格局

提升产业链供应链现代化水平。聚焦工业领域产业链短板技术、十大标志性产业链打造，实施产业链协同创新项目计划、生产制造方式转型示范项目计划，促进产业链供应链稳定和现代化水平提升。深入实施首台(套)提升工程，创新首台(套)产品遴选方式，扩大首台(套)产品支持范围，试行首台(套)产品应用奖励。围绕产业基础高级化、产业链现代化，引导社会资本加大对重点领域关键项目、省市县长工程产业项目的投资。支持产业创新服务综合体建设，打造更具活力的产业创新生态系统。开展省级重点工业互联网平台创建，支持完善“1+N”工业互联网平台体系，引领“浙江智造”。

专栏1　支持产业链现代化的财政政策

1.加大对“卡脖子”技术攻关支持力度。聚焦支持数字经济、生命健康、新材料等重点领域关键核心技术攻关和成果转化，助推突破一批“卡脖子”技术，促进产业基础高级化；持续推动完善制造业创新体系，研究制定新一轮

省级制造业创新中心培育方案，助推行业关键核心攻关与产业化。

2. 实施产业链协同创新项目计划。聚焦十大标志性等重点产业链断链断供风险清单，通过“目录引导、揭榜挂帅”的方式，支持产业链协同创新项目，促进提升产业链现代化水平。

3. 实施生产制造方式示范项目计划。积极支持打造传统制造业改造提升2.0版，重点聚焦十大标志性、传统优势产业等重点链，按照“区域+项目清单”方式，每年支持一批智能化、绿色化、服务型制造示范项目，助推生产制造方式变革。

4. 支持工业互联网平台建设。每年支持一批行业级、区域级省重点工业互联网平台建设，助力打造我省“1+N”工业互联网平台体系，引领“浙江智造”。

5. 深入实施首台(套)提升工程。实施国际、国内、省内首台(套)装备认定奖励，完善首台(套)产品保险补偿机制，试行首台(套)产品应用奖励等，构建良好的首台(套)产品工程化攻关和大规模市场应用生态系统。

助力发展开放型经济。多措并举稳住外贸外资基本盘，支持推进高水平对外开放，支持贸易高质量发展和创新发展，推动内外贸一体化发展，支持“浙货行天下”工程，拓展互利共赢新局面。对标国际和国内先进自贸区(港)，统筹省市县财税政策，合力支持中国(浙江)自由贸易试验区建设发展。支持中欧班列(义新欧)常态化、市场化运行。落实好我省稳外贸“二十条”、高质量外资引进等政策，落实好出口信用保险保费补助、应对贸易诉讼补助、国际性展会补助、外贸新业态新模式、关键领域产品和技术进口贴息等政策。开展产业集群跨境电商专项激励，推动产业集群与跨境电商融合发展。支持进口贸易发展。开展省级现代供应链创新发展试点，支持公共海外仓，建设促进完善跨境电商物流体系。打造进口商品“世界超市”，支持进口贸易促进创新示范区和重点平台建设。支持境外经贸合作园区尤其是“一带一路”沿线、新兴市场的合作园区建设。积极引入高质量外资，保障好中国进出口博览会、浙洽会等重大经贸活动经费，在更高层级的对外开放合作中提升产业水平。打造高质量对外投资合作策源地，支持本土民营跨国公司培育工作，支持我省企业开展海外能源资源、高端生产要素领域的国际合作。

促进消费流通发展。引导各地积极开展促消费系列活动，加快培育发展新型消费，推动供应链协同创新，促进企业降本增效，推动智慧商圈建设，提升数字化、智慧化水平，优化消费环境，使消费成为国内经济大循环的强劲动力。支持“浙江制造”品牌培育建设，打响标准提档、质量升级和品牌增效推动供给升级组合拳。支持多层次消费平台建设，支持培育国际消费中心城市、新零售标杆城市，提升乡村消费水平。开展数字生活新服务样板县专项激励，推动数字生活新服务成为促进消费的重要引擎。实施消费助农计划，打通农产品供给侧和消费侧。推进省级夜间经济、小店经济试点、高品质步行街改造提升，支持“5分钟便利店+10分钟农贸市场+15分钟超市”便民生活服务圈建设，支持汽车“以旧换新”，支持“出口转内销”馆建设等。推进新能源汽车推广应用和充电基础设施建设。

引导金融服务实体经济。落实财政金融扶持政策，放大财政金融政策资金的奖、补、贴等措施效能，打好财政金融组合拳，引导激励金融机构支持企业发展，服务实体经济。深入实施融资畅通工程升级版，加大对科创、绿色、普惠等领域金融支持力度，积极发挥国有金融资本作用，优化国有金融资本战略布局，做优做强地方法人金融机构。推动政策性融资担保体系建设。更好发挥省金控职能作用，支持省金控在做强做大、提高竞争力上精准发力。优化政府产业基金运作管理方式，推动政府产业基金加快投资，更好发挥产业基金对实体经济、科技创新、重大战略实施的撬动作用。

(三)强化区域协调，推动治理能力新提升

保障长三角一体化高质量发展。与沪苏两省市和示范区执委会共同推动组建一体化示范区投资基金，支持示范区绿色生态、互联互通、创新经济和公共服务领域。实施长三角一体化发展激励政策，落实“全省域”“全方位”要求，支持重点区域建设，引导市县深入推进长三角一体化。落实长三角一体化示范区嘉善片区建设财政体制政策，支持嘉善片区加快发展。加强长三角一体化示范区投入共担、利益共享的财税政策研究，探索示范区跨区域财税分享机制。落实《推进沪浙政府采购一体化发展三年行动计划》，推进两地在采购标准统一、采购结果共享、监管结果互认等方面取得新进展。

专栏2　支持长三角一体化发展的财政政策

1. 全力支持长三角一体化示范区嘉善片区建设。按照“综合施策、统筹协同”的原则，2021—2022年，省级统筹安排一般公共预算资金和地方政府债券支持示范区嘉善片区建设，优先支持先行启动区建设。

2. 实施长三角一体化发展激励政策。通过以奖代补方式，重点支持长三角一体化示范区、省际协同区域、省内一体化合作先行区、跨省产业合作区等重点区域建设及以及市县推动长三角一体化发展工作绩效奖励。

3. 探索创新跨区域投入共担、利益共享的财税分享制度。会同沪苏两省市按比例共同出资设立长三角生态绿色一体化发展示范区先行启动区财政专项资金(3年累计不少于100亿元)，用于示范区先行启动区的建设发展以及相关运行保障。共同推动长三角一体化示范区投资开发基金组建，支持投向绿色生态、互联互通、创新经济和公共服务四大领域。共同探索示范区跨区域财税分享机制，建立互利共赢的一体化发展体制。根据国家部署，共同建立三省一市长三角一体化发展投资基金，重点投向跨区域重大基础设施互联互通、生态环境联保共治、创新体系共建、公共服务和信息系统共享、园区合作、科技创新产业等领域。

4.发挥数字财政优势。落实《推进沪浙政府采购一体化发展三年行动计划》,推进沪浙两地政府采购一体化。以医疗电子票据跨省报销为突破口,逐步建立长三角财政电子票据跨省市共享应用机制。搭建行政事业单位国有资产管理平台,推进行政事业性国有资产全面互联网公开交易试点。

5.争取国家政策。积极争取中央专项转移支付、地方政府债券、基金组建等政策支持,积极争取有利于沪浙两地自贸区联动发展和长三角高质量一体化发展的税收政策。

支持大湾区大花园大通道大都市区建设。积极推进海洋强省国际强港战略,支持加快打造十大海岛公园,进一步改善海洋环境质量。加快推动大湾区建设,支持湾区四大新区打造高能级战略平台。保障交通强省建设,支持加快建成省域、市域、城区3个"1小时交通圈",建设现代运输服务体系。支持高水平建设四条诗路文化带。支持大花园示范县建设,培育打造大花园耀眼明珠。支持全省新增百万亩国土绿化行动和千万亩森林质量精准提升工程,推动钱江源—百山祖国家公园体制试点建设。支持省级山海协作产业园建设,保障山海协作"飞地"高质量建设,加快打造山海协作升级版,推动山区跨越式发展。助推深入实施大都市区建设行动,全面提升中心城市能级,突出唱好杭州、宁波"双城记"。持续做好对口支援帮扶合作,助力巩固脱贫攻坚成果。发挥未来社区建设投资基金放大效应,推动未来社区增点扩面。

专栏3　推动山区跨越式发展的财政政策

1.推动山区生态文明建设先行示范。继续实施区域协调财政专项激励政策和绿色转化财政专项激励政策,优先在26县部分地区扩围试行与生态产品质量和价值相挂钩的财政奖补机制,推动绿水青山向金山银山转化。

2.促进巩固拓展脱贫攻坚成果。保持帮扶政策总体稳定,在财政资金投入不减的基础上,进一步调整优化帮扶举措,支持全面推进农业农村高质量发展。实施村级集体经济巩固提升三年行动,扶持壮大村级集体经济发展。

3.完善财政体制政策。探索财政体制改革,更加精准进行财政扶持,调动山区26县发展积极性。适时调整完善26县发展实绩考核奖励机制,进一步健全土地出让收益用于农业农村机制。

4.支持山海协作。优化山海协作"飞地"支持政策,支持山海协作产业园。整合设立"飞地"专项资金,重点支持飞地高质量建设与发展。对"飞地"双方落实地方税收分成有困难的通过省与市县财政年终结算协助兑付,对"飞地"建设考核优秀的共建双方省财政按项目分别奖补。

加大对生态文明建设先行示范的投入。全面实施并推进绿色发展财政奖补机制迭代升级,支持各地生态保护、环境治理和绿色发展。继续实施森林生态效益补偿机制,研究天然林与公益林并轨管理财政支持政策。全力保护重要生态空间和生态系统,继续落实国家山水林田湖草生态保护修复试点奖补政策和蓝色海湾整治,参与组建国家绿色发展基金,争取基金更多投向长三角生态环境保护修复和绿色产业发展项目。合力建设长三角生态文化旅游圈。联动实施长三角污染防治攻坚战,协同创新生态环境联保共治机制,深化新安江流域上下游生态补偿机制,探索建立太湖流域生态补偿模式,实施省内流域上下游补偿机制。支持淳安特别生态功能区建设。完善应对气候变化支持政策,推动大气污染物与温室气体协同减排,支持探索碳达峰、碳中和路径。支持推动全域"无废城市"建设。配合争取国家生态文明先行示范区,探索完善生态系统生产总值(GEP)核算应用。

专栏4　新一轮绿色发展财政奖补机制(2020—2022年)

1.实施主要污染物排放财政收费政策。继续按化学需氧量、氨氮、二氧化硫、氮氧化物等主要污染物年排放总量向各市、县(市)政府收费,返还比例与各地环境质量分值挂钩。

2.完善单位生产总值能耗财政奖惩制度。对市县单位生产总值能耗及其变化情况,实行分类奖惩政策。

3.完善出境水水质财政奖惩制度。对部分市县出境水水质Ⅰ-Ⅴ类占比及其变化情况,实行分类奖惩政策。

4.完善森林质量财政奖惩制度。根据森林覆盖率、森林面积净变化量以及新增百万亩国土绿化任务完成情况进行奖惩。

5.建立空气质量财政奖惩制度。对部分市县PM2.5浓度及其下降率指标,实行分类奖惩政策。

6.提高生态公益林分类补偿标准。提高省级以上公益林最低补偿标准至33元/亩,其中重点地区补偿标准为40元/亩。

7.开展湿地生态补偿试点。对生态保护绩效考核达标的省级重要湿地开展生态补偿试点,补偿标准为30元/亩。

8.试行与生态产品质量和价值相挂钩的财政奖补机制。对丽水市试行与生态产品质量和价值相挂钩的财政奖补机制。

9.完善生态环保财力转移支付制度。生态环保财力转移支付资金与"绿色指数"(包含林、水、气等生态环境质量因素)相挂钩分配。

10.实施区域协调、绿色转化财政专项激励政策。对纳入前项政策的地区每年分别给予1.5亿元,对纳入后项政策的非海岛地区每年分别给予1亿元、海岛地区每年分别给予3000—4000万元激励资金。

11.继续实施省内流域上下游横向生态保护补偿机制。继续实施自主协商横向生态保护补偿机制,补偿标准为500—1000万元。

支持新型城镇化和乡村振兴战略实施。提升住房与城市基础设施建设水平,积极推进城市有机更新。支持城镇生活垃圾、城镇污水处理基础设施、城市地下综合管廊和海绵城市建设,提升城市市政基础设施建设水平,积极推进美丽城镇建设。坚持农业农村优先发展,确保财政对农业投入只增不减,构建有序推进乡村振兴战略实施的财政保障机制,到"十四五"期末,实现全省土地出让收益用于农业农村达到50%。支持农业农村高质量发展和现代化先行,促进新技术、新设施、新业态在乡村产业发展领域的应用和转化。支持人才"两进两回",培养创业创新的新型农业经营主体。完善耕地保护补偿机制,支持耕地质量保护和地力提升,推进高标准农田和大中型灌区续建配套与节水改造等农田水利建设,促进粮食、生猪、油料等重要农产品稳产保供。支持供销社深化生产、供销、信用"三位一体"改革,提高为"三农"服务的综合能力。加快推进实施海塘安澜工程和百项千亿重大工程建设,全面提升我省沿海市县防台御潮能力、五大江河防洪能力和五大平原排涝能力,积极支持小型水库除险加固工程、中小流域综合治理等,加快补齐水利基础设施短板。开展幸福河湖试点县建设,构建全域高品质美丽河湖网。支持开展新品种展示示范、种质资源保护和开发利用、农业新品种选育协作攻关等,着力推动现代种业发展。全面推进新时代美丽乡村建设,支持深化"千万工程",落实乡村建设行动,深入推进农村"三大革命",推进美丽宜居示范村建设和传统村落保护,持续提升农村人居环境;深化农村综合改革,深入推进一事一议财政奖补工作,推动一二三产业融合发展,探索未来村庄试点。支持建立健全农饮水设施长效管护机制,提高农村饮用水安全水平。支持各地加强基层组织建设,支持村级集体经济发展,实施村级集体经济巩固提升行动。

(四)聚焦为民理财,助力共同富裕示范区建设

保障更加充分更高质量就业。坚持尽力而为、量力而行,增强民生政策的有效性和可持续性。大力支持稳就业,加强就业政策整合,完善创业就业扶持政策,健全有利于更加充分更高质量就业的促进机制。统筹资金使用,深入实施援企稳岗政策,持续支持高校毕业生、进城务工人员、退役军人、残疾人等重点群体充分就业、自主创业,加强对就业困难人员的就业培训、托底安置就业和帮扶,支持零就业家庭动态清零。加强劳动力供给侧结构性改革,提升劳动力素质。

推进教育事业高质量均衡发展。坚持一般公共预算教育支出和按在校学生人数平均的一般公共预算教育支出逐年只增不减。健全教育经费保障体系,实施教育现代化战略,支持学前教育、义务教育、职业教育、特殊教育等高水平均衡发展,努力实现教育公共服务均等化。实施高等教育强省战略,集中力量推进"双一流"高校、省登峰学科、省优势特色学科和省一流学科、省高水平高职院校和专业群建设,支持引进国内外高水平大学来浙合作办学。全面推进教育信息化,构建完善的智慧教育环境,实现优质教育资源共建共享,提升基础教育办学条件。优先保障教师队伍建设投入,全面落实义务教育教师平均工资不低于当地公务员平均工资政策,打造卓越教师队伍。

推进文体事业繁荣发展。聚力打造新时代文化高地,加大公共文化服务投入力度,建立与公共文化服务发展需求相适应的财政投入增长机制,支持先进文化、红色文化、优秀传统文化、创新文化、数字文化全面繁荣发展。健全现代公共文化服务体系,保障重大公共文化设施建设,提高文化基础设施运营效能,持续提升公共文化服务能力。支持文艺精品提升工程,推动深化国有文艺院团改革。支持推进媒体深度融合改革,支持文旅融合,推进文化遗产保护传承利用,促进文化产业健康持续发展。支持深化历史文化村落保护利用,传承发展农村优秀传统文化。支持旅游业高质量发展。支持体育强省建设,保障全民健身中心、亚运场馆等体育设施建设,推动构建更高水平的全民健身公共服务体系,支持办好2022年杭州亚运会、亚残运会。

支持卫生健康现代化。加大对公共卫生服务投入力度,稳步提高基本公共卫生服务项目人均财政补助标准。支持推进疾病预防控制机构标准化建设,支持省疾病预防控制中心建设。实施公共卫生防控救治能力建设工程,建设省级重大疫情救治基地,健全重大疫情医疗救治体系。推动优质医疗资源扩容下沉,集中资金资源支持山区海岛县等加快提升医疗服务能力,继续推进县域医共体建设。优化财政资金投向,支持实施县级强院和乡镇卫生院基础设施补短板项目,实施村级卫生服务网底工程,提升基本医疗卫生服务水平。支持推动"三医联动""六医统筹"改革,推进基本医保市级统筹,稳步提高城乡居民医保人均财政补助标准和大病保险待遇水平,提升基本医疗保障水平。高标准高质量实施委省共建国家区域医疗中心、中国科学院肿瘤与基础医学研究所等"医学高峰"建设项目。支持实施中医药传承创新工程,建设中医药疫病防治基地,推动中医药传承创新发展。支持"一老一小"、精神卫生等薄弱领域建设。

构建高质量社会保障体系。积极构建保障更加公平、有效、可持续的社会保险制度、社会救助制度和社会福利制度。全面实施企业职工基本养老保险省级统筹,推进城乡居民基本养老保险基金省级管理,按国家要求落实职工养老保险全国统筹。强化社会救助与社会保险、社会福利、优抚安置、扶贫政策的衔接联动,构建闭环式社会保障体系。坚持与经济发展和人民生活成本提高相适应的原则,合理调整社会保障标准,稳步提高保障水平。健全残疾人服务和保障体系,完善残疾人两项补贴制度。落实好农村困难家庭危房改造即时救助政策,加强城镇住房保障,大力发展保障性租赁住房,推进住房租赁市场发展,切实改善老百姓居住条件。加快构建"大安全、大应急、大减灾"体

系,加强应急体系和应急能力现代化建设,完善安全生产、防灾减灾救灾、应急救援、应急物资财政保障政策,落实消防装备及专业救援队建设资金,全面提升防灾、减灾、抗灾、救灾能力。支持退役军人全生命周期管理保障工作,加强困难退役军人帮扶援助,支持烈士纪念设施建设管理。

推进养老事业高质量发展。积极应对人口老龄化,加大财政对养老事业的投入力度,健全基本养老服务体系,发展普惠型养老服务。推进敬老院改造工程,提升政府兜底保障能力。推进居家社区养老服务和康养服务体系建设,创新家庭养老支持政策,探索发展养老社区、家庭照护床位等新模式,支持养老服务队伍建设,加快居家、社区和城乡基础设施适老化改造,营造良好的老年宜居颐养环境。稳步建立长期护理保险制度,着力解决失能失智老人护理难题,建立健全长期照护保障体系。鼓励支持社会力量开办营利性和非营利性养老机构,提供和参与居家养老服务和智慧养老服务。

(五)完善体制机制,激发深化改革新活力

深化预算管理制度改革。加强财政资源统筹,构建以绩效为核心的集中财力办大事财政政策体系和资金管理机制,理清大事要事,分轻重缓急,长短结合,注重投入产出效益。完善跨年度预算平衡机制,实现财力的动态平衡,强化中期财政规划约束力。深化零基预算改革,建立完善能增能减、有保有压的预算分配机制,打破基数概念和支出固化格局,进一步提高预算编制的科学性和准确性。推进财政支出标准化,更好发挥标准在预算管理中的基础性作用,完善支出标准体系,强化标准应用,建立标准动态调整机制。健全财政资金直达机制,提高资金使用的有效性和精准性。增强预算约束力,加强部门和单位预算管理,强化预算对执行的控制。进一步加大预算公开力度,提高财政透明度。

专栏5 《中共中央关于制定国民经济和社会发展第十四个五年规划和二〇三五年远景目标的建议》关于建立现代财税体制的要求

建立现代财税体制。加强财政资源统筹,加强中期财政规划管理,增强国家重大战略任务财力保障。深化预算管理制度改革,强化对预算编制的宏观指导。推进财政支出标准化,强化预算约束和绩效管理。明确中央和地方政府事权与支出责任,健全省以下财政体制,增强基层公共服务保障能力。完善现代税收制度,健全地方税、直接税体系,优化税制结构,适当提高直接税比重,深化税收征管制度改革。健全政府债务管理制度。

创新完善省对市县财政体制。健全权责清晰、财力协调、区域均衡的省与市县财政关系,在坚持并充分发挥"省管县"财政体制优势的基础上,建立健全更有利于区域统筹协调发展的激励奖补机制,更好发挥省级财政的调节和均衡作用,探索完善有利于促进共同富裕的财政政策制度。推进省以下财政事权和支出责任划分改革,适度加强省级在维护本地经济社会协调发展等方面的责任。建立健全差异化的收入激励奖补政策,激发市县内生动力。健全基本公共服务保障标准体系,探索基本公共服务项目清单化管理,增强基层公共服务保障能力,提高基本公共服务均等化水平。完善财政转移支付制度,优化转移支付结构,规范转移支付项目。完善财政转移支付和城镇新增建设用地规模与农业转移人口市民化挂钩政策,支持新型城镇化建设。

深化绩效管理改革。以数字化改革为抓手,以实施集中财力办大事财政政策体系为主的中期财政规划绩效管理为突破口,实现从重项目绩效到项目绩效与整体绩效并重,构建具有浙江特色的预算绩效管理体系。坚持"系统观念、重点突破、权责对等、数字赋能"四个原则,健全重大政策和重大政府投资项目事前论证评估机制,建立集中财力办大事财政政策期中评估机制,全面推进部门整体绩效预算改革,将改革范围扩大至所有省级部门和所有市、县(市、区),进一步优化专项资金和项目绩效管理机制,高水平构建预算绩效评价体系,深化绩效与预算一体化闭环管理,将预算绩效结果纳入政府绩效和干部政绩考核体系。力争"十四五"期间绩效管理成果应用率达到100%。

推进健全地方税体系。按照国家税制改革统一部署,积极探索构建地方税政策体系,培育地方主体税种,拓展地方收入来源。密切关注重大税制改革,加强分析研判,及时反映地方诉求和建议。根据税法授权,稳步推进地方税收立法,切实承担省级税收管理权限,根据浙江经济社会发展实际和需要,依法确定地方税具体税率、税收优惠政策等事项。积极争取税制改革和税收政策试点,统筹推进非税收入改革,严格落实各项减税降费政策,从财税改革层面夯实地方收入基础。

推进数字财政建设。以财政数字化改革为抓手,运用系统观念、系统方法和数字化手段,推进财政系统全方位、系统性、重塑性改革,搭建以"一个门户、四个系统"为主要内容的财政数字化改革"四梁八柱",全面提升财政管理的数字化智能化智慧化水平。围绕省委、省政府中心工作,建设数字财政综合应用门户和集中财力办大事系统,对接融入党政机关整体智治综合应用。建设全省大集中的浙江省预算管理一体化系统,使之成为以预算编制、执行和监管业务为核心,全覆盖、全链条、全周期、全动态的预算整体智治体系。综合集成财政核心业务事件反馈系统,及时感知财政运行状况、预警财政运行风险。建设"三保"预警和动态监测模块,提高"三保"风险预警能力和监测时效性,防范化解潜在风险。继续拓展完善政采云平台功能,推进政府采购领域数字化改革,强化政府采购数智大脑建设。深化政府财政电子票据改革,实施政府非税收入全生命周期管理,完善和丰富统一公共支付平台支付渠道,增强群众缴费体验。"十四五"期间,争取统一公共支付平台受理收缴业务量位于全国前列。迭代升级地方政府性债务风险预警与处置模块,提升监测能力。优化乡镇公共财政服务平台,实现省市县乡协同、部门间协作、政银人一体。建设服务社会应用系统,持续迭代完善"浙里缴费”“浙里办票”“会计之家”等应用，实现财政政务服务事项掌上办事“一端通办”。探索数据要素交易中心建设，加强数据要素安全保障。综合集成打造“智慧绩效”平台，优化预算绩效管理流程。推进资产云2.0版建设，完善资产云应用管理平台。建设财税大数据平台，支撑财政决策支持创新应用。构建财政“准金融”标准的信息安全保障体系。推进行政事业单位无纸化报销改革，强化与差旅费分项包干改革的有机衔接，构建“浙里报”模块，实现无纸化财务报销全流程管理。

专栏6　预算管理一体化系统建设

按照建立现代财税体制的要求，整合预算管理全流程，构建“横向一体化、纵向集中化”的全省大集中应用系统，实现业务上贯通预算编制、预算批复、预算调整和调剂、预算执行、会计核算、决算和财务报告、政府采购、债务管理、资产管理等主要环节，层级上联通财政部及全省各级财政部门，主体上衔接财政部门、预算单位、金融机构、支付对象等关联各方，形成顺向逐级控制和逆向实时反馈的完整管理闭环，为完善全面规范透明、标准科学、约束有力的预算制度提供有力保障。2025年底前实现省市县全覆盖。

推进财政管理创新。推进乡镇财政管理改革，重构乡镇财政管理体系，深化农村综合改革政策集成，建成一批重点改革创新项目，推广一批先进典型经验模式，逐步建立与乡镇履行职能相适应的财政保障体制。全面深化政府采购制度改革，持续优化政府采购营商环境，加快建立采购主体职责清晰、交易规则科学高效、监管机制健全、政策功能完备、法律制度完善、技术支撑先进的现代政府采购制度，力争到2025年全省政府采购规模突破2000亿元。推进国有资产管理改革，形成以管资本为主的国有企业监管体制和保障履职、配置有效、安全高效的行政事业资产管理制度；完善国有资产报告制度，夯实报告基础，提高报告质量；推动省级党政机关和事业单位经营性国有资产集中统一监管改革，积极谋划推进重点领域省属国有资本重组整合实施。深化会计管理改革，加强高端会计人才培养，优化会计从业人员培训机制，开展会计人员信用评价，推进行政事业单位内部控制建设，更好发挥会计在服务经济社会高质量发展中的作用。健全政府购买服务管理机制，突出政府购买服务的公共性和公益性。进一步加强公务支出制度体系建设，完善差旅费分项包干改革试点。完善注册会计师行业联合监管模式。

（六）聚力平稳运行，开拓财政管理新局面

加强财政收入管理。加强与税务等收入组织部门的沟通协调，落实重点工作联动机制，及时共享组织收入信息，形成组织收入工作合力。提升地方财源培育能力，着力构建省市县纵向联动、财税银横向贯通的收入组织长效机制。加大预算收入统筹力度，科学稳妥编制收入预算，强化收入监测和分析，合理把握收入的力度和节奏。严肃财经纪律，加强监督检查，在确保收入应收尽收、应缴尽缴的基础上，努力提高财政收入质量。

优化财政支出结构。牢固树立铁心过紧日子理念，强化“以收定支”理念，建立健全厉行节约长效机制，实施政府过紧日子清单化管理，持续优化支出结构，将有限的财力用在“刀刃上”，打造可持续发展的财政保障体系。坚决压减一般性支出，大力推进节约型机关建设，进一步规范资产配置使用管理。严格执行经费开支标准，硬化预算执行约束，强化部门预算支出管理。加强重大项目投资、重点政策制定的事前评估论证，充分考虑财政可承受能力。

强化财政国库全流程管理。推进实施权责发生制的政府综合财务报告制度，加强报告信息分析利用。继续扩大国库集中支付改革范围，深化国库电子化改革，规范国库现金管理操作，提高国库资金收支运行效率。完善公款竞争性存放管理机制，拓宽网上招标平台覆盖面，探索市县财政资金定期存款质押机制，推进资金存放管理精细化、科学化、数字化。进一步规范财政专户管理，严格执行开立、变更、撤销财政专户管理程序，按照《预算法实施条例》有关规定向社会公开财政专户资金情况。

加强地方政府债务管理。完善以债务率为主的地方政府债务风险评估指标体系，健全地方政府偿债能力评估机制。加强风险评估预警结果应用，有效前移风险防控关口。建立地方政府债券全生命周期管理体系，实现“借、用、管、还”相统一。实施新增专项债券项目全过程管理，强化对重点领域、重点项目资金保障。完善政府债券发行管理机制，健全政府债务信息公开机制。

切实防范化解财政风险。持续深入实施防范化解地方政府隐性债务风险专项行动，稳妥有序化解存量隐性债务风险，加快推进融资平台公司实体化、市场化转型；完善政府投资项目立项前财政承受能力和债务风险情况评估机制，做到项目资金有保障，偿债资金有来源。加强社会保险基金风险管理，密切关注市县特别是困难市县的基金运行状况，加强基金运行风险预警预测；加大多渠道资金筹措力度，加强划转充实社保基金的国有资本（股权）管理，完善社会保障风险准备金管理，持续做大社会保障风险准备金“蓄水池”。坚决守住“三保”底线，加强市县财政困难程度和财政保障能力综合评价及其结果运用，对县级的转移支付规模总体上只增不减；逐步扩大县级“三保”预算编制事前审核范围，健全“定期报告＋重点关注”的县级“三保”预算执行动态监控机制，探索建立县级“三保”工作激励约束机制。

专栏7　推进社会保险基金可持续运行的财政政策

1.规范社会保险基金征收。进一步加强社会保险基金征缴管理，规范夯实缴费基数，2022年，按规定调整职工基本养老保险费率和缴费基数；逐步统一全省职工基本医疗保险基准费率。

2.提高社会保险统筹层次。2021年起全面实施企业职工基本养老保险省级统筹制度，推进城乡居民基本养老保险基金省级管理，按国家要求落实职工基本养老保险全国统筹。2022年，做实基本医疗保险市级统筹，稳步推进基本医疗保险省级统筹。

3.持续加大财政补助力度。健全对社会保险基金的财政投入机制，进一步完善对市县转移支付政策，加大对市县城乡居民基本养老保险、基本医疗保险的补助力度。

4.加强社会保险基金预算管理。科学编制社会保险基金收支预算，加强预算执行监督，强化社会保险基金中长期精算，构建收支平衡的预算管理机制，完善社保基金运行风险评估、预警机制。

5.健全社会保障风险准备金制度。建立健全多渠道筹措机制，落实政府筹资责任，通过提高土地出让收入提取比例等措施进一步统筹各类政府性资金，按规定将不低于当年国有土地使用权出让收入10%的资金转入社会保障风险准备金，加大社会保障风险准备金筹措力度，确保社会保险基金平稳可持续运行。

四、强化规划保障

（一）加强党的领导

坚持党的全面领导，坚持和完善党领导经济社会发展的体制机制。以党的政治建设为统领，抓好思想政治建设，高质量开展党建工作。加强党的组织建设，特别是基层组织建设，深化党支部建设提升工程，突出党建与业务融合，把党支部建设成坚强战斗堡垒，完善系统联动的党建机制。全面贯彻新时代党的组织路线，坚持党管干部原则，突出政治标准，加强统筹规划，持续完善干部选育管用全链条机制，构建科学的干部队伍建设体系。进一步建立健全人才选拔储备、培养使用机制，推进财政专业人才库和专家工作室建设，突出政治历练、专业训练、实践磨炼、综合培养，不断提高系统人才队伍政治判断力、政治领悟力、政治执行力。加强干部日常管理监督，严格执行“能上能下、容错免责、正向激励”三位一体干部管理制度，树立正确用人导向。持续推进清廉财政建设，抓早抓小、防微杜渐，常态化开展警示教育，引导党员干部知敬畏、存戒惧、守底线，一体推进不敢腐、不能腐、不想腐。

（二）加强法治财政建设

笃学践行习近平法治思想，在法治轨道上推进财政治理体系和治理能力现代化。完善重大事项集体决策制度，提高决策的法治化、民主化、规范化水平。强化财政制度供给，完善和加强行政规范性文件管理。建立健全财政业务全流程管理操作规程，强化执行管理，构建内部控制长效机制。认真贯彻《预算法》及其实施条例等法律法规，进一步增强预算法定意识、强化预算刚性，严格预算执行，严厉监督问责，严肃财经纪律。加强财政领域执法监管，推行行政执法三项制度，全面推广应用“互联网+监管”。聚焦重点开展财政监督检查，认真组织落实各项重大政策监督、重点项目监督，切实强化财会监督，组织开展重点行业会计监督检查。贯彻落实普法责任制，推动形成财政普法大格局。

（三）建立健全规划落实机制

发挥规划对全省财政工作的战略导向和支撑引领作用。根据规划和新形势新任务，紧跟紧扣党中央、国务院和省委、省政府重大决策部署，动态完善集中财力办大事财政政策体系，使资金流与决策流、业务流、信息流更好融合。强化年度预算与规划相结合，强化规划约束力。健全政策协调和工作协同机制，完善规划实施评估机制、调整修订机制、监督考核机制，开展规划实施的年度监测、中期评估和总结评估，确保“十四五”发展各项目标任务落到实处。加强规划宣传，推进规划实施信息公开，加强社会监督，促进规划有效实施。

浙江省产业基金管理办法

浙财建〔2021〕75号　2021年7月12日

第一章　总　则

第一条　为更好发挥浙江省产业基金（以下简称省产业基金）引领撬动作用，根据《浙江省人民政府关于创新财政支持经济发展方式加快设立政府产业基金的意见》（浙政发〔2015〕11号）、《财政部关于印发〈政府投资基金暂行管理办法〉的通知》（财预〔2015〕210号）、《财政部关于财政资金注资政府投资基金支持产业发展的指导意见》（财建〔2015〕1062号）、《财政部关于加强政府投资基金管理　提高财政出资效益的通知》（财预〔2020〕7号）、《国家发展改革委关于印发〈政府出资产业投资基金管理暂行办法〉的通知》（发改财金规〔2016〕2800号）等规定，制定本办法。

第二条　省产业基金是由省政府主导设立、按市场化方式运作的投资基金，其设立宗旨是发挥财政政策导向作用，贯彻省委省政府重大战略部署，实现政府引导与市场化运作的有效结合，投资战略类、技术类、效益类三类产业项目，加快推动科技创新和产业转型升级。

省产业基金运作遵循客观规律，给予一定投资风险容忍度，并健全尽职免责机制。

第三条　战略类项目是指围绕战略产业发展的重大战略性产业项目、“六个千亿”产业投资工程项目、十大标志性产业链引领示范项目、强链补链项目、省市县长工程项目和省重大产业项目等。

技术类项目是指围绕科技创新驱动、世界科技前沿，重点支持抢占技术制高点、突破关键核心技术的重大创新项目。

效益类项目是指围绕国有资本保值增值，以市场化运作方式，择优投向省内外发展前景好、盈利能力强的项目。

战略类、技术类项目统称政策性项目。

第四条 省产业基金通过整合省转型升级产业基金、省乡村振兴投资基金、省农产品流通基金等组建，主要投资政策性项目，兼顾效益类项目。

第二章 管理架构和职责分工

第五条 省产业基金基本运作管理架构包括省财政厅、省级项目主管部门、基金法人主体、基金管理公司等，根据国家法律法规及本办法规定各司其职、各尽其责，健全基金运作管理机制，推动省产业基金政策目标实现。

第六条 建立推进省产业基金投资运作联席会议（以下简称联席会议）制度，省政府常务副省长担任联席会议召集人，省政府分管副秘书长和省财政厅厅长担任副召集人，省委组织部（省委人才办）、省委宣传部、省委军民融合办、省发展改革委、省经信厅、省科技厅、省财政厅、省农业农村厅、省商务厅、省地方金融监管局等部门负责人为成员，统筹协调推进省产业基金投资运作。联席会议办公室设在省财政厅。

省财政厅负责代表省政府履行出资人职责，授权浙江省金融控股有限公司代行部分出资人职责，由其组建基金法人主体，协调管理基金相关事项。

省级项目主管部门是省产业基金政策性项目的主管部门，负责政策性项目立项、投资、退出决策，其中战略类项目的主管部门包括省发展改革委、省经信厅、省农业农村厅、省商务厅、省地方金融监管局等；技术类项目主管部门包括省经信厅、省科技厅、省农业农村厅等。经分管省领导批准同意后，省委宣传部、省委军民融合办、省金融控股公司等部门和单位可作为战略类项目的参照部门；省委组织部（省委人才办）、省委军民融合办、省金融控股公司等部门和单位可作为技术类项目的参照部门。

第七条 省财政厅主要职责：筹措落实财政出资资金；负责牵头制定省产业基金管理办法、绩效评价办法、尽职免责指导意见，并对省产业基金的运作管理情况进行绩效评价和考核；重要政策制定、基金规模增减、投资运作计划、绩效考核评价及奖励等重大事项由省财政厅报常务副省长批准。

第八条 省级项目主管部门（含经分管省领导批准的参照部门，下同）主要职责：负责制定本部门政策性项目投资运作方案；负责建立动态储备项目库；负责提出本部门年度投资运作计划；负责组建由分管省领导或相应省政府副秘书长任主任的投资决策委员会，省委组织部（省委人才办）、省委宣传部、省委军民融合办等可由主要领导或指定相应分管领导任主任；负责组织投资决策委员会对政策性项目立项、投资、退出进行审议决策，上述决策结果须经分管省领导审定；负责本部门决策项目政策目标的制定和绩效管理；负责本部门决策项目投后重大事项的审批；协助与国家级基金对接合作。

第九条 省金融控股公司主要职责：负责基金法人主体组建、整合及资金安排等相关事项；负责根据相关规定组织基金法人主体选择确定基金管理公司，签订委托管理协议；负责与国家级基金对接合作，引进国家级基金设立浙江子基金或专项基金、直接投资项目等；负责对基金管理公司进行监督指导；负责实施基金年度财务审计和对基金管理公司的考核评价，定期报送省产业基金运作相关情况；负责制订年度投资运作计划。

基金法人主体主要职责：按《公司法》规定要求设立董事会、监事（会），根据基金法人主体章程规定履行董事会、监事（会）职责，执行相关最终决策机构的决定。

第十条 基金管理公司主要职责：负责协同省级项目主管部门做好项目立项的投资方案和协议主要条款；负责根据省级项目主管部门要求对政策性项目开展尽职调查，出具尽职调查报告；负责落实政策性项目入股谈判、协议签署、投后管理、退出等后续工作；负责制定效益类项目投资运作制度办法；负责对效益类项目进行立项、尽职调查、投资决策、入股谈判、协议签署、投后管理、退出等工作；负责对省产业基金实行专户管理、专账核算。

第三章 投资模式和要求

第十一条 省产业基金在具体投资业务和投资方式上可参照国家部委牵头设立的国家级基金，通过股权投资方式进行运作，但不得从事以下业务：

1. 从事融资担保以外的担保、抵押、委托贷款等业务；

2. 投资公开交易类股票、期货、房地产、证券投资基金、评级AAA以下的企业债、信托产品、非保本型理财产品、保险计划及其他金融衍生品；

3. 向任何第三方提供赞助、捐赠（经批准的公益性捐赠除外）；

4. 吸收或变相吸收存款，或向第三方提供贷款和资金拆借，或名股实债等变相增加政府债务的行为；

5. 进行承担无限连带责任的对外投资；

6. 发行信托或集合理财产品募集资金；

7. 其他国家法律法规禁止从事的业务。

第十二条 省金融控股公司应科学预计年度基金滚动可用额度，在此基础上，于每年年初向省财政厅提出年度投资运作计划，投资运作计划应包括基金年度滚动可用额度、投资规模等，经常务副省长批准后实施；省产业基金投资一般采取直接投资、定向基金、非定向基金的模式，定向基金和非定向基金统称子基金。

第十三条 政策性项目投资一般采取直接投资、定向基金，经省政府主要领导审批后可采取非定向基金的模式进行运作；效益类项目可采取直接投资、定向基金、非定向基金等模式进行运作。

第十四条 支持省级以上重大创新平台自主发起设立的科技创新成果转化子基金。省产业基金对单个创新平台发起的子基金累计出资额不超过6亿元，对单个子基金出资比例不超过子基金规模的30%，由省金融控股公司按相关程序进行投资决策。

第十五条 直接投资项目，需要资产评估的，应按规定程序聘请具备资质的资产评估机构进行评估，并按市场化方式投资。对国家级基金参与本轮投资的，可将该类机构的估值作为定价依据。

第十六条 政策性项目采取直接投资模式的，省产业基金最高出资额不超过20亿元，持股比例不得超过20%，且不为第一大股东。

政策性项目采取定向基金模式的，省产业基金出资比例不超过定向基金规模的20%，最高出资额不超过20亿元。

政策性项目采取非定向基金模式的，省产业基金出资比例不超过非定向基金规模的20%。

技术类、农业领域战略类项目可适当提高比例，但不超过30%。

特别重大的项目经省政府主要领导审定后可不受本条所设规模及出资比例限制。

第十七条 省产业基金投资的子基金，一般应委托专业投资机构进行运作和管理，选聘的专业机构应不低于以下条件：

1.在中华人民共和国境内依法设立，且已在相关监管部门或行业自律组织登记备案，实收资本不低于1000万元，最近3年不存在重大违法违规行为；

2.有固定营业场所及与其业务相适应的软硬件设施，应向符合私募投资基金监督管理有关规定的合格投资者募集资金；

3.具备丰富的投资管理经验和良好的管理业绩，健全的投资管理和风险控制流程，规范的项目遴选机制，能够为被投资企业提供创业辅导、管理咨询等增值服务；

4.至少有3名具备3年以上股权投资或股权投资基金管理工作经验的高级管理人员，且有3个(含)以上股权投资的成功案例；

5.专业机构在提交政策性项目合作方案时，须至少已取得拟设立子基金总规模30%额度的出资意向，并提供拟出资人出资承诺函等材料。

第四章 投资管理程序

第十八条 省产业基金政策性项目投资管理一般程序为：制定运作方案、项目征集、项目立项、尽职调查、投资决策、公示、投后管理等。

1.省级项目主管部门应结合政策目标及主管行业特点，制定运作方案，方案应包括政策目标、投资方向、投资模式、退出程序等；建立健全投资决策委员会议事规则，投资决策委员会成员一般不少于5人，其中，省级项目主管部门相关负责人占比不低于三分之一；与投资决策项目直接相关的其他部门单位有关负责人、资深专业人士等外部专家占比不低于三分之一。经分管省领导审定后，特别重大项目的投资决策委员会成员构成可不受本条款限制。审议通过事项须经投资决策委员会三分之二以上成员同意。运作方案和投资决策委员会议事规则报经分管省领导批准后执行，并抄送基金管理公司。

2.省级项目主管部门建立动态储备项目库，公开征集投资项目，省委省政府交办的项目应纳入项目库管理。原省转型升级产业基金、省乡村振兴投资基金、省农产品流通基金已征集储备项目可转入相关主管部门项目库。

3.省级项目主管部门组织召开投资决策委员会会议对项目进行立项决策，立项决策结果需经分管省领导审定，项目投资方案应提出项目总规模、省产业基金出资比例、政策目标、让利方案、退出安排等事项，并形成书面文件交由基金管理公司。

4.基金管理公司开展尽职调查，形成尽职调查报告，提交相应省级项目主管部门。

5.省级项目主管部门组织召开投资决策委员会会议对项目进行投资决策，明确项目投资方案和协议主要条款，投资决策结果需经分管省领导审定。若投资项目为非定向基金项目，经投资决策委员会决策后须报省政府主要领导审批。

6.经审议通过的项目相关情况，在省级项目主管部门门户网站或省金融控股公司网站公示7个工作日，涉及国家秘密或商业秘密的除外。经公示无异议或异议不成立的，省级项目主管部门形成批复文件交由基金管理公司。

7.基金管理公司根据项目投资方案和协议主要条款，与相关合作方签署法律文件，并做好项目实施和投后管理。涉及投后重大事项的，向相应主管部门报批后执行。

8.项目投资方案经公示期满后达6个月，仍未签署相关投资协议，基金管理公司应在1个月内向省级项目主管部门请示是否终止项目，并按批示执行。

第十九条 本办法所称投后重大事项，主要包括省产业基金认缴出资额增加、项目管理方实质性变化、基金存续期延长等核心要素变更等，项目管理方实质性变化包括但不限于：

1.直投项目控股股东及经营范围发生实质性变化，且影响直投项目发起部门政策目标实现的；

2.子基金管理机构的控股股东(公司制)或普通合伙人(合伙制)发生实质性变化；

3.子基金管理机构董事长、总经理或协议约定的关键人士半数(含)以上发生变化。

省级项目主管部门可在运作方案中对投后重大事项作出具体规定。

第二十条 效益类项目由基金管理公司进行立项投资决策和项目实施。省产业基金投资决策前，应对拟投项目开展尽职调查，对于市场化运作的效益类项目，已有独立第三方中介机构出具尽职调查报告的，可引用独立第三方中介机构的尽职调查报告。

第五章 费用和收益分配

第二十一条 基金法人主体按年、按项目类型向基金管理公司支付委托管理费用。投资于政策性项目的省产业基金，按照投资金额0.6%/年的比例支付。

投资于效益类项目的省产业基金根据省产业基金绩效评价结果分档支付委托管理费用，如绩效评价结果合格的，按照投资金额0.6%/年的比例支付委托管理费用；达到良好的，按照投资金额0.8%/年的比例支付委托管理费用；达到优秀的，按照投资金额1%/年的比例支付委托管理费用；未达到合格的，按照投资金额0.4%/年的比例支付委托管理费用。

第二十二条 为激励基金管理公司引进人才，不断提高运作管理水平，可参照市场行业惯例和市场化机构通行做法，对于投资效益较好的效益类项目，可从项目投资收益中提取一定比例用于对基金管理公司的业绩奖励。

第二十三条 基金法人主体仅限于列支法律规定作为公司存在所必须进行的成本和费用，以及根据本办法规定支付的管理费用和业绩奖励。基金法人主体的税后利润在提取法定公积金后不分配，全额留存基金法人主体用于滚动投资。

第六章 基金退出

第二十四条 省产业基金可采取股权（份额）转让、股票减持、股东（合伙人）回购及解散清算等方式退出。

第二十五条 对于政策性项目，省产业基金投资项目在达到协议约定的投资年限或退出条件时，由基金管理公司按约定实施退出后向省级项目主管部门报备；其他情形下需要退出的，由省级项目主管部门制定退出方案并经投资决策委员会审议决策，报分管省领导审定后交由基金管理公司实施。效益类项目退出由基金管理公司决策实施。

第二十六条 省产业基金原则上应按照章程或协议约定的退出价格执行。章程或者协议没有约定的，按国有资产管理有关规定需进行评估的，应按规定程序聘请具备资质的资产评估机构进行评估，政策性项目评估结果报省级项目主管部门备案，效益类项目评估结果报省金融控股公司备案。

第二十七条 省产业基金原则上应向章程或协议约定的受让方转让股权（份额）。章程或协议没有约定的，对受让方为国有全资公司或国有独资企业的，政策性项目报相应省级项目主管部门、效益类项目报省金融控股公司批准后，可协议转让相应股权（份额）；对受让方为非国有全资公司或非国有独资企业的，按国有资产管理有关规定需进场交易的，应通过依法设立的产权交易机构采取公开挂牌方式退出。

第二十八条 省产业基金应在章程或协议中约定，有下述情况之一时，省产业基金可选择提前退出：

1.章程或协议签署后超过6个月，未按规定程序和时间要求完成设立或增资手续的。

2.省产业基金拨付子基金账户1年以上，子基金未实际出资的。

3.未完成返投目标等子基金严重偏离章程或合伙协议约定投资的，且造成省产业基金重大损失的。

4.政策性子基金投资项目不符合本办法及相关运作方案政策导向的，或绩效达不到预期效果的。

5.发现其他严重危及省产业基金安全或违背政策目标等事前约定退出情形的。

第二十九条 基金投资项目投资存续期限一般不超过8年，经相关审议决策程序批准后可适当延长。

第七章 绩效考核和风险防控

第三十条 省发展改革委、省经信厅、省科技厅、省农业农村厅、省商务厅、省地方金融监管局等省级项目主管部门的政策性项目投资工作纳入省政府目标责任制考核体系。

第三十一条 省财政厅对省产业基金的运作管理开展年度绩效评价，评价结果纳入省财政厅对省金融控股公司年度绩效评价体系。省财政厅每年对省产业基金工作情况应形成书面报告报省政府。

第三十二条 省产业基金合作设立的子基金应当委托一家中国境内有相关资质的商业银行进行托管，按照有关规定及托管协议开展资产保管、资金拨付和结算等日常工作，对投资活动进行动态监管，定期向子基金管理机构出具银行托管报告。

第三十三条 省产业基金合作方存在违规违约行为的，按协议约定处理，造成省产业基金损失的，根据协议约定要求相关方赔偿损失。

第三十四条 基金管理公司要建立健全包括风险管理制度和风险控制流程在内的风控合规体系及内部管控制度。

第八章 报告制度和信息披露

第三十五条 每季度结束后60日内，基金管理公司应向省金融控股公司报送省产业基金投资运作、项目进展、股本变化和资金使用等情况，由省金融控股公司审核后报省财政厅备案。

第三十六条 会计年度结束后5个月内，基金管理公司应向省金融控股公司提交省产业基金年度工作报告和经中国注册会计师审计的年度财务报告，由省金融控股公司审核后报省财政厅。

第三十七条 基金管理公司督促省产业基金投资合作的基金管理机构、项目企业建立重大事项披露制度，定期提交项目运营报告、经审计的财务报告等。基金管理公司定期向省级项目主管部门通报政策性项目投资情况。

第三十八条 省产业基金运作和管理中，被投企业如发生重大违约行为、经营异常、重大投资损失、陷入难以扭转困境、经营停顿等重大事项，属于政策性项目的，基金管理公司应在发现后7个工作日内向相应省级项目主管部门报告，由省级项目主管部门提出处理意见；属于效益类项目的，基金管理公司应在发现后7个工作日内向省金融控股公司报告。

第九章 附 则

第三十九条 本办法自2021年7月12日起实施，本办法由省财政厅负责解释。《浙江省财政厅关于印发浙江省转型升级产业基金管理办法的通知》(浙财企〔2019〕4号)、《浙江省财政厅关于印发浙江省乡村振兴投资基金管理办法的通知》(浙财农〔2019〕46号)同时废止。

第四十条 为做好新旧办法衔接,本办法实施前已经原管委会等决策通过的项目均作为政策性项目进行投后重大事项审批和基金退出,原省转型升级产业基金投资项目,由原提起立项的省级部门按照本办法规定执行,若原提起立项的省级部门不明确的,由省金融控股公司按照本办法规定执行;原省乡村振兴投资基金投资项目,由省农业农村厅提起立项的,按照本办法规定执行,其他项目由省金融控股公司会同省级相关部门按照本办法规定执行。本办法实施后,原管委会尚未投资决策的已立项项目,按照本办法投资决策。

浙江省财政衔接推进乡村振兴补助资金管理办法

浙财农〔2021〕51号 2021年8月19日

第一条 为贯彻落实《中共中央 国务院关于实现巩固拓展脱贫攻坚成果同乡村振兴有效衔接的意见》精神,加强过渡期财政衔接推进乡村振兴补助资金(以下简称衔接资金)管理,根据《中华人民共和国预算法》《中央财政衔接推进乡村振兴补助资金管理办法》(财农〔2021〕19号)以及有关乡村振兴方针政策,制定本办法。

第二条 本办法所称衔接资金,是指过渡期内中央和省级财政安排的以推进共同富裕,巩固拓展脱贫攻坚成果,支持衔接推进乡村振兴的财政专项资金。

第三条 衔接资金围绕高水平推进巩固拓展脱贫攻坚成果同乡村振兴有效衔接目标任务,以发展乡村特色产业,增强内生发展能力为重点,支持乡村振兴重点帮促村和低收入农户同步基本实现现代化行动,推动更多低收入群体迈入中等收入群体行列。专项资金实施期限与中央财政衔接推进乡村振兴补助资金期限保持一致。到期后,省农业农村厅(省乡村振兴局)、省民宗委对相关的衔接资金实施情况开展绩效自评,省财政厅开展重点绩效评价,并根据评价结果适时调整。

第四条 市、县(市、区)财政部门根据巩固拓展脱贫攻坚成果同乡村振兴有效衔接任务需要及财力状况,每年预算安排一定规模资金,保持帮扶力度总体稳定。

第五条 衔接资金重点支持淳安县、永嘉县、文成县、平阳县、泰顺县、苍南县、武义县、磐安县、衢州市柯城区、衢州市衢江区、龙游县、江山市、常山县、开化县、天台县、三门县、仙居县、丽水市莲都区、云和县、景宁县、青田县、龙泉市、缙云县、松阳县、庆元县、遂昌县等山区26县和金华市婺城区、兰溪市、台州市黄岩区等地区,统筹兼顾其他市、县(市、区)补齐必要的农业农村短板相关项目。

第六条 除省委、省政府确定的重大事项以外,衔接资金按因素法、竞争性分配等方式分配。

(一)竞争性分配主要围绕巩固拓展脱贫攻坚成果,实现共同富裕目标,结合省委、省政府重点工作任务要求,面向山区26县,按规定组织申报项目,经专家评审等程序后下达资金。

(二)因素法分配主要包括客观因素、政策因素、绩效因素等三类。

1.客观因素。权重为40%左右,主要包括相关人群数量及结构、重点帮促村数量、异地搬迁计划、相关人群收入水平、革命老区等子因素。

2.政策因素。权重为30%左右,主要包括执行党中央、国务院和省委、省政府巩固拓展脱贫攻坚成果同乡村振兴有效衔接工作任务、国有农场改革、民族村寨,以及遭受自然灾害影响等子因素。

3.绩效因素。权重为30%左右,主要包括专项资金绩效评价结果、省政府督查激励及相关工作考核情况等子因素。

省财政厅、省农业农村厅(省乡村振兴局)、省民宗委等省级行业主管部门可根据年度巩固拓展脱贫攻坚成果同乡村振兴有效衔接任务,以及中央财政衔接推进乡村振兴补助资金管理有关规定,对上述因素及权重予以适当调整。

第七条 强化县级管理责任。因素法分配下达的衔接资金,由市县结合当地实际,按本办法规定统筹使用,自主确定具体项目。各地在分配使用衔接资金时应兼顾乡村振兴重点帮促村和一般村实际,县级可统筹安排不超过30%的到县衔接资金,支持一般村发展乡村特色产业,以及县级乡村振兴规划相关项目,着力推动均衡发展。

第八条 竞争性分配衔接资金,主要用于经省级评审立项的项目实施方案中明确的具体内容。采用因素法分配的其他衔接资金,由各地在本办法规定范围内,结合地方实际,统筹安排项目,主要扶持方向包括:

(一)促进乡村特色产业发展。重点支持培育壮大优势特色产业,建设提升农业生产基础设施;开展品牌打造、品种引进、品质提升、数字化推广应用、农产品加工、冷链物流、仓储保鲜等产业链建设;开展产销对接和消费帮扶;发展农家乐、电子商务、光伏发电、少数民族特色产业和重点帮促村发展集体经济等。

(二)补齐必要的乡村建设短板。包括水、电、路、网等必要的配套设施,以及农村生活垃圾、污水处理、农村公厕等其他小型公益设施建设和管护。支持低收入农户异地搬迁(含整村搬迁的一般农户),加大异地搬迁后续扶持力度,支持“一站式”社区综合服务设施建设,提升安置区配套基础设施和公共服务。根据中央衔接资金管理要求,支持民族村寨发展,以及欠发达国有农场巩固提升。

(三)促进低收入农户就业增收。搭建用工信息平台等服务平台建设,推动劳动供需对接。支持发展来料加工、开发公益性岗位，采用扶贫车间、以工代赈、生产奖补、劳务补助、技能培训等方式，促进低收入农户就业增收。各地可按规定对跨省就业的脱贫劳动力适当安排一次性交通补助，从中央衔接推进乡村振兴补助资金列支。

(四)健全防止返贫致贫监测和帮扶机制，加强及时帮扶措施，对帮扶对象采取有针对性的预防措施和事后帮扶措施，可安排产业发展、小额信贷贴息、技能培训、公益岗位补助等支出。继续支持开展低收入农户政策性补充医疗保险。按照国家有关规定，向符合条件的低收入农户子女安排“雨露计划”补助。低保、医保、养老保险、临时救助等社会综合保障措施应通过原渠道资金安排。

衔接资金不得用于与巩固拓展脱贫攻坚成果和实施乡村振兴无关的支出，包括：单位基本支出、交通工具及通讯设备、修建楼堂馆所、各种奖金津贴和福利补助、弥补预算支出缺口、偿还债务和垫资等。

第九条 各地应按照做好过渡期金融帮促工作的要求，保持现行小额信贷风险补偿金政策基本稳定，根据乡村振兴的实际需要实行动态调整，规范使用，进一步提高资金使用效率。

第十条 各县(市、区)可根据帮促项目管理的实际需要，按照不超过1%的比例从衔接资金中统筹安排项目管理费。项目管理费主要用于项目前期设计、评审、招标、监理以及验收等与项目管理相关的支出。

第十一条 财政部门负责衔接资金预算安排、审核资金分配方案和下达资金，指导各级农业农村(乡村振兴)、民宗等行业主管部门(以下简称行业主管部门)及地方加强资金监管和绩效管理。各级行业主管部门负责提出资金分配方案建议、项目立项、资金使用管理、绩效管理、监督管理等工作，按照权责对等原则落实监管责任。

第十二条 根据预算管理有关要求，每年按预算规模的一定比例将下一年度省财政安排的衔接资金预算指标提前下达各市、县(市、区)，省人大预算批复后下达其余资金。

省农业农村厅(省乡村振兴局)应分别在每年10月15日和省人代会批准预算后40日内提出提前下达和其余省级衔接资金分配建议方案报省财政厅审核。省财政厅根据预算管理要求、年度预算安排以及资金分配方案，分批下达省级衔接资金。年度巩固拓展脱贫攻坚成果同乡村振兴有效衔接任务清单及绩效目标由省农业农村厅(省乡村振兴局)商省财政厅另行下达。

第十三条 省财政厅收到中央衔接资金后，应及时通知省农业农村厅(省乡村振兴局)、省民宗委等相关省级行业主管部门，各省级行业主管部门应根据中央衔接资金额度和资金用途，于通知规定时间内提出资金分配建议方案和相应的绩效目标报省财政厅，省财政厅审核并按照预算管理要求下达资金。

第十四条 各市、县(市、区)应按规定及时将省财政下达的衔接资金落实到具体项目，并根据要求将资金和项目录入数字化管理系统。立项计划报省级行业主管部门备案，同时抄送省财政厅。补助对象为个人的，可以村或乡镇为单位捆绑成一个项目上报。衔接资金使用计划需明确资金具体用途、项目建设内容、补助标准、补助额度、绩效目标等内容。

第十五条 实行项目库管理。各级行业主管部门应根据中央和省有关规定，建立巩固拓展脱贫攻坚成果和支持衔接推进乡村振兴项目库。提前明确入库条件，全面推行公告公示制度，防止暗箱操作。符合条件的项目应于上一年度10月底前纳入项目库，市县可按实际情况动态更新。市县在分配衔接资金时，除市、县(市、区)党委、政府确定的重点项目以及对低收入农户个人(含整村异地搬迁的一般农户)补助以外，其他项目原则上应从项目库中择优选取。对于有融资担保贷款需求的项目，应积极组织对接农业担保机构和信贷机构。

第十六条 市、县(市、区)行业主管部门立项后，项目应当严格按计划实施。若上级财政、行业主管部门就项目合规性提出异议或其他原因确需调整的，须按规定程序办理。

第十七条 进一步规范支出管理，未落实到具体项目的，各级财政部门不得拨付资金。安排给预算单位的衔接资金，应纳入部门预算管理，按部门项目支出预算管理有关规定执行。

第十八条 各市、县(市、区)要强化对衔接资金和项目的管理责任，落实全过程绩效管理要求，加快预算执行，提高资金使用效益。进一步加强专项结转结余资金管理，对结转结余资金规模较大的地方，控制安排新增资金。属于政府采购、招投标管理范围的，按相关规定执行。各地公开招标数额标准以下的村级微小型项目可按照村民民主议事方式直接委托村组织自建自营。

第十九条 按照“谁分配、谁使用、谁公开”的原则，分级分类公开衔接资金分配使用的相关信息，主动接受社会监督。各级财政和相关行业主管部门要做好衔接资金和项目的监管，进一步强化工作协同，推进部门之间信息共享和成果互认，提高监管效率。按要求配合审计、纪检监察、检察机关做好相关的审计、检查等工作。

第二十条 各级财政和行业主管部门及其工作人员在衔接资金分配、使用管理过程中存在违反本办法规定，以及滥用职权、玩忽职守、徇私舞弊等违法违纪行为的，按规定追究相应责任；涉嫌犯罪的，移送有关国家机关处理。

第二十一条 各市、县(市、区)应根据本办法，结合本地实际制定相关的资金和项目管理实施细则。

第二十二条 本办法自2021年8月20日起施行。《浙江省财政厅等五部门关于印发浙江省财政专项扶贫资金管理办法的通知》(浙财农〔2017〕124号)同时废止。

(附件略)

浙江省省级部门项目支出预算管理办法

浙财预〔2021〕28号　2021年10月15日

第一章　总　则

第一条　为进一步深化预算管理改革，规范和加强省级部门项目支出预算管理，提高资金使用效益，保障行政工作任务完成，促进各项事业发展，根据《中华人民共和国预算法》《中华人民共和国预算法实施条例》《浙江省预算审查监督条例》《国务院关于进一步深化预算管理制度改革的意见》（国发〔2021〕5号）等有关规定，特制定本办法。

第二条　部门预算支出分为基本支出和项目支出，其中，项目支出是指各部门、各单位为完成其特定的工作任务和事业发展目标，在基本支出预算之外编制的年度项目支出计划。本办法适用于省级部门预算的项目支出，不包括人员类项目、运转类项目中的公用经费项目以及特定目标类项目中的转移支付项目。

第三条　省级部门项目支出预算管理的基本原则。

（一）统筹财力，综合预算。项目支出预算要体现部门预算各项资金统筹安排的要求。省财政厅根据部门向财政申请的财政拨款数、投入项目的其他资金来源情况，对部门申请安排的项目进行全面评估，审核确定部门项目支出预算。

（二）厉行节约，合理排序。落实坚持过紧日子的要求，精打细算，厉行节约办一切事业。在对部门申请安排的项目进行可行性论证的基础上，综合考虑国家政治、经济政策，省级财力及部门收入状况，优先安排省委、省政府已经确定的项目以及本部门事业发展迫切需要、切实可行的项目。

（三）严格管理，追踪问效。省财政厅和省级部门对财政预算安排的项目从立项、执行、完成全过程进行审查监督。在立项阶段，要对项目的可行性和预期绩效目标进行评估论证；在执行阶段，要按项目实施进度拨付资金，督促项目资金按规定的用途使用，并做好绩效监控；项目完成后要开展决算审查和绩效评价，以确保项目资金的使用效益。

第二章　项目分类

第四条　项目按层级分为一级项目和二级项目。

（一）一级项目依据项目单位主要职责设立，每个一级项目要有明确的项目名称、实施内容、支出范围和绩效目标。每个一级项目包括若干二级项目，集中体现所属二级项目的主要内容和绩效目标。除单位职责调整外，一级项目的名称、内容和数量保持相对稳定。

一级项目由项目单位申请，经省级部门、省财政厅审核后设立。

（二）二级项目是项目单位为实现一级项目绩效目标，根据履行职责的具体活动或工作任务，并结合二级项目类别设立的项目。若干二级项目对应一个一级项目。

第五条　二级项目按存续状态分为经常性项目、阶段性项目和一次性项目。

（一）经常性项目是指每个预算年度需要安排经费的项目。

（二）阶段性项目是指在一定年限内需安排经费的项目。实施期限一般不超过5年。

（三）一次性项目是指当年完成后不需再安排经费的单个项目。

第六条　项目按申报口径分为新增项目和延续项目。

（一）新增项目，是指本年度新增的需列入预算的项目。

（二）延续项目，是指以前年度已批准，并已确定分年度预算，需在本年度及以后年度预算中继续安排的经常性项目和阶段性项目，延续项目应当明确项目的起止年限。

第七条　按支出性质分类

二级项目包括运转类项目中的其他运转类项目和特定目标类项目。

（一）其他运转类项目是指专项用于大型公用设施、大型专用设备、专业信息系统运行维护等的项目，具体包括：

1.专项运转类项目：是指行政事业单位为履行职责、完成工作任务而发生的运转支出项目，包括房租、大宗印刷、执法办案等支出项目。

2.信息化运行维护类项目：是指为保证行政事业单位计算机网络和业务信息化系统正常运行和信息安全，按有关规定用于硬件设备维护、软件维护和数据更新等方面的技术服务、专用通讯网络服务、零配件费用等支出项目。

（二）特定目标类项目：特定目标类项目是指各部门、各单位为完成其特定的工作任务和事业发展目标所发生的支出项目，具体包括：

1.重大活动类项目：是指行政事业单位为履行职责召开的一类会议、二类会议，根据法律法规和其他有关规定定期举行的会议，组织本单位以外人员的培训以及省委、省政府确定的重大宣传、活动、重大课题调研、规划等支出项目。

2.基建类项目：是指按基本建设制度规定购买、自行建造公共基础设施、办公业务用房、仓库、职工生活用房、教学科研用房、学生宿舍、食堂等建筑物（含附属设施，如电梯、通讯线路、水气管道等）的支出项目，以及按财务会计制度和国家有关规定允许资本化的各类设备、建筑物、公共基础设施等大型修缮的支出项目。

3.信息网络购建类项目：是指行政事业单位按有关规定用于电子政务、信息化网络建设改造等支出项目。

4.其他发展建设类项目：是指各部门、各单位按有关规定允许为完成其特定行政工作任务和事业发展目标在上述项目之外发生的特定目标支出项目，包括设备购置、物资储备、对非预算单位补贴等支出项目。以及通过政府性基金预算、国有资本经营预算安排的支出项目。

5.其他社会事业类：指部门和单位向社会提供教育、文化体育、社会保障、卫生健康、优军优抚等基本民生保障项目支出项目。

第三章　项目库

第八条　项目库是预算管理的基础，预算支出全部以项目形式纳入预算项目库，实施项目全生命周期管理，未纳入预算项目库的项目一律不得安排预算。

预算项目全生命周期主要包括前期谋划、项目储备、预算编制、项目实施、项目结束和终止等主要阶段，项目库全流程动态记录和反映项目信息变化情况。

各部门、单位要树立“先谋事后排钱”理念，坚持“先有项目再安排预算”原则，提前研究谋划、常态化储备预算项目，单位申请项目支出预算必须从项目库中挑选预算项目。

第九条　项目库管理遵循统一规划的原则。由省财政厅统一制定省级部门项目库管理的规章制度、项目申报文本，统一设计计算机应用软件。省级项目库要与中央、市县项目库有效对接。

第十条　预算项目实行动态调整和定期清理，逐年滚动管理，经常性项目、延续性项目及当年未能纳入预算安排但符合条件的储备项目，自动滚入下一年度储备库。

第十一条　绩效目标是项目入库的前置条件，原则上未按要求设定绩效目标或审核未通过的项目不得纳入项目库。对于新出台重大政策对应的项目，应当按规定开展事前绩效评估，评估结果作为申请入库的必要条件。

第四章　项目前期谋划和储备

第十二条　各部门、各单位结合本部门、本单位的职责和事业发展规划，提前研究谋划本部门、本单位的项目支出需求。

第十三条　省财政厅应当加强政策和项目库储备工作指引，指导部门提前规划储备项目。各部门、各单位按照中期财政规划管理要求，参考以前年度预算安排及执行等情况，组织项目申报，开展项目评审论证，根据评审报告和相关支出标准测算项目支出。

第十四条　项目储备一般由项目单位发起，各部门、各单位应在完成评审论证和内部审批程序后，再将项目报送省财政厅。省财政厅审核通过的项目，作为财政储备项目，供预算编报时选取；退回修改完善的项目，部门和单位按照省财政厅的意见修改，并经省财政厅审核通过后作为财政储备项目；审核不通过的项目，不作为财政储备项目。

第十五条　各部门、各单位根据项目申报、评审论证以及支出测算等情况，在项目库中规范、完整、准确填报项目要素，报送省财政厅审核。项目要素主要包括：项目名称、项目代码、项目概述、项目类别、明细项目类别、申报金额、项目热点、项目起止时间、项目口径、资产配置信息、立项依据、项目内容、绩效目标等。

第十六条　储备项目涉及资产修缮、维修维护的特定目标类项目，各部门、各单位应将涉及的存量资产作为项目立项依据；需要配置资产的，各部门、各单位应当填报资产配置信息，有配置标准的，应当按照标准填报，没有配置标准的，应当结合本单位履职需要、事业发展需求、资产存量以及同类资产共享共用等情况合理预计填报，通过资产共享共用能够满足需要的不得申请新增配置资产。

第十七条　申请专项债券支持的项目，应当包括经营期限、收益和融资配合方案等情况；没有收益的公益性项目和可以商业化运作的产业项目不得申请专项债券支持；地方政府债务还本付息项目，根据债务本金、利率、期限等政府债务信息，测算债务还本项目和债务付息项目支出需求。

第十八条　入库储备项目应符合以下要求：

（一）符合中央、省有关制度和方针政策。

（二）符合相关发展规划、财政支持方向和财政资金供给范围，优先保障重大决策部署。

（三）与本部门、本单位职责和事业发展需要相匹配。

（四）项目要素信息填报规范、完整、准确。项目期限、项目金额、资金测算、绩效目标等科学、合理、可行。

（五）政府投资项目原则上应提供投资主管部门或者其他有关部门审批的项目建议书、可行性研究报告、初步设计以及依法应当附具的其他文件。

（六）部门所有支出应当明确具体项目和金额，细化到具体实施单位，除应急、救灾等特殊事项外，部门不得代编应由所属单位实施的项目预算。

（七）原定政策已到期或发生变化不再适用的项目，原定任务目标已完成、自身条件发生变化、无需再实施或无法再实施的项目，各部门、各单位不得入库储备。

（八）入库储备项目的内容边界应当清晰明确，同一单位的同一项内容，不得重复申报多个项目或重复申报多项资金。

第五章　项目编报

第十九条　项目单位结合项目绩效目标和总投入，根据成本效益原则，从储备项目中选取预算项目，按预算编制程序编制预算，报主管部门审核，主管部门审核汇总后，按照轻重缓急对项目进行合理排序，择优向省财政厅申报。省财政厅对各部门选取的预算项目进行审核。有关部门、单位根据省财政厅的意见修改完善。

项目原则上按照以下顺序排序：机构正常运转所必须的支出、基本民生支出、国家和省委省政府重点工作支出、部门必须开展的专项性业务支出、一般事业发展类项目支出和其他支出。

项目单位应当按照预算管理级次申报项目，不得越级上报。

第二十条　项目申报文本由项目申报书、项目可行性论证报告及相关材料组成。

第二十一条 项目申报文本的填报要求:

(一)提供细化的项目申报材料,在储备项目的基础上,新增预算支出明细、测算标准、资金来源、支出功能分类科目、部门预算支出经济分类科目等项目要素。其中:信息化运行维护类、信息网络购建类、基建类等二级项目应当按要求报送相关补充材料。

(二)各部门、各单位申报的二级项目包括上年延续项目和当年新增项目。当年新增项目必须填写项目申报文本;上年延续项目计划及项目预算没有变化的,省级部门应当在项目支出预算总报告中予以说明;项目计划及项目预算发生变化的,应当重新填写项目申报文本,并附项目调整依据。

(三)省级部门应当按照规定时间报送申报材料,申报材料的内容必须真实、准确、完整。

第二十二条 依法应当实行政府采购的项目,应当编制政府采购预算,并按照政府采购制度的有关规定执行。项目涉及固定资产购置的,应按照核定的资产编制数量和价值标准,编制资产配置预算。

项目内容属于政府购买服务的,应当同步编制政府购买服务预算,并按照政府购买服务有关规定执行。

第六章 项目审核

第二十三条 项目审核内容主要包括:

(一)项目单位及所申报的项目是否符合规定的申报条件,依据是否充分。

(二)项目申报书是否符合规定的填报要求,相关材料是否齐全等。

(三)项目的申报内容是否真实完整。

(四)绩效目标填报是否符合相关规定,是否细化量化。

(五)项目的规模及开支标准是否符合规定。

(六)项目排序是否合理等。

(七)延续性项目要参考历年绩效情况。

第二十四条 对于纳入省财政项目库的基本建设类项目、信息网络购建类项目、信息化运行维护类项目、其他发展建设类中50万元以上的设备购置项目以及其他专业技术较复杂的项目须先由省财政项目预算审核中心进行审核,其审核意见作为预算安排的必要依据。专业技术较为复杂的项目包括但不限于资本化的场馆布展项目(博物馆、展览馆、科技馆、图书馆、美术馆等)以及公共基础设施维护项目(农田设施、道路、铁路、桥梁、水利、机场、海塘、港口、码头等)。

第七章 项目核定与组织实施

第二十五条 省财政厅根据国家和省有关法律法规、方针政策和制度,结合省级部门行政工作任务、事业发展目标,确定当年省级部门项目支出预算安排的原则和重点,并根据年度省级财力状况和项目排序,提出项目支出预算建议,纳入部门预算草案,并按规定程序报批。

第二十六条 各部门、各单位是项目支出预算编制和执行的主体,负责本部门、本单位的项目支出预算的编制和执行,并对项目的真实性、准确性、完整性以及项目支出预算执行结果负责。

第二十七条 项目支出预算一经批复,各部门、各单位不得自行调整。预算执行过程中,如发生项目变更、终止或需要调整绩效目标的,应当按照规定的程序报批,并进行预算调剂。

第二十八条 省级部门应当按照批复的项目支出预算组织项目的实施,并责成项目单位严格执行项目计划和项目支出预算。

第二十九条 省级部门和省财政厅应按照结转结余资金管理的有关规定,加强对项目支出结余资金的管理,提高财政资金使用效益。

第八章 政府投资预算

第三十条 本办法适用的政府投资项目,是指按照《浙江省政府投资项目管理办法》等规定,采取直接投资方式、资本金注入方式使用预算安排的资金所进行的固定资产投资建设项目,包括新建、扩建、改建、技术改造等项目。

使用各类省级政府性资金的政府投资项目,应当编报省级政府投资预算。各部门申请安排政府投资预算的,应当在本部门预算草案中列出政府投资项目及其所需政府性资金的来源,有自筹资金的项目应当同时反映自筹资金有关情况。

第三十一条 项目单位应当加强与省级政府投资主管部门的衔接,根据政府投资计划,合理编制政府投资预算。应当结合项目概算、合同和项目建设进度,科学编制政府投资项目分年度资金计划。

第三十二条 省级电子政务项目按《浙江省本级电子政务项目审批管理办法(试行)》程序和要求审核报批。

第九章 项目清理与滚动管理

第三十三条 以项目库为载体实现项目的全周期滚动管理。在当年部门预算批复后、下一年度部门预算编制开始前,省财政厅应当组织对当年部门预算批复的二级项目进行清理,经常性项目、阶段性项目及当年未安排的财政储备项目,自动滚入下一年度储备。

第三十四条 省财政厅对当年部门预算中的一次性项目予以取消;对到期后需继续安排预算的项目,视同新增项目,项目单位应当按照规定程序重新申报。

第三十五条 延续项目应当严格按照立项时核定的分年度预算逐年编报。编报延续项目预算时,项目的名称、编码不得变动,如发生变动视同新增项目,按照规定程序重新储备、申报。

第十章 项目预算绩效管理

第三十六条 项目单位、省级部门和省财政厅应当加强项目预算绩效管理，建立健全全过程预算绩效管理机制，提高财政资金使用效益。

项目单位、省级部门要按规定对新增重大政策和重大政府投资项目开展事前绩效评估，省财政厅要加强事前绩效评估审核，必要时可以组织第三方机构独立开展事前绩效评估，事前绩效评估结果作为预算安排的重要依据。

第三十七条 项目单位要按规定填报项目预算绩效目标，绩效目标分为总体目标和绩效指标，绩效指标是具体化、指标化的绩效目标，可分为产出指标、效益指标和满意度指标。绩效目标应指向明确、细化量化、合理可行、相应匹配。

省级部门和省财政厅要加强绩效目标审核，并将审核结果作为安排项目预算的重要依据。绩效目标审核不通过的项目，不得纳入项目库。

第三十八条 省级部门应当加强项目预算绩效监控，预算支出与绩效目标发生偏离的，应当及时采取措施予以纠正，情况严重的，向省财政厅提出调整、暂缓或者停止该项目执行的建议。

第三十九条 项目单位、省级部门应按照要求及时开展项目绩效自评，省财政厅应加强项目绩效自评指导工作并组织实施项目绩效抽评。省级部门和省财政厅可根据工作需要对项目开展重点绩效评价。

项目绩效自评、抽评和重点绩效评价具体工作按照我省绩效评价有关规定组织实施。

第四十条 省级部门和省财政厅应当加强对项目预算绩效管理成果的应用，将绩效管理成果作为安排项目预算的重要参考因素。

项目单位、省级部门和省财政厅应按相关规定做好绩效信息公开，接受社会公众监督。

第四十一条 省财政厅和省级部门要将全过程绩效管理信息录入项目库，作为以后年度省级部门项目审批立项和省财政厅安排项目预算的重要依据。

第十一章 监督检查与责任追究

第四十二条 项目资金使用管理应接受审计、纪检监察、财政等部门、机关的监督检查。同时，省财政厅、省级部门以及项目单位应当加强对项目实施过程和完成结果的监督、检查，发现问题及时督促纠正。对违反国家有关法律、法规和财务规章制度，以及截留、挤占、挪用或骗取项目资金等违法违纪行为的，按照《中华人民共和国预算法》《中华人民共和国公务员法》《中华人民共和国监察法》《财政违法行为处罚处分条例》等国家有关规定追究相应责任；涉嫌犯罪的，移送司法机关处理。

第十二章 附 则

第四十三条 本办法自2021年11月15日起实施。原《浙江省财政厅关于印发浙江省省级部门项目支出预算管理办法的通知》（浙财预〔2016〕38号）同时废止。

浙江省财政厅关于进一步加强政府产业基金投资运作管理的指导意见

浙财金〔2021〕42号　2021年12月1日

为进一步加强政府预算约束，提高财政出资效益，促进政府产业基金有序运行，支持我省产业转型升级及经济社会高质量发展，根据《财政部关于加强政府投资基金管理　提高财政出资效益的通知》（财预〔2020〕7号）等有关文件精神，经省政府同意，提出如下意见：

一、总体要求

（一）指导思想。

以习近平新时代中国特色社会主义思想为指导，全面贯彻落实党中央、国务院和省委、省政府有关决策部署，立足新发展阶段，贯彻新发展理念，构建新发展格局，对标建设“重要窗口”新目标新定位，充分发挥政府产业基金的引领、撬动作用，坚决纠正脱离财力条件、片面追求基金规模、投资效率低下、投资方式违规等问题，为我省经济社会高质量发展提供有力支持。

（二）基本原则。

1. 政府引导，市场运作。厘清政府和市场的边界，处理好政府与市场的关系，严格按照我省“十四五”经济社会发展规划和产业发展政策，合理设立政府产业基金，充分发挥行业主管部门政策优势和投资机构专业优势，实行市场化运作。

2. 重点突出，清理整合。处理好创新发展与效率低下的主要矛盾，聚焦共同富裕、三大科创高地、碳达峰碳中和、海洋经济、数字经济等决策部署，聚力标志性产业链打造、重大项目招引等重点工作。结合政府产业基金运营管理现状，清理整合绩效较差的政府产业基金。

3. 规范运作，严控风险。严格遵照基金投资运作相关规定，明确股权投资参与各方责权利关系，构建覆盖“募投管退”的全流程管理体系，努力防范财政资金投资运作风险。

（三）总体目标。

发挥财政出资的引导作用，聚焦省市县政府重大战略部署，积极带动社会资本投入。完善基金内部治理结构，加快投资进度，提高运作效率，减少资金闲置沉淀，合理控制管理费用。推进基金布局适度集中，聚焦需要政府扶持的关键性、创新性行业领域，防止对民间投资产生挤出效应。

二、主要任务

（一）严格规范政府产业基金设立。财政部门根据本级人民政府授权，切实履行政府产业基金出资人职责。对确需设立支持产业发展的政府产业基金，财政部门应配合行业主管部门研究设立方案，结合拟支持的产业发展所需，明确基金设立形式、运作机制、财政出资比例、让利措施等。发挥行业主管部门在行业政策及投向等方面的专业优势，明确基金投资结构、中长期目标等，并报同级人民政府审批。

（二）强化政府预算出资约束。对财政出资设立政府产业基金或注资须严格审核，纳入年度预算管理，报本级人大或其常委会批准。设立政府产业基金要充分考虑财政承受能力，合理确定规模和投资范围，并根据基金投资进度分年安排出资。年度预算中，未足额保障“三保”、债务付息等必保支出的，不得安排资金新设基金。政府产业基金资金沉淀超过三年的，除保留当年必须的实缴资金外，原则上由财政部门收回，后续视投资进度予以安排。

（三）分类清理整合现有政府产业基金。对政府产业基金实施分类管理，针对同一行业领域设立多支目标雷同的基金，要在尊重出资人意愿的基础上，推动整合和调整投资定位；政府出资拨付投资基金账户一年以上，基金未开展投资业务的，可按有关章程（协议）提前退出；对两年以上未开展实际投资业务的基金进行清理，按照相关程序及约定清算收回财政资金；对运行绩效情况较差的基金，应按照相关程序及约定，更换基金管理人、管理团队或直接进行清算退出等。

（四）构建省市县联动协作机制。更好发挥省产业基金统领作用，加强市级政府产业基金区域统筹。县级政府产业基金可不再普遍设立，可视自身财政情况选择重点支持领域设立特色产业基金；进一步强化省市县联动，通过联合投资等方式发挥财政出资合力；财政部门配合相关行业主管部门，建立省市县重大产业项目储备库，加强对储备项目支持力度；各市县可根据政府产业基金运作实际，委托上级政府产业基金管理机构进行基金托管帮扶，提升基金投资运作管理水平。

（五）深化政府产业基金与社会资本联动。结合政府产业基金政策目标，广泛吸引社会出资，形成多元化的出资结构；加强与社会投资机构合作，探索组建基金投资联盟，联合投资我省重大产业项目；鼓励政府产业基金与金融机构之间开展业务合作，探索投贷联动、投保联动、联合投资等多种创新模式，推动政府产业基金与社会资本通过多层次资本市场实现对接。

（六）实施政府产业基金全过程绩效管理。财政部门会同相关部门对基金实施全过程绩效管理，行业主管部门负责做好事前绩效评估，制定绩效目标和绩效指标，开展绩效监控，适时组织实施绩效自评。财政部门可组织对基金开展重点绩效评价，主要评价政策目标实现程度、综合效益和管理水平。绩效自评和重点绩效评价结果作为基金存续、计提管理费以及退出、让利的重要依据。

（七）强化风险管理控制。财政部门要切实加强风险监督，督促政府产业基金规范运作，促进政府产业基金健康运行。政府产业基金管理机构要健全业务风险评价及预防体系，建立完整的风险管理和内部控制制度，及时防范和化解风险，探索建立第三方专业机构参与的风险管理机制，提升风险管控专业化水平。

（八）健全政府产业基金退出机制。各级政府产业基金对外投资运作时，要在章程协议中明确政府出资部分的退出通道以及让利方式，建立适时退出机制；要充分发挥市场机制作用，实现政府出资合理退出；要严格退出程序，切实保障各类出资人取得合法权益；要加强有效监管，科学评估出资价值，对暗箱操作、利益输送造成国有资产流失的，要严肃追责问责。

（九）禁止通过政府产业基金变相举债。严格遵守党中央、国务院关于地方政府债务管理的各项规定，不得通过政府产业基金以任何方式变相举债。地方政府债券资金不得用于政府产业基金设立或注资。各级财政部门要会同相关部门对违反上述规定的基金进行严肃整改。

（十）完善政府产业基金报告制度。基金管理机构应定期向财政部门和其他出资人报告基金运行情况，并做好政府产业基金相关登记备案、统计分析等工作。财政部门会同相关部门监测基金运行情况，每年向本级政府汇总报告其批准设立基金的总体情况，包括政策引导效果、财政出资变动、基金投资回报和管理费用、分析存在问题及下一步改进措施等。

三、保障措施

（一）加强组织领导。各级财政部门应认真履行财政资金出资人管理职责，建立健全尽职免责体系，加快政府产业基金投资运作，更好发挥政府产业基金推动重大项目落地的引导作用。基金管理机构应根据各级政府重大战略部署，结合当地实际，制定年度投资实施计划。

（二）强化审计整改。各级财政部门应会同行业主管部门对审计提出的各类问题，认真分析原因，对照整改要求研究解决办法和路径，制定切实可行的审计整改方案，明确整改责任人、整改时限和目标，切实整改到位。建立健全长效机制，加强以点带面、由此及彼、从治到防的问题管控能力。

（三）强化靠前服务。各级财政部门要指导基金管理机构积极开展“三服务”工作，以项目为纽带，开展点对点服务，形成投资项目清单，进行跟踪指导；加大对政府产业基金投资运作宣传力度，提高企业对政府产业基金的认识；注重对投资运作过程中的特色做法、先进经验的总结宣传推广，营造良好的投资氛围。

浙江省省级行政事业单位软件资产管理办法（试行）

浙财资产〔2021〕117号　2021年12月17日

第一章　总　则

第一条　为落实数字化改革体系化规范化建设要求，加强省级行政事业单位国有软件资产管理，推进软件资产共建共享共用，提高软件资产使用绩效，根据《中华人民共和国民法典》《中华人民共和国著作权法》《计算机软件保护条例》《行政事业性国有资产管理条例》等规定，制定本办法。

第二条 本办法适用于省级党的机关、人大机关、行政机关、政协机关、监察机关、审判机关、检察机关和各民主党派机关、群团机关、以及执行政府会计准则制度的事业单位(以下简称单位)。

第三条 本办法所称软件资产，是指以软件载体、许可、信息化成果的拷贝(含文档资料)等形式存在的，使用期限超过一年，单位价值在1000元及以上或单位价值虽未达到规定标准，但授权使用期限在一年以上的大批同类软件。

第四条 单位应将占有、使用的，依法确认为国家所有的软件资产纳入本单位国有资产管理范围，按照合法授权、科学配置、高效使用、规范处置的原则，实现软件资产管理与预算管理、绩效管理、政府采购、财务管理、信息技术管理相结合。

第二章 配置管理

第五条 软件资产配置应坚持从严控制、安全适用、经济高效、共建共享的原则，根据依法履行职能和事业发展的需要，结合软件资产存量、配置标准、绩效目标和财政承受能力合理配置，注重软件资产的统筹、整合和共享。单位应在合理测算经费额度基础上，按照预算管理相关规定，编制软件资产配置预算，纳入年度部门预算，并严格组织实施；年度预算执行中如确需调整软件资产配置预算的，需按原报批程序报经批准。

第六条 软件资产配置方式包括采购软件产品、开发建设、共享、调剂等。单位应合理选择配置方式，严格控制软件产品采购，重点加强对开发建设软件资产全生命周期管理，切实提高软件资产使用绩效。应优先通过共享、调剂方式配置资产。能通过软件共享仓库或应用市场获取软件服务的，原则上不得自行开发建设；能通过调剂方式解决的，原则上不得购置。

第七条 采购软件产品应实行编制管理。单位应在全面掌握本单位软件资产存量、人员编制、计算机数量等情况基础上，结合单位业务需求，制定软件资产配置标准；按照内部控制要求，科学合理地核定具体软件产品的编制数量。

第八条 开发建设软件应围绕单位核心业务，以整体提升数字化能力为导向，开展需求分析，充分论证必要性和可行性。达到投资立项标准的，应严格按照数字化改革项目及省本级电子政务项目管理相关规定，开展标准符合性评估，履行审批程序，避免信息孤岛、杜绝重复建设。

第九条 单位要提高知识产权保护意识，明晰软件资产的产权归属。开发建设的软件，属于国有资产部分，应及时确认相应成果和产权；联合或委托开发软件，按国家知识产权法律法规规定，应在合同中明确知识产权归属。采购软件产品应符合正版化要求，不得安装使用非正版软件。购置更新办公用计算机，须预装正版操作系统及软件。采购第三方软件产品或服务应取得合法授权。在保障信息安全的基础上，鼓励单位使用开源软件，并遵守软件的开源协议。

第十条 单位应充分发挥“一地创新，全省共享”机制作用，利用市场化方法，统筹规划有效推进软件资产共享共用。单位自主开发建设的软件，原则上应采用多租户云服务模式，软件完成开发建设应及时组织验收，以登记软件资产卡片并纳入软件共享仓库作为软件交付、项目资金结算和登记软件资产的重要依据。软件资产所有方可以向软件的共享使用方收取合理的成本费用。

第十一条 单位软件资产和软件服务的政府采购，应严格执行《中华人民共和国政府采购法》《政府购买服务管理办法》有关规定。软件产品原则上应在安全可控名录内选择，名录内无相关产品，优先配置国产品牌软件；开发建设软件和购买软件服务必须符合安全可靠要求。

第三章 使用管理

第十二条 单位应合理设置软件资产管理岗位，明确相关岗位的职责权限，落实责任到人。单位应梳理软件资产管理业务流程，明确业务环节，系统分析并确定风险点，建立软件资产管理内控制度。软件资产使用人、管理人应履行岗位职责，按照内控要求合理使用、严格管理，充分发挥软件资产效能。

第十三条 单位应做好软件资产使用的分类管理。

(一)采购的软件产品。应建立健全软件采购、验收、安装和使用制度，建立软件资产账卡，规范软件资产财务入账、清查盘点等基础管理工作。严格按采购合同约定使用，充分考虑兼容性和延续性，发挥软件产品的功效，重点加强对软件授权证书或许可协议等核心资料的管理，及时更新授权许可或协议。

(二)开发建设的软件。业务部门、信息技术部门、软件开发和服务单位应密切配合，持续完善软件的顶层设计，根据单位业务需求不断迭代升级，充分发挥软件在单位数字化改革中的核心作用。

重点加强开发建设软件资产知识产权保护和运维迭代的全过程管控，建设项目竣工验收合格后及时办理软件资产交付手续，并在1年内办理竣工财务决算，已交付但未办理竣工财务决算的，按照国家统一的会计制度确认资产价值，涉及知识产权的，应及时确认并办理权属登记。明确使用、运维、迭代的岗位职责，切实做好对软件源代码、开发文档等技术资料的管控，避免因管理不当或者运维、升级不及时造成损失，确保软件资产安全。

纳入电子政务项目管理范围的非涉密类软件，应在浙江省一体化数字资源管理系统(IRS)中完成应用编目，并依托IRS进行软件的开发、上架、发布、运维、迭代升级、绩效评估、注销等全生命周期管理。

(三)统一配发、调剂和受赠的软件。由上级或同级部门基于特定工作统一配发、调剂或受赠的，使用期限在一年以上的软件，应按无偿调拨或接受捐赠程序办理入账，登记软件资产卡片，保管好软件资产载体、许可证以及授权码等软件资产档案信息，避免资产转移过程中档案信息丢失，加强软件资产在使用过程中的管理维护。

第十四条 单位应规范软件资产的确认和计量。应用软件构成相关硬件不可缺少组成部分的，应将该软件的价值包括在所属的硬件价值中，一并确认为固定资产，按照《政府会计准则第3号——固定资产》及政府会计制度规定进行会计处理；政府会计主体购入的不构成相关硬件不可缺少组成部分的软件，应确认为无形资产，按照《政府会计准则第4号——无形资产》及政府会计制度规定进行会计处理，因发生后续迭代支出而增加成本的，应按照重新确定的成本和摊销年限计算摊销额。

第十五条 单位应严格执行软件管理内控制度，软件资产需要采购、建设、维护、迭代、升级、淘汰、更新的，资产使用人、管理人应及时提出，使用人、管理人发生变化的，应及时办理交接手续，调整软件角色和权限配置，不得擅自转移安装、转移权限或卸载销毁软件。加强信息安全和保密教育，做好账号、密码保护，防止权限滥用和信息泄露。

第十六条 单位应定期（每年至少一次）进行软件资产清查盘点，及时调整相关账卡，做到账实、账卡、账账相符。对清查盘点中发现的问题，应查明原因，说明情况，并在本单位国有资产年度报告中予以反映。

第十七条 单位应开展软件资产绩效管理，建立健全科学、合理的软件资产绩效指标体系，提高软件资产配置效率和使用效益。应针对软件资产的总体绩效目标、各项绩效指标完成情况以及预算执行情况开展单位自评，对未完成绩效目标或偏离绩效目标较大的要分析原因，研究提出改进措施。

第十八条 单位转让软件使用权或者利用软件资产对外投资，按照国有资产使用管理有关权限和程序进行。软件资产使用收入作为国有资产有偿使用收入，按政府非税收入有关规定管理。

高校、科研院所对拥有知识产权的软件资产，可以自主决定转让、许可或者作价投资，不需报批或备案；通过依法设立的技术交易市场挂牌交易、拍卖等公开方式确定价格的可以不进行资产评估；通过协议定价的应在本单位公示科技成果名称和拟交易价格；软件资产作为科技成果转化所获得的收入全部留归本单位。

第四章　处置管理

第十九条 软件资产可依照国有资产管理制度和许可协议进行转让、捐赠、调剂、报废等。单位应坚持整合利用优先原则，对确实无法整合利用的软件资产，经专业技术部门鉴定后，按规定程序进行处置。

第二十条 达到规定使用年限且无使用价值的软件资产的核销以及按科技成果的转化软件资产核销，由单位按内控制度规定自行审批；未到年限单项原值20万元及以下的软件资产，由单位提出意见，报主管部门审批；单项原值20万元以上的软件资产，由单位提出意见，经主管部门审核后报省财政厅审批。虽已达到使用年限但仍具有使用价值的软件资产，应继续使用。

第二十一条 达到下列条件的软件资产应及时处置：

（一）长期闲置的；

（二）达不到业务要求确需淘汰，无法维护、升级的；

（三）因技术原因不能再使用且没有解决方案的；

（四）已超过授权期限，无法使用的；

（五）因安全原因无法继续使用的；

（六）其他特殊情况确需处置的。

第二十二条 软件资产处置前应及时进行数据备份和迁移，涉及的代码和数据应妥善归档和保管，由单位资产管理职能部门会同信息技术部门，在保障信息和国家秘密安全的前提下，按照充分发挥效益的原则进行处置。不涉及信息安全和国家秘密的，鼓励向社会开放源代码。

第二十三条 单位应严格履行处置审批手续，依据资产处置批复文件和资产处置交易凭证，及时调整资产与财务账卡，按照项目全生命周期管理的要求，终止信息化建设项目和信息化运维项目。

第二十四条 软件资产处置收入在扣除相关税费后的净收益，按政府非税收入有关规定管理。

第五章　监督检查

第二十五条 单位应定期开展软件资产管理检查工作，并对检查过程中发现的问题及时整改。对软件开发合同未明确产权归属、应申请著作权和专利权而未申请、自主开发建设的源代码管理失控以及软件角色权限管理混乱等问题，应重点整改，避免产权纠纷、软件资产流失和信息安全问题。

第二十六条 省级各主管部门和信息技术主管部门要加强对软件资产管理工作的监督检查和指导工作。结合本部门本系统实际情况建立健全软件资产绩效管理体系，指导所属单位开展软件绩效管理，汇总单位自评结果，开展部门评价，加强评价结果反馈和应用，推进软件资产管理的规范化，起到标杆示范作用，切实提高软件资产使用绩效。

第二十七条 单位应自觉接受人大、纪检监察、财政、审计等机关、部门的监督检查，对造成软件资产严重低效无效及重大损失的责任人，要按照相关规定追责问责，造成国有资产流失的，依据《财政违法行为处罚处分条例》以及有关国有资产管理的法律、法规等有关规定追究责任；发现违纪违法问题线索的，应及时移送纪检监察机关。

第六章　附　则

第二十八条 省级主管部门可根据本办法制定本部门软件资产管理实施办法。

第二十九条 财政补助的社会团体参照本办法执行。

第三十条 本办法自2022年2月1日起施行。

浙江省海塘安澜工程建设项目财政资金管理实施细则

浙财农〔2021〕85号　2021年12月31日

第一章　总则

第一条　为加强海塘安澜工程财政支持资金的管理，提高资金使用绩效，健全海塘安澜工程项目财政资金全过程管理，推动海塘安澜工程顺利实施，根据《浙江省政府投资项目管理办法》（省政府令第363号）、《浙江省水利建设与发展专项资金管理办法》（浙财农〔2020〕51号）和《浙江省财政厅　浙江省发展和改革委员会关于规范政府投资项目资金来源落实和风险评估工作的通知》（浙财建〔2018〕104号）等有关规定，制定本细则。

第二章　适用范围与管理原则

第二条　海塘安澜工程财政支持资金，是根据《浙江省水利建设与发展专项资金管理办法》第六条，在省水利建设与发展专项资金中安排用于贯彻落实省委、省政府决策实施的海塘安澜工程重大专项行动的省级财政资金。

第三条　纳入《浙江省海塘安澜千亿工程建设规划》、符合省级补助政策的海塘安澜工程建设项目，适用本细则。

第四条　本细则实施期限、资金分配使用原则和各级财政、水利部门的职责按《浙江省水利建设与发展专项资金管理办法》第三、四、五条执行。

第三章　支持方式与补助标准

第五条　对“26+3”中沿海县（市、区）及海岛地区的问题海塘建设项目水利部分核定投资后，按现行两类六档补助标准提高10个百分点[核定投资额×（50%×分类分档系数+10%）]给予倾斜补助。

第六条　对其他海塘建设项目水利部分核定投资后，按现行两类六档标准（核定投资额×50%×分类分档系数）给予补助。

第七条　管理范围外的海塘建设项目融合部分投资原则上不纳入水利专项资金支持范围。

省管海塘经投资审核后由省级财政全额承担。

第四章　审核程序与管理要求

第八条　项目前期阶段财政审核程序与要求

1.在项目建议书报批前，市县财政局应参与论证项目建设的必要性、可行性，评估项目预期绩效和财政承受能力。申请省级补助资金的项目，应将评估情况报省财政厅审核确认，必要时省财政厅会同省水利厅调研分析、专题论证。

对列入省级以上专项规划、发展改革部门采用受理制的项目，市县财政局也应申报预期绩效、财政承受能力及参与项目决策的相关材料，省财政厅以简易方式调研审核确认。未报送预期绩效、财政承受能力分析等材料的项目，不予纳入下一年度专项资金支持计划。

2.在可研报批阶段，申请省级补助资金的项目，市县财政局同时向省财政厅报送《关于××项目投资及资金来源情况的报告》（格式见附件），说明项目概况、预期绩效、项目投资额、项目资金来源组成、建设期内市县财政收入、建设期内其他在建基本建设项目资金需求等情况。

省水利厅出具的项目行业审查意见抄送省财政厅。省财政厅结合行业审查和项目建议书阶段的审核意见，对市县财政局报送的材料进行审核论证后，区分项目类别分别反馈：

对于100年一遇以上（含）由省级审批的海塘建设项目，省财政厅在收到省发展改革委的资金征询函后，参考省水利厅书面提出的项目省级资金安排建议，及时出具审核意见；

对100年一遇以下、市县发展改革部门审批的海塘建设项目，由市县财政部门出具项目资金来源审核意见。在可研批复前，省财政厅将省级补助意见函复市县财政部门，并抄送省水利厅。

第九条　项目实施阶段审核管理程序与要求

项目可研批复后，省水利厅组织核定投资，由项目业主单位组织项目实施。

1.投资审核。根据《浙江省水利建设与发展专项资金管理办法》、水利水电工程设计概（预）算编规等有关规定，由省水利厅组织对海塘安澜重大项目进行投资审核，审核结果及时报省财政厅并告知市县，作为省级专项资金安排的重要依据。

对水利工程管理范围内涉及的工程部分、专项部分和征地移民补偿部分投资纳入审核，工程管理范围外的融合部分投资不纳入审核范围。水利工程管理范围按《浙江省水利工程安全管理条例》等有关规定执行。

对水利工程管理范围内的工程部分投资，重点审核工程量和单价等，涉及防汛道路与交通道路结合的按防汛道路标准纳入，其他以隧道、管道等特殊形式结合的，按照满足防洪安全要求的替代工程措施纳入审核范围，并在可研阶段论证时由设计单位提出基础方案。

对水利工程管理范围内的专项部分投资，必要的水生态修复与保护等工程，作为主体工程附属设施计入水利投资，一般以经济、适用为准则。

对水利工程管理范围内的征地移民补偿部分投资，征地范围依据项目用地预审红线确定，原则上不超过《浙江省水利工程安全管理条例》等规定的管理范围；征地补偿单价按片区综合价审核；房屋拆迁补偿按重置价标准审核；耕地占用税、耕地开垦费等相关税费按政策规定计列。

为协调推进海塘安全提标、生态提质、融合提升，更好发挥海塘综合效益，市县将生态、产业等工程融合纳入海塘项目一并实施的，由省水利厅会同省财政厅共同对海塘管理范围内融合相关功能的部分投资进行审核，水利建设部分按满足防洪安全标准要求核定投资。

2. 预算审核。市县应根据《浙江省水利建设与发展专项资金管理办法》和年度预算编制要求，按时报送下一年度海塘建设项目投资计划与省级补助资金需求。其中：对新开工项目，市县应创造条件完成施工前的准备工作，合理安排年度实施计划、提出资金申请；对延续支持的项目，市县应根据项目进度提供资金到位、资金支付及项目投资完成情况，以及下一年度投资计划、地方自筹资金落实情况，提出省级补助资金需求；对于省级投资计划已下达80%以上的重大水利项目，市县应提供下一年度预计资金支付相关材料。

省财政厅依据市县项目前期进展或实施推进情况和工作配合、报送材料情况及项目的轻重缓急，结合省水利厅提供的年度预算项目资金安排建议方案和年度预算资金规模等情况，优选确定纳入年度省级补助范围的项目和补助金额。

省水利厅、省财政厅、省发展改革委适时组织开展抽查或中期检查，对预算执行进度或资金管理存在严重问题的项目暂停或减缓资金安排，对投资计划超一年以上未完成的项目暂停安排后续省级补助资金。市县需在整改完成后重新提出资金申请。

关于资金下达和支付使用相关环节的要求遵照《浙江省水利建设与发展专项资金管理办法》第十六条至第二十二条执行。

第十条 项目竣工阶段管理程序与要求

1. 海塘安澜工程建设项目完工后，地方财政部门要积极协调、配合水利部门开展完工、竣工验收，根据管理权限及时批复竣工财务决算，并督促项目主管单位及时办理资产移交手续。

2. 各级水利部门会同财政、发展改革部门加强海塘安澜工程建设相关社会经济效果宣传，对未达到预期成效的建设项目，由市县联合建设单位查找原因，做好整改落实。

第五章 绩效监督与法律责任

第十一条 关于项目绩效评价、日常监督、法律责任等，按照《浙江省水利建设与发展专项资金管理办法》第二十三条至第二十五条执行。

第十二条 本细则印发前已完成可研审批的项目，不执行本细则中关于项目前期阶段的管理要求，其它管理要求仍需执行。

第十三条 本细则自2022年2月1日起施行。

（附件略）

浙江省中小企业发展专项资金管理办法

浙财建〔2021〕178号　2021年12月31日

第一章 总 则

第一条 为了加强专项资金的使用管理，提高财政资金的使用绩效，促进优化中小企业发展环境，推动中小企业高质量发展，根据《中华人民共和国预算法》《中华人民共和国中小企业促进法》《中共中央办公厅　国务院办公厅印发〈关于促进中小企业健康发展的指导意见〉的通知》《浙江省促进中小企业发展条例》《中共浙江省委办公厅　浙江省人民政府办公厅印发〈关于促进中小企业健康发展的实施意见〉的通知》等有关法律法规及政策，制定本办法。

第二条 浙江省中小企业发展专项资金（以下简称“专项资金”），由省级财政一般公共预算安排用于支持中小企业发展，实施期限至2025年，期满后，根据专项资金综合绩效评价结果，研究确定新一轮实施计划。

第三条 专项资金由财政部门和经信（中小企业）、科技、地方金融工作等部门按职责分工协同管理。

（一）省财政厅负责明确年度专项资金额度，会同省级有关主管部门确定专项资金支出方向、支持方式、支持标准；根据省经信厅牵头报送的年度专项资金分配方案、绩效目标建议及有关材料，按程序下达预算、绩效目标并拨付资金；督促指导省级主管部门开展绩效管理和监管工作。

（二）省经信厅（中小企业局）牵头会同省科技厅、省地方金融监管局等部门提出专项资金年度支持方向、支持重点、支持方式，明确专项资金的分配因素、权重及绩效目标等，组织实施资金申报、分配，审核专项资金分配对象、申报主体相关材料、数据、实施方案等；根据年度预算编制要求，及时向省财政厅提供年度专项资金分配方案、绩效目标建议及资金测算等有关材料；加强业务指导，强化全省各级项目库的联动管理，并对项目安排、实施情况和资金使用情况进行监督检查和绩效管理，督促有关方面做好专项资金支持政策实施工作。

（三）省科技厅、省地方金融监管局要根据本办法规定及专项资金年度支持重点、分配方案等有关要求，配合省经信厅做好专项资金申报、审核、分配等工作，及时向省经信厅（中小企业局)提供资金分配相关材料,加强对本系统业务的指导。

(四)各地财政、经信(中小企业)、科技、地方金融工作等部门要参照省级部门职责分工共同做好专项资金下达后的资金使用、项目报备、业务指导、绩效管理、监督检查等工作。

(五)资金申报、使用单位承担资金真实申报、合规使用和有效管理的主体责任,对申报材料、绩效目标的真实性、准确性、完整性负责,申报时需同时出具真实性承诺书。负责直接受理资金申报材料的主管部门承担资金申报审核、资金使用监督的直接责任。

第四条 专项资金的管理和使用应当符合国家、省中小企业发展规划及政策要求,对山区26县和海岛偏远地区予以适当倾斜,遵循"公开、公正、规范、透明、绩效"的原则,接受有关部门和社会监督,实行专款专用,专项管理,确保专项资金使用规范、安全和高效。

第二章 支持对象、支持方向和分配方式

第五条 支持范围

各市、县(市、区)(不含宁波)。

第六条 支持方向

围绕党中央、国务院和省委、省政府有关决策部署,支持方向包括:

(一)支持中小企业提升创新能力及专业化水平,优化创新创业环境,引导中小企业走"专精特新"发展之路。

(二)支持引导各地完善中小企业公共服务体系,促进中小企业开展合作交流,改善中小企业发展环境。

(三)支持中小企业融资服务体系建设,优化中小企业融资环境,着力缓解中小企业"融资难、融资贵"问题。

(四)省委、省政府确定的中小企业纾困、促进中小企业发展专项行动等其他年度重点工作。

在符合上述支持方向内,按照零基安排、突出重点、绩效导向原则,每年原则上择优确定不超过四个重点支持内容(领域)作为分配支持对象,集中财力办大事。

第七条 分配方式

专项资金采取竞争法、因素法、考核奖励等分配方式,积极探索二维分配法。专项资金的分配方法要与年度确定支持的重点内容(领域)目标任务紧密关联。

(一)竞争法分配。针对年度确定的需要通过"以点带面"实现示范引领作用的重点领域、重要工作,以市、县(市、区)为主体,开展竞争性遴选,安排一定资金择优在部分地区开展中小企业竞争力提升专项激励。积极探索"区域+项目清单"等二维分配方式,即各地参与竞争的实施方案需聚焦该领域遴选一批真实储备、带动示范作用强、近期可实现有效投资且未获得过国家和省级相关专项资金支持的优质项目清单参与竞争,由该领域主管部门按程序组织专家对其实施方案和项目清单进行评审、论证,确定入围对象。

(二)因素法分配。针对年度确定需要省市县联动、面上整体统筹推进为主的重点领域,以市、县(市、区)为分配对象,综合考量该重点领域本年度工作任务量、绩效目标、项目储备情况、年度绩效评价结果、专项资金使用情况等因素,按因素法切块下达到市县。积极探索"因素法+项目(任务)清单"等二维分配方式,即以明确的年度支持的重点内容(领域)各地申报纳入省级项目储备库的项目清单(年度重点任务)及其绩效目标为主要分配依据,推动各地加快项目储备,提高资金执行效率。

(三)考核奖励分配。根据国家和省委、省政府有关要求,需以各地年度中小微企业重点工作绩效考核(评定)结果为导向给予奖励或补助的重点领域,按照绩效考核(评定)结果及相应的标准或权重进行分配。

第三章 资金分配、下达和使用

第八条 根据年度确定的中小企业工作重点和专项资金预算安排情况,由省经信厅(中小企业局)会同省科技厅、省地方金融监管局及省财政厅等部门于每年6月30日前研究提出下一年度专项资金支持方向、重点支持内容(领域),明确分配方式、分配权重、支持标准。省经信厅(中小企业局)会同有关部门做好资金分配、申报等各项工作,并于每年9月15日前将分解到市、县(市、区)的资金分配使用方案及绩效目标建议报省财政厅审核。

第九条 每年11月底前,省财政厅按不低于当年专项资金规模的70%提前下达市、县(市、区)下一年度转移支付资金。每年根据省级预算编制要求按时完成专项资金分市、县(市、区)预算编制工作。省人代会批准预算后60日内,省财政厅下达全部专项资金。

第十条 下达市、县(市、区)的专项资金,实行属地管理,专项用于扶持和促进中小微企业发展的重点领域和工作,不得擅自改变专项资金用途,不得用于平衡本级财政预算、偿还债务、人员福利、公用经费、楼堂馆所建设等支出。

第十一条 市、县(市、区)在收到专项资金下达计划后,各地经信(中小企业)部门牵头会同科技、地方金融工作及财政等

部门，按照"集中财力办大事"原则，结合本地实际，统一制定专项资金年度分配方案，不得简单地按照部门、业务条线进行切割使用，避免"撒胡椒面"。对于下达市、县（市、区）的专项资金，除已明确奖励、补助对象部分外，省里将明确年度专项资金支持的重点内容（领域）、申报条件、绩效目标等，市、县（市、区）应据此制定专项使用方案，按规定程序组织企业（单位）申报，并及时将专项资金支持的项目清单上报省经信厅、省科技厅、省地方金融监管局及省财政厅备案。

第十二条 各市、县（市、区）财政、经信（中小企业）、科技、地方金融工作等部门要建立健全工作机制，按规定及时做好项目储备等工作，应自接到专项资金正式下达文件30日内制定资金的使用分配方案，加快资金拨付进度，及时将专项资金拨付到项目实施单位，下达市县的专项资金原则上需在每年9月底前完成拨付，提高资金使用效益。

第十三条 对于专项资金的结余资金和连续两年未用完的结转资金，各地财政部门应按照结余结转资金有关规定执行。

第四章 绩效管理和监督检查

第十四条 绩效管理

（一）各级有关主管部门是绩效管理的责任主体，根据国家和省全面绩效管理要求，省经信厅（中小企业局）会同省科技厅、省地方金融监管局及省财政厅建立健全专项资金预算绩效管理制度，完善绩效目标管理，组织实施专项资金绩效评价。各市、县（市、区）经信（中小企业）会同科技、地方金融工作及财政等部门根据项目管理和实施情况组织实施绩效目标申报、绩效监控和绩效评价等工作，切实提高财政资金使用效益。

（二）绩效评价按照"谁使用、谁评价"的原则实施。年度终了，省经信厅（中小企业局）应会同省科技厅、省地方金融监管局组织市县主管部门和单位对转移支付的绩效情况开展自评，并在汇总下级部门绩效自评的基础上，开展全省的转移支付绩效自评。专项转移支付资金到期后省经信厅（中小企业局）应会同省科技厅、省地方金融监管局对专项资金四年实施总体情况开展绩效自评，省财政厅开展重点绩效评价，并根据评价结果确定专项资金保留、调整或取消。绩效评价按照规定程序和要求组织实施，可采取成立评价工作组（专家组）或委托第三方机构等方式开展。

第十五条 监督检查

（一）专项资金使用管理接受审计、纪检监察、财政等部门的监督检查，一旦发现截留、挤占、挪用或骗取专项资金等违法违纪行为，依照有关法律法规的规定追究相应责任。对于需要公开、公示的事项，按规定要求及时向社会公开、公示，接受社会监督。省级有关部门应当按照规定将资金分配结果主动向社会公开。各市、县（市、区）有关部门应当将资金支持企业或者具体项目的情况，向社会公示。

（二）各市、县（市、区）财政和经信（中小企业）、科技、地方金融工作等部门要建立健全专项资金使用管理、监督检查和跟踪问效制度，督促指导项目实施单位按规定要求使用专项资金，确保资金安全、高效，对发现的问题要及时纠正，并向省财政厅、省经信厅（中小企业局）、省科技厅、省地方金融监管局报告。

（三）项目实施单位应按现行有关财务会计制度规定加强财务管理，按规定用途使用资金，自觉接受财政、经信等有关部门的监督检查。

（四）各级财政部门和经信（中小企业）、科技、地方金融工作等业务主管部门，项目申报主体及其工作人员在专项资金使用管理工作中，存在违反规定审批、分配、拨付、使用和管理资金，以及骗取、挪用和截留资金等其他违法违纪行为的，按照《中华人民共和国监察法》《中华人民共和国预算法》《中华人民共和国公务员法》《财政违法行为处罚处分条例》等国家有关法律法规追究相应责任；涉嫌犯罪的，移送司法机关处理。

第五章 附 则

第十六条 对省委、省政府确定的中小企业纾困、促进中小企业发展专项行动等其他年度重点工作，按照省委、省政府决策部署，可由相应省级主管部门牵头会同有关部门商省财政厅另行制定分配方案，明确有关要求。

第十七条 本办法自2022年1月1日起施行。《浙江省财政厅 浙江省经济和信息化厅 浙江省科学技术厅 浙江省地方金融监督管理局关于印发浙江省中小企业发展（竞争力提升工程）专项资金管理办法的通知》（浙财企〔2018〕100号）同时废止。

2021年财政规章及相关政策文件目录(选编)

序号	文件名称	发文单位	文号	印发日期
1	公布施行《医疗保障基金使用监督管理条例》	国务院办公厅	国务院令第735号	2021.1.18
2	关于进一步规范财务审计秩序促进注册会计师行业健康发展的意见	国务院办公厅	国办发〔2021〕30号	2021.7.30
3	关于改革完善中央财政科研经费管理的若干意见	国务院办公厅	国办发〔2021〕32号	2021.8.6
4	关于印发《反垄断工作补助经费管理暂行办法》的通知	财政部　市场监管总局	财行〔2021〕4号	2021.1.21
5	关于印发《储蓄国债(凭证式)管理办法》的通知	中国人民银行　财政部	银发〔2021〕20号	2021.1.22
6	关于印发《地方政府债券信用评级管理暂行办法》的通知	财政部	财库〔2021〕8号	2021.1.29
7	关于印发《加强资产评估行业联合监管若干措施》的通知	财政部办公厅	财办监〔2021〕7号	2021.2.9
8	关于印发《国有文物资源资产管理暂行办法》的通知	财政部　国家文物局	财资〔2021〕84号	2021.3.24
9	关于印发《公路资产管理暂行办法》的通知	财政部　交通运输部	财资〔2021〕83号	2021.3.24
10	关于印发《中央财政衔接推进乡村振兴补助资金管理办法》的通知	财政部　国家乡村振兴局　国家发展改革委　国家民委　农业农村部　国家林业和草原局	财农〔2021〕19号	2021.3.30
11	关于印发《车辆购置税收入补助地方资金管理暂行办法》的通知	财政部　交通运输部	财建〔2021〕50号	2021.4.1
12	关于进一步完善研发费用税前加计扣除政策的公告	财政部　国家税务总局	公告2021年第13号	2021.4.2
13	关于印发《渔业发展补助资金管理办法》的通知	财政部　农业农村部	财农〔2021〕24号	2021.4.6
14	关于明确增值税小规模纳税人免征增值税政策的公告	财政部　国家税务总局	公告2021年第11号	2021.4.6
15	关于印发《城乡义务教育补助经费管理办法》的通知	财政部　教育部	财教〔2021〕56号	2021.4.14
16	关于印发《支持长江全流域建立横向生态保护补偿机制的实施方案》的通知	财政部　生态环境部　水利部　国家林草局	财资环〔2021〕25号	2021.4.20
17	关于印发《文化产业发展专项资金管理办法》的通知	财政部	财教〔2021〕64号	2021.4.20
18	关于印发《改善普通高中学校办学条件补助资金管理办法》的通知	财政部　教育部	财教〔2021〕74号	2021.4.21
19	关于印发《特殊教育补助资金管理办法》的通知	财政部　教育部	财教〔2021〕72号	2021.4.22
20	关于印发《中央对地方博物馆纪念馆免费开放补助资金管理办法》的通知	财政部	财教〔2021〕88号	2021.4.30
21	关于印发《关于深入开展政府采购脱贫地区农副产品工作推进乡村产业振兴的实施意见》的通知	财政部　农业农村局　国家乡村振兴局　中华全国合作供销总社	财库〔2021〕20号	2021.5.6
22	关于运用政府采购政策支持乡村产业振兴的通知	财政部　农业农村部　国家乡村振兴局	财库〔2021〕19号	2021.5.6

续表(一)

序号	文件名称	发文单位	文号	印发日期
23	关于印发《农村综合改革转移支付管理办法》的通知	财政部	财农〔2021〕36号	2021.5.8
24	关于印发《政府采购需求管理办法》的通知	财政部	财库〔2021〕22号	2021.5.8
25	关于印发《支持学前教育发展资金管理办法》的通知	财政部　教育部	财教〔2021〕73号	2021.5.13
26	关于印发《彩票市场调控资金管理办法》的通知	财政部	财综〔2021〕17号	2021.5.25
27	关于印发《彩票公益金管理办法》的通知	财政部	财综〔2021〕18号	2021.5.31
28	关于将国有土地使用权出让收入、矿产资源专项收入、海域使用金、无居民海岛使用金四项政府非税收入划转税务部门征收有关问题的通知	财政部　自然资源部　税务总局　人民银行	财综〔2021〕19号	2021.5.31
29	关于印发《中小企业发展专项资金管理办法》的通知	财政部	财建〔2021〕148号	2021.6.10
30	关于印发《农村环境整治资金管理办法》的通知	财政部	财资环〔2021〕43号	2021.6.11
31	关于印发《土壤污染防治资金管理办法》的通知	财政部	财资环〔2021〕42号	2021.6.11
32	关于印发《水污染防治资金管理办法》的通知	财政部	财资环〔2021〕36号	2021.6.11
33	关于印发《大气污染防治资金管理办法》的通知	财政部	财资环〔2021〕46号	2021.6.15
34	关于深入推进优质粮食工程的意见	财政部　国家粮食物资局	财建〔2021〕177号	2021.6.21
35	关于印发《中央集中彩票公益金支持社会福利事业资金使用管理办法》的通知	财政部　民政部	财社〔2021〕60号	2021.7.6
36	关于印发《2022年政府收支分类科目》的通知	财政部	财预〔2021〕63号	2021.7.16
37	关于印发《义务教育薄弱环节改善与能力提升补助资金管理办法》的通知	财政部　教育部	财教〔2021〕127号	2021.7.21
38	关于印发《中央部门项目支出核心绩效目标和指标设置及取值指引(试行)》的通知	财政部	财预〔2021〕101号	2021.8.23
39	关于印发中央专项彩票公益金支持教育相关项目资金管理办法的通知	财政部　教育部	财教〔2021〕156号	2021.8.26
40	关于印发《中央生态环保转移支付资金项目储备制度管理暂行办法》的通知	财政部　自然资源部　生态环境部　应急部　国家林草局	财资环〔2021〕91号	2021.9.1
41	关于进一步完善国家助学贷款政策的通知	财政部　教育部　人民银行　银保监会	财教〔2021〕164号	2021.9.6
42	关于印发《国有资产报告编报工作暂行办法》的通知	财政部	财资〔2021〕123号	2021.9.15
43	关于印发《国家重点研发计划资金管理办法》的通知	财政部　科技部	财教〔2021〕178号	2021.9.30
44	关于印发《中央行政事业单位国有资产处置管理办法》的通知	财政部	财资〔2021〕127号	2021.10.9
45	关于印发《部门决算管理办法》的通知	财政部	财库〔2021〕36号	2021.10.19
46	关于印发《国家科技成果转化引导基金管理暂行办法》的通知	财政部　科技部	财教〔2021〕176号	2021.11.1

续表(二)

序号	文件名称	发文单位	文号	印发日期
47	关于印发《重点生态保护修复治理资金管理办法》的通知	财政部	财资环〔2021〕100 号	2021.11.1
48	关于进一步规范和加强学业生资助管理工作的通知	财政部办公厅　教育部办公厅　人力资源社会保障部办公厅	财办教〔2021〕72 号	2021.11.4
49	关于实施中央财政支持普惠金融发展示范区奖补政策的通知	财政部　人民银行　银保监会	财金〔2021〕96 号	2021.11.8
50	关于印发《现代职业教育质量提升计划资金管理办法》的通知	财政部　教育部	财教〔2021〕270 号	2021.11.16
51	关于印发《支持浙江省探索创新打造财政推动共同富裕省域范例的实施方案》的通知	财政部	财预〔2021〕168 号	2021.11.25
52	关于印发《会计改革与发展“十四五”规划纲要》的通知	财政部	财会〔2021〕27 号	2021.11.26
53	关于印发《衔接推进乡村振兴补助资金绩效评价及考核办法》的通知	财政部　国家乡村振兴局　国家发展改革委　国家民委　农业农村部　国家林草局	财农〔2021〕122 号	2021.11.30
54	关于印发《中央引导地方科技发展资金管理办法》的通知	财政部　科技部	财教〔2021〕204 号	2021.12.2
55	关于印发《全国财政法治宣传教育第八个五年规划(2021—2025 年)》的通知	财政部	财法〔2021〕9 号	2021.12.8
56	关于印发《农村集体经济组织财务制度》的通知	财政部　农业农村部	财农〔2021〕121 号	2021.12.14
57	关于印发《高等学校哲学社会科学繁荣计划专项资金管理办法》的通知	财政部　教育部	财教〔2021〕285 号	2021.12.15
58	关于修订发布《政府和社会资本合作(PPP)综合信息平台信息公开管理办法》的通知	财政部	财金〔2021〕110 号	2021.12.21
59	关于印发《会计行业人才发展规划(2021—2025 年)》的通知	财政部	财会〔2021〕34 号	2021.12.27
60	关于印发《中央财政农业保险保费补贴管理办法》的通知	财政部	财金〔2021〕130 号	2021.12.31
61	关于印发《高质量创建乡村振兴示范省推进共同富裕示范区建设行动方案(2021—2025 年)》的通知	农业农村部　浙江省人民政府	农规发〔2021〕11 号	2021.8.20
62	关于印发《浙江省财政“十四五”规划》的通知	浙江省发展和改革委员会　浙江省财政厅	浙发改规划〔2021〕134 号	2021.4.26
63	关于进一步规范政府购买服务采购管理的通知	浙江省财政厅	浙财采监〔2021〕2 号	2021.1.15
64	关于印发浙江省省级行政事业单位公款竞争性存放管理办法的通知	浙江省财政厅	浙财预执〔2021〕7 号	2021.1.20
65	关于解决部分退役士兵社会保险问题省级(含中央)财政补助资金有关事项的通知	浙江省财政厅　浙江省退役军人事务厅　浙江省人力社保厅　浙江省医保局　浙江省民政厅　国家税务总局浙江省税务局	浙财社〔2021〕1 号	2021.1.21
66	关于印发浙江省中央海洋生态保护修复资金管理办法实施细则的通知	浙江省财政厅　浙江省自然资源厅	浙财资环〔2021〕2 号	2021.1.28
67	关于印发浙江省交通运输发展专项资金管理办法的通知	浙江省财政厅　浙江省交通运输厅	浙财建〔2021〕8 号	2021.2.9
68	关于印发浙江省中央财政农业生产和水利救灾资金管理办法实施细则的通知	浙江省财政厅　浙江省农业农村厅　浙江省水利厅	浙财农〔2021〕5 号	2021.2.18

续表(三)

序号	文件名称	发文单位	文号	印发日期
69	关于延续实施应对疫情影响房产税、城镇土地使用税减免政策的通知	浙江省财政厅 国家税务总局浙江省税务局	浙财税政〔2021〕3号	2021.2.18
70	关于修订浙江省医疗收费电子票据管理办法的通知	浙江省财政厅　浙江省卫生健康委员会　浙江省医疗保障局	浙财综〔2021〕15号	2021.4.15
71	关于进一步加强和规范政府购买服务管理的通知	浙江省财政厅	浙财综〔2021〕19号	2021.5.13
72	关于印发浙江省农业相关转移支付资金管理实施细则的通知	浙江省财政厅 浙江省农业农村厅	浙财农〔2021〕34号	2021.5.31
73	关于印发浙江省水运基础设施建设项目资金补助办法的通知	浙江省财政厅 浙江省交通运输厅	浙财建〔2021〕59号	2021.6.15
74	关于印发浙江省民族团结进步事业发展专项资金使用管理办法的通知	浙江省财政厅 浙江省民族宗教事务委员会	浙财行〔2021〕29号	2021.7.1
75	关于印发浙江省产业基金管理办法的通知	浙江省财政厅	浙财建〔2021〕75号	2021.7.12
76	关于印发浙江省中央重点生态保护修复治理资金管理办法实施细则的通知	浙江省财政厅　浙江省自然资源厅　浙江省生态环境厅	浙财资环〔2021〕39号	2021.7.30
77	关于印发浙江省财政衔接推进乡村振兴补助资金管理办法的通知	浙江省财政厅　浙江省农业农村厅　浙江省乡村振兴局 浙江省民族宗教事务委员会	浙财农〔2021〕51号	2021.8.19
78	关于印发省产业基金投资运作联席会议制度的通知	浙江省财政厅	浙财建〔2021〕112号	2021.8.26
79	关于印发浙江省省级部门项目支出预算管理办法的通知	浙江省财政厅	浙财预〔2021〕28号	2021.10.15
80	关于印发浙江省普通国省道公路建设和养护资金补助办法的通知	浙江省财政厅 浙江省交通运输厅	浙财建〔2021〕142号	2021.11.16
81	关于进一步加强政府产业基金投资运作管理的指导意见	浙江省财政厅	浙财金〔2021〕42号	2021.12.1
82	关于进一步促进政府采购公平竞争打造最优营商环境的通知	浙江省财政厅	浙财采监〔2021〕22号	2021.12.14
83	关于印发浙江省省级行政事业单位软件资产管理办法(试行)的通知	浙江省财政厅	浙财资产〔2021〕117号	2021.12.17
84	关于进一步规范中央专项转移支付申报使用的通知	浙江省财政厅	浙财预〔2021〕39号	2021.12.23
85	关于印发浙江省海塘安澜工程建设项目财政资金管理实施细则的通知	浙江省财政厅　浙江省水利厅	浙财农〔2021〕85号	2021.12.31
86	关于印发浙江省中小企业发展专项资金管理办法的通知	浙江省财政厅　浙江省经济和信息化厅　浙江省科学技术厅 浙江省地方金融监督管理局	浙财建〔2021〕178号	2021.12.31

财政文选

zhejiang caizheng nianjian

厅领导谈财政

以科学思维方法指导新时代财政工作

浙江省财政厅党组书记、厅长　尹学群

习近平同志在浙江工作期间，科学运用战略思维、历史思维、辩证思维、创新思维、法治思维、底线思维，在省域层面对坚持和发展中国特色社会主义进行了卓有成效的理论创新、实践创新、制度创新，给我们留下了宝贵的精神财富。最近，结合党史学习教育，我认真学习了《习近平在浙江》采访实录和《习近平科学的思维方法在浙江的探索与实践》，深刻体悟蕴含其中的科学真理和实践伟力。这六大科学思维与财政的职能定位、性质特点、使命任务高度一致，是指导新时代财政工作的有力思想武器和根本遵循，必须学深悟透、入心入脑，将其贯穿到财政工作全过程，推动新时代财政事业高质量发展。

一要强化战略思维。习近平同志强调，"要站在战略的高度，善于从政治上认识和判断形势，观察和处理问题，善于透过纷繁复杂的表面现象，把握事物的本质和发展的内在规律"。财政是国家治理的基础和重要支柱，财政工作涉及经济社会发展的方方面面，牵一发而动全身。做好财政工作，必须提高政治站位，切实增强政治判断力、政治领悟力和政治执行力，以当家的思维担当管家的责任，善于从政治上认识和判断形势，做到既抓住重点又统筹兼顾，既立足当前又放眼长远。

要克服财政本位，善于跳出财政看财政，围绕党中央和省委、省政府重大决策部署谋划推动财政工作，提前介入、深度参与各项规划、制度、政策的制定，变"被动埋单"为"主动请客"，增强财政工作的战略性、前瞻性、主动性。要有系统思维，善于从财政工作的全流程来研究财政政策，不仅要算部分领域、部分环节、短周期的账，做到局部平衡、静态平衡、短周期平衡，还要算全局、全流程、全周期的账，做到全局平衡、动态平衡、全周期平衡。

二要强化历史思维。习近平同志指出，历史是最好的教科书，也是最好的清醒剂，要求领导干部提高历史思维能力，"弄清楚我们从哪儿来、往哪儿去，很多问题才能看得深、把得准"。财政在党的百年奋斗历程中扮演着特殊重要的角色，在革命、建设、改革各阶段发挥着不可替代的作用，从解放前根据地的红色财政到新中国成立后实行的统收统支、高度集中的财税体制，从改革开放后"包干制"到分税制改革，再到建立现代财税体制，可以说，一部党史同时也是一部财政实力不断壮大、体制机制不断完善、职能作用不断彰显的发展史、奋斗史。

因此，财政干部学好党史首先必须学好财政史、浙江财政史，在波澜壮阔的财政发展历程中，深刻体悟红色财政的职能定位、性质宗旨、实践经验，锤炼忠诚干净担当的政治品格，汲取不断前行的奋进力量，坚决扛起新时代新征程赋予浙江财政的新使命新担当。

三要强化辩证思维。习近平总书记指出，"要学习掌握唯物辩证法的根本方法，不断增强辩证思维能力，提高驾驭复杂局面、处理复杂问题的本领"。财政处于各方利益的交汇点，要平衡方方面面的关系，尤其需要强化辩证思维，掌握辩证方法。要客观地而不是主观地、发展地而不是静止地、全面地而不是片面地、系统地而不是零散地、普遍联系地而不是孤立地观察问题、分析问题、解决问题，在矛盾双方对立统一的过程中把握财政发展规律。

分析形势、谋划工作要一分为二，既要看到有利的因素，坚定信心、乘势而上，又要看到不利的因素，未雨绸缪、补齐短板。形势好的时候，要居安思危，始终保持如履薄冰的状态，合理安排组织收入目标，合理安排各项支出，为后续发展多留一些余地和空间；形势不好的时候，要保持战略定力，不能为了追求短期的增长，做杀鸡取卵、竭泽而渔等损害经济发展基础、影响经济转型升级的事情。同时要辩证看待"危"和"机"的关系，通过财政的积极作为，危中寻机、化危为机。

四要强化创新思维。习近平总书记指出，"纵观人类发展历史，创新始终是一个国家、一个民族发展的重要力量，也始终是推动人类社会进步的重要力量"。改革创新是我省财政部门的优良传统，也是确保各项事业继续走在全国前列的不竭动力。

要创新理论指导，深入学习贯彻习近平总书记关于财政工作的重要论述精神，及时跟进学习习近平总书记最新讲话精神，用其所蕴含的科学理念、观点、方法武装头脑、指导实践、推动工作。要创新制度供给，按照党的十九大报告明确的目标任务，对标"十四五"规划纲要，大力推进财税体制改革，在预算管理、财政事权和支出责任划分、地方税体系建设等方面多谋实招硬招，加快构建具有浙江特色、与"重要窗口"相适应的现代财税体制，提高财政配置资源的科学性、规范性和有效性。要创新工作理念，按照"整体智治、高效协同"的要求，提高数字化思维、数字化认知的水平和能力，大力推进财政数字化改革，把数字化、一体化、现代化贯穿财政治理和服务各环节，力争"一年出成果、两年大变样、五年新飞跃"，当好数字化改革的排头兵。

五要强化法治思维。习近平总书记强调，"各级领导干部要提高运用法治思维和法治方式深化改革、推动发展、化解矛盾、维护稳定能力，努力推动形成办事依法、遇事找法、解决问题用法、化解矛盾靠法的良好法治环境，在法治轨道上推动各项工作"。法治是现代财政制度的根基，也是做好新时代财政工作的本质要求。

要全面深入贯彻习近平法治思想，将法治思维、法治方式贯穿财政工作全过程。要强化职责法定，处理好政府和市场、社会的关系，厘清公共财政运行边界，做到法无授权不可为、法定职责必须为，减少政府对市场主体和微观经济活动的直接干预，既要避免大包大揽，又要避免缺位失位；要强化预算法定，认真贯彻预算法，硬化预算约束、强化预算刚性、严肃财经纪律，在法律的框架内科学、合理、公平地配置财力资源，做到无预算不支出；要强化税收法定，依法征管、依法减免，着力打造统一税制、公平税负、促进公平竞争的税收环境。

六要强化底线思维。习近平同志多次强调，“要善于运用底线思维的方法，凡事从坏处准备，努力争取最好的结果，做到有备无患、遇事不慌，牢牢把握主动权”。财政是党委、政府履职的物质基础、体制保障、政策工具和监管手段，出不得风险，也出不起风险，必须坚持底线思维、增强忧患意识，把困难和风险估计得更充分点，把办法和措施考虑得更周全点，把空间和余地留得更大点。不管经济发展到什么阶段，都要坚持政府过紧日子，厉行节约、反对浪费，勤俭办一切事业，贯彻落实好“以收定支、收支平衡”的理财原则。

要有前瞻性和预见性，统筹算好当前账和长远账、局部账和全局账、大账和小账，尽力而为、量力而行，根据发展阶段和财力可能合理安排建设项目和支出，避免不切实际的承诺，坚决兜住“三保”底线。要积极稳妥防范政府性债务、养老保险基金等财政风险，筑牢防火墙，切实将风险关进制度的笼子。

（刊于《浙江日报》2021年5月31日）

以新担当新作为开好局起好步

浙江省财政厅党组书记、厅长　尹学群

党的十九届五中全会科学擘画了未来五年的发展蓝图，提出了2035年远景目标，开启了全面建设社会主义现代化国家新征程。财政部门要以习近平新时代中国特色社会主义思想为指导，胸怀“两个大局”，心系“国之大者”，把握新发展阶段，贯彻新发展理念，构建新发展格局，奋发有为、主动担当，继续交出财政高分报表，确保“十四五”开好局、新征程起好步，为争创社会主义现代化先行省贡献力量。

得益于“十三五”期间的快速发展，浙江省财政总体呈现“收入高质量、支出高绩效、管理高水平”的特点，经济长期向好的基本面没有变，财政收入平稳可持续增长的基础没有变，长期改革发展积累的优势没有变。“十四五”时期将巩固拓展发展胜势，研究提出“跳一跳、够得着”的奋斗目标。具体表现为“四个更”：

一是收支运行更“稳”。财政收入保持稳健增长，与经济增长基本同步，与城乡居民人均可支配收入增幅相协调。财政收入质量不断提升，税收占一般公共预算收入的比重继续位居全国前列；财政支出结构持续优化，过紧日子思想深入人心，集中财力办大事体制机制不断完善。

二是财政政策更“优”。更具竞争力、常态化的逆周期调节财税政策体系加快构建，财税政策与其他政策的协同性进一步增强，财政宏观调控和服务大局能力不断提升；民生保障制度体系不断健全，财政支出增量的三分之二以上用于民生，民生政策更加有效、更可持续；全面预算绩效管理体系基本成型。

三是财政改革更“先”。具有浙江特色、符合高质量发展要求的现代财税体制加快构建，涌现更多在全国具有示范引领作用、彰显浙江辨识度的改革创新标志性成果；全面规范、公开透明的预算管理制度不断完善，零基预算编审机制不断深化，支出标准体系不断健全，省以下财政事权和支出责任划分改革加快推进，省对市县财政体制更加科学、合理、高效，地方政府债务管理制度进一步健全。

四是财政管理更“智”。财政数字化改革大力推进，数字化、一体化、现代化贯穿财政工作全过程，预算管理一体化、统一公共支付平台、政采云、电子票据、政府债务“鹰眼护航”系统等重点项目不断迭代升级，“整体智治、高效协同”财政管理机制基本构建，财政管理的数字化、智能化、智慧化水平明显提升。

围绕“四个更”的目标，在具体工作过程中重点把握“五个坚持”：

第一，坚持从讲政治的高度做好财政工作。要提高政治判断力，以当家的思维担当管家的责任，增强科学把握形势变化、精准识别现象本质、有效抵御风险挑战的能力。要提高政治领悟力，树立宏观思维和大局意识，深刻领会和运用中央精神分析财政经济形势、推动财政改革发展。要提高政治执行力，对标党中央、国务院和省委、省政府重大决策部署，创造性地开展工作，创造性地做好服务保障，以实际行动增强“四个意识”、坚定“四个自信”、做到“两个维护”。

第二，坚持打造整体智治财政。以数字化改革为总抓手，推进跨部门、跨层级数据共享、流程再造和业务协同，加强系统建设，着力打造整体智治财政，使决策更科学、治理更精准、服务更高效。思想上要强化一体，省财政牢固树立“省财政是全省的财政”的理念，既管好省本级，更要从全省层面抓统筹抓协调，做好制度、规划、改革、政策等顶层设计，并加强对市县乡的指导和系统建设；市县财政要树立全局意识，做到与省财政步调一致、同频共振。系统上要建成一体，纵深推进财政数字化改革，按照“横向一体化、纵向集中化”的要求，加快建设预算管理一体化系统，整合预算管理全流程，制定统一的业务规范和技术标准，形成顺向逐级控制、逆向实时反馈的完整管理闭环，为完善全面规范透明、标准科学、约束有力的预算制度提供有力保障。体制上要研究一体，积极研究打造省管县财政体制升级版，进一步提高设区市的统筹和资源配置能力，建立相应的激励约束机制，充分发挥财政体制的杠杆引导作用，调动市县区发展经济、培育税源的积极性。绩效上要融成一体，按照全方位、全覆盖、全过程的要求，系统重构预算绩效管理体系，鼓励各地围绕某项工作进行探索试点，形成可复制可推广的经验。干部上要汇成一体，深化机关党建系统联动,加强省与市县、市县之间的工作交流。

第三,坚持系统观念系统方法。财政与经济社会发展各方面发生着千丝万缕的联系,具有整体性、结构性、开放性、运动性四大系统特征。应对复杂局面、破解多难问题、推进财政改革,必须坚持系统观念和系统方法,提升前瞻性思考、全局性谋划、战略性布局、整体性推进的能力,在经济社会发展大局中统筹好收入与支出、当前与长远、局部与全局、政策与资金、发展与安全等重大关系,抓好短周期平衡、统筹长周期安排、注重跨周期谋划、善于逆周期调节,实施一批具有牵动性、创新性、突破性的财政战略抓手,抓纲带目、纲举目张,实现多维目标的统一。

第四,坚持夯实财政管理的"四梁八柱"。要高度重视财政系统的基础建设,针对审计、检查等发现的问题,有针对性地采取措施,把漏洞堵实,把短板补齐,构建起支撑财政高质量发展的"四梁八柱"。要夯实制度基础,从省、市、县、乡各层级,预算、执行、监督全链条,资金筹集、分配、使用、管理全环节,开展制度大排查,抓紧查漏补缺,打通制度堵点,抓好制度执行。要夯实数据基础,强化数据归集、共享,深化大数据运用,充分发挥数据在决策、管理、监督、服务中的作用。要夯实数字化基础,将改革和制度成果标准化程序化,嵌入计算机系统,通过"业务数字化、数据业务化",以机器管权、管钱、管事,以数字赋能财政决策、执行、监督、管理、服务各环节,加快形成即时感知、科学决策、主动服务、高效运行、智能监管的新型财政治理形态、治理模式。

第五,坚持底线思维风险意识。财政是党和政府履职的物质基础、体制保障、政策工具和监管手段,尤其需要坚持底线思维、增强忧患意识。要跑在风险前面,出台政策、上马项目,不仅要算眼前账,更要算长远账。既要筑牢"防火墙",防范各类风险连锁联动,避免经济社会风险向财政蔓延传递;又要当好"安全阀",下好先手棋、打好主动仗,把各类风险消除在萌芽状态,为经济社会发展营造安全、稳定的财政环境。

(刊于《中国财经报》2022年3月1日)

高效能打造"一个门户、四个系统"以数字化改革赋能财政整体智治

浙江省财政厅党组书记、厅长　尹学群

数字化改革是数字浙江建设的新阶段,是"最多跑一次"改革和政府数字化转型的迭代深化,是推进省域治理体系和治理能力现代化的必由之路,是浙江立足新发展阶段、贯彻新发展理念、构建新发展格局的重大战略举措。财政既是数字化改革的重要领域,也是数字化改革的重要保障,承担着双重职责。全省财政部门要深入学习贯彻全国"两会"和全省数字化改革大会精神,围绕"忠实践行'八八战略'、奋力打造'重要窗口'"主题主线,全面推进财政数字化改革工作,以领跑者姿态加快推进数字化改革。

一、充分认识财政数字化改革的重要意义和内涵要义

从政治层面看,数字化改革是践行"两个维护"、展现担当作为的具体行动。数字浙江建设是习近平总书记在浙江工作期间亲自谋划的重大战略,也是"八八战略"的重要内容。这些年来,省委坚持一张蓝图绘到底,数字化信息化已成为我省的一张金名片。特别是2017年以来,数字浙江建设加速推进。省委十四届八次全会将"以数字化改革撬动各领域各方面改革"作为"十三项战略抓手"之一,袁家军书记亲自谋划、亲自研究、亲自部署,希望浙江能够引领全球数字变革的跨越,成为全球数字变革的高地。财政是党委政府履职的物质基础、体制保障、政策工具和监管手段,承担着资源配置、收入分配、调控经济、监督管理等重要职能,是服务保障数字化改革的重要力量。我们必须深入学习贯彻习近平总书记重要指示精神,认真落实省委、省政府决策部署,对外做到高水平、高绩效保障,当好"助推器";对内做到高质量、高效用运用,当好"领跑者"。

从管理层面看,财政数字化改革是打造整体智治财政的迫切需要。当前财政部正大力推进预算管理一体化建设,要求实现五个方面的"一体化",即全国政府预算管理的一体化、各部门预算管理的一体化、预算全过程管理的一体化、项目全生命周期管理的一体化、全国预算数据管理的一体化。可以说,预算管理一体化是财政数字化改革的重要内容,是通过系统性和整体性的架构重塑,使财政数字化建设从"碎片化"转变为"一体化",推动决策更加科学、治理更加精准、服务更加高效,最终实现整体智治。同时,当今世界正经历百年未有之大变局,财政工作的内外部环境发生了深刻的变化,风险挑战随之增多,应对难度相应加大。通过财政数字化改革,实现跨部门业务协同和数据共享,有效提升财政整体智治水平,健全"监测—预警—处置—反馈"财政风险闭环防控体系,在开放、动态的系统中防范各类风险,为经济社会发展夯实安全、稳定的财政基础。

从服务层面看,财政数字化改革是引领现有服务平台迭代升级、螺旋上升的有利契机。这些年来,我省各级财政部门在"最多跑一次"改革和政府数字化转型方面取得了明显成效,创造了很多经验,构建了很多应用场景,形成了政采云、统一公共支付平台、区块链电子票据、鹰眼护航、资产云等一批数字化转型的重大标志性成果。不少市县也有很多自己的创新和特色项目,这为我们全面推进数字化改革打下了很好的基础。但我们也要清醒地看到,与数字化发展和数字化改革的新目标新任务相比,与省委、省政府的高标准严要求相比,与先进地区先进部门相比,我省财政系统数字化改革还存在不少差距。这次数字化改革是我们补短板、强弱项的有利契机,也是更好发挥数字赋能优势,全面提升财政工作水平的难得机遇。我们要大规模应用互联网、云计算、大数据、区块链等先进技术,架设财政部门与社会公众、企业的通道,做好社会场景应用文章,改进提升服务

水平，从而提高服务对象的参与感、体验感和获得感。

二、准确把握我省财政数字化改革的目标任务

全省数字化改革大会后，省财政厅党组组织专班认真研究谋划财政数字化改革工作，形成了改革方案。我们要在此方案基础上，对标国内一流、省内先进，认真梳理财政部门核心业务和工作要点，找准发力点和努力方向，推动改革螺旋式上升。当前的重点任务是把握好以下几个方面。

（一）围绕“一个目标”。即领跑全省，领先全国，整体智治，高效协同。领跑全省，就是要在全省各部门单位中跑在前列。领先全国，就是要在全国财政系统中走在前列。整体智治，就是要全省一体、智慧治理。高效协同，就是要上下联动、左右贯通。

（二）搭建好“四梁八柱”。重点是打造“一个门户、四个系统”。

1.“一个门户”，即数字财政综合应用门户。

按照党政机关整体智治系统架构，建设数字财政综合应用门户，动态掌握五大综合应用交办的任务、厅机关年度工作要点、财政概况、核心业务、工作动态、机关运行、市县财政等财政运行全貌，实现全局“一屏掌控”、任务“一键智达”、执行“一贯到底”、监督“一览无余”。所有的中心工作、重点任务都实现可量化、可考核，全面建设指标体系、政策体系、工作体系、评价体系。

2.“四个系统”，即集中财力办大事系统、预算一体化系统、核心业务事件反馈系统和服务社会应用系统。

第一个系统，就是构建以实现党政整体智治财政任务为重点的集中财力办大事系统。通过集中财力办大事管理机制，承接省委、省政府下达的重大任务，形成政策资金安排建议，按程序纳入预算管理一体化系统，转变成大家熟悉的财政业务，并及时向省委、省政府反馈重大任务执行情况。

第二个系统，就是构建以财政核心业务为主要内容的预算一体化系统。通过整合预算管理全流程，贯通预算编制、预算执行、会计核算、资产管理等主要环节，融合全过程绩效管理要求，实现全省预算管理的“横向一体化、纵向集中化、系统平台化”三大目标，实现省市县乡各级预算管理改革“一体推进”。主要包括八大模块。

一是基础信息管理模块。这是支撑预算管理一体化系统运转的基础和前提，对预算管理一体化系统各环节使用的各类基础信息，进行统一的管理和维护，实现各业务环节对基础信息的共享共用。

二是项目库管理模块。以项目为基本单元，建立项目的全生命周期管理流程，实现项目基本信息、项目测算、分年度支出计划、项目绩效目标等项目信息的全过程管理。通过项目库这条主线，形成以资金管理为目标、以项目管理为主线的预算管理闭环。

三是预算编制模块。规范政府预算、部门预算、单位预算的管理流程和规则，反映上下级财政、政府预算和部门预算的批复及动态调整情况，全面强化预算约束，实现项目年度预算信息的全过程管理。

四是预算批复模块。规范政府预算批准、转移支付预算下达、部门预算批复、政府和部门预算公开的管理流程和规则，实现财政部门批复的部门预算、指标信息、政府采购预算、转移支付指标等预算信息的全过程管理。

五是预算调整和调剂模块。规范预算执行中预算调整和调剂的管理流程和规则，实现指标调整和调剂等预算管理信息的全过程管理。

六是预算执行模块。规范政府和部门收支预算执行的管理流程和规则，完善国库集中支付运行管理，严格预算指标对资金支付的控制，构建高效的资金支付机制。

七是会计核算模块。规范总预算会计核算、单位会计核算、预算指标会计核算的管理流程和规则，引入管理会计的理念和方法，建立指标账本，实现预算指标的会计核算与总预算会计、单位会计三者之间的相互衔接。

八是决算和财务报告模块。规范财政总决算、部门决算、部门财务报告、政府综合财务报告的管理流程和规则，提高决算和报告的编制效率和数据准确性，实现决算报告和财务报告的规范管理。

第三个系统，就是构建以财政态势感知为主要内容的核心业务事件反馈系统。在财政核心业务数字化的基础上，充分利用财政数字化转型的建设成果，以态势感知、风险预警为主要形态，综合集成财政核心业务，及时感知财政运行状况、预警财政运行风险，主要包括七个方面。

一是地方财政收入态势感知。通过集成财政、税务、人民银行、统计、市场监管等多部门基础数据，构建深度融合的地方财政收入数据中心，全面展示各地区地方财政收入情况，服务领导科学决策。

二是预算执行态势感知。以预算管理一体化数据为基础，将全省所有预算单位的每一笔预算指标、用款计划、支付明细等集中展示，逐步实现“部门整体画像”功能，实现对预算单位“人、财、物”的精密智控。

三是社保基金态势感知。通过集成各级财政及相关部门的基础数据，展示全省及各地社保基金的收支余状况，实时监控基金运行情况，对基金运行风险预警预测，为防范基金运行风险提供技术支撑。

四是直达资金态势感知。依托财政直达资金动态监控系统，对直达资金的预算分配下达、资金支付、惠企利民补助补贴发放等业务，进行全流程跟踪监控，形成分地区、分专项资金、分处室台账报表，实时显示工作进度。

五是政府采购态势感知。利用政府采购全过程数据，运用大数据技术，按监管需要对政府采购整体情况进行实时分析监控，提升政府采购监管治理能力。

六是“三保”动态监测和风险预警。实时掌握市县“三保”以及财政运行情况，通过系统数据分析，实现风险预警，快速找出问题症结，有效采取化解措施，逐步实现“市县财政整体画像”功能，力争在全国率先实现基层“三保”预算执行情况动态监控。

七是地方政府性债务风险预警。以“红橙黄”三色展示全省各市县疑似新增隐性债务风险项目，同时以“红橙黄绿”四色显示

各市县债务风险等级，实现债务信息集成化、政策模型化、风险可视化、管理系统化，进一步提升地方政府性债务风险预警能力。

第四个系统，就是构建以系列财政应用场景为主要内容的服务社会应用系统。依托省政府“浙里办”“浙政钉”两大门户，以单位、企业、群众需求为导向，迭代升级6个“浙里+”场景化服务应用系统，实现一端集成、全省共享。

一是“浙里报”。在“浙政钉”门户嵌入行政事业单位无纸化财务报销功能，包括单位日常经费、差旅费、公务接待费、交通费、资产购置费等所有报销事项的事前审批、报销申请、报销审批，实现随时随地移动处理。

二是“浙里缴费”。将“浙里办”中的“公共支付”升级为“浙里缴费”，整合建立线上线下一体化多端融合的公共服务体系，不断拓展个性化和一体化的缴费功能，优化提升用户缴款体验，为群众和企业办理政府非税收入等公共款项缴纳业务提供支撑服务。

三是“浙里办票”。将“浙里办”中的“我的票据”升级为“浙里办票”，归集各类财政电子票据和税务电子发票，并积极对接各用票单位开展后续电子票的报销入账等社会化服务，从而形成集电子票展示、查验、利用为一体的办票门户。

四是“浙里担”。以“浙里办”平台中的“浙里担”信用码为基础，为新型农业主体提供政银担一体化、数字化、智能化农业融资担保服务。用户通过“浙里担”，可在线选择担保贷款产品、意向银行，实现担保申请一键提交和电子合同线上签约。

五是“会计之家”。通过“浙里办”中的“会计之家”应用，会计人员可在线完成会计人员基础信息登记(变更)、会计专业技术资格考试报名、高级会计专业技术资格评审申报、会计人员继续教育和高端会计人才申报等事项办理；会计代理记账机构、会计师事务所(分所)可在线完成行政许可申请，变更相关信息，实现年度报备等事项。

六是“浙里垫付”。将全省救助基金管理打造为“一站式”服务联办模式，群众可通过“浙里办”中的“浙里垫付”，对机动车道路交通事故中受害人的抢救费用提出垫付申请，实现抢救费用垫付“一件事”全生命周期管理。

(三)把握“五个关键词”。围绕“一个目标、一个门户、四个系统”，要重点把握以下五个关键词。

一是一体化。纵向要一体化，省市县各层级一体推进、步调一致、高效协同，实现自上而下的顶层设计和自下而上的应用场景创新相结合；横向要一体化，财政部门要同其他部门实现资金流、数据流、业务流的相互贯通、系统融合、综合集成；业务之间要一体化，网络、平台、数据、场景都要进行统筹规划、整体设计，发挥整体的最大效应。

二是全方位。数字化改革是全方位的改革，具有极强的引领性、整体性和撬动性，是引领发展格局、治理模式和生活方式变革的关键变量，要通过数字化改革把各方面的优势和潜力激发出来，实现“一子落而满盘活”。

三是制度重塑。重塑财政机关运行机制，重塑党政机关与社会、企业的制度链接，重塑财政在纵向、横向、政策、服务社会等方面的有关制度，实现各领域全方位的流程再造。

四是数字赋能。通过数字化改革，对财政的每一项任务、每一个领域实现从宏观到微观、从定性到定量的精准把握，提升整体协同能力。

五是实用实效。强调效用优先，坚持以“管用”和“好用”为导向，让每个项目和场景应用都能产生高质量、高效率、人性化的效果。

三、上下联动全力推进财政数字化改革

财政数字化改革是一项复杂的系统工程，既要“操其要于上”，加强战略谋划和顶层设计；也要“分其详于下”，把握工作着力点。今年是数字化改革元年，财政部门必须坚持系统观念系统方法，强化高效协同、加强闭环管理，以更高标准、更实举措、更严要求，迈好第一步、展现新气象，推动财政数字化改革尽快取得突破性进展。

(一)要以最强力量推进工作。数字化改革已经成为我省的“一号工程”，时间紧、任务重。全省各级财政部门务必在思想上高度重视，对照目标，找准定位，明确任务，压实责任，齐心协力把这项工作抓实办好。一是“一把手”挂帅。把财政数字化改革作为“一把手”工程，抓紧建立组织领导机制，全面推进各项工作。二是专班化推进。成立工作专班，领导推进本级财政数字化改革工作，按照省厅部署，积极配合、共同处置财政数字化改革中的所有问题。三是把握时间节点。省委、省政府已经明确了今年数字化改革工作的四个时间节点，财政部对预算一体化也有时间要求，一定要把握时间节点，高质高效完成各项任务。四是加快预算管理一体化建设。目前全省已有28个市县区开展试点工作，要抓紧时间扩大试点范围，提高覆盖面，力争全国排名再上一个台阶。五是高水平高绩效保障。按照“精打细算、量力而行、讲求绩效”的原则，大力倡导综合集成、迭代提升、量力而行的开发建设模式，避免走独立成系统、独立成烟囱的老路，把钱花在“刀刃”上。六是高质量、高效用推进。主动对接当地党委和政府，主动参与制定本级数字化改革工作方案，并细化量化财政工作目标任务，列出任务清单、挂图作战，既抓质量又抓效率，逐项逐条推动工作落实。按照“规定动作接得住、自选动作有创新”的要求，充分发挥地方特色优势，积极争取全省试点，多出典型、多出经验，共同打造改革创新标志性成果。

(二)要激发创造性张力。数字化改革是牵一发而动全身的重大改革和集成创新，没有前路可循，需要在探索中前行。要增强生成性学习能力，边学边干、边干边学，特别要将袁家军书记的几次重要讲话精神学深悟透，学习领会蕴含其中的理念、方法，将其落实到数字化改革的全过程。市县财政部门主要负责人和分管领导尤其要加强学习，积极有为，尽快熟悉相关工作，打好财政数字化改革的主动仗。同时，要积极发挥财政职能，为省委、省政府当好参谋、出好主意。

(三)要全系统争先创优。财政数字化改革是一个长期的螺旋式迭代过程，必须坚持系统谋划、争先推进，把握好节奏和力度，以钉钉子精神做实做细做好各项工作。要按照“没有领先就是落后、没有特色就是问题、没有用心就是懒政”的要求，强化创新意识、争先意识，对标“一年出成果、两年大变样、五年新飞跃”的总时间表，倒排计划，狠抓进度，全力冲刺，力争财政数字化改革高质量高效用领先部门、领跑全省。省厅将把数字化改革情况作为市县绩效考核的重要内容，并加强督查、持续跟踪，适时总结提炼、推广宣传，在全系统营造你追我赶、争先进位的良好氛围。

（刊于《浙江财税与会计》2021年第4期）

加快建设变革型财政组织 在新的赶考路上当好变革的排头兵

浙江省财政厅党组书记、厅长　尹学群

建设变革型组织是浙江省委学习贯彻习近平总书记“七一”重要讲话精神，加强党的全面领导和全面加强党的建设作出的重大决策。我们要深刻领会建设变革型组织的重大意义、丰富内涵和实践要求，在业务变革上重塑“六大体系”，在能力变革上实施“六大工程”，努力打造变革型财政组织，在新的赶考路上当好变革的排头兵。

一、深刻领会打造变革型财政组织的重大意义

首先，这是守好“红色根脉”、建设“重要窗口”的迫切需要。“红色根脉”是浙江最鲜明的政治底色，“努力成为新时代全面展示中国特色社会主义制度优越性的重要窗口”是习近平总书记赋予浙江的新目标新定位，要守护好、赓续好、传承好“红色根脉”，以建设“重要窗口”的重大成果彰显“红色根脉”的新时代标识。打造变革型财政组织是财政部门守好“红色根脉”、建设“重要窗口”的具体行动具体实践，是财政干部应对新形势、肩负新使命，干在实处、走在前列、勇立潮头的自我觉醒，自我提升。其次，这是彰显财政担当、体现财政作为的迫切需要。当前，浙江已经踏上了实现第二个百年奋斗目标新的赶考之路，不论是数字化改革，还是高质量发展建设共同富裕示范区，都是新的赶考之路上的必答题，都进入了“无人区”，都要勇当“探路者”。财政是综合性部门，承担着支撑、保障、引导等重要职能，使命前所未有、责任前所未有、挑战前所未有，必须以前所未有的政治担当和精神状态，加快打造变革型财政组织，勇闯“无人区”、开拓“新蓝海”，彰显财政新作为、作出财政新贡献。再次，这是打破路径依赖、激发组织活力的迫切需要。变革型组织的核心要素是自我变革、创新驱动、灵活适应和高效运行，重点在“变”，这是永恒不变的主题，关键在“革”，以自我革新应对形势、环境的变化。财政部门要对照变革型组织的内涵特征，打破惯性思维和路径依赖，坚持“开创性、引领性、特色性、扩张性、系统性”的变革方向，以刀刃向内的勇气推动财政工作理念、方法、手段、机制全方位系统重塑，最大限度激发组织活力。

二、重塑“六大体系”，大力推进财政业务变革

一是重塑财政收支高质量可持续运行体系。收支管理是财政工作的核心，收支稳，则财政稳、经济稳。在新的形势下重塑财政收支运行体系，要体现“高质量、竞争力、现代化”的根本要求。税源要高质量。坚持放水养鱼，推动实施做大产业扩大税源行动计划，综合运用财税政策工具，培育涵养优质税源，夯实可持续增长的基础。收入要高质量。坚持质量第一、效益优先，注重一般公共预算收入占财政总收入、税收占一般公共预算收入、一般公共预算收入占地区生产总值等比重，努力实现财政收入平稳可持续增长，与经济增长基本同步。支出要高质量。以绩效为导向优化支出结构，加强对重大决策部署的财力保障，做到该花的钱一分不少；牢固树立铁心过紧日子的思想，厉行节约办一切事业，做到不该花的钱一分不花。

二是重塑集中财力办大事财政政策体系。进入新征程，形势任务发生了重大变化，大事要事也发生了重大变化，必须聚焦新使命新任务，重塑集中财力办大事财政政策体系，打造更加精准、更加高效的2.0版。以共同富裕示范区建设为框架，构建政策新体系。共同富裕是未来工作的总牵引，要对标对表《中共中央　国务院关于支持浙江高质量发展建设共同富裕示范区的意见》和《浙江高质量发展建设共同富裕示范区实施方案（2021—2025年）》，研究确定重大任务事项，构建2.0版财政政策体系。以绩效评估为依据，深化完善原有政策。对1.0版体系的政策进行全面绩效评估，根据评估结果调整完善，该保留的保留、该取消的取消、该深化的深化。以零基预算改革为保障，确保新体系实施。对照2.0版体系的大事要事清单，以零为基点，根据项目的轻重缓急和绩效评估情况编制预算，做到能增能减、有保有压，将政策体系转化为实实在在的资金、项目。

三是重塑高质量发展财政保障制度体系。完整、准确、全面贯彻新发展理念，对各领域各方面的政策进行系统重塑和综合集成，形成科学、高效、完备的财政保障制度体系。围绕创新发展，加大财政科技经费投入，助力打造“三大科创高地”，深化科研经费管理改革，赋予科研主体更大的自主权。围绕协调发展，创新完善省以下财政体制，增强省对市县财政转移支付的调节力度和精准性。围绕绿色发展，高标准制定实施碳达峰碳中和财政支持政策，完善与生态产品质量和价值相挂钩的财政奖补机制。围绕开放发展，深入研究构建新发展格局的财政政策体系，助力打造国内大循环的战略支点和国内国际双循环的战略枢纽。围绕共享发展，健全长效化、常态化的制度体系，从“花钱买稳定”向“花钱买机制”转变，确保全省财政支出增量用于民生的比例继续保持在2/3以上。

四是重塑全生命周期公共服务供给体系。以人为核心的现代化必须以人为核心来配置公共资源，聚焦全生命周期需求，前瞻谋划、系统布局，形成全链条的公共服务供给体系。坚持问题导向。紧扣人民群众所忧所急所盼，助力高水平实现幼有所育、学有所教、劳有所得、病有所医、老有所养、住有所居、弱有所扶，

补短板、强弱项，更加注重向农村、基层、相对欠发达地区倾斜。坚持需求导向。深入分析人口老龄化、"三孩"政策等背景下全生命周期多层次多样化需求，创新公共服务供给，优化公共服务布局，将自上而下的民生投入与自下而上的利益表达结合起来，避免供需不匹配。坚持公共性原则。突出"保基本、兜底线"的公共财政导向，按照公共性层次进行排序，有所为、有所不为，重点加强基础性、普惠性、兜底性民生保障建设。坚持可持续原则。充分考虑经济和财政的承受能力，尽力而为、量力而行，使公共服务供给水平与发展阶段相适应、与财政承受能力相匹配。

五是重塑全面预算绩效管理体系。绩效是财政资金的生命线，也是重要的理财原则，要把握好"科学、精准、绩效"三个关键。分配讲求科学。把绩效作为配置财政资源、制定财政政策、分配财政资金的重要依据，从体制机制上打破地方和部门对财权财力切割的固化格局。保障讲求精准。加强财政资源统筹，大力盘活政府性资产资金资源，增强重大战略任务财力保障，将有限的财力用在刀刃上。使用讲求高效。坚持"花钱必问效、无效必问责"，强化绩效评价结果应用和激励约束，对想干事、能干事、干成事的，给予更多的支持和鼓励，对低效、无效的政策和支出，坚决予以削减或取消。

六是重塑财政风险防控体系。聚焦"现代化、数智化、高效化、精准化"的目标，重塑覆盖事前、事中、事后的财政风险防控体系，实现从管理到治理、从治标到治本、从保平安到防风险的转变。事前有洞见力。出台政策必须预判风险，避免留下窟窿、带来隐患；紧盯财政风险，加强预警监测，提前分析、提前研判、提前应对，将问题消灭在萌芽状态。事中有执行力。完善专班、清单等工作机制，与时间赛跑、与风险赛跑，既下好"先手棋"，避免经济社会风险向财政蔓延传递；又当好"安全阀"，防止财政风险演变为经济风险、社会风险、政治风险。事后有重构力。一个风险应对完后，及时分析总结原因，举一反三查找面上存在的其他风险，不断健全防控制度，补齐短板、堵塞漏洞。

三、实施"六大工程"，着力提升财政变革能力

一是实施政治能力提升工程。政治能力是首位能力，政治建设是首位建设，必须摆在重中之重的位置。提高政治判断力。健全常态化学习机制，认真学习习近平新时代中国特色社会主义思想和习近平总书记关于财政工作的重要论述，善于用政治眼光看待、分析、解决财政问题，善于洞察财政经济活动的政治后果，善于从业务工作中发现政治问题。提高政治领悟力。强化宏观思维和大局意识，经常同党中央精神对标对表，对"国之大者"了然于胸，坚持用党中央精神分析财政经济形势、推动财政改革发展。提高政治执行力。健全抓落实机制，建立工作清单，以钉钉子精神抓好落实，坚决做到"总书记有号令、中央有号召、省委有部署，财政见行动"。

二是实施整体智治融合工程。整体智治是打造现代政府的核心目标，也是现代财政建设的重要途径，要在"一体、融合"上下功夫。理念上一体。牢固树立"省财政是全省的财政"的理念，从全省层面抓统筹抓协调，重构乡镇财政管理体系和行政事业单位财务会计管理体系。管理上一体。善于从全省域全流程把握财政工作，打破条块分割、分兵作战，形成统一的业务规范。系统上一体。以财政数字化改革为抓手，推进跨层级、跨部门的数据共享、流程再造和业务协同，贯通决策流、业务流、资金流、信息流。活动上一体。深化机关党建省市县乡四级联动，努力实现"活动联抓、实事联办、难题联解、队伍联建"。

三是实施争先创优领跑工程。始终以走在前列、力争前三的标准做好各项工作，体现财政的担当和作为。强化争先创优的意识。牢固树立"没有领先就是落后、没有特色就是问题、没有用心就是懒政"的理念，在比学赶超中推进最佳实践、形成最佳案例、取得最佳效果。找准争先创优的标杆。立足发展实际，按照"跳一跳、够得着"的要求，找准参照物，拉高标杆，打造更多具有财政辨识度的"金名片"。打造争先创优的成果。以"走在党委政府部门前列、走在全国财政系统前列"为目标，一体推进理念创新、制度创新、工作创新、模式创新，争取更多拿得出手、叫得响的创新成果。

四是实施破难攻坚亮剑工程。破难攻坚是应对困难和挑战、化解矛盾和风险的有效抓手，也是检验政治能力、斗争能力强不强的重要标准。在贯彻重大决策时拿出财政担当。坚决贯彻共同富裕示范区建设、数字化改革、碳达峰碳中和等重大决策部署，主动走出"舒适区"、淌过"深水区"、勇闯"无人区"。在破解重大问题时亮出财政品牌。积极投身于各种急难险重工作，敢于啃硬骨头、开顶风船，关键时刻冲得上去，危险关头豁得出来，沉着有力应对各种重大问题、重大挑战。在防控重大风险时显出财政作为。认真落实"照镜子"机制，深入排查财政风险隐患，及时纠偏校准，不让小风险演化为大风险、局部风险演化为系统性风险。

五是实施自我革新强基工程。自我革新是我们党最鲜明的品格，也是激发生机活力、永葆政治本色的根本保证。打造"想干事"的担当型组织。要有"有人负责我配合、无人负责我担责"的境界，主动把财政工作融入到全省经济社会发展大棋局中谋划推进。打造"能干事"的学习型组织。坚持生成性学习，通过消化吸收，将已有知识"生成"为自己新的认知、新的思路。打造"干成事"的专业型组织。建立既突出政治标准、又体现专业化要求的财政干部选拔培养机制，深化人才库建设，打造一支熟悉财政、精通财政的专业型专家型干部队伍。打造"不出事"的清廉型组织。纵深推进清廉财政建设，严格落实中央八项规定及其实施细则精神，坚持以"三不"一体推进反腐败斗争，真正实现自我净化、自我完善、自我提高。

六是实施财政文化引领工程。财政文化是财政事业发展的强大"支柱"和"引擎"，也是财政改革最深沉、最持久的力量。突出唯实惟先。大力弘扬"严谨、坚守、创新、奉献"的财政职业精神，马上就办、干就干好，力争各项工作都先人一步、快人一拍、高人一筹。突出善作善成。着眼于"善成"的目标，掌握"善作"的方法，善于结合实际创造性推动工作，实现由小胜集大胜、由小成集大成、由善作而善成。突出严管厚爱。完善干部考核机

制，建立差异化的干部资源配置机制，完善容错纠错、松绑减负机制，对干部政治上鼓励、工作上支持、生活上关心，将广大干部的心思凝聚到干事创业、促进改革上来。

（刊于《中国财政》2021年第19期）

以习近平法治思想为引领 努力践行财政法治新使命

——在全省财政法治工作暨“八五”普法启动会上的讲话（摘要）

浙江省财政厅副厅长、一级巡视员　陈焕昌

一、“十三五”以来，全省各级财政部门深入推进财政法治建设，取得明显成效

（一）习近平法治思想学习宣传贯彻活动高标准开展

一是把党史学习教育活动与学习习近平法治思想、《习近平在浙江》、习近平总书记对财政工作的重要论述结合起来。做到思想上入心入脑、行动上紧跟紧随，勇当笃学践行习近平法治思想排头兵。

二是积极推动开展“笃学践行习近平法治思想”“五个一”系列活动，即厅党组理论学习中心组开展一次专题学习，厅机关干部收看一次专题讲座，省市县乡四级财政法治部门举行一次线上学习交流活动，在《浙江财税与会计》开辟一个“学习习近平法治思想”专栏，在绍兴柯桥举办一次财政法治工作局长论坛。

（二）依法理财和依法行政的法规制度体系不断完善

一是地方财税立法取得新成果。推动出台《浙江省国家赔偿费用管理办法》，将国家赔偿金纳入财政预算，强化对国家机关及其工作人员的问责、追偿，促进国家机关依法行使职权。协同研究《浙江省契税具体适用税率等事项建议方案》并报省人大常委会通过，保持现行税制框架和税负水平总体不变。

二是行政规范性文件管理迭代优化。两次修订《浙江省财政厅行政规范性文件管理办法》，落实行政负责人集体决策、向社会公开征求意见、涉企文件听取代表性企业和行业协会商会意见等机制，坚持“立改废”并举，加强文件质量管控。先后代拟或制定了一大批具有首创性、代表性的规范性文件，许多制度或做法被财政部立法采纳或在全国推广应用。

三是依法行政内部管理制度完善升级。完善法治政府建设工作责任分解机制，创设依法行政清单化管理模式，明确厅领导、各处室的职责、工作流程和相关依据，形成各司其职，相互协同的依法行政高效运行机制。

（三）行政执法规范公正文明程度显著提升

一是全面落实行政执法“三项制度”。明确事项清单、执法流程图、法制审核标准、执法行为用语指引等，切实做好亮证执法和权利告知工作。

二是妥善应对“大综合一体化”行政执法改革。针对财政监管事项特点，争取省综合执法办支持，财政执法事项全省层面不纳入综合行政执法。

三是提升行政执法人员素质。对行政执法人员行为、风纪、语言进行规范，统一违法行为查处程序标准。

四是依法办理行政复议、行政诉讼。精心组织行政复议行政应诉工作，落实厅（局）长和主办处室负责人出庭应诉制度，依法履行行政应诉职责，维护行政相对人合法权利。

五是加强财政法律风险防控机制建设。梳理构建十方面组成的财政法律风险防控闭环管控框架体系；编印《败诉案例汇编》，防范行政争议风险；梳理新行政处罚法出台对财政执法的影响，防范行政执法风险；强化行政争议调处机制。

（四）法治化营商环境持续优化

一是推进行政审批制度改革。主动精简财政行政许可，推进“证照分离”改革，把更多行政资源从事前审批转到事中事后监管上来。二是开展执法事项“双随机一公开”监管。细化监管措施并动态调整，全面落实“双随机一公开”要求。三是提升政务服务水平。按照“全面打造‘三服务’2.0版”有关要求，深入开展“服务部门、服务项目、服务市县”活动。四是营造公平竞争的市场环境。严格落实负面清单管理制度、公平竞争审查制度，建立健全内部审查机制。

（五）财政权力运行机制更加科学规范

一是习惯在监督下开展工作。自觉接受党内监督、人大监督、政协民主监督、纪检监察监督和司法监督，高质量完成依法履职情况报告，自觉接受审计监督，建立健全审计整改责任制，组织推进审计反馈问题整改落实。全面推进政务公开，加大信息公开力度，加强政策解读回应。

二是推进财政重大决策科学化、民主化、法治化。建立财政重大行政决策制度，制定《浙江省财政厅关于全省财政系统贯彻重大行政决策程序规定的意见》《浙江省财政厅重大行政决策程序暂行办法》，落实重大行政决策目录化管理和合法性审核工作机制。

三是推进“互联网+监管”工作。完善覆盖全省财政领域的监管事项目录清单并动态调整，细化编制检查实施清单。落实监管数据“N+1”归集机制。推广应用统一执法监管系统、处罚办案系统、“浙政钉·掌上执法”。

四是发挥公职律师、法律顾问参谋助手作用。建立健全公职律师和法律顾问相关制度，对行政执法行为和行政决策、信息公开、机关合同等各类行政管理事务开展法律审核，最大限度防范违法越权行为。

（六）财政“七五”普法成果丰硕

一是创新工作机制，制造普法驱动力。印发“七五”普法规划、依法行政责任制清单、普法责任清单等多个制度文件，创新打造便于实施、推广的普法模式。

二是落实普法责任，开展财政特色普法。建立健全全省财政系统“谁执法谁普法”的普法责任制，共实施普法项目70余个。

三是服务中心工作，开展服务大局普法。把普法融入到政策制定、资金拨付过程中，做到政策落实、资金保障与法治宣传同步开展。

四是积极培育法治精神，努力构建财政法治文化。组织年度法律知识考试、“学法用法三年轮训行动计划”、财政职业精神大讨论等。

二、认清形势，推动变革型财政组织建设，努力践行财政法治建设新使命

（一）财政法治建设必须服务于推进治理体系和治理能力现代化。必须坚持改革和法治同步推进，运用法治思维和法治手段加快探索财税体制改革，形成国家治理体系和治理能力现代化所要求的现代财政制度体系和依法理财能力，为2035年基本实现社会主义现代化奠定坚实基础。

（二）财政法治建设必须服务于法治政府整体要求。必须遵循法治原则，做到权责法定、规范透明，更好发挥财政优化资源配置、维护市场统一、促进社会公平、实现长治久安的制度保障作用。

（三）财政法治建设必须服务于建立现代财政体制。必须发挥财政法治在财政改革中的引领、规范、保障作用，推动各方面制度更加成熟、更加定型，逐步实现财政管理全过程制度化、程序化、规范化、法治化，推动建立更具浙江特色的现代财政体制。

（四）财政法治建设必须服务于建设法治中国示范区目标。必须秉持“财为政服务”的理念，通过完善财政法规制度体系，优化法治化营商环境，依法规范权力运行，加大特色普法宣传教育力度等手段，积极保障建成法治中国示范区，为法治中国建设提供更多的浙江例证和浙江实践。

三、深入实施打造变革型财政法治组织五项行动，全力以赴抓好2022年及“十四五”财政法治工作

（一）深入实施政治能力提升行动，学习宣传贯彻习近平法治思想，加强党对财政法治工作的领导

一是不断深化落实习近平法治思想常态化学习机制，持续掀起学习宣传贯彻习近平法治思想的热潮。二是加强党对法治工作的领导，统筹谋划、高位推进，定期研究解决财政法治建设中的重大问题和突出问题。三是抓住“关键少数”，让法治成为党员领导干部想问题、做决策、办事情的基本准则。

（二）深入实施治理能力提升行动，显著提高财政依法治理效能

一是健全清单化履职机制。完善权责清单动态调整机制，加强标准化建设，实现同一事项的规范统一。二是塑造财政领域“亲清”政商关系。完善政企沟通机制，在涉企政策制定中充分听取企业和行业协会商会意见，塑造提升“亲而有度”“清而有为”的政商关系。三是严格“红头文件”管理。严把行政规范性文件制定主体关，严禁越权发文、严控发文数量、严格制发程序、严明发文内容。四是落实重大行政决策程序规定。稳步推进决策科学化、民主化、法治化，切实避免因决策失误引发社会矛盾、损害群众利益、造成重大损失。进一步明晰财政系统重大行政决策事项标准，建立立项机制，完善目录公开制度，实行目录动态管理。五是强化公平竞争审查制度落实。根据“谁制定、谁负责”的原则，对政策措施实施事前评估、动态清理，坚决防止和纠正滥用行政权力排除、限制竞争行为。六是推进以承诺制为核心的极简审批。全面推行涉企经营许可事项和证明事项告知承诺制，建立承诺失信公示和约束机制。

（三）深入实施执法能力提升行动，严格规范财政执法行为，防范化解财政执法风险

一是提升财政执法数字化水平。深入推进“互联网+监管”工作，深化一体化数字执法综合应用平台应用。二是全面推进行政执法规范化、标准化建设。严格落实行政执法三项制度，健全行政执法裁量基准制度，推进实施轻微违法行为告知承诺，制定完善行政执法程序规范，建立行政执法案例指导制度，建立健全行政执法风险防控机制。三是推进财政行政裁决示范建设。总结杭州-富阳政府采购行政裁决试点经验，建立完善体系健全、渠道畅通、公正便捷、裁诉衔接的裁决机制，积极争取行政裁决最佳实践培育试点。四是深入开展行政争议“诉源治理”。坚持和发展新时代“枫桥经验”，按照既要抓末端、治已病，更要抓前端、治未病的思路，推动更多法治力量向引导和疏导端用力，不断完善预防和化解行政争议调处机制。

（四）深入实施普法教育能力提升行动，落实“八五”普法规划，开展大格局普法

1.统一认识，深刻领会浙江省财政“八五”普法规划的主要目标和工作原则。主要目标是：财政领域法治环境显著改善，广大财政干部的法治意识和依法行政能力显著提高，公民对财政法律法规的知晓度、认同度和法治实践的参与度显著增强。财政法治宣传教育在建设法治中国示范区和高质量发展共同富裕示范区中的保障性作用显著发挥。工作原则是：做到六个“坚持”，即坚持党的全面领导，坚持以人民为中心，坚持服务保障共同富裕示范区建设，坚持服务财政工作大局，坚持数字化驱动，坚持立足工作实际。

2.突出重点内容，准确把握浙江省财政“八五”普法规划的重点内容。一是突出学习宣传习近平法治思想。深入系统学习宣传习近平法治思想的重大意义、丰富内涵、精神实质和实践要求，特别是习近平同志在浙江工作期间有关法治思维方法、法治文化和法治浙江的重要论述。二是深入学习宣传宪法。深入持久开展宪法宣传教育活动，弘扬宪法精神，坚定宪法自信，树立宪法权威。推动宪法全面有效实施，维护国家法治统一。三是深入学习宣传民法典。深刻认识民法典对财政政策、行政执法、放管服改革的指导意义，推动广大财政干部做学习、遵守、维护民法典的表率。四是深入学习宣传党内法规。深入学习宣传习近平总书记关于全面从严治党的重要论述，把党内法规纳入党员领导干部学习教育重要内容。五是强化学习宣传财税法律法规。重点宣传预算法及其实施条例以及预算绩效管理、政府债务管理等方面的制度文件。继续加强各单行税法、非税收入管理等方面法律法规的宣传教育。大力宣传政府采购法及其实施条例、会计法、注册会计师法、财会

监督、国有资产管理、财务管理等财政制度政策。六是坚持“服务大局普法”。把争创社会主义现代化先行省、高质量发展建设共同富裕示范区、数字化改革等党委政府重点工作作为普法工作的大平台、试金石和活教材，围绕浙江省“十四五”规划的贯彻实施，开展财政法治宣传教育。

3.普治结合，持续提升公民财政法治素养。一是加强财政部门领导干部学法用法。重点抓好“关键少数”，推动领导干部带头做尊法学法守法用法的模范。二是健全财政干部学法用法制度。健全完善财政干部日常学法制度，引导广大财政干部牢固树立基本法治观念。三是加强财政相关行业人员学法用法。加强对财政管理相关行业从业人员的法治宣传教育。四是加强对社会公众的财政法治宣传教育力度。针对各类公众群体开展有针对性的财政法治宣传教育活动。

4.注重方式方法创新，提高财政普法针对性实效性。一是全面落实普法责任制。强化“谁执法谁普法”“谁管理谁普法”“谁服务谁普法”普法责任制，制定普法责任清单，细化普法内容、措施标准和责任。二是把普法融入财政法治工作全过程。在政策制定、执法过程中开展实时普法。结合法律法规规章和规范性文件颁布实施日等重要时间节点，对新法新规进行宣传解读。在行政复议工作中，利用受理、审理、决定等各环节实时普法。三是积极推进财政法治文化建设。推进财政法律“六进”主题活动，探索建立财政法治文化教育基地，并利用国家宪法日、重大纪念日、民族传统节日等契机集中开展财政法治文化和宣传活动。四是创新普法方式方法。注重依托政府网站、专业普法网站和微博、微信、微视频、客户端等新媒体新技术，努力构建多层次、立体化、全方位的全媒体法治传播体系。充分利用全省各级各类法治宣传教育基地和教育阵地，开展体验式法治学习。五是加大以案普法以案释法。落实行政复议人员、行政执法人员、公职律师等以案普法以案释法制度。六是广泛动员社会力量开展普法。鼓励引导社会机构、群团组织、法律服务人员、大专院校师生、社会工作者和志愿者参与财政普法，发展和规范公益性财政普法组织。

(五)深入实施变革能力提升行动，整合各种力量，加强法治队伍建设

一是提高财政法治队伍塑造变革能力。聚焦“六大体系”“六大工程”，深入推进变革型财政组织建设，不断提升“八个力”，打造想干事、会干事的财政法治队伍，着力解决财政法治工作中群众、企业、基层反映集中的重点难点堵点问题。二是打造一支“主力军”三组“特种兵”。发挥财政法治机构“主力军”作用，加强财政核心业务学习，努力做到既会“法言法语”，又会“财言财语”。加强业务处(科)室法治联络员、公职律师和法律顾问三支“特种兵”队伍建设，进一步提升依法行政能力。三是推进“清廉财政”建设。深入贯彻实施“清廉财政”要求，加强党风廉政建设和作风建设，习惯在受监督和约束的环境中工作和生活，确保干成事、不出事。

(2021年10月25日)

奋力谱写财政支农工作新篇章 高质量全面推进乡村振兴

——在全省财政支农工作会议上的讲话(摘要)

浙江省财政厅党组成员、副厅长 沈 磊

一、全面贯彻落实中央和省“三农”决策部署，“十三五”财政支农工作取得显著成效

近年来，各级财政部门始终把“三农”工作作为财政保障重点，围绕打赢脱贫攻坚战、确保粮食安全和重要农产品稳产保供、实施乡村振兴战略，建立健全财政支农投入稳定增长机制，不断优化财政资金投入结构，着力构建完善财政支持“三农”事业发展的政策体系和体制机制，有效发挥财政对“三农”发展的保障和引导作用，推动“三农”工作迈上新台阶、开创新局面，取得了积极成效。

(一)持续加大“三农”投入，乡村振兴战略实施财政保障机制进一步健全。一是持续加大“三农”财政投入力度。“十三五”时期，全省一般公共预算累计安排农林水支出3183亿元(不含宁波)，比“十二五”时期增长47.6%，为农业农村高水平高质量发展提供了有力支撑。二是建立健全涉农资金统筹整合长效机制。不断推进行业内和跨部门涉农资金整合，发挥涉农资金整体合力。2019年提请省政府出台《关于建立健全涉农资金统筹整合长效机制的实施意见》，进一步明确涉农资金统筹整合工作重点和目标任务，持续优化财政支农投入供给，逐步建立以乡村振兴工作实绩为导向的激励约束机制。三是有效引导金融、社会资本投入“三农”领域。2016年组建省农业融资担保有限公司，2020年公司担保余额达到55.37亿元，农担业务基本实现全覆盖。到2020年底，省乡村振兴投资基金累计已批复投资25个项目，基金出资49.31亿元，带动社会资本投入88.07亿元。

(二)全面履行脱贫攻坚政治责任，共同富裕基础进一步巩固。“十三五”时期，各级财政部门坚决扛起脱贫攻坚政治责任，持续加大财政扶贫投入力度，完善政策措施，为各项扶贫政策有效实施提供了坚强保障。五年累计安排省以上专项扶贫资金56.5亿元，全面推进精准扶贫，优化扶贫政策结构，促进加快发展地区农民收入增长、民生水平提升和内生功能增强。出台“两山(一类)”建设财政专项激励奖补政策，实施竞争性分配，择优确定12个县市区作为扶持对象，重点补齐低收入农户增收致富、基本公共服务有效供给两大民生短板。2020年以来，先后组织实施综合扶贫项目试点和低收入农户同步实现现代化试点，积极探索扶贫政策与乡村振兴的有效衔接。

（三）不断拓展支持重点，农业农村高质量发展财政政策体系进一步完善。一是支持农村基础设施建设。“十三五”时期省财政累计安排水利建设与发展专项资金366.2亿元，重点支持百项千亿防洪排涝工程和农村饮用水达标提标行动，支持山塘整治、中小河流治理、小型水库除险加固等面上水利建设项目和水利工程维修养护等管理项目，全省防洪排涝能力和水资源保障能力明显提升，水域生态环境有效改善。二是促进农业渔业绿色发展。全面落实耕地地力保护补贴等政策，积极引导农民保护耕地资源、提高耕地质量，不断提高粮食生产综合效益。实施标准农田地力提升和沃土工程，切实改善耕地质量。支持渔业绿色高质量发展，促进海洋渔业安全管理和可持续发展。三是推进农村三产融合发展。围绕支持特色产业，以农业提质增效、农民增收为目标，启动实施创新强省农业科技（循环有机农业）示范试点，支持示范试点县（区）探索推进生产、生活、生态“三生融合”发展。集聚省级以上产业类资金，重点支持发展休闲农业、生态农业、观光农业等新产业新业态，促进农村三产融合深度发展。2019—2020年，择优确定35个省级乡村振兴产业发展示范建设县，集中支持示范建设县加快推进乡村数字化发展、农业绿色化发展、城乡融合化发展。支持实施千万农民素质提升工程，加强新型职业农民、农村创业人才培养，提高农民整体素质。“四是开展美丽乡村建设。“十三五”时期省财政累计安排美丽乡村建设专项资金64.80亿元，支持农村生活污水治理、历史文化村落保护利用、农村垃圾减量化资源化处理等，不断深化“千村示范、万村整治”工程，持续提高美丽乡村建设水平，全域推进美丽乡村“五美联创”。

（四）严格落实各项政策规定，财政支农资金管理运行进一步规范。一是扎实做好部门预算管理。科学测算编制农口部门预算、转移支付预算和中期财政支出规划，严格落实过“紧日子”要求，归口管理部门相关工作走在前列。二是全面实施预算绩效管理。逐步完善财政农业农村资金绩效管理机制，会同省级有关单位连续对现代农业、专项扶贫资金等重点项目开展专项检查或绩效评价，督促市县落实问题整改，不断提高资金绩效。各项财政支农资金绩效优良，中央财政水利发展资金绩效评价结果连续3年保持全国领先。三是持续强化支农资金使用监管。对全省农林水支出进行跟踪监控，加强执行分析，加快执行进度，有力保障“三农”重点支出。持续出台或修订各类财政支农资金管理办法，进一步规范财政支农资金管理。四是全面加强财政扶贫等重点民生领域资金管理，建立财政系统上下联动，协同推进的财政扶贫工作协调机制，不断推进财政扶贫资金动态监控，加强对扶贫资金使用的监督。

二、准确把握“十四五”时期“三农”工作面临的形势任务，全面增强做好新时期财政支农工作的信心和决心

（一）立足“两个大局”历史定位，乡村振兴战略地位更加凸显。习近平总书记强调，民族要复兴，乡村必振兴。立足中华民族伟大复兴战略全局，坚持用大历史观看待“三农”问题。立足百年未有之大变局，把握发展主动权，基础支撑在“三农”。当前国际环境日趋复杂，只有守好“三农”战略后院，在保障好吃饭问题的前提下，全面推进乡村振兴，才能确保浙江省经济社会持续稳定协调发展。

（二）立足“十四五”规划目标，农业农村现代化任务更加艰巨。2021年，在全面建成小康社会的关键节点，中央支持浙江高质量发展建设共同富裕示范区，这是党中央赋予浙江的光荣使命。“十四五”规划纲要和2021年中央一号文件明确提出全面实施乡村振兴战略，加快推进农业农村现代化。这些重要政策明确了浙江省“三农”工作的目标任务和努力方向。对比目前现状，“三农”工作任务非常艰巨，农业供给保障能力仍需进一步巩固，乡村产业发展还处于初级阶段，农村基础设施还存在短板，农村生态环境有待进一步改善，农民增收渠道仍需进一步拓宽，这些问题还需要花大力气解决。

（三）立足财政管理改革要求，乡村振兴财政保障体制机制仍待健全。“三农”投入保障方面还存在一些问题，与全面实施乡村振兴战略，深化财税体制改革的要求还有差距。当前和今后一个时期，财政处于紧平衡状态，收支矛盾较为突出，加大“三农”投入保障力度仍需多想办法，多元投入格局还需进一步完善。社会资本、金融资本投入农业农村的积极性还不高，各种投入之间还没有形成合力。涉农资金管理还有待加强，财政支农政策在系统集成上还需要下功夫，财政部门与行业部门之间在政策衔接和协同配合方面还有待进一步强化等等。

三、紧紧围绕高质量推进乡村振兴争创农业农村现代化先行省，全面推动财政支农工作再上新台阶

各级财政部门要以习近平新时代中国特色社会主义思想为指导，按照中央和省委、省政府全面实施乡村振兴战略、加快农业农村现代化的总体部署，围绕努力实现农业农村现代化先行省的目标定位，聚焦农业增产保供、农民持续增收和农村全面小康，强化集中财力办大事和财为政服务理念，持续推进财政支农改革，完善投入保障机制，加强资金管理，全面促进农业高质高效、乡村宜居宜业、农民富裕富足，推动各项强农惠农富农政策落实，助力农业农村高质量发展，为争创农业农村现代化先行省提供有力支撑。

（一）持续加强政治建设，为乡村全面振兴提供体制机制保障。一要提高政治判断力，学深悟透习近平总书记关于“三农”工作重要论述，深刻领悟中央及省有关“三农”重大政策，并用于指导财政支农工作实践。二要提高政治领悟力，坚持用大历史观看“三农”、抓“三农”。三要提高政治执行力，不折不扣贯彻落实中央和省关于“三农”工作的决策部署。

（二）坚持优先发展理念，强化乡村振兴投入保障。一是坚决保障财政支农投入力度。不断健全完善集中财力办大事财政政策体系，确保财政投入与争创农业农村现代化先行省任务相适应。结合全面推进乡村振兴目标，构建更有效率的财政支农资金保障体系，优化“三农”重点领域和薄弱环节的财政资金配置。认真落实调整完善土地出让收入优先支持农业农村的政策措施，稳步提高土地出让收入用于农业农村比例。二是持续推

进涉农资金统筹整合。紧紧围绕农业"双强行动"重点目标任务,进一步健全完善行业内、行业间涉农资金统筹整合机制,不断优化财政支农资金投向和结构,着力推动相关工作衔接和项目统筹,促进涉农资金实质性整合。三是完善财金协同支农机制。围绕乡村振兴、共同富裕,积极推动财政部门与金融机构的政策衔接和需求对接,发挥财政资金杠杆作用,扩大农业农村有效投资,拓宽乡村振兴资金渠道。同时,要充分发挥省农担公司政策性担保优势,以全省财政系统"三跑三降"活动为抓手,以数字化为核心,政策赋能、多方协同,破解农业融资难贵烦问题。

(三)对标共同富裕要求,加快推动农业农村高质量发展。一是聚焦高质量发展,加快推进特色优势乡村产业机械化、数字化、智能化建设。围绕构建"两进两回"长效机制,以优势产业集群、现代农业园区、特色农业强镇和乡村振兴产业发展、集成创新等发展平台建设为抓手,积极培育壮大农业龙头企业、农民专业合作社联合社等新型农业经营主体,并引导其参与乡村振兴项目实施,扩大农业农村有效投资,带动人才、科技等优质要素进乡村,促进乡村优势产业和新兴业态加快发展。二是聚焦高水平建设,促进绿色优质农产品的有效供给。把扶持增加绿色优质农产品供给放在突出位置,进一步加强农产品质量安全监管,完善病虫害专业化统防统治等社会化服务体系,大力发展绿色种植、绿色养殖、绿色捕捞等高效生态农业(渔业)。三是聚焦高品质生活,深化新时代美丽乡村建设。持续深化千村示范万村整治工程,实施乡村建设行动。支持深入推进农村人居环境整治,持续加强历史文化村落保护利用,塑造特色乡村新风貌。继续实施新时代共同富裕美丽乡村示范带建设,积极探索开展未来乡村建设试点,全域推进乡村新社区建设。

(四)加强系统谋划,推进水利事业高质量发展。一是加强水利重大工程建设。积极支持海塘安澜工程建设,确保已查明的问题海塘全部开工建设。全力做好"百项千亿"重大工程建设资金保障,提升防台御潮、江河防洪和平原排涝能力,保障城乡水网安全。二是补齐农村水利基础设施短板。多渠道筹集资金,加大力度支持大中型灌区节水改造、引调水工程、小型水库除险加固、中小流域综合治理、重要山塘整治、圩区整治、水文基础设施建设等,进一步提升水利工程水旱灾害防御、供水保障和农业灌溉能力。三是推进农村水环境综合治理。主动开展水系连通及水美乡村建设试点,督促加快工程进度和资金执行。积极争取幸福河湖试点县建设,为共同富裕示范区建设开拓水利治理样板范例。

(五)不断巩固提升,持续推进脱贫攻坚成果与乡村振兴有效衔接。认真贯彻落实中央和省委关于巩固拓展脱贫攻坚成果,全面推进乡村振兴的工作部署,聚焦小农户和低收入农户等重点人群,调整优化政策措施,加快推进山区26县跨越式高质量发展,促进区域均衡,推动更多农民进入中等收入群体。

(六)狠抓工作落实,着力提升财政支农管理水平。不断提高财政资金管理规范化水平,及时完善涉农资金项目管理制度,抓住重点领域、重点项目、重点资金,建立健全专项监管与日常监管有机结合的常态化、全方位监管机制。对查找发现的问题要建立问题清单,明确责任,逐项落实整改,力求实效。

(2021年8月24日)

坚定政治方向　压实政治责任 推动全省财政系统全面 从严治党高质量发展

——在全省财政系统全面从严治党工作视频会议上的讲话(摘要)

浙江省财政厅党组成员、驻厅纪检监察组组长
徐首红

全省财政系统各级党员干部要聚焦进入新发展阶段、贯彻新发展理念、构建新发展格局,深入学习贯彻习近平总书记重要讲话和中央纪委全会、省纪委全会精神,自觉把思想和行动统一到党中央和省委、省纪委决策部署上来,落实到厅党组部署的具体任务中,以永远在路上的韧劲和执着,纵深推进全面从严治党和清廉财政建设,充分发挥全面从严治党引领保障作用,为财政事业"十四五"开好局起好步提供坚强保障,在争创社会主义现代化先行省中彰显更大作为。

一、充分认识工作成效和面临形势,切实增强推进党风廉政建设向纵深发展的针对性实效性

过去一年,驻厅纪检监察组在省纪委省监委坚强领导下,在厅党组的大力配合下,围绕中心、服务大局,履职尽责、担当作为,充分发挥监督保障执行、促进完善发展作用,着力保障财政事业健康发展。主要体现在"四个扎实推进":

一是扎实推进政治监督具体化。坚决履行"两个维护"重大政治责任,把贯彻落实习近平总书记考察浙江时重要讲话和关于财政保障、长三角一体化发展、厉行节约等重要指示批示精神作为政治监督首要任务,督促厅党组梳理习近平总书记重要指示批示10条,以清单化管理、项目化推进方式强化监督。紧盯"两不愁三保障"、疫情常态化防控,会同财政厅开展全省及对口支援扶贫资金绩效和涉农惠民资金"一卡通"工作专项检查,围绕基层财政资金监管进行督导调研。聚焦"六稳""六保"任务,监督省财政厅惠企政策落实、资金落地,有关做法在全国财政系统视频会议上作经验介绍。

二是扎实推进日常监督精细化。坚持"两个责任"同向发力、同频共振,严格落实"四责协同",构筑与厅党组、巡察办、机关纪委、党支部纪检委员"五位一体"联动监督机制,推动全面从严治党任务细化分解到各支部,以机关纪委季度例会和年中、年底政治生态评估督查进展情况。强化嵌入式监督,通过调研监督、个别谈话、查阅资料等形式,持续推进中央八项规定精神贯彻落实,深入了解党员干部廉洁自律情况,精准分析研判厅机关

政治生态。推动派驻监督与财会监督贯通融合。

三是扎实推进以案促改常态化。注重不敢腐、不能腐、不想腐一体推进，用好"四种形态"，强化问题线索"清零""销号"。同时，抓实"后半篇文章"，深入研究驻在部门行业规律特点，针对基层财政资金监管领域连续发生的"小官大贪"案件，推动厅党组以案为鉴、以案促治，健全乡镇财政资金监管制度，有针对性地堵塞漏洞，深入开展警示教育，提升系统党员干部知敬畏、存戒惧、守底线意识。

四是扎实推进自身建设规范化。严格落实第一议题制度，严格按照监督执纪工作规则、监督执法工作规定履行职责，认真开展警示教育月活动，积极参加纪检监察业务全员培训、在线学习，加强组领导与年轻干部结对"传帮带"，建立组长第一责任人、副组长协助负责、全组同志自觉做自我约束表率的干部监督机制，制定组内日常监督管理10项制度，持续锻造派驻纪检监察铁军。

虽然一年来，我们工作取得了明显成效，但要清醒认识到，当前党风廉政建设和反腐败斗争形势依然有严峻复杂的一面，正风肃纪反腐永远在路上，必须把严的主基调长期坚持下去，深入贯彻全面从严治党方针，坚定政治方向，保持政治定力，做到态度不能变、决心不能减、尺度不能松。

二、认真履行监督责任，切实推进全面从严治党往深里抓实处落

2021年是中国共产党成立100周年，是"十四五"规划开局之年，是浙江省开启争创社会主义现代化先行省新征程的起步之年。我们要充分认识新发展阶段纪检监察工作的新使命、新任务、新担当，以派驻纪检监察工作的高质量保障财政事业发展的高质量。

（一）更加强化政治监督，保障财政"十四五"开好局起好步。

一要把准监督根本点。思想是行动的先导，要以庆祝建党一百周年为契机，推动财政系统持续巩固深化"不忘初心、牢记使命"主题教育成果，督促党员干部进一步学懂弄通做实习近平新时代中国特色社会主义思想，并与学习习近平总书记考察浙江重要讲话精神和最新指示批示精神贯通起来，与学习党史、新中国史、改革开放史、社会主义发展史紧密结合起来，推动党员干部在真学真信中坚定理想信念，在学思践悟中坚守初心使命，在细照笃行中不断修炼自我，在知行合一中主动担当作为，以昂扬的姿态奋力开启建设社会主义现代化先行省新征程。

二要找准监督着力点。不同阶段有不同任务，政治监督也有不同的重点。必须精准把握进入新发展阶段、贯彻新发展理念、构建新发展格局对财政工作的新要求，推动各级党组织更加积极有为、狠抓落实。聚焦贯彻落实党中央五中全会和省委八次全会精神，紧盯畅通国民经济循环、实施数字经济"一号工程"、加强科技创新消除产业链痛点、守住安全发展底线等任务中的财政作为跟进监督，重点对巩固脱贫攻坚成果、衔接乡村振兴、走向共同富裕，推进减税降费、资金直达机制落实等开展清单式、项目式监督，确保党中央和省委重大决策部署到哪里，政治监督就跟进到哪里。

三要找准监督切入点。巡视整改工作是当下浙江省党员干部面临的一场大考，同样也是检验财政干部政治判断力、政治领悟力、政治执行力的"试金石"。要以对党忠诚的高度自觉，把中央巡视反馈问题作为2021年政治监督的"重点清单"，加强经常性督促检查，推动党组履行好整改责任，进一步对浙江省财政资金管理使用和制度执行情况开展自查自纠，以扎实有力的措施对存在的短板和问题全面整治，建立健全长效机制，以整改成效的巩固答好巡视整改这张"政治考卷"。

（二）更加注重"三不"一体推进，持续营造严的氛围。

一要持续强化不敢腐的震慑。紧盯财政资金分配和管理使用、投资规划、政府采购、国有资产管理、会计师评审等信访集中、腐败易发多发领域，深挖彻查、严厉惩治不收敛、不收手问题，重点查处政治问题和经济问题交织的腐败案件，坚决纠正干扰和阻碍民营经济发展的违纪违法行为，严肃惩治以投资、接待、理财、交易等貌似合法的市场行为输送利益问题，推动构建"亲清"政商关系，让财政干部自觉知敬畏。同时，认真落实省纪委关于行贿信息数据库建设的要求，借助市场准入限制、信用惩戒、司法惩治等手段，加大对行贿行为的惩戒，让"围猎"者寸步难行。

二要不断扎牢不能腐的笼子。督促财政部门认真落实《党员领导干部防止利益冲突制度》，紧盯基层财政资金监管、产业基金管理、公款竞争性存放、科研经费使用监管、行政审批、选人用人、内控制度执行等重点领域和关键环节，加强廉政风险防控，推动改革、健全制度、强化监督，看好"钱袋子"。把"后半篇文章"放在更加突出位置，深化以案促改、以案促治，认真总结分析以往查办系统案件中发现的短板、漏洞，充分用好纪检监察建议，督促财政部门持续整改纠偏，及时组织检视"回头看"，推动长效机制健全完善。

三要有效增强不想腐的自觉。古人讲，"正气存内，邪不可干"。要把纪法教育和警示性教育结合起来，固本培元，督促党组强化纪法教育，引导财政党员干部树立法治意识和规矩意识，带头维护法律尊严和制度权威，始终守牢"底线"。要警钟长鸣，充分运用系统内查处和上级纪委通报的案例，督促党组深入开展警示教育，发现问题症结、倒逼深化改革、筑牢思想防线，努力实现查办一个案件、堵塞一批漏洞、教育一片干部、净化一方生态。

（三）更加突出纠"四风"树新风，推动作风建设化风成俗形成习惯。

一要在靶向施治形式主义、官僚主义中促进真抓实干。靶向治疗形式主义、官僚主义，既要"自上而下"，坚决纠治弄虚作假、做选择、打折扣、搞变通的行为，坚决纠治懒政怠政、推诿扯皮的行为，坚决纠治搞"形象工程""政绩工程"的行为，坚决纠治搞"包装式"落实、"标签式"落实、"割据式"落实的行为；也要"以下看上"，坚决纠治口大气粗、颐指气使问题，坚决纠治随意派任务、滥用政务应用程序问题，坚决纠治问责泛化、"上级甩锅"问题，坚决纠治文山会海、过度留痕、检查考核过多过滥问题，巩固基层减负成果，进一步推动系统各级党员干部把对党中央负责和对人民群众负责一致起来，上下齐心、狠抓落实。

二要在驰而不息纠治享乐主义、奢靡之风中推进艰苦奋斗。对于“四风”问题，坚持露头就打、反复敲打，盯节点、抓具体、严执纪、挖隐形，加大查处问责和通报曝光力度。同时，推动财政部门发挥源头治理作用，将落实中央八项规定精神和省委“36条”办法同落实习近平总书记“过紧日子”、坚决制止餐饮浪费的号召结合起来，进一步细化标准、规定，形成有刚性约束、操作性强、系统完备的财政制度体系。

（四）更加深入落实“四责协同”，纵深推进清廉财政建设。

一要坚持同向发力，层层压实责任。牢牢把握监督和支持的定位，协助厅党组认真贯彻落实《党委（党组）落实全面从严治党主体责任规定》，强化书记“第一责任人”责任和班子成员“一岗双责”，完善主体责任清单体系，自上而下压紧压实知责、明责、履责、追责的责任链条。进一步健全党组与纪检监察组协调联动机制，以驻点调研、深度访谈、座谈交流、会议监督、查阅资料等方式靠前监督主体责任落实情况，将主体责任检查和政治生态分析评估有机结合，及时将发现的苗头性、倾向性问题通报党组，加强源头治理，推动财政政治生态更加向上向好。

二要抓住“关键少数”，推动全面覆盖。党内监督关键在于抓住“关键少数”。持续强化对“一把手”和领导班子成员的监督，加强精准“画像”。跟踪财政权力运行的“关键点”、内部管理的“薄弱点”、腐败问题和不正之风的“风险点”，聚焦管人管物、权力集中、廉政风险高、群众反映多的处室局、下属事业单位，紧盯遵守党章党规党纪和宪法法律法规、坚持民主集中制、选拔任用干部、加强作风建设等方面情况，强化监督检查。同时，全力配合厅党组推动巡察常态化、高质量开展，不断提高监督精准度，扩大监督覆盖面。

三要突出系统集成，深化清廉财政建设。系统性、集成性是抓工作的重要方法论，全省上下联动推进清廉财政建设、助力清廉浙江落地，同样强调系统谋划、综合集成。协助厅党组紧扣新要求新任务，谋划新思路新抓手，推动清廉财政建设各项工作有序地迭代升级，研究制定进一步深化的具体措施，实现从1.0到2.0的跃升，形成滚雪球效应。系统各级党组织和派驻纪检监察组既要持续推进本单位清廉建设，积极融入全省清廉建设“一盘棋”，干出“加速度”，奏响“协同音”，争当“领跑者”，打造清廉浙江建设的财政标杆。

三、注重提升治理效能，切实推动财会监督与纪检监察监督联动贯通

凡是涉及公权力的地方，就有纪检监察监督的覆盖；凡是涉及到公共资源、财政投入的地方，同样离不开财会监督的保障。公款的浪费、官员的渎职、权力的腐败等违规违纪甚至违法犯罪行为，不仅对财政资金造成损失，也会在财务账本上留下痕迹。近年来，浙江省财政系统聚焦脱贫攻坚决胜、“六稳”“六保”大局、疫情常态化防控、复工复产、减税降费、惠民慧企政策资金落地、基层财政资金监管等工作，通过系统动态监控、三级财政部门联查、走村入户调研督查等方式，查找了财政资金分配投放和管理使用中存在的问题与不足，及时纠正了各地各部门工作中存在的偏差，向各级纪委监委提供了一批违纪违法问题线索，为党委政府中心大局工作的顺利开展提供了重要的助力。应当说，财会监督和纪检监察监督在坚定不移推进全面从严治党，助力社会主义现代化先行省建设中肩负的职责、发挥的作用是相辅相成的。

下一步，希望各级财政部门进一步强化政治意识，在履行财会监督职责过程中，既要通过财会监督开展“经济体检”，监测、预警经济金融风险和财政风险，防范包括廉政风险在内的公共风险；又透过经济看政治，透过现象看本质，从具体的倾向性、苗头性问题中发现政治端倪，从错综复杂的矛盾关系中把握政治逻辑，做到立足财会监督，体现政治要求，维护政治安全。省财政厅要加强统筹领导、精密部署，通过数字化改革，强化数字赋能、系统集成，加速构建纵向到底、横向到边的财会监督机制，加强与纪检监察监督在情况通报、资料提供、线索移送、问题整改等方面的协同联动、有机贯通，不断释放财会监督的政治效能、经济效能、治理效能，为浙江省深化清廉浙江建设、充分展示中国特色社会主义监督和反腐败制度优越性贡献更大财政力量、提供坚强财政保障。

（2021年2月26日）

唯实惟先 努力抓好专项债券发行使用

——在地方政府专项债券发行使用工作会议上的讲话（摘要）

浙江省财政厅党组成员、副厅长　邢自霞

专项债券是扩大有效投资和重大项目建设的重要资金来源，为贯彻落实中央经济工作会议提出的发挥专项债券扩大有效投资积极作用的精神和省政府扩大有效投资的决策部署，用足用好国家下达的专项债券额度，尽快见到实效。当前当务之急要抓好以下几项工作：

一、要高效协同抓实抓细项目储备

项目储备是争取和使用专项债券额度的前提和基础。2021年，全省各级财政部门协同发展改革部门积极储备专项债券项目，向财政部争取专项债券额度2235亿元，创历史新高。从前期申报的2022年度储备项目情况来看，2022年新增专项债券项目及资金需求大幅减少。为此，全省各级财政部门要聚焦省委、省政府重大决策部署，协同发展改革部门抓实抓细重大项目的动态储备工作，健全“储备一批、发行一批、建设一批”的滚动接续机制，尽最大努力为符合条件的重大项目提供资金保障。

（一）深入谋划重点项目确保项目储备。各地要抓住明年中

央将适度超前进行基础设施建设的重要窗口期，围绕省委、省政府以及各地党委政府确定的重点领域，推动生成一批符合条件的优质项目，以更多的优质项目储备争取更多的专项债券额度支持，力争向财政部争取的2022年专项债券额度达到3000亿元。各地在1月20日前要再储备项目资金需求3000亿元，市县财政部门要通过地方债务管理系统按时完成上报工作。

（二）认真做好项目常态化储备工作。各地要建立跨部门协调机制，扎实开展专项债券项目储备专项行动，省市县"三级联动"梳理储备重大专项债券项目；要聚焦经济社会发展的短板领域、重点方向、重点项目，做到储备项目常态化与宏观经济形势相适应，围绕交通基础设施、农林水利、保障性安居工程等九大重点领域，储备一批经济社会效益明显、带动效应强、群众期盼、早晚要干的政府投资重大项目。

（三）做实做充分项目的前期准备工作。省财政将较大幅度增加省级项目的前期经费，各级财政也要大力度充分保障项目的前期经费，加快推进政府投资项目立项、环评、安评、用地审批等前期准备工作。全省各级财政部门要会同发展改革部门加强审核把关，深化项目可行性研究，加快履行项目审批程序，严禁包装项目、虚列已通过审批事项等，确保债券资金一下达，就能立即投入项目使用，尽快形成实物工作量，从源头解决"钱等项目"问题。

（四）强化项目审核把关提升储备质量。全省各级财政部门要对发展改革部门提出的项目清单，会同相关部门审核提出专项债券资金需求，重点审核项目的公益性、成熟度、合规性、融资与收益是否自求平衡，项目必须要满足专项债券风险管理要求，项目未来收益测算必须客观合理，决不片面追求项目数量，忽视项目质量，不具备条件的项目不得纳入专项债券项目库，也不得申请专项债券额度。各地要认真开展事前绩效评估，按照项目建设工期和年度建设任务等提出资金需求，优先支持在建项目，新开工项目必须已取得立项批复、2022年内具备开工条件且能够形成实物工作量和拉动有效投资。

二、合理安排加快使用尽快形成实物工作量

各地要按照"成熟、急需、统筹、集中"原则，进一步优化下一年专项债券项目的安排，优先保障省委、省政府部署的重大改革、重要政策和重点项目落实，根据轻重缓急安排债券额度，集中财力办大事。各地要从准备项目清单中挑选前期工作成熟、符合发行条件的项目，确定拟发行的具体项目及金额。近期要抓紧做好明年一季度可实施项目筛选工作，特别是在建项目，已经纳入国家重大发展战略和规划的项目，一定要优先筛选，优先安排资金。同时，省级下达债券额度后，要尽快将债券资金对应到项目上，债券发行后尽快将债券资金拨付到项目单位，尽早形成有效投资实物工作量，提高债券资金使用效率。

结合财政部已下达浙江省新增专项债券额度1063亿元，省财政厅将及时下达专项债券额度，优化债券发行频次，具体有几方面考虑：一是综合考虑市县债务风险状况、债券资金需求，按照"资金跟着项目走"的原则，提出分市县分配建议，按程序报批后纳入明年年初预算。同时，尽快编制专项债券发行计划，提前锁定发行窗口。二是根据项目建设进度以及资金需求适当提高发行频次，计划明年1月份发行300亿元、2月份发行300亿元、3月份发行463亿元的新增专项债券，力争明年一季度将财政部已下达的新增专项债券额度发行完毕。

三、加强政府债券全生命周期监测绩效管理

一方面要开好"前门"，大力争取专项债券支持；另一方面要加强项目管理和债券使用管理。

（一）加强项目资金日常管理。全省各级财政部门要加强日常监督，及时跟踪了解专项债券使用管理情况，发现违规问题及时纠正，做到防范于未然。严禁债券资金用于禁止类项目清单项目，坚决制止债券资金挪用移用、长期闲置。着力提升债券资金服务能力，强化专项债券项目全链条资金保障，确保项目不因资金原因而影响建设。

（二）全面压实主管部门和项目单位的责任。督促主管部门和项目单位及时推进项目开工建设，避免资金闲置浪费。财政部门要将资金使用环节作为监管重点，加强对主管部门和项目单位的动态审核监督。要按照"谁使用谁负责"的要求，发现违规问题及时整改、依法处置。同时采取通报、约谈等举措，打好组合拳，提高违法违规成本。

（三）落实专项债券资金穿透式全周期监测管理。各地要高度重视穿透式监测管理工作，重点监测项目准备、项目建设、项目运营、项目专项收入等情况，确保对专项债券资金的监测管理"一竿子插到底"。全省各级财政部门对本级地方政府专项债券穿透式监测数据的真实性、完整性、准确性负责，及时组织复核确认，定期汇总本地区情况，及时报送省财政厅。同时，将使用专项债券资金的本级政府相关部门和专项债券项目资产登记管理单位及时纳入监测系统，做好业务培训指导，组织相关部门和单位开展穿透式监测工作。省级将建立专项债券资金使用进度月统计月通报机制，对支出进度较慢的地区实施预警，切实提高专项债券的支出进度。

（四）全面落实项目资金绩效管理。结合项目建设期和运营期的不同特点，各地要认真开展绩效管理，从绩效目标管理、绩效运行监控、绩效评价管理、评价结果运用"四个环节"对专项债券项目资金绩效进行全生命周期管理。一是严把绩效目标管理关。重点关注偿债资金来源、融资与项目收益平衡等反映偿债能力、风险防控的目标和指标，努力做到花钱必问效，无效必问责。二是严把绩效运行监控关。对专项债券资金预算执行季度和绩效目标实现情况进行"双监控"，建立专项债券资金绩效跟踪监测机制，动态监控绩效目标完成程度，对严重偏离绩效目标项目暂缓或停止拨款。三是严把绩效评价关。组织项目单位全面开展专项债券绩效自评工作，全省各级财政部门要对重点专项债券项目进行重点绩效评价。四是严把评价结果应用关。突出绩效管理结果的激励约束机制，通过绩效评价结果的公开，倒逼主管部门和项目单位加强和改进管理。

（2021年12月22日）

严谨坚守　创新奉献　努力开创财政行政政法工作新局面

——在全国财政行政政法工作视频会议上的交流发言

浙江省财政厅党组成员、副厅长　章忠良

近年来，浙江财政行政政法条线认真学习贯彻习近平新时代中国特色社会主义思想，牢固树立“四个意识”，坚定“四个自信”，坚决做到“两个维护”，坚持以当家的思维担当管家的责任，主动将财政工作放到党和国家事业发展大局中去谋划，做到“中央和省委、省政府决策部署推进到哪里，财政服务保障就跟进到哪里”，牢记“没有领先就是落后”“没有特色就是问题”“没有用心就是懒政”，有力保障了经济社会发展和改革稳定大局。省财政厅连续十八年在省政府目标责任制考核中名列“优秀”，连续十七年被省委、省政府评为“平安浙江”建设先进集体。

一、坚持上接天线、下接地气，不断完善公务支出制度体系

浙江省认真贯彻中央八项规定精神和《党政机关厉行节约反对浪费条例》要求，扎实推进公务支出制度建设，强化差旅费、会议费、培训费、因公临时出国经费、因公短期出国培训经费管理，在严格执行中央规定的同时，结合浙江地方实际，进行了多方面的完善与创新。

（一）创新差旅费管理方式

一是实行了全省统一的差旅费管理政策，规范各职级人员的公务出差行为，对各职级人员特别是市县领导出差的交通、住宿、伙食等标准作出明确规定。二是注重公务出行安全保障，统一由单位购买公共交通意外保险，保费每人每年30元，不再按次单独购买交通意外保险。三是进一步规范了公务出行伙食费缴纳相关办法。四是明确挂职锻炼人员伙食补助及往返交通报销标准。2021年，浙江省又出台了新一轮差旅费报销改革政策，在部分省级行政、参公管理事业单位开展差旅费包干报销改革试点，为全国差旅费报销制度改革探路。

（二）完善会议费和培训费管理

按照政府过紧日子的要求，经过情况摸底及分析测算，浙江省会议费、培训费开支标准仍按2014年的综合定额标准执行，至今未提高标准。并对住宿、伙食实行分项总额限高及单餐双控。同时，加强会议经费总额控制，明确2018-2022年省级各部门以及各市、县（市、区）每年会议经费总额原则上不得超过2017年会议费决算数。对承接国际会议、全国会议也作了进一步规范，明确了应遵循的原则、审批程序、办会规模、经费管理等事项，要求相关单位严格控制会议数量、规格、规模，明确责任，提升绩效。

（三）因地制宜出台其他相关制度标准

一是出台了省级机关干部教育培训经费开支管理规定，年度经费按单位机关干部全年工资总额的2%以内限额控制。二是细化省直机关基层党组织党建活动经费管理，按单位机关干部全年工资总额的0.5%控制，明确支出项目范围和开支标准。三是规范机关工作人员夜餐费开支管理，规定夜餐费适用范围、适用条件、开支标准及报销管理。四是出台了办公用茶标准。

二、坚持首位战略、首位保障，着力构建高层次人才政策体系

浙江省以习近平新时代中国特色社会主义思想为指导，认真贯彻落实中央和省委省政府关于人才工作的重大决策部署，在“八八战略”的指引下，坚持首位战略首位保障，集中财力、集聚资源、集成政策，支持打造人才生态最优省。

一是推进实施“鲲鹏行动”计划、省引才计划、万人计划、领军型创新创业团队计划等重大人才工程，助力打造覆盖引进和培养、塔尖和塔基、个人和团队、创业和创新的高素质人才引进培育体系，“高精尖缺”人才加速集聚。

二是以集中财力办大事财政政策体系为抓手，通过完善引才、育才、用才全方位支持机制，着力构建定位清晰、梯次分明、相互衔接的人才经费支持体系。

三是完善人才投入机制，突出绩效导向，将奖励措施与人才产出、贡献挂钩，充分发挥财政资金对高层次人才的激励作用。

“十三五”时期，浙江省人才队伍量质齐升，人才效能充分发挥。截至2020年底，浙江省累计入选国家级人才工程2160人次，比2015年增长151.7%；人才平台加速发展，之江实验室、西湖大学等重大平台影响力、吸附力持续上升，高新技术企业数从2015年的7905家增长到2020年的22232家；每万人发明专利授权量从2015年的12.9件增长到2020年的32件，人才创新创业活力明显增强。

三、坚持绩效引领、协同创新，深入实施“财政支持政法工作现代化三年行动计划”

我们认真贯彻落实习近平总书记“提升政法工作现代化水平”的指示和中央政法工作会议要求，主动谋划、靠前服务，推出了“财政支持政法工作现代化三年行动计划”，将政法转移支付资金从财力补助为主转向政策引导、资金配套，支持全省政法系统重点项目实施和重大改革创新。

一是设立“政法工作现代化创新引导”项目，面向全省政法系统，奖励和引导各地机制、管理和政策创新，三年重点支持100个左右可推广、可复制的项目，全面推动省域治理现代化在政法领域的创新和实践；二是实施“公检法司工作现代化创建（分条线）”项目，在现有转移支付中切块安排资金，用于引导和推动全省政法条线年度重点工作、整体绩效考核、重大改革试点等。

截至目前，已经实现了部门全覆盖，包括公安（含交警）、法院、检察院、司法行政、政法委等五个部门；实施了政法创新引导、条线创建项目208个，累计下达资金3.26亿元。通过对存量资金的结构调整和分配方式转变，财政实现了集中财力办大事，省级部门重点工作有了抓手，市县努力有了方向，此项改革得到了省级政法部门积极响应和全省市县广泛认可，也得到了省领导的批示肯定。

与此同时，浙江省一直将绩效管理的理念贯穿于预算管理全过程，并根据形势需求和工作重点变化灵活调整。从2010年起，我们每年组织全省财政、政法部门开展政法经费保障绩效考核，建立了完整的考核体系，并将考核结果直接应用到下一年度政法奖励性资金分配。2021年起实施全面零基预算，完全打破基数预算的盘子固化和利益既得问题，统筹财力的同时也提高了资金使用绩效。

四、坚持精准施策、精心服务，全力做好疫情防控各项工作

一是明确疫情防控一线人员保障政策。联合省委组织部、省人力社保厅出台进一步激励关爱基层党员干部和医务工作者在疫情防控一线担当作为的"暖心八条"。二是及时落实疫情防控经费，支持疫情防控设备、防控物资采购，以及开展疫情防控和维护社会稳定相关支出。三是加大防疫物资生产供给，支持省属监狱企业开展口罩生产。四是关心关爱防疫一线民警、狱警。对参与新冠肺炎救助工作、直接接触确诊和疑似病例的民警职工，给予临时性工作补助，并按实际执勤天数发放值勤岗位津贴和加班补贴。五是积极参与境外输入疫情防控工作，全力配合侨务工作组，建立物资援侨、关爱帮扶侨胞工作机制。六是加强新冠疫苗等生物制品批签发能力提升，支持检验检测业务用房及疫苗检测能力建设项目。

五、坚持凝聚合力、提升能力，着力打造变革型财政组织"六大工程"

按照"加快建设变革型财政组织，提高财政干部塑造变革能力"的新要求，着力实施"六大工程"。一是实施政治能力提升工程。健全习近平总书记重要讲话重要指示精神常态化学习机制，努力提高政治判断力、政治领悟力、政治执行力，全链条、全要素、全方位地体现到工作理念、思路、举措、政策之中。二是实施整体智治融合工程。从全省层面抓统筹抓协调，做好改革、制度、政策等顶层设计，纵向加强对市县乡、横向加强对预算部门的业务指导，以财政数字化改革为抓手，推进跨层级、跨部门的数据共享、流程再造和业务协同。三是实施争先创优领跑工程。强化争先创优意识，树立争先创优标杆，提炼争先创优成果，营造你追我赶、争先进位的良好氛围。四是实施破难攻坚亮剑工程。勇闯"无人区"，当好"探路者"，努力成为破难攻坚行家里手，构建工作链责任链。五是实施自我革新强基工程。打造"想干事"的担当型组织，"能干事"的学习型组织，"干成事"的专业型组织，"不出事"的清廉型组织。六是实施财政文化引领工程。大力弘扬"严谨、坚守、创新、奉献"的财政职业精神，坚持问题导向、需求导向、目标导向，实现由小胜集大胜、由小成集大成、由善作而善成。

（2021年11月25日）

把握新形势　担当新使命
奋力开创财政资环工作新局面

——在全省资环工作会议上的讲话（摘要）

浙江省财政厅党组成员、总会计师　倪学军

一、前阶段工作回顾

（一）积极谋划碳达峰碳中和财政支持政策

2030年前实现碳达峰、2060年前实现碳中和，是习近平总书记向国际社会作出的庄严承诺，彰显了我国对人类前途和命运高度负责的大国胸怀和责任担当，也是解决当前资源环境生态突出问题、实现中华民族永续发展的必然选择。党中央、国务院对此高度重视，于9月22日出台了《关于完整准确全面贯彻新发展理念做好碳达峰碳中和工作的意见》。省委、省政府坚决全面贯彻落实党中央、国务院重大决策部署，成立了以袁家军书记、时任省长郑栅洁为双组长的领导小组，并出台了《浙江省全面贯彻新发展理念做好碳达峰碳中和工作实施意见》《浙江省碳达峰总体方案》及"6+1"领域方案。省财政厅第一时间成立以尹学群厅长为组长的碳达峰碳中和财政政策研究工作专班，深入研究碳达峰碳中和财政支持政策。对标对表碳达峰碳中和"4+6+1"总体思路和路径，结合集中财力办大事财政政策体系，逐条梳理研究财政支持政策，初步形成《浙江省财政支持碳达峰碳中和工作实施意见》，构建"1+5+N"财政支持碳达峰碳中和政策体系（即1个目标、5个政策工具、N个领域）和政策清单。

（二）高水平健全生态保护补偿机制

1.深化流域生态补偿机制。2012年，在财政部、生态环境部的指导下，浙江省和安徽省签订了全国第一份水环境生态补偿协议。"新安江模式"入选中组部贯彻落实习近平新时代中国特色社会主义思想在改革发展稳定中攻坚克难案例、全国"改革开放40年地方改革创新40案例"，写入党中央、国务院《生态文明体制改革总体方案》等多份文件，在长江、黄河全流域复制推广。在深化新安江流域生态补偿的基础上，开展省内上下游流域横向生态补偿。在各市县的共同推动下，生态补偿覆盖了八大水系主要流域。

2.完善分类补偿机制。2004年，建立森林生态效益补偿机制。目前，省级以上公益林最低补偿标准从2004年的8元/亩提高至2021年的33元/亩，其中主要干流和重要支流源头县、26个加快发展县等40元/亩。2016年，全面实施耕地保护补偿制度，按永久基本农田保护任务面积30元/亩标准，对承担耕地保护任务和责任的村级集体经济组织给予补助。2020年，试行湿地生态补偿机制，对80处省重要湿地保护工作年度绩效评价达标的县（市、区）按湿地面积30元/亩给予补偿。

3.创新国家公园生态补偿模式。2018年起，举省、市、县三级之力,创建钱江源国家公园。一是参照集体林租赁实行48.2元/亩的最高补偿标准,推进国家公园省级公益林扩面和集体林地役权改革,实现森林资源资产集中统一管理。二是推动跨省域森林合作保护,与毗邻的江西、安徽所辖三镇七村及安徽休宁岭南省级自然保护区签订合作保护协议,实现省际毗邻镇村合作保护模式全覆盖。三是以钱江源国家公园为无形资产,推动生态产品价值实现。

4. 推进山水林田湖草生态保护修复。2018年,钱塘江源头区域山水林田湖草生态保护和修复列入国家试点;2021年,瓯江两个源头试点均获中央补助20亿元。该试点是对"山水林田湖草是生命共同体"理念的具体落实,改变过去单一生态修复模式,统筹自然生态各要素,开展跨区域跨领域修复治理。各市县也要树立系统观念,开展整体保护、系统修复、综合治理,提升区域生态系统服务功能和生态环境质量。

(三)高标准提升生态环境质量

1. 积极推进方财政事权和支出责任划分改革。按照职责分工,出台生态环境、自然资源、应急救援等三个领域省与市县财政事权和支出责任划分改革方案,厘清政府与市场关系,优化政府间事权和财权划分,推动建立权责清晰、财力协调、区域均衡的财政关系,促进形成稳定的各级政府事权、支出责任和财力相适应的制度。推动生态环境监测机构垂直管理制度改革,按照人、财、物属地管理的原则,实事求是平稳推进改革。

2. 支持打好生态环境巩固提升持久战。深入实施蓝天、碧水、净土、清废四大行动。2021年争取中央转移支付资金8.7亿元,安排省级生态环境专项转移支付资金11.4亿元,推动生态环境质量持续改善;争取中央资金5.5亿元,统筹安排省自然资源专项资金1亿元,对浙江省海洋系统较为脆弱或受损的海域、海岸带、海岛等区域进行修复和保护;争取中央林业转移支付7.46亿元,下达省级林业专项资金6.47亿元和森林生态效益补偿资金14.7亿元,支持开展百万亩国土绿化和千万亩森林质量精准提升工程、林业有害生物防治、森林防火等,为全省"大花园"建设提供强有力的生态支撑。

(四)高质量推进经济社会绿色发展

1. 着力推进土地要素供给。安排省级造地改田资金20.42亿元,全面落实耕地保护补偿制度,支持省统筹补充耕地0.46万亩和农村宅基地复垦耕地4.1万亩,推进乡村全域土地综合整治与生态修复,积极争取跨省域补充耕地指标和城乡建设用地增减挂钩节余指标,全力保障全省能源、交通、水利等重点项目建设用地。

2. 积极拓宽绿色转化通道。2021—2023年,省财政每年安排21亿元,对于纳入扶持范围的县(市、区)各给予1亿元资金,其中海岛县各给予3000—4000万元资金。研究出台《绿色转化财政专项激励政策绩效考核办法》,指导市县按照实施方案有序推进,开展绩效跟踪,推进管好、用好激励资金。

3. 推进排污权有偿使用和交易试点。2008年起,浙江省实施排污权有偿使用和交易试点,形成了较为完善的制度体系,建立了统一的交易平台,交易量达全国一半。2021年5月,省财政厅在全国资环工作会议上作《制度先行　数字赋能　扎实推进排污权有偿使用和交易试点》典型交流发言。目前正在积极配合财政部在浙江模式基础上建立全国排污权有偿使用和交易框架体系。

4. 建立多元化投入机制。发挥省政府产业基金作用,参与国家绿色发展基金出资,聚焦生态环境保护、低碳发展等重点领域,做好项目对接桥梁作用,促进浙江省产业更好绿色低碳发展。通过规范推广政府和社会资本合作模式、政府购买服务、政府债券等方式,撬动更多社会资本进入绿色发展领域。

(五)高效率提升应急救援和物资保障能力

1. 积极保障粮食安全。一是筹措落实储备补贴资金,提升粮食储备保障能力。加大财政保障力度,确保2021年全省粮食30万吨增储任务落实到位,优化新增大豆和玉米作为省级储备粮品种,提高省内口粮、饲料和油料加工应急保供能力。二是全面推进"五优联动"提质扩面,提升优质粮食供给能力。出台《深入推进浙江省粮食产业"五优联动"的指导意见》,明确全省"五优联动"实施面积、晚稻订单分品种分仓收储比例等建设目标,引导地方实现"五优联动"全覆盖,推进口粮品种培优、品质提升、品牌打造。三是推动实施粮食批发市场改造提升,增强粮食市场保供能力。按照建立现代化粮食批发市场体系的要求,力争通过2—3年的努力,全省打造20家重点现代粮食批发市场。四是开展粮食购销领域腐败问题专项整治,根治粮食安全风险隐患。根据省纪委、财政部要求制定浙江省财政系统专项整治实施方案,并紧扣各时间节点做好相关工作。

2. 大力支持应急救援。一是加大安全生产及应急管理、消防救援财政保障力度,在第一次全国自然灾害综合风险普查试点总结与经验交流工作视频会上,浙江省综合风险普查财政保障工作被点名表扬。二是落实消防救援队伍改革转隶各项政策,完善消防经费保障机制,加强消防救援队伍建设发展。三是按照"安全底线、平急结合,统筹规划、多元筹备,区域协调、整体智治"的原则,建立与"十四五"应急物资储备体系相匹配的财政保障体制机制,研究出台《浙江省灾害事故应急救援补偿办法》。

二、财政资源环境工作面临的新形势新要求

(一)生态文明建设先行示范为财政资环工作提出新要求

浙江省肩负着"努力成为新时代全面展示中国特色社会主义制度优越性的重要窗口""生态文明建设要先行示范"的重大历史使命,"绿水青山就是金山银山"理念已经成为全党全社会的共识和行动,浙江省财政系统要想在生态文明建设上保持先行优势,必须要时刻保持"不进则退"的危机意识,更进一步,更快一步,才能继续走在前列。

(二)碳达峰碳中和为财政资环工作提供新遵循

习近平总书记指出,要把碳达峰、碳中和纳入生态文明建设整体布局,拿出抓铁有痕的劲头,如期实现2030年前碳达峰、2060年前碳中和的目标。"十四五"乃至更长时期,我国生态文明建设进入了以降碳为重点战略方向、推动减污降碳协同增效、促进经济社会发展全面绿色转型、实现生态环境质量改善由量变到质变的关键时期。全省各级财政部门要坚决贯彻落实习近平总书记重要讲话精神和省委、省政府决策部署,围绕单位国内生产总值能耗、二氧化碳排放强度、非化石能源消费比重、森林

覆盖率、森林蓄积量5个主要指标，谋划碳达峰碳中和财政支持政策，丰富生态文明建设治理内涵，形成绿色低碳发展财政政策体系，促进碳达峰碳中和顺利实施并如期实现。

（三）共同富裕示范区建设为财政资环工作赋予新使命

高质量发展建设共同富裕示范区是习近平总书记赋予浙江的光荣使命，是浙江的"金字招牌"，也是重大政治责任。高质量发展高品质生活先行区、城乡区域协调发展引领区、收入分配制度改革试验区和文明和谐美丽家园展示区是共同富裕示范区建设的四大战略定位，优美的生态环境是人民期盼的美好生活的重要内容。进一步创新资环领域财政政策，激发共同富裕示范区建设的活力和潜力，是每个财政资环干部的使命。我们要让绿色成为共同富裕示范区建设的品质追求，奋力扛起共同富裕示范区建设的政治责任、先行责任、示范责任。

三、下一阶段重点工作

（一）贯彻习近平生态文明思想，构建生态综合补偿体系。贯彻落实中办国办《关于深化生态保护补偿制度改革的意见》，健全有效市场和有为政府更好结合、分类补偿与综合补偿统筹兼顾、纵向补偿与横向补偿协同推进、强化激励与约束协同发力的生态保护补偿制度。工作中我们要把握好几个原则，一是落实地方政府生态保护主体责任；二是纵向转移支付与横向生态补偿相结合；三是生态产品价值实现机制是通过市场手段增加产品和服务的附加值。省里将进一步健全完善生态补偿体系，包括绿色发展财政奖补机制；推动排污权、林权交易等市场化补偿制度；继续深化横向补偿机制，上下游地区要加强沟通交流，明确考核指标和实现途径，合理确定补偿金额；研究推进跨设区市重点流域横向生态保护补偿，打造横向生态补偿2.0版。

（二）坚持新发展理念，创新碳达峰碳中和财政政策供给。省厅正在研究碳达峰碳中和工作财政支持政策，市县也要结合当地达峰实际研究相应具体支持政策。在政策设计上，要注意以下几点：一是全省一盘棋，形成政策合力。比如碳达峰碳中和数智平台建设，"凡是省里统建的项目，市县不再重复建设；凡是揭榜挂帅的，其它县市不再重复开发"，有序推进数字化平台建设，有好的创新试点就接入省级平台。二是处理好几对关系。处理好发展和减排、整体和局部、短期和中长期的关系，既要全力以赴，也要量力而行；既要有中长期清晰的目标，也要明确短期支持重点；既要减排，也要发展，在经济发展、能源安全、碳排放、居民生活多维度中找到有效路径。三是要加强政策协同。碳达峰碳中和涉及社会方方面面，光靠财政政策是"小马拉大车"。要发挥财政政策引导作用，加强政策系统性、协同性，推动财政政策与金融政策、标准体系、核算体系、价格体系、法规体系等协同发力，激励低碳绿色高质量发展。

（三）聚焦改革试点任务，做好资金管理后半篇文章。2021年，浙江省在财政部资环领域几个竞争性分配项目申请上获得"大满贯"，成功争取中央资金27亿元，资金管理的后半篇文章也要做得漂亮。一是执行进度要重视。中央海洋生态保护修复资金列入直达资金管理，浙江省每半个月统计执行进度，财政部每个月通报执行进度。目前，该资金执行进度在全国排名明显靠后，各地务必要高度重视，尽快把"蓝色海湾"项目进度抓上去，在确保资金安全的前提下提高执行进度。二是管理办法要健全。除中央和省明确需地方制定资金管理办法实施细则外，地方也应结合实际制定相应配套制度，确保资金管理有章可循、有规可依，规范推进试点工作。三是宣传工作要做好。中央、省级试点项目往往旨在探索生态保护修复、绿色发展模式，要注意总结宣传，做好工作发好声，为全国生态文明建设提供浙江经验。

（四）落实应急领域改革，提高应急保障能力。财政"十四五"规划明确，要不断完善安全生产、防灾减灾救灾、应急救援、应急物资财政保障政策。一是按照《浙江省应急救援领域财政事权和支出责任划分改革方案》，切实做好本地区应急物资储备财政保障，形成省市县三级合理的应急物资储备梯度。市县要确保储备足以应对严重自然灾害、事故灾害、公共卫生事件和社会安全事件等突发公共事件应急全过程所需的常用物资，切实发挥好各地防范应对区域、局部突发公共事件的作用。二是加强消防改革转隶财政政策落实，按照所在市市直机关标准，不折不扣落实2019年以来消防救援队伍改革性补贴和奖励性补贴等人员经费。按照《浙江省消防救援队伍经费管理实施细则》，结合财力状况，切实保障地方消防事业发展。

（五）开展粮食腐败专项整治，坚决保障粮食安全。专项整治工作由纪委部门牵头，发展改革、财政、国资、市场监管、粮食等六部门共同开展，大家务必要引起重视。近期，省厅已召集各市财政局，对此作了专项布置。这里要再强调几点。一是提高政治站位，成立工作专班，落实专人具体负责，以刀刃向内的态度和务求根治的决心，把专项整治任务坚决做实、做细、做到位，严禁消极应对、措施不力、搞形式、走过场。二是加强统筹协调，要向当地纪委监委汇报好，与其他成员单位衔接好，与巡视、巡查、审计等工作配合好，形成工作合力。三是务求工作实效，要实事求是，准确把握政策，审慎处理工作中遇到的问题，重大问题要及时请示汇报。要注意保密工作纪律。

（六）正确看待审计问题，加强资金绩效管理。对于资金管理不能只停留在合法合规性上，还要注重财政资金的时效性和绩效性。一是要吸取教训，引以为戒，对中央资金支持的项目，按照项目实施方案，加快项目实施，注重项目绩效，确保项目如期完成。二是要配合部门做好项目储备，在项目申报时严禁多头申报，争取项目储备与中央资金直接挂钩。三是加强项目可行性研究，提高资金使用效率。要以问题为导向，举一反三，加强专项资金过程绩效管理，切实提高资金使用效益。

（七）要进一步增强底线意识，切实提高财政资环干部能干事、干成事、不出事的能力。要牢牢绷紧反腐倡廉这根弦，常怀敬畏之心，常思贪欲之害，清清白白做人，干干净净做事。要以案为戒，对照自身岗位风险，细算"三笔账"、慎守"九道线"。要始终坚持以品格为核心、作风为基础、能力为重点、业绩为导向，不断加强财政资环队伍建设，以铁的纪律打造财政资环铁军。

（2021年10月20日）

市县领导议财政

基于基层治理视角下优化财政支出结构的探索研究

绍兴市柯桥区政协副主席　余建林

十八届三中全会提出,“完善和发展中国特色社会主义制度,推进国家治理体系和治理能力现代化”,将财政定位为“国家治理的基础和重要支柱”。本文以绍兴市柯桥区为例,探索通过优化财政支出结构更好发挥财政在治理体系中的基础和重要支柱作用,站在治理体系和治理能力的高度提出进一步优化支出结构的对策建议。

一、柯桥区优化财政支出结构的实践

(一)从近20年数据来看,财政支出占国内生产总值比重表现出“降、升、稳”的阶段性特征,财政在国家治理中的基础和重要支柱作用愈加显著。

建国后,绍兴县财政支出预算的编制依赖上级安排,地方只能在有限的机动财力中作些填平补齐。1978年后,伴随着改革开放,企业自主权扩大,财税改革首先从分配关系着手,政府向企业让利,财政支出占国内生产总值比重7%左右。1980年,绍兴县实行财政包干体制,由省帮助代编支出预算。2000年,绍兴县建立起与社会主义市场经济体制相适应的公共财政,财政支出结构逐步优化,财政支出占国内生产总值从2000年3.1%增长到2013年的6.2%。2013年,撤县设区后,绍兴县变更为柯桥区,财政支出占国内生产总值从2014年6.3%增长到2019年的8.4%,并与地方财政收入占比保持基本一致。

(二)从细分项目看,财政支出结构变化十分明显,教育、社保、一般公共服务支出明显加快,农林水支出下降较快。

保障和改善民生是治理体系和治理现代化的重要特征,为此财政支出进一步向民生领域倾斜,各项事关人民群众切身利益的重点支出均得到了较好保障。按财政支出项目分类,财政支出包含20多个项目,其中占比较高的项目有教育、社会保障和就业、一般公共服务、城乡社区事务、医疗卫生等。表1展示了2015年~2019年各年各项目财政支出占比情况,通过对比可以发现五年来柯桥区财政支出结构的变化。其中,一般公共服务支出占比由2015年的8.3%上升至2019年的11.3%,教育支出由2015年的18.77%上升至2019年的22.84%,社会保障和就业支出占比由2015年的8.93%提高至2019年的11.87%,医疗卫生与计划生育支出2015年以来保持在8.3%的稳定占比,城乡社区支出占比2015年以来保持在10.8%的较高水平,农林水支出占比由2015年的14.26%下降至2019年的6.62%,资源勘探信息等支出由2015年的5.98%下降至2019年的0.8%,交通运输支出由2015年的4.24%下降至2019年的1.79%。

二、财政支出结构存在的薄弱环节

对照治理体系和治理现代化提出的人民当家作主制度体系、中国特色社会主义法治体系,基本经济制度、先进文化制度、民生保障制度、社会治理制度、生态文明制度等十四个方面重要任务,柯桥区财政支出结构仍然存在较多薄弱环节。

(一)政策层面:提升治理能力的政策体系缺乏顶层设计,集中财力办大事效率有待提升

治理体系和治理现代化涵盖经济、社会、文化、环保等方方面面,需要财政予以保障的领域多,而地方财力较为有限。集中财力中的“财力”包括资金、资产、资源,分散在不同部门,集中这些财力难度大。仅从财政资金来看,财政部门可统筹的财力有限,2020-2022年一般公共预算收入预计分年度分别为144.7亿元(增幅6.0%),153.4亿元(增幅6.0%),162.6亿元(增幅6.0%)。据此,全区可用于一般公共预算支出的财力预计分年度分别为119.3亿元、126.5亿元、134.1亿元。剔除“三保”、PPP项目等支出后,地方可用财力十去七八。预计可用于集中财力办大事的资金仅在40亿元左右。

(二)体制层面:保障治理体系的事权和支出责任不清晰,体制调整财力影响大

一是事权与财权不对等。基层政府分担着许多公共服务责任,包括教育、基础设施建设、社会保障等领域,担负沉重的支出责任,但没有相应的收入来源。尤其是在重大项目建设方面,柯桥不仅要保障区域范围内承接的省市重大发展项目,还要上划更多的财政资金到绍兴市“共享共建”中,如轨道交通1号线、古城保护基金等重大项目,占全区实际可用财力的5.4%,预计3-5年内每年柯桥区还将承担“共建共享”资金约20亿元,这些都给区财政收支平衡带来了巨大的压力。二是体制调整影响逐年加大。自2013年撤县设区后,绍兴市政府明确柯桥区保持原县(市)级事权不变。2020年8月,绍兴市委、市政府出台了《关于完善市对区财政管理体制的通知》,统一撤县设区后各区财政管理体制,当年一般公共预算收入增收部分从“省与区按照2:8比例分成”调整为“省、市、区按照2:2:6比例分成”,新设“市级金融业及外地银行业金融机构在三区设立的总部的税收收入和非税收入全部上划市级”,耕地占用税、契税按照市与区1:9比例分成。政府性基金预算中土地出让收入计提从“经营性土地出让金收入的5%作为古城保护基金上缴”调整为“按经营性出让地块出让价的20%计提重点公益性项目建设资金”,预计体制调整后影响区财力约40亿元左右。

(三)结构层面:提升治理能力的民生保障需提升精准度

一是社会保障支出有待提高。2015年,全区社会保障和就业支出为87962万元,占财政支出比重为8.93%,到2019年,社

会保障和就业支出为150672万元,占财政支出比重为11.87%。尽管这一比重逐年有所上升,但离15%~20%的目标还有一定的差距。二是医疗卫生各项支出还需改善。2015—2019年,医疗卫生与计划生育支出绝对额有较大幅度的增加,但占财政支出的比重增长则较为缓慢。2015年,医疗卫生与计划生育支出为81381万元,占财政支出的比重为8.26%。2019年,医疗卫生与计划生育支出为111656万元,占财政支出的比重为8.79%。

(四)政府层面:各类开支仍需压减,机构仍需精简

从一般公共预算支出情况看,一般公共服务支出占财政支出的绝对比重过大。2015年以来,一般公共服务支出占财政支出的比重平均为9.5%,并且,一般公共服务支出占财政支出的比重逐年上升。2015年,一般公共服务支出的比重为8.3%,到2019年,一般公共服务支出的比重上升到了11.30%。一般公共服务支出的增长,加重了财政的负担,减少了财政对社会性支出的投入。

三、基层治理视角下财政支出结构优化的对策建议

基层建设与治理既包括居民生活意愿、适于乐居的目标选择,如生活的自然环境和舒适度,也包括基层和国家的民主、有序治理问题,如社会环境和整治建设。而这方方面面的建设,都离不开财政资金的投入和支持。

(一)应把握的关键

1.主体的拓宽:一元主体管理到多元主体共治

"治理"区别于"统治"和"管理",主要体现在财政分配决策多元化和公共财政权力运行双向性,与国家治理体系相适应的现代化财政模式更多强调公共价值和多元主体共治。财政支出是对财政资金进行的分配和支付活动,其结构的优劣不仅能够反映政府调动社会中资源的程度,还应是多元主体共治,体现民生财政的方向。

2.思维的转变:财政工具论到财为政服务

以往,财政被视为一种由政府单方"管理"工具,但在治理体系背景下,财政领域理念的转变一大成果就是财为政服务,要把财政"小窗口"放到全区"大窗口"建设中去把握,放到"六稳""六保"大局中去把握,使财政权利运行更加规范、财政资金管理更加公开、财政政策制度更加精准。

3.理念的转型:人治到法治

治理现代化的改革目标推动财政理念由"人治"向"法治"转变。"治理"遵循的一定是良好,其效果是善治。财政是诸政之母,作为公共资源分配的一种形式,高度体现着政府宏观决策和政策,同时,夹带着大量技术、人、财、物等诸多因素,应以法治为主导,强调依法治理,提倡良法善治,主张公平正义,维护公民合法权益。

(二)路径选择

1.以集中力量办大事为关键,使有限的资源发挥最大的效用

一是要形成政府主导、财政牵头、部门落实的工作局面。建立起动态调整机制,每年对各项大事进行评估,在财力上进行总额控制。财政部门要提高站位、主动作为、彰显作用,转变财政工作理念和工作方式;各预算部门要认真对待、配合工作,树立"一盘棋"意识,切实将有限财力集中到党委、政府确定的大事要事上来,形成自上而下统一推进、各部门协同配合、财政内部全面协作的工作格局。

二是要梳理政策,清理专项资金,使财力更聚焦。以治理体系和治理能力现代化为脉络,聚焦聚力上级重大决策部署,全面对接省级财政政策体系,围绕本地党委政府的重点工作任务,各预算部门加强现行政策评估论证,对政策到期、项目目标已实现的,予以撤销;对符合工作目标,但支持方向、用途相同或相近、补助对象小而散的,予以整合归并;对效用不明显以及市场竞争机制能有效调节的,及时调整支出政策和项目资金,集中财力安排"大事"项目。

三是要树牢过"紧日子"理念,严格压缩一般性支出。严格按照"八项规定"要求,精打细算、取之有度、用之有节,把节省下来的钱用到省委、省政府重大决策部署的落实上,用到补短板、打攻坚战和改善民生上。优化支出结构,压减一般性支出;兜牢"三保"底线,严控新增支出;严格控制"三公"经费和会议费支出,刚化硬化预算约束,严格控制预算追加,管好用好政府的"钱袋子"。

2.以改善民生为重点,完善均衡社保就业体系

一是完善公平社保体系,努力做到应保尽保。落实好各项社会保障制度和政策,提高城乡低保对象的补助标准,努力做到应保尽保。推进基本养老保险制度改革,全面建立收支平衡、可持续发展的基本养老保险制度。完善失业保险制度,为失业人群提供基本生活保障,健全医疗保险制度,完善城乡职工和居民医疗保险制度。

二是加大就业再就业投入,充分发挥保就业稳就业职能。加大就业再就业投入,开发公益性就业岗位,加强对劳动力的技能培训。搭建就业信息平台、管理服务平台和职业培训平台,为企业和求职者架起沟通的桥梁。

3.优化投入结构,加大重点领域支出力度

一是投入向教育领域倾斜。重点加大对义务教育阶段的财政投入力度,保证教育经费、科技经费按法定比例增长,优化教育支出的内部结构,提高资金使用效益,多渠道筹措资金,增加全社会对教育事业的投入。

二是完善公共卫生经费保障机制。从总量上提高公共卫生支出比例,增加用于突发性公共卫生事件的支出,保证农村公共卫生的政府投入。加大农村卫生基础设施建设力度,实现在家门口就医,减轻大医院就诊压力。

三是着力解决"三农"问题。加强农村基础设施建设,增加对农村义务教育投入力度,建立农村生活保障线制度,完善新型农村合作医疗制度,保障农民大病医疗统筹。

四是加大环境保护支持力度。加大对环境保护的"三废"排放和治理投资,使环境保护的财政投资达到合理水平。增加对环境保护的资金投入,实行对生态保护、污染治理等活动进行补贴政策。

财政工作大事记

zhejiang caizheng nianjian

浙江省

一月

1月3日 根据浙编办函〔2021〕1号文件，省财政厅内设自然资源和生态环境处，行政事业资产管理处更名为资产管理处，不再保留企业处。

1月5日 省财政厅党组理论学习中心组召开学习（扩大）会，学习贯彻习近平法治思想。省财政厅党组书记、厅长尹学群主持学习会并作中心发言。

1月6日 省财政厅印发《浙江省农业融资担保公司薪酬管理办法》。

1月8日 省财政厅会同省农业农村厅印发《浙江省农业融资担保有限公司运营绩效评价办法》。

1月11日 省财政厅会同省建设厅印发《浙江省城镇保障性安居工程财政资金绩效评价实施细则》。

1月12日 省财政厅印发《浙江省社会保障风险准备金管理办法》。

是日 省财政厅印发《浙江省2021—2022年度政府集中采购目录及标准》。

1月12—13日 省财政厅党组书记、厅长尹学群带队赴丽水、松阳开展“三服务”活动。

1月15日 省财政厅印发《关于进一步深化预算绩效管理改革的实施意见》。

是日 省财政厅印发《关于进一步规范政府购买服务采购管理的通知》。

1月16日 省财政厅印发《浙江省省级行政事业单位公款竞争性存放管理办法》。

1月19日 省委财经委审议通过《关于2021年省级财政预算及重点项目资金安排建议的汇报》。

是日 省政府办公厅印发《浙江省公共文化领域财政事权和支出责任划分改革实施方案》。

1月20日 全省财政工作会议以视频形式召开。省委书记袁家军、省长郑栅洁分别作批示。省财政厅党组书记、厅长尹学群作工作报告。

是日 省财政厅印发《关于充分发挥机关党建系统联动机制作用 全力助推打造省市县乡整体智治财政的通知》。

1月30日 省十三届人大五次会议审议通过省政府提出的2021年省级政府预算，同意省财政厅受省政府委托所作的《关于2020年全省和省级预算执行情况及2021年全省和省级预算草案的报告》，赞成率99.50%，无反对票。

二月

2月2日 省财政厅党组召开扩大会议，传达学习省“两会”精神，研究部署贯彻落实举措。省财政厅党组书记、厅长尹学群主持会议并讲话。

是日 省财政厅党组书记、厅长尹学群赴省农担公司指导该公司巡察整改专题民主生活会暨2020年度领导班子民主生活会。

2月3日 省财政厅党组召开2020年度民主生活会。省财政厅党组书记、厅长尹学群主持会议，省纪委、省委组织部派员到会指导。

2月8日 省财政厅党组召开扩大会议，传达学习十九届中央纪委五次全会和省纪委十四届六次全会精神，研究部署贯彻落实举措。省财政厅党组书记、厅长尹学群主持会议并讲话。

是日 省财政厅会同省交通运输厅印发《浙江省交通运输发展专项资金管理办法》。

2月9日 省委办公厅、省政府办公厅印发《关于进一步厉行节约坚持过紧日子的通知》。

2月10日 省财政厅会同国家税务总局浙江省税务局（以下简称省税务局）印发《关于延续实施应对疫情影响房产税、城镇土地使用税减免政策的通知》。

2月18日 省财政厅向省农业融资担保有限公司拨付1.00亿元补充该公司注册资本金。

2月19日 省财政厅党组召开扩大会议，传达学习全省数字化改革大会精神，研究部署下一步贯彻落实措施。省财政厅党组书记、厅长尹学群主持会议并讲话。

2月23日 省财政厅党组理论学习中心组召开学习(扩大)会，学习习近平总书记在省部级主要领导干部学习贯彻党的十九届五中全会精神专题研讨班上的重要讲话精神。省财政厅党组书记、厅长尹学群主持会议并作中心发言。

2月26日 全省财政系统全面从严治党工作视频会议召开。省财政厅党组书记、厅长尹学群作工作报告，省纪委省监委驻省财政厅纪检监察组组长徐首红讲话。

三月

3月2日 省财政厅会同省委组织部印发《关于完善"一肩挑"后村干部基本报酬制度 进一步加强激励保障的意见》。

3月6日 全国两会期间，全国人大代表、省财政厅党组书记、厅长尹学群在浙江代表团全体会议上，围绕"建立现代财税体制"发言。

3月8日 省财政厅印发《浙江省直达资金管理实施细则(试行)》。

3月11日 省财政厅印发《关于基层财政资金监督管理若干问题的指导意见》。

3月12日 省财政厅召开全体干部会议，传达学习全国两会精神。全国人大代表、省财政厅党组书记、厅长尹学群传达全国两会精神，并就具体贯彻落实工作提出要求。

3月15日 省财政厅党组理论学习中心组召开学习(扩大)会，学习《习近平在浙江》采访实录。省财政厅党组书记、厅长尹学群主持学习会并作中心发言。

是日 省财政厅组织党员干部参观中国财税博物馆，并召开党史学习教育动员部署会。省财政厅党组书记、厅长尹学群参观展览并作动员部署讲话。

3月17日 省财政厅会同省税务局印发《浙江省电子发票(票据)推广应用专班工作方案》，上线"浙江省电子发票(票据)综合服务平台"(简称"浙里办票")。

3月31日 省财政厅召开党组会议，学习贯彻习近平总书记关于统计工作的重要论述。省财政厅党组书记、厅长尹学群主持会议并讲话。

是日 省财政厅党组召开一季度党风廉政建设专题例会，贯彻落实《省委纵深推进清廉浙江建设的意见》。省财政厅党组书记、厅长尹学群主持会议并讲话。

四月

4月1日 省财政厅党组印发《省财政厅处级领导干部选拔任用工作办法》。

4月19日 省财政厅印发《关于政府非税收入资金全面实施电子凭证库管理工作事项的通知》。

4月21日 省财政厅党组召开扩大会议，重温习近平总书记考察浙江重要讲话精神。省财政厅党组书记、厅长尹学群主持会议并讲话。

是日 省财政厅党组印发《关于开展"我为群众办实事、我为企业解难题、我为基层减负担"专题实践活动方案》。

4月22日 省财政厅印发《关于庆祝中国共产党成立100周年系列活动方案》。

是日 上海市财政局、江苏省财政厅、浙江省财政厅印发《长三角生态绿色一体化发展示范区先行启动区财政专项资金管理暂行办法》。

是日 省财政厅会同省发展改革委印发《浙江省财政"十四五"规划》。

4月28日 省财政厅党组书记、厅长尹学群带队赴绍兴开展专题调研。

4月29日 省委党史学习教育第十四巡回指导组进驻省财政厅工作会议召开。第十四巡回指导组组长、省总工会常委、一级巡视员赵祖地出席会议并讲话。省财政厅党组书记、厅长、党史学习教育领导小组组长尹学群汇报党史学习教育开展情况并作表态发言。

五月

5月6日　省财政厅会同上海市财政局印发《推进沪浙政府采购一体化发展三年行动计划》。

5月10日　省财政厅党组召开扩大会议，学习习近平总书记关于"共同富裕"重要论述精神以及省委常委会和省委专题学习会精神，研究部署贯彻落实意见。省财政厅党组书记、厅长尹学群主持会议并讲话。

是日　国务院办公厅印发《关于对2020年落实有关重大政策措施真抓实干成效明显地方予以督查激励的通报》，浙江省财政预算执行、盘活财政存量资金、国库库款管理、推进财政资金统筹使用、预算公开等财政管理工作完成情况较好，连续第5年获得督查激励。

5月12日　省财政厅印发《关于进一步加强省级行政事业单位资产配置管理的通知》。

5月13日　省财政厅印发《关于进一步加强和规范政府购买服务管理的通知》。

是日　省财政厅会同省医保局、省卫生健康委印发《关于医保基金负担新冠病毒疫苗及接种费用财政补助有关事项的通知》。

5月21日　省政府批准同意省财政厅将省级社保风险准备金委托市县开展竞争性存放。

是日　省财政厅印发《关于国有资本划转充实社保基金后收益分配事宜的通知》。

5月24日　省财政厅党组召开扩大会议，学习习近平总书记关于生态文明建设重要讲话精神以及全省碳达峰碳中和工作推进会精神。省财政厅党组书记、厅长尹学群主持会议并讲话。

5月25日　省财政厅党组书记、厅长尹学群一行赴舟山开展"三服务"活动。

5月26日　省财政厅会同省农业农村厅印发《浙江省农业相关转移支付资金管理实施细则》。

5月31日　财政部、自然资源部、国家税务总局、人民银行印发《关于将国有土地使用权出让收入、矿产资源专项收入、海域使用金、无居民海岛使用金四项政府非税收入划转税务部门征收有关问题的通知》，浙江省作为全国第一批试点省份，自2021年7月1日起开展试点。

六月

6月10日　省财政厅会同省交通运输厅印发《浙江省水运基础设施建设项目资金补助办法》。

6月11日　省财政厅党组召开扩大会议，传达学习省委十四届九次全会精神，研究部署贯彻落实举措。省财政厅党组书记、厅长尹学群主持会议并讲话。

6月21日　省财政厅印发《关于省级部分社保风险准备金委托存放操作的通知》。

6月22日　省财政厅会同省自然资源厅等四部门印发《关于印发国有土地使用权出让收入等四项非税收入征收职责划转实施意见的通知》。

是日　省财政厅会同省税务局印发《浙江省省级财税部门系统互联互通和信息共享实施方案（非税收入）》，建设"非税征管信息共享平台"。

是日　省财政厅成立乡村振兴领导小组，厅党组书记、厅长尹学群任组长。

6月23日　省财政厅组织开展党史学习教育专题党课活动。省财政厅党组书记、厅长尹学群为全厅党员干部讲授专题党课。省委党史学习教育第十四巡回指导组到场指导。

6月24日　省财政厅举行"百年潮涌 我心向党"——浙江省财政系统庆祝中国共产党成立100周年主题朗诵会。省财政厅党组书记、厅长尹学群出席活动并致辞。

6月25日　省财政厅党组理论学习中心组召开学习（扩大）会，学习习近平总书记关于安全生产和共同富裕重要论述。省财政厅党组书记、厅长尹学群主持学习会并作中心发言。

6月29日　省财政厅会同省民宗委印发《浙江省民族团结进步事业发展专项资金使用管理办法》。

七月

7月2日 省财政厅党组理论学习中心组召开学习(扩大)会,学习习近平总书记在庆祝中国共产党成立100周年大会上的重要讲话精神以及省委书记袁家军在浙江省庆祝中国共产党成立100周年大会上的讲话精神。省财政厅党组书记、厅长尹学群主持学习会并作中心发言。

7月12日 省财政厅印发《浙江省产业基金管理办法》。

7月13日 省财政厅会同省体育局印发《浙江省扶持体育发展专项资金管理办法》。

7月14日 省财政厅党组召开厅党组理论学习中心组学习(扩大)会,深入学习习近平总书记在庆祝中国共产党成立100周年大会上的重要讲话精神和省委书记袁家军在浙江省庆祝中国共产党成立100周年大会上的讲话精神。省财政厅党组书记、厅长尹学群主持学习会并作中心发言。

7月16日 浙江省列入国家级田园综合体建设试点和农村综合性改革试点省份。

7月26日 省十三届人大常委会第三十次会议审议通过《关于浙江省2020年财政总决算和省级财政决算草案的报告》和《浙江省2021年1至6月财政预算执行情况的报告》。

7月30日 浙江省第十三届人民代表大会常务委员会第三十次会议通过《浙江省人民代表大会常务委员会关于契税具体适用税率等事项的决定》。

八月

8月13日 省财政厅印发《特色小镇财政政策实施办法》。

8月18日 省财政厅会同省乡村振兴局等四部门印发《浙江省财政衔接推进乡村振兴补助资金管理办法》。

8月19日 省财政厅会同省税务局印发《关于确定城市维护建设税纳税人所在地的通知》。

8月20日 省财政厅印发《关于开展政府采购数字化共建共享改革试点工作的通知》。

8月23日 省财政厅召开全省财政年中工作视频会议,省财政厅党组书记、厅长尹学群讲话。

8月31日 省财政厅组织“浙江财政8090青年宣讲团”巡回宣讲启动仪式暨党史学习教育首场宣讲。厅党组书记、厅长尹学群为宣讲团授旗并讲话。

是日 省财政厅印发《浙江省省级部门财政拨款结转结余资金管理办法》。

九月

9月1日 省财政厅党组召开扩大会议,学习贯彻习近平总书记在中央财经委员会第十次会议上的重要讲话精神。省财政厅党组书记、厅长尹学群主持会议并讲话。

9月2日 省财政厅印发《浙江省政府向社会力量购买服务指导性目录(2022年度)》。

9月8日 省财政厅党组召开扩大会议,学习习近平总书记在中央党校(国家行政学院)中青年干部培训班开班式、中央民族工作会议、中央全面深化改革委员会第二十一次会议上的重要讲话精神。省财政厅党组书记、厅长尹学群主持会议并讲话。

9月13日 省人大常委会党组书记、副主任梁黎明、省人大常委会副主任李学忠赴省财政厅调研数字化改革工作,省人大常委会秘书长鲁俊参加。省财政厅党组书记、厅长尹学群作工作汇报。

9月22—23日 省财政厅党组书记、厅长尹学群带队赴温州开展“三服务”活动。

9月26日 省财政厅会同省建设厅印发《浙江省城镇老旧小区改造资金管理办法》。

9月30日 省财政厅颁布《财政电子票据区块链技术应用规范》(浙江省地方标准)。

十月

10月8日 省财政厅会同省法院印发《浙江省人民法院财务管理办法》。

10月13日 省财政厅印发《浙江省省级部门项目支出预算管

理办法》。

10月14日 省财政厅党组召开扩大会议，学习贯彻落实习近平总书记在中央人才工作会议上的重要讲话精神。省财政厅党组书记、厅长尹学群主持会议并讲话。

10月15日 省财政厅党组印发《关于贯彻落实〈中共浙江省委关于规范领导干部廉洁从政从业行为进一步推动构建亲清政商关系的意见〉的通知》。

10月17日 根据浙组干通〔2021〕498号文件，王广兵同志任浙江省财政厅一级巡视员，免去其浙江省医疗保障局一级巡视员职级。

10月22日 省财政厅会同省医保局印发《浙江省医疗救助转移支付补助资金管理办法》。

10月23日 根据浙政干〔2021〕55号文件，王广兵任浙江省财政厅副厅长，免去其浙江省医疗保障局副局长职务。

10月24日 省财政厅印发《关于在部分省级单位开展新一轮差旅费报销改革试点的通知》。

10月27日 根据财人干〔2021〕274号文件，省财政厅推荐的案例《让绿色成为发展最动人的色彩——浙江探索实施绿色发展财政奖补机制》获评财政部"贯彻落实中央重大决策部署深化财政改革发展的生动案例"一等奖。

是日，省财政厅印发《关于健全完善涉农资金统筹整合长效机制助力高水平推进乡村振兴的通知》。

10月29日 根据浙政干〔2021〕57号文件，林仁方任浙江省医疗保障局局长，免去其浙江省财政厅副厅长职务。

是日 省财政厅会同省档案局印发《电子会计凭证归档业务指引（试行）》。

10月 省财政厅省市县乡四级财政机关党建"系统联动"案例，入选全国"第三届党建创新成果展示交流活动"百优案例，为省财政厅首次、省直机关唯一、全国财政系统两家之一。

十一月

11月4日 省财政厅印发《浙江省财政法治宣传教育第八个五年规划（2021—2025年）》。

是日 省财政厅党组书记、厅长尹学群带队赴浙商银行和财通证券公司开展"三服务"活动。

11月16日 省财政厅会同省交通运输厅印发《浙江省普通国省道公路建设和养护资金补助办法》。

11月17日 财政部办公厅印发《关于2020年度地方财政预算执行分析和决算工作情况的通报》，浙江省财政预算执行分析、财政总决算、部门决算三项工作均获财政部通报表扬。

是日 省财政厅召开全体干部会议，传达学习贯彻党的十九届六中全会精神。省财政厅党组书记、厅长尹学群主持会议并讲话。

11月18日 省财政厅党组召开扩大会议，学习贯彻落实习近平总书记在中央政治局第三十四次集体学习时的重要讲话精神。省财政厅党组书记、厅长尹学群主持会议并讲话。

11月22日 省财政厅党组印发《浙江省财政厅学习宣传贯彻党的十九届六中全会精神工作方案》。

11月23日 省十三届人大常委会第三十二次会议审议通过《2020年度全省国有资产管理情况的综合报告》。

是日 省财政厅党组印发《浙江省省属金融企业外部董事选聘和管理办法》。

是日 省财政厅印发《浙江自贸试验区建设激励型财政转移支付实施办法》。

11月29日 全省财政系统学习宣传贯彻党的十九届六中全会精神启动仪式暨"财悦读"现场会在杭州召开。省财政厅党组书记、厅长尹学群出席并作全会精神宣讲。

是日 省财政厅印发《浙江省省级预算绩效目标管理办法》。

11月30日 省财政厅印发《关于进一步加强政府产业基金投资运作管理的指导意见》。

是日　省财政厅印发《浙江省省级社会保障风险准备金管理办法》。

十二月

12月1日　省财政厅会同省农业农村厅印发《浙江省中央财政农业相关转移支付资金绩效管理实施细则》。

是日　省财政厅党组理论学习中心组召开学习(扩大)会,学习党的十九届六中全会和省委十四届十次全会精神。省财政厅党组书记、厅长尹学群主持学习会并作中心发言。

12月2日　省财政厅党组书记、厅长尹学群在全省"扩大有效投资、抓好重大项目"专题工作电视电话会议上作了题为《用足用好专项债券 积极扩大有效投资》的交流发言。

是日　省财政厅党组印发《浙江省财政厅党组巡察工作领导小组工作规则》《浙江省财政厅党组巡察工作领导小组办公室工作规则》《浙江省财政厅党组巡察组工作规则》。

12月10日　省财政厅召开务虚会,学习贯彻党的十九届六中全会、中央经济工作会议和省委十四届十次全会精神。省财政厅党组书记、厅长尹学群主持会议并讲话。

12月14日　省财政厅印发《关于进一步促进政府采购公平竞争　打造最优营商环境的通知》。

12月15日　省财政厅党组召开扩大会议,学习贯彻中央经济工作会议和全省领导干部会议精神。省财政厅党组书记、厅长尹学群主持并传达会议精神。

是日　省财政厅印发《2021年度省与市县财政年终结算办法》。

是日　省财政厅印发《关于进一步规范中央专项转移支付申报使用的通知》。

是日　财政部将浙江省列为全国6个非税收入电子缴款书试点省份之一。

12月22日　"浙里办票+浙里报账"入选浙江省数字化改革第二批最佳应用。

12月24日　省财政厅会同省交通运输厅印发《浙江省公路水路公共基础设施政府会计核算实施细则》。

是日　省财政厅党组召开扩大会议,学习贯彻省委经济工作会议精神。省财政厅党组书记、厅长尹学群主持会议并讲话。

12月25日　省财政厅印发《浙江省突发事件财政应急保障专项预案》。

12月29日　省财政厅会同省水利厅印发《浙江省海塘安澜工程建设项目财政资金管理实施细则》。

12月31日　省财政厅会同省经信厅等四部门印发《浙江省中小企业发展专项资金管理办法》。

(浙江省财政厅供稿　俞　薇执笔)

杭州市

1月1日　新修订的《杭州市基本医疗保障办法》正式施行。

1月11日　杭州市财政局党组副书记龚萍一行赴小营街道走访慰问新一轮"结对帮扶"对象。

1月19日　杭州市本级预算管理一体化系统支付第一笔业务,预算管理一体化系统正式上线运行。

2月5日　杭州市第十三届人民代表大会第六次会议高票通过《关于杭州市及市本级2020年预算执行情况和2021年预算草案的报告》。

2月22—23日　杭州市财政局党组成员、总会计师汪生祥,党组成员、副局长张海艳等一行走进杭州之声《民情热线》栏目,解答民生热点问题。

3月3日　杭州市人民政府召开全市政府投资项目决算工作推进会。市委常委、常务副市长戴建平出席会议并讲话,市财政局党组书记、局长谢建华,党组成员、副局长龚巍参加会议。

3月8日　杭州市财政局召开党史学习教育动员会。党组书记、局长谢建华主持会议。

3月22日　杭州市财政系统全面从严治党工作会议召开。党组书记、局长谢建华作工作报告。

是日　杭州市财政局印发《关于开展杭州财政系统"党建'聚能环'发展'强磁场'"主题活动的通知》,全面部署启动"聚能环"

党建品牌。

3月27日 杭州市人民政府办公厅印发《杭州市政府采购(投资)支持绿色建材促进建筑品质提升试点实施方案》。

4月6日 杭州市财政局党组召开2021年廉政风险防控专题会议,研究部署清廉财政建设工作。党组书记、局长谢建华主持会议并讲话。

4月7日 杭州市人民政府办公厅印发《杭州市人民政府关于优化完善市区财政体制的通知》(杭政函〔2021〕24号)。

4月10日 杭州市财政局在桐庐开展杭州财政"聚能环"暨省市县镇四级联动系列活动。省财政厅副厅长林仁方、市局班子成员、市局和桐庐县局干部职工参加。

4月12日 杭州市财政局召开局党组(扩大)会议,传达学习杭州市部分行政区划优化调整实施动员大会精神,研究部署区划优化调整财政服务保障工作。

4月13日起 杭州市财政局党组书记、局长谢建华带队,赴各涉改区开展"走亲连心三服务"活动,指导各区做好行政区划优化调整工作。

4月21日 杭州市财政局向市人大常委会副主任徐小林专题汇报杭州部分行政区划优化调整后财政工作推进情况。

4月22—23日 浙江省财政厅副厅长沈磊、杭州市财政局副局长许杭率队赴桐庐调研养老服务业发展情况。

4月27日 财政部、浙江省财政厅赴钱塘区调研中小企业国际竞争力发展状况,杭州市财政局副局长许杭参加走访与座谈。

4月30日 杭州市财政局部分行政区划优化调整工作领导小组召开涉改区财政收支运行保障工作会议,市税务局、人行杭州中心支行,各涉改区财政局参加。

5月7日 国务院办公厅发布《关于对2020年落实有关重大政策措施真抓实干成效明显地方予以督查激励的通报》(国办发〔2021〕17号),杭州市综合财政管理工作第三次获国务院表彰。

5月13日 国家发改委通报2020年全国营商环境评价结果,杭州市财政局牵头的"政府采购"指标排名从2019年的全国第九名升至第三名。

5月17日 杭州市财政局召开2021年度综合考评工作暨财政管理绩效考评工作部署会。

5月19日 杭州市政府召开推进政府专项债和企业债工作专题会议,市委常委、常务副市长戴建平出席会议并部署工作。

5月30日 杭州市财政局党组书记、局长谢建华带队赴市医保局开展调研服务。

6月7日 杭州市财政局召开"民呼我为"推进会暨党史学习教育活动专班会议。

6月15日 浙江省财政厅副厅长陈焕昌在杭州市财政局调研国有土地使用权出让收入等四项非税收入划转税务部门征收相关工作准备情况。局党组成员、总会计师汪生祥参加。

6月16日 杭州市财政局印发《杭州财政数字化改革方案》。

6月17日 杭州市财政局召开"预算管理一体化"动员部署大会暨首期内部业务培训会。

6月22日 第十三届人大常委会第70次主任会议专题听取市政府关于杭州市2020年度政府债务管理和防范化解隐性债务风险有关情况的报告。市委常委、常务副市长戴建平代表政府汇报全市政府债务管理工作。杭州市财政局党组书记、局长谢建华参加汇报会。

6月24日 杭州市财政局获全省财政系统"百年潮涌 我心向党"主题朗诵比赛一等奖。

6月24—25日 杭州市注会评估行业联合党委承办浙江省行业党史知识竞赛暨"七一"表彰大会,杭州市代表队获第一名。浙江省财政厅党组成员、总会计师、省行业联合党委书记倪学军等出席。

6月25日 杭州财政系统举行"财情满怀 红色礼赞"主题活动,庆祝中国共产党成立100周年。

6月29日 杭州市财政局印发《关于编制2022年市级部门预算的通知》,根据新修订的《预算法实施条例》部署推进2022年预算编制工作。

6月30日 杭州市委深改委领导小组会议审议《杭州财政数字化改革方案》。市委常委、常务副市长戴建平汇报相关情况,市财政局党组书记、局长谢建华参加会议。

7月1日 杭州市四项非税收入按时划转税务部门征收,实现非税征管信息实时共享。

7月15日 财政部政研室来杭专题调研数字经济发展情况,与市级相关部门座谈交流,并实地考察代表性企业。杭州市财政局副局长张海艳等参加座谈调研。

7月23日 杭州市财政局印发《杭州市项目支出绩效评价管理办法》。

7月27日 政府资产管理云平台2.0版本正式在杭州市本级上线运行。

7月31日 财政部预算司来杭调研共同富裕示范区建设。浙江省财政厅总会计师倪学军、杭州市财政局副局长张海艳等参加调研。

8月9日 杭州市财政局举办学习习近平总书记在庆祝中国共产党成立100周年大会上重要讲话精神专题读书班。局党组书记、局长谢建华主持并讲话。

8月25日 杭州市财政局党组书记、局长谢建华带队做客FM89杭州之声《民情热线》,围绕"共同富裕"话题,与听众连线互动。

8月30—31日 财政部综合司来杭调研"积极的财政政策提质增效、更可持续举措和落实情况"。杭州市财政局党组成员、总会计师汪生祥参加座谈并一同走访相关企业。

9月7日 杭州市财政局召开党组理论学习中心组(扩大)学习会,学习贯彻习近平总书记在中央财经委员会第十次会议上的重要讲话精神和杭州共同富裕"1+4"方案,研究部署贯彻落实相关举措。

9月8日 杭州市财政局印发《关于开展杭州市本级部门整体绩效预算改革试点的通知》,在市本级层面开展部门整体绩效预算试点。

9月9日 杭州市人大财经工委联合市财政局召开2021年度市本级预算执行情况分析会。

9月10日 十二届杭州市委常委会第162次会议专题听取市财政局党组书记、局长谢建华汇报杭州市地方政府债务风险管控有关情况,并部署开展市级联合督查。

9月26日 杭州市人大常委会召开2022年度预算草案"三审制"工作推进会,市人大常委会党组书记、主任李火林到会并讲话。

10月10日 清华大学发布《2021年中国城市政府财政透明度研究报告》,杭州市在294个地级及地级以上城市中名列第三。

10月18—19日 财政部预算评审中心调研组来杭调研中央支持就业补助资金政策后评价有关工作。浙江省财政厅副厅长沈磊、杭州市财政局局长谢建华等一同调研。

10月25日 杭州市财政局与市机关事务管理局联合印发《杭州市市级行政事业单位公物仓管理办法(试行)》,建立办公资源统筹管理、集约使用的共享共用机制。

是日 杭州市财政局获全省"建设清廉机关、创建模范机关"工作先进集体。

10月28—29日 第十三届杭州市人大常委会第三十八次会议听取并审议《杭州市人民政府关于2020年度全市国有资产管理情况的综合报告》。

11月2日 杭州市财政局出台《关于进一步完善市对西湖风景名胜区(西溪国家湿地公园)财政扶持政策的通知》,支持"西湖西溪"一体化高质量发展。

11月19日 杭州市财政局召开党组(扩大)会议,传达学习贯彻党的十九届六中全会精神,部署财政系统学习贯彻工作。

11月22日 杭州市财政系统"八五"普法启动大会在杭州市"五四宪法"历史资料陈列馆举行,杭州市财政系统的"八五"普法动员工作和宪法宣传启动工作正式拉开序幕。

11月23日 财政部浙江监管局来杭调研房地产形势。杭州市财政局党组成员、总会计师汪生祥以及市规资局、市住保局有关负责人参加。

11月29日 浙江省财政系统学习宣传贯彻党的十九届六中全会精神启动仪式暨"财悦读"现场会在杭州市财政局召开。省财政厅党组书记、厅长尹学群出席并作全会精神宣讲。省财政厅各基层党支部书记、市财政局班子成员参加现场活动。

12月2日 杭州市财政局举办全市财政系统数字化改革比武

现场展评，总结杭州财政系统数字化改革经验成果。萧山区财政局等9家优秀单位和章新航等12位优秀个人分别获奖。浙江省财政厅、杭州市委改革办、团市委、民评代表和民情观察员等领导嘉宾莅临指导。

12月3日　杭州市财政局入围“浙里报”首批扩大应用试点单位。

12月9日　中央和国家机关工委旗帜杂志社公布第一届“新时代全国机关基层党建新成就”短视频作品征集展示活动评选结果，杭州市财政局申报的“党建聚能环”以地方视频作品第二名的成绩获“百优作品奖”。

12月31日　杭州市委副书记、市长刘忻，市委常委、常务副市长柯吉欣看望慰问财政干部。

（杭州市财政局供稿　刘　淮执笔）

宁波市

1月15日　宁波市国有金融资本管理工作座谈会召开，市财政局局长姚蓓军主持会议，副市长李关定出席会议并讲话。市相关职能部门负责人，区县(市)政府分管领导及财政局主要负责人，市级国有出资金融机构、受托管理机构以及相关国有股东单位主要负责人参加会议。

1月26日　在宁波市争创全国文明城市“六连冠”活动中，市财政局获宁波市人民政府集体嘉奖。

2月7日　宁波市财政工作会议召开。

2月25日　宁波市财政局召开2021年全面从严治党工作会议。

3月16日　宁波市财政局召开党史学习教育动员部署会议，党组书记黄焕利代表局党组作动员讲话。

3月18—19日　宁波市财政局党组书记黄焕利赴宁波市相关科技公司及工业互联网研究院调研。

4月1—2日　财政部综合司在甬调研财政电子票据管理改革工作，市财政局党组成员、副局长高国平一同调研。

4月15日　宁波市财政局作为出资人首次向市级国有出资金融机构选派国有股权董事。

4月16日　宁波市财政局召开全市政府采购工作会议。

5月20日　宁波市委办公厅、市政府办公厅统计工作专项督查第四督查组赴市财政局开展现场督导检查。

5月25日　宁波市财政局召开全市财政税政工作座谈会。

5月27日　宁波市财政局召开宁波市高层次人才财务专员服务团工作会议。

6月4日　财政部第三巡回指导组组长、财政部监督评价局副局长刘英一行在甬督查行业党史学习教育。宁波市财政局党组成员、副局长、市行业联合党委书记华平，部分处室负责人、行业机构代表等参加座谈会。

6月28日　国家融资担保基金副总经理潘家宝一行赴宁波市融资担保公司开展调研，市财政局党组成员、副局长高国平参加调研座谈。

6月29日　宁波市财政局举行庆祝中国共产党成立100周年活动。

6月30日　宁波市财政局举行“光荣在党50年”纪念章颁发仪式。

7月2日　宁波市财政局召开全市预算绩效管理培训暨工作会议。

7月6—9日　宁波市财政局举办7个批次的“智慧财政”系统操作培训，103个市级预算部门及其所属380家预算单位、12个相关财政业务处室(单位)、15个区县(市)财政局计655人参加培训。

7月13日　宁波市财政局党组理论学习中心组专题学习研讨习近平总书记在庆祝中国共产党成立100周年大会上的讲话精神。

7月15日　财政部海南监管局对宁波市市本级、北仑区、余姚市预决算公开情况开展专项检查。

7月23—24日　宁波市财政局连续召开防御台风“烟花”紧急会议，安排部署相关防御工作。

8月3日 宁波市财政局召开财政工作抓落实工作例会。

8月27—29日 宁波考区进行2021年注册会计师全国统一考试专业阶段考试。

9月1日 宁波市财政局组织专家组对申请2022年预算新增或到期延续重大政策和项目开展事前绩效联合评审。

9月28日 宁波市财政局"微担通"批量业务获"宁波市普惠金融最佳改革创新项目"奖项。

10月9日 宁波市财政局组织召开全市国有金融资本联合监测监管联席会议。这是由出资人牵头,会同"一行两局"和地方金融监管局等金融行业监管部门建立的聚焦地方国有金融资本的监测监管和交流磋商联系机制。宁波市副市长李关定出席会议并讲话,市地方金融监管局、人行市中心支行、宁波银保监局、宁波证监局等成员单位主要负责人、分管领导、牵头业务处室负责人及国有股权董事参加会议。

10月27日 宁波市财政局会同市商务局召开部分外贸企业座谈会。

10月28日 安徽省财政厅副厅长孟照红一行来甬调研国有金融资本和政府投资基金有关情况。

11月8日 宁波市财政局"微担通"案例获财政部"贯彻落实中央重大决策部署 深化财政改革发展的生动案例"三等奖。

11月19日 宁波市财政局召开传达学习党的十九届六中全会精神专题会议。

12月3日 宁波市财政局党组书记黄焕利赴江北区财政局开展十九届六中全会精神"六讲六做"大宣讲专题报告会。

12月4日 宁波市财政局法制审核员制度获评法治宁波建设"优秀创新案例"。

12月14日 突发公共卫生事件保险赔付仪式暨深化政保合作座谈会在宁波市财政局举行。会上,市财政局与人保财险宁波市分公司签订突发公共卫生事件保险赔付协议。

(宁波市财政局供稿 范 雯执笔)

温州市

1月5日 温州市财政局联合市科技局、市金融办等部门,在深圳证券交易所挂牌发行全国首个技术产权证券化产品,温州市12家民营中小科技型企业凭借56项技术产权获得1.90亿元融资。

1月19日 温州市委副书记、市长姚高员赴市财政局调研,强调财政部门要立足新发展阶段,贯彻新发展理念,融入新发展格局,谋深谋实"十四五"财政工作,确保实现"千亿级地方财政收入"目标。市委常委、常务副市长陈建明参加调研。

2月5日 温州市第十三届人民代表大会第六次会议审议通过市财政局受市人民政府委托提交的《关于温州市2020年全市和市级预算执行情况及2021年全市和市级预算草案的报告》。

4月1日 温州市级政府公物仓资产共享共用平台上线,实现业务流程"网上运行"、资产信息"一键查询"、仓储状态"实时公布",科学调剂资产余缺、提高资金使用效率、节约行政运行成本。

4月7日 温州市财政局印发《温州市直达资金管理实施办法(试行)》,加强直达资金管理,确保直达资金精准高效落地。

4月30日 浙江省财政厅党组成员、副厅长林仁方一行到温州乐清开展地方政府债务管理工作调研。

5月21日 温州市连续第三年获批财政支持深化民营和小微企业金融服务综合改革试点。

6月8日 温州市财政局组织召开国有企业领域突出问题专项治理工作部署会,贯彻落实中央、省、市关于国企领域突出问题专项治理工作会议精神和部署要求,按照"小切口、大治理"工作理念,部署专项治理工作。

7月1日 温州市利民补助"一键达"系统上线运行。该系统横向打通17个部门数据框架,纵向贯通14个县(市、区)、功能区审批职能,实现老人、军人、残障人士等13类人群涉及的1000余个民生补助项目"一键达"。

7月27日 市直机关党群服务中心——"瓯江红"温州市财政局党群服务中心正式成立。

8月2日　国有资产管理云服务平台2.0版上线运行。

8月3日　财政部浙江省监管局党组成员黄露一行来温州市调研政策性金融机构支持乡村振兴战略工作。

8月20日　温州市委副书记、市长姚高员在市财政局为党员干部讲授党史学习教育专题党课。

8月25日　受市人民政府委托，市财政局向市十三届人大常委会第四十次会议作《关于温州市2020年市级财政决算草案的报告》。

8月26日　市人大常委会全票通过2020年财政决算。

9月1日　温州市人民政府印发《温州市区公共财政体制实施方案》和《温州市区城市建设和管养体制实施方案》，进一步理顺市区财政分配关系，提高市与区政府提供基本公共服务的能力水平。

9月10日　由温州市财政局联合移动5G融媒体+应用实验室打造的"红动中国——5G全景三位一体党建平台"项目荣获全国第四届"绽放杯"5G应用征集大赛智慧党建专题赛一等奖与全国总决赛"红色党建特色奖"。

9月22—23日　浙江省财政厅党组书记、厅长尹学群带队来温开展"三服务"活动。

9月23日　财政部副部长朱忠明来温调研，并在温州召开财政部乡村振兴多元化投入专题座谈会。

9月29日　温州市财政局会同市医疗保障局、国家税务总局温州市税务局印发《温州市基本医疗保险基金预算管理办法》，加强基本医疗保险基金预算管理，确保基本医疗保险基金全市统收统支后健康平稳运行。

10月8—9日　财政部浙江监管局党组书记、局长辜东方带队来温调研，了解温州市近年来经济社会发展总体情况，实地考察温州在推进乡村振兴、科技创新等方面的成功案例。省委常委、市委书记刘小涛等市领导与辜东方一行座谈交流。

10月14—15日　全省财政支农工作会议在温州召开。省财政厅党组成员、副厅长沈磊作《奋力谱写财政支农工作新篇章高质量推进乡村振兴》的讲话。全省各市县分管财政支农工作的局领导100余人参加会议。

10月20日　社会审计报告"一库一码全链条"监管系统在温州上线试运行。该系统是省财政厅委托温州市财政局的数字化改革试点项目，分别获省委、省政府分管领导、财政部主要领导以及温州市委、省财政厅主要领导的批示肯定。

11月16日　温州市人民政府办公室印发《温州"结构生财"制度改革方案》，该方案是由市财政局聚焦财源培育过程中的突出问题和体制机制障碍，创新出台的聚财引财生财方案。

1—11月　温州市财政总收入1015.56亿元，同比增长11.3%，突破1000亿元。

12月14日　温州市财政局印发《温州市市级行政事业单位公款竞争性存放管理办法的通知》，完善市级行政事业单位公款存放管理。

12月23日　温州市财政局组织召开市级政府性融资担保机构整合动员部署会，贯彻落实省委省政府、市委市政府关于市级政府性融资担保机构整合的指示精神，并对全市市级政府性融资担保机构整合工作进行动员部署，标志着温州市融资担保有限公司、温州市信保融资担保有限公司整合工作进入实施阶段。

12月29日　温州市发行全国首单银行间市场技术产权资产支持票据，温州18家科技型中小企业凭借142项技术产权获2亿元融资。

12月29日　温州市财政局获全市"模范机关"和"引领型清廉机关"称号。

（温州市财政局供稿　李　侠执笔）

湖州市

1月5日　湖州市财政局召开党组理论中心组（扩大）会议，传达学习中共湖州市委八届十次全体（扩大）会议暨经济工作会议精神。

2月3日　湖州市财政局会同市国资委、市金融办印发《湖州市天使基金管理办法》。

2月19日　湖州市预算管理一体化系统第一笔支出业务产生，全市预算管理一体化系统管理执行模块的试点工作迈出关键一步，取得阶段性成果。

2月23日 湖州市政协主席杨建新一行在市财政局调研指导工作。

3月11日 湖州市财政局组织召开2021年度全市财政工作会议。

3月16日 为借鉴先进办学模式和经验，谋划推进湖州学院加快建设发展，湖州市财政局会同市教育局、湖州师范学院组成调研组赴宁波诺丁汉大学调研学习。

3月23日 湖州市财政局就2021年部门预算批复和公开事宜，对归口服务的45个预算部门、近60名财务人员进行上门辅导和培训。

3月31日 浙江省人大预算工委副主任王柏能一行在长兴县专题调研湖州市预算绩效管理监督工作。

4月2日 浙江省财政厅、省财务开发有限责任公司联合调查组赴湖州市就划转国有资本充实社保基金工作开展调研。

4月2日 湖州市财政局召开党史学习教育动员大会。

4月8日 财政部PPP中心、浙江省财政厅金融评价中心联合在湖州市南浔区考察调研“百漾千河”综合治理PPP项目。

4月27日 财政部综合司副司长梁庆在湖州市安吉县调研共同富裕推进情况。

5月13日 湖州市财政局参加浙江省财政厅举办的绩效“西湖论剑”交流活动并做经验交流。

5月15日 湖州市实施医疗收费票据全流程电子化改革试点。

5月18日 湖州市财政局召开2021年重点评价实施方案评前审核会议。

5月19日 浙江省财政厅副厅长陈焕昌一行在湖州市就财政金融工作开展调研并召开座谈会。

5月21日 湖州市举办全国政府采购支持绿色建材促进建筑品质提升现场会。湖州市已成为全国首批6个试点城市之一。

是日 湖州市政府采购支持绿色发展服务平台正式上线。该平台是集标准发布、产品上架展示、全交易流程、金融支持为一体，全国首个绿色采购线上综合平台。

6月18日 湖州市财政局机关第五党支部联合浙江省财政厅财政监督局党总支、长兴县财政局第三党支部和煤山镇机关第一党支部在长兴江南红村开展省市县乡四级党建联动暨党史学习教育主题党日活动。

6月23日 湖州市财政系统举办“礼赞百年·我心向党”庆祝中国共产党成立100周年主题报告会。

7月12日 湖州市发布《全周期预算绩效监督管理工作规范》市级地方标准，通过规范预算绩效管理工作流程，明确工作职责，细化监管指标，为全周期预算绩效监督管理工作提供标准指引。

8月3日 湖州市财政局召开学习贯彻市委八届十一次全会精神暨2021年全市财政系统半年度工作会议。

8月5日 湖州市“浙里垫付”场景应用全新上线。

9月2日 “浙江财政8090青年宣讲团”巡回宣讲——湖州站走进浙江生态文明学院。

9月9日 浙江省国资委总会计师董正泉一行在湖州市南浔区开展国企国资改革及监管工作调研。

9月15日 湖州市政协主席杨建新一行在湖州市财政局调研财政工作。

10月18日 浙江省财政厅党组成员、总会计师倪学军带队，就2021年财政经济运行、财政管理改革及2022年工作思路在湖州市开展为期3天的调研。

11月10日 湖州市委副书记、代市长洪湖鹏在市财政局调研。

11月12日 湖州市财政局获全省“建设清廉机关、创建模范机关”工作先进集体。

11月18日 湖州市财政局党组中心组召开(扩大)会议传达学习党的十九届六中全会精神。

12月6日 湖州市产生第一笔非税退付电子拨款凭证，全市非税资金拨付进入“无纸化”时代。

12月17日　湖州市财政局党组理论学习中心组召开十九届六中全会精神专题学习研讨会。

（湖州市财政局供稿　宋钰辰执笔）

嘉兴市

1月28日　嘉兴市财政局与各市级有关部门联合印发市级工业和信息化、发展与改革、金融发展等9个专项资金管理办法。

2月5日　嘉兴市财政局提请嘉兴市第八届人代会第六次会议审议并通过《嘉兴市2020年全市和市本级预算执行情况及2021年全市和市本级预算草案的报告》。

2月23日　嘉兴市财政局召开全市财政系统工作会议。会议表彰2020年度先进集体和先进个人，局党委书记、局长王申峰作工作报告。

3月3日　嘉兴市财政局召开2021年度全面从严治党暨党风廉政建设会议，局党委书记、局长王申峰与各分管局领导签订《全面从严治党和党风廉政建设责任书》。

4月6日　嘉兴市财政局成立深化预算绩效管理改革领导小组，局党委书记、局长王申峰任组长。

4月15日　嘉兴市财政局党委召开党史学习教育动员部署会，党委书记、局长王申峰为全体党员干部上《学好党史 守好根脉 推动嘉兴财政事业高质量发展》专题党课。

4月20—21日　财政部国库支付中心副主任许京花带队在嘉兴市调研专项债券相关募投项目。

4月24—27日　财政部综合司副司长梁庆带队在嘉兴市调研发挥财政职能作用推动共同富裕工作。

5月10日—6月30日　浙江省审计厅对市委、市政府主要领导开展任期经济责任审计和自然资源资产任中审计，审计组在嘉兴市财政局集中办公。

5月11日　嘉兴市财政局设立预算管理一体化建设领导小组和工作专班，局党委书记、局长王申峰任组长。

6月9日　嘉兴市政府办公室印发《嘉兴市政府产业基金管理办法（试行）》。

6月11日　嘉兴市财政局成立全面强化和规范乡镇财政管理领导小组，局党委书记、局长王申峰任组长。

是日　浙江省财政厅副厅长、一级巡视员陈焕昌带队在嘉兴市调研土地出让金等6项非税收入收缴管理现状。

6月24日　嘉兴市财政局、南湖区财政局选送的节目《听，南湖的声音》获“百年潮涌　我心向党”全省财政系统庆祝中国共产党成立100周年主题朗诵会一等奖。

6月27日　嘉兴市财政局成立嘉兴市高端会计人才培养领导小组，局党委书记、局长王申峰任组长。

6月28日　嘉兴市财政局印发《嘉兴市财政局关于进一步加强财政资源统筹的通知》。

6月29日　嘉兴市财政局举办“红船领航　青春担当”党史宣讲比赛。

7月14—17日　嘉兴市委组织部、市财政局、市委党校联合举办嘉兴市预算绩效管理能力提升班，市委常委、常务副市长陈利众出席开班仪式并讲话。

7月24日　嘉兴市委办公室、市政府办公室联合印发《关于加强行政事业性国有资产管理的若干意见》。

8月4日　浙江省财政厅党组成员、副厅长、省委两新工委委员沈磊带队在桐乡市调研基层财政机构人员设立情况。

8月13日　嘉兴市财政局联合嘉兴市发展和改革委员会印发《嘉兴市级省海洋（湾区）经济发展资金管理细则（试行）》。

8月18日　嘉兴市财政局提请市第八届人代会第三十六次会议审议并通过《关于2021年上半年嘉兴市全市及市本级财政预算执行情况的报告》。

8月24日　嘉兴市财政局成立推进共同富裕工作领导小组，局党委书记、局长王申峰任组长。

9月14日　嘉兴市财政局召开全市财政收支分析和预算一体化工作推进会议，嘉兴市财政局及各县（市、区）预算局、数字中心负责人参加会议。

9月16—17日　浙江省财政厅在嘉兴举办全省财政系统综合

业务培训班，省财政厅副厅长陈焕昌等参加。

9月23日 财政部农业司司长吴奇修带队在嘉善调研农业农村多元投入及土地出让收益用于农业农村比例情况。

9月29日 嘉兴市财政局召开市级行政事业单位房产权属集中登记工作会议，推进市级行政事业单位房产统一集中管理。

10月20—21日 浙江省财政厅党组成员、副厅长章忠良带队在嘉兴市专题调研高质量发展建设共同富裕示范区大背景下财政工作思路。市财政局党委书记、局长王申峰等一同调研。

10月28—29日 深化沪浙政府采购一体化发展推进会暨推动长三角区域政府采购协同发展座谈会在嘉善县召开。浙江省财政厅总会计师倪学军、上海市财政局副局长宋彬等沪苏皖财政厅(局)及相关省市单位领导参会。

11月16—18日 浙江省审计厅联合省纪委省监委驻省财政厅纪检组在嘉兴市开展津补贴专项审查工作。

11月23日 嘉兴市委组织部发文免去严加友嘉兴市财政局党委委员职务，另有任命。

11月26日 嘉兴市财政局印发《嘉兴市财政局内部控制基本制度》。

12月12日 嘉兴市委任命厉瑛栋为中共嘉兴市纪律检查委员会、嘉兴市监察委员会驻嘉兴市财政局纪检监察组组长，免去其嘉兴市城市投资发展集团有限公司纪委书记职务。

是日 嘉兴市政府免去严加友嘉兴市财政局副局长职务。

12月28日 嘉兴市委任命周曙光为中共嘉兴市纪律检查委员会、嘉兴市监察委员会驻嘉兴市公安局纪检监察组组长，免去其中共嘉兴市纪律检查委员会、嘉兴市监察委员会驻嘉兴市财政局纪检监察组组长职务。

12月29日 嘉兴市财政局提请嘉兴市第八届人大常委会第三十九次会议审议并通过《2021年嘉兴市本级预算调整方案》。

是日 嘉兴市财政局印发《嘉兴市会计人员信用评价管理办法》。

12月30日 嘉兴市政府办公室印发《嘉兴市地方政府专项债券全周期管理办法》。

（嘉兴市财政局供稿　孙婷婷执笔）

绍兴市

1月25日 绍兴市政府召开全市政府采购支持绿色建材促进建筑品质提升国家试点工作会议，创新探索建筑领域碳减排财政支持路径。

1月27日 绍兴市财政局印发《绍兴市级基本医疗保险基金预算管理办法》，探索建立事前收支计划、事中执行监控、事后绩效评价的医保基金预算管理新机制。

2月1日 绍兴市在公共支付自助机正式启用“浙江省财政通用票据”，实现财政票据跨部门、跨系统、跨地域、跨层级的全省集约化管理，推动财政票据线下服务的数字化转型。

2月22日 绍兴市财政局召开全市财政系统贯彻落实省委“数字化改革”的抓落实工作会议。

3月17日 绍兴市财政局召开全市财政系统党建工作暨党史学习教育工作动员部署会。

4月28日 浙江省财政厅党组书记、厅长尹学群在绍兴开展专题调研，实地走访柯桥区齐贤街道财政办公室和滨海新区规划展示馆，并在绍兴市财政局召开座谈会，听取绍兴财政工作情况汇报。

6月24日 绍兴市财政局、上虞区财政局联合选送的节目《青春的理想》荣获浙江省财政厅举行的“百年潮涌 我心向党”——浙江省财政系统庆祝中国共产党成立100周年主题朗诵会二等奖。

6月28日 绍兴市财政局召开建党100周年庆祝大会。

7月16日 绍兴市财政局召开全市财政系统半年度工作会议，分析研判财政经济新形势，研究部署下阶段重点任务，推动绍兴财政工作再上新台阶。

7月29日 全国绿色建材产品认证及推广应用交流大会在绍兴举办，住建部与绍兴市财政局、绍兴市住建局签署《政府采购绿色建材试点项目碳减排实施路径研究》合作协议。

7月30日 绍兴市财政局召开2022年市级部门预算编制布置会，启动2022年市级预算编制工作。

8月12日 绍兴市财政局被确定为第一批公务员考核工作省级示范点单位。

9月7日 浙江省直机关工委常务副书记郑才法一行在绍兴市财政局调研指导"建设清廉机关、创建模范机关"工作。

9月23日 首个绿色建材批量集中采购项目——LED消防应急灯在绍兴开展招标，政府采购支持绿色建材试点工作迈出关键一步。

10月19日 绍兴市财政局召开全市财政系统数字化改革推进会。

10月29日 绍兴市财政局印发《关于执行重大节会展会经费支出标准的通知》，以经费支出标准化引领经费使用规范化。

11月8日 绍兴市财政局入选全省首批"建设清廉机关、创建模范机关"工作先进集体。

12月12日 绍兴市财政局印发《关于全员行动起来 坚决打赢新冠肺炎疫情防控遭遇战阻击战的通知》，开通应急物资采购"绿色通道"，动员集结财政党员驰援上虞抗疫。

12月28日 绍兴市财政局会同市住建局、市发改委印发《绍兴市市级政府投资项目工程总承包管理办法》，为全市EPC项目规范管理夯实制度基础。

（绍兴市财政局供稿　张　莹执笔）

金华市

2月25日 金华市第七届人民代表大会第六次会议审议并通过《关于全市和市本级2020年财政预算执行情况及2021年财政预算（草案）的报告》。

3月4日 浙江省财政厅党组成员、副厅长邢自霞带队赴兰溪调研财政工作。

3月10日 金华市财政局完成对市直各部门2021年预算批复。

3月18日 金华市财政局召开党史学习教育动员大会。

4月17—25日 金华市第三期会计领军（后备）人才赴西南财经大学开展第五期培训。

4月22日 金华市财政局与国家税务总局金华市税务局联合组织"奋斗百年路 启航新征程"党史学习教育读书班活动。

4月28日 金华市财政局举办全市财政系统"百年潮勇 我心向党"主题朗诵比赛。

5月12—13日 浙江省财政厅副厅长沈磊、省医保局副局长王广兵组队赴金华开展医保支付方式改革及医保基金市级统筹工作调研。

5月24日 金华市人民政府办公室印发《金华市基本公共服务领域市与区财政事权和支出责任划分改革实施方案的通知》。

7月12日 金华市人民政府办公室印发《关于加强金华市区重大建设项目统筹管理的实施办法》。

8月13日 金华市财政局召开全市社保工作会议。

8月25日 金华市人民医院全面启用全国统一的医疗收费电子票据。

8月26日 金华市财政局联合市教育局印发《教育部门预算管理办法（试行）》。

8月31日 金华市第七届人民代表大会常务委员会第三十八次会议审议通过《关于全市和市本级2020年财政决算（草案）和2021年1—6月财政预算执行情况的报告》。

9月6日 金华市人民政府办公室印发《金华市级预算项目库管理暂行办法》。

9月17日 金华市财政局举办预算和绩效管理培训班。

9月18日 金华市财政局印发《金华市财政局工作人员平时考核实施细则（试行）》。

9月20日 金华市财政局完成非税收入资金实施电子凭证库管理试点改革。

9月26日 金华市财政局联合市住建局印发《金华市区公共租

赁住房保障实施细则》。

10月18日　金华市财政局印发《金华市区突发公共事件财政应急保障专项预案》。

10月20日　金华全市正式启动基本医疗保险市级统筹工作。

10月29日　金华市第七届人民代表大会常务委员会第四十次会议审议通过《关于2021年金华市本级财政收支预算调整(草案)的报告》。

11月9—11日　浙江省财政厅党组成员徐首红带队赴金华开展2022年全省财政工作思路调研。

11月12日　金华市财政局印发《关于建立预算项目财政评审机制的通知》。

11月22日　金华市财政局对转移支付至各区的人才住房保障资金开展事中监管。

12月24日　金华市财政局印发《金华市代理记账机构会计人员信用评价办法(试行)》。

(金华市财政局供稿　曾东平执笔)

衢州市

1月20日　衢州市政府投资项目评审中心被省财政厅、省人社厅联合评为全省财政系统先进集体。

2月26日　衢州市七届人大六次会议全票通过《关于衢州市2020年全市和市级预算执行情况及2021年全市和市级预算草案的报告》。

3月3日　衢州市财政局召开全市财政工作会议,局党委书记、局长翁文斌作工作报告。

3月24日　衢州市财政局召开全市财政系统全面从严治党工作暨党史学习教育动员部署会,局党委书记、局长翁文斌作工作报告。

4月2日　衢州市财政局开展“扬帆逐梦·启航百年”8090党史主题宣讲暨“书香财苑”读书会活动。

4月14—15日　浙江省财政厅党组成员、总会计师倪学军带队赴开化县开展完善生态领域财政创新政策调研。

5月9日　衢州市财政局开展全市财政系统“百年潮涌 我心向党”主题诗歌朗诵会暨党史知识竞赛活动。

6月7日—8日　财政部资环司司长夏先德带队赴开化县指导调研生态文明建设工作。

7月8日　根据衢委干〔2021〕55号文件,方世忠同志任衢州市财政局党委书记,免去翁文斌同志的衢州市财政局党委书记职务。

7月29日　根据衢人大常干〔2021〕7号文件,方世忠同志任衢州市财政局局长,免去翁文斌同志的衢州市财政局局长职务。

7月29日　衢州市七届人大常委会第三十五次会议审议通过《关于衢州全市和市级2020年财政决算草案以及2021年上半年财政预算执行情况的报告》。

8月25日　衢州市财政局召开全市财政系统学习习近平总书记“七一”重要讲话精神专题读书会。

8月26日　衢州市财政局党委书记、局长方世忠赴智造新城高新东社区开展“三服务”活动。

9月27日　在第16届全国政府采购监管峰会上,衢州市财政局获“2020—2021年度优化政府采购营商环境先进单位”称号。

10月20—22日　浙江省财政厅副厅长沈磊带队赴衢州开展2022年财政工作思路调研,实地走访衢江区、开化县。

10月25—26日　浙江省财政法治工作会议在衢江召开,省财政厅副厅长、一级巡视员陈焕昌参加。

11月18日　衢州市财政局印发《国企投建管运一体化项目运营成本规制办法》。

(衢州市财政局供稿　黄　蕊执笔)

舟山市

1月25—27日　财政部浙江监管局局长何振国、省财政厅副厅长沈磊一行赴舟山市调研乡村振兴工作及远洋渔业发展情况。

1月31日　甬舟铁路项目纳入财政部PPP项目管理库。

2月5日　舟山市七届人大第六次会议审议批准2021年市本级预算。

3月17日　舟山市财政局成立预算管理一体化系统建设领导小组，明确职责分工。

3月18日　舟山市财政局召开2021年度全面从严治党工作会议。

3月25日　舟山市财政局、舟山市自然资源和规划局印发《关于明确矿业权出让收益市区分配机制的通知》。

是日　舟山市财政局、舟山市自然资源和规划局印发《舟山市市级自然资源整治修复资金管理办法（试行）》。

4月1日　舟山市财政局成立深化政府采购制度改革工作领导小组。

4月19日　舟山市财政局召开党史学习教育动员会。

5月20日　舟山市财政局印发《建设最优营商环境（政府采购）2021年度行动方案》。

5月25—26日　浙江省财政厅党组书记、厅长尹学群一行赴舟山市开展"三服务"活动。

6月4日　舟山市财政局印发《舟山市财政国资数字化改革工作方案》。

6月11日　舟山市财政局成立国资数字化改革领导小组，下设6个工作专班。

6月17日　舟山市财政局召开党史学习教育专题宣讲会。

6月29日　开展"歌颂新时代 唱响新征程"全市财政国资系统庆祝中国共产党成立100周年歌咏比赛。

6月29日　舟山市财政局、舟山市市场监督管理局印发《舟山市知识产权专项资金管理办法》。

7月29日　甬舟高速公路复线金塘至大沙段项目纳入财政部PPP项目库。

8月13日　舟山市财政局、舟山市乡村振兴工作领导小组办公室印发《舟山市市级乡村振兴专项资金管理办法》。

8月23日　舟山市财政局、舟山市经济和信息化局印发《舟山船联网暨渔船"一张屏"精密智控重大科技攻关"揭榜挂帅"资金管理细则》。

10月20—21日　浙江省财政厅党组成员、省金控公司党委书记、董事长章启诚一行赴舟山市调研并开展"上门送'1+3'服务"活动。

11月2日　舟山市七届人大第四十四次会议批准2021年市本级地方政府债务限额和预算调整方案。

11月11日　浙江省财政厅党组副书记、副厅长王广兵在舟山市召开全省自贸片区财政工作座谈会。

11月16日　舟山市财政局、舟山市文化和广电旅游体育局印发《舟山市旅游发展专项资金管理办法（暂行）》。

11月22日　舟山市财政局组建浙江自贸试验区舟山片区财政要素保障工作专班，统筹做好财力保障和财税政策争取等工作。

11月23日　舟山市发展和改革委员会、舟山市财政局印发《舟山市财政"十四五"规划》。

12月9日　舟山市财政局召开党的十九届六中全会精神专题宣讲会。

12月16日　舟山市财政局印发《舟山市会计人员信用评价办法》。

12月24日　舟山市财政局印发《舟山市财政国资法治宣传教育第八个五年规划（2021—2025年）》。

12月30日　舟山市财政局、舟山市委人才工作领导小组办公室印发《舟山市人才发展专项资金管理办法》。

12月31日　舟山市委副书记、代市长徐仁标一行在市财政局开展工作调研。

（舟山市财政局供稿　郑舒悠执笔）

台州市

1月13日　台州市财政局党组书记、局长陈曦带队赴黄岩宁溪镇中下桧村开展走访慰问活动。

1月25—29日 台州市财政局党组书记、局长陈曦带队赴天台、临海、三门、仙居、玉环和路桥等地走访调研企业。

2月9日 台州市财政局召开全局干部工作总结大会。

2月24日 台州市财政局召开全市财政工作会议暨全市财政系统全面从严治党工作会议。

3月11日 台州市财政局召开党史学习教育动员部署会。

3月18—19日 全省会计管理工作会议在台州临海召开。

4月12日 台州市财政局开展“习近平法治思想”专题讲座。

4月17日 台州市财政局组织全系统干部前往中国财税博物馆,开展“红财根脉之旅”党史学习教育系列活动。

4月22—23日 浙江省财政厅、浙江省教育厅联合调研组在台州调研教育财政政策,实地调研走访相关学校。

5月11日 台州市财政局党组书记、局长陈曦和国家税务总局台州市税务局党委书记、局长康忠立联合率队深入椒江区和台州湾新区调研服务企业。

5月18日 全省财政电子票据改革现场会暨票据管理业务培训班在台州举行,浙江省财政厅副厅长、一级巡视员陈焕昌到会讲话。

6月8日 财政部金融司调研组一行在台州市开展经济形势和企业经营情况调研。

6月21日 台州市财税系统“献礼建党百年 再谱财税华章”庆祝建党100周年晚会在台州学院举行。

6月29日 台州市财政局召开2022年市级部门预算布置会议,启动2022年预算编制工作。

7月29日 台州市财政局召开全市财政系统半年度工作会议。

8月2—6日 2021年台州市财政系统干部素质提升班在浙江财经大学举行,市财政局和各县(市、区)局干部共60余人参加。

8月25日 台州市五届人大常委会第三十三次会议审议通过《关于台州市2020年财政总决算和市本级财政决算草案的报告》。

9月23日 浙江省财政厅开展“笃学践行习近平法治思想”财政法治论坛访谈,台州市财政局党组成员、总会计师张贤鸣受邀作为嘉宾出席访谈。

是日 台州市财政局获台州市机关党建优秀示范点称号。

10月14日 台州市财政局党组书记、局长陈曦带队赴农村指导员派驻村—下陈街道下洋潘村实地开展调查指导工作。

11月24日 台州市财政局召开学习贯彻党的十九届六中全会精神“六讲六做”大宣讲活动动员部署会。

12月10日 台州市财政局“财政电子票据改革”案例获评台州市“三为”专题实践活动最佳实践案例。

(台州财政局供稿 杜依霖执笔)

丽水市

1月15日 丽水市财政局通过全国文明单位复评。

1月19日 丽水市财政局获“森林浙江”建设成绩突出集体荣誉称号。

1月25—26日 丽水市财政局召开2021年财政工作务虚会。

2月26日 丽水市四届人大六次会议审议通过《关于2020年全市和市本级预算执行情况及2021年全市和市本级预算草案的报告》。

3月9日 丽水市财政局召开全体干部职工大会,回顾总结2020年财政工作,研究部署2021年财政工作。

是日 丽水市财政局召开全面从严治党工作会议。

3月18日 丽水市财政局召开党史学习教育动员部署会。

5月19日 丽水市党政主要领导干部任期经济责任和自然资源资产任中审计进点。

6月1日 丽水市财政局成立丽水市数字经济主题基金,首期规模6亿元，围绕数字经济发展重点领域和产业布局，重点投资集成电路、通信网络、新型显示、关键元器件及材料、云计算、大数据、物联网、人工智能及产业数字化等领域基础性、战略性和前瞻性重大产业化项目。

6月4日 松阳县政府与丽水市政策性融资担保有限公司一体化合作签约暨授牌仪式在松阳县举行，同时成立丽水市政策性融资担保有限公司松阳分公司。

6月9日 丽水市瓯江源头区域山水林田湖草沙一体化保护和修复工程入选全国第一批山水林田湖草沙一体化保护和修复工程，成为丽水市所获中央财政资金支持力度最大的单体项目。

7月1日 在浙江省庆祝中国共产党成立100周年大会上，丽水市财政局直属机关党委被授予"浙江省先进基层党组织"荣誉称号。

7月29日 丽水市财政局印发《丽水市市本级行政事业单位公款竞争性存放管理办法》，规范和加强市级行政事业单位国有资产管理，维护国有资产的安全和完整，减少国有资产损失、浪费。

8月2日 丽水市财政局召开全市财政系统人才科技工作专题会议暨全市财政局长座谈会。

8月10日 丽水市财政局印发《丽水市市级行政事业单位国有资产损失赔偿处理办法》。

8月24日 丽水市委常委、组织部长戴平辉到市财政局调研指导工作。

9月2日 "浙江财政8090青年宣讲团"走进丽水市财政局、丽水市职业技术学院等地开展巡回宣讲活动。

9月9日 丽水市财政局集中开展为期一个月为预算单位"办实事、解难题、减负担"专题实践活动，对所有一级预算单位至少上门服务一次。

9月18日 丽水市—清华长三院合作项目签约仪式暨"丽水山容海纳创业投资合伙企业"(基金成立)揭牌仪式在丽举行。

10月11日 丽水市财政局会同丽水市农业农村局印发《丽水市本级乡村振兴专项资金管理办法》，推进涉农资金统筹整合，助推乡村振兴战略实施。

10月19—22日 浙江省财政厅党组成员、副厅长邢自霞来丽调研2022年工作思路。

11月3日 丽水市财政局印发《丽水市财政局十四五规划》，明确"十四五"时期财政改革发展指导思想、总体目标、主要任务。

11月10日 丽水市财政局与浙江财经大学公共管理学院签署战略合作协议。

11月22日 根据丽组干〔2021〕50号文件，孙海敏任丽水市财政局党组成员。

12月8日 根据丽政干〔2021〕14号文件，阮美莲任丽水市财政局副局长，免去其丽水市财政局总会计师职务。孙海敏任丽水市财政局总会计师。

12月13日 丽水市财政局会同市卫生健康委员会印发《丽水市基本公共卫生服务项目补助资金管理办法》，进一步规范和加强全市基本公共卫生服务项目补助资金管理，提高资金使用效益。

12月16日 丽水市财政局印发《丽水市政府向社会力量购买服务指导性目录(2022年度)》。

12月17日 丽水市财政局成立丽水市人才科技主题基金，首期规模5亿元，主要投向五大主导产业及其他相关新兴产业领域，重点支持各类高端人才创办或领办的科技型企业，服务双招双引大局。

是日 丽水市财政局成立丽水市乡村振兴主题基金，首期规模3亿元，主要投向乡村产业发展、富民惠民等领域，重点支持重大区域特色产业、农业战略和新兴产业、农产品加工和全产业链建设、新型综合服务体系建设、数字乡村建设以及市委、市政府部署的其他乡村振兴任务。

是日 景宁县政府与丽水市政策性融资担保有限公司一体化合作签约暨授牌仪式在景宁举行，并成立丽水市政策性融资担保有限公司景宁分公司。

12月31日 丽水市财政局印发《丽水市本级地方政府专项债券暂行管理办法》。

(丽水市财政局供稿　应　佳执笔)

财政机构人员

zhejiang caizheng nianjian

浙江省财政厅厅领导名单

（2021 年 12 月 31 日）

党组书记、厅长	尹学群
党组副书记、副厅长、一级巡视员	王广兵*
副厅长、一级巡视员	陈焕昌
党组成员、副厅长，省委两新工委委员	沈　磊
党组成员、驻厅纪检监察组组长	徐首红
党组成员、副厅长	邢自霞
党组成员、省金融控股有限公司党委书记、董事长	章启诚
党组成员、副厅长	章忠良
党组成员、总会计师	倪学军
二级巡视员	尹红平
二级巡视员	侯余兴
二级巡视员	楼梅芳

浙江省财政厅机构设置及领导名单

（2021 年 12 月 31 日）

一、厅机关

办公室

主任、一级调研员：叶光胜
副主任：徐小俊（兼）
副主任、二级调研员：高　翔
副主任：赵春伟
副主任：王　琛（援疆工作）
二级调研员：林圣才

人事处

处长：杨慧芳*
副处长：姜伟荣
二级调研员：费　萍

直属机关党委

专职副书记、一级调研员：金洪根
机关纪委专职副书记：杨一斐

政策法规处

处长：张旭东*
二级巡视员：陈建中
副处长：李　斐*
二级调研员：朱炳仁
二级调研员：董强波

总预算局

局长：张远东
副局长：顾健耀

地方政府债务管理办公室

主任、一级调研员：周爱明*
副主任：项　真
副主任：罗　荆*

税政处

处长：马　勇*
副处长、三级调研员：费国炎*

预算执行局

局长：童黛铭*
副局长：朱小燕*
副局长：孙柳媚*
二级调研员：蒋小聪
二级调研员：陈　珍

综合处

处长：肖艳菱*
副处长、二级调研员：吴凤珍
副处长、二级调研员：邬达贵
副处长：莫建斌*
二级调研员：孙继霞

会计处

副处长、二级调研员：陈志远（主持工作）*
二级巡视员：江中亮*
副处长：楼丽娜
副处长：朱卫品
一级调研员：汤　淮
一级调研员：李雪萍
二级调研员：杨树圣
二级调研员：郑肖亮

行政政法处

处长、一级调研员：陈百平
副处长、二级调研员：陈　达
副处长、三级调研员：赵巧丽*
副处长：陈　琰
副处长：步恩绵*
二级调研员：王柳霞

科教处

副处长、二级调研员：虞劲松（主持工作）*
副处长、二级调研员：甘建辛*
副处长：周参雍*
一级调研员：戴祥波*
二级调研员：王　静

文化处(文化企业国有资产监督管理办公室)

处长:赵利明*

副处长:童　盈

副处长:李慧辉

二级调研员:金　涛

资产管理处*

处长:管海燕*

副处长:潘朝晖*

副处长:饶亚君*

一级调研员:陈丽君*

二级调研员:吴新芳*

农业处

处长:叶茂乐*

二级巡视员:何新星*

副处长、三级调研员:傅彩莲

副处长:王　姣

副处长:何法顺*

基层财政管理处

处长:徐来兴

副处长:鲁　明

二级调研员:许建全

自然资源和生态环境处*

处长:王林尧*

副处长、二级调研员:马建胜*

副处长:沈燕萍*

金融处

副处长:詹　飙*

二级调研员:洪小然

社会保障处

处长:赵雅玲

副处长:李　杰

副处长:黄　青(淳安挂职)

副处长:朱家立*

二级调研员:李　鸣

经济建设处

副处长、二级调研员:何喜平

副处长:王朝辉*

副处长:杨　博*

副处长:何小康*

二级调研员:汤帘秀*

财政监督局

局长、一级调研员:刘　臻

副局长、三级调研员:汤建新

二级调研员:周学伟

绩效管理处

副处长:刘　虹

副处长:陆　阳*

政府采购监管处

处长:康国梁*

副处长、二级调研员:邵　健

副处长:倪文良

二级调研员:徐剑锋

二级调研员:梁妙其

二、事业单位

省级财政国库支付中心

主任:包尧兴*

二级巡视员:郑　耀*

副主任、二级调研员:何玮富

副主任:金国兴*

副主任:沈　维*

二级调研员:宋万生

省财政项目预算审核中心

副主任:俞富桥

副主任:魏成勇

副主任:林长乐*

二级调研员:沈应庚

二级调研员:吴春桃

省财政票据管理中心(省非税收入中心)

主任:叶时宝

副主任:杨仕聪

二级调研员:吴小明*

省级部门预算编制中心(省地方政府债务管理中心)

主任:范　愿*

副主任:姜传鸽

二级调研员:陈志光

省财税政策研究室

主任:徐小俊

副主任:冯　健

副主任:陈优芳

二级调研员:王非文

省数字财政管理中心

主任:李　军

副主任:金永勤

副主任:陈健东

管理五级职员:寿建钢

省国有金融资本运营评价中心

主任:陆龙泉

副主任:林金松

省社保基金和交通事故救助基金管理中心

主任:吴益民

正处长级专员:许智敏

省会计事务服务中心

副主任:戴晔沸(主持工作)*

正处长级专员、省注册会计师资产评估行业联合党委专职副书记:张光敏

副主任:童联新

省财政干部教育和后勤中心

副主任:陈亚谊(主持工作)*

副主任:沈幼华

管理六级职员:陈相艮

省农业融资担保有限公司

董事长:李建斌

总经理:赵　虹

董事、副总经理:王新江

浙江省各市、县(市、区)财政局领导名单

(2021年12月31日)

杭州市财政局

党组书记、财政局局长、一级巡视员:谢建华

亚组委机关党组成员、财务部部长,局党组成员、财政局副局长:谢　永

党组副书记、二级巡视员:龚　萍

党组成员、纪检监察组组长:阮华兴

党组成员、财政局副局长:许　杭

党组成员、财政局副局长:龚　巍

党组成员、财政局总会计师:汪生祥

党组成员、财政局副局长:张海艳

党组成员、杭州投资发展公司董事长:寿学军

党组成员、组织人事处主持工作、一级调研员:毛慧敏

二级巡视员:万　强

一级调研员:朱觉斐

一级调研员:卓安军

一级调研员:郭顺华

上城区财政局

党委书记、局长:石荣祥

党委书记、副局长:潘丽华*

党委委员、派驻第五纪检监察组组长:高旭平*

党委委员、副局长:陈普照

党委委员、副局长:赵大慧*

党委委员、副局长:吴国荣*

党委委员:黄雪薇*

拱墅区财政局

党委书记、局长:周利光

党委副书记、副局长:朱　捷*

党委委员、副局长:娄　瑾*

党委委员、副局长:许　斌

党委委员、副局长:胡国庆*

党委委员、副局长:李亚鹏

党委委员:童湘军

西湖区财政局

党委书记、局长:罗　元

党委委员、副局长:陈岳毅

党委委员、副局长:赵水林

党委委员、副局长:王　瑛

二级调研员:仰红英

四级调研员:兰兆军

高新区(滨江)财政局

党委书记、局长:顾华锋

党委副书记、副局长:张　军*

党委委员、副局长:王慎红*、李　颖

副局长:曾　阳

党委委员、三级调研员:张志新

纪检组长:余凤珍

萧山区财政局

党委书记、局长:杨月万

党委委员、副局长:徐成梁

党委委员、副局长:韩梓华*

党委委员、派驻第九纪检监察组组长:余华英

党委委员、总会计师:陆　巍*

党委委员、国资办副主任:蒋海芸*

党委委员、总经济师:沈国伟

余杭区财政局

党委书记、局长:姜根军*

党委委员、副局长:朱　方

党委委员、副局长:支小红*

党委委员、副局长:于　俊

党委委员、国资办专职副主任:卢晓琴*

党委委员、副局长:周云虎*

临平区财政局

党委书记、局长:卢君飞

党委委员、副局长:朱海波

党委委员、副局长:莫雅明

党委委员、副局长:计汉强

党委委员、二级调研员:楼志燕

一级调研员:施成华

二级调研员:钱建伟

钱塘区财政局

党组书记、局长:袁　月

党组成员、副局长:汤　波

党组成员、副局长:胡科强
党组成员、副局长:吴　丹
一级调研员:刘晓平
二级调研员:江　源
四级调研员:孔雅萍
四级调研员:孙小平

富阳区财政局

党委书记、局长:李向明*
党委委员、区纪委派驻第八纪检监察组组长:王元新
党委委员、副局长:朱经国
党委委员、副局长:金卫泉
党委委员、副局长:方红华*
党委委员、总会计师:彭国锋*
党委委员、组织员:潘小琴*
党委委员:王峥嵘*

临安区财政局

党委书记、局长:黄生云*
党委副书记、副局长:戚峥嵘
临安区纪委派驻第六纪检组组长:赵海平
党委委员、副局长:胡　钧
党委委员、副局长:周海鹏*
党委委员、副局长:陈一鸣*
党委委员、副局长:陈　瑛*
一级调研员:张发平*
二级调研员:马泽华
三级调研员:周佳

建德市财政局

党组书记、局长:陈　刚
党组成员、派驻第六纪检监察组组长:华爱民*
党组成员、副局长:陈　善
党组成员、总会计师:方明明
党组成员、副局长:杨　涛*
党组成员、市国有资产管理服务中心主任:李　鹏

桐庐县财政局

党委书记、局长:孙叶华
党委副书记(正局级)、副局长:俞　放
党委委员、副局长:何庆娟
党委委员、副局长:俞　斌
党委委员、总会计师:吴俊华
党委委员:童海鹏
党委委员:王　垚

淳安县财政局

党委书记、局长:陆建育
正局级组织员、党委副书记:万海卫*
党委委员、纪检组长:王富设
党委委员、副局长:余德贵
党委委员、总会计师:吴苏琴
党委委员、副局长:徐建芳

宁波市财政局

党组书记:黄焕利
局长:姚蓓军
党组成员、副局长:王　晓
党组成员、副局长:华　平
党组成员、副局长:高国平
党组成员、副局长:竺培楠
总会计师:林君伦
党组成员、纪检组长:王兴兵*
一级调研员:包建华

海曙区财政局

党组书记、局长:朱裕高*
党组副书记:金群辉
党组成员、副局长:童　霞
党组成员、副局长:邱顺年*
党组成员、总会计师:范　颖*

江北区财政局

局长:李　斌
党组书记、副局长:李　丹*
副局长(正处级):邬文珍
党组成员、副局长:林　剑
党组成员、总经济师:陈燕平
党组成员、区国有资产管理服务中心主任:田雪梅*
党组成员、四级调研员:尹小炜

镇海区财政局

党组书记、局长:孙　灵
副书记、副局长:陈　晓
党组成员、二级调研员:王镇亮
党组成员、总会计师:汤宇瑾
党组成员、副局长:朱　峰*
一级调研员:孙惠良
二级调研员:汤文东
三级调研员:陈　红
四级调研员:周云芳

北仑区财政局

党组书记:孙建荣*
党组成员、副局长:何旭培
党组成员、总会计师:袁　波

鄞州区财政局

局长、党组书记:李青萍*
局党组成员、二级调研员:陈　黎
局党组成员、副局长:程　洪

副局长：虞文萍
局党组成员、副局长：赵海波
局党组成员、总会计师：毛盈飞
局党组成员、四级调研员：张　威*

奉化区财政局
党委书记、局长：江洪平*
党委委员、副局长：陈玲萍
党委委员、副局长：杨盛波
党委委员、纪检组长：王海洪
党委委员、副局长：张成方
党委委员、区政府投资项目评审中心副主任：徐　炯
党委委员、区政府投资项目评审中心副主任：俞亚芬
党委委员：陈礼军

余姚市财政局
党委书记、局长：王文辉
党委副书记、副局长：鲁永飞
副局长：周益忠
党委委员、副局长：韩士其
党委委员、总会计师：吴久林*
党委委员：赵建军

慈溪市财政局
党委书记、局长：胡利嗥*
党委副书记、副局长：潘钊先*
党委委员、总会计师：黄军岳*
党委委员、副局长：陈军燎
党委委员、总会计师：胡杰聪*
党委委员：叶伟丰

宁海县财政局
党委书记、局长：庞建宏
党委副书记、副局长：周必正*
党委委员、副局长：戴　晟
党委委员、副局长：俞丽英
总会计师：周　晶*

象山财政局
党组书记、局长：张茂豪
党组成员、副局长：陈忠祥
党组成员、副局长：郑世敏
党组成员、副局长：胡　斌

温州市财政局
党组书记、局长、一级调研员：陈宣安
党组副书记、副局长、一级调研员(保留正县实职待遇)：朱定钧
党组成员、温州市纪委市监委派驻市财政局纪检监察组组长、二级调研员：宋信友
党组成员、二级调研员：张国光
党组成员、副局长、机关党委书记：沈显克
党组成员、副局长：叶晓东
党组成员、副局长：李　麟
党组成员、总会计师：连莱菁
党组成员、副局长：金劲勇

鹿城区财政局
党委书记、局长、国资办主任：周　岷
党委委员、区纪委区监委驻区财政局纪检监察组组长：叶玉峰*
党委副书记、副局长：陈幼彦
党委委员、副局长：顾武军
党委委员、副局长：孙丽娟
党委委员、副局长：徐　丹
党委委员、总会计师：余林霄*

瓯海区财政局
党组书记、局长兼区国资办主任：李中方
党组副书记、副局长：杨海慧
党组成员、副局长兼区国资办副主任：徐　教
党组成员、总会计师：吴建峰
党组成员、副局长：阮众贺
党组成员、副局长：金秀礼*
党组成员、预算执行局局长：黄玉坚

龙湾区财政局
党组书记、局长兼国资办主任：吴尊林*
副局长：鲁传义*
副局长、党组成员：施寒毅
总会计师、党组成员：朱爱忠
副局长、党组成员：陈银晔
预算编制局局长、党组成员：李晓青

洞头区财政局
党组书记、局长、国资办主任：黄建敏
党组副书记、副局长：许晓斐*
党组成员、副局长：朱海斌
党组成员、副局长、国资办副主任(兼)：邱蔡芬芬
党组成员、总会计师：林菲菲*

乐清市财政局
党组书记、局长：周建海
党组副书记、副局长：吴　健*
党组成员、副局长：卢正文
党组成员、副局长：郑清华
党组成员、雁荡山管委会财政局局长、财政局副局长：杨宏辉
党组成员、总会计师：包建信
党组成员：李　华

瑞安市财政局
党委书记：谢钦巨*
局长、国资办主任：叶序锋*
党委副书记、副局长：张筱珍

党委委员、市纪委市监委驻市财政局纪检监察组组长:郑圣学
党委委员、副局长:林孝昭
副局长、国资办副主任:薛中卫
党委委员:潘孝义
党委委员、副局长:叶剑凯
党委委员、总会计师:陈大青

永嘉县财政局

党委书记、局长:金绯宇
党委委员、县纪委监委驻县财政局纪检监察组组长:柯海璞*
党委委员、副局长:叶显勇
党委委员、副局长:吕金满
党委委员、副局长:潘来毅
党委委员、副局长:叶强忠
总会计师:林文胜
党委委员、办公室主任:马永亮
党委委员、预算科科长:周黎光*

平阳县财政局

党组书记、局长、国资办主任:周胜苏*
党组成员、副局长:洪益平
党组成员、副局长、国资办副主任:温振睦
党组成员、副局长:谢秉煌
党组成员、副局长:陈日坚
党组成员、总会计师:许映月
党组成员、副局长:朱　侗*

苍南县财政局

党组书记、局长:陈国子
党组成员、副局长:王雪琴
党组成员、副局长:陈荣早
党组成员、副局长:陈志苍
党组成员、副局长:杨从国*
党组成员、总会计师:杨梅芳

文成县财政局

党委书记、局长:季建明
党委副书记、副局长:金宪树
党委委员、副局长:叶信钏
党委委员、副局长:王光远
党委委员、总会计师:胡国鑫
党委委员、中共文成县纪委派驻县财政局纪检监察组组长:邢万方
党委委员、办公室主任:苏建钦*

泰顺县财政局

党委书记、局长:周仕姜
党委副书记、副局长:毛旭升
党委委员、副局长:周晓铭
党委委员、副局长:夏文伟
党委委员、总会计师:翁迪软
党委委员、办公室主任:吴明双
党委委员、总预算局局长:曾瑞武

龙港市财政局

党组书记、局长:项延钢
党组成员、副局长:王　骏
党组成员、副局长:林贤更
党组成员、副局长:陈先勤
党组成员、总会计师:项方伦

湖州市财政局

党组书记、局长:钱洪文
党组副书记、副局长:黄长泉
总会计师:黄建华*
党组成员、副局长:林　明
党组成员、副局长:徐　慧
党组成员、组宣人事处处长:徐　靖

吴兴区财政局

党组书记、局长:杨卫华
党组成员、副局长:叶　青
党组成员、副局长:俞勤仕
党组成员、副局长:光　晨
党组成员、总会计师:叶楚江*
党组成员:顾　燕*

南浔区财政局

党委书记、 局长:何琪虎
党委副书记、副局长:崔正云
党委委员、副局长:孙　晖
党委委员、副局长:沈利明
党委委员、总会计师:李卫英
党委委员:顾　靓

德清县财政局

党组书记、局长、国资办主任:郭坤华
党组成员、副局长、国资办副主任:钱伟国
党组成员、副局长:嵇月红
党组成员、副局长:俞明耀*
党组成员、总会计师:冯　杨*

长兴县财政局

党委书记、局长:葛铭松
党委委员、县国有企业联合监事会主席、正科级组织员:邵建峰
党委副书记、副局长:刘志新
党委委员、副局长:张春喜*
党委委员、总会计师:沈　利
党委委员、预算局长:沈　菲

安吉县财政局

党委书记、局长、县国资办主任:陈志文

党委副书记、副局长:华新平
党委委员、副局长、县国资办副主任:尚亿勇
党委委员、副局长:潘丽敏*
党委委员、副局长:童升明
党委委员、总会计师:张　勇
党委委员、副局长:刘　清

嘉兴市财政局

党委书记、局长:王申峰
副局长:姜　东
党委委员、副局长:蔡土贵
党委委员、纪检监察组组长:厉瑛栋*
党委委员、总会计师:黄益良
党委委员、嘉兴长三角创新投资集团有限公司党委书记、董事长、总经理:周　峰
党委委员、四级调研员:沈建忠

南湖区财政局

党组书记、局长:夏　峰
党组成员、副局长:张　涛
党组成员、副局长:汪　军
党组成员、副局长:陈　萍*

秀洲区财政局

党委书记、局长:成海明
党委委员、副局长:姚颖娟
党委委员、副局长:陈宏义
党委委员、副局长:牛　凡*(挂职)
党委委员、总会计师:戚娟芬*
党委委员:严承瑾*

嘉善县财政局

党委书记、局长:陈卫强*
党委副书记、副局长:张红兵
党委委员、副局长:杨卫纲
党委委员、副局长:邬伟强
党委委员、副局长:林雅琪
党委委员、总会计师:蒋丽萍
党委委员、党委办公室主任、人事教育科科长:孟雪荣
党委委员:陆东利

平湖市财政局

党委书记、局长:吴兰兰
党委副书记、副局长:顾利鹤
党委委员、副局长:丁根林
党委委员、副局长:钱道明
党委委员、总会计师:宋丽梅

海盐县财政局

党组书记、局长:王晓军
党组成员、副局长:王建林
党组成员、副局长:戴海华
党组成员、副局长:朱晓展*
党组成员、副局长:刘建明*
党组成员、总会计师:富钧毅

海宁市财政局

党委书记、局长:倪生其*
党委委员:朱建忠
党委委员、副局长:曹智慧
党组成员、副局长:孙　伟
党组成员、副局长:高　迪
副局长:钱　薇
党委委员、组织人事科科长:柴云康

桐乡市财政局

党委书记、局长:金朱平*
党委委员、市国资国企改革发展服务中心主任:吴伟东
党委副书记:夏胜平*
党委委员、副局长:朱振宇
党组成员、副局长:费　佳
副局长、预算局局长:陈伟达*
党委委员、总会计师、预算执行局局长:张　岚*
市国资国企改革发展服务中心副主任:沈冬晓*
市国资国企改革发展服务中心副主任:倪为荣

绍兴市财政局

党委书记、局长:吕　丙
党委委员、金融控股公司董事长、总经理:孙永国
党委委员、市纪委派驻纪检组组长:陈雪军
党委委员、副局长:邢玉清
党委委员、副局长:孙国新
党委委员、总会计师:王霞辉
党委委员、人事处处长:盛文斌
二级调研员:蔡文良
二级调研员:杨成林
二级调研员:詹　超
三级调研员:周连进*
四级调研员:蒋杨英

越城区财政局

党组书记、局长、国资办主任:赵雄伟*
党组副书记、副局长,区国企工委书记:李永伟
党组成员:谢晓芳*
党组成员、副局长:林先明
党组成员、国资办副主任:陈　红
党组成员、总会计师:王　萍*
党组成员、办公室主任:王华华*

柯桥区财政局

党工委书记:谭　科

局长:郁　伟

党工委副书记、副局长:徐利忠

党工委委员、副局长:方　荣

党工委委员、副局长:陈　超

党工委委员、总会计师:倪永亮

党工委委员、区财政项目预算审核中心主任:来建祥

上虞区财政局

党委书记、局长:杜永刚

党委委员、副局长:陈志坚

党委委员、副局长:周敏波*

党委委员、副局长:金权炜*

总会计师:徐　俊

副局长:许永忠

党委委员、预算执行局局长:丁光兴

党委委员、办公室主任:姜志军

诸暨市财政局

党组书记、局长:郭伟锋

副局长:戚俏新

党组成员、副局长:杨列伟

党组成员、总会计师:斯　巍

党组成员、副局长:朱向前

党组成员、党建室主任:骆洪涛

嵊州市财政局

党委书记、局长:商肖城

党委委员、驻局纪检监察组组长:朱建国

党委委员、副局长:王正浩

党委委员、副局长:王小燕

党委委员、副局长:钱　莉

党委委员、财政监督局局长:茹雪城

总会计师:柳　栋

党委委员、人事科科长:陈　伟

新昌县财政局

党委书记、县国资办主任、县委国资工委书记:李一峰(兼)

党委副书记、副局长:俞坚钢

党委委员、副局长:丁利平

党委委员、副局长、县委国资工委副书记:求伟清*

总会计师:丁　文

党委委员、机关党委副书记(专职):梁晓富

金华市财政局

党组书记、局长:李　俊

党组副书记、副局长:倪小波

党组成员、副局长:胡金东

党组成员、总会计师:陈志坚

党组成员、机关党委书记:雷康盛

婺城区财政局

党组书记、局长:邵建平

党组成员、副局长:陈伟达

党组成员、副局长:俞叶青

党组成员、总会计师:胡　伟

党组成员、监督评价局局长:张德建

金东区财政局

党组书记、局长:郭文洁

党组成员、副局长、区国资运营发展中心主任:姜韶军

党组成员、副局长:张　波

总会计师:叶晓咏

党组成员、区国资运营发展中心副主任:洪　俊

党组成员:周用平

党组成员:傅丹文*

兰溪市财政局

党组书记、局长:张　靓*

党组副书记、副局长、国资办主任:张海湘

党组副书记、副局长:陈　浩*

党组成员、副局长:盛时新*

党组成员、总会计师:张新跃*

党组成员、财政监督局局长:包永平

党组成员、预算局局长:陈晓芳*

党组成员、预算执行局局长:章　茹*

义乌市财政局

党委书记、局长:洪信强

党委委员、副局长:吴小雁

党委委员、副局长:胡文德

党委委员、副局长:虞一青

党委委员、副局长:周丽珠*(挂职)

总经济师:傅晓平

党委委员:金巧梅*

东阳市财政局

党组书记、局长:赵　锋

党组成员、副局长:钟柏青

党组成员、副局长:金旭东

党组成员:韦向东

永康市财政局

党委书记、局长:杜奕铭

党委委员、副局长:胡高峰

党委委员、副局长:程凤飞

党委委员、副局长:胡俊杰

党委委员、总会计师:李亚敏

党委委员、企业科科长:徐培雄

浦江县财政局

党委书记、局长:陈志平

党委委员、副局长:于培东

总会计师：程晓月
党委委员：芮赢省

武义县财政局

党委书记、局长：徐宏亮
党委委员、副局长：徐飞云
党委委员、副局长：朱晓鹏
党委委员、副局长：陈　莉
总会计师：宋华华
党委委员、企业科科长：谢智武
党委委员、经建科科长、预算审核中心主任：陶国伟

磐安县财政局

政协副主席、党组书记、局长：卢志峰
党组副书记、副局长：李　兵
党组成员、副局长：林永平
党组成员、副局长：黄　强
党组成员、财政总会计师：陈　山
党组成员、预算执行局局长：陈爱方
党组成员、人事科科长：王亚民
县纪委派驻第六纪检组组长：朱根弟

衢州市财政局

党委书记、局长：方世忠*
党委副书记、副局长：马伟民
党委委员、三级调研员：张　庆
党委委员、派驻纪检监察组组长：姜增昌
党委委员、副局长：林　霄
党委委员、副局长：徐国富
党委委员、总会计师：程立新
党委委员、副局长：董高法*
党委委员：张永祥

柯城区财政局

党组书记、局长：吴　川*
党组成员、派驻纪检监察组组长：杨　洁
党组成员、副局长：卢小红
党组成员、副局长：姜杨青
党组成员、总会计师：张　星

衢江区财政局

党组书记、局长：刘　俊*
党组成员、副局长：颜小忠*
党组成员、副局长：吴凌霞
党组成员、派驻纪检监察组组长：李旭武
党组成员、总会计师：夏庆丰

江山市财政局

党委书记、局长：郑水根
市政协副主席、副局长：毛水芳
党委委员、派驻纪检监察组组长：郑晓岗
党委委员、副局长：董志成
党委委员、副局长：杨忠福
党委委员、总会计师：廖学军
党委委员：陈　红
党委委员：周新胜
党委委员、副局长：陈　超

龙游县财政局

党委书记、局长：童筱俊*
党委委员、派驻纪检监察组组长：项继忠
党委委员、副局长：倪　斌
党委委员、副局长：徐林祥
副局长：兰吴涛
党委委员、总会计师：郑　婷
党委委员：余　哲*

常山县财政局

党委书记、局长：朱开明
党委副书记、副局长：郑秀平
党委委员：计华丁
党委委员、派驻纪检监察组组长：王伟荣*
党委委员、总会计师：吴　艳
党委委员、副局长：徐鸣华*
党委委员、副局长：余　浩*
党委委员：江俊庭*
党委委员：胡　兰*

开化县财政局

党委书记、局长：张月桥
党委副书记、副局长：汪福海
党委委员、副局长：傅满鹏
党委委员、总会计师：余晓华
党委委员、驻财政局纪检监察组组长：余桔红

舟山市财政局

党委书记、局长：顾央军
党委副书记、副局长(正县处级)：曹国英
党委委员、副局长：王海平
党委委员、驻局纪检监察组组长：邓兆俊
党委委员、副局长：王醒飞
党委委员、副局长：韩志波
总会计师：王　英

定海区财政局

党委书记、局长：何　红(兼)
党委委员、副局长：戴水婷
党委委员、副局长：李汉定
党委委员、副局长：蒋科卫

党委委员、总会计师：刘　刚*

普陀区财政局

党委书记、局长：史海祥

党委副书记：张友夫

党委委员、驻局纪检监察组组长：张永迪

党委委员、副局长：陈嗣韦

副局长：张宇杰

党委委员、总会计师：刘力瑜*

岱山县财政局

党组书记：柴忠堂*

局长：张正道

党组副书记：吴常波

党组成员、驻局纪检监察组组长：潘明明

党组成员、副局长：郑　辰

党组成员、副局长：袁欣芝

总会计师：马兆儿

党组成员、副局长：王旭丹*

嵊泗县财政局

党委书记、局长：罗奇辉

党委委员、驻局纪检监察组组长：王忆海

党委委员、副局长：顾跃进

党委委员、副局长：唐波军

党委委员、副局长：谢　波*

台州市财政局

党组成员、副局长：王智承*

党组成员、副局长：卢修贤

党组成员、驻局纪检监察组组长：张兴平

党组成员、副局长：汪晶晶

党组成员、总会计师：张贤鸣

椒江区财政局

党委书记、局长：章光辉

党委副书记、副局长：陈忠贤

党委委员、副局长：叶剑德

党委委员、总会计师：王海兵

黄岩区财政局

党委书记、局长：苏忠阳

党委委员、副局长：卢向炜

党委委员、副局长：韩　华

党委委员、总会计师：解卫敏

党委委员：苏先能

党委委员：尚　敏

路桥区财政局

党委书记、局长：陈海鸿

党委副书记、国资中心主任：黄直诚

党委委员、副局长：牟晓燕

副局长：谢勇奇*

党委委员、国资中心副主任：李　勇

临海市财政局

党委书记、局长、国资办主任：胡寿坚

党委副书记：沈国材

党委委员、副局长：蒋向阳

党委委员、副局长：徐　震

党委委员、副局长、国资办副主任：蒋修勤

党委委员、总会计师：刘子剑

温岭市财政局

党委书记、局长：顾雪荣

党委副书记：王爽剑

党委委员、副局长：周崇友

党委委员、副局长：潘建华

党委委员、副局长：黄友君*

党委委员、总会计师：徐一平*

玉环市财政局

党委书记、局长：詹江鹏

党委副书记、副局长：曾子文

党委委员、副局长：姜仁武

副局长：张作民

党委委员、总会计师：袁必生

党委委员：马彩定

党委委员：吴敏华

天台县财政局

党组书记、局长：戴敏华

党组副书记、副局长：金祖余*

党组成员、副局长：丁伟生

党组成员、副局长：叶士南

党组成员、总会计师：庞尉杨

国资事务中心主任：丁军华*

仙居县财政局

党委书记、局长：吴勇卫

党委成员、副局长：吴丽萍

党委成员、副局长：张　健

党委成员、副局长：曹丽丽

总会计师：应强华*

三门县财政局

党组书记、局长：叶坚强

党组副书记、副局长：尤福跳

党组成员、副局长：奚圣伟

党组成员、总会计师：赖子烨*

丽水市财政局

党组书记、局长:潘建青
党组成员、副局长:魏叶华
党组成员、副局长:叶芳儿
党组成员、副局长:张　栋
党组成员、市纪委市监委驻市财政局纪检监察组组长:季飞云
党组成员、副局长:阮美莲*
党组成员、总会计师:孙海敏*

莲都区财政局

党组书记、局长:徐屈霞
党组成员、副局长:林　伟
党组成员、区纪委区监委派驻第六纪检监察组组长:陈君佐
党组成员、总会计师:吕焕祺
党组成员、副局长:李张芬

龙泉市财政局

党组副书记、副局长(主持工作):商越敏
党组成员、副局长:邵仲昕
党组成员、副局长:杨春花
党组成员、总会计师:张云英
党组成员、财政监督局局长:朱光泉
党组成员、办公室主任:叶春定

青田县财政局

党组书记、局长:周冠华
党组成员、副局长:王刘斌
党组成员、副局长:张红兵
党组成员、副局长:季耀武
党组成员、总会计师:徐松娥

云和县财政局

党组书记、局长:柳成东
党组副书记、副局长:黄育金
党组成员、副局长:吴林娟
党组成员、县纪委县监委派驻纪检监察组组长:官玉和
总会计师:蓝波成
党组专职副书记:王丽华
党组成员:叶晓华

庆元县财政局

党组书记、局长:周　峰*
党组副书记、副局长:江旭奎
党组成员、副局长:杨进林
党组成员、副局长:吴松可*
总会计师:姚四荣
党组成员:吴　英

缙云县财政局

党组书记、局长:朱仕华
党组成员、总会计师:俞根文
党组成员、副局长:潘少华
党组成员、副局长:张树祥
党组成员、副局长:陆格格
党组成员、县纪委县监委派驻第六纪检监察组组长:陶国南

遂昌县财政局

党组副书记、副局长:程昌文(主持工作)
党组成员、县纪委县监委派驻第六纪检监察组组长:余建飞
党组成员、副局长:方文初
党组成员、副局长:王金品
副局长:沈　悦
财政监督局局长:夏飞龙

松阳县财政局

党组书记、局长、国资办主任:钟善德
党组成员、副局长:江剑武
党组成员、副局长:冯汉饶
党组成员、副局长:占　友
党组成员、县纪委县监委派驻纪检监察组组长:唐淑芳*
党组成员、总会计师:吴振宏
党组成员:何开建*
党组成员:叶智强
党组成员:刘青华
党组成员:应伟宏

景宁县财政局

党组书记、局长:叶　峰
党组成员:周　枫
党组成员、副局长:夏　芬
党组成员、副局长:吴凌峰
党组成员、副局长:郑文南
党组成员、总会计师:梅忠敏
党组成员、副局长:王　晴*
党组成员、国资公司总经理:柳　风

(注:有*标示者为当年职务有新变动)

附录

zhejiang caizheng nianjian

专题经验介绍

全链条构建 常态化财政资金直达机制

浙江省财政厅总预算局

2021年，财政资金直达机制从一个新事物、新探索开始走向常态化、制度化。浙江省财政厅认真贯彻党中央、国务院和省委、省政府决策部署，当好“过路财神”，不做“甩手掌柜”，坚持“一盘棋”谋划、“一体化”推进、“一竿子到底”，全链条保障直达资金“下得快、用得好”，扎实推进我省直达资金精准高效安全落地。

一、总体情况

根据直达资金监控系统数据统计，2021年中央财政下达我省直达资金387.0亿元（不含宁波，下同），同时地方财政对应安排资金272.9亿元，共计659.9亿元。全年中央直达资金分配进度为100%，合计支出377.7亿元，支出进度达到97.6%，位居全国前列。在各地形成的支出中，省级支出32.5亿元，占比为8.6%；市级支出81.3亿元，占比为21.5%；县级支出263.9亿元，占比为69.9%。合并计算，市县基层支出345.2亿元，占比为91.4%，体现了资金直达基层的政策效用。

二、主要举措

（一）系统化构建，首创整体性直达资金管理制度体系。研究完善常态化直达资金监督管理机制，建立面向市县基层财政部门的《浙江省直达资金管理实施细则》，从资金分配和下达、资金调拨、资金使用管理、资金监督管理、系统保障和完善、工作机制等方面，督促指导基层加强直达资金管理，打通直达资金政策落地的“最后一公里”。制定面向厅内部的《浙江省财政厅直达资金管理工作规范》，遵循“明确职责、实时监控、立整立改”的原则，进一步明确职责，压实工作责任。同时，下发《关于进一步加强直达资金预算执行管理的通知》等，推动直达资金落实到位、规范使用。

（二）“实名制”曝光，创新实行直达资金定期通报和动态分类管理。每周以市为单位对直达资金分配、支出进度进行通报，每月对市本级、县（市、区）直达资金分配、支出进度进行通报，并“实名制”通报监管发现的问题，避免其他市县再次出现同类问题。同时，根据市县直达资金分配、支出进度以及直达资金监控系统数据质量等情况，分类建立关注名单，进行动态调整。对特别关注的地区和重点关注地区，视情采取下发关注函、实地督导、开展约谈等措施。2021年对全省各地情况开展月通报累计11次，对厅内各处室局工作周通报累计46次。

（三）全流程跟进，升级直达资金工作指导和考核模式。通过厅领导直接督导市县制度和“业务处室分口指导+专班全过程指导”并行的业务指导模式，对直达资金分配、下达和使用进行全过程督促指导。规范直达资金数据导入流程，升级本地生产系统与直达资金监控系统的对接程序，进一步减轻基层工作压力，并“实名制”通报监管发现的问题，避免其他地区再次出现同类问题。同时，规范直达资金工作考核，将各地直达机制落实情况纳入全省财政管理绩效考评重要内容，量化直达资金考核标准与绩效考核管理办法相结合，构建直达资金分配进度、支付进度、发现问题、优秀经验等全方位、全流程的指标体系，并与相关转移支付资金分配挂钩，强化正向激励。

（四）数字化加力，扫除直达资金监管死角和盲区。依托直达资金动态监控系统，跟踪预算下达、资金支付等情况，对异常资金及时进行预警和处理，深入了解各地直达资金工作和政策落实情况，督促市县加强直达资金管理工作，帮助基层解决实际工作中的困难和问题。根据直达资金动态监控系统反映的普遍问题，组建督查小组，围绕资金分配、拨付、台账数据等方面开展实地督查。综合运用日常监管、重点监控、现场核查等多种手段，结合外部监督，分两次组织开展直达资金管理使用情况排查并针对相关问题提出具体整改意见，促进资金及时拨付、精准使用、安全高效。同时，鼓励市县创新项目督导措施，形成了“蜗牛项目清单”等具有地方特色的督导措施，确保中央直达资金使用规范高效。

（五）协同化推进，充分发挥部门联动效应。根据财政部2021年直达资金范围，会同主管部门提前开展谋划，强化部门协调配合，有针对性地加强财政项目库建设，着力提升项目储备数量和质量，全力支持重大项目、重要领域建设，协同主管部门积极争取、倒排节点、对标推进，同步建立管理清单，加快资金分配细化进度和项目具体实施。同时，协调主管部门抓好对下督促指导工作，切实担负起本领域直达资金使用的主体责任以及督导职责，共同推动中央直达资金精准落地。

三、取得成效

（一）有效支持提升基层财力保基层运转。我省在直达资金分配时重点向基层倾斜，财力最大限度下沉市县，有效提高基层财政保障能力。2021年，省财政将中央下达的353.9亿元分配下达市县基层，占中央下达我省资金总量的91.4%；市县财政部门支出345.2亿元，占我省直达资金支出总额的91.4%，极大缓解了市县资金支出压力，有力支持基层做好“六保”“六稳”工作。

（二）有效支持保市场主体保基本民生。在落实直达资金时，突出加大惠企利民力度，保护和激发市场主体活力，帮扶困难群众满足基本民生需要，稳住经济发展的基础。2021年，我省直达资金直接惠企资金支出21.3亿元，直接惠及各类市场主体10841家，有效支持各类型企业发展保市场主体。直接惠及人员补助累计支出214.1亿元，直接惠及人次3559.8万，有效帮扶困难群众保基本民生。

（三）有效集中财力保重大项目建设。直达资金极大缓解了地方财政近年来减收增支压力，保障了地方各类基础设施建设项目有序开展，增强了地方做好“六保”“六稳”工作信心。我省直达资金共安排1亿元以上基建类项目27个。如嘉兴市安排成品油税费改革转移支付3.1亿元，主要用于保障湖嘉申线航道嘉兴段二期工程和浙北高等级航道网集装箱运输通道建设工程，有力助推长三角区域一体化的建设进程。

公共支付数字化改革
促进服务提质、治理增效

浙江省财政厅综合处

长期以来，非税收入采用以票管费模式，跨部门之间依靠纸质单据流转，缴款烦、对账难、监管弱等问题十分突出。为此，省财政厅充分发挥数字技术对推进改革的引领力、支撑力和撬动力，找准切入点和突破口，在全国范围内率先建立统一公共支付平台，创新构建体系架构，统筹促进非税收入便民服务和治理效能双提升。

一、主要做法

（一）理念引领。牢固树立以人民为中心的发展理念，锚定为民便民的改革方向，深入推进公共支付供给侧结构性改革，改变由执收单位指定代收商业银行为单一缴款渠道的传统做法，让缴款人在接入平台的所有缴款渠道中自主选择。着重解决群众和企业在办理缴款业务中遇到的难点堵点，破解执收单位、代收机构、财政部门工作量大、效率低、成本高的难题。

（二）制度重塑。重新梳理界定新形势下代收机构与收款银行职能，确立新的非税收入代收制度框架。按照数字化运行特点再造交通违法罚缴、教育考试等政务服务业务流程，创新具体应用场景制度供给。同时，建立改革专班、示范引领以及绩效考核等工作机制，形成一体推动、一体落实的全省公共支付数字化改革强大合力。

（三）多跨协同。大力推进跨部门、跨系统、跨区域系统之间技术融合、数据融合、业务融合，实现财政部门、执收单位、代收机构、收款银行网络通、数据通、业务通。打通省市县各级财政部门、执收单位、代收机构、收款银行等数量众多的信息系统，建立超大规模综合集成体系，实现办事、缴费、取票一站式办理及全链条在线闭环运行。

（四）数字赋能。统筹应用云计算、区块链、移动互联以及物联网等数字技术，以云计算的弹性能力、移动互联泛在性、区块链的防篡改特性和物联网的信息感知、识别、传送等数字技术，为高安全性、高可靠性和复杂需求的公共支付业务提供强有力的技术支撑和保障，以数字技术的深化应用持续优化用户体验。

二、创新亮点

（一）理论创新。锚定为民便民发展理念，与高校、研究机构建立合作机制，开展理论研究，推进理论创新，充分发挥理论先导作用。一是从“以票管费”向“数字管费”转变，统筹运用数字化技术、数字化思维、数字化认知，从过去依靠纸质票实现对执收、代收业务的监管，转变为按照法定职责梳理跨部门的信息流控制资金流，实现非税收入管理方式变革。二是从“公共选择”向“自主选择”转变，改变过去由执收单位指定代收商业银行为单一缴款渠道的传统格局，创新公共支付供给，由缴款人根据个人喜好自主选择，最大程度满足缴款人多样化的需求。三是从“行政规制”向“整体绩效”转变，改变传统非税收入收缴侧重于政府内部程序规制、责任落实和风险防范的传统做法，在公共支付数字化改革过程中，以更大的放、更好的管、更优的服务促进对内对外整体绩效提升。

（二）制度创新。一是全国第一个也是目前唯一一个在地方法规中确立非银行支付机构代收非税收入合法地位的省份，将浙江省的改革实践经验固化为制度成果，并为全省深化非税收入收缴改革提供更有力的制度保障。二是全国第一个制定非税收入代收机构管理办法，明确代收机构的职责定位、基础条件、接入平台程序等，保障了非税收入收缴的科学规范和安全有序。三是全国第一个全面推进公共支付平台交通违法罚缴一体化改革，基于统一业务规范和技术标准再造交通违法罚缴业务流程，建立按处理地缴库、年终按照违法发生地清算的新制度框架，实现省内任意地区处理、任意地区缴款。

（三）实践创新。一是全国第一个基于政务云和政务服务网建立统一公共支付平台，为深入推进我省公共支付改革创新提供重要的技术支撑和保障。二是在全国率先引入银联、支付宝等非银行支付机构，并在全国第一个集成研发移动支付，全部缴款业务中非银行支付机构使用率、移动支付使用率均占9成以上，成为“浙里办”核心应用，极大地方便了缴款人。三是全国第一个推进统一公共支付平台与财政电子票据平台的综合集成，接入平台的各类非税收入缴款业务自动生成并提供财政电子票据。

三、改革成效

（一）治理效能显著增强。在非税收入等公共资金收缴领域建立清廉浙江长效机制。通过技术手段强化权力制约，实现顺向逐级控制、逆向逐级信息反馈，构建了规范透明的收缴体系，资金直达财政并实现全方位动态监控，有效解决跨部门之间资金对账难问题，建立了执收单位、代收机构截留挪用资金的管控体系，促进具有浙江特色现代财政制度构建。推进多跨协同和综合集成，实现关联业务的数字化、一体化、在线

化运行，实现办事、缴费、取票一站式办理，协力推进整体智治、高效协同现代政府建设，助力省域治理体系和治理能力现代化水平提升。

（二）服务便民极大改善。推进公共支付数字化改革后，缴款人可以"点点手机、按按鼠标"足不出户完成缴款，极大地方便了群众和企业。同时，推进智能技术与传统服务相结合，实现省域线下网点通缴和就近可缴，助力老年人等特殊群体跨越"数字鸿沟"。

（三）运行成本大幅降低。财政部门、执收单位、代收机构、收款银行等各结点全链条一体化、数字化、在线化运行，实现资金在线支付、自动对账，电子票据自动生成，极大提高了资金收缴效率，撤销大量收费窗口，大幅降低了执收单位收缴成本。

浙江省以创造性张力推进公共支付数字化改革，在全国范围内创造了多个"第一"。在全国已建设应用统一公共支付平台的省市中，我省处于领跑地位，主要体现在以下方面：一是渠道包容最好，选择余地最大。二是系统兼容最强，支持领域最广。三是综合集成最优，群众体验最佳。四是隐私保护最严，安全系数最高。五是收缴金额最大，服务人次最多。

截至2021年底，统一公共支付平台接入执收单位2.2万家，接入代收机构33家，累计受理收缴业务3.3亿笔、收缴资金1.78万亿元；其中，2021年度受理收缴业务8657万笔、收缴资金6360亿元。

公共支付数字化改革已成为具有浙江标识度、具有全国影响力的改革金名片。时任省长郑栅洁和常务副省长陈金彪对我省公共支付数字化改革作出批示予以充分肯定。

以"浙里担"数字化改革为引擎打造财政金融协同支农应用场景

浙江省财政厅农业处　浙江省农担公司

数字化改革是通往现代化和共同富裕的"船"和"桥"，为现代化先行和打造共同富裕示范区提供了根本动力。2021年以来，省财政厅农业处联合农担公司坚持数字化改革创新引领，聚焦聚力现代农业融资贷款难点、痛点，创新完善财政金融协同支农机制建设，积极打造财政金融协同支农应用场景，逐步构建起与乡村振兴相适应的多元化投入新格局。

一、创新财金协同机制，发挥引导撬动作用

充分发挥我省数字经济先发优势，设计开发"浙里担"数字化担保服务平台，进一步推动财政政策与贷款、担保、保险等金融工具有效衔接；并通过组建成立财政金融协同支农工作专班，积极协调落实有关地区开展"浙里担"平台县级应用试点，引导撬动更多金融资本、社会资本投入乡村振兴，逐步形成以"数字担保"为核心，具有浙江特色和财政辨识度的财政金融协同支农新模式。同时，利用中央农业生产发展资金，支持新增桐庐等18个基层政策性农业信贷担保服务创新试点县，试点范围扩大到28个地区，合作共建政策性担保风险资金池规模达到1.34亿元，合作担保业务总量相对资金池放大倍数超过16倍，有效推进省市县联动、政银担协同的财政金融协同支农服务体系建设，促进"数字担保"创新硬核成果更好落地见效。

财政通过"数字担保"破解农业融资难题的做法和成效，得到省委、省政府主要领导的批示肯定，《农民日报》头版也予以专题报道。2021年7月，我省承办了全国农担体系数字化转型观摩会，向全国农担系统推广"数字担保"创新经验与做法。

二、聚焦核心关键环节，搭建服务支撑平台

一是推进数据归集。围绕涉农主体信用信息数据库建设，主动对接30个省级相关部门、60个数据接口、200多张共享数据表，排摸工商登记、生产经营、财政补贴、涉案涉诉等61个数据指标和166个数据细分项，打通省公共数据平台、财政票据管理系统、税务金三系统、人行征信和百行征信等9套系统。目前，"浙里担"平台已汇聚农业新型经营主体16万余家，归集相关涉农对象数据超过260万条。

二是强化数据应用。为深化财政金融协同支农相关数据共建共享和分析应用，依托"浙里担"业务和数据中台建设，进一步研究数据规范、统一数据标准，实现数字资产管理、数据汇聚、数据治理、智能分析等功能，既促进了数据价值挖掘利用，也有效提高了担保业务办理效率。2021年以来，通过数字技术和数据应用，政策性担保门槛进一步降低，"浙里担"线上银担直连已为5502个农业主体办理担保贷款24亿元；农业主体承担的担保费率平均约为0.66%，远低于担保行业2%的平均费率水平。

三是实现数字风控。依托现有财政支农、农业保险、社会保障等数据基础，结合小额信贷场景，采用大数据分析加专家经验的方式开展风控模型建设，先后设计开发了农业主体综合评分模型、担保贷款额度测算模型、保前反欺诈模型和保后风险预警模型，初步形成了实时监控、即时响应、及时预警的数字化担保业务风险防控体系。2021年以来，数字风控模型累计调用6万多次，共完成对4万多个、140亿元担保项目审查，有效提升担保业务风险防范能力。

三、围绕支农惠农服务，创新打造应用场景

积极回应农业新型经营主体所思所想所盼，开发线上财政金融协同支农应用场景，努力提升政策性农业信贷担保机构为农服务新形象。

一是创新推进银担直连流程再造。以改善农业农村融资环境为目标，以数字化技术为支撑，重新定义银担合作关系，建立银担互信机制，推进全省农商行社、农业银行、建设银行和稠州银行多方系统直连。通过流程再造和业务场景开发，农业新型

经营主体申请担保贷款只需跑1次，担保业务实现了快速审批、即时审批，审批时间从15天以上压缩到5天以内，有效提高政策性担保服务效率。

二是创新开发“浙里担”信用码。围绕打造农业新型经营主体数字信用状况可视化标志性成果，在数据汇聚和模型开发基础上，创新开发完成“浙里担”信用码和“浙里担”农业主体信用评估报告，为其建立“家庭数字资产收入负债表”。通过应用端扫码，可实时查询展示农业主体的基本信息、经营信息、财务信息、信用信息和风险信息及信用评价分值等情况，为项目审核决策、政策感知应用，以及开展保后贷后管理提供有力的数据支撑。

三是创新建立多跨协同新机制。主动与省银保监局、银行业金融机构开展对接和业务合作，共同制定数据共享与对接方案，建立标准化银担对接渠道。2021年9月，财政金融协同支农应用(浙里担)在“浙里办”上线，担保客户可实时进行担保业务申请、信用查询、政策查询、补贴查询和农业保险查询等，实现支农政策一屏获取、担保业务一键办理。同时，以财政支农补贴和农业保险数据为基础，与建设银行、稠州银行开发新的信贷产品、建立新的合作机制，实现担保贷款全线上自动审批办理，努力为高水平推进乡村振兴注入更多的金融活水。

财政金融协同支农应用(浙里担)已纳入全省数字化改革重大应用一本账S1目录“浙里金融综合服务应用”跑道，以“浙里担”平台为基础开展的“三跑三降”活动，入选省党史学习教育“三为”专题实践活动最佳实践案例。

农村综合集成改革助力高质量乡村振兴

浙江省财政厅基层财政处

近年来，浙江省财政厅率先组织开展农村综合集成改革，首批选取嘉善、德清等六县(市、区)开展试点；在取得初步成效基础上，2020年、2021年又连续支持31个县(市、区)进一步扩大建设范围，目前初步形成“以目标集成为引领，通过政策集成推动要素集成，实现效果集成”的农村综合集成改革的浙江模式。浙江省的做法经验得到财政部的充分肯定和大力支持，作为富有特色的农村综合改革工作在2021年全国财政支农会议上作典型发言，财政部对浙江省综改转移支付资金比上年增长55.4%，增幅位列全国前3位。

一、主要做法

采取竞争立项办法，择优选取山区、平原、丘陵等不同区位和资源禀赋条件的乡镇先行先试，充分发挥农村综合改革在统筹协调、机制创新、资源整合方面的优势，注重改革的系统性、整体性和协调性，为乡村全面振兴提供浙江经验。

一是以系统思维做好谋划设计。按照建成高质量乡村振兴示范样板目标定位，在充分调研基础上，深入分析浙江新时代“三农”工作面临的新机遇新挑战制定试点工作目标体系，围绕乡村振兴“二十字”总要求，精准定位当前农业农村发展中的难点、痛点问题，将改革目标进一步细化为产权制度改革、乡村产业振兴、人居环境打造、村集体经济壮大、农民创业增收和乡村善治六大重点改革领域整体布局、协同推进，力求实现集成试点区乡村产业、人才、文化、生态和组织全面振兴的目标。

二是以综合集成汇聚政策和要素资源。系统梳理和综合运用历年中央1号文件和省委、省政府1号文件出台的强农惠农政策，总结提炼浙江“三农”领域单项突破改革创新成果积累，充分发挥财政政策的导向和资源配置功能，以财政资金投向为引导，协调涉农相关部门支持政策同向发力，打出政策制度供给、资源要素保障、机制探索创新、多方合力凝聚的集成改革“组合拳”，引导资金、项目、人才、科技等要素资源回流乡村，形成资源要素集聚效应，为乡村全面振兴提供有效支撑。

三是以联动推进强化项目实施。坚持党对农村工作的全面领导，充分发挥农村基层党组织的战斗堡垒作用和基层群众组织的创造力。建立健全横向到边、纵向到底的试点工作协同推进机制。横向维度，落实党委领导下县级政府试点工作主体责任，建立以党政主要领导负主责的试点工作领导小组，统筹协调县级层面相关支持政策、要素保障和项目实施。纵向维度，建立省、市、县三级联动推进机制，专班运作，组团服务，组织三级联络员团队“一对一”对口指导服务试点项目；乡镇村承担项目建设主体责任，动员村民群众、凝聚社会力量共同参与集成区示范试点项目建设，确保试点工作顺利开展。

四是以绩效评价规范项目管理。省级制定项目实施绩效评价体系，围绕重点突破的“产权制度改革、乡村产业、村级经济、宜居环境、乡村治理、农民增收”六大改革领域，对照目标体系对试点结果进行绩效评价，并根据考评结果，调整完善扶持政策，强化激励导向。及时总结试点经验成果，迭代升级，进一步提炼上升为可推广可复制的模式样板。

二、主要成效

试点以来，省财政厅通过农村综合改革转移支付渠道，累计支持了19个县(市、区)开展项目建设，取得了明显成效，因地制宜创建一批具有推广价值、体现浙江特色和高质量发展的乡村振兴示范样本。

一是改革的系统集成效应初步显现。通过政策和要素集成，有效推动了数字、科技、资金、乡贤、青年等一切有形和无形要素积极投入农村建设，初步实现集成区资源变资产、资产变资本、资本变股权，村集体资产大幅增值，农民增收渠道进一步拓宽；财政政策精准引导，撬动社会资本投入乡村产业发展，新产业、新业态持续涌现；打造秀美乡村升级版，推动从建设美丽乡村向发展美丽经济转变；"党建引领、农民主体、三治融合、整体智治"的现代乡村治理体系初具雏形，农民的获得感、幸福感、安全感和满意度显著提升。

二是改革的路径取得突破。集成试点区以目标为引领，以项目为载体，以机制创新为突破口，因地制宜开展实践探索，取得了突破性进展。产权制度改革方面，建立农业农村资源要素盘活流转机制。乡村产业发展方面，探索并初步建立绿色生态发展机制和要素赋能农业农村发展的机制。村级集体经济方面，创新村集体经济的法人治理、经营运行、监督管理和权益分配机制，创造性地运用异地空间转换，"飞地抱团"方式实现村级集体经济发展壮大。美丽乡村建设方面，探索美丽经济与美丽乡村融合发展机制，从建设美丽乡村向经营美丽经济转型升级。乡村现代治理方面，充分发挥农村基层党组织领导作用，增强基层党组织的政治功能和组织力量；导入数字乡村理念，不断加强现代乡村自治、法治、德治和智治的有机融合，显著提升公共服务效能，方便村民群众办事创业。农民增收保障方面，大力培育新型农业生产经营主体，支持农民因地制宜发展休闲农业、生态旅游、农村电商等新产业新业态，建立并完善多种形态的企业、村集体与农民的紧密型利益联结机制，盘活土地、山林承包权，农民住房、宅基地等财产权益，拓宽其财产性收入来源。

三是改革的发展样板成批涌现。随着试点工作的推进，改革的联动效应、整体效应和组合效应更为显现，涌现出一批改革驱动乡村振兴的标杆样板。如嘉善县大云镇开展田地房"三全"集成改革，探索资源要素高效集约利用机制，有效破解农村发展中的土地等要素制约瓶颈问题；创新集体经济发展模式，运用"飞地抱团"方式跨县、跨省结对发展，2020年，全镇村均经营性收入达270.88万元，增长60.32%，农民人均可支配收入超5万元，城乡收入比缩小至1.48∶1。德清县率先引入"生态绿币"概念，通过领取生态绿币获得奖励的方法鼓励全民参与治水护绿，邀请34家绿色企业以捐赠生态绿币的形式为"美丽河湖"冠名，在潜移默化中夯实生态保护理念；围绕党建引领、"三治一体"，创建河长工作站、红管家服务驿站、乡贤参事会、"一室四平台""全科网格员"，实现基层治理"一张图"全覆盖。杭州临安区做好"护山、活山、富山、乐山"四篇文章，重点推进以农村承包地、宅基地"三权分置"改革和集体经营性资产股份制改革为主的"12+X"项改革，以改革唤醒农村沉睡资源；率先建立"生态养护+碳汇平衡"差异化补偿机制，激发政府、旅游开发运营商、村民、游客等合力护山的动力，形成了"生态养护—效益评价—差异补偿—更优养护"的良性循环。该机制已实现数据化监测、差异化补偿、市场化引领和多样化中和，为乡村绿色发展提供了模板。东阳市花园村以产业兴旺为前提，高质量发展为遵循，共同富裕为目标，呈现出"村民比市民富、村容比城市美、生活品质比城市高、田园风光和现代文明高度融合"的乡村振兴"花园样板"。2020年，全村实现营业收入610亿元，村民人均年收入达14.2万元，累计接待游客370万人次。

三、经验启示

一是必须始终坚持以民为本、治理为基、创新为先的改革理念。坚持以人民为中心，充分发挥农民主体作用和首创精神，把保障农民权益，赋能、赋权、赋利于农民作为改革的立足点，不断增强农民的获得感、幸福感和安全感，激发农民群众参与改革的积极性、主动性和创造性；坚持党建引领，自治、法治、德治、智治"四治"融合，不断提升现代乡村治理能力和水平；坚持改革破题，机制创新与项目建设并重，确保试点工作稳步推进。

二是必须始终坚持与时俱进，以系统观念，系统方法推进改革的路径。系统理念、系统方法是研究复杂系统，解决复杂问题的科学手段和方法，全面深化农村改革是一项复杂的系统工程，需加强顶层设计和整体谋划，加强各项改革的关联性、系统性和可行性研究，着力从目标体系、政策体系、工作体系和评价体系进行整体性布局。实践证明，坚持以目标集成为引领、通过政策集成推进要素集成，实现效果集成是深化农村综合改革的有效方法和路径。

三是必须始终坚持瞄准短板弱项，精准施策，集中财力办大事的投入导向。集中财力办大事，发挥好财政政策导向和资源配置功能，通过财政精准投入引导一切有形无形的资源要素投入农村建设，实现政府、农民和市场主体多方共赢的目标。

推进财政数字化改革 打造整体智治财政标志性成果

浙江省财政厅数字中心

数字化改革是推进省域治理现代化的必由之路，是浙江立足新发展阶段、贯彻新发展理念、构建新发展格局的重大战略举措。2021年以来，省财政厅深入学习习近平总书记关于数字浙江的重要论述，认真贯彻全省数字化改革大会精神，坚决落实省委、省政府决策部署，以勇闯"无人区"、开拓"新蓝海"的姿态谋划推进财政数字化改革工作，取得了阶段性成效。

一、主要做法

（一）主要负责人亲自挂帅，全力推进数字化改革

认真落实袁家军书记"'一把手'要扑下身子亲自干"的要求，将数字化改革作为"一把手"工程，厅主要负责人亲自研究、亲自部署、亲自推进，牢牢扛起带班子抓改革的政治责任。第一时间成立由"一把手"任组长的财政数字化改革领导小组，组建由省、市、县业务骨干和技术骨干组成的工作专班，工作专班由50名省厅成员和20名市县财政局成员组成，全力推进数字化改革工作。

（二）梳理核心业务，谋划重大应用场景

着重梳理了预算管理一体化、非税和票据、政府采购等3个一级、27个二级、40个三级财政核心业务的"两单两图"。重点谋划了浙里办票、浙企一表通、浙里报账等13个应用场景，分别组织成立工作专班，由分管厅领导任专班负责人，组织业务和技术骨干，深入开展上述应用的重大需求、多跨场景、重大改革"三张清单"梳理工作，开展应用场景方案编制和系统开发。

（三）研究改革方案，协同推进重大应用建设

聚焦数字化改革的核心目标，厅主要负责人亲自研究谋划财政数字化改革方案，突出打造整体智治财政体系，提出"一个门户、四个系统"的总体框架，明确总体思路和建设内容。对全省财政系统提出"对外做到高水平、高绩效保障，当好'助推器'，对内做到高质量、高标准建设，当好'领跑者'"的要求，纵向合力推进财政数字化改革。在各应用场景建设中，要求各工作专班加强与省发展改革委、省大数据局、省税务局等部门的协同，横向合力推进预算管理一体化、浙里办票、浙里报账等重大应用建设。

（四）把准改革方向，紧抓重点挂牌作战

在全面开展财政数字化改革期间，厅主要负责人共主持召开3次厅党组会、1次厅长办公会、18次工作专班例会，传达贯彻袁家军书记的重要指示精神，听取"一个门户、四个系统"及13个重大应用场景建设情况，及时查找问题、把准方向，部署每个阶段的工作重点。厅党组每月月初都要制定重点工作安排，明确财政数字化改革的月度目标任务，要求各重大应用建设聚焦重点抓落实，挂牌作战、压茬推进。同时建立数字化改革任务督办制度，针对难点堵点进行督办立项，直到问题解决。

（五）强化制度重塑，形成制度成果

浙里报账应用在全国首创电子会计凭证归档业务指引，明确结构化数据可作为归档凭证，为会计档案电子化铺平道路，同时串联起政府公共经济活动全流程，实现对政府资金资产的全方位、全过程、全覆盖追踪监管。浙里办票研究制定电子会计凭证实施办法，制定区块链财政电子票据应用规范浙江省地方标准。目前，省财政厅已制定出台了一系列制度，包括《浙江省预算管理一体化业务规范实施细则》《财政拨款结转结余资金管理办法》《全省支出标准体系框架》《浙江省政府非税收入管理条例》《浙江省财政电子票据管理办法》《浙江省医疗收费电子票据管理办法》《电子会计凭证归档业务指引》《浙江省政府采购电子卖场采购管理暂行办法》《浙江省政府采购项目电子交易管理暂行办法》等。同时，正在研究制定《项目支出预算管理办法》《零基预算编审指引》《全国支出标准制定办法》《集中财力办大事业务规范》等，实现数字化改革的制度创新与变革。

二、取得的成效

（一）财政治理能力显著提高

在党政机关整体智治"点亮贯通"推进工作中，省财政厅率先完成财政专题门户建设，成为省级专题门户模板。全力推进预算管理一体化建设，全省所有市县区均已开展2022年项目储备和预算编制工作，截至目前总预算编制、部门预算编制、预算执行、单位会计核算全省覆盖率均已达到100%，在最近财政部考核中全国排名第三。地方政府性债务风险防控应用通过跨部门协同，对7000多家国有独资或国有控股企业的银行贷款、企业债、公司债等融资工具进行建模分析，及时发现并处置疑似隐性债务风险，同时探索与财政部全口径债务监测系统数据共享，逐步扩大系统监测范围。浙里报账上线公务出行、会议活动、学习培训、办公用品购置4个高频应用场景，先后在4个省级部门和4个地区（含乡镇）开展试点，实现省、市、县、乡四级贯通。国资智管在线（浙里资产）已初步贯通全省2万多家行政事业单位1万多亿元国有资产的在线监管。

（二）服务社会能力有效提升

浙里办票协同省税务局推进税务发票、财政票据电子化改革，在全国率先上线全省电子发票（票据）综合服务平台，率先试点电子发票（票据）开具、报销、入账、归档等全流程无纸化应用，全省累计3.62万家单位实施财政电子票据改革，累计开票12.36亿张、金额2.29万亿元，财政票据电子化率达95%，实现行业类型、票据种类、县（市、区）地域"三个全覆盖"，各项改革进度均列全国第一。统一公共支付（浙里缴费）推动与统一行政处罚办案等系统进行多业务集成协同应用，累计受理缴款业务3.2亿笔，金额超1.7万亿元，网上缴款率达97.4%，累计服务人次突破3亿，2021年受理收缴业务超8000万笔，位居全国第一。政采云已推广到全国18个省，1088个行政区划，订单突破1343万笔，累计交易额突破1.43万亿元。财政金融协同支农服务汇集新型农业主体16万余家，涉农主体超过300万家，累计为4.5万多个农业主体办理担保贷款150亿元，其中通过银担直连为5502户提供担保24亿元，相关做法在"数字化改革工作动态"第91期刊发。浙里垫付当事人通过"浙里垫付"发起的申请925件，全省累计向1979人次垫付道路交通事故社会救助基金1.59亿元。

（三）一批财政特色应用加快形成

经过前一阶段全省财政数字化改革的合力推进，目前我省已形成浙里办票、浙企一表通（数智会计）、统一公共支付（浙里缴费）、浙里报账、地方政府性债务风险与防控、预算管理一体化、集中财力办大事、政府采购数字化应用（政采云）、财政金融协同支农服务（浙里担）、国资智管在线（浙里资产）、浙里基财智控、浙里垫付、涉企财政政策仿真与评估等13个重大应用，并将随着财政数字化改革进展，不断进行迭代升级。目前13个应用全部入选全省数字化改革重大应用"一本账S1"目录，其中浙里办票、浙企一表通、浙里报账等11个应用入选数字政府重大应用目录并整合形成彰显财政特色的"浙里财税智治"应用，政府采购数字化应用和财政金融协同支农服务2个应用入选数字经济重大应用目录。政采云、"浙里办票+浙里报账"参与第二批全省数字化改革最佳应用评选，统一公共支付（浙里缴费）参与2021年度改革创新项目评选，都取得了好成绩。

调研报告精选

“八八战略”指引下的浙江财政探索与实践（摘要）

浙江省财政厅课题组

“八八战略”是习近平总书记为浙江量身定做的引领浙江发展的总纲领，是推进浙江各项工作的总方略。“八八战略”实施以来，全省各级财政部门坚持以“八八战略”为指引，一张蓝图绘到底、一任接着一任干，扎实做好生财、聚财、用财三篇文章，有力地服务了全省经济社会发展大局。

一、“八八战略”指引下浙江财政工作总体情况

“八八战略”实施以来，全省各级财政部门秉承“严谨、坚守、创新、奉献”的财政职业精神，以当家思维担当管家责任，一张蓝图绘到底、一任接着一任干，形成了一批具有浙江特色的财政标志性成果，为争创社会主义现代化先行省打下了坚实基础，主要表现为“五个显著提升”：

（一）坚持质量第一、效益优先，做大做实做优财政“蛋糕”，财政综合实力显著提升

牢固树立放水养鱼、休养生息的生财理念，统筹协调经济和财政、生财和用财之间的关系，形成“发展培育税源、税源形成税收、税收夯实财力、财力促进发展”的良性循环，一般公共预算收入规模跃升至全国第三。2020年全省财政总收入12421亿元、一般公共预算收入7248亿元、一般公共预算支出10082亿元，分别为2002年的10.65倍、12.79倍、13.44倍，年均增幅分别为14.0%、15.2%和15.5%。一般公共预算收入占财政总收入的比重为58.4%，比2002年提高9.8个百分点。税收收入占一般公共预算收入的比重为86.4%，位居全国第一。财政收支规模进一步壮大、结构进一步优化、质量进一步提升，为经济社会发展提供了坚实的物质基础和财力保障。

（二）坚持围绕中心、服务大局，集中财力办大事，财为政服务能力显著提升

牢固树立政治机关意识，提高政治站位，系统构建集中财力办大事财政政策体系，聚焦三大攻坚战、富民强省十大行动计划等党中央、国务院和省委、省政府重大决策部署，从更长周期、更广范围谋划政策和预算安排，实现省市县三级、大事要事、本届政府施政周期“三个全覆盖”。长三角一体化发展战略稳步推进，助力长三角一体化发展的财政政策体系和政策清单完成构建；三大攻坚战取得重大成效，率先消除“4600以下”绝对贫困现象，高质量全面建成小康社会，实现“两不愁三保障”突出问题、年家庭人均可支配收入8000元以下情况、集体经济薄弱村“三个清零”；深入践行“绿水青山就是金山银山”理念，加大污染防治攻坚战保障力度，我省生态环境状况指数连续多年保持全国前列，成为全国首个通过国家生态省验收的省份；持续深入实施防范化解地方政府隐性债务风险专项行动，债务风险总体可控。

（三）坚持协同高效、综合集成，精准实施积极的财政政策，财政调控能力显著提升

处理好政府和市场、宏观和微观的关系，综合运用财税政策工具，创新市场化、法治化手段，发挥逆周期调节作用，促进经济平稳健康发展。按照“第一时间＋顶格优惠＋叠加享受”的原则，最大力度落实小微企业普惠性减税、增值税大规模减税、个人所得税改革、行政事业性收费清理和社保降费等各项减税降费政策。按照“体现公平、统筹兼顾、高效直达”的原则，创新建立“一池一码三减三清单”工作机制，第一时间将直达资金落实到位，为基层保就业、保民生、保市场主体提供了有力支撑。加强创新强省、人才强省首位战略首位保障，助力“鲲鹏行动”计划、海外引才计划、万人计划、领军型创新创业团队计划等重大人才工程，助推“三大科创高地”、实验室体系以及创新载体等建设。同时，注重财税政策与金融、投资、产业、区域发展等政策的协同，形成政策合力。积极财政政策的实施，稳定了市场预期，提振了市场信心，有力对冲了经济下行压力，为我省经济高质量发展、培育涵养更多优质财源创造了条件。

（四）坚持利民为本、民生优先，健全民生保障长效机制，民生保障水平显著提升

财政再困难，也坚决保障好民生支出。坚持加大投入与完善制度两条腿走路，按照“保基本、兜底线、建机制”的原则，尽力而为、量力而行，建立健全与经济发展水平相匹配、可持续的民生保障机制，推动树立个人努力、各方合理承担责任的科学民生理念，全省财政支出增量用于民生的比例连续17年保持在三分之二以上，教育、医疗、社保、三农、文化、住房等民生支出持续增长，基本养老、基本医疗、城乡低保等保障水平逐年提高，改革发展成果更多更公平惠及人民群众。

（五）坚持改革破题、创新制胜，持续深化财税体制改革，财政治理能力显著提升

以建立具有浙江特色的现代财税体制为目标，大力推进重点领域、关键环节改革，以改革先行带动发展先行。认真贯彻新预算法及其实施条例，进一步完善“省管县”财政体制，建立健全绿色发展财政奖补机制，稳步推进零基预算改革，制定出台生态环境、教育、科技等领域的财政事权和支出责任划分改革方案，优化预算编审流程，推进预决算公开，支出标准体系建设走在全国前列。按照“全方位、全过程、全覆盖”的要求，系统重构全面预算绩效管理体系，实施预算绩效管理三年行动计划，推进部门整体绩效预算改革，建立与部门整体绩效挂钩的预算管理模式，

全面提升资金使用绩效。

二、全面深化改革篇

(一)深化财政体制改革

2003年,在实行分税制的基础上,对财政体制进行调整完善,主要采取按行业税种以及按比例分享等办法,进一步划清省与市县政府收入来源,同时实施"两保两挂""两保一挂"财政政策。2008年,实施分类分档激励奖补机制,并以各市县经济发展、财力状况等因素为依据,将全省市县分为二类六档。2012年,完善全省金融业和电力生产企业税收收入预算分配管理体制,并建立区域统筹发展激励奖补政策。2015年,优化完善转移支付地区分类分档体系,并完善区域统筹发展激励奖补政策。自2018年起,先后制定出台生态环境、应急救援、教育、科技、交通运输、医疗卫生、自然资源、公共文化、基本公共服务等领域的财政事权和支出责任划分改革方案。

历次财政体制改革调整,充分体现财力下沉的原则,充分调动市县加快发展、培育税源的积极性,省级一般公共预算收入占比从2002年的12.5%下降至2020年的4.1%;省级一般公共预算支出占比从2002年的14.0%下降至2020年的6.7%。

(二)率先探索中长期预算编制改革

2018年,聚焦聚力三大攻坚战、富民强省十大行动计划等党中央、国务院和省委、省政府重大决策部署,对未来几年可用财力进行测算,对现有政策进行全面梳理、整合、重构,构建2018—2022年集中财力办大事财政政策体系,探索中长期预算编制改革,共安排重大财政支出政策129项,其中整合政策55项,涉及19个部门、22个市县,省级财政预算安排用于集中财力办大事的资金占省级支出比重达60%以上。这既是集中财力办大事这一重大理财原则在制度、政策层面的落地,也是对中长期财政规划的实质性破题。2019年,全省各市县均建成集中财力办大事财政政策体系,实现省市县三级全覆盖、大事要事全覆盖、本届政府施政周期全覆盖,形成纵贯全省的政策合力、资金合力和工作合力。

(三)深化专项资金管理改革

2009年,提请省政府印发《清理整合和规范财政专项资金管理的意见》,以"存量调结构、增量调方向"的思路,推进专项资金清理、整合,并严格控制新增专项。2012年起,全面推进以"因素法"为核心的专项转移支付改革,按照"四张清单一张网"和"两个一般不"的要求,清理整合专项资金,进一步突出专项资金支持重点。2013年,对适合"项目法"分配的财政专项资金,在分配中引入竞争机制,探索实施竞争性分配改革。2014年,提请省政府印发《关于进一步加强省级财政专项资金管理工作的通知》,加大清理整合力度,基本实现"一个部门一个专项"的目标。同时,对专项资金实行清单制管理,在浙江政务服务网上对省级财政专项资金分配过程和结果进行全公开,接受社会公众监督。

(四)全面实施预算绩效管理改革

浙江省是全国最早启动预算绩效管理改革的省份之一,始终坚持各项改革工作领跑全国。2003年,开始探索财政支出绩效评价。2005年,正式成立绩效处,聚力推进预算绩效改革。2010年,在全国率先构建全过程预算绩效管理机制。2014年,率先将预算绩效管理纳入省政府对直属部门工作绩效考核。2018年,在全国率先推动出台《关于全面落实预算绩效管理的实施意见》,实施全省预算绩效管理三年行动计划,加快推进"全方位、全过程、全覆盖"预算绩效管理体系建设。2020年,率先实现预算与绩效管理一体化。2021年,出台《关于进一步深化预算绩效管理改革的实施意见》,系统重构全面预算绩效管理体系,梳理出8方面27项改革任务清单,以省厅总牵头、市县分头试点的方式推进改革,以小切口推动大绩效。

(五)推进零基预算改革

2020年,选择9个单位(专项)彻底试行以"零"为基点的预算编制方式。按照项目的轻重缓急以及绩效评估情况编制预算,做到能增能减、有保有压。2021年,省级推进实施全面的零基预算改革,建设形成"目标、指标、审核、评价"四个体系组成的全过程管理机制,将零基预算管理理念融入预算管理流程和系统,构建具有浙江特色的零基预算管理新模式。

(六)设立运作政府产业基金

浙江省政府产业基金起步早、力度大,目前已经历了1.0、2.0、3.0三个版本。1.0版:注重基金杠杆撬动。2015年,设立全省政府产业基金,至2018年,基金总规模达1417亿元,撬动社会资本10503亿元,实现省政府提出的三年目标。2.0版:更加注重政策引领。组建数字经济、金融稳定、创新引领、凤凰行动、特色小镇、军民融合、文化产业等7支主题基金,规模共计145亿元,重点聚焦省委、省政府重大战略、重点领域、重大项目的投资落地。3.0版:更加注重基金绩效。分战略类、技术类、效益类三类项目推进投资,其中:战略类项目聚焦招大引强、固本强基、强链补链延链等重点领域项目;技术类项目聚焦高精尖、扶优扶小、突破卡脖子技术相关领域项目;效益类项目则侧重关注效益和国有资本保值增值。

(七)推进财政数字化改革

2012年,启动数字财政建设,编制发布《浙江数字财政总体规划》,乡镇公共财政服务平台、移动办公平台、预算执行动态监控等取得明显成效。2017年起,积极推进"最多跑一次"改革和财政数字化转型,全面建设政采云、统一公共支付平台、电子票据平台、地方政府性债务风险预警和处置系统、资产云、核算云等财政数字化转型项目,其中政采云和统一公共支付平台入选省政府"8+13"数字化转型重大项目,地方政府性债务风险预警和处置系统入选省政府防范化解重大风险数字化转型项目,区块链财政电子票据平台和地方政府性债务风险预警与处置系统入选省级"观星台"优秀应用,统一公共支付平台入选浙江省首批"重要窗口"绿箱标志性成果。2020年,启动预算管理一体化改革。2021年,启动财政数字化改革,编制发布《浙江财政数字化改革方案》,重点打造"一个门户、四个系统",即数字财政综合应用门户以及集中财力办大事系统、预算管理一体化系统、核心业务事件反馈系统和服务社会应用系统。积极开发"浙里报"等场景应用，为深化财政数字化改革搭建了"四梁八柱"、指明了方向、夯实了基础。

（八）推进国资国企改革

推进管理体制改革。2010年，全省基本建立"国家统一所有、政府分级监管、单位占有使用"的管理体制以及与此相适应的"财政部门—主管部门—行政事业单位"三个层次的行政事业单位国有资产监督管理体系。推进国有企业改革。会同省国资委推进国有企业混合所有制改革、开展"三供一业"分离移交、完善国有企业公司治理结构等，解决国有企业改革遗留问题。推进国资监管向"管资本"转变。深化国有资本投资、运营公司改革及经营性国有资产集中统一监管改革，进一步理顺管理体制。率先在全国开展划转国有资本充实社保基金试点。截至2020年年底，全省共划转企业157家，划转国有资本收益1651.79亿元，为全国划转国有资本充实社保基金提供"浙江经验"。

（九）推进政府采购改革

2003年，《政府采购法》实施，明确了财政部门的法定监管职责。2004年，在省级全面推行编制政府采购预算，做到"无预算不得采购"。2008年，上线运行"政府采购信息管理系统（外网一期）"，并全面推行协议定点网上采购系统，为全国最早开展政府采购网上交易采购的省份。2014年，省级试运行政府采购网上超市模式。2016年，经省政府同意，依托浙江政务服务网，建设"政采云"平台，并在省级单位率先试点。2017年，政采云平台全面推广并上线运行。2020年，推动《浙江省深化政府采购制度改革工作方案》出台，着力营造最优政府采购营商环境。

（十）深化政府购买服务改革

自2014年实施政府购买服务改革以来，在全国率先建立由政府分管领导担任召集人的政府购买服务联席会议机制，制定"一个意见、两个目录、若干个办法"的总体制度框架体系，推动出台《关于政府向社会力量购买服务的实施意见》，牵头制订政府购买服务指导性目录并每年常态化更新公布，出台政府购买服务预算、采购等管理办法。2020年，全省政府购买服务金额数和项目数为279亿元、3.1万个，较2015年分别增长2.32倍、2.2倍。通过改革，全省政府职能转变加快推进，公共服务水平稳步提高，社会治理能力不断增强。

三、对内对外开放篇

（一）推进长三角一体化发展

构建长三角一体化发展财政政策体系，建立政策清单，并实施动态管理。调整和优化财政支出结构，加大财政转移支付力度，支持全省域全方位推进长三角一体化发展。截至2020年年底，共投入省级资金822亿元，争取国家资金投入76亿元。共同出资设立长三角生态绿色一体化发展示范区先行启动区财政专项资金，用于先行启动区的建设发展及相关运行保障。推进沪浙政府采购一体化发展示范合作；推进长三角区块链电子票据信息共享互通；推进国有资产管理和共享共用平台建设。

（二）推进"一带一路"重要枢纽建设

突出开放强省工作导向，全面打造实施"一带一路"枢纽行动计划，市场开拓成效明显。2020年，"一带一路"沿线贸易比重达34.2%，较2015年提升3.4个百分点。截至2020年年底，累计在"一带一路"沿线国家地区投资项目备案总额554.4亿美元，占对外投资比重达59.6%。响应"一带一路"的重要倡议，统筹安排资金支持"义新欧"班列常态化运行，促进班列提质增效。2020年，运行班次达1399列，占全国中欧班列8.4%的份额。组建规模20亿元的省丝路产业投资基金，支持省内企业参与境外并购。

（三）推进更高水平开放型经济加快形成

加大对外贸、外资、外经等外经贸领域的支持力度，省财政年度安排用于外经贸领域专项资金规模从2003年的不足1亿元增长至2020年的12亿元，同比增长12倍多。调整优化财政支持方向，重点支持出口信用保险、公共海外仓、国际性展会、应对贸易诉讼、跨境电商、引入世界500强高质量外资、境外经贸合作园建设等领域，助力企业开拓多元化市场。聚焦重大平台建设，推动中国（浙江）自由贸易区建设，积极争取油气产业链相关财政税收支持政策。统筹安排2.5亿元支持义乌国际贸易综合改革试验区建设，推动市场采购试点等外贸新业态发展。

四、创新强省人才强省篇

（一）助力全球人才"蓄水池"建设

推进"鲲鹏行动"计划、海外引才计划、万人计划、领军型创新创业团队计划等重大人才工程实施，助力打造覆盖引进和培养、塔尖和塔基、个人和团队、创业和创新的高素质人才引进培育体系，"高精尖缺"人才加速集聚。截至2020年，省财政累计安排奖励资金22.66亿元，支持引进2409名海外高层次人才来浙创业创新。完善引才、育才、用才全方位支持机制，着力构建定位清晰、梯次分明、相互衔接的人才经费支持体系。研究制订人才资金绩效评价办法，完善人才资金二次追加投入、依绩淘汰的有进有出机制。

（二）助推"三大科创高地"建设

省财政每年安排4.5亿元，支持杭州城西科创大走廊建设，研究制定"1+N"政策体系，促进各类创新资源汇聚叠加。支持西湖大学以新机制加快建设高水平研究型大学，建设生命健康科创高地。支持国家和省实验室体系建设，之江实验室、西湖实验室纳入国家实验室建设序列。加强创新载体建设，2018—2020年，省财政安排22.98亿元支持77个市县创建98个省级产业创新服务综合体，为块状经济和现代产业集群高质量发展提供全链条服务；2016—2020年，省财政安排7000万元，支持100家省级院士专家工作站建设，提升已建站工作绩效、开展院士行业战略咨询。

（三）推进科研经费"放管服"改革

制定《浙江省科技发展专项资金管理办法》等科研经费使用管理办法，将适合高校院所自主管理的经费预算权限"应放尽放"。出台省级事业单位科技成果处置权和收益权改革政策，制定《关于加强高校院所科技成果转化实施意见》,进一步健全高校院所科技成果转化体制机制。授权科研三项经费开支标准自主权,全省已有85家高校制定出台内部管理办法,占比达78.8%;省属30家科研院所全部出台内部管理办法。建立负面清单并试点"包干制",印发《关于在浙江省杰出青年科学基金中试点项目经费使用"包干制"的通知》,明确试点依托单位在"包干制"试点工作中的主体责任。

五、产业优化升级篇

(一)助推全球先进制造业基地建设

完善"四换三名"工作考核奖励机制,对加快"腾笼换鸟"、促进有效投资工作考核优秀的市、县(市)给予奖励,引导市、县(市)加快"腾笼换鸟、凤凰涅槃"步伐。先后实施振兴实体经济(传统产业改造)、制造业高质量发展示范县(市、区)创建财政专项激励,打造制造业高质量发展典型样板。相继实施数字经济分领域财政专项激励和省数字经济创新发展试验区创建激励政策,全力推动数字产业化、产业数字化,助力打造全球数字变革高地。围绕产业基础再造和产业链提升工程,重点聚焦十大产业链打造,相继推出产业链协同创新项目计划、生产制造方式转型示范项目计划,积极培育先进制造业,打造具有世界竞争力的现代产业集群。

(二)助力现代服务业发展

省财政累计安排资金10.2亿元,支持生产性服务业集聚平台建设、服务业与其他产业融合发展、现代服务业集聚示范区建设和物流降本增效试点。截至2020年,全省已打造100个省级现代服务业集聚示范区,成为国家6个降本增效综合改革试点省之一。支持全域旅游创建,支持扩大"诗画浙江"品牌影响力,助力世界旅游联盟总部永久落户浙江。支持大运河国家文化公园、诗路黄金旅游带建设,有序推进"四条诗路"建设。支持十大海岛公园建设,启动海岛公园建设三年行动计划,打造浙江省海洋旅游"金名片"。

(三)助推中小企业发展

按照"第一时间+顶格优惠+叠加享受"的原则,认真落实小微企业普惠性减税、增值税大规模减税、个人所得税改革、行政事业性收费清理和社保降费等各项减税降费政策,实现省定行政事业性涉企"零收费",2018—2020年,全省累计新增减税降费5138亿元。支持中小企业"专精特新"发展,整合设立省级中小企业发展专项资金,重点支持小微企业园、中小企业公共服务体系、中小企业融资服务体系建设和中小微企业高质量发展培育等。实施"放水养鱼"行动计划财政专项激励政策,支持培育一批优质中小企业成为细分领域领军企业。出台《关于贯彻落实民营企业发展促进条例的若干意见》,从优化政策供给、规范政策制定、构建公平竞争环境、强化服务保障等方面,提出10条贯彻意见。

六、城乡一体化发展篇

(一)推动新型城镇化建设

支持住房和城市基础设施建设。整合省住房和城市建设专项资金,支持城镇污水和垃圾处理基础设施、省级海绵城市和地下综合管廊建设等。支持小城市培育试点。"十三五"期间兑付试点补助和考核奖励资金47亿元,培育三批69个试点小城镇。支持特色小镇建设。累计兑现特色小镇省级奖励资金3.18亿元,推动全省创建110个省级特色小镇创建对象和62个培育对象。支持未来社区建设。出台《关于进一步加强财政金融支持未来社区试点的意见》,注资5亿元支持省金控以市场化方式设立未来社区建设投资基金。支持小城镇环境综合整治。采用资金补助和地方政府债券相结合的方式,安排资金助力完成1191个小城镇环境综合整治任务。

(二)推进乡村振兴战略实施

支持粮食生产稳定发展。安排中央财政耕地地力保护补贴和农田建设资金,全面落实规模种粮补贴、订单良种奖励等政策措施,大力推进高标准农田建设和粮食生产功能区提标改造。截至2020年,全省年度粮食播种面积超过1490万亩、总产达到121亿斤,两大指标均创下5年新高。支持乡村产业提升发展。集聚省级以上产业类资金,以"12188工程"为抓手,重点支持发展休闲农业、生态农业、观光农业等新产业新业态,促进农村三产融合深度发展。截至2020年,全省启动创建省级以上现代农业园区69个、特色农业强镇113个,单条10亿元以上农业全产业链达到80条。深化"千村示范、万村整治"工程。"十三五"时期累计安排省级美丽乡村建设资金65.39亿元,支持提升改善农村人居环境,与时俱进建设美丽乡村。至2020年底,全省已开展390个历史文化保护重点村和1902个一般村保护利用,农村生活垃圾分类处理行政村覆盖率达到85%,农村生活污水治理实现规划保留村全覆盖,全省农村无害化卫生厕所普及率超过99%,基本实现户厕应改尽改、公厕应建尽建。强化财政扶贫保障。"十三五"期间,累计投入省以上财政专项扶贫资金56.5亿元,年均增长13.6%。截至2020年,全省高质量完成低收入农户高水平全面小康计划,全面消除"两不愁、三保障"突出问题和家庭人均收入8000元以下情况。扶持壮大村集体经济。累计安排扶持薄弱村发展相关资金7.29亿元,积极助推"消薄"专项行动。2019年,浙江省全面完成"年收入达到10万元且经营性收入达到5万元以上"的省定"消薄"目标。推进百项千亿防洪排涝工程。"十三五"期间,累计安排补助资金161.2亿元,支持扩排、固堤、新建水库等重大水利项目实施,流域洪水调控和水资源供给能力持续增强。支持农村饮用水达标提标行动。2019—2020年,安排补助资金21.4亿元,支持各县(市、区)完成农村饮用水达标提标建设,全省新增1054万达标人口,农村达标人口覆盖率超过95%,农村供水工程供水保证率超过95%、水质达标率超过92%,在全国率先基本实现"城乡同质饮水"目标。

(三)推进城乡融合改革

推进农村综合改革。先后承担2个国家级田园综合体试点、2个农村综合性改革试点试验项目,组织开展一批省级田园综合体创建、省级农村综合改革集成项目建设。推进农业转移人口市民化。出台《关于支持农业转移人口市民化若干财政政策的实施意见》,建立财政转移支付与农业转移人口市民化挂钩机制。"十三五"期间,安排农业转移人口市民化奖励资金57.42亿元。加快农村基础设施提档升级。深化完善村级公益事业一事一议财政奖补机制,"十三五"期间全省各级财政累计投入奖补资金100.43亿元,带动村级自筹投入56.73亿元,实施一事一议财政奖补项目19349个,有效改善农村生产生活条件。研究出台"四好农村路"全过程支持政策,"十三五"期间累计投入省级资金80亿元。

七、山海联动发展篇

在"八八战略"的指引下,财政部门深入实施"山海协作"工程,创新体制机制、加大支持力度,有力地推动了区域统筹协调发展,全省发达及较发达县(市)与财政困难县(市)人均财政支出水平基本相当、人均财政支出前10位县(市)与后10位县(市)的倍差在3倍以内,区域均衡位居全国前列。

(一)支持"四大建设"

争取中央海洋经济发展示范区建设资金,并安排省海洋(湾区)经济发展资金,支持海洋经济和大湾区建设。完善万亿综合交通重大项目财政保障机制,落实中央和省级资金2384.4亿元,支持交通基础设施等重大项目建设,构建省域、市域、城区"1小时"交通圈。落实中央和省级资金958.9亿元,支持"4+1"重大项目和政府投资基础设施项目建设。

(二)助力打造"山海协作"工程

"十三五"期间,省财政共安排省山海协作产业园建设资金14.54亿元,支持省级山海协作产业园提升工程和山海协作生态旅游产业园建设,打造"山海协作"升级版。将山海协作"飞地"园区基础设施建设项目纳入省发展与改革专项资金支持范围,由地方统筹用于"消薄飞地""科创飞地""产业飞地"等基础设施项目贷款贴息以及"山海协作"乡村振兴示范点和社会事业等领域合作项目。

(三)支持区域协调发展

2020—2022年,省财政实施区域协调财政专项激励政策,面向省内生态屏障地区及国家重点生态功能区,择优确定12个入围县(市、区),省财政每年安排每县1.5亿元激励资金,推动相关地区拓宽"绿水青山就是金山银山"转化通道。

八、生态示范创建篇

(一)创新绿色发展财政体制机制

2004年,率先建立生态公益林补偿机制;2005年,率先建立生态环保财力转移支付制度,对钱塘江源头地区实行专项补助试点政策;2008年,扩大到八大水系源头地区,成为全国第一个实施省内全流域生态补偿的省份;2011年,又进一步扩大到全省所有市县;2014年,建立重点生态功能区建设财政政策,建立与污染物排放总量、出境水水质、森林质量挂钩的财政奖惩机制;2015年,在全省全面推广实施与污染物排放总量挂钩的财政收费制度;2017年,建立绿色发展财政奖补机制,创建"绿色指数",完善主要污染物排放财政收费制度、实施单位生产总值能耗财政奖惩制度、建立省内流域上下游横向生态保护补偿机制等;2020年,出台新一轮绿色发展财政奖补机制。

(二)助力打赢污染防治攻坚战

助力"蓝天、碧水、净土、清废"四大行动。"十三五"期间,安排省生态环境保护专项资金45.78亿元,全力保障打赢污染防治攻坚战。设立"两山(二类)"财政专项激励政策。2017—2019年,安排54亿元支持18个县(市、区)探索"绿水青山就是金山银山"转化通道。2020年,启动绿色转化财政专项激励奖补政策,连续3年每年安排21亿元,择优选择20个地区(除海岛县外)和3个海岛县开展试点。建立流域上下游横向补偿试点。在新安江流域探索全国首个跨省流域水环境生态补偿试点,形成生态文明体制改革的"新安江模式",被财政部等部门作为"新安江生态补偿经验"向全国推广。

(三)积极争取国家试点

支持钱塘江源头区域山水林田湖草生态保护修复工程、丽水瓯江源头区域山水林田湖草沙一体化保护和修复工程成功入围国家山水林田湖草沙试点,共获得中央补助资金40亿元。累计争取中央"蓝色海湾"试点资金17.24亿元,支持温州、舟山、台州等沿海城市加强海洋生态保护修复,改善海洋生态环境质量。支持衢州市诗画浙江大花园核心区成功入围中央财政支持国土绿化试点示范项目,获得中央补助资金1.5亿元,助力推进浙西区域森林生态可持续发展,积极推动森林碳汇增汇。

九、文化强省建设篇

(一)完善财政文化投入机制

明确责任,初步理顺了公共文化领域省以下财政事权和支出责任,规范文化事业和产业资金支持范围,瞄准定位、加大投入,形成推动文化发展的合力。优化结构,重点向基本公共服务领域倾斜,向发展的关键领域和薄弱环节倾斜。推动公共文化服务领域管理体制机制改革创新,逐步建立政府、社会、市场共同参与的多元文化投入机制。突出绩效,探索新增财政补助与事业单位绩效挂钩政策,先行在公共文化场馆开展试点,激发文化事业单位提供更多更优公共文化服务的动力。

(二)支持文化事业高质量发展

推动基本建成覆盖城乡的公共文化服务体系。"十三五"期间,共计投入35.59亿元专项资金,推进公共文化设施体系建设。截至2020年年底,全省已基本实现市有五馆、县有四馆、区有三馆,实现公共文化设施网络体系五级全覆盖。大力支持实施公共文化服务"十百千"工程,重点提升20个重点县、107个重点乡镇和1228个重点村的公共文化设施建设和服务水平,促进公共服务均等化发展。支持思想文化阵地建设。加强农村宣传文化阵地建设,"十三五"期间,省财政安排专项资金10.8亿元支持农村文化礼堂建设。截至2020年年底,支持新建或改建农村文化礼堂累计17804个。支持融媒体建设,在全国率先提前一年实现县级融媒体中心全覆盖。推进重大文化标志性工程建设。筹措资金支持省之江文化中心、国家版本馆杭州分馆、省全民健身中心建设,高水平建成浙江小百花艺术中心、浙江省自然博物馆安吉馆区等大型文化设施。完成中国丝绸博物馆改扩建项目。

（三）助力文化产业高质量发展

设立新一轮省文化产业发展专项资金2亿元，通过竞争性分配的方式，引导市县完善文化产业支持政策举措，推动全省文化产业发展，设立规模20亿元的省文化产业投资基金，支持提升社会资本投资文化产业和参与文化企业创新发展的环境。切实履行出资人职责，规范国有资产经营管理，支持组建浙江文化产业投资集团和浙江省演艺集团，支持推动省属国有文化企业加快股份制改造和上市融资步伐，进一步增强国有文化企业实力和竞争力。

十、民生福祉提升篇

浙江一直秉持公共财政“取之于民、用之于民”的理念，将保障和改善民生作为一切工作的出发点和落脚点。在“八八战略”的指引下，财政部门认真贯彻以人民为中心的发展思想，坚持“尽力而为、量力而行”，建立为民办实事财政保障长效机制，全省财政支出增量用于民生的比例连续17年保持在三分之二以上。

（一）保障学有所教

完善投入机制，加大教育投入。落实义务教育教师工资保障政策，提升教师待遇，落实法定要求；做好义务教育学校日常公用经费保障，免费发放学生所需教科书，推动教育信息化发展，促进义务教育均衡发展；完善学生资助管理，确保应助尽助；制定学前教育生均公用经费标准，支持实施学前教育三年行动计划；持续提高省属高校正常经费生均拨款定额标准，2020年达到每生每年12000元。

（二）保障劳有所得

加大就业优先政策资金支持力度，统筹失业保险基金促进就业创业，“十三五”期间，全省两项资金合计支出255亿元。深入开展“金蓝领”职业技能提升行动，全省筹集86.9亿元职业技能提升行动专项资金，支持大规模开展职业技能培训，全面提升劳动者就业创业能力。多措并举稳岗扩岗，持续支持高校毕业生、退役军人、城镇就业困难人员等重点群体积极就业，落实失业保险基金稳岗补贴、社保费返还、以工代训等帮扶政策，助力企业稳定岗位。

（三）保障病有所医

强化公共卫生服务保障。建立基本公共卫生投入长效机制，逐步提高人均经费标准，2020年达到年人均87元。在全国率先开展城乡妇女免费“两癌”检查，实施重点人群流感疫苗免费接种和结直肠癌免费筛查。落实公立医院投入保障。推动建立“建设发展靠政府，运行补偿靠服务”的公立医院补偿新机制，保障各级政府对公立医院符合规划的基本建设，落实设备购置、重点学科发展、人才培养、符合国家规定的离休人员费用、政策性亏损和承担公共卫生任务等“六项投入”责任。提升县域医疗卫生服务能力。推进县域医共体建设，实施县域医疗卫生服务能力提升工程，开展基层医疗卫生机构补偿机制改革，补齐县域医疗卫生服务能力短板。推动“医学高峰”建设。2020—2024年省财政安排30亿元，支持国家区域医学中心和国家区域医疗中心建设；2020—2022年省财政安排6.95亿元，支持省中科院肿瘤基础所购置设备等。加强医疗保障能力。2020年，提高城乡居民基本医保省级财政补助标准至每人每年570元，提高城乡居民大病保险筹资标准至每人每年55元。推进基本医保市级统筹，提高医保基金区域共济能力和使用效率。

（四）保障老有所养

持续提高各类养老待遇，2020年企业退休人员月人均养老金达2771元，比2015年增长20.7%；2020年城乡居民省定基础养老金水平月人均165元，比2015年增长37.5%。推进构建居家社区机构相协调、医养康养相结合的养老服务体系，建立养老服务补贴制度。“十三五”期间，省财政统筹一般公共预算和福彩公益金共37.2亿元，用于养老服务体系建设。

（五）保障住有所居

推进城镇保障性安居工程建设，支持全省城镇棚户区改造、公租房筹集以及发放城镇住房保障家庭租赁补贴。支持老旧小区改造，被住房和城乡建设部列为城镇老旧小区改造试点省。支持农村危房改造，2019年率先在全国建立农村困难家庭危房改造即时救助制度，2020年将省级补助标准从户均7500元提高到户均15000元。

（六）保障弱有所扶

社会救助体系不断完善。建立最低生活保障标准与经济发展和物价变动情况相适应的动态调整机制，适度扩大低保范围，健全价格上涨动态补贴制度和特困人员救助供养制度，将支出型贫困家庭纳入社会救助范围。全省最低生活保障平均标准从2015年的农村每人每月570元、城镇每人每月653元提高至2020年的每人每月886元。社会福利不断拓展。推进普惠型儿童福利体系建设，实施困境儿童分类保障制度，率先建立孤儿、困境儿童以及事实无人抚养儿童基本生活费保障制度，推进儿童之家建设。率先建立困难残疾人生活补贴和重度残疾人护理补贴制度。

十一、平安浙江建设篇

（一）保障“平安浙江”建设

全面落实经费保障主体责任，积极筹措资金，保障扫黑除恶、禁毒反恐、监狱戒毒、重大活动举办等公共安全工作开展。“十三五”期间，全省“平安浙江”建设经费年均增长率在10%以上。

（二）参与部门间联动机制改革

支持政法业务协同工程开展，推进政法部门办案业务开展和装备建设、政法数字化协同工程建设、政法信息资源“六个一体化”建设等工作开展。助力司法体制改革，加强刑事诉讼涉案财物集中管理，推进法院、检察院员额制改革等。

（三）防范化解财政风险

把好债务风险关，通过实施防范化解地方政府性债务风险专项行动等举措，有效防范债务风险，债务风险等级稳步下降。把好养老保险基金风险关，努力提高基金收益率，迭代升级社保风险准备金制度，持续做好完善省级统筹管理、规范社保基金征收、落实政府间责任分担等工作，坚决兜住底线。把好“三保”风险关，对财政困难程度较高和财政保障能力相对较弱的县（市、区)实行"三保"预算编制审核,建立健全"定期报告+重点关注"的县级"三保"预算执行动态监控机制。完善市县财政困难程度评价指标体系,建立特别关注清单和重点关注清单,定期评价、动态监控。把好乡镇财政管理风险关,加强乡镇财政专项资金管理,系统重构乡镇财政管理体系。

十二、法治财政建设篇

(一)加强党对法治工作的领导

2006年,省财政厅成立依法行政工作领导小组,市、县财政部门相继成立领导小组,作为党委(党组)法治建设领导机构,加强对财政法治建设的组织领导。党委(党组)书记任领导小组组长,切实履行法治政府建设第一责任人职责。全省各级财政部门党委(党组)把法治工作作为一项统领全局的中心工作来抓,每年至少两次研究部署财政法治工作,把党的领导贯穿财政法治建设全过程,统筹谋划、压茬推进,定期研究解决财政法治建设中的重大突出问题,为全面落实"法治浙江"建设各项任务提供了强有力的组织保障。

(二)完善财政法规制度体系

坚持立法先行,在推动地方财税立法方面不断取得新成果。制订财税相关地方性法规和省政府规章11件,初步形成具有浙江特色的地方财税立法体系。例如,《浙江省政府非税收入管理条例》自2011年1月1日起施行,后经2014年和2020年两次修订。《条例》实施至今,全省政府非税收入逐年稳步增长,到2020年已突破1.2万亿元。加强行政规范性文件管理,先后出台行政规范性文件管理办法1.0、2.0、3.0版,率先推进行政规范性文件"统一登记、统一编号、统一发布"制度,坚持"立改废"并举,加强文件质量管控。

(三)依法规范权力运行

全省财政系统积极推进行政执法公示、执法全过程记录和重大执法决定法治审核"三项制度",制定事项清单、执法流程图、法制审核标准、执法行为用语指引等,切实做好亮证执法和权利告知工作;积极加强内部控制和合法性审核工作;制定财政行政处罚裁量基准,规范自由裁量权行使。通过定期召开案件讨论会,落实厅(局)长出庭应诉制度,建立案件总结通报机制,提高财政部门依法解决行政争议的能力和水平。多年来,省财政厅一直保持着行政诉讼零败诉的纪录,财政系统败诉率保持在全省最低水平。

(四)开展特色普法宣传教育

加强队伍法治教育,推动财政干部学法用法工作进一步制度化、规范化,加强法律顾问和公职律师队伍建设,财政系统依法行政、依法理财水平进一步提升。开展形式多样的法治宣传活动,省财政厅先后获得全国财政"五五""六五"法制宣传教育先进集体和浙江省委"法治浙江建设十周年先进集体"。

十三、党的建设篇

(一)加强思想政治建设

及时组织传达学习习近平总书记重要讲话重要指示重要批示精神,以及中央和省委重要会议、重要部署、重要文件精神;深入学习领会习近平新时代中国特色社会主义思想、习近平总书记关于财政工作的重要论述精神。扎实组织开展党的群众路线教育实践活动和"三严三实"专题教育、"两学一做"学习教育、"不忘初心、牢记使命"主题教育以及党史学习教育,牢固树立"以当家思维担当管家责任"的理念。认真做好巡视整改工作,严格落实跟踪督查机制,着力推动巡视反馈意见的整改落实,并组织开展巡察工作。持续开展"活动联抓""实事联办""难题联解""队伍联建",扎实推进全省财政系统机关党建"系统联动"。

(二)加强干部队伍建设

坚持党管干部原则,贯彻落实新时代党的组织路线,加强厅党组对选人用人工作的领导和把关作用,牢固树立正确用人导向。建立"能上能下、容错免责、正向激励"三位一体的干部管理制度,构建严管厚爱结合、激励约束并重的干部管理体系,健全"干部为事业担当、组织为干部担当"的良性互动机制。围绕建设高素质专业化干部队伍的目标,自2009年起,在全省财政系统陆续建立预算编制、预算执行、财政监督等9个专业人才库,目前在库人员400余名,打造了一支业务水平高、创新能力强、眼界视野宽,适应财政改革发展的年轻干部队伍,得到财政部肯定。

(三)推动党建与业务深度融合

深入学习贯彻习近平总书记在中央和国家机关党的建设工作会议上的重要讲话精神,充分发挥省财政厅近年来形成的"党建统领业务协同""'三重精神'传达学习贯彻""专题研学小组""上门服务至少一次""机关党建'系统联动'""支委会研究重点工作""(临时)支部建在专班上"等七项机制作用,切实解决党建与业务"两张皮"的问题。

(四)持续推进作风建设

认真贯彻中央八项规定及其实施细则精神,持之以恒加强作风建设。深入开展"三服务"和"上门服务至少一次"等活动,主动上门送服务、送政策、送信息。出台"财政减负10条",持续深入纠治"四风",重点整治形式主义、官僚主义问题,切实减轻基层负担;关注"四风"隐形变异新表现,加大明查暗访力度,防患于未然。通过回乡走访、党员进社区等途径,开展"访民情、访企情、访政情"活动。

(五)加强清廉财政建设

2018年,制定出台《关于推进全省清廉财政建设的实施意见》,聚焦公共资金、公共资产、公共资源,着力构建"五大体系"。2019年,启动"十大行动",坚持上下联动,与市县财政部门共同制定年度重点任务清单。2021年,开展"七大专项行动",纵深推进清廉财政建设。聚焦重点领域和关键环节廉政风险防控情况,梳理出财政系统党风廉政"9+2"个风险点,形成"三张清单",提出48项防控举措,并加强对"九大风险"防控的跟踪落实。聚焦政治生态研判与整改评估,建立集体会商、专题研判、跟踪反馈机制,每季认真开展量化评估,每半年形成政治生态评估报告。常态化开展警示教育,开展"警示教育周""警示教育月"活动,强化党员干部规矩意识、纪律意识。

构建具有浙江特色的现代财税体制研究

浙江省财政厅课题组

党的十八届三中全会提出，财政是国家治理的基础和重要支柱，科学的财税体制是优化资源配置、维护市场统一、促进社会公平、实现国家长治久安的制度保障。党的十九届五中全会进一步明确提出了建立现代财税体制的目标要求、主要任务和实现路径。近年来，在省委、省政府的高度重视下，浙江省财税体制改革工作取得了突破性进展，形成了一系列具有浙江辨识度的改革创新标志性成果，为构建现代财税体制奠定了很好的基础。本文聚焦新形势新任务新要求，立足浙江财税体制改革实际，在分析改革发展基础和环境的基础上，研究提出构建具有浙江特色的现代财税体制的总体思路和具体改革举措。

一、浙江财税体制改革进展与成效

（一）重点财税改革进展

1.深化财政体制改革。优化区域统筹发展财政激励奖补政策，改革在杭金融企业财政管理体制，建立农业转移人口市民化奖励机制，更好发挥省级转移支付的均衡性作用。基本厘清浙江省科技、教育、交通运输、医疗卫生、公共文化、自然资源、生态环境、基本公共服务等分领域省以下财政事权和支出责任。深入践行“绿水青山就是金山银山”理念，2017年建立绿色发展财政奖补机制，2017-2021年，省财政兑现奖补资金635亿元。

2.持续推进预算管理制度改革。2018年，创新构建集中财力办大事财政政策体系，在全国率先实现中期财政规划管理的实质性探索和有效破题。建立健全支出标准体系，省级已按明细项目类别的支出范围制定支出标准，实现基本支出预算标准化，明确了49类165项项目支出预算标准，占比80%以上。持续深化财政专项资金管理改革，实施以“竞争性分配”为核心的财政专项激励政策。

3.全面实施预算绩效管理。实施预算绩效管理三年行动计划，完善财政专项资金管理办法，把绩效因素作为专项资金分配的重要因素。建立事前绩效评估机制，重点对新纳入集中财力办大事财政政策体系的重大政策和新增的重大政府投资项目开展评估。强化绩效结果应用，省级对2020年的17个绩效自评为“差”、28个绩效抽评为“一般”和“差”的项目不再安排2021年预算。深入推进部门整体绩效预算改革，将改革范围扩大至所有省政府考评部门和所有市、县（市、区）。

4.践行零基预算理念和政府过紧日子思想。按照资金“全覆盖”、项目“全梳理”、结果“全运用”、来源“全统筹”的改革要求，建立完善能增能减、有保有压的预算分配机制。坚决落实政府过紧日子各项要求，2020年实施了三轮支出压减措施，全省全年累计压减571亿元。2021年，提请两办印发《关于进一步厉行节约坚持过紧日子的通知》，严格要求全省各地落实政府过紧日子清单化管理的要求，压减行政支出，降低行政成本。2021年，全省共压减非刚性、非重点项目支出预算11.7%。

5.加强财政风险防控。完善政府债券工作体系，构建全生命周期管理机制，加快实现政府债券资金“借、用、管、还”全生命周期闭环管理。持续深入实施防范化解地方政府隐性债务风险专项行动，完成年度化债目标任务。兜牢“三保”底线，组织开展县（市、区）“三保”预算编制审核工作，完善市县财政困难程度评价指标体系，建立特别关注清单和重点关注清单，从源头防范县级财政运行风险。推进社保基金可持续，制定企业职工基本养老保险省级统筹制度实施意见，全面推开划转国有资本充实社保基金工作，完善社会保障风险准备金管理。

6.持续完善地方税体系。根据授权，确定浙江省契税适用税率，并同步解决了原先优惠政策在省内部门地区不统一、纳税人跨区域享受优惠政策存在争议的问题。明确城市维护建设税纳税人所在地有关事项，《中华人民共和国城市维护建设税法》在浙江省顺利实施。按照“第一时间+顶格优惠+叠加享受”的原则，落实中央和浙江省出台的各项减税降费政策，实施增值税留抵退税、减免“房土”两税、残疾人就业保障金分档减缴、减免社会保险费等一系列政策，减轻市场主体税费负担。

7.加快推进财政数字化转型。率先建立覆盖全流程、全领域、多用户，集网上交易、监管和服务于一体的政采云平台。推进统一公共支付平台建设，开通政务服务网PC端、“浙里办”App移动端、公共支付自助终端、公共支付窗口（银行柜面）端“四端”融合的线上线下支付渠道。推进财政电子票据改革工作，上线全国首个区块链电子票据平台，在全国率先实现医疗收费电子票据网上报销和异地报销。开发地方政府性债务风险预警与处置系统，充分发挥系统鹰眼护航的作用。推进“乡镇公共财政服务平台+一卡通”建设。

（二）改革主要成效

1.财政综合实力显著提升。全省财政总收入、一般公共预算收入、一般公共预算支出可持续增长，一般公共预算收入规模从全国第五跃升至全国第三。2021年税收收入占一般公共预算收入的比重为86.8%，位居全国前列。财政收支规模进一步壮大、结构进一步优化、质量进一步提升，为经济社会发展提供了坚实的物质基础和财力保障。

2.财为政服务能力显著提升。通过系统构建集中财力办大事财政政策体系，聚焦长三角一体化发展、三大攻坚战、富民强省十大行动计划等党中央、国务院和省委、省政府重大决策部署，从更长周期、更广范围谋划政策和预算安排，使资金流与决策流、业务流、信息流更好融合，做到重大决策部署推进到哪里、财政服务保障就跟进到哪里。

3.财税调控能力显著提升。处理好政府和市场、宏观和微观的关系，综合运用财税政策工具，创新市场化、法治化手段，发挥逆周期调节作用，促进经济平稳健康发展。同时，注重财税政策与金融、投资、产业、区域发展等政策的协同，形成政策合力。积极财政政策的实施，稳定了市场预期，提振了市场信心，有力对冲了经济下行压力，为浙江省经济稳中有进、培育涵养更多优质税源创造了条件。

4.民生保障水平显著提升。建立健全与经济发展水平相匹配、可持续的民生保障机制，推动树立个人努力、各方合理承担责任的科学民生理念，连续18年浙江省财政支出增量用于民生的比例保持在三分之二以上。教育、医疗、社保、三农、文化、住房等民生支出持续增长，基本养老、基本医疗、城乡低保等保障水平逐年提高，改革发展成果更多更公平惠泽百姓。

5.财政治理能力显著提升。大力推进重点领域、关键环节改革，以改革先行带动发展先行。预算管理更加科学规范，在全国率先实质性突破中期财政规划管理，支出标准体系建设走在前列。实施预算绩效管理三年行动，开展部门整体预算绩效改革，财政资金使用绩效全面提升。2022年浙江省财政预算报告赞成率高达100%。浙江省财政管理工作连续五年（2016-2020年）获国务院办公厅督查激励。

二、财税体制改革存在的问题分析

（一）基层支出压力较大

总体上，浙江省省以下财政支出责任配置较为合理，与财政权责划分基本匹配，但民生和科技支出等部分支出责任划分仍需进一步完善。在高质量发展建设共同富裕示范区的背景下，需探索通过优化民生支出责任配置，增强省级财政的统筹能力和再分配能力，建立并持续完善民生支出标准，增强基本民生的财政兜底责任，增强自身发展能力，进一步缩小城乡、地区和收入差距。

（二）财政资源配置出现“中间塌陷”

经过数年大力推进公共服务均等化，当前，浙江省加快发展地区人均财政收支已处于较高水平，而“中间地带”的地区处于低水平，且中间地带与欠发达的财政资源投入差距较大。县级层面同样反映出财政资源配置的“中间塌陷”状态，经济发展水平处于全省中间地带的地区，人均民生支出是相对最低的。省域内财政资源配置需更多关注经济发展水平中间地带的基本公共服务需求，促进地区间共同富裕。

（三）财政资源配置与人口流动方向不匹配

过去一段时间财政资源配置没有充分考虑人口流动因素的重要性，造成省域内财政资源配置的“中间塌陷”，财政资源配置未能与常住人口规模的变化相适应。提升财政资源的空间配置效率，要让财政资源按常住人口规模配置，与公共设施和公共服务需求的空间分布适配。

（四）收入可持续增长压力加大

近年来，浙江省政府性基金收入增长较快，收入规模大，为浙江省城镇建设提供了重要支撑，地方对政府性基金收入的依赖程度加大。同时，经济社会发展还面临需求收缩、供给冲击、预期转弱三重压力，对财政收入增长形成制约，疫情形势持续演变增加收入不确定性。

三、构建具有浙江特色的现代财税体制改革总体思路

（一）改革目标

建立具有浙江特色的现代财税体制要按照“优化资源配置”“维护市场统一”“促进社会公平”“实现国家长治久安”四大目标，对标高质量发展建设共同富裕示范区的部署，从全省经济社会发展大局出发，紧盯紧扣紧跟省委、省政府重大决策部署，更好发挥各方面积极性，推动实现更高质量、更有效率、更加公平、更可持续、更为安全的发展。

（二）改革框架

聚焦高质量发展建设共同富裕示范区，构建具有浙江特色的现代财税体制，在前期探索经验基础上，尊重各地改革创新实践，以“强化财为政服务能力，加快推进共同富裕”为总体目标，以提高“纵向配置效率”“横向配置效率”“空间配置效率”“跨期配置效率”为着力点，重塑财政保障体系和财政制度体系，促进财政资源配置效率与公平正义的统一，保障重大战略任务落地实施。

（三）改革路径

着力点	涉及财政要素	主要改革或完善方向
纵向配置效率	财政事权和支出责任配置，财权财力分配和财源建设，省对市县转移支付	增加省市两级在民生、科技和交通领域财政事权和支出责任，制定基本公共服务省级支出标准，特色强镇赋予县级财政事权，以事权调整牵引财权财力分配
横向配置效率	引导初次分配、再分配、三次分配，集成“扩中”“提低”财政政策	研究完善收入调节机制，加快形成橄榄型社会结构，加大对吸纳农业转移人口较多且民生支出需求较大县（市）的财力保障
空间配置效率	公共服务和公共设施规划，省对市县转移支付	强化财政资源配置与常住人口规模挂钩，制定公共服务和公共设施功能配置标准，优化转移支付结构、提升转移支付有效性
跨期配置效率	财政资源统筹，财政风险控制和财政可持续性，政府债券发行规模及分配	跨年度预算平衡机制，健全完善政府债务管理举债机制，加强财税与金融等政策的协同配合，打通公共数据孤岛

四、具体改革举措

（一）重塑以支持26县发展为重点的财政体制，推进地区财力纵向配置均衡

健全权责清晰、财力协调、区域均衡的省与市县财政关系，建立健全更有利于区域统筹协调发展的激励奖补机制，更好发挥省级财政的调节和均衡作用，探索完善有利于促进共同富裕的财政政策制度。研究实施26县高质量发展财政激励政策。动态调整完善转移支付分类分档体系，优化转移支付结构，加大省对市县转移支付等调节力度和精准性，促进区域均衡发展。优化完善收入稳定增长机制，综合运用财税政策工具培育财源。构建省市县纵向联动、财税银横向贯通的收入组织长效机制。推进健全地方税体系，稳步推进地方税收立法，切实承担省级税收管理权限，根据浙江省经济社会发展实际和需要，依法确定地方税具体税率、税收优惠政策等事项。严格落实各项减税降费政策，夯实地方收入基础。

（二）重塑以“扩中”“提低”为导向的财政支出政策体系，推进群体收入横向配置均衡

完善财政转移支付与农业转移人口市民化挂钩机制，加大对吸纳农业转移人口较多且民生支出需求较大县（市）的财力保障，调动地方政府吸纳农业转移人口的积极性。制定“扩中”“提低”财政方案，用好税收、转移支付、社保等政策工具，合理调节过高收入，增加低收入群体收入，培育壮大中等收入群体，加快形成橄榄形社会结构。发挥直达资金惠企利民的作用，进一步规范直达资金分配、拨付、下达和使用管理，推动直达资金管理规范化、制度化、系统化。坚持农业农村优先发展，确保财政对农业投入只增不减，构建有序推进乡村振兴战略实施的财政保障机制。

（三）重塑以人为核心的转移支付制度，推进基本公共服务空间配置均衡

推进“钱随人走”制度改革，在多个基本公共服务领域推进转移支付分配办法改革，以集成化的制度体系提升改革的整体性和系统化。将保障公民生存、健康和发展基本需求的最基本的民生需求纳入“钱随人走”制度改革实施范围。在教育、卫生领域相关转移支付中率先突破、率先试点。建立省以下财政事权划分动态调整机制，加快形成依法规范、权责匹配、运转高效的省以下财政事权和支出责任相适应的制度。合理确定省以下共同财政事权。积极构建保障更加公平、有效、可持续的社会保险制度、社会救助制度和社会福利制度。强化社会救助与社会保险、社会福利、优抚安置、扶贫政策的衔接联动，构建闭环式社会保障体系。

（四）重塑以城乡协调发展为目标的财政金融联动机制，推进财政资源跨期配置均衡

健全地方政府依法适度举债机制，构建管理规范、责任清晰、公开透明、风险可控的举债融资机制。逐步开展专项债券项目穿透式监测，建立专项债券项目全生命周期收支平衡机制。完善地方政府债务风险评估指标体系和预警机制，应用风险评估预警结果。引导金融服务实体经济，放大财政金融政策资金的奖、补、贴等措施效能，引导激励金融机构支持企业发展。深入实施融资畅通工程升级版，积极发挥国有金融资本作用。推动政策性融资担保体系建设。以产业基金带动产业投资，进一步提升产业基金落地率和撬动社会资金率。强化财政中期规划管理，完善跨年度预算平衡机制，提升中长期财政规划约束力，提高各级财政对高质量发展建设共同富裕示范区的中长期保障能力。

（五）重塑有利于推动共同富裕的财政管理模式，推进建立现代预算管理制度先行示范

围绕高质量发展建设共同富裕示范区等党中央、国务院和省委、省政府重大决策部署，打造集中财力办大事财政政策体系升级版。深化以“零”为基点的预算管理改革，加快建设“目标、指标、审核、评价”四个体系组成的全过程管理机制。研究制订省级零基预算指引，创新预算审核方式方法，实施分类分层预算审核机制，将预算的编审明细到各项支出。深化部门整体预算改革，构建更加科学的部门整体绩效指标体系，建立部门预算与部门整体绩效指标挂钩的预算分配新机制，强化部门整体绩效评价体系及评价结果应用。健全政府过紧日子长效机制，建立节约型财政保障机制，严控一般性支出。实施政府过紧日子清单化管理，加强机构编制刚性约束。建立健全分领域、跨层级的预算支出标准体系，强化支出标准应用。建设财政大脑，加快打造“一个门户、四个系统”（数字财政综合应用门户、集中财力办大事系统、预算管理一体化系统、核心业务事件反馈系统和服务社会应用系统），提高财政政策供给的精准性、有效性。

课题组组长：邢自霞

成员：张远东　范　愿　顾健耀　金　珂（执笔）

重塑全面预算绩效管理体系的实践与探索

浙江省财政厅课题组

中央经济工作会议提出“积极财政政策提质增效、更可持续”的要求，国务院《关于进一步深化预算管理制度改革的意见》也明确要“推动预算绩效管理提质增效”。我省早在2003年即开始探索财政支出绩效评价，是全国最早实施预算绩效管理改革的省份之一，绩效改革工作一直领跑全国。“十四五”时期，随着预算管理改革逐步深入，预算绩效“两张皮”、绩效评价结果应用不佳、绩效评价质量不高等深层次问题逐步暴露出来，绩效管理改革难以适应新形势下的预算管理制度改

革。课题组针对存在的问题，深入研究分析，提出重塑全面预算绩效管理体系的若干思路和对策，推动我省预算绩效管理工作高质量发展。

一、浙江省实施全面预算绩效管理改革的实践

经过十余年的改革探索，我省全方位预算绩效管理新格局基本形成，全过程预算绩效管理闭环链条初步建立，全覆盖的预算绩效管理体系日趋完善，顺应时势变迁的预算绩效管理提质增效正当其时。

亮点一：注重顶层设计，初步铸就绩效管理制度“新框架”。

2018年党中央、国务院关于全面实施预算绩效管理的意见印发后，省委、省政府高度重视，第一时间出台《关于全面落实预算绩效管理的实施意见》，属全国最早。省财政厅按照实施意见精神，印发《浙江省全面落实预算绩效管理三年行动计划（2019—2021年）》，分省、市、县三个层次予以细化落实，列出13个方面的任务清单，明确了时间表和路线图。《实施意见》和《行动计划》为兄弟省份提供借鉴参考，成为全国标杆。2021年年初，制定《关于进一步深化预算绩效管理改革的实施意见》，梳理出27项改革事项，通过市县“揭榜挂帅”的形式，全面深化预算绩效管理改革。同时强化制度建设，建立健全了涵盖预算管理事前、事中、事后全过程，贯穿财政、部门、市县、第三方机构四方面的预算绩效管理制度体系。

亮点二：拓展管理领域，基本形成全方位绩效管理“新格局”。

在不断夯实传统一般公共预算项目支出绩效管理基础上，逐步扩大到政策、部门整体和政府预算等领域。围绕政策聚焦聚力，在全国率先探索政策绩效评价研究与实践，构建“3E”（经济性、有效性、效率性）框架破解政策评价难题，建立省级专项资金三年一评的定期评价机制，对扶持方向重叠、扶持内容雷同的专项资金进行调整、整合，省级专项资金从2014年的235项，整合归并为2019年的48项。围绕部门履职责任落实，稳步推进部门整体绩效预算改革，已覆盖全部省级部门并推广至各市县，部分市县已实现部门整体绩效评价全覆盖。

亮点三：加强闭环管理，初步建立全过程绩效管理“新链条”。

按照绩效管理与预算管理一体化要求，初步实现“预算编制有目标、预算执行有监控、预算完成有评价、评价结果有反馈、反馈结果有应用”的全过程改革意图。建立事前绩效评估机制，重点对新纳入“集中财力办大事”的重大政策和新增的重大政府投资项目，开展事前绩效评估，将预算管理关口前移，从源头提高财政资源的配置效益。开展绩效运行监控，探索建立绩效监控“红黄蓝灯”预警机制，加大对重点项目监控力度。拓展绩效评价范围，强化绩效结果应用，建立评价结果的反馈整改、通报与报告、预算应用三项机制。2021年全省共对6546个部门108792个项目实施绩效监控，涉及资金8266亿元，调减资金124亿元；各地财政部门共对3972个部门15317个项目（政策）开展绩效评价，涉及金额1665亿元，通过绩效评价取消项目（政策）759个、涉及金额39亿元，调整项目（政策）2745个、涉及金额1420亿元。

亮点四：覆盖所有财政资金，健全完善全覆盖绩效管理“新体系”。

有序推动将绩效管理覆盖至所有财政性资金，包括一般公共预算、政府性基金预算、国有资本经营预算和社会保险基金预算“四本预算”。2019年，省级首次开展彩票公益金及业务费重点绩效评价，将绩效管理范围拓展至政府性基金领域。2021年省级对国有资本经营预算项目绩效目标实施集中评审，涉及资金25.67亿元，调减项目4个、调减资金7.3亿元；并以绍兴市为试点，在全国率先探索对社保基金开展绩效评价，形成7套社保基金绩效评价指标体系和1个评价办法。

亮点五：聚焦重点突破，“小切口”改革项目成为推动绩效管理大转变的“新视窗”。

全面预算绩效管理是一项复杂的系统工程。按照改革部署，省级与各市县系统推进，因地制宜，选择若干个切入点进行试点，力求通过“点”上的突破带动“面”上的工作，全省涌现出不少好的做法。事前绩效方面，省级2020年通过事前绩效评审，对亚运会训练场馆提升改造项目核减资金2.57亿元，核减率达37.1%；宁波市创建“三问三看三查三设”事前评估评审方法，提升了效率；绍兴市开展重大政策事前评估，通过6个风险评估模型实现可量化风险评估。事中绩效方面，杭州市对政策项目创新采取ABC分类管理模式，并对纳入集中财力办大事的A类项目实行全生命周期绩效管理，制定“战略+分年度”双目标，构建了分行业分领域分层次指标体系。机制创新方面，金华市实行“赛马比拼”机制、会议推进机制、奖惩激励机制，做好过程管控，并以深化评价结果运用来倒逼评价质量提升；湖州市出台《全周期预算绩效管理工作规范》，打造全国首个市级地方标准；嘉兴市建立绩效管理结果政绩挂钩机制，对排名靠后的部门出具考核结果意见书。

二、当前预算绩效管理改革存在的问题

我省预算绩效管理体系不断完善，在预算编制、预算执行和结果评估环节中体现了预算绩效管理的科学性、合理性，增强了资金分配的规范性。但是在改革的过程中，也出现了一些问题，主要表现为以下几方面：

（一）预算编制有目标，但绩效核心指标体系设置还不够科学。全面预算绩效管理要求以目标为导向开展预算管理。现有预算绩效指标体系主要停留在资金层面，尚未充分体现党委、政府高质量发展的政策导向，存在指标来源不够权威、指标值与预算匹配不高、评分标准不够合理、核心指标不够聚焦等问题，分行业分领域绩效指标体系也有待进一步完善。同时，项目库滚动管理机制还有待健全，部分政策或项目出台前未对需投入的人、财、物进行全面有效测算和评估，绩效目标审核成为程序性审查，未有效发挥绩效对资源配置的源头管控作用。

（二）预算执行有监控，但绩效监控的自动化、纠偏性还不够。预算执行中最复杂的环节是对资金支出绩效的实时监管，目前我省虽然已建立绩效监控机制，但由于未实现财政支付系统与各部门业务系统的互联互通，除了预算执行进度外，绩效目

标实现程度、项目实施进度均需部门手工填报，难以做到实时监控。

（三）预算完成有评价，但部门绩效自评和第三方评价质量有待提升。目前，预算绩效管理政策规定，预算部门和单位自评价为主体，财政再评价为补充，第三方评价为载体，但是绩效评价缺乏统一的标准和操作规范。一方面，评价工作简化为填报报表和编制报告，弱化了绩效管理改进治理、自我纠偏的功能。

（四）评价结果有反馈有运用，但事后评价实用性不强。由于在绩效评价中采取的是以结果为导向的事后评价，因此绩效评价反馈的只是最终结果，结果呈现的仅为静态的分数或者是等级，而财政作为资金分配的部门，并无对资金使用部门实际约束的行政权力，难以在资金使用环节中发挥纠错作用。即使将本年度的绩效评价结果与下一年度的资金预算挂钩也难以完全如愿，减少预算资金不单只考虑经济效益因素，还需要从政治因素、社会效益因素考虑，导致绩效评价及其结果流于形式。

（五）绩效理念尚未扎根，改革缺乏内生动力。从财政内部看，长期以来形成的“基数+增长”观念，还没有完全做到按照绩效原则来配置财政资源，没有完全实现“钱随事走”，重分配轻管理、重投入轻绩效的问题依然存在。从外部看，虽对部门实施绩效考核，但目前部门预算模式仍强调控制而放权不足，支出固化，存在保基数、保既得利益的情况，难以激发部门预算绩效管理的内生动力。

三、重塑全面预算绩效管理体系的框架构想

重塑全面预算绩效管理体系是一项硬核改革，也是一项重大集成创新，是运用系统观念、思维、方法和手段推动重大改革的一次生动实践。要坚持问题导向、效果导向，以提质增效重塑预算绩效管理体系。

（一）改革目标

1.争先创优，打造预算绩效“浙江模式”。牢固树立“没有领先就是落后、没有特色就是问题、没有用心就是懒政”的风险意识，拿出争当改革领跑者的精气神，继续在重点领域、重点环节突破，形成一批有辨识度、有示范引领作用的改革创新成果，为深化预算绩效管理改革提供“浙江样本”。

2.改革破题，切实提高财政资金效益。系统构建、重点突破、精准施策、整体智治，实现从重项目绩效到项目与整体绩效并重、从重资金使用绩效到资金分配与资金使用绩效并重，强化预算约束和绩效管理，以当家的思维担当好管家的职责，更好地发挥绩效优化资源配置，提升财政资金使用效益的作用。

3.系统推进，实施中期财政规划绩效管理。按照“一年迈大步、两年出成果、五年成体系”的总体部署，2021年在部分市县、部门开展改革试点，中期财政规划绩效管理迈出大步，2022年在重点领域、重大政策绩效管理创出成果，到2025年率先构建起更为适应现代财政制度的预算绩效管理“四梁八柱”。

（二）改革基本原则

1.坚持顶层设计与基层创新双向发力。既要做好省级层面顶层设计，统筹谋划全面实施预算绩效管理的路径和制度体系；也要从最迫切需要解决的问题切入，打造一批具有地方特色的“小切口”试点改革项目，激发基层活力，营造全省各级财政部门处处是发动机、同时点火推动绩效改革的生动局面。

2.坚持重点突破与整体推进点面结合。既要全面推进，将绩效理念和方法深度融入预算编制、执行、监督全过程，构建事前、事中、事后绩效管理闭环系统，又要突出重点，坚持问题导向，聚焦提升覆盖面广、社会关注度高、持续时间长的重大政策项目的实施效果。通过以点带面、分批推进，形成高效协同、整体推进的工作格局。

3.坚持绩效业务与数字技术有机融合。加强预算绩效管理数字化平台建设，优化预算绩效管理流程，促进数据共享，提升预算绩效管理数字化智能化决策化水平，将绩效数字化改革优势转化为财政治理效能。

4.坚持内部管理与外部监督协同推进。联合人大、纪委监委、组织、审计以及发展改革部门共同参与，形成全过程监督合力，把预算绩效管理作为转变政府职能、提高行政绩效的重要利器。

（三）总体框架内容

1.完善与预算深度融合的全过程管理链条。

一是加强事前绩效评估，提升预算决策科学性。完善新增政策和项目事前绩效评估机制，建立以“产出、效果”为基础的成本评估机制，强化预算源头控制。

二是加强绩效目标管理，推动零基预算改革。严格将绩效目标作为项目入库和预算安排的前置条件，建立以绩效为核心的财政资金分配机制，推动实施“干多少事、花多少钱”的零基预算制度。

三是开展事中绩效监控，提升预算执行效率。按照整体智治要求，推动部门业务数据与财务、预算数据互联互通，完善绩效运行预警纠偏机制，实质性运用绩效监控结果，更好地发挥绩效在预算执行环节的实时纠偏作用。

四是强化多方联动事后绩效评价及结果应用，提升资金使用绩效。健全预算单位与财政、发展改革、人大财经委、审计部门绩效评价分工合作机制。

五是加强评价整改落实。建立绩效评价结果反馈制度，建立健全重点绩效评价整改台账，加大整改跟踪督促力度，督促被评价单位逐项落实整改。

2.覆盖所有财政资金。将一般公共预算、政府性基金预算、国有资本经营预算、社保基金预算，全部纳入预算绩效管理范围。

3.建设全方位的预算绩效指标体系。

一是以完善部门预算绩效指标库为基础，全面梳理形成省级专项转移支付绩效指标，推动绩效指标相近或重叠的财政专项资金整合，促进集中财力办大事。

二是以部门履职为重点，按照“一个部门、一套指标”原则，紧紧围绕部门和单位职责、行业发展规划，特别是党委、政府确立的中心工作和重大工作任务，研究完善部门整体绩效指标及标准体系。

三是以“高质量建设共同富裕示范区”为定位，构建包括“财政收入质量”“财政支出绩效”“财政风险防控”等市县政府预算绩效指标体系，重点评价市县贯彻落实省委、省政府高质量发展绩效。

4.建设多层次的绩效评价体系。

一是做深做实政策和项目绩效评价。对纳入集中财力办大事财政政策体系的政策，开展上下联动评价。

二是稳步推进部门整体绩效评价。依托部门整体绩效指标体系，以预算资金管理为主线，从运行成本、管理效率、履职效能、社会效应、可持续发展能力和服务对象满意度等多方面，衡量部门和单位整体及核心业务实施效果，建立与部门整体绩效相挂钩的预算分配机制和奖惩机制。

三是积极探索下级政府财政运行绩效评价。围绕各级政府的落实党委、政府战略决策、预算收支情况、财政风险防控，开展综合绩效评价。省财政负责组织省对市县政府财政运行综合绩效评价，按照地区分类分别确定绩效评价结果。

5.建设强有力的绩效激励约束体系。

建立与绩效结果挂钩的财政资源配置激励约束机制，将项目绩效与项目资金安排挂钩，将政策绩效与政策修订挂钩，将部门整体绩效与部门预算安排挂钩，将下级政府财政运行综合绩效与转移支付分配挂钩。对绩效好的政策和项目原则上优先保障；对绩效一般的政策和项目督促改进；对交叉重复、碎片化的政策和项目予以调整；对低效无效资金一律削减或取消；对长期沉淀的资金一律收回并按照有关规定统筹用于亟须支持的领域。

6.建设高效率的预算绩效工作体系。

一是建立政府绩效与预算绩效管理联动机制。将部门整体绩效目标、重大项目绩效目标与政府绩效目标对接。在预算编制中，将符合党委、政府战略导向的任务和项目优先纳入预算安排；在年度执行中，将部门预算资金执行进度与政府绩效目标过程评估相对接，实施资金和绩效“双监控”，将部门“花钱”和“办事”结合起来。

二是建立多方协同监督管理机制。将人大绩效监督深入事前、事中和事后的各个预算阶段，提升绩效管理权威性；加强审计监督，联合审计机关对本级各部门和下级政府预算绩效情况进行审计监督，对违纪违法行为追责问责。

三是构建整体智治的智慧绩效平台。全力推进预算绩效管理数字化改革，构建与深化预算绩效管理改革相适应的智治平台；建设第三方绩效评价在线管理平台，实现第三方机构参与绩效评价工作全过程在线管控，提升绩效评价质量。

四是推进行政绩效与预算绩效的融合。将预算绩效结果纳入政府绩效和干部政绩考核体系，作为领导干部选拔任用、公务员考核的重要参考，充分调动各地区各部门履职尽责和干事创业的积极性。

课题组组长：陈焕昌

成员：刘　臻　陆　阳（执笔）　徐晓洁　陈　超　张向华

碳达峰碳中和财政支持政策研究

浙江省财政厅课题组

碳达峰碳中和是一场广泛而深刻的经济社会系统性变革。2020年9月，习近平总书记在第七十五届联合国大会上庄严承诺，中国将提高国家自主贡献力度，采取更加有力的政策和措施，二氧化碳排放力争于2030年前达到峰值，争取在2060年前实现碳中和。浙江省委、省政府提出，要忠实践行“八八战略”，奋力打造“重要窗口”的政治担当，争创国家碳达峰碳中和示范省，确保完成国家下达的碳达峰任务；同时将其作为倒逼经济转型升级的重要手段、推进高质量发展的重要抓手和生态文明建设的重要内容，加快构建绿色低碳发展相适应的制度文化、发展路径、技术结构和政策体系。本文旨在探寻现有财税政策现实问题，提出适应碳达峰碳中和新形势的财税政策建议。

一、现有财税支持政策情况

近年来，浙江省各级财政在生态环境保护、节能减排方面不断加大投入，创新政策供给，积极推进生态省建设，为碳达峰碳中和打下了良好的基础。2017年，省财政在积极整合生态环保类财政政策的基础上，创新资金分配方式，建立起绿色发展财政奖补机制。“十三五”期间，省财政兑现绿色发展财政奖补资金359亿元，在引导地方生态保护和低碳绿色发展等方面发挥了很大的作用。

（一）现行支持政策情况

1.能源领域。制定《浙江省能源“双控”目标考核奖惩办法》，对于“十三五”期间能耗目标任务完成情况按照每吨标准煤20元予以奖惩，对于能耗强度按照每吨标准煤10元予以奖惩。围绕清洁能源示范省建设，通过竞争性分配，安排资金2.7亿元，创建清洁能源示范县（市、区）23个、新能源示范城镇26个。为确保中央光伏发电补贴调整政策平稳过渡，给予2018年家庭屋顶和工商业分布式光伏发电项目省级一次性补贴7800万元。

2.工业领域。统筹省工业与信息化专项资金，引导市县开展“腾笼换鸟”、绿色节能技术改造、淘汰落后产能，支持市县开展工业节能和绿色制造、传统制造业数字化改造、智能化技术改造和产品升级改造等。支持燃煤锅炉淘汰改造，安排省级及以上补助资金6.12亿元，淘汰燃煤锅炉2.5万台，完成燃煤锅炉低氮改造3389台。全面落实化解钢铁产能的相关财税政策，争取中央财政工业企业结构调整专项奖补资金5.24亿元，按照压减粗钢产能任务数量和职工安置人数，及时预拨资金。同时，安排省发展与改革专项资金6亿元，积极支持循环经济发展，建成国家级资源循环利用基地4个，省级38个。

3.交通领域。出台“十三五”浙江省新能源汽车推广应用和充电设施建设财政奖补政策，争取中央财政补贴资金43.64亿元，安排省级奖补资金17亿元，支持全省新能源汽车推广应用、充电基础设施建设及新能源汽车重大产业项目实施。实施营运柴油车淘汰奖补政策，对淘汰国三及以下营运柴油货车每辆给予1万元补助，2019—2020年共淘汰国三及以下营运柴油货车4.97万辆。

4.建筑领域。安排新型建筑工业化考核奖励资金5亿元，对年度建筑工业化考核优秀地区给予奖补，支持建筑工业化技术创新、基地与项目建设及农村装配式建筑试点示范，实施绿色建筑、建筑全装修等。

5.农业领域。安排农机购置补贴资金1.69亿元，支持购置农业机械近2万台（套）；安排高耗能农机报废补偿资金近6000万元，支持淘汰高耗能拖拉机4.9万台。同时，深化涉农资金统筹整合，调整优化财政支农资金支持方向，省级财政每年投入不少于1亿元，重点支持乡村产业绿色生态发展，持续推进“肥药两制”改革。

6.生活领域。筹集资金9亿元，统筹支持城镇垃圾生活垃圾分类处理基础设施建设。安排省级资金6.6亿元，支持农村生活垃圾减量化资源化处理站点建设和微生物发酵、生物堆肥设备设施购置和安装等。发挥公共机构在全社会节能工作中的示范引领作用，对节约型公共机构示范和能效领跑单位进行奖励。

此外，浙江省还出台省财政支持绿色金融改革的意见，设立政府产业基金支持低碳发展，并通过林业专项资金、省级以上生态公益林补偿资金等支持百万亩国土绿化行动和千万亩森林质量精准提升工程，提高森林碳汇能力。

二、存在的问题

一是思想认识和知识储备跟不上现实需求。碳达峰碳中和是国家新的战略部署，目前专家学者对碳达峰碳中和的实现路径尚有不同的声音，各地根据本地经济社会发展阶段和特点科学制定本地区碳达峰碳中和时间表、路线图仍在摸索过程中。有的地方仍然基于固有思维和常规手段研究谋划，减排潜力挖掘不够，主动加压、担当意识缺乏；有的地方工作节奏把握不当，能耗强度不降反升，或者搞机械式“一刀切”；有的地方搞“运动式”降碳，“抢头彩”心切，目标不切实际。同时，碳排放核算的方法、口径尚未明确，前期相关数据积累不足。在这样的背景下，财政部门本身对碳达峰碳中和的概念、内涵、路径等理解还不够深入，一方面系统谋划、精准制定碳达峰碳中和财政支持政策难度大；另一方面，财政支持政策有效性评估缺乏数据支撑。

二是有限的财政收入难以满足不断扩大的支出需求。一方面，由于受新冠疫情影响，经济下行，财政减收。另一方面，碳达峰对资金需求巨大，部门、企业对财政出台补贴政策的期望较高。以能源领域为例，根据清华大学发布的《中国长期低碳发展战略与转型路径研究》测算，中国到2060年实现碳中和，2020年至2050年能源系统需新增投资约138万亿元。浙江省风电、光伏等可再生能源禀赋相对不足，建设成本高，如参照广东等兄弟省份对海上风电、储能的政策支持力度，浙江省“十四五”期间约需40~50亿元补贴资金支持（平均每年8~10亿元）；如用天然气发电过渡，初步测算到2025年需补贴约50亿元。此外，现行的财税体制下中央财政集中的财力较大，地方税体系尚不完善，且浙江省对全国的贡献大，随着地方碳达峰碳中和事权的增加，财政支出压力陡增。

三是财政政策工具协同效应有待加强。碳排放交易和碳税是国际上十分重要的碳减排政策。目前，纳入全国碳市场的行业仅涉及发电行业，浙江省纳入全国碳排放权交易的发电企业共144家。自2021年全国碳排放权交易市场正式上线交易以来，浙江省共有4家企业通过上海的全国碳排放权交易系统参与了交易，碳排放权交易刚起步，碳税尚未开征，传导机制未能有效发挥，与财政补贴、绿色政府采购等财政政策工具协同机制尚未形成。

三、构建浙江省低碳发展财税政策建议

在碳达峰碳中和的大背景下，借鉴德国等发达国家经验，立足浙江省碳排放现状和特点，梳理现有财政支持政策以及存在的问题，统筹考虑经济发展、能源安全、碳排放和居民生活，准确把握财政政策着力点，打造有利于绿色低碳发展的财税政策体系。

（一）充分考虑财政事权与支出责任相适应原则，进一步深化财税体制改革。一是在与碳减排相关的税收上适当提高地方分成比例，保障地方有相应财力承担事权，提高地方政府碳减排主动性和积极性。二是将跨区域性、影响较大的碳排放问题作为中央和地方共同事权，尤其是加大碳减排、碳中和相关的重大科技投入，以科技创新促进碳达峰碳中和目标实现。三是鼓励地方探索多领域、多层级、多样化低碳零碳发展模式，中央财政通过转移支付予以支持。

（二）综合考虑减排潜力和成本，优化财政支出政策体系。以数字化改革为引领，支持碳达峰碳中和数智平台建设，构建碳达峰碳中和数字化治理体系，提升碳达峰碳中和整体智治水平。围绕能源能耗强度、碳排放强度等关键指标，研究完善绿色发展财政奖补机制，优化能源双控目标考核奖惩制度，完善单位生产总值能耗财政奖惩政策，建立碳强度财政奖惩机制。用好科技创新关键变量，支持绿色低碳前沿技术和减污降碳关键核心技术攻关，抢占碳达峰、碳中和技术创新制高点。抓住关键领域关键行业，根据分领域分行业碳达峰路线图，统筹现有专项，调整优化现有产业转型支持政策，加大资金支持力度，有步骤有重点地推动碳达峰行动，逐步形成绿色低碳循环发展的经济体系。以多领域、多层级、多样化低碳零碳体系试点示范为抓手，优先支持其申报国家和省级相关试点示范，支持探索差异化建设路

径，形成一批可复制可推广的低碳零碳发展经验和模式，对领跑者予以重点激励。将符合条件的绿色低碳发展项目纳入政府债券支持范围，在此基础上，建立相应的政策绩效评估体系。

（三）适时开征碳税，完善促进绿色低碳发展税收体系。一方面，加强开征碳税调研和评估，或在环境保护税中增加税目，完善低碳发展税收体系，促进碳达峰碳中和目标实现；另一方面，结合碳税开征情况，完善现行财税支持政策，激励企业加大减排降碳研发投入和科技创新，强化用能管理和工艺流程改造，加快绿色低碳转型步伐。比如，为鼓励企业使用清洁能源，在增值税进项税额抵扣、企业所得税成本列支等方面可给予一定支持。

（四）完善政府绿色采购政策，增强社会绿色消费导向。一是逐步推进产品碳标签、碳足迹，明确低碳标准和低碳要求，加大绿色低碳产品采购力度，引导和鼓励个人和企业绿色低碳消费行为。二是研究制订绿色建材政府采购需求标准，大力推广应用装配式建筑和绿色建材，促进建筑品质提升。三是加大新能源汽车政府采购力度，机要通信、老干部服务用车等公务用车原则上采购新能源汽车，优先采购提供新能源汽车的租赁服务。

（五）积极拓宽融资渠道，建立多元投入机制。一是完善财政与绿色金融政策协同机制，通过财政支持绿色金融政策，发挥绿色信贷、绿色债券、绿色担保、绿色保险等绿色金融工具放大效应，鼓励推广排污权抵押贷款、合同能源管理贷款等金融创新产品。二是继续利用PPP方式推进污水、垃圾处理等低碳环保项目，充分调动多方资金和社会积极性，培育低碳环保领域市场主体。三是发挥政府产业基金的引导作用，撬动更多社会资本投入绿色低碳发展领域，促进绿色低碳重大产业项目投资落地。

（六）推进碳交易机制，完善绿色低碳市场体系。一是支持浙江省开展1万吨标煤以下特别是5000吨标煤以上企业的地方碳交易。二是支持浙江省开展区域碳排放总量控制和有偿转让试点工作，做好企业控碳减碳工作。三是结合共同富裕示范区建设，支持实施碳普惠机制试点，增强企业社会意识，提高社会公众参与感和获得感。

课题组组长：倪学军

成员：王林尧　马建胜　丁万钧　王翾锋（执笔）　徐爽爽

城市有机更新视角下的老旧小区改造研究

杭州市财政局课题组

城市有机更新是新型城市化背景下推动城市可持续发展的必然选择，是提高土地利用效率、提升城市竞争力、优化空间结构、改善居住环境及保护历史文脉的重要途径。建成年代较早、失养失修失管、配套设施缺乏的城镇老旧小区是现阶段城市有机更新亟需补齐的短板，全面推进城镇老旧小区改造是深入贯彻落实以人民为中心发展思想的具体行动，是高质量建设共同富裕示范区的基本单元。

一、杭州市老旧小区综合改造提升基本情况

（一）老旧小区综合改造提升情况

杭州市老旧小区普遍建于上世纪70~90年代，2019年经摸底调查，2000年前建成的老旧小区约2000个、2万幢、60万套、4300万平方米；2000年后建成保障性安居小区约600个、1万幢、47万套、6000万平方米。老旧小区由于建成年代较早，建设标准和配套指标偏低，存在建筑性能老化、安全隐患较多、环境脏乱差、公共配套不足、社区文化缺失等短板。

2019年杭州市开展老旧小区综合改造工作以来，按照“试点先行、总结经验、全面推进”步骤，全面调查摸清家底，深入研究完善政策体系，出台了实施方案、四年计划、技术导则、工作指南、资金办法等一系列文件。根据群众的意愿，2019年，杭州市共实施老旧小区综合改造提升项目87个、居民楼2841幢、住房7.9万套，涉及改造面积785万平方米。2020年，杭州市老旧小区综合改造提升项目开工410个小区、居民楼5320幢、住房21.2万套、面积1751万平方米；竣工388个小区，居民楼5164幢、住房18.6万套、面积1527万平方米。2021年计划完成老旧小区综合改造提升200个。预计到2022年，全市实施改造老旧小区约950个、居民楼约1.2万幢、住房43万套，涉及改造面积3300万平方米。

（二）工作举措

1. 组织管理架构。加强组织领导，成立杭州市老旧小区综合改造提升工作领导小组，由市政府分管领导担任组长，市级相关单位和各区、县（市）政府、管委会主要负责人为成员，负责统筹、协调、督查、考核等工作。领导小组下设办公室负责具体工作。各区、县（市）政府、管委会成立相应工作机构。同时，明确市级各部门职责分工。

2. 政策制度体系。杭州市深入开展不同层面的调研，认真总结杭州老旧小区改造的历史做法，并通过落实65个老旧小区实施综合改造试点，摸清需求、找准问题、理清思路，印发《杭州市老旧小区综合改造提升工作实施方案》，出台老旧小区改造的技术导则、工作指南、资金管理、绩效评价、配套服务、现场管理、管线迁改、项目开竣工管理等一系列文件，健全推进全市老旧小区改造工作机制体制。

3. 资金筹集模式。建立改造资金政府与居民、社会力量合理共担机制。合理落实居民出资责任，按照谁受益、谁出资原则，积极推动居民出资参与改造，可通过直接出资、使用住宅专项维修资金、让渡小区公共受益等方式落实。加大政府支持力度，对2000年前建成的老旧小区实施改造提升的，由市级财政给予补助。拓宽资金渠道，探索引入市场化、专业化的社会机构参与老旧小区的改造和后期管理。

(三)改造成效

1.坚持以人为本，“软硬件”同步提升。从人民群众最关心最直接的诉求出发，注重硬件功能补齐和软件服务提升。一是优化利用小区资源。全面整理小区边角地和碎片地，通过优化布局增加公共服务空间。新增停车泊位、无障碍及适老性设施、健身场地及养老托幼等服务设施。二是统筹共享城市资源。创新相邻小区及周边地区联动改造、社区公共空间协同开发等模式，实现周边公共空间、公共服务、公共设施的统筹共享，形成居家服务圈。三是推动国有资产有效利用。出台《关于进一步规范市级存量房屋提供用于老旧小区配套服务的指导意见》，鼓励机关、企事业单位将老旧小区内部或周边的存量用房，提供给街道、社区用于配套服务。截至2020年底，杭州市已盘活省、市、区三级行政事业单位、国有企业存量房屋86处，约2.78万平方米，提升了老旧小区公共服务水平。

2.坚持综合改一次，“里外事”统筹推进。健全统筹机制，建立50余个部门及区县参与的统筹机构，明确了市、区、街道及相关部门单位的职责及责任清单，分级负责，协同联动，形成条块协作、各部门齐抓共管的工作机制。一是以老旧小区改造为统领，将停车泊位、加装电梯、二次供水、养老托幼、长效管理等百姓关心的楼内外改造事项全面纳入改造内容，努力实现“综合改造一次”的总体目标。二是优化项目审批手段，以“最多跑一次”为理念，实行项目多部门联审制度，节约项目审批时间，推进项目实施。三是积极配套管线改造等相关政策指导意见，合力推进老旧小区改造。

3.坚持有机更新，“新旧景”充分融合。在改造理念上突出有机更新，按照老旧小区不同的历史痕迹、资源禀赋和人员结构，因地制宜实施改造，以城市乡愁记忆和社区历史文脉为基础，既保留小区历史文化积淀，又融入未来邻里、建筑、交通、能源、物业和治理等场景，形成新旧要素交融。比如，上城区电厂二宿舍把追寻历史、珍惜留存作为基本原则设计改造方案，最大限度地保留仿苏式历史建筑原貌。拱墅区在改造中充分挖掘并融入拱墅运河文化、工业文化，保留老厂风貌，还原集体记忆。一方面延续了历史文脉，体现小区文化特色；另一方面让居民通过回顾历史来增进共识，增强凝聚力。

4.坚持党建引领，“大小事”协商解决。以加强基层党建为引领，助推基层治理水平提升，通过引导居民发挥主体作用，提升居民自治水平。大部分老旧小区既没有业委会，也没有物业，发挥“党组织”听取民意、深入民心的力量，“红叶智囊团”“旧改红盟荟”等越来越多的以推动旧改工作为核心的基层党建联建组织“落地生根”。方案设计、施工过程、完工验收，全过程广泛征求民意，形成多方协同解决的基层治理模式，实现“决策共谋、发展共建、建设共管、效果共评、成果共享”的全生命周期提升改造模式。

二、老旧小区综合改造提升存在的不足

(一)系统整体谋划需提升

杭州市自2000年开始已先后开展多轮老旧小区改造工程，平改坡、背街小巷改造、危旧房改善、庭院改善等，取得较好的成效，但普遍以阶段性计划和单线改造为主。新一轮老旧小区综合改造工程实施以来，一些地方系统性、整体性、协同性谋划不足，仍带有较重的指标任务观点。顶层设计与问计于民的联系还存在着缺位，使得各改造工程之间缺乏系统整体谋划，部门间协作性不足，出现重外观轻功能，重硬件轻服务，重当前轻长期的“三重三轻”现象。比如：未统筹安排道路整治与架空管线整治等工程，道路重复开挖的现象没有得到有效解决；重视生活设施功能便利性还有待提升；关注改造完成效果，全面考虑改造后的长效维护管理还不够等。

(二)改造资金来源较单一

尽管杭州市老旧小区改造在不断探索筹资渠道(原下城区河西南38号小区改造项目由经合社部分出资，富阳老旧小区管线“上改下”改造项目由相关责任部门承担一定比例工程费用等创新方法等)，在全市改造项目中居民也承担了一些改造费用，但总体上看社会筹资占比较低，通过统筹整合小区资源，调动和发挥市场主体在前期改造和后期维护的作用上，还有很大的探索空间。

(三)居民参与意识还不足

作为重要的民生改善工程，老旧小区改造实质上仍是政府主导模式，政府制定任务计划、实施方案、工程推进、负责资金筹集。居民虽会以不同形式参与改造方案征求意见、工程质量监督等环节，但总体尚处于被动参与和弱参与阶段，居民与设计者

对标未来社区的德胜新村小区改造项目

之间也缺乏充分的互动配合，无法在改造中真实完整反映居民改造需求。参与意识的不足也为今后的老旧小区的管理服务运维中主体意识的缺位埋下了隐患。

（四）物业管理服务待提高

老旧小区一般很难引进专业成熟市场化物业服务，大多小区通过街镇的准物业服务或自行管理等方式进行物业管理。一方面，由于建造时间较早，老旧小区存在着公共设施设备缺陷，维护资金匮乏，公共服务管理用房严重不足等历史遗留问题；另一方面，居民主体意识缺失，居民缺少花钱买服务理念。物业服务水平偏低又会造成诸如养老助老服务、应急物业维修、保洁保序绿化、治安环境等一系列问题和矛盾。

三、城市有机更新视角下的相关建议

（一）以科学合理编制方案为基础

要进一步加强规划方案编制的系统性、科学性、协同性及可行性。评价方案的优劣，即要看是否契合居民诉求，也要评估方案的经济性。

1.进一步加强顶层设计。突出系统性观念，统筹实施基础设施改造、消防安防提升、污水零直排、强弱电上改下、电梯加装、养老托幼设施建设等单项工程，实现“综合改一次”目标。

2.进一步加强调查研究。在规划设计编制上，强化与问计于民相结合。既需要在城市总体规划、整体城市设计、区域规划，更要因地制宜编制“一小区一方案”，积极融入未来社区九大场景理念，尤其是针对老百姓需求强烈的养老、健康场景进行重点打造。聚焦人本化、生态化、数字化目标，着力提升群众获得感、幸福感、安全感。

3.进一步补短板强弱项。尽量增添功能性设施与配套，注重居民公共空间打造。比如结合小区外部及内部现有公共服务设施，合理拓展改造实施的单元，推动相邻小区、周边社区的联动改造，充分考虑商业、体育、卫生、交通等重点配套设施，考虑经济、社会、教育文化等与居住环境密切相关因素，协调各小区之间、小区内的资源设施和空间共享及高效利用。针对老旧小区公共空间严重不足的现状，鼓励各级政府运用公共资源来无偿或低价提供服务管理。

（二）以“多措并举筹集资金”为保障

按照“业主主体、社区主导、政府引领、各方支持”的方式统筹推进，采取“居民出一点、社会支持一点、财政补助一点”等多渠道筹集改造资金，尤其加强引导社会资本投入，改变政府主导的单一投资方式。

1.积极引入市场化资金。激发、提升需求与供给是市场化的前提和必要条件，按照“市场有效、政府有为”的要求，通过政府引导，积极推动居民出资参与改造，探索通过让渡小区公共收益等方式引入社会资本。一是要通过提升小区服务能力与水平，提高居民生活的便利性与舒适性，满足群众在物质、精神、文化、养老、健康、生态等多种需求；二是将相应的服务供给进一步开放给市场，引入有偿服务，扩大有效供给。如对健康、养老、停车、便民服务等具有一定经营性收益的设施，可以探索扩大市场化融资规模的潜力和空间。

2.统筹使用财政性资金。高度重视老旧小区提升改造工作，要根据小区改造项目进展，统筹使用好各级财政资金、国家老旧小区改造专项债以及中央预算内投资资金。

3.强化全过程绩效管理。不断强化全过程的社会监督、居民共管、绩效管理，通过各方监督和绩效评价来提升效率。同时通过聚焦人民群众的急难愁盼，突出重点、稳妥推进，不一味求大求全。各个地方也要根据其老旧小区的具体实际情况和财力可能，科学设定总体目标、分年度目标，做到尽力而为，量力而行。

（三）要以“一流社区治理水平”为目标

在硬件补短板的同时，探索更好地构建基层社会治理新格局，推动建立“共建共治共享”的新时代社区治理体系。

1.加强基层组织建设。指导业主委员会或业主自治组织，实施老旧小区长效管理。“众人的事众人商量着办”，引导居民协商确定改造后管理模式，共同维护改造成果，承担运维费用，并着力提高制度化、专业化管理水平。

2.不断激发主体意识。要建立共商、共建、共管、共享的“党建引领、居民自治”的改造机制，充分尊重民意，凝聚居民共识，开展“美好环境与幸福生活共同缔造”活动，激发居民参与改造的主动性、积极性。

3.建立完善长效机制。探索引入市场化专业化的社会机构参与老旧小区的改造和后续管理，引导多方参与确定长效改造管理方案，系统性解决改造和运维中的资金、人员、机制等难点问题，努力构建“一次改造、长期保持”的管理机制。

课题组组长：龚　巍

成员：詹丽靖

推进“整体智治、协同高效”的“数字财政”建设

平湖市财政局课题组

2021年以来，平湖市贯彻落实全省数字化改革任务，积极开展基层财政部门以数字化改革推动财政职能转变的探索实践，不断推进财政治理智能化、科学决策精准化和服务保障高效化。

一、财政数字化改革面临的困难

根据省财政厅“一个目标、一个门户、四个系统”的总体框架，以及“一体化、全方位、制度重塑、数字赋能、实用实效”5个方面具体要求，从财政对内对外两个维度的职能分析，总结当前财政数字化改革面临的问题与困难，明确改革的发力点。

（一）对内数据指引力弱

近年来，浙江省财政厅已通过财税大数据平台应用，建立了财政决策支持系统，在省级层面实现了大数据共享利用。然而在基层，各部门数据尚未实现横向打通，缺乏区域内集成的财经大数据来支撑和提升基层政府决策的质量和效率。

1.服务领导科学决策作用不强

目前，基层财政、税务、人行的业务数据和历史数据还不能实现横向共享，各层级决策者无法实时掌握一手权威、详实地反映本地经济运行的汇总数据，难以有效服务地方领导科学决策。

2.防范基层财政风险能力不高

随着经济快速发展，基层财政支出规模不断扩大，庞大的“资金流”对基层政府治理，特别是如何加强资金监管、提高资金使用绩效、防范资金管理风险等方面提出了更高要求。当前，乡镇街道财政存在“工作职责错位、内控管理缺位”等问题，迫切需要以数字化手段对现有管理制度进行系统性重构再造，从更高维度打破原有管理格局。

（二）对外服务集成度低

作为提供政府公共服务的重要政策手段，财政奖补资金量大面广，但资金发放以部门为主导，缺乏统一集成的服务平台。平湖市2020年市级财政奖补资金共计49大类66种，涉及19个主管部门，实际支出13.09亿元，覆盖3493户次企业与239727人次个人。

1.现有系统建设“参差不齐”

各类财政奖补资金发放普遍由不同政府主管部门主导，系统建设“各自为政”自行建设居多，普遍缺乏“申报、审核、兑付”的完整流程。平湖市涉及的49大类政策资金中仅有10类资金有专门开发管理系统；且在已有系统中的10类资金中，各系统的完善程度又不尽相同，尚不能实现“申报、审核、兑付”全流程线上操作，对兑付速度影响较大。例如平湖市专项资金管理系统，目前申报、审核环节可以线上操作，但线上直接兑付还不能实现，最后仍需要生成兑付明细后，线下通过乡镇集中支付系统兑付。相反，乡镇公共服务平台系统可实现对个人补贴的在线发放，但该系统没有将资格审查纳入，不支持用户端申报，前道程序仍依靠手工录入。

2.指标设置影响兑付速度

各系统综合交错，整体流程较为烦琐，外加各类指标、制度等互相掣肘，降低了惠民利企资金到账速度。目前，近七成以上补助与地方税收贡献相挂钩，但相关税款最后缴纳期限为次年6月30日，真正启动申报审批及兑付流程往往需要在次年7月以后。以农民种粮补贴为例，需要全体农民种粮亩数全部确认后才能一起发放，一旦个别农户种粮面积存在争议，将导致补助延迟发放，延迟最长可达3个月。又比如财政专项资金拨付，财政专项资金下发至乡镇意味着已通过市长办公会议审核，可以直接发放，但在“单笔支出超1万元上党委会审核”等要求下，往往需要再走一遍流程，实际发放往后延迟30天，影响兑付时间。

3.风险管控时效性较差

各平台资金支付系统参差不齐，互相割裂，增加了后续监督困难和信息泄露风险。部门间信息沟通不畅通，申请人、地方财政贡献、处罚等信息比对不精准，容易产生虚假申报、重复申报和超范围享受政策等风险。

二、平湖市推进“数字财政”建设的具体实践

（一）推进决策治理整体智治

以推动数据共享和加强监管为目标，建设财政综合决策分析系统和数字化内控体系，为数字政府建设夯实基础和打造核心模块。

1.开发财政综合决策分析系统

根据浙江省财政厅“以态势感知、风险预警为主要形态，建设财政核心业务事件反馈系统，及时感知财政运行状况、预警财政运行风险”的要求，聚焦“服务科学决策”和“推进智能治理”两大目标，开发建设以“数字驾驶舱”、经济运行分析体系、乡镇财政体制资金结算系统为主要内容的财政综合决策分析系统。一是共享数据，推进跨部门信息融合。通过应用省财政厅财税大数据平台和互联网数据，整合财政、人行、税务、工商、统计等多个部门数据信息，建立统一的标准与规范。着眼分析和可视化展现，搭建集收入、支出、项目、债务、国资5大模块的“数字驾驶舱”，将各类数据转化为抽象图表直观展示，并可实现“T+1”即时查看和全景分析。二是用活数据，推进大数据分析应用。在融合形成财经大数据资源库的基础上，建立健全以宏观经济运行监测、财税收入分析、财政支出分析、国库现金分析、市场主体分析为核心功能的应用体系，并实现数据灵活查询、关键指标监控、固定业务报表、数据深度挖掘和综合分析等功能。

2.建设乡镇数字内控和资金监管大平台

着眼基层党政机关整体智治，以乡镇经济业务活动和资金流为抓手，推进内控体系建设，规范权力运行，在全省率先高标准建成乡镇数字化内控体系。一是试点先行。内控数字化首先选取独山港区进行试点，对乡镇内部管理制度体系进行系统梳理、优化设计，重塑形成包括重大事项集体决策、风险岗位互为制衡、关键业务事前审批、费用事项分类报销、权力运行全程监督、项目执行绩效监控在内的6项管理机制。建立数字化内控平台，完善“标准化操作流程”，在平台中嵌入120多条规则标准和700多项提醒预警。二是制度重塑。将经济业务有关制度、规则内嵌到数字化内控系统操作流程，实现人为审批向系统控制转变；全方位打通资金流和业务流的联系渠道，实现财务业务“两张皮”向同时控制转变；通过数字化内控平台在“浙政钉”上的应用，实现审批向“更高效便捷”转变；通过对管理活动和流转环节痕迹化管理，实现基层监督向“可追溯”转变。2021年6月，平湖市完成8个镇（街道）的数字化内控体系建设。三是监管升级。汇总分析镇（街道）内控系统数据，建立市级乡镇资金监管大平台，为财政、纪检、审计等部门实时监管服务。通过平台可以了解乡镇每笔资金的审批情况、预算执行情况，实现市、镇管理网络互联互通。

（二）打造财政服务协同高效

以财政奖补资金为切入点，着眼流程再造和制度重塑，探索财政提供社会服务的高效化转型。

1.支持“浙农补”系统建设

基于平湖市起步早、较完善的“数字农业”支持支撑体系，探索涉农政策补助资金的数字化改革，开发“浙农补”系统。

一是通过数字技术实现基础数据采集。依托2019年省财政厅乡村振兴产业示范建设项目已开发完成的农业农村大数据平台和粮补系统，通过卫星遥感、无人机测绘技术，完成对农户种植作物、地块、面积等前期基础数据的收集、核实、确认。委托第三方开展无人机航拍形成矢量图，明确每块地块种植信息，农户通过“浙农补”手机移动端自行申领种植的地块，确保地块不重复、不遗漏，面积准确、真实，补助资金自动计算。二是通过流程再造优化补贴资金兑付。镇村工作人员在收到农户申领信息后，在线进行审核并实时公开公示。公开公示完成后，数据信息立即推送至乡镇公共财政服务平台，只要在预下达的资金额度内，无需单笔奖补资金审批，即可打到农户社会保障卡。改变了以往补贴资金数据确认后集中公示、再统一下拨镇（街道）、最后发放至农户的流程，实行资金发放前按项目审批预拨款预拨，具体每笔资金发放时，仅需单个种植主体申领、村镇两级经办人员审核后直接发放，财政部门或分管领导不再进行单笔审批，事后根据发放清单进行核销。实现申请地块信息在线“一站式”审核，全部流程与信息实时公开公示。从农户申请到补贴发放全流程由原先的5个月左右时间缩短至10个工作日。

2.开发财政“优补”平台

基于“共享”与“不重复建设”的理念，通过乡镇公共财政服务平台与嘉兴市惠企政策直兑系统的业务再造和系统对接，建立财政补助资金的闭环管理，消除惠民利企政策管理中长期存在的兑付效率低、数字赋能差等痛点，实现各类惠民利企补贴奖励集中统一受理、快速自动兑付，覆盖约200个惠企奖补项目和约100个面向个人的涉农惠民补贴项目。一是打通线上支付。通过在线兑付接口建设，实现两套系统在业务上、流程上、数据上的无缝对接和多跨协同，进一步理顺惠企补助资金发放的最后环节，实现惠企业务和财政资金管理、支付的业务闭环。申报、审核、流转环节在惠企政策直兑系统完成后，乡镇公共财政服务平台接口应用接收和解析惠企政策直兑系统推送的奖补发放信息，并落地到乡财系统中。业务人员审核发放信息时，对审核不通过的可退回惠企政策直兑系统。二是强化预警监控。在嘉兴市惠企政策直兑系统的基础上，根据平湖市实际需求，增加个性化功能，例如：关联发票、税收数据和处罚信息查能、重复申报校验等。在申报环节，系统通过相应接口获取行政区划、银行及补助项目基本信息，实时校验申请人申报信息是否真实、准确、统一。在审批流转环节，自动比对绩效评价结果、地方财政贡献、“一票否决”信息、财务统计数据、同期同比情况等，自动计算相应指标数据，生成审核结果，提交审核人员或申报主体核实、补正。

三、经验启示

总结平湖市推进“数字财政”建设的实践经验，概括为以下三个方面。

（一）围绕中心大局，支撑科学决策部署

一是挖掘大数据潜力。构建财政综合决策分析系统，充分挖掘大数据资源价值，融合数据，应用数据，通过数据处理服务党委政府重大决策部署，更好发挥参谋助手作用，真正体现财政当家思维和管家责任。二是推进智治全覆盖。推进乡镇数字内控和市级乡镇资金监管大平台建设，实现对乡镇资金流向、经济活动、权力运行的全方位监管，以数字化内控和监管应对财政内外部风险挑战，助推乡镇治理向整体智治迈进。

（二）坚持改革惠民，提升财政服务质量

一是推进惠企利民资金大集成。从涉农资金、财政专项资金和类财政专项资金入手，紧抓“财政奖补资金”关键切入口，将其作为全面提升财政提供政府公共服务的突破口，集成管理系统，精简支付流程，逐步实现多维兼容和多跨协同。二是推进电子票据改革全覆盖。推进电子票据改革，构建规范、高效、科学的政府非税收入管理体系。深化统一公共支付平台应用，实现全部票据种类及近五年来使用过财政票据的单位财政电子票据改革全覆盖，通过电子票据直接推送实现群众和企业缴款取票“一次都不跑”。同时完成4家市属公立医院和8家乡镇卫生院的医疗收费电子票据改革。三是推进特色应用场景建设。紧紧围绕群众需求和治理需求，推进政府投资项目评审系统、国企招聘在线报名系统等一系列财政服务“一件事”应用场景建设，将数字化转型深入到财政服务社会各领域。

（三）激发内生动力，构建现代财政制度

一是落实预算一体化系统全面推广。以2022年预算编制为起点，实施项目入库、项目新增、预算编制、预算批复、预算调整和调剂、预算执行、项目结束和终止等环节的项目预算全生命周期管理，推动实现项目储备常态化管理，提质增效全过程预算绩效管理改革。二是以支出标准体系建设成果服务预算管理一体化系统。广泛收集部门预算单位近3年基础资料，利用数据分析系统充分了解各预算单位的实际情况，结合当年预算执行情况，分别按支出的经济属性，根据直接相关的物耗、人员、实物等数据，分类分档制定支出预算标准，同时对支出内容和标准在基本支出、项目支出的使用上作出专门规定和限制，并对每个明细项目类别的开支范围从允许列支和不允许列支两方面作规范性限定。

课题组组长：吴兰兰

成员：江全明　吴俊英　徐亚中　马思源（执笔）